Jost Benfer/Jörg Bialon

Rechtseingriffe von Polizei und Staatsanwaltschaft

Rechtseingriffe von Polizei und Staatsanwaltschaft

Voraussetzungen und Grenzen

von

Dr. Jost Benfer

ehemals Dozent an der Fachhochschule für öffentliche Verwaltung des Landes Brandenburg sowie ehemals Lehrbeauftragter an der Fachhochschule für öffentliche Verwaltung des Landes NRW

und

Jörg Bialon

Kriminalhauptkommissar und Lehrbeauftragter an der Fachhochschule für öffentliche Verwaltung des Landes NRW sowie dem Studieninstitut Niederrhein

4. Auflage

Verlag C. H. Beck München 2010

Verlag C. H. Beck im Internet:
beck.de

ISBN 978 3 406 60546 8

Wilhelmstraße 9, 80801 München
Druck: Nomos Verlagsgesellschaft
In den Lissen 12, 76547 Sinzheim

Satz: ottomedien, Darmstadt

Gedruckt auf säurefreiem, alterungsbeständigem Papier
(hergestellt aus chlorfrei gebleichtem Zellstoff)

Vorwort zur 4. Auflage

Gegenüber der 3. Auflage fällt die Einbindung eines Co-Autors ins Auge, der mit seinen Beiträgen zu den Kapiteln 3, 8 und 9 das Manuskript inhaltlich mitgestaltet.

Eine ungewöhnlich umfangreiche Rechtsprechung zu nahezu allen Themenkomplexen ist in das Buch sinnvoll eingegliedert worden. An dieser Stelle sollen nur die grundlegenden Entscheidungen erwähnt werden, wie etwa die des Europäischen Gerichtshofs für Menschenrechte zur Verabreichung Brechreiz erzeugender Mittel oder die neueren und neuesten Entscheidungen des Bundesverfassungsgerichts zur Überwachung der Telekommunikation wie auch zur Online-Durchsuchung.

Eingang gefunden haben in die neue Auflage des Buches „Rechtseingriffe von Polizei und Staatsanwaltschaft" auch die aktuellen Gesetzesänderungen, z.B. zur Überwachung der Telekommunikation, zum Lauschangriff, zum Untersuchungshaftrecht sowie die Neuregelung der Zeugenvernehmung durch die Polizei. Die Ausführungen entsprechen somit dem aktuellen Stand des Rechts. Auch wenn sich eine neuerliche Ausweitung des Textes leider nicht vermeiden ließ, auf kritische Bemerkungen, wenn und soweit die Autoren dies für angebracht hielten, wollten sie keinesfalls verzichten. Eine Anpassung erfuhren auch die Stichwörter. So findet der Leser auch in der Neuauflage schnell und sicher die gewünschten Informationen.

Wattenscheid, im Februar 2010 *Die Verfasser*

Inhaltsübersicht

Abkürzungen

a.A.	anderer Ansicht
a.a.O.	am angegebenen Ort
Abs.	Absatz
AfP	Archiv für Presserecht, zitiert nach Jahr und Seite
AK	Reihe Alternativkommentare, Herausgeber Wassermann, Name des Bearbeiters
Alt.	Alternative
Anm.	Anmerkung
AnwBl.	Anwaltsblatt, zitiert nach Jahr und Seite
AO	Abgabenordnung
AöR	Archiv des öffentlichen Rechts, zitiert nach Band und Seite
arg	argumentum
Art.	Artikel
AsylVfG	Gesetz über das Asylverfahren (Asylverfahrensgesetz)
AT	Allgemeiner Teil
AufenthG	Gesetz über den Aufenthalt, die Erwerbstätigkeit und Integration von Ausländern im Bundesgebiet (Ausländergesetz)
AZ	Aktenzeichen
BAB	Bundesautobahn
BAK	Blutalkoholkonzentration
BayObLG	Bayerisches Oberstes Landesgericht
BayVerwBl.	Bayerisches Verwaltungsblatt, zitiert nach Jahr und Seite
BayVGH	Bayerischer Verwaltungsgerichtshof
BB	Der Betriebsberater, zitiert nach Jahr und Seite
bb PolG	Gesetz über Aufgaben und Befugnisse der Polizei im Lande Brandenburg (Brandenburgisches Polizeigesetz)
Bd.	Band
Bem.	Bemerkung(en)
BerlVerfGH	Berliner Verfassungsgerichtshof
BGB	Bürgerliches Gesetzbuch
BGH	Bundesgerichtshof
BGHSt	amtliche Sammlung der Entscheidungen des BGH, zitiert nach Band und Seite
BGHZ	amtliche Sammlung der Entscheidungen des Bundesgerichtshofs in Zivilsachen, zitiert nach Band und Seite
BNatSchG	Gesetz über Naturschutz und Landschaftspflege (Bundesnaturschutzgesetz)
BK	Bonner Kommentar zum Grundgesetz
BJagdG	Bundesjagdgesetz
Blutalkohol	Wissenschaftliche Zeitschrift für die medizinische und juristische Praxis, zitiert nach Jahr und Seite

BPolG	Gesetz über die Bundespolizei (Bundespolizeigesetz)
BT	Besonderer Teil
BT-Drucks.	Bundestagsdrucksache
BtMG	Gesetz über den Verkehr mit Betäubungsmitteln (Betäubungsmittelgesetz)
BVerfG	Bundesverfassungsgericht
BVerfGE	amtliche Sammlung der Entscheidungen des BVerfG zitiert nach Band und Seite
BVerfSchG	Gesetz über die Zusammenarbeit des Bundes und der Länder in Angelegenheiten des Verfassungsschutzes und über das Bundesamt für Verfassungsschutz (Bundesverfassungsschutzgesetz)
BVerwG	Bundesverwaltungsgericht
BVerwGE	amtliche Sammlung der Entscheidungen des BVerwG zitiert nach Band und Seite
BZRG	Gesetz über das Zentralregister und das Erziehungsregister (Bundeszentralregistergesetz)
CR	Computer und Recht, zitiert nach Jahr und Seite
DAR	Deutsches Autorecht, zitiert nach Jahr und Seite
Der Staat	Zeitschrift für Staatslehre, öffentliches Recht und Verfassungsgeschichte, zitiert nach Jahr und Seite
Die Polizei	Zentralorgan für das Sicherheits- und Ordnungswesen, zitiert nach Jahr und Seite
DNP	Die neue Polizei, zitiert nach Jahr und Seite
DÖV	Die öffentliche Verwaltung, zitiert nach Jahr und Seite
DPolBl	Deutsches Polizeiblatt, zitiert nach Jahr und Seite
DRiZ	Deutsche Richterzeitung, zitiert nach Jahr und Seite
DVBl.	Deutsches Verwaltungsblatt, zitiert nach Jahr und Seite
DVO	Durchführungsverordnung
ed	erkennungsdienstlich(e)
EGGVG	Einführungsgesetz zum Gerichtsverfassungsgesetz
EGMR	Europäischer Gerichtshof für Menschenrechte
Einl.	Einleitung
EKMR	Europäische Kommission für Menschenrechte
EuGRZ	Europäische Grundrechte-Zeitschrift, zitiert nach Jahr und Seite
f.	folgende Seite oder Ziffer
FamFG	Gesetz über das Verfahren in Familiensachen und in den Angelegenheiten der freiwilligen Gerichtsbarkeit
ff.	folgende Seiten oder Ziffern
FeV	Verordnung über die Zulassung von Personen zum Straßenverkehr (Fahrerlaubnisverordnung)
FlHG	Fleischhygienegesetz
FS	Festschrift
FSHG	Gesetz über den Feuerschutz und die Hilfeleistung
G 10	Gesetz zur Beschränkung des Brief-, Post- und Fernmeldegeheimnisses (Gesetz zu Art. 10 GG)
GA	Goltdammers Archiv für Strafrecht, zit. nach Jahr u. Seite

GaststättenG	Gaststättengesetz
GeschlKrG	Gesetz zur Bekämpfung der Geschlechtskrankheiten
GewO	Gewerbeordnung
GewSchG	Gesetz zum zivilrechtlichen Schutz vor Gewalttaten und Nachstellungen (Gewaltschutzgesetz)
GG	Grundgesetz für die Bundesrepublik Deutschland vom 23. Mai 1949
GrKrim	Grundlagen der Kriminalistik, zitiert nach Jahr und Seite
GS	Der Gerichtssaal, zitiert nach Band und Seite
GVG	Gerichtsverfassungsgesetz
HansOLG	Hanseatisches Oberlandesgericht
HB	Bremen
H/H	Hoffmann/Hoffmann, Name des Bearbeiters
HK	Heidelberger Kommentar, Name des Bearbeiters
h.M.	herrschende Meinung
HRRS	Höchstrichterliche Rechtsprechung zum Strafrecht, Online-Zeitschrift, zitiert nach Jahr und Seite
Hrsg	Herausgeber
i.d.R.	in der Regel
IfSG	Gesetz zur Verhütung und Bekämpfung von Infektionskrankheiten beim Menschen (Infektionsschutzgesetz – IfSG)
i.S.	im Sinne
InsO	Insolvenzordnung
i.V.m.	in Verbindung mit
JA	Juristische Arbeitsblätter, zitiert nach Jahr und Seite
JGG	Jugendgerichtsgesetz
JMBlNRW	Justizministerialblatt für das Land NRW, zitiert nach Jahr und Seite
JuSchG	Jugendschutzgesetz
JR	Juristische Rundschau, zitiert nach Jahr und Seite
Jura	Juristische Ausbildung, zitiert nach Jahr und Seite
Jur.Bl.	Juristische Blätter, zitiert nach Jahr und Seite
JuS	Juristische Schulung, zitiert nach Jahr und Seite
Justiz	Die Justiz, Amtsblatt des Justizministeriums von Baden-Württemberg, zitiert nach Jahr und Seite
JZ	Juristenzeitung, zitiert nach Jahr und Seite
Kfz	Kraftfahrzeug
KG	Kammergericht
KK	Karlsruher Kommentar zur StPO
KMR	Kleinknecht/Müller/Sax, Kommentar zur StPO
KrW-AbfG	Gesetz zur Förderung der Kreislaufwirtschaft und Sicherung der umweltverträglichen Beseitigung von Abfällen (Kreislaufwirtschafts- und Abfallgesetz)
KrWaffG	Ausführungsgesetz zu Art. 26 Abs. 2 des Grundgesetzes (Gesetz über die Kontrolle von Kriegswaffen)
Kriminalistik ...	Zeitschrift für die gesamte kriminalistische Wissenschaft und Praxis, zitiert nach Jahr und Seite

KritJ	Kritische Justiz, zitiert nach Jahr und Seite
KritVjSchr	Kritische Vierteljahresschrift, zitiert nach Jahr und Seite
KUG	Gesetz betreffend das Urheberrecht an Werken der bildenden Künste und der Photographie
LAG	Landesarbeitsgericht
LFoG	Forstgesetz für das Land NW
LG	Landgericht
LImSchG NW ..	Gesetz zum Schutze vor Luftverunreinigungen, Geräuschen und ähnlichen Umwelteinwirkungen
LK	Leipziger Kommentar zum Strafgesetzbuch
LFGB	Lebensmittel-, Bedarfsgegenstände- und Futtermittelgesetzbuch (Lebensmittel- und Futtermittelgesetzbuch)
LT-Drucks	Landtagsdrucksache
LZ	Leipziger Zeitschrift, zitiert nach Jahr und Spalte
M-D-H	Maunz, Dürig, Herzog, Scholz, Grundgesetz, Kommentar
MDR	Monatszeitschrift für Deutsches Recht, zitiert nach Jahr und Seite
MeldeG NW ...	Meldegesetz für das Land Nordrhein-Westfalen
MK	Münchener Kommentar zum Bürgerlichen Gesetzbuch und zur Zivilprozessordnung
MMR	MultiMedia und Recht, zitiert nach Jahr und Seite
MRK	Konvention zum Schutz der Menschenrechte und Grundfreiheiten vom 4. November 1950
m.w.N.	mit weiteren Nachweisen
Nds	Niedersachsen
NdsRPfl	Niedersächsische Rechtspflege, Amtsblatt des Justizministeriums des Landes Niedersachsen, zitiert nach Jahr und Seite
NJ	Neue Justiz, zitiert nach Jahr und Seite
NJW	Neue Juristische Wochenschrift, zitiert nach Jahr und Seite
NPA	Neues Polizeiarchiv, zitiert nach Leitzahl und Gesetz
NStZ	Neue Zeitschrift für Strafrecht, zitiert nach Jahr und Seite
NVwZ	Neue Zeitschrift für Verwaltungsrecht, zitiert nach Jahr und Seite
NW	Nordrhein-Westfalen
nwPolG	Polizeigesetz des Landes Nordrhein-Westfalen
NZV	Neue Zeitschrift für Verkehrsrecht, zitiert nach Jahr und Seite
OBG NW	Gesetz über Aufbau und Befugnisse der Ordnungsbehörden (Ordnungsbehördengesetz)
OLG	Oberlandesgericht
OVG	Oberverwaltungsgericht
OWi	Ordnungswidrigkeit(en)
OWiG	Gesetz über Ordnungswidrigkeiten
PDV	Polizei-Dienstvorschriften

PersonalauswG . .	Gesetz über Personalausweise
Pkw	Personenkraftwagen
Polizei-Info	Unabhängige Fachzeitschrift für die Polizei, zitiert nach Erscheinungsmonat, Jahr und Seite
PresseG NW . . .	Pressegesetz für das Land NW (Landespressegesetz)
PsychKG NW . .	Gesetz über Hilfen und Schutzmaßnahmen bei psychischen Krankheiten
RdErl	Runderlass
Rdn	Randnummer
RG	Reichsgericht
RGSt	amtliche Sammlung der Entscheidungen des RG in Strafsachen, zitiert nach Band und Seite
RiStBV	Richtlinien für das Strafverfahren und das Bußgeldverfahren
RR	Rechtsprechungsreport
Rspr	Rechtsprechung
Sch/Sch	Schönke/Schröder, Kommentar zum StGB
SGB VwVf	Sozialgesetzbuch – Verwaltungsverfahren
SGB VIII	Sozialgesetzbuch (VIII) Kinder- und Jugendhilfe
SK	Systematischer Kommentar zum StGB und zur StPO
SprengG	Gesetz über explosionsgefährliche Stoffe (Sprengstoffgesetz)
StA	Staatsanwaltschaft
StGB	Strafgesetzbuch
StPO	Strafprozessordnung
StraFo	Strafverteidiger Forum, zitiert nach Jahr und Seite
StrEG	Gesetz über die Entschädigung für Strafverfolgungsmaßnahmen
StV	Strafverteidiger, Juristische Fachzeitschrift, zitiert nach Jahr und Seite
StrVG	Gesetz zum vorsorgenden Schutz der Bevölkerung gegen Strahlenbelastung (Strahlenschutzvorsorgegesetz)
StVG	Straßenverkehrsgesetz
StVO	Straßenverkehrsordnung
StVollzG	Gesetz über den Vollzug der Freiheitsstrafe und der freiheitsentziehenden Maßregeln
StVZO	Straßenverkehrs-Zulassungs-Ordnung
TierSchG	Tierschutzgesetz
TKG	Telekommunikationsgesetz
UZwG Bw	Gesetz über die Anwendung unmittelbaren Zwanges und die Ausübung besonderer Befugnisse durch Soldaten der Bundeswehr und zivile Wachpersonen
VereinsG	Gesetz zur Regelung des öffentlichen Vereinsrechts (Vereinsgesetz)
Verk.Mitt.	Verkehrsrechtliche Mitteilungen, zitiert nach Jahr und Seite
VersammlG	Gesetz über Versammlungen und Aufzüge
VerwArch	Verwaltungsarchiv, zitiert nach Band und Seite

VwZG	Verwaltungszustellungsgesetz
VG	Verwaltungsgericht
VGH	Verwaltungsgerichtshof
vgl	vergleiche
VO	Verordnung
Vorb.	Vorbemerkung
VRS	Verkehrsrechtssammlung, zitiert nach Band und Seite
VVDStRL	Veröffentlichungen der Vereinigung der Deutschen Staatsrechtslehrer, zitiert nach Jahr und Seite
VVPolG NW	Verwaltungsvorschrift zum Polizeigesetz des Landes NW
VwGO	Verwaltungsgerichtsordnung
VwVfG	Verwaltungsverfahrensgesetz
VwVG	Verwaltungs-Vollstreckungsgesetz für das Land NW
WaffG	Waffengesetz
WDO	Wehrdisziplinarordnung
WHG	Gesetz zur Ordnung des Wasserhaushalts (Wasserhaushaltsgesetz)
wistra	Zeitschrift für Wirtschaft, Steuer und Strafrecht, zitiert nach Jahr und Seite
WM	Wertpapiermitteilungen, zitiert nach Jahr und Seite
WPflG	Wehrpflichtgesetz
WÜK	Wiener Übereinkommen über diplomatische Beziehungen
ZDG	Gesetz über den Zivildienst der Kriegsdienstverweigerer
ZfS	Zeitschrift für Schadensrecht, zitiert nach Jahr und Seite
Ziff.	Ziffer
ZIP	Zeitschrift für Wirtschaftsrecht und Insolvenzpraxis, zitiert nach Jahr und Seite
z.N.	zum Nachteil
ZPO	Zivilprozessordnung
ZRP	Zeitschrift für Rechtspolitik, zitiert nach Jahr und Seite
ZStW	Zeitschrift für die gesamte Strafrechtswissenschaft, zitiert nach Band und Seite
ZZP	Zeitschrift für den Zivilprozess, zitiert nach Band und Seite

Literatur

Alternativkommentare	Herausgeber Wassermann, Name des Bearbeiters.
Amelung	Die Einwilligung in die Beeinträchtigung eines Grundrechtsguts, 1981. Rechtsschutz gegen strafprozessuale Grundrechtseingriffe, 1976.
Amelung-FS	Grundlagen des Straf- und Strafverfahrensrechts, Festschrift für Knut Amelung zum 70. Geburtstag, 2009
Amendt	Die Verfassungsmäßigkeit der strafprozessualen Sicherheitsvorschriften (§§ 116, 116a, 127a, 132 StPO), 1986.
Anschütz	Die Verfassung des Deutschen Reiches vom 11. August 1919, 11. Auflage 1933.
Baumann	Unterbringungsrecht, 1966.
Beling	Deutsches Reichsstrafprozessrecht, 1928.
Belz	Polizeigesetz des Freistaates Sachsen, 3. Auflage.
Benfer	Die Haussuchung im Strafprozess, diss. jur. Bochum 1980.
Bennecke	Lehrbuch des Deutschen Reichs-Strafprozessrechts, 1900.
Berner/Köhler	Polizeiaufgabengesetz (Gesetz über Aufgaben und Befugnisse der Bayerischen Staatlichen Polizei), 14. Auflage 1995.
Bettermann	Rechtspflege und Grundrechtsschutz, Dritter Band, 2. Halbband, 1959.
Beulke	Strafprozessrecht, 8. Auflage 2005.
Binding	Grundriss des Deutschen Strafprozessrechts, 5. Auflage 1904.
Bleckmann	Staatsrecht II – Die Grundrechte, 3. Auflage 1989.
Bruns	Neue Wege zur Lösung des strafprozessualen V-Mann-Problems, 1982.
Burghard (Hsg)	Kriminalistik Lexikon, 3. Auflage 1996.
Burhoff	Handbuch für das strafrechtliche Ermittlungsverfahren, 4. Auflage 2006.
Callies/Müller-Dietz	Strafvollzugsgesetz, 10. Auflage 2004.
Chemnitz	Polizeirecht in Nordrhein-Westfalen, 5. Auflage 1997.
Dagtoglou	Bonner Kommentar zum GG, 2. Bearbeitung.
Dalakouras	Beweisverbote bezüglich der Achtung der Intimsphäre, 1988.
Dau	Wehrdisziplinarordnung, 1979.
Delp	Das Recht des geistigen Schaffens, 1993.
Dencker	Verwertungsverbote im Strafprozess, 1977.
Dietel/Gintzel	Allgemeines Verwaltungs- und Polizeirecht für Nordrhein-Westfalen, 11. Auflage 1984.

Dietel/Gintzel/Kniesel . . . . Versammlungsrecht, 15. Auflage 2008
Dreier/Schulze . . UrhG 2004.
Drews/Wacke/Vogel/Martens . . Gefahrenabwehr, Allgemeines Verwaltungs- und Polizeirecht, 9. Auflage 1986.
Dünkel . . . . Beschlagnahme-Durchsuchung, 1976.
Dünnebier . . . . . Das neue Recht der Untersuchungshaft, 1966.
Dzendzalowski . . Die körperliche Untersuchung, Diss. jur. Frankfurt 1969.
Ebert/Honnacker Thüringisches Gesetz über die Aufgaben und Befugnisse der Polizei, 2. Auflage.
Ellersiek . . . . Die Beschwerde im Strafprozess, Diss. jur. Bochum 1979.
Ensthaler . . . . . . Einwilligung und Rechtsgüterpreisgabe beim fahrlässigen Delikt, Diss. jur. Göttingen 1983.
Erbs . . . . Handkommentar zur StPO, 1950.
Feest/Lautmann . Die Polizei, soziologische Studien und Forschungsberichte, 1971.
Feisenberger . . . . StPO und GVG unter besonderer Berücksichtigung der Rechtsprechung, 1926.
Fischer . . . . Die Vernehmung des Beschuldigten im strafrechtlichen Ermittlungsverfahren, diss. jur. Erlangen 1976.
Fischer . . . . Strafgesetzbuch mit Nebengesetzen, 56. Auflage 2009.
Fromm . . . . Urheberrecht, 8. Auflage 1994.
Fuhrmann . . . . . Strafprozessrecht nebst Übersicht über den Strafvollzug, 2. Auflage 1932.
Fuß . . . . Rechtsfragen des polizeilichen Erkennungsdienstes; Festschrift für Gerhard Wacke zum 70. Geburtstag, 1972.
Gamm, von . . . . Urheberrechtsgesetz, 1968.
Geerds . . . . Über die Festnahme von Störern nach § 164 StPO, Festschrift für Reinhard Maurach zum 70. Geburtstag, 1972.
Gentz . . . . Die Unverletzlichkeit der Wohnung, Diss. jur. Berlin 1968.
Gerland . . . . Der Deutsche Strafprozess, 1927.
Gerling . . . . Informatorische Befragung und Auskunftsverweigerungsrecht, diss. jur. Bochum 1986.
Gleispach . . . . . . Deutsches Strafverfahrensrecht, 1943.
Göhler . . . . Gesetz über Ordnungswidrigkeiten, 14. Auflage 2007.
Götz . . . . Polizeirecht, 14. Auflage 2008.
Guelde . . . . Die Entziehung der Fahrerlaubnis, 1955.
Günther . . . . Die Durchsuchung von Räumen und Sachen, diss. jur. Frankfurt 1973.
Gusy . . . . Polizeirecht, 7. Auflage 2009.
Habermehl . . . . . Allgemeines Polizei- und Ordnungsrecht, 1984.
Haferkamp . . . . . Kriminelle Karrieren, 1975.

Hahn	Die gesammelten Materialien zur StPO und dem Einführungsgesetz, 3. Band, 2. Abteilung, 1886
Hamann/Lenz ..	Das Grundgesetz für die Bundesrepublik Deutschland vom 23. Mai 1949, 3. Auflage 1956.
Hansen	Eingriffsrecht in Nordrhein-Westfalen, 2002.
Hansen-Dix	Die Gefahr im Polizeirecht, im Ordnungsrecht und im Technischen Sicherheitsrecht, 1982.
Heffter	Lehrbuch des gemeinen Deutschen Criminalrechts, 2. Auflage 1840.
Heldmann	Ausländergesetz, Kommentar, 1991.
Helgerth	Der „Verdächtige" als schweigeberechtigte Auskunftsperson und selbständiger Prozessbeteiligter neben dem Beschuldigten und dem Zeugen, Diss. jur. Erlangen-Nürnberg 1976.
Henkel	Strafverfahrensrecht, 2. Auflage 1968.
Hennerkes	Die Grundrechte des Untersuchungsgefangenen, diss. jur. Freiburg 1966.
Hesselberger	Das Grundgesetz, 8. Auflage 1991.
Hilland	Das Beweisgewinnungsverbot des § 136a StPO, diss. jur. Tübingen 1981.
Himmelreich/ Hentschel	Fahrverbot-Führerscheinentzug, 8. Auflage 1995.
Hentschel	Straßenverkehrsrecht, 37. Auflage 2003.
HK	Heidelberger Kommentar zur Strafprozessordnung, 4. Auflage 2009.
Hoffmann/ Hoffmann	Ausländerrecht, 2008
Holtzendorff ...	Handbuch des Deutschen Strafprozessrechts, Band I, 1879.
Isensee/Kirchhof	Handbuch des Staatsrechts der Bundesrepublik Deutschland, 6. Freiheitsrechte 1989.
Jagow/Burmann/ Heß	Straßenverkehrsrecht, 20. Auflage 2008.
Jagusch/ Hentschel	Straßenverkehrsrecht, 33. Auflage 1991.
Janiszewski/Jagow/ Burmann	Straßenverkehrsrecht, 18. Auflage 2004.
Jarass/Pieroth ...	Grundgesetz für die Bundesrepublik Deutschland, 3. Auflage 1995.
Jescheck/ Weigend	Lehrbuch des Strafrechts, Allgemeiner Teil, 5. Auflage 1996.
Jess/Mann	Gesetz über die Anwendung unmittelbaren Zwanges durch die Bundeswehr, 2. Auflage 1981.
Jessnitzer	Der gerichtliche Sachverständige, 8. Auflage 1980.
Joachimski	Strafverfahrensrecht, 3. Auflage 1993.
Joecks	Studienkommentar StPO, 2. Auflage 2007.
Jung	Straffreiheit für den Kronzeugen, 1974.

Kanein	Ausländerrecht, 6. Auflage 1993.
Karlsruher Kommentar	Kommentar zur StPO, 6. Auflage 2008, Name des Bearbeiters. Kommentar zum OWiG, 1989, Name des Bearbeiters.
Kaufmann	Der polizeiliche Eingriff in Freiheit und Rechte, 1951.
Kay/Böcking ...	Eingriffsmaßnahmen der Polizei, 2. Auflage 1990.
Kienapfel	Straafrecht Allgemeiner Teil, 4. Auflage 1984.
Kindhäuser	Strafrecht Allgemeiner Teil, 3. Aufl. 2008
Klaus	Die Frage der Duldungspflicht körperlicher Untersuchungen, diss. med. München 1933.
Kleinknecht/ Janischowski	Das Recht der Untersuchungshaft, 1966.
Kluth/Hund/ Maaßen	Zuwanderungsrecht, 2008.
Kienapfel	Strafrecht AT, 4. Auflage 1984.
Kloesel/Christ ..	Deutsches Ausländerrecht, Stand 2. April 1990.
Klug	Presseschutz im Strafprozess, 1965.
KMR	Strafprozessrecht, Stand 2009 (Name des Bearbeiters)
Knemeyer	Polizei- und Ordnungsrecht, 11. Auflage 2007.
König	Allgemeines Sicherheits- und Polizeirecht in Bayern, 1962.
Köster	Die Rechtsvermutung der Unschuld, diss. jur. Bonn 1979.
Kohlhaas	Körperliche Untersuchung und erkennungsdienstliche Maßnahmen, 1972.
Kohlrausch/Lange	Strafgesetzbuch mit Erläuterungen und Nebengesetzen, 39., 40. Auflage 1950.
Kopp/Ramsauer .	Verwaltungsverfahrensgesetz, 10. Auflage 2008.
Kopp/Schenke ..	Verwaltungsgerichtsordnung, 12. Auflage 2000.
Kramer	Grundbegriffe des Strafverfahrensrechts, 7. Auflage 2009.
Krause	V-Leute und die Verwertung ihrer Nachrichten im strafgerichtlichen Verfahren, diss. jur. Berlin 1969.
Krause/Nehring .	Strafverfahrensrecht in der Polizeipraxis, 1978.
Krekeler/ Löffelmann	Anwaltskommentar StPO, 2007.
Krey	Strafverfahrensrecht, 2. Auflage 2007.
Krey/Heinrich ...	Strafrecht BT Bd. 1, 14. Auflage 2008.
Krier	Die heimliche Tonbandaufnahme und ihre prozessuale Verwertung im amerikanischen und deutschen Recht, Diss. jur. Bonn 1973.
Krüger	Versammlungsrecht, 1994.
Krumme/ Hürxthal	Straßenverkehrsgesetz, 1977.
Kühne	Strafprozesslehre, 7. Auflage 2007.
Kugelmann	Polizei- und Ordnungsrecht, 2006
Lackner/Kühl ...	Strafgesetzbuch mit Erläuterungen, 26.Auflage 2007.
Lange	Notwendige Teilnahme, 1940.

Leibholz/Rink . .	Grundgesetz für die Bundesrepublik Deutschland, 4. Auflage 1971.
Leipziger Komm.	Strafgesetzbuch, 11. Auflage 1999 ff. (Name des Bearbeiters).
Liesken/ Denninger (Hrg)	Handbuch des Polizeirechts, 3. Auflage 2005.
Lingens	Polizeibefugnisse der Bundeswehr, 1982.
LK	Leipziger Kommentar zum Strafgesetzbuch, 10. Auflage 1988, Name des Bearbeiters.
Löwe-Rosenberg	Die Strafprozessordnung und das Gerichtsverfassungsgesetz, 26. Auflage 2006 ff. (Name des Bearbeiters).
Lucas/Dürr	Anleitung zur strafrechtlichen Praxis, 5. Auflage 1931.
Lübbe-Wolff	Grundrechte als Eingriffsabwehrrechte, 1988.
Lüderssen(Hrsg) .	V-Leute, die Falle im Rechtsstaat, 1985.
Lüttger (Hrsg) . .	Strafverfahrensreform und Rechtsvergleichung, 1979.
v. Mangold/Klein/ Stark	Grundgesetz, 5. Auflage 2005
Maunz/Dürig/ Herzog	Grundgesetz, Kommentar, 31. Ergänzungslieferung, Stand Nov. 2009.
Maurach/Zipf . .	Strafrecht, Allgemeiner Teil, Teilband 2, 7. Auflage 1987.
Maurach/Schröder	Strafrecht BT, 6. Auflage 1977.
Meier, Hans	Gesetz über Ordnungswidrigkeiten, 1974.
Meixner/Martell	Gesetz über die öffentliche Sicherheit und Ordnung des Landes Sachsen-Anhalt (SOG-LSA), 1992.
Meyer, Dieter . . .	Strafrechtsentschädigung und Auslagenerstattung, 7. Auflage 2008.
Meyer-Goßner . .	Strafprozessordnung mit GVG, 51. Auflage 2008.
Michallek	Die Durchsuchung von Personen, diss. jur. Frankfurt 1969.
Minhardt	Das Rechtsmittel der Beschwerde im deutschen Strafprozess, diss. jur. Tübingen 1933.
Mittelbach	Die Entziehung der Fahrerlaubnis, 1966.
Mittermaier	Das Deutsche Strafverfahren, 1832.
Model/Müller . .	Grundgesetz für die Bundesrepublik Deutschland, 11. Auflage 1996.
Möller/Wilhelm .	Allgemeines Polizei- und Ordnungsrecht, 5. Auflage 2003.
Müller, Hermann	Einführung in das Strafprozessrecht, 1973.
Müller-Dietz . . .	Strafvollzugsgesetz, 9. Auflage 2002.
Münchener Kommentar	zum Bürgerlichen Gesetzbuch, 3. Auflage 1993. zur Zivilprozessordnung, 1992.
Nowakowski . . .	Fortgesetztes Verbrechen und gleichartige Verbrechensmenge, 1950.
Odenthal	Die Gegenüberstellung im Strafverfahren, 1986.
Opp	Abweichendes Verhalten und Gesellschaftsstruktur, 1974.

Ott .... Gesetz über Versammlungen und Aufzüge, 5. Auflage 1987.
Paeffgen .... Vorüberlegungen zu einer Dogmatik des Untersuchungshaft-Rechts, 1986.
Palandt (Hsg) ... Bürgerliches Gesetzbuch, 63. Auflage 2004.
Panhuysen ..... Die Untersuchung des Zeugen auf seine Glaubwürdigkeit, 1964.
Pausch .... Polizei- und Ordnungsrecht in Hessen, 3. Auflage 2002.
Peters .... Strafprozessrecht, 4. Auflage 1985.
Petry .... Beweisverbote im Strafprozess, diss. jur. Saarbrücken 1970.
Pfeiffer .... Strafprozessordnung, 5. Auflage 2005.
Pieroth/Schlink . Grundrechte – Staatsrecht II, 10. Auflage 1994.
Pieroth/Schlink/ Kniesel .... Polizei- und Ordnungsrecht, 5. Auflage 2005.
Posener, Paul ... Strafprozessordnung, 2. bis 4. Auflage 1925.
Ranft .... Strafprozessrecht, 1991.
Rebmann (Hsg) . Rebmann/Roth/Herrmann, Gesetz über Ordnungswidrigkeiten, Stand 1995.
Rehbinder ..... Urheber- und Verlagsrecht, 15. Auflage 2008.
Renner .... Ausländerrecht, 8. Auflage 2008
Ridder/Breitbach/ Rühl/Steinmeier Versammlungsrecht, 1992.
Riegel .... Polizeigesetz, 1980. Polizeiliche Personenkontrolle, 1979.
Röhrich .... Rechtsprobleme bei der Verwendung von V-Leuten für den Strafprozess, Diss. jur. Erlangen-Nürnberg 1974.
Rogall .... Der Beschuldigte als Beweismittel gegen sich selbst, 1977. In formationsbegriff und Gesetzesvorbehalt im Strafrecht, 1992.
Rosenkötter .... Das Recht der Ordnungswidrigkeiten, 6. Auflage 2002.
Rotberg (Hsg) .. Ordnungswidrigkeitengesetz, 5. Auflage 1975.
Roth .... Faktische Eingriffe in Freiheit und Eigentum, 1994.
Roxin .... Strafverfahrensrecht, 25. Auflage 1998.
Rüping .... Das Strafverfahren, 2. Auflage 1983.
Rüther .... Abweichendes Verhalten und „labeling approach", 1975.
Rudolph .... Antizipierte Strafverfolgung, 2005.
Saage/Göppinger Freiheitsentziehung und Unterbringung, 3. Auflage 1994.
Sachs .... Grundgesetz, Kommentar, 9. Auflage 2009
Samper .... Bayerisches Polizeiaufgabengesetz, 2. Auflage 1969.
Samper/Honacker Gesetz über Aufgaben und Befugnisse der Bayerischen Staatlichen Polizei (PAG), 15. Auflage 1992.
Schätzler ...... Gesetz über Entschädigung für Strafverfolgungsmaßnahmen, 1971.
Schall .... Die Schutzfunktion der Strafbestimmung gegen den Hausfriedensbruch, 1974.

Schenke	Polizei- und Ordnungsrecht, 6. Auflage 2009.
Schipper	Polizeirecht in Schleswig-Holstein unter Berücksichtigung des Verwaltungsrechts und des Vollzugsrechts, 1989.
Schirmeyer	Wesen und Voraussetzungen des fortgesetzten Verbrechens, 1941.
Schlüchter	Das Strafverfahren, 2. Auflage 1983.
Schmalhausen . . .	Die Razzia, Diss. jur. Münster 1980.
Schmidt	Lehrkommentar zur StPO und zum GVG, 1957.
Schmidt, Rolf. . . .	Fälle zum Polizei- und Ordnungsrecht, 3. Auflage 2008.
Schmidt-Bleibtreu/ Klein	Kommentar zum Grundgesetz für die Bundesrepublik Deutschland, 8. Auflage 1995.
Sch/Sch	Schönke/Schröder, Strafgesetzbuch, Kommentar, 27. Auflage 2006.
Schubarth	Die Tragweite des Grundsatzes der Unschuldsvermutung, 1978.
Schubert	Die vorläufige Festnahme, § 127 StPO, diss. jur. Frankfurt 1968.
Schulz/ Berke-Müller . . .	Strafprozessordnung mit Erläuterungen für Polizeibeamte im Ermittlungsdienst, 7. Auflage 1983.
Schulz/Händel . .	Strafprozessordnung, 7. Auflage, 23. Lieferung, Stand Mai 1988.
Schwabe	Probleme der Grundrechtsdogmatik, 1977.
Schwarze	Kommentar zu der Deutschen Strafprozessordnung, 1878.
Schweickhardt . .	Allgemeines Verwaltungsrecht, 1979.
Schwindt/Böhm .	Strafvollzugsgesetz, 1983.
SK	Systematischer Kommentar – Strafgesetzbuch, Strafprozessordnung und Gerichtsverfassungsgesetz, Stand 2009 (Name des Bearbeiters).
Stenglein	Kommentar zur Strafprozessordnung für das Deutsche Reich, 3. Auflage 1877.
Stiegele	Die Strafprozessordnung für das Deutsche Reich, 1879.
Sydow	Kritik der Lehre von den „Beweisverboten", diss. jur. Würzburg 1976.
Temme/Tesch . .	Eingriffsrecht, Band 1, Grundlagen und Datenverarbeitung, 1998.
Thilo	Die Strafprozessordnung für das Deutsche Reich, 1878.
Vahle/Buttgereit .	Eingriffsrechte der Polizei, 1983.
Wagner	Amtsverbrechen, 1975.
Wanner	Die negative Rasterfahndung – eine moderne und umstrittene Methode der repressiven Verbrechensbekämpfung, 1985.
Warda	Die Durchsuchung bei Verdächtigen und bei anderen Personen nach den §§ 102, 103 StPO, Diss. jur. Köln 1986.

Wehr .... Examens-Repetitorium Polizeirecht, 2008.
Weigend ...... Der Zweck der Untersuchungshaft, in: Festschrift für Egon Müller, 2008.
Welp .... Die strafprozessuale Überwachung des Post- und Fernmeldeverkehrs, 1974.
Wenzel .... Das Recht der Wort- und Bildberichterstattung, 3. Auflage 1986.
Wenzel/Burhoff. . Urhebberecht in der Praxis, 5. Auflage 2009.
Wessels/Beulke. . . Strafrecht Allgemeiner Teil, 38. Aufl. 2008
Wetterich ...... Der Polizeibeamte als Zeuge, 1970.
Wolffgang, Hendricks/Merz . Polizei- und Ordnungsrecht in NRW, 2. Auflage 2004.
Xanke .... Praxiskommentar Straßenverkehrsrecht, 2009
Zeitler .... Versammlungsrecht, 1994.
Zipf .... Strafprozessrecht, 1972.
Zippelius/ Würtenberger . . . Deutsches Staatsrecht, 32. Auflage 2008.

Kapitel 1. Allgemeine Grundlagen von Rechtseingriffen

Strafprozessuale und polizeirechtliche Eingriffsermächtigungen sind Ausfluss des Gesetzesvorbehalts, unter dem die verfassungsmäßig garantierten subjektiv-öffentlichen Rechte stehen. Zwar gewährt das Grundgesetz z.B. die Freiheit der Person oder die körperliche Unversehrtheit (Art. 2 II Satz 1 GG), doch eröffnet Satz 2 die Möglichkeit, in diese Rechte auf Grund eines Gesetzes einzugreifen. Solche Gesetze sind auch das Polizeigesetz und die Strafprozessordnung. Bei jedem Rechtseingriff, den Polizei- oder Ermittlungsbeamte durchzuführen beabsichtigen, muss der Adressat die Möglichkeit haben zu erkennen, weshalb er vorgenommen wird, sei es auf Grund des eigenen Verhaltens in Verbindung mit den Gesamtumständen oder auf Grund eines Hinweises des Beamten (Vahle, Die Polizei 1984, 277, 279). Kann der Bürger diesen Grund nicht erkennen und verweigert der Beamte die Information, handelt der Adressat des Eingriffs nicht rechtswidrig, wenn er der Aufforderung des Hoheitsträgers keine Folge leistet (OLG Hamm NStZ 1982, 76; OLG Stuttgart StV 1983, 205). 1

Für Polizei und Staatsanwaltschaft haben die strafprozessualen und die polizeirechtlichen Ermächtigungen eine herausragende Wirkung: Sie sind Rechtsfertigungsgründe, die die Verwirklichung eines strafrechtlichen Tatbestandes erlauben. So nimmt z.B. § 112 StPO, § 17 bbPolG, § 35 nwPolG, § 19 thPAG der Freiheitsberaubung (§ 239 StGB) die Rechtswidrigkeit; das gleiche Verhältnis findet sich zwischen Körperverletzung im Amt (§ 340 StGB) und Blutprobenentnahme (§ 81a StPO) oder Hausfriedensbruch (§ 123 StGB) und Durchsuchung (§ 102 StPO; § 23 bbPolG; § 41 nwPolG, § 25 thPAG). Jedoch schützen die Eingriffsermächtigungen insbesondere die Polizeibeamten nicht, wenn die Strafprozessordnung speziell die Staatsanwaltschaft ermächtigt, einen besonderen Eingriff vorzunehmen, wie z.B. Durchsicht von Papieren, § 110 StPO (die Polizei ist nur befugte auf Anordnung der Staatsanwaltschaft), oder gar die Anordnung durch ein Gericht, bei Gefahr im Verzuge des Kammervorsitzenden verlangt (z.B. § 100d I StPO). Liegt in diesen Fällen eine rechtfertigende Einwilligung des Rechtsgutsträgers vor, handeln die Beamten nicht unbefugt i.S. des § 202 StGB (tatbestandsausschließende Einwilligung) und könnten gerechtfertigt sein (OLG Schleswig NJW 1985, 1092; Warda, Jura 1979, 296). 2

Sind die polizeirechtlichen und strafprozessualen Eingriffsermächtigungen für hoheitlich handelnde Ermittlungsbeamte Rechtfertigungsgründe, hat das eine Duldungspflicht für den Betroffenen zur Folge. Er darf sich dagegen nicht gewaltsam zur Wehr setzen. Da die Eingriffsnormen gleichzeitig Verfahrenshandlungen sind, bleibt es dem Bürger unbenommen, ihre Zulässigkeit gerichtlich überprüfen zu lassen. Das gilt nicht nur für den beendeten, sondern gleichermaßen für den andauernden Eingriff. Daneben kann man die Eingriffsermächtigungen auch rein tatsächlich skizzieren. Sie stellen meist (obwohl das im Polizeirecht nicht zwingend ist, vgl. Ziff. 3) Reaktionen auf rechtlich relevantes Verhalten eines Menschen dar. Allerdings müssen wir zwischen polizeirechtlichen und strafprozessualen Ermächtigungen unterscheiden. Während man im Polizeirecht die Eingriffe mit dem Ziel vornehmen kann, eine als ge- 3 fährlich erkannte Folge menschlichen Handelns oder auf Grund „höherer Gewalt“ zu verhindern, dürfen sie im Strafverfahrensrecht grundsätzlich nicht vorbeugend (Ausnahme: § 112a StPO) durchgeführt werden. Das belegt ein Blick auf den Wortlaut der Gesetze.

4 In der Folge wollen wir uns mit Begriffen von elementarer Bedeutung beschäftigen, und zwar „Straftat“, „Tatverdacht“, „dringender Tatverdacht“ und „Beschuldigter“. Darüber hinaus machen wir uns Gedanken über die Gefahrenbegriffe, die bedeutsame Frage der Abgrenzung des präventiven vom repressiven Handeln, das Verhältnis des Versammlungsrechts zum Polizeirecht und die Grundlagen zur Verfolgung von Ordnungswidrigkeiten. Bevor wir uns diesen Themenkomplexen widmen, wollen wir den Begriff der Verhältnismäßigkeit erörtern; denn selbst Rechtseingriffe, die vom Wortlaut des Gesetzes zugelassen sind, darf ein Beamter nicht vollstrecken, wenn sie unverhältnismäßig sein sollten.

5 Verhältnismäßigkeit im weiteren Sinne fordert die Überprüfung, ob der in Aussicht genommene und gesetzlich erlaubte Rechtseingriff geeignet, erforderlich und angemessen (verhältnismäßig im engeren Sinne) ist. Geeignet ist hoheitliches Handeln, wenn die zu treffende Maßnahme objektiv zwecktauglich ist, das polizeiliche Ziel zu erreichen. Entsprechend dieser Vorgabe muss die Prüfung sowohl den Rechtseingriff selbst (ist z.B. einzig die Freiheitsentziehung zwecktauglich oder genügt es, dem Adressaten einen Platzverweis zu erteilen?) als auch auf dessen Adressaten (z.B. muss ist diese oder kann ich jene Person in Anspruch nehmen?) einbeziehen. Der Beamte ist auf der Grundlage eines pflichtgemäß ausgeübten Ermessens in der Wahl des Mittels grundsätzlich frei (Auswahlermessen), sofern er sachgerecht entschieden hat, von mehreren geeigneten Maßnahmen die anzuwenden, die den Adressaten und bzw. oder die Allgemeinheit voraussichtlich am geringsten beeinträchtigt (gelindestes Mittel). Da dieser Grundsatz in einer perspektivischen Betrachtung, sowohl die in Frage kommenden Rechtseingriffe als auch den Kreis der Adressaten zu berücksichtigen hat, kann der Beamte unmittelbar stark wirkende Maßnahmen einsetzen, wenn diese Vorausschau zu der Erkenntnis führt, dass weniger einschneidende Mittel vollkommen wirkungslos oder erheblich weniger wirkungsvoll sein werden.

6 Angemessen oder verhältnismäßig im engeren Sinne ist ein Rechtseingriff, wenn seine Intensität im Rahmen einer Gesamtabwägung nicht außer Verhältnis zum Gewicht der ihn rechtfertigenden Ursachen steht (BVerfGE 109, 279, 349 f.). Daher darf ein geeigneter und erforderlicher Eingriff zum Schutz von Rechtsgütern nicht vorgenommen werden, sofern die damit auf der einen Seite zwingend verbundenen Rechtsbeeinträchtigungen den Zuwachs an Rechtsgüterschutz auf der andere Seite überwiegen (Mittel-Zweck-Relation). In solchen Fällen beurteilt die Rechtsordnung die Anwendung des Schutzmittels als unangemessen (BVerfG NJW 1994, 1577, LG Kiel StV 2006, 125). Folglich dürfen besonders intensive Rechtseingriffe erst von bestimmten Verdachts- oder Gefahrenstufen an zugelassen werden, und die entsprechenden Eingriffsschwellen sind gesetzlich hinreichend konkret zu definieren (BVerfGE 100, 313, 383 f.). Stehen sich im Rahmen der Mittel-Zweck-Relation gleichwertige Rechte gegenüber, ist die Zumutbarkeit der Aufopferungspflicht in den Abwägungsprozess einzubeziehen (Chemnitz Ziff. 6.2).

1. Eingriff

Der klassische Begriff „Grundrechtseingriff" fußt auf dem individuellen oder generellen Befehl, also einem Ge- oder Verbot, wodurch der Staat auf die Verhaltensfreiheit eines Menschen einwirkt (Sachs Vor Art. 1 Rdn 80; Weber-Dürler, VVDStRL 57, 57, 60). Diesen Gedanken fortschreibend ist Eingriff allgemein betrachtet die durch Gesetz zugelassene, nicht lediglich unwesentliche gefahrenabwehrende oder strafprozessuale Verletzung verfassungsmäßig geschützter Rechtsgüter gegen den Willen des Rechtsgutsträgers (sog. Abwehrrechtseingriff, vgl. Roth, S. 126; Isensee, in: Isensee/Kirchhof § 111 Rdn 59 ff.). Die Rechtsgutsbeeinträchtigung kann unmittelbar durch das behördliche Vorgehen oder dadurch erfolgen, dass die Behörde direkt gewonnene Erkenntnisse weitergehend, möglicherweise sogar in einer der Ermächtigung nicht entsprechenden Weise nutzt oder auswertet (Jarass/Pieroth Vorb vor Art. 1 Rdn 26). Ob im zuletzt genannten Fall eine Rechtsgüterbeeinträchtigung gegeben ist, lässt sich regelmäßig nur im Wege der Auslegung ermitteln. 7

Beispiel: Dem Straftäter S, der im Zustand erheblicher Trunkenheit einen Totschlagsversuch begangen hat, wird zur Beweissicherung eine Blutprobe entnommen. Das Blut des S wird nicht nur auf die BAK hin, sondern heimlich auch in Bezug auf AIDS untersucht.

Die Feststellung der BAK zur Tatzeit ist für die Ermittlung der Schuld des Straftäters von wesentlicher Bedeutung. Daher erlaubt § 81a StPO die Entnahme einer Blutprobe, also eine Körperverletzung. Der Eingriff in die körperliche Unversehrtheit ist somit gerechtfertigt. Erhält die Behörde darüber hinaus Erkenntnisse auf Grund von Untersuchungen, die mit der Aufklärung der Tat, die Grundlage des unmittelbaren Rechtseingriffs gewesen ist, in keinem Zusammenhang stehen, erfolgt ohne Zweifel ein Eingriff in das Recht auf informationelle Selbstbestimmung. Doch kann diese unberechtigte Datengewinnung keineswegs quasi rückwirkend die Rechtfertigung der Körperverletzung aufheben (Janker, NJW 1987, 2897; a.A. StA Aachen DRiZ 1989, 20). 8

Diese tradierte Eingriffsdogmatik stellt einseitig auf die Bedürfnisse der Eingriffsverwaltung ab (was an dieser Stelle indes überwiegend interessiert). Sie knüpft den Rechtseingriff an verschiedene Voraussetzungen, und zwar an die Anwendung hoheitlicher Gewalt, die unmittelbare Einwirkung auf gesetzlich geschützte Güter, das Eingreifen einer gesetzlichen Ermächtigung, die nicht unwesentliche Rechtsverletzung und den entgegenstehenden Willen des Rechtsgutsträgers. Einen erheblich weiteres Eingriffs-Verständnis vertreten der EGMR und die EKMR: Ob die Beeinträchtigung subjektiv-öffentlicher Rechte auf der Grundlage eines Ge- oder Verbots erfolgt oder auf der Grundlage schlicht-hoheitlichen Handelns, spielt keine Rolle (Roth, S. 63 f.). 9

Von den soeben dargestellten Eingriffs-Merkmalen sollen zwei eingehender untersucht werden, da die übrigen unproblematisch oder Gegenstand ausführlicher Erläuterungen sind, nämlich das Problem der Wesentlichkeit des Eingriffs und das des entgegenstehenden Willens. 10

a) Bagatellvorbehalt

11 Entsprechend dem Gedanken vom Bagatellvorbehalt spricht man erst von einem Eingriff, wenn das behördliche Handeln die Schwelle von der bloßen Belästigung zur Beeinträchtigung überschreitet (vgl. dazu Heintzen, VerwArch 1990, 532ff.; Pietzker, Der Staat 1978, 357; Jarass/Pieroth Vorb vor Art. 1 Rdn 29). Allerdings ist die Grenze zwischen Belästigung und Beeinträchtigung nur schwer zu ziehen und keineswegs für alle Grundrechte gleich zu bestimmen. Entscheidend kommt es auf die Sensibilität des Grundrechts, die herrschenden Anschauungen und die Sozialadäquanz an. Je empfindlicher das in Frage stehende Grundrecht ist und je weitreichender die Möglichkeiten der Staatsgewalt sind, ausgehend von relativ wenigen Daten sich einen mehr oder weniger umfassenden Blick in die Persönlichkeit des Adressaten zu verschaffen, desto eher erfolgt der Übergang von der Belästigung zum Eingriff (BVerfGE 65, 1, 47ff.).

12 Lediglich die bloß marginalen Rechtsbeeinträchtigungen zur Prävention bzw. Repression, die aus dem Gedanken der sozialen Verantwortlichkeit von jedermann hinzunehmen sind, erfüllen die Merkmale des Rechtseingriffs nicht. Folglich haben beispielsweise behördliche Tätigkeiten, die nicht über das hinausgehen, was jedermann gegenüber dem Adressaten auch tun könnte, keinen Eingriffscharakter (vgl. z.B. Betreten eines geöffneten Lokals, vgl. dazu § 20 IV rhpPOG, § 25 IV thPAG). Das Gleiche gilt für die Kenntnisnahme personenbezogener Daten durch eine Behörde, die eine andere Behörde erhoben und gespeichert hat, wenn sich die Kenntnisnahme durch die nachrangige Behörde auf Daten beschränkt, die zur Erfüllung dieses Zweckes zumindest auch erhoben worden sind und die jedermann grundsätzlich zugänglich sind, sog. offenkundige Dateien (BayObLG NJW 1999, 2829).

13 Die Rechtsprechung bezeichnet begründeterweise die Halterdaten des Kraftfahrtbundesamtes als „offenkundige Daten", die weder dem Schutzzweck des § 203 StGB noch dem der Sanktionsnormen der Datenschutzgesetze unterliegen (BayObLG NJW 1999, 1727; kritisch dagegen Pätzel, NJW 1999, 3246ff.).

Beispiel: Die mittels Datenverarbeitungsanlage durchgeführte Halterfeststellung durch die Polizei beim Straßenverkehrsamt stellt keinen Rechtseingriff dar; denn die entsprechenden Daten werden auch für diesen Zweck erhoben. Zudem weiß der Bürger bei der Angabe seiner Daten, dass diese auch für polizeiliche Zwecke bereitgehalten werden.

b) Entgegenstehender Wille, Einwilligung

14 Einwilligung ist eine Erklärung, durch die der Einwilligende seine Bereitschaft zeigt, eine Beeinträchtigung seiner verfassungsmäßig geschützten Rechte hinzunehmen (Amelung, Einwilligung, S. 13; Bleckmann, S. 412; Benfer, Haussuchung, S. 302). Sowohl einem Hoheitsträger als auch einem Privaten gibt sie die Berechtigung zur Vornahme von Handlungen, die ohne Einwilligung verboten wären, sie ist also ein auf Art. 2 I GG aufbauender Verzicht auf das Geltendmachen eines Unterlassungsanspruchs (LG Düsseldorf NJW 2003, 1883, 1885; Pietzker, Der Staat 1978, 527, 538ff.; Schwabe, S. 95f.) und keine Willenserklärung, mit der ein Grundrecht für die Zukunft aufgegeben wird (vgl.

Lübbe-Wolff, S. 58ff.). Die Handelnden dürfen indessen nur so weit gehen, wie ihre Handlungen durch die Einwilligung gedeckt sind (Ensthaler, S. 22).

Dieser Grundsatz „volenti non fit iniuria" (Thieme, NJW 1974, 2201, 2203f.; Jessnitzer, NJW 1977, 2128; LG Hannover NJW 1977, 1110f.) kann hoheitlichem Handeln den Eingriffscharakter nur nehmen, wenn der „Einwilligende" abschließend darüber entscheidet, ob der Eingriff vorgenommen wird oder unterbleibt. Eine derart weit reichende Wirkung hat die Einwilligung meist jedoch nicht. Denn soweit das Legalitätsprinzip greift, bleibt den Ermittlungsbeamten keine Wahl, sie müssen die zur Aufklärung einer Straftat erforderlichen Rechtseingriffe durchführen. Selbst die Opportunität gefahrenabwehrenden Handelns erlaubt einen Rechtseingriff nur, wenn er erforderlich ist. Ist es aber objektiv notwendig, in die Rechte eines Menschen einzugreifen, um ein gesetzliches Ziel zu erreichen, ist es irrelevant, ob der Eingriffsadressat in die Verletzung seiner verfassungsmäßig garantierten Rechte einwilligt oder nicht. Der Eingriff wird in jedem Falle aus übergeordneten Gesichtspunkten vorgenommen. Folglich nimmt die Einwilligung einem Eingriff den hoheitlichen Charakter prinzipiell nicht. Dennoch hat die wirksame Einwilligung in die Vornahme eines angeordneten Rechtseingriffs erhebliche Bedeutung: In diesem Falle kann z.B. die Polizei auf die von dem Gesetz im Allgemeinen vorgesehene richterliche Anordnung des Grundrechtseingriffs verzichten (OLG Hamm NJW 2009, 242; LG Düsseldorf NJW 2003, 1583). 15

2. Abgrenzung Prävention – Repression

Tätigkeiten der Gefahrenabwehr haben das Ziel, einen drohenden Schadenseintritt zu verhindern oder eine bereits eingetretene Störung der öffentlichen Sicherheit zu beenden, sofern bei Unterlassen polizeilichen Einschreitens die Verletzung der Rechtsgüter eines Einzelnen oder der Allgemeinheit aufrecht erhalten bliebe. Zur Strafverfolgung gehören alle Tätigkeiten der Ermittlungsbehörden, die diese nach Bekanntwerden einer rechtswidrigen Tat oder einer Straftat gegen eine bestimmte Person oder gegen bestimmte Personen oder ohne Personenbezug vornehmen, um diese Tat oder Tatzusammenhänge aufzuklären oder einer Aufklärung näher zu bringen. Polizeilich veranlasste Eingriffe in verfassungsmäßig geschützte Rechte erfolgen stets präventiv oder repressiv. Welchem Ziel sie dienen, ist in erster Linie abhängig vom Anlass, der die Eingriffe ausgelöst hat. Ist Grundlage eine Gefahr für die öffentliche Sicherheit oder Ordnung, sind primär die Ordnungsbehörden aufgefordert, diese Gefahr zu beseitigen (§ 1 OBG BB; § 1 OBG NW). Soll dagegen eine Straftat verfolgt werden, ist die Staatsanwaltschaft als Herrin des Ermittlungsverfahrens in der Regel zum Eingreifen gezwungen (§ 161 StPO). Neben bzw. zwischen diesen beiden originär zuständigen Behörden steht die Polizei, die als doppelfunktionale Institution sowohl für die Gefahrenabwehr (§ 1 bbPolG; § 1 nwPolG, § 2 thPAG) als auch die Strafverfolgung (§ 1 IV bbPolG; § 1 IV nwPolG, § 2 IV thPAG i.V.m. § 163 StPO) teils originär, teils subsidiär zuständig ist. 16

Polizeibeamte stehen wegen dieser doppelfunktionellen Handlungskompetenz im Falle hoheitlichen Einschreitens stets vor der Frage nach dem „Hauptzweck" ihrer Tätigkeit, ob sie repressiv oder präventiv tätig werden; denn die Festlegung des Anlasses entscheidet, ob die Polizei tätig werden muss oder tätig 17 werden kann. Davon abhängig ist überdies die Ermächtigung, auf die der Beamte seine Eingriffe in subjektiv-öffentliche Rechte stützt; denn die strafprozessualen Eingriffsbefugnisse sind deutlich restriktiver als die gefahrenabwehrenden. Nach welchen Kriterien diese Grenzziehung erfolgen soll, ist nicht eindeutig. Ob die subjektive Zielsetzung darüber entscheiden soll (so z.B. Götz Rdn 546 ff.) oder der Blick auf den Schwerpunkt der polizeilichen Tätigkeit (so z.B. Achenbach, in: AK StPO § 163 Rdn 11; Jahn, KritVjSchr 2004, 24, 40 f.) – beides bietet keine verlässliche Lösung. In beiden Fällen könnte die Polizei die Grenzen, innerhalb derer sie tätig zu werden trachtet, eigenmächtig festlegen, was zu einer schleichenden Aushöhlung der gegenüber dem Polizeigesetz strengeren strafprozessualen Eingriffsermächtigungen führen müsste. Auch wenn man anerkennt, dass die Grenzen zwischen Prävention und Repression nicht selten fließend sind, ist Beachtung einer strafprozessualen Eingriffsnormen zwingend, wenn gegen den Adressaten ein begründeter Tatverdacht zumindest hinsichtlich eines strafbaren Versuchs besteht (Hefendehl, StV 2001, 705) oder wenn Eingriffe ohne unmittelbaren personalen Bezug zur Sicherung von Beweismitteln erforderlich werden und Tatsachen dafür sprechen, dass eine Straftat vorausgegangen ist. So gesehen ist es durchaus konsequent, wenn der Gesetzgeber den Polizeibehörden in § 481 I StPO die Befugnis einräumt, personenbezogene Daten aus Strafverfahren zu Zwecken der Gefahrenabwehr zu verwenden, es sei denn das Ziel der Prävention ist Schutz privater Rechte (§ 481 I S. 3 StPO).

17a Zwischen den hergebrachten Positionen der Prävention und der Repression steht die sog. Strafverfolgungsvorsorge oder antizipierte Repression. Zur antizipierten Repression gehört jede Tätigkeit der Ermittlungsbehörde, die bereits vor der auf Grund eines Anfangsverdachts erfolgenden Einleitung eines Ermittlungsverfahrens die Aufklärung zukünftig bekannt werdender Straftaten vorbereitet (Rudolph, S. 6). Zu dem Kanon der Maßnahmen zur Strafverfolgungsvorsorge zählen §§ 81b zweite Alt (BVerwG JZ 2006, 727, 728), 81g, 484 StPO. Neben der Strafprozessordnung kennen auch die Polizeigesetze der Länder eine Ermächtigung zur Strafverfolgungsvorsorge, nämlich § 15a nwPolG. Die damit zugelassenen geringfügigen Eingriffe in das Recht auf informationelle Selbstbestimmung dienen nicht allein der Gefahrenabwehr, sondern liefern – sofern Geschehensabläufe aufgezeichnet werden – Beweismaterial für mögliche zukünftige Strafverfahren (Eisenberg/Puschke, JZ 2006, 729, 730). Weil der Annex der Strafverfolgungsvorsorge zum Strafverfahren gewissermaßen auf der Hand liegt, ordnet die h.M. dieses Rechtsinstitut der Strafprozessordnung zu (BVerfGE 103, 21, 31; Brenneisen/Bock, Pol-Info 2007, Heft 1 S. 59 ff. mwN). So logisch diese Zuordnung erscheint, soll hier nachdrücklich darauf hingewiesen werden, dass die antizipierte Repression gewichtige gefahrenabwehrende Elemente enthält: Mit den in polizeilichen Dateien gespeicherten und allzeit abrufbaren Daten verfügt die Behörde – wie gesagt – über wirksame Mittel zur Aufklärung zukünftiger Straftaten. Da effiziente Strafverfolgung als Teil der verfassungsmäßigen Ordnung zu den Sicherheitsgütern der Allgemeinheit zählt (vgl. OVG Münster NJW 1980, 138, 139). ist eine Gefahrenlage anzuerkennen, sobald die Funktionsfähigkeit der Polizei dadurch bedroht ist, dass real vorhandene Möglichkeiten effizienter Repression ungenutzt bleiben.

18 Auf Grund § 163 StPO hat die Polizei, sofern sie vom Verdacht einer Straftat Kenntnis erlangt, den Sachverhalt zu erforschen. Dieser Ermittlungsauftrag bindet sie. Ganz anders gestaltet sich die Rechtslage bei der Verfolgung einer Ordnungswidrigkeit. Erfährt die Polizei von der Begehung eines Bußgeldtatbestandes, steht es in ihrem pflichtgemäßen Ermessen zu entscheiden, ob sie verfolgt oder nicht (§ 53 OWiG).

Neben dieser verfolgenden Tätigkeit obliegt der Polizei auch die Aufgabe 19
der Gefahrenabwehr. Grundlage polizeilichen Einschreitens ist eine Gefahr für die öffentliche Sicherheit (§ 1 I bbPolG; § 1 I nwPolG) bzw. öffentliche Sicherheit und Ordnung (§ 2 I thPAG). „Gefahr" beschreibt einen Zustand, der bei ungehindertem Ablauf des zu erwartenden Geschehens zu einer Verletzung geschützter Güter, im Einzelfall u.U. zu einer Straftat oder Ordnungswidrigkeit führt (König, S. 22; Drews/Wacke/Vogel/Martens, S. 220). Damit ist auch die vorbeugende Verbrechensbekämpfung, also die Verhinderung von Straftaten, ein Unterfall des § 1 bbPolG; § 1 nwPolG, § 2 I S. 2 thPAG (Riegel § 1 Rdn 14).

Diese Argumentation leitet uns zu der eigentlichen Problemstellung. Schließ- 20
lich steckt vielfach in Strafverfolgung mehr oder weniger umfangreich Gefahrenabwehr. Der für die Gefahrenabwehr unabdingbare Begriff der öffentlichen Sicherheit erfasst neben dem Schutz der Rechtsordnung die durch die Verfassung gewährten Individualrechtsgüter, wie z.B. Leben, Freiheit, Eigentum, Ehre, Vermögen oder das sich aus Art. 2 I, 1 GG herleitende allgemeine Persönlichkeitsrecht (VGH Mannheim JuS 2009, 170, 171). Diese Rechtsgüter werden wiederum durch zivil- und strafrechtliche Normen gegen Angriffe geschützt, so dass sich derjenige, der strafbewehrte Rechte Privater verletzt, sowohl der Strafverfolgung als auch ggf. Schadensersatzforderungen aussetzt. Betreiben staatliche Organe auf Grund eines entsprechenden Anlasses Strafverfolgung, erfüllen sie zunächst ihren gesetzlichen Auftrag. Daneben helfen sie dem Opfer, seine u.U. bestehenden zivilrechtlichen Ansprüche geltend machen zu können.

Das Polizeigesetz greift aber nicht nur regelnd ein, wenn eine Gefahr vor- 21
liegt. Obwohl dies nicht ausdrücklich aus dem Wortlaut des Gesetzes hervorgeht, besteht Einigkeit, dass § 1 bbPolG; § 1 nwPolG, § 2 thPAG überdies die Bekämpfung bzw. Beseitigung einer bereits eingetretenen Störung erfasst (Drews/Wacke/Vogel/Martens, S. 220). Damit überschreitet das Polizeigesetz hin und wieder die Grenze von der „reinen" Gefahrenabwehr zur Strafverfolgung.

Beispiel: I wird von dem Polizeibeamten P bei einem Taschendiebstahl beobachtet. P stellt den I, durchsucht ihn und beschlagnahmt das Diebesgut.

Oder:

Der Kriminalbeamte K erfährt, dass die 17-jährige Tochter (T) seines Nachbarn von ihrem Freund (F) in dessen Wohnung festgehalten und sexuell missbraucht wird. Am späten Abend dringt K in die Wohnung des F ein und befreit die völlig verstörte T.

Diese Beispiele zeigen, dass gefahrenabwehrende Elemente häufig in repres- 22
sives Handeln der Staatsorgane hineinspielen. Vielfach ist sich der Hoheitsträger solcher Überschneidungen kaum bewusst, hin und wieder treten sie auch unvorhergesehen auf. Gemeinsam ist den Beispielen, dass Störungen von Individualrechtsgütern evident sind. Im Falle des Taschendiebstahls ist das Eigentum des Geschädigten verletzt, im zweiten Beispiel sind es die Rechtsgüter „Freiheit der Person" und „Recht auf sexuelle Selbstbestimmung". Mit dieser Störung

geht die Vollendung von Straftaten einher, nämlich Diebstahl (erstes Beispiel) und §§ 177, 235 StGB (zweites Beispiel).

23 In beiden Fällen haben Polizeibeamte Eingriffe in die Grundrechte der „Störer" vorgenommen, womit wir vor der Frage stehen, ob dies auf der Basis der Gefahren- bzw. Störungsabwehr oder auf der der Strafverfolgung geschah. Denn kommt die Polizei ihrem gesetzlichen Auftrag aus § 163 StPO nach und hat sie Erfolg, ermöglicht sie es dem Verletzten, seine Schadensersatzansprüche gegen den Schädiger geltend zu machen und durchzusetzen. Demzufolge könnte man im Falle solcher doppelfunktionaler Rechtseingriffe der Strafverfolgung den Primat zuerkennen, auch wenn gleichzeitig general- oder/und spezialpräventive Ziele verfolgt werden. Doch kommt es für die Zuordnung zur Prävention bzw. Repression einer solch doppelfunktionaler Rechtseingriffe zum einen auf das Schwergewicht des polizeilichen Handelns, zum anderen auf den mit der Maßnahme verbundenen Zweck an. Darüber hinaus ist für die Abgrenzung der Aufgabengebiete entscheidend, wie sich der konkrete Sachverhalt einem verständigen Bürger in der Lage des Betroffenen darstellt (VGH Mannheim NVwZ-RR 2005, 540 ff.).

24 Ist es auf Grund des begangenen Delikts möglich, schließt die Strafverfolgung das Ziel ein, das verletzte Rechtsgut des Tatopfers wiederherzustellen. Allerdings wird es einerseits in Bezug auf die im Einzelfall begangene Straftat, andererseits der persönlichen Präferenzen nur selten möglich sein festzustellen, welchem der Aufgabengebiete im Falle einer doppelfunktionalen polizeilichen Maßnahme der „verständige Bürger in der Lage des Betroffenen bei natürlicher Betrachtensweise" den Vorrang einräumt. Die landläufige Auffassung, dass derjenige, der Straftaten begangen hat, auch zu bestrafen sei, spricht für Anerkennung eines Vorrangs von Repression gegenüber der Prävention. Bei Begehung von Straftaten, die parallel Gefahrenlagen ausweisen, deren Beseitigung ein vordringliches Anliegen der Gesellschaft darstellt (z.B. wegen der Qualität des gefährdeten Rechtsguts), kann ausnahmsweise die Beseitigung der Gefahr Vorrang vor der Strafverfolgung haben (OLG Hamm NPA Leitzahl 730, Gefahrenabwehr Blatt 30).

25 Der Grundsatz des Primats der Strafverfolgung gilt gleichermaßen für Antragsdelikte (i.d.R. auch Privatklagedelikte, § 374 StPO), die ohne Strafantrag prinzipiell nicht verfolgt werden können. Jedoch ist es der Staatsanwaltschaft im Rahmen der Ziff. 86, 87, 229, 232, 233, 234, 243 III, 260, 260a 261, 261a RiStBV gestattet, auf öffentliches Interesse an der Strafverfolgung zu erkennen.

26 Die Polizei hat neben der Strafverfolgung auch die Aufgabe der Verfolgung von Ordnungswidrigkeiten. Dabei kann sie nach pflichtgemäßem Ermessen entscheiden, ob sie repressiv tätig wird oder nicht.

Beispiel: Der Pächter einer Diskothek (D) gestattet auch offensichtlich jugendlichen weiblichen Gästen den Besuch seines Lokals bis in die frühen Morgenstunden. D schenkt den Jugendlichen alkoholische Getränke aus und bewirtet sie auch dann noch, wenn er sicher erkennt, dass viele von ihnen stark betrunken sind. Der Polizeibeamte P führt deshalb am ... eine Identitätsfeststellung gegenüber dem Wirt und dem Bedienungspersonal durch.

27 D hat Jugendlichen, die 16 Jahre alt sind, die Anwesenheit bei einer öffentlichen Tanzveranstaltung ohne qualifizierte Begleitung widerrechtlich gestattet

(§ 5 JuSchG). Daneben hat er ihnen alkoholische Getränke ausgeschenkt, obwohl auch das untersagt ist (§ 9 JuSchG). Beide Verstöße stellen Ordnungswidrigkeiten nach § 28 I Ziff. 6, 10 JuSchG dar. Ein weiterer Verstoß folgt aus § 20 Ziff. 2 GaststättenG, weil D alkoholische Getränke an erkennbar Betrunkene verabreicht hat (§ 28 I Ziff. 9 GaststättenG). Trotz der begangenen Ordnungswidrigkeiten kann die Polizei ihren Rechtseingriff durchführen, um der Ordnungsbehörde Mitteilung zukommen zu lassen, auf Grund derer die Behörde in eine Prüfung über den Widerruf der Erlaubnis zum Führen einer Schankwirtschaft eintreten kann (§§ 15 II i.V.m. 4 I Nr. 1 GaststättenG). Ob der Beamte dieses oder jenes Ziel verfolgt, entscheidet über die Rechtsgrundlage für die Identitätsfeststellung (§ 46 I OWiG i.V.m. § 163b StPO oder § 12 bbPolG, § 12 nwPolG, § 14 thPAG).

Daneben steht ein Polizeibeamter häufig Situationen gegenüber, in denen a **28** priori nicht feststeht, ob das hoheitliche Tätigwerden der Gefahrenabwehr oder der Strafverfolgung zuzurechnen ist. Vornehmlich bei Umweltdelikten tauchen diese Fragen auf, z.B. dem unerlaubten Umgang mit gefährlichen Abfällen (§ 326 StGB) oder der Gewässerverunreinigung (§ 324 StGB). Beide Tatbestände verlangen unbefugtes Handeln, bei dem der Täter u.a. ohne oder gegen eine behördliche Genehmigung handelt. Ob die entsprechende Genehmigung vorliegt, können Polizeibeamte regelmäßig erst nach Vornahme von Rechtseingriffen, z.B. in das Hausrecht, feststellen.

Nicht unproblematisch ist das Verhalten von Polizeibeamten, wenn zwar der **29** Tatbestand eines Offizialdeliktes gegeben ist, sie aber „begründeterweise" die Strafverfolgung zurückstellen. Solchen Problemen begegnen wir vor allem im Bereich der Drogenszene, sobald „kleine Konsumenten" von der Polizei aufgegriffen und Eingriffen unterworfen werden, oder in den Fällen der §§ 239a und 239b StGB.

Natürlich unterlässt ein Polizeibeamter nicht aus abwegigen Gründen die **30** Strafverfolgung, sondern vor dem Hintergrund der Überlegung, es sei wichtiger, den wesentlich gefährlicheren Dealer fassen zu können, als diesen „kleinen Fisch" zu angeln. Auch macht wirksame Bekämpfung der Rauschgiftkriminalität in verstärktem Umfang präventiv-polizeiliche Maßnahmen notwendig. Dennoch hebt die Rauschgiftkriminalität sich nicht so wesentlich von anderen Verbrechen und Vergehen ab, dass das öffentliche Interesse an ihrer wirksamen Verfolgung hintanstehen müsste (OLG Köln NJW 1981, 1794). Daher hat ein Polizeibeamter grundsätzlich im Falle eines Drogenvergehens Anzeige zu erstatten und seine Grundrechtseingriffe strafprozessual zu begründen. Kann er tatsächlich über den Konsumenten an den Dealer gelangen, tritt diese Pflicht hinter Gefahrenabwehr zurück.

Im Falle der §§ 239a, 239b StGB ist die Gefahr für das Leben der Geisel so **31** groß, dass ein auch nur geringfügiger Fehlschlag polizeilichen Eingreifens mit hoher Wahrscheinlichkeit ihren Tod nach sich ziehen würde. Insoweit ist es polizeilich durchaus begründbar, erst das Leben der Geisel zu retten, um danach in die Strafverfolgung einzutreten.

Fassen wir die Überlegungen über die Zuordnung von Eingriffen in sub- **32** jektiv-öffentliche Rechte zusammen: Erfüllt polizeiliches Handeln auf hoheitlicher Grundlage sowohl präventive als auch strafverfolgende Aufgaben, entscheidet über die Frage nach der anzuwendenden Ermächtigung entsprechend den RiStBV Anlage A, B III, dritter Absatz der Schwerpunkt der Maßnahme (BVerwG DÖV 1975, 275, 277 mit zust. Anm. Naumann; a.A. mit wenig überzeugenden Argumenten Temme/Tesch, S. 95 f.), der nach Erkennen einer Straftat auf Repression liegt. Ist vor Beginn des Einschreitens nicht sicher, ob der Beamte zur Gefahrenabwehr oder zum Zwecke der Repression tätig wird, steht ihm keine Wahlfreiheit zu. Dann ist zu empfehlen, die Grundrechtseingriffe auf die strengeren Anforderungen zu stützen, die sich regelmäßig in der Strafprozessordnung finden (Wagner, in: AK PolG NW Rdn 125; Gusy Rdn 154 f.).

33 Selbst wenn das Ziel der Grundrechtseingriffe vor ihrer Anwendung nicht eindeutig definierbar ist, obliegt es nicht dem Hoheitsträger, die gesetzliche Basis seines Handelns nach den für ihn günstigsten Bestimmungen auszusuchen. Vielmehr haben sich die mit hoheitlichen Rechten ausgestatteten Subjekte öffentlicher Verwaltung in den Fällen der Vornahme von Grundrechtseingriffen weitgehende Beschränkungen aufzuerlegen. Daraus folgt, dass strafprozessuale Eingriffsermächtigungen Priorität genießen, wenn Straftaten oder Ordnungswidrigkeiten begangen worden sind und deren Verfolgung gleichzeitig Gefahrenabwehr leisten würde. Nur dann können wir in begründeten Ausnahmefällen Rechtseingriffe auf polizeirechtliche Ermächtigungen stützen.

3. Gefahr

34 Der Begriff „Gefahr“ beschreibt einen Zustand, bei dem die hinreichende Wahrscheinlichkeit besteht, dass in absehbarer Zeit ein Schaden bezogen auf Sicherheitsgüter entstehen wird. Darauf aufbauend definiert die Rechtsprechung den Gefahrenbegriff. Sie meint, eine Gefahr liege nach allgemeiner Auffassung vor, wenn eine Sachlage oder ein Verhalten bei ungestörtem Ablauf des objektiv zu erwartenden Geschehens mit Wahrscheinlichkeit ein polizeilich geschütztes Rechtsgut schädigen wird (BVerwGE 45, 51, 57). Die Prognose hinsichtlich eines bei ungehindertem Geschehensablauf zu erwartenden Schadenseintritts gründet sich entweder auf die allgemeine Lebenserfahrung oder auf spezielles Fachwissen des zur Entscheidung aufgerufenen Polizeibeamten (Brandt/Smeddinck, Jura 1994, 225, 227).

35 Die Gefahr ist naturgemäß die Vorstufe des Schadens. „Schaden“ im polizeilichen Sinne ist jede nicht unerhebliche Minderung des vorhandenen Bestandes an geschützten Individual- bzw. Gemeinschaftsgütern (Hansen-Dix, S. 23 f.). Insoweit stellen also bloße Belästigungen, Geschmacklosigkeiten, Unannehmlichkeiten oder gar nur Unbequemlichkeiten aus polizeilicher Sicht keinen Schaden dar. Allerdings können Beeinträchtigungen, die isoliert betrachtet sich keineswegs als wesentliche darstellen, sowohl über die Dauer als auch ihre Anzahl kumulativ die Schwelle zur Anerkennung eines Schadens überschreiten.

36 Insbesondere bei Immissionen hat die Kumulierung der Einwirkungen in Bezug auf die Anerkennung eines Schadens eine ganz hervorragende Bedeutung; denn Anzahl und Dauer von Belästigungen überschreiten häufig die Grenzen zum Schaden. Ob in diesen Fällen ein polizeilich relevanter Schaden eingetreten ist, beurteilen wir nach pflichtgemäßem Ermessen. Dabei stellen wir nicht auf das Urteil eines besonders Empfindlichen ab, sondern lassen uns von dem eines normal empfindenden Durchschnittsmenschen leiten.

Auch zeitliche und örtliche Gegebenheiten spielen bei Ermittlung der Frage, ob eine Gefahr anzunehmen ist, eine ganz bedeutende Rolle. Was die Bewohner des einen Ortsteiles entsetzt und „auf die Palme bringt", ist für die Bewohner eines anderen Bezirks ein Normalzustand (vgl. Hansen-Dix, S. 29). 37

Beispiel: Mehrere Jugendliche machen mit ihren Leichtkrafträdern ein Rennen einmal in reinem Wohnbereich zur späten Nachmittagsstunde, ein andermal auf einer vierspurigen Hauptverkehrsstraße zur Spitzenverkehrszeit.

Die Anerkennung eines Schadens bzw. einer Gefahr setzt keineswegs menschliches Verhalten voraus. Präventives Einschreiten ist auch zulässig, wenn Naturgewalten die drohende Verletzung von Rechtsgütern auslösen. 38

Ist der Schaden eingetreten, spricht man polizeilich von einer Störung der öffentlichen Sicherheit. Aus präventiv-polizeilicher Sicht sind Störungen relevant, wenn die Verletzung des Rechtsguts andauert und mit höchster Wahrscheinlichkeit Ausgangspunkt weiterer Schadensereignisse sein wird. Enthält die Störung einen Straf- oder Bußgeldtatbestand, stellt sich die Frage nach gefahrenabwehrendem Einschreiten, soweit der Polizei hinsichtlich der verfolgenden Tätigkeit Ermessen eingeräumt ist. 39

Beispiel: Zwei Jugendliche brennen einige Feuerwerkskörper in der Fußgängerzone von A-Stadt ab. Hinweise darauf, dass sie noch über weitere Feuerwerkskörper verfügen, gibt es nicht.

Das Abbrennen pyrotechnischer Gegenstände ist (außerhalb des 31. Dez. eines jeden Jahres) grundsätzlich verboten. Wer es dennoch tut, begeht eine Ordnungswidrigkeit nach § 12 LImSchG BB, § 11 LImSchG NW. Deren Verfolgung steht im Ermessen der Polizei. Entscheiden die Beamten sich gegen Repression, bliebe für ein Einschreiten kein Raum, weil die Störung keine weitere Gefahr enthält, eine eingetretene Störung aber präventives Tätigwerden nicht zulässt.

Das ist bei völlig anders, wenn Hinweise auf eine bereits eingetretene Störung gegeben sind und aus objektiv erkennbaren Umständen eine Fortsetzung der Störung abzuleiten ist, ohne dass dies konkret zu belegen wäre. 40

Beispiel: Der völlig betrunkene B wankt nach Hause. Dabei brüllt er hin und wieder irgendwelche Parolen, dann wiederum singt er recht laut. Im Augenblick des Eintreffens der Polizei ist er allerdings ruhig.

Das Verhalten, das Auslöser polizeilichen Handeln war, dauert zwar nicht mehr an und ist aktuell nicht Quelle weiterer Schädigungen. Allerdings ist der für die vorhergehenden Störungen der öffentlichen Sicherheit verantwortliche Zustand einer Person weiterhin gegeben. Aus der Art und Weise dieser Störung, der Interpretation des Verhaltens Betrunkener im Allgemeinen und dieser Person im Speziellen ist der Schluss auf weitere Störungen und damit das Bestehen einer Gefahr für die öffentliche Sicherheit zulässig und begründet.

a) Abstrakte und konkrete Gefahr

Zunächst einmal gilt es zu unterscheiden zwischen konkreter und abstrakter Gefahr. Als konkrete Gefahr bezeichnen wir eine Sachlage, bei der die hinreichende Wahrscheinlichkeit besteht, dass in absehbarer Zeit ein Schaden für die 41 genannten Rechtsgüter eintreten wird. Weil sich die dazu notwendige Wahrscheinlichkeitsprognose auf Tatsachen zu stützen hat, genügen bloße Vermutungen oder vage Anhaltspunkte ohne einen greifbaren, auf den Einzelfall bezogenen Anlass nicht (BVerfG NJW 1985, 2395). In Bezug auf die Angemessenheit eines Eingriffs hat der Gesetzgeber die Ausgewogenheit zwischen Art und Intensität der Rechtsbeeinträchtigung einerseits und den zum Grundrechtseingriff berechtigenden Tatbestandsmerkmalen andererseits zu wahren. Je gewichtiger die drohende (oder bereits erfolgte) Rechtsgutsverletzung und je weniger schwerwiegend der Rechtseingriff ist, um den es sich handelt, desto geringer dürfen die Anforderungen sein, die auf eine drohende (oder bereits erfolgte) Verletzung des Rechtsguts schließen lassen, und desto weniger fundiert dürfen ggf. die Tatsachen sein, die dem Verdacht zu Grunde liegen (BVerfGE 113, 348, 386). Allerdings darf man die Anforderungen an den Grad der Wahrscheinlichkeit und die Tatsachenbasis der Prognose nicht beliebig absenken. In jedem Falle müssen sie in einem angemessenen Verhältnis zu Art und Schwere der Grundrechtsbeeinträchtigung sowie zur Aussicht auf den Erfolg des beabsichtigten Rechtsgüterschutzes stehen. Im Falle schwerwiegender Rechtseingriffe ist unverzichtbar, dass Annahmen wie auch Schlussfolgerungen einen konkret umrissenen Ausgangspunkt im Tatsächlichen haben; insbesondere grundrechtseingreifende Ermittlungen „ins Blaue hinein" verbietet das Grundgesetz (BVerfG NJW 2005, 1179). Als konkrete Gefahr gilt daneben die Dauergefahr, bei der die hinreichende Wahrscheinlichkeit des jederzeitigen Schadenseintritts über einen längeren, u.U. ggf. unbestimmbaren Zeitraum hinweg besteht. Auch dieser Gefahrentypus verlangt als Grundlage eine konkrete Tatsachebasis für die Wahrscheinlichkeitsprognose.

42 Die abstrakte Gefahr bezeichnet die Möglichkeit einer Entwicklung zur konkreten Gefahr. Es besteht folglich noch keine Gefahrenlage, sondern nach allgemeiner Lebenserfahrung oder individuellen Erkenntnissen (ggf. fachkundiger Personen) beinhaltet eine ganz bestimmte Sachlage die nicht von der Hand zu weisende Möglichkeit des Eintritts einer Gefahrensituation.

Beispiel: Der ehemalige Feuerlöschteich in D-Dorf ist zugefroren. Das Eis ist so dick, dass es die sich darauf tummelnden Kinder trägt. An zwei Stellen, ganz nahe am Ufer, hacken einige Bürger des Dorfes das Eis immer wieder auf, um die im Teich lebenden Tiere zu versorgen.

43 Beide Gefahrenarten unterscheiden sich im Hinblick auf die Wahrscheinlichkeit, mit der sich die Gefahr verwirklicht. Wenn das Eis trägt, ist die Wahrscheinlichkeit, dass jemand einbricht, zwar sehr gering, aber keineswegs ausgeschlossen (abstrakte Gefahr). Das ist bei den Stellen im Eis, die immer wieder aufgehackt werden, ganz anders. Hier liegt die Wahrscheinlichkeit des Versinkens im eiskalten Wasser geradezu auf der Hand (konkrete Gefahr). Konkret ist also die Gefahr, die im Einzelfall tatsächlich feststeht. Abstrakt ist die Gefahr, die man sich zwar vorstellen kann, die also einer typischerweise gefährlichen Situation anhaftet.

Beispiel: A steht mit einer brennenden Zigarette im Mund an der Tankstelle und betankt seinen Pkw.

Die Abgrenzung zwischen abstrakter und konkreter Gefahr tritt nicht immer klar zu Tage. Das Rauchen beim Hantieren mit explosions- bzw. feuergefährlichen Stoffen ist mit Sicherheit eine Situation, der erhebliche Gefahren immanent sind. Doch sind die Vorkehrungen bezüglich Sicherheit so weit reichend, dass bei einem sachgerechten Tankvorgang eigentlich nichts passieren kann. Nur wenn zu der abstrakten Gefährlichkeit des Vorgangs als solchem ein leichtsinniges, unvorsichtiges oder unbedachtes Verhalten hinzutritt, wird daraus eine konkrete Gefahr. **44**

b) Gefahrenvorsorge

Eine Ermächtigung zur erforderlichen Vorbereitung von Hilfeleistung sowie zum Handeln in Gefahrenfällen begründet die Gefahrenvorsorge. Damit weitet die Rechtsordnung den Gefahrenbegriff erheblich aus; denn grundsätzlich sind gefahrenabwehrende Rechtseingriffe allein zum Zeitpunkt einer erkannten Gefahr zulässig, also einer Sachlage, in der auf der Grundlage einer pflichtgemäßen Ermessensentscheidung mit hinreichender Wahrscheinlichkeit ein Normverstoß oder der Eintritt eines Schadens prognostiziert wird. Über diese allein schon unscharfe Grenzlinie hinaus erlaubt der Begriff der Gefahrenvorsorge hoheitliche Eingriffe weit im Vorfeld konkreter (oder gar nur abstrakter) Gefahren. Auf der Grundlage dieses Konstrukts legen die Behörden z.B. Dateien an mit Daten von Personen, die in besonders dringenden Fällen oder außergewöhnlichen Lagen allgemein oder als Spezialisten zur Hilfeleistung herangezogen werden können (Gusy Rdn 200). **44a**

Berücksichtigt man in den genannten Fällen, dass keineswegs wenige dieser zur Hilfeleistung geeigneten Personen ihre Daten für jedermann offen legen, also die hoheitlich handelnden Subjekte öffentlicher Verwaltung ihre Informationen aus allgemein zugänglichen Quellen holen, kommt ihnen gegenüber die Annahme eines Rechtseingriffs wohl kaum in Betracht (Kühne Rdn 404). Das ist indessen vollkommen anders, wenn unter dem Aspekt der Gefahrenvorsorge Rechtseingriffe gegenüber Personen angeordnet und vollzogen werden, von denen weder eine Gefahr ausgeht und die auch nicht als Störer im polizeirechtlichen Sinne anzusehen sind, etwa weil sie sich an einem „gefährlichen“ oder „gefährdeten“ Ort aufhalten (Näheres dazu unter Rdn 221 ff.). **44b**

c) Die Gefahrenarten

Der Begriff der polizeilichen Gefahr beinhaltet eine auf Tatsachen beruhende Prognoseentscheidung über einen Geschehensablauf. Diese Einschätzung einer künftigen Entwicklung gründet sich auf Wissen, Erfahrung oder Beurteilung einer Lage, wobei die jeweilige Betrachtensweise des Lebenssachverhalts und das davon abhängige Wahrscheinlichkeitsurteil Grundlage dieser Prognose ist. Der Begriff der polizeilichen Gefahr ist folglich als subjektiv einzustufen. Diese Abhängigkeit von der Beurteilung des zur Lagebewältigung aufgerufenen Polizeibeamten birgt selbstredend die Möglichkeit fehlerhafter Entscheidungen in sich. Da sich ein Polizeibeamter in der Regel nicht auf sichere, sondern auf hinreichend gesicherte Entscheidungskriterien stützen muss, ist darauf zu achten, die Gefahrenprognose tatsächlich im letztmöglichen Zeitraum vor Beginn der gefahrenabwehrenden Handelns zu treffen; denn nur so kann er ggf. **45** hinzutretende Zusatzinformationen einfließen lassen. Beruht diese Fehlentscheidung auf pflichtgemäßer, besonnener und verständiger Würdigung der zur Verfügung stehenden Kriterien, liegt ein Fall der irrtümlichen Annahme einer Gefahrensituation vor, die wir mit dem Begriff **„Anscheinsgefahr"** umschreiben (Knemeyer Rdn 95; Voßkuhle, JuS 2007, 908 f.).

46 Von einer **Anscheinsgefahr** gehen wir aus, wenn ein Polizeibeamter im Zeitpunkt seiner Entscheidung bei verständiger Würdigung der tatsächlichen Anhaltspunkte zu dem Schluss kommt, eine Gefahrenlage sei gegeben und Maßnahmen zu ihrer Beseitigung seien erforderlich. Auch wenn zu keiner Zeit eine wirkliche Gefahr bestand, darf der Beamte in derartigen Situationen auf Grund der für ihn objektiven Sachlage eine Gefahrenlage annehmen (VG Bremen NJW 1981, 1227 ff.). Solange der Anschein für die Anerkennung einer Gefahr spricht, dürfen die notwendigen polizeilichen Maßnahmen ergriffen werden, bis zu der gesicherten Erkenntnis, dass ein schädigendes Ereignis tatsächlich nicht zu erwarten ist (BVerwGE 45, 51, 58). Die Anscheinsgefahr wird folglich i.S. der Eingriffsermächtigungen wie eine konkrete Gefahr behandelt.

Beispiel: Einem Zivilfahnder (F) fällt eine Person (P) auf, die von hinten an eine andere Person herantritt und sie mit einer Pistole bedroht. Ohne zu zögern schreitet er ein und schlägt mit einem gezielten Selbstverteidigungsschlag dem P die Pistole aus der Hand. P erleidet dabei einen Bruch des Handgelenks. Die ganze Szene war ein Scherz, wie sich jetzt herausstellt.

Objektiv hat eine Gefahr für den „Bedrohten" gar nicht vorgelegen, weil der „Angreifer" eine Verletzung polizeilich zu schützender Interessen des anderen nicht beabsichtigte. Für den F stellte sich die Sachlage hingegen völlig anders dar. Seine Berufs- und Lebenserfahrung sagten ihm, dass hier ein Menschenleben gefährdet war, und seine Beurteilung der Lage ließ ein anderes Handeln als sofortiges Zupacken gar nicht zu. Insoweit nahm er auf Grund eines Irrtums eine Gefahr an, die objektiv nicht gegeben war (Anscheinsgefahr).

47 Von der Anscheinsgefahr ist der sog. **Gefahrenverdacht** zu unterscheiden. Mit Gefahrenverdacht beschreibt man eine Situation, die nach Einschätzung der Polizei sowohl in einen Schaden münden als auch völlig ungefährlich sein kann. Die bis zum entscheidungserheblichen Zeitpunkt vorliegenden Erkenntnisse lassen eine sichere Beurteilung der Gefahrenlage also nicht zu (Keller, PolInfo 2003, Heft 2, S. 16), was zwangsläufig zu Unsicherheiten bezüglich einer gefestigten Sachverhaltsdiagnose bzw. der Prognose des Kausalverlaufs führt und regelmäßig die Entscheidung über den Eintritt eines Schadens erschwert. Diese Erkenntnisdefizite auszuräumen sollen die Behörden Maßnahmen treffen dürfen, die ein in der Entwicklung befindliches Geschehen unterbrechen oder die zur Aufklärung des Sachverhalts dienen (sog. Gefahrforschungseingriffe, vgl. Knemeyer Rdn 96). Mittels Gefahrerforschung soll die Behörde in die Lage versetzt werden, ein gefahrverdächtiges Geschehens so weitgehend aufzuhellen, dass ihr eine hinreichend gesicherte Prognoseentscheidung ermöglicht wird. Zwar lässt dieses Rechtskonstrukt grundsätzlich nur vorläufige Rechtseingriffe zu, doch im Falle der ungesicherten Gefährdung besonders hochwertige Rechtgüter sind auch „endgültige" Maßnahmen zugelassen (BVerwGE 39, 190, 195 f.). Das gilt indessen nicht in Bezug auf Eingriffsmaßnahmen, die als Anlass die konkrete Gefahr erfordern, sie sind als Gefahrerforschungseingriff unzulässig (Tegtmeyer § 8 Rdn 20).

Zwischen Anscheinsgefahr und Gefahrenverdacht besteht ein bedeutender Unterschied: Bei der Anscheinsgefahr sieht der Handelnde (also subjektiv) in einer konkreten Situation eine Gefahr, die objektiv nicht gegeben ist. Beim Gefahrenverdacht beurteilt ein Polizeibeamter seine Erkenntnisse als gefahrenträchtig, ohne sich seiner Sache sicher zu sein; das Vorliegen einer konkreten Gefahr war somit nicht mit hinreichender Sicherheit festzustellen (Pausch, S. 93f.) 48

Eine völlig andere Situation beschreibt die **Putativ- oder Scheingefahr**. Dabei handelt der Beamte allein auf Grund der subjektiven Beurteilung einer Situation, obwohl dazu bei deren objektiver Beurteilung kein Grund gewesen wäre (Knemeyer Rdn 98; Sadler, Die Polizei 2007, 273, 275). Weder der äußere Anschein noch gesicherte Erkenntnisse rechtfertigen die Gefahrenprognose. 49

Beispiel: N hält einen Funkstreifenwagen an und erklärt mit einem wahren Redeschwall, er habe seit mehreren Tagen das alte Ehepaar (81 und 78 Jahre) nicht mehr gesehen, da müsse ganz bestimmt etwas passiert sein; die Beamten sollten doch sicherheitshalber einmal nachsehen.

Von einer Gefahr für die öffentliche Sicherheit kann (noch) keine Rede sein. Zwar gibt es eine Aussage, die auf eine Gefahrensituation hindeutet, aber bei objektiver Betrachtung der gegebenen Sachlage kann diese Aussage nicht den Gedanken nahe legen, bei Untätigkeit der Polizei würde mit an Sicherheit grenzender Wahrscheinlichkeit ein Schaden eintreten. Folglich ist keine Gefahr gegeben, allenfalls eine Scheingefahr.

d) Qualifizierung des Gefahrenbegriffs

Die Gesetze binden die Rechtseingriffe an ganz besondere Voraussetzungen, abhängig von der Wahrscheinlichkeit, mit der der Eintritt des Schadens zu erwarten ist, sowie von Gewicht und Ausmaß des drohenden Schadens. Dass diese qualifizierten Gefahrenbegriffe in höchstem Maße unbestimmt sind, wollen wir am Tatbestand der „im einzelnen Falle bestehenden Gefahr" (vgl. § 10 I bbPolG, § 8 I nwPolG, § 12 I thPAG) aufzeigen, bei der der Schadenseintritt entweder in überschaubarer Zukunft hinreichend wahrscheinlich oder in naher Zukunft zu erwarten sein soll. 50

aa) Gegenwärtige Gefahr

Eine gegenwärtige Gefahr stellt eine Situation dar, bei der die Einwirkung des schädigenden Ereignisses bereits begonnen hat oder bei der dieser Zustand unmittelbar bevorsteht oder in allernächster Zeit mit an Sicherheit grenzender Wahrscheinlichkeit zu erwarten ist. Diese Definition bedeutet eine Qualifizierung des Gefahrenbegriffs in Bezug auf zeitliche Nähe und Grad der Wahrscheinlichkeit des Schadenseintritts (Wolffgang/Hendricks/Merz Rdn 271). 51

Die Anforderungen an die Wahrscheinlichkeit des Schadenseintritts sind umgekehrt proportional zu dem zu erwartenden Schaden und dem Gewicht des gefährdeten Rechtsguts (BVerwGE 62, 36, 39). Infolgedessen kommt die gegenwärtige Gefahr als Eingriffsvoraussetzung in Betracht, wenn das bedrohte Rechtsgut oder das Rechtsgut, in das eingegriffen werden soll, einen besonderen Rang hat. Das gilt in gleichem Maße für die polizeilich nur in zwingenden 52

Ausnahmefällen zugelassene Inanspruchnahme eines Nichtstörers (vgl. im Einzelnen § 7 I bbPolG, § 6 I nwPolG, § 10 thPAG).

Beispiel: Bleiben wir zunächst bei der Bedrohung mit der Pistole, diesmal als echte Bedrohung. Es bedarf keiner weiteren Erörterungen, dass eine Gefahr für die Rechtsgüter Leben und Gesundheit evident ist. Auch bezogen auf die zeitliche Nähe des Schadenseintritts bestehen keine ernsthaften Zweifel, so dass sich der Bedrohte in einer gegenwärtigen Lebensgefahr befindet.

bb) Unmittelbar bevorstehende Gefahr

53 Ähnlich der gegenwärtigen Gefahr qualifiziert auch die unmittelbar bevorstehende Gefahr den Gefahrenbegriff in Bezug auf zeitliche Nähe des Schadenseintritts. Unmittelbar bevorstehend ist die Gefahr, wenn Maßnahmen zu ihrer Beseitigung unaufschiebbar sind, um den Eintritt der Störung zu verhindern. Also unterscheidet sich diese Gefahr von der gegenwärtigen Gefahr dadurch, dass der Schadenseintritt noch nicht begonnen hat. Bedeutung hat diese Gefahrenqualifizierung vor allem im Versammlungsrecht; denn Auflagen (§ 15 VersammlG) oder Verbote dürfen nur bei einer unmittelbaren Gefährdung gemacht bzw. verfügt werden. Wegen des hohen Rangs der Versammlungsfreiheit können Auflagen und vor allem Verbote nur die ultima ratio sein, wenn der Schadenseintritt jederzeit, unter Umständen sofort erfolgen kann. Die Gefahrenprognose darf nicht auf bloßem Verdacht oder Vermutungen beruhen, sondern hat sich auf Tatsachen, Sachverhaltskenntnisse oder sonstige objektive Detailkenntnisse zu stützen.

cc) Erhebliche Gefahr

54 Weiterhin kennen wir noch die Gefahr, die sich an der Bedeutung der Rechtsgüter und dem Ausmaß des drohenden Schadens orientiert. Als erhebliche Gefahr bezeichnen wir eine Situation, bei der der zu erwartende Schaden einem qualifizierten Rechtsgut wie Bestand des Staates, Leben, Gesundheit, Freiheit, nicht unwesentliche Vermögenswerte sowie anderen strafrechtlich geschützten Gütern droht (Chemnitz Rdn 4.2.7). Diese Definition ist einerseits nicht eindeutig, denn sie lässt offen, was „bedeutsame Rechtsgüter" sind. Dem Gesetzgeber gelingt es nämlich nicht, eine einigermaßen verbindliche Werteordnung festzulegen. Andererseits ist die diffuse Argumentation „andere strafrechtlich geschützte Güter" in sich widersprüchlich. Der Strafrechtsschutz erstreckt sich auf nahezu alle verfassungsrechtlichen Güter, sowohl auf die speziell geregelten als auch die durch die Generalklausel (Art. 2 I GG) geschützten. So gesehen ist die o. a. Definition wenig hilfreich.

55 Aus diesen Erkenntnissen ziehen wir den Schluss, dass im Rahmen der erheblichen Gefahr ein polizeiliches Einschreiten nur in Betracht kommt, wenn Rechtsgüter gefährdet sind, die nach unbestrittener Auffassung einen hohen Rang haben, wie z.B. Leben, Gesundheit, sexuelle Selbstbestimmung, Freiheit oder ein bedeutender Sachwert.

dd) Gemeine und dringende Gefahr

56 Der Begriff **„gemeine Gefahr"** beschreibt eine Situation, in der die konkrete Gefahr mindestens einem Menschen oder Sachen mit bedeutendem Wert droht (dabei gehen wir von ca. 500 EURO aus). In Abgrenzung zur erheblichen Gefahr soll sich die gemeine Gefahr auf die bezeichneten Rechtsgüter beschränken. Diese Art der Abgrenzung unterschiedlicher Gefahrenbegriffe halten wir für untauglich.

Beispiel: Gasalarm in einem Wohnhaus. Eine Wohnung wird nicht geöffnet. Mitbewohner geben an, der Bewohner müsse aber anwesend sein, er höre aber sehr schlecht, vielleicht schliefe er auch.

Ohne Zweifel besteht für einen einzelnen Menschen Lebensgefahr ebenso wie eine Gefahr für das Haus und weitere Vermögenswerte in der Nachbarschaft. Folglich ist eine gemeine Gefahr anzuerkennen. Dabei ist es irrelevant, ob die Gefahr als gegenwärtig bezeichnet werden kann. Da es bei der Gefahrenabwehr allein auf die existente Gefahr ankommt und nicht auf deren Verursacher, können die Beamten unmittelbar in die Prüfung der Frage nach Zulässigkeit eines wirksamen Rechtseingriffs eintreten. Effektiv ist allein das Eindringen in die Wohnung (ggf. zur Nachtzeit). Gemäß § 23 bbPolG, § 41 nwPolG, § 25 thPAG ist dazu eine gegenwärtige Gefahr für qualifizierte Rechtsgüter erforderlich, so dass der Eingriff zulässig wäre.

Eine **„dringende Gefahr"** liegt vor, wenn eine Sachlage oder ein Verhalten **57** bei ungehindertem Ablauf des objektiven Geschehens mit hinreichender Wahrscheinlichkeit ein wichtiges Rechtsgut schädigen wird (BVerwGE 47, 31, 40; Pausch, S. 92). Es kommt somit in erster Linie auf die Bedeutung des bedrohten Rechtsguts und nicht so sehr auf die zeitliche Nähe oder die Wahrscheinlichkeit des Schadenseintritts an. Diese Auslegung verwischt die Grenzen zur erheblichen Gefahr. Infolgedessen kann man die dringende Gefahr als eine Lage bezeichnen, bei der eine besondere zeitliche Dringlichkeit zur Abwehr der Gefahr oder zur Beseitigung einer Störung in Bezug auf ein hochrangiges Rechtsgut erkennbar ist.

ee) Kritik an den Gefahrenbegriffen

Die Darstellung der unterschiedlichen Gefahrenbegriffe ist allein hinsichtlich **58** der Abgrenzung zwischen abstrakter und konkreter Gefahr eindeutig. Innerhalb der konkreten Gefahr verwirrt die gesetzgeberische Begriffsvielfalt. Erhebliche, gemeine und dringende Gefahr bezeichnen im Grunde gleiche oder doch sehr ähnliche Gefahrensituationen. Ist das aber unstrittig, sollte man – vor allem aus Gründen der Rechtsklarheit – sich eines einheitlichen Gefahrenbegriffs bedienen.

ff) Gefahr im Verzuge

Dem Begriff „Gefahr im Verzuge" kommt nach dem Willen des Gesetzge- **59** bers im Zusammenhang mit der Frage nach der Rechtmäßigkeit von Grundrechtseingriffen eine bedeutende Rolle zu (vgl. z.B. §§ 81a II, 81c V, 98 I, 98b I, 100 I, 100b I, 100d I, 110b I, 127 II StPO, § 42 I nwPolG, § 26 I thPAG, Art. 13 II, III, IV, V GG). Diese Formulierung stieß bereits bei den Beratungen über den Entwurf der Strafprozessordnung auf Kritik im Deutschen Reichstag wegen seiner offenkundigen Ungenauigkeit (Hahn, Mat. III, S. 1775 f., und S. 1786), und er hat sich bis in unsere Tage fortgesetzt. Dass polizeilich veranlasste Grundrechtseingriffe selbst in jüngerer Zeit auf der Grundlage einer unreflektierten Annahme von Gefahr im Verzuge angeordnet und vollzogen werden (vgl. die umfangreichen statistischen Erhebungen bei Benfer, Die strafprozessuale Haussuchung, S. 351 ff.), hatte ihren Ursprung in der tradierten These, Gefahr im Verzuge läge grundsätzlich immer vor. Mit dieser Interpretation in Bezug auf Bedeutung und Grenzen des Begriffs (vgl. dazu bereits Benfer, Die Polizei 1982, 282 ff.) „Gefahr im Verzuge" räumt eine Entscheidung des Bundesverfassungsgerichts (vgl. NJW 2001, 1121 ff.) gründlich auf.

60 „Gefahr im Verzuge" geht auf ein Regel-Ausnahme-Verhältnis zurück. Dies sieht vor, dass Eingriffe in verfassungsmäßig verbürgte Rechte seitens der Polizei oder der Staatsanwaltschaft prinzipiell nur vollzogen werden dürfen, wenn ein Richter sie angeordnet hat. Sinn und Zweck dieses Richtervorbehalts ist vorbeugende Kontrolle des für notwendig befundenen Eingriffs in Bezug auf seine Rechtmäßigkeit durch eine neutrale und unabhängige Instanz (BVerfGE 103, 142, 151; BVerfG NJW 1987, 2499). Nach Überzeugung des Gesetzgebers ist ein Richter auf Grund seiner sachlichen wie persönlichen Unabhängigkeit bestens prädestiniert, die Rechte des Eingriffsadressaten effizient zu wahren (BVerfG, Urt. vom 20. 2. 2001 – 2 BvR 1444/00). Dazu muss der Richter die beabsichtigte Maßnahme eigenverantwortlich prüfen, d.h., er hat dafür Sorge zu tragen, dass deren gesetzliche Tatbestandsmerkmale sowie die allgemeinen Rechtmäßigkeitsvoraussetzungen beachtet werden. Dies setzt voraus, dass er von den Strafverfolgungsbehörden über alle relevanten Tatsachen umfassend informiert wird, also auch solche, die den Betroffenen entlasten. Der schriftlich oder ggf. mündlich (der aber schriftlich zu fixieren ist) gefasste richterliche Beschluss gewährleistet folglich im Rahmen des Zumutbaren, dass der Eingriff in subjektiv-öffentliche Rechte messbar und kontrollierbar bleibt bzw. wird (BVerfG NJW 2001, 1121 f.).

61 Aus dieser ratio legis des Anordnungserfordernisses ergeben sich selbstredend Konsequenzen für die subsidiär zur Anordnung befugten Organe. Kontroll- sowie Überprüfungsfunktionen können ernsthaft nur von einer außerhalb stehenden Person wahrgenommen werden. Der Beamte bzw. die Beamten, die in die Bearbeitung eines bestimmten Sachverhalts eingebunden sind oder ihn gar veranlassen, sind niemals neutral oder in dem erforderlichen Maß unabhängig. Damit scheiden sie als geeignete Personen zur subsidiären Anordnung eines Grundrechtseingriffs aus. Im Übrigen spricht auch der Begriff „Anordnung" eine dahin gehend eindeutige Sprache: Die Erklärung, der vorgesehene Eingriff sei rechtmäßig und könne vollzogen werden, verlangt denknotwendig eine dritte bzw. (bei Streifenwagenbesatzungen) vierte Person, die die primär von Gesetzes wegen dem Richter zugedachte Funktion übernimmt. Damit ist gleichzeitig die Absurdität des heute gängigen polizeilichen Verhaltens aufgezeigt, dass nämlich ein Beamter im Falle von Gefahr im Verzuge quasi sich selbst die Anordnung zum Vollzug des Grundrechtseingriffs gibt. Dem Sinn des Gesetzes entspricht ein Beamter, der Zulässigkeit und Notwendigkeit des vorzunehmenden Rechtseingriffs festgestellt hat, allein, wenn er bei dem jeweiligen Wachvorgesetzten um Anordnung zwecks Vollzug nachsuchen würde. Dieser wiederum müsste sowohl die für Gefahr im Verzuge sprechenden besonderen Umstände als auch die seine Entscheidung bestimmenden tatsächlichen Gegebenheiten aktenkundig machen.

62 Der Begriff „Gefahr im Verzuge" stellt einen unbestimmten Gesetzesbegriff dar, bei dem der Polizei weder ein Ermessen noch ein eigener Beurteilungsspielraum zusteht (so auch AG Braunschweig StV 2001, 393ff.), vielmehr ist der Begriff eng auszulegen (BVerfGE 103, 142, 153), und die Pflicht zur Beantragung eines richterlichen Beschlusses begrenzt die Ermittlungsbehörden in ihrem Bestreben, das Verfahren allein an kriminalistischen bzw. kriminaltaktischen Gesichtspunkten auszurichten (OLG Hamburg, Beschl. vom 4. 2. 2008 – 2-81/07). Das Gebot, den Richtervorbehalt zu beachten, ist für das rechtsstaatlich geprägte Ermittlungsverfahren also derart wesentlich, dass jedenfalls grobe Verstöße nicht sanktionslos bleiben können (BGH NJW 2007, 2269, 2272). Die herkömmlichen Auffassungen definieren Gefahr im Verzuge als eine Situation, in der das vorherige Einholen der richterlichen Anordnung den Maßnahme- bzw. Eingriffserfolg gefährden würde. Dies verlangt zunächst das zielgerichtete Bestreben der Staatsanwaltschaft – nachdem ihr seitens der Polizei der Sachverhalt mitgeteilt worden ist, eine Anordnung des instanziell und funktionell zuständigen Richters zu erlangen, bevor sie der Polizei die Erlaubnis erteilt, den Rechtseingriff vorzunehmen. Nur in Ausnahmesituationen, wenn schon die zeitliche Verzögerung, die mit einem derartigen Versuch zwangsläufig einhergeht, den Erfolg des Eingriffs gefährden würde, dürfen die im Gesetz genannten Organe die Anordnung wegen Gefahr im Verzuge ausnahmsweise treffen, unabhängig davon, ob sie sich vorher um eine Entscheidung der originär zuständigen Institution bemüht haben.

Die behördliche Prüfung der Eilkompetenz wegen Gefahr im Verzuge stellt **63**
eine Prognoseentscheidung dar, für die das Freibeweisverfahren gilt. Ebenfalls im Freibeweisverfahren erfolgt die vollständige gerichtliche Überprüfung, ob es sich dabei um eine an pflichtgemäßen Ermessen orientierte Entscheidung gehandelt hat (BVerfG StV 2007, 281). Zur Anerkennung von Gefahr im Verzuge reicht infolge dessen nicht der schlichte Hinweis, eine richterliche Anordnung sei zu einer bestimmten Zeit oder innerhalb einer bestimmten Zeitspanne gewöhnlich nicht zu erlangen. Das gilt insbesondere vor dem Hintergrund der Tatsache, dass landesinterne Vorschriften die Gerichte zwingen, zur Erledigung unaufschiebbarer Amtshandlungen die Erreichbarkeit eines zuständigen Richters an allen Tagen auch außerhalb der Bürozeiten (z.B. zwischen 06:00 und 21:00 Uhr in NRW, vgl. JMBl NRW 2007, 165) zu gewährleisten. Auch reine Spekulationen, hypothetische Erwägungen oder auf kriminalistische bzw. polizeiliche Alltagserfahrungen gestützte, fallunabhängige Vermutungen oder Unterstellungen sind kein geeignetes Fundament für die Anerkennung der Gefahr im Verzuge. Sehen die Beamten eine Gefährdung des Eingriffserfolgs, müssen sie dies begründen und in den Akten dokumentieren, sofern die Dringlichkeit nicht evident ist (BVerfGE 103, 142, 160). Alle auf den Einzelfall bezogenen Tatsachen, die zur Grundlage ihrer Prognoseentscheidung gemacht wurden, sind somit zeitnah offen zu legen, und zwar bezogen auf den Tatverdacht, die (im Falle einer Durchsuchung) gesuchten Gegenstände, die Umstände, die die Gefahr ihres Verlusts heraufbeschworen, sowie den Versuch, den zuständigen Richter zu erreichen (BVerfG NJW 2001, 1121, 1124). Ein Großteil der Grundsätze, die diese Entscheidung (zur Durchsuchung) aufstellt, lässt sich unschwer auf andere unter einem Richtervorbehalt stehende Rechtseingriffe – wenn auch mit den tatbestandsmäßigen Besonderheiten – übertragen (Amelung/Wirth, StV 2002, 161, 164). Fehlen nach freibeweislicher Erhebung Anhaltspunkte dafür, dass zur Zeit der behördlichen Anordnung des Rechtseingriffs

tragfähige Gründe für eine zutreffende Annahme von Gefahr im Verzuge vorgelegen hatten, muss davon ausgegangen werden, dass Gefahr im Verzuge zu Unrecht angenommen war (BVerfG NStZ 2003, 319).

Beispiel: Gegen 10:45 Uhr geschieht auf der Kreuzung ... ein Verkehrsunfall. Einer der beteiligten Fahrzeugführer hat offensichtlich alkoholische Getränke zu sich genommen. Da er verletzt ist, muss er ärztlich versorgt werden. Der den Unfall aufnehmende Beamte (B) hält die Entnahme einer Blutprobe für erforderlich. Dieser Eingriff verlangt die richterliche Anordnung (§ 81a II StPO), die unter Berücksichtigung aller Umstände dieses Falles durchaus zeitgerecht einzuholen ist. Daher muss B sich mit dem zuständigen Amtsgericht in Verbindung setzen, um einen entsprechenden Beschluss zu erwirken. Ordnet er diesen Eingriff selbst an, ist die Blutprobe rechtswidrig.

Aber:

Einen des Einbruchsdiebstahls Verdächtigen stellt die Polizei gegen 00:45 Uhr. Die Beamten durchsuchen ihn sofort, und zwar zwecks Eigensicherung (1.), Auffinden von Tatwerkzeugen (2.) und zwecks Auffinden von Diebesgut (3.). Die eine tatsächlich vollzogene Durchsuchung dient somit drei unterschiedlichen Zielen und basiert auf drei verschiedenen Rechtsgrundlagen, nämlich zu (1): 39 nwPolG, § 23 thPAG, zu (2): §§ 111b IV StPO i.V.m. §§ 74 ff. StGB; zu (3): §§ 102 ff. StPO. In den durchaus nicht seltenen Fällen der Verfolgung unterschiedlicher Eingriffsziele mit einem einzigen Eingriff entscheiden über dessen Rechtmäßigkeit die in Betracht kommenden strengsten Anforderungen, also in dem hier zu beurteilenden Sachverhalt die §§ 111b IV StPO i.V.m. §§ 74 ff. StGB. Damit müsste die Durchsuchung gem. § 111e I StPO grundsätzlich ein Richter anordnen. Angesichts der Uhrzeit und der Tatsache, dass die Durchsuchung sofort zu erfolgen hat (weil sie auch der Eigensicherung dient), könnte das Einholen einer richterlichen Anordnung diesen bzw. einen ganz wichtigen Erfolg des Eingriffs vereiteln. Daher liegt Gefahr im Verzuge vor, und – da die Durchsuchung dem Auffinden von beweglichen Gegenständen dient – die Polizei ist zur Anordnung dieses Eingriffs subsidiär berechtigt (§ 111e I Satz 2 StPO).

64 Eine ganz andere Beurteilung erfahren indessen Fälle, in denen die Polizei (bzw. die Staatsanwaltschaft) den Vollzug der von vornherein für zwingend gehaltenen Maßnahme so lange hinaus zögert, bis die Einschaltung eines Richters offenkundig den Maßnahmeerfolg gefährden bzw. sicher vereiteln würde. Diese Fälle sog. „gewillkürter Gefahr im Verzuge" entbinden die Behörden nicht von ihrer gesetzlichen Pflicht, um einen richterlichen Beschluss nachzusuchen (BVerfG NJW 2001, 1121, 1123).

65 Die Form des richterlichen Beschlusses legt das Gesetz nicht fest. Es ist zwar aus der Sicht der Rechtsklarheit wünschenswert, die Anordnung schriftlich zu fixieren. Doch steht einer mündlichen Anordnung kein Hindernis entgegen, wenn die mit der schriftlichen Abfassung der Entscheidung verbundene Verzögerung den Eingriffserfolg gefährden könnte, insbesondere wenn keine Möglichkeit der Übermittlung der Entscheidung durch z.B. Telefax oder E-Mail besteht (BGHSt 51, 285; LG Mühlhausen wistra 2007, 195). Da das schriftliche Abfassen eines derartigen Beschlusses erfahrungsgemäß zeitaufwändig ist, gebührt insbesondere im polizeilichen Alltag der mündlichen Anordnung der Primat. Als mündliche Anordnung gilt auch die telefonische Kontaktaufnahme zu einem Richter, die unbedingt herzustellen ist (LG Berlin StV 2008, 244). In jedem Falle verlangt die richterliche Anordnung eines Grundrechtseingriffs, dass der Richter umfassend und objektiv (ggf. auch durch den Eingriffsadressaten) informiert wird.

66 Häufig erklärt sich der Richter in der täglichen Praxis außer Stande, ohne Akte eine Entscheidung pro oder contra des polizeilich für notwendig erachteten Rechtseingriffs zu treffen. Wollte man in diesen Situationen Gefahr im Verzuge anerkennen, wäre die strikte Kompetenzverteilung des Gesetzes ad absurdum geführt. Rechtlich betrachtet muss sich der Eingriffsadressat nicht mit der Untätigkeit des Richters abfinden. Da der Richter diesbezüglich einem prinzipiellen Entscheidungszwang unterliegt, erwächst dem Betroffenen ein Anspruch auf sachgerechte Wahrnehmung dieser Aufgabe zum Schutz seiner Rechte. Dieser gesetzlichen Pflicht kann man sich auch nicht durch Untätigkeit entziehen. Es ist Aufgabe des Richters, den Konflikt der widerstreitenden Interessen, einerseits des Bürgers an Beachtung seiner Rechte, andererseits der staatlichen Gewalt an unverzüglicher Vollstreckung eines für rechtmäßig erachteten Rechtseingriffs im Sinne der Gesamtrechtsordnung zu lösen, und sei es durch die grundrechtsschonende Ablehnung der von der Behörde für notwendig erachteten Maßnahme (Beichel/Kieninger, NStZ 2003, 10, 12; a.A. Hofmann, NStZ 2003, 230, 232).

67 Einzig das von Gesetzes wegen vorgesehene Organ hat die Befugnis, über den Vollzug eines Grundrechtseingriffs zu entscheiden. Wird also der zuständige Richter erreicht und erklärt der sich ohne Aktenstudium außer Stande, eine Entscheidung zu treffen, kann von Gefahr im Verzuge nicht die Rede sein (a. A. von Kühlewein, JR 2007, 517, 520). Gleiches gilt für die Fälle, in denen die Behörde ermessensfehlerhaft von der Einschaltung eines Richters absieht.

gg) Straftaten mit erheblicher Bedeutung

68 Eine völlig andersartige Gefahrenlage fordert der Gesetzgeber als Grundvoraussetzung für die neueren Grundrechtseingriffe (vgl. §§ 32 ff. bbPolG, §§ 16 ff. nwPolG, §§ 31 ff. thPAG). Zu diesen Einsatzmitteln dürfen die Polizeibehörden greifen, wenn Tatsachen die Annahme rechtfertigen, dass die Person, in deren Rechte eingegriffen werden soll, Straftaten von erheblicher Bedeutung begehen wird.

69 Straftaten mit erheblicher Bedeutung sind Delikte, die auf Grund ihrer Begehensweise oder Dauer eine Gefahr für die Allgemeinheit darstellen und geeignet sind, die Rechtssicherheit der Bevölkerung zu beeinträchtigen; dies gilt insbesondere für Straftaten, die banden-, gewerbs-, gewohnheits- oder serienmäßig begangen werden (vgl. § 10 III bbPolG, § 8 III nwPolG, § 31 V thPAG) oder die eine besonders niedrige Gesinnung ausdrücken. Da wir es hier mit keinem abschließenden Kanon zu tun haben, ordnen wir die im Rahmen der Organisierten Kriminalität (O.K.) begangenen Delikte notwendig dazu. Als O.K. bezeichnen wir die von Gewinn- und Machtstreben bestimmte planmäßige Begehung von Straftaten, die einzeln oder in ihrer Gesamtheit von erheblicher Bedeutung sind, wenn mehr als zwei Beteiligte auf längere oder nicht festgelegte Dauer arbeitsteilig unter Verwendung gewerblicher oder geschäftsähnlicher Strukturen zusammenwirken, und zwar entweder unter Anwendung von Gewalt sowie anderer zur Einschüchterung geeigneter Mittel oder durch Einflussnahme auf Politik, Medien, öffentliche Verwaltung, Justiz oder Wirtschaft. In der Tat ist Übereinstimmung hinsichtlich des Straftatenkatalogs denkbar, der diese weit reichenden Rechtseingriffe gestattet.

70 Ein solcher Konsens wird sich im Hinblick auf die gesetzliche Formulierung, dass „Tatsachen die Annahme“ bezogen auf die zukünftige Begehung (Prognose) dieser Taten rechtfertigen müssen, kaum herstellen lassen (umfassend zu diesem Begriff Rdn 241 f.). Bestimmendes Element dieses Tatbestandsmerkmals ist nämlich die „Annahme“, also eine rein subjektive Betrachtensweise. Daran ändert auch die Formulierung nichts, dass sie sich auf „Tatsachen“ stützen muss, vor allem dann nicht, wenn polizeiliche Erfahrung und die daraus gezogenen Schlüsse bereits als Tatsache dieser Art gewertet werden. Mit einer solchen Formulierung gewährt das Gesetz dem Polizeibeamten ein außerordentlich weites Ermessen, das nur bei grob fehlerhafter Ausübung rechtswidrig wird.

4. Straftat

71 Bei der Deutung des Begriffs „Straftat“ gehen wir von § 11 I Ziff. 5 StGB aus, da weder die Strafprozessordnung noch das Strafgesetzbuch festlegt, was unter einer Straftat zu verstehen ist. Diese Norm bezeichnet als „rechtswidrige Tat“ eine Tat, die den Tatbestand eines Strafgesetzes verwirklicht. Dazu ist somit tatbestandsmäßiges und rechtswidriges Handeln erforderlich, nicht jedoch schuldhaftes (Bockelmann AT, S. 31 ff.; Jescheck/Weigend, S. 195). Dagegen erfordert die Straftat neben schuldhaftem Handeln die objektiven Bedingungen der Strafbarkeit und das Nichteingreifen persönlicher Strafausschließungs- bzw. Strafaufhebungsgründe (Achenbach, MDR 1975, 19, 20; Kienapfel, S. 83 ff.; Kindhäuser § 6 Rdn 14 ff.). Nach dem Willen des Gesetzgebers gilt die Definition des § 11 I Ziff. 5 StGB auch für die Strafprozessordnung (BT-Drucks. 7/550, S. 289), womit feststeht, dass auch repressive Eingriffsermächtigungen zur Anerkennung einer Straftat schuldhaftes Handeln des Täters verlangen.

72 Allerdings sollen im Polizeirecht bezüglich des Begriffs „Straftat“ andere Grundsätze anwendbar sein. So definiert § 12 I S. 2 thPAG die Straftat als rechtswidrige Tat, die den Tatbestand eines Strafgesetzes verwirklicht, also schuldhaftes Handeln nicht voraussetzt.

a) Wirkung eines Rechtfertigungsgrundes

73 Kann sich derjenige, der den Tatbestand eines Strafgesetzes verwirklicht, auf einen Rechtfertigungsgrund berufen, entsteht ein Konkurrenzverhältnis einerseits zwischen der Norm, die dem Schutz eines bestimmten Rechtsguts dient, und andererseits der Norm, die das Handeln des Täters rechtfertigt. Die Rechtsordnung löst diese Spannung, indem sie den rechtfertigenden Normen als besonderen Erlaubnistatbeständen Vorrang vor den Ge- oder Verbotsnormen einräumt und ausnahmsweise das rechtsgutsverletzende Verhalten gestattet (Wessels/Beulke Rdn 272; Jescheck/Weigend, S. 323; Noll, ZStW 77, 1, 8).

74 Billigt die Rechtsordnung ein Handeln, das den Tatbestand eines Strafgesetzes verwirklicht, fehlt der Unwertgehalt der Tat und infolgedessen die Rechtswidrigkeit. Damit ist die Annahme einer Straftat ausgeschlossen. Diese Feststellung hat Auswirkungen auf die Zulässigkeit strafprozessualer Grundrechtseingriffe, denn diese fordern als Anlass regelmäßig eine Straftat, in Ausnahmefällen eine rechtswidrige Tat. Aber selbst daran mangelt es beim Eingreifen eines Rechtfertigungsgrundes. Auf der anderen Seite ist es gerade für Ermittlungsbeamte,

insbesondere die zuerst eingreifende Polizei, nicht immer einfach zu erkennen, ob der Handelnde Rechtfertigungsgründe in Anspruch nehmen kann.

Beispiel: Der Polizeibeamte P sieht, wie ein Mann (M) mit einer Jagdwaffe auf eine flüchtende Person (F) schießt. Geistesgegenwärtig schlägt er mit einem wuchtigen Faustschlag den M zu Boden und nimmt das Gewehr an sich. Hier könnte seitens des M – strafrechtlich betrachtet – ein Tötungsdelikt (Versuch eines Totschlags) gegeben sein. M könnte aber auch in Notwehr gehandelt haben, z.B. wenn der F einen Diebstahl begangen und wertvolle Beutestücke an sich genommen hätte.

Behauptet der Täter, auf Grund eines Rechtfertigungsgrundes zu handeln **75** oder gehandelt zu haben, gibt es für den Polizeibeamten, der über das Eingreifen des Erlaubnistatbestandes abschließend nicht entscheiden darf, zwei Möglichkeiten, Rechtseingriffe zu begründen: Entweder er stützt sie auf das Polizeigesetz, wenn er der Gefahrenabwehr den Primat seines Handelns zuerkennt, oder er sieht auf Grund der Gesamtumstände weiterhin den Verdacht einer Straftat gegeben, so dass ein Rückgriff auf strafprozessuale Ermächtigungen zulässig wäre.

b) Tatbestandserfüllung durch Schuldunfähigen

Die Erfüllung von Straftatbeständen durch Kinder oder andere schuldunfähig **76** Handelnde ist keine Seltenheit. Diebstähle nehmen ebenso zu wie Gewaltkriminalität.

Bei der Untersuchung der Schuldunfähigkeit müssen wir zwischen der eines **77** Kindes (§ 19 StGB) und der auf seelischer Störung basierenden nach § 20 StGB differenzieren. Unproblematisch sind die Fälle des § 19 StGB: Hier vermutet der Gesetzgeber die Schuldunfähigkeit unwiderlegbar. Bei Jugendlichen gibt es keine pauschale Verneinung der Schuldfähigkeit. Das Gericht hat im Einzelfall zu prüfen, ob der Jugendliche schuldhaft gehandelt hat (§ 3 JGG). Erwachsene sind prinzipiell schuldfähig. Diese Vermutung kann nur auf Grund § 20 StGB im Einzelfall widerlegt werden.

Macht der Gesetzgeber die Zulässigkeit strafprozessualer Grundrechtsein- **78** griffe von der Begehung einer Straftat abhängig, fehlt der erforderliche Anlass, wenn Kinder strafrechtlich relevant handeln. Werfen wir die Tatbestandserfüllung Jugendlichen oder Erwachsenen vor, spricht die Vermutung für schuldhaftes Handeln, und die Durchführung repressiver Rechtseingriffe ist zulässig.

Ein Täter kann zwar tatbestandsmäßig handeln, ihm könnte im Einzelfall **79** aber ein persönlicher Strafaufhebungs-, Strafausschließungsgrund oder ein sonstiges absolutes Verfahrenshindernis zur Seite stehen. Weiß der Ermittlungsbeamte, dass ein solcher Umstand (z.B. strafbefreiender Rücktritt oder § 261 IX StGB) greift, ist die Durchführung strafprozessualer Grundrechtseingriffe unzulässig (Kaufmann, S. 100; Vahle/Buttgereit, S. 14; Griesbaum, in: KK § 163b Rdn 10).

Die tatbestandsmäßige Erfüllung eines Strafgesetzes ist auch nicht verfolgbar, **80** wenn Verjährung (§ 78 StGB) eingetreten ist, der Strafantragsberechtigte endgültig keinen Strafantrag (§§ 77 ff. StGB) gestellt hat oder der Täter zum Kreis der diplomatischen oder konsularischen Vertretung (Exterritoriale, §§ 18 ff. GVG) eines Landes gehört.

5. Tatverdacht und Verdacht der Täterschaft

81 Der Begriff „Tatverdacht" setzt sich aus zwei Komponenten zusammen. „Tat" gibt als objektiver Teil einen Hinweis auf ein ganz bestimmtes strafrechtlich zunächst irrelevantes menschliches Verhalten. Mit dem subjektiv determinierten Begriff „Verdacht" erhalten wir schließlich die Verbindung zu einem verfolgbaren Geschehen, das der Beobachter auf der Grundlage einer laienhaften Bewertung als strafrechtlich bedeutsam einordnet.

Beispiel: A sieht, wie Kraftfahrer K mit seinem Pkw von der Fahrbahn abkommt und im Straßengraben „landet". K steigt aus dem demolierten Pkw und wendet sich zum Gehen. Dabei bemerkt A, dass K ganz beachtlich wankt. Er notiert sich das Kennzeichen des Fahrzeugs und benachrichtigt die Polizei.

Oder:

Gegen 23:00 Uhr beobachten A und B eine männliche Person, die in das offen stehende Fenster eines Wohnhauses zu klettern versucht.

82 Das objektiv feststehende menschliche Verhalten ist eindeutig zu bestimmen: Unfall, schwankender Gang bzw. Klettern in ein Fenster eines Wohnhauses zur Nachtzeit. In beiden Fällen haben wir es also mit nüchternen Feststellungen zu tun. Erst die subjektive Würdigung des Geschehens im Gesamtzusammenhang gibt Hinweise auf strafrechtliche Relevanz; denn der Beobachter bewertet seine Feststellungen aus der Perspektive des Laien als Straftaten (§§ 316, 142, 242, 244 StGB).

83 Verdacht der Täterschaft ist die auf objektiven Umständen beruhende und nach pflichtgemäßem Ermessen getroffene Entscheidung, eine bestimmte oder bestimmbare Person könne eine Straftat begangen haben oder daran beteiligt sein. Da der Verdacht beherrschendes Moment ist und die Tatbestandsseite betrifft, ist „Verdacht der Täterschaft" ein unbestimmter Rechtsbegriff (Geerds, GA 1965, 321, 327; Michallek, S. 51). Der Verdacht muss immer auf konkreten Tatsachen fußen. Vage Anhaltspunkte oder bloße Vermutungen reichen insoweit nicht (BVerfG NJW 2003, 1513, 1514; BayObLG NZV 2003, 435, 436). Infolgedessen kann die Weigerung eines Menschen, aktiv an der Sachverhaltsaufklärung mitzuwirken (z.B. eine Speichelprobe abzuliefern), niemals verdachtsbegründend wirken (BGH NStZ 2004, 392).

84 Notwendige Bedingung für die Anwendung strafprozessualer Grundrechtseingriffe ist zunächst das Vorhandensein tatsächlicher Anhaltspunkte für die Begehung einer Straftat. Diese können sich z.B. aus den Aussagen von Geschädigten oder Zeugen, eigenen Wahrnehmungen oder polizeilicher Erfahrung ergeben. Selbst das Verhalten eines Menschen kann für eine Straftat sprechen.

85 Darüber hinaus müssen objektive Erkenntnisse auf die Täterschaft eines bestimmten Menschen hindeuten; denn Grundrechtseingriffe fordern regelmäßig einen Adressaten. Verdächtig ist jemand, sobald eine retrospektive Prognoseentscheidung (Kühne, NJW 1979, 617, 619) tatsächliche Anhaltspunkte dafür liefert, dass eine bestimmbare Person eine Straftat begangen hat (Feisenberger § 112 Anm. 3; Posener § 102 Anm. 167; Warda, S. 14). Während die Person feststehen muss, reicht in Bezug auf den Anlass eine pflichtgemäße Würdigung der zum entscheidungserheblichen Zeitpunkt zugänglichen Tatsachen, die auf die Begehung einer Straftat hindeuten. Ob das, was der Beamte als Tatbestand annimmt und zur Grundlage seiner Rechtseingriffe macht, im Urteil Bestand hat,

ist somit grundsätzlich irrelevant. Häufig ist es gar Aufgabe des durchzuführenden Grundrechtseingriffs, zur Aufklärung der wirklich begangenen Straftat beizutragen.

Die Berechtigung zur Vornahme strafprozessualer Rechtseingriffe verlangt weiterhin, den einer Straftat Verdächtigen vor der Durchführung des ersten Eingriffs darüber aufzuklären, welche Tat ihm auf Grund welcher Beweise zur Last gelegt wird. Unterbleibt dieser Tatvorwurf, ist die Diensthandlung des Vollstreckungsbeamten nicht rechtmäßig (OLG Düsseldorf NJW 1991, 580). **86**

a) Verdacht der Täterschaft und Unschuldsvermutung

Verdacht der Täterschaft steht keineswegs im Widerspruch zu den Grundsätzen der Unschuldsvermutung aus Art. 6 II MRK, wonach ein Mensch so lange als unschuldig gilt, wie das Gegenteil nicht bewiesen ist. Auch schließt die Unschuldsvermutung die Verdächtigung einer Person nicht aus; denn bei einem objektiv Unschuldigen kann die Unschuld nicht vermutet werden, und der Verdacht der Täterschaft als wesentlichster Anknüpfungspunkt für strafprozessuale Eingriffe zwingt die Ermittlungsbehörden zur Klärung. Sie müssen allen Hinweisen nachgehen, ggf. auch den Betroffenen entlastende (§ 160 II StPO), die den Eingriffsadressaten in eine Verbindung mit dem Tatgeschehen gebracht haben (Köster, S. 166f.). Deshalb trifft ihn die Verpflichtung, die notwendigen Maßnahmen zur Aufklärung des Sachverhalts und zur Durchführung eines rechtsstaatlichen Ansprüchen genügenden Strafverfahrens zu dulden (Schubarth, S. 28; Krauß, in: Müller-Dietz, S. 170f.; Köster, S. 167). **87**

Die Unschuldsvermutung hat im polizeilichen Ermittlungsverfahren nur insoweit Relevanz, als die Abstufung der Eingriffsbefugnisse sich nach dem Grad des Tatverdachts richtet. Diese Gedanken haben sicherlich auch Bedeutung, wenn die polizeiliche Ermittlungstätigkeit nach entsprechenden Straftaten mit Überprüfung solcher Personen einsetzt, die einschlägig in Erscheinung getreten sind. **88**

Diese sich wiederholenden Grundrechtseingriffe gegenüber bestimmten Personen sind durchaus geeignet, die Betroffenen als Kriminelle abzustempeln, sie zu stigmatisieren (These vom labeling approach, vgl. Schneider, JZ 1972, 191; Feest, in: Feest-Lautmann, S. 71ff.; Haferkamp, S. 467ff.). Daraus aber zu folgern, labile Charaktere würden sich einzig wegen dieser „Erwartungshaltung“ (Rüther, S. 44) und dem darauf aufbauenden Verhalten der Ermittlungsbehörden mit der ihnen etiketthaft zugeschriebenen Rolle identifizieren und ihre kriminelle Karriere weiterführen oder stabilisieren (Sessar, ZStW 87, 1033, 1056), lässt sich in dieser generalisierenden Form nicht aufrechterhalten. Lediglich in Einzelfällen akzeptieren solcher Art stigmatisierte Personen die ihnen zugedachte Rolle und setzen ihre kriminelle Karriere fort, wobei neben dem Verhalten der Ermittlungsbehörden in den meisten Fällen weitere Faktoren einwirken (Opp, S. 251; Burghard, Stichwort „labeling approach“). **89**

Gezielte Ermittlungen bei polizeilich in Erscheinung getretenen Personen sind keineswegs willkürliche Akte der Behörden, wie es der erste Eindruck vielleicht vermittelt. Die Kriminalstatistik belegt eindrucksvoll, dass Personen, die wegen einer Straftat bereits in Erscheinung getreten sind, in erheblichem Umfang der Gefahr des Rückfalls unterliegen. Zu dieser empirisch belegbaren **90**

Tatsache tritt der gesetzliche Auftrag, alles zu tun, um eine lückenlose Beweisführung sicherzustellen (§§ 160 II, 163 StPO). Der aber macht es geradezu notwendig, mit den Ermittlungshandlungen bei denen anzusetzen, auf die die ersten Hinweise deuten.

b) Verdacht der Täterschaft bei Personengruppen

91 Belasten Verdachtsmomente eine Mehrzahl von Personen, obwohl nur eine die Tat begangen haben kann (vgl. dazu eingehend Warda, S. 157 ff.), sind alle Personen tatverdächtig, solange faktisch noch keine Unterscheidung in Verdächtige und Nichtverdächtige vorgenommen werden konnte (Schäfer, in: L-R § 102 Rdn 15; Müller, in: KMR § 102 Rdn 3). Voraussetzung dafür ist indes, dass nach Entdecken der Tat keine Fluktuation bezüglich der in Betracht kommenden Personen stattgefunden hat.

Beispiel: Nach einem schweren Verkehrsunfall behaupten die vier Insassen des Pkw, dessen Fahrer den Unfall verursacht hat, den Wagen nicht geführt zu haben. Alle stehen erheblich unter Einwirkung alkoholischer Getränke.

Oder:

Auf der Party des Unternehmers U, an der sechzehn Gäste teilnehmen, bemerkt Frau U kurz nach Mitternacht, dass eine wertvolle Brosche, die sie gegen 23:30 Uhr auf dem freistehenden Fernsehapparat abgelegt hatte, verschwunden ist.

92 In diesen Fällen gewinnt der Grundsatz der Verhältnismäßigkeit besondere Bedeutung. Demgemäß dürfen zunächst nur leichte Eingriffe vorgenommen werden, um den Kreis der in Betracht kommenden Täter einzugrenzen, bzw. solche Eingriffe, die für eine gesicherte Beweisführung unverzichtbar sind.

93 Je schwerer der vorzunehmende Rechtseingriff, desto intensiver muss der Adressat belastet sein. Jedoch ist in Bezug auf die Frage nach der Intensität des Verdachts der Täterschaft auch die Stärke des Rechtseingriffs und der durch die Repression verfolgte Zweck maßgebend (Benfer, S. 62). Es ist also keineswegs so, dass schwerere Rechtseingriffe nur gegen die Person vorgenommen werden dürfen, die sich aus der Gruppe als der mögliche Täter herauskristallisiert hat, wenn dieser Eingriff das einzige Mittel ist, das Verfahren zu sichern.

Beispiel: Die Blutprobe (§ 81a StPO) ist zwar ein Eingriff in das gewichtige Rechtsgut der körperlichen Unversehrtheit (Art. 2 II GG), doch ist sie bei fachlich einwandfreier Durchführung ein völlig harmloser Eingriff und unverzichtbar in Bezug auf Sicherung des Tatbestandes der Trunkenheit im Verkehr (§ 316 StGB) bzw. Gefährdung des Straßenverkehrs (§ 315c StGB).

6. Dringender Tatverdacht/Verdacht der Täterschaft

94 „Dringender Tatverdacht" ist sowohl gegen den Verdacht der Täterschaft als auch gegen den hinreichenden Verdacht der Täterschaft (§ 203 StPO) abzugrenzen. Hinreichender Verdacht ist die Basis für die Eröffnung des Hauptverfahrens und erfordert eine Prognose bezogen auf eine mögliche Verurteilung. Demgegenüber verfolgt der dringende Verdacht der Täterschaft das wesentlich niedriger anzusiedelnde Interesse, ein laufendes oder einzuleitendes Ermittlungs- oder Vorverfahren zu sichern. Dieser Verdachtsgrad liegt vor, wenn nach den bisherigen und nicht möglicherweise zukünftigen Ermittlungsergebnissen konkrete Tatsachen die große Wahrscheinlichkeit belegen, dass der Beschuldigte als Täter oder Teilnehmer rechtswidrig und schuldhaft den Tatbestand eines Strafgesetzes verwirklicht hat (OLG Koblenz NStZ 1995, 22; Huber, JuS 2009, 994; Dünnebier, in: Lüttger, S. 30).

Im Vergleich zum „einfachen" bringt der dringende Verdacht der Täter- 95
schaft einen stärkeren Verdachtsgrad zum Ausdruck. Während einmal die Wahrscheinlichkeit der Täterschaft bei höchstens 50% liegen darf und der Verdacht erst entfällt, wenn diese gegen 0% geht, erfordert der dringende Verdacht der Täterschaft eine auf Tatsachen beruhende Wahrscheinlichkeit, die bei mehr als 50-prozentiger Sicherheit ansetzt und gegen 100-prozentige Gewissheit geht (Kühne, NJW 1979, 617, 622).

Beispiel: Zeuge E behauptet, der Kunde O habe soeben in dem Supermarkt S eine Flasche Weinbrand gestohlen. O weist diesen Vorwurf entrüstet zurück. Eine Abwägung der objektiven Erkenntnisse führt zu der Feststellung, dass die Täterschaft nicht wahrscheinlicher ist als die Unschuld des O; deshalb kann allenfalls Verdacht der Täterschaft, nicht aber dringender Verdacht der Täterschaft angenommen werden.

Die Frage, ob dringender Verdacht der Täterschaft gegeben ist, beantwortet 96
sich anhand des Informationsstandes der tätig werdenden Person im Augenblick ihrer Handlung (sog. entscheidungserheblicher Zeitpunkt). So wird häufig zu Beginn eines Ermittlungsverfahrens dringender Verdacht der Täterschaft auf Grund pflichtgemäßer Prüfung der Indizien begründet. Auch wenn sich im Verlaufe der Ermittlungen erweisen sollte, dass dieser Verdacht nicht mehr aufrechtzuerhalten ist, wird ein Grundrechtseingriff nicht rückwirkend rechtswidrig.

7. Beschuldigter

Eine Legaldefinition für den Begriff „Beschuldigter" fehlt in der Strafpro- 97
zessordnung, findet sich jedoch in § 397 AO für das Steuerstrafverfahren. Als Beschuldigten sieht man eine Person, gegen die sich die Verdachtsmomente auf Grund konkreter Anhaltspunkte so wesentlich erhärtet haben, dass die Strafverfolgungsorgane Maßnahmen treffen, die erkennbar darauf abzielen, gegen sie strafrechtlich vorzugehen, sie also in ein laufendes oder einzuleitendes Strafverfahren als den mutmaßlichen Täter einzubinden. Die Beschuldigteneigenschaft fußt somit auf zwei Komponenten: Zum einen ist es der durch konkrete Tatsachen erhärtete Verdacht der Täterschaft (Rogall, S. 31), zum anderen die Einbindung einer Person in das Ermittlungsverfahren (Fischer, S. 12; Helgerth, S. 47). Der Begriff „Beschuldigter" bestimmt sich somit nach einem objektiv-materiellen Element (Tatverdacht) sowie einem finalen Verfolgungsakt (BGH JR 1998, 166). Ob das Verfahren von Seiten der Staatsanwaltschaft oder der Polizei betrieben wird, ist irrelevant; denn das polizeiliche Verfahren ist dem staatsanwaltschaftlichen vorgeschaltet und Teil davon (Zipf, S. 105; Meyer-Goßner Einl. Rdn 60).

Keine einheitliche Erklärung findet sich für die Frage, wann ein Verdächtiger 98
zum Beschuldigten wird. Nach dem objektiven Ansatz soll für die Grenzziehung zwischen Tatverdächtigem und Beschuldigtem entscheidend sein, ob die betreffende Person aus Sicht eines unvoreingenommenen Betrachters in der konkreten Verfahrenslage als höchstwahrscheinlicher Täter in Frage kommt.

Maßgebend für eine dahin gehende Entscheidung sollen die objektiv vorliegenden Verdachtsmomente und der jeweilige Verfahrensstand sein (Geppert, Jura 1991, 80, 83). Überzeugen kann diese Abgrenzungs-„Theorie" keineswegs, weil der für die Beschuldigteneigenschaft grundlegende Tat-„Verdacht" im Wesentlichen auf subjektiven Merkmalen fußt und die auf objektiven Umständen beruhende sowie nach pflichtgemäßem Ermessen getroffene Entscheidung stützt, eine bestimmte Person könne eine bestimmte Straftat begangen haben. Beherrschendes Moment ist eindeutig der „Verdacht", also ein ganz überwiegend subjektives Element; einen objektiven Verdacht gibt es nämlich nicht (Küpper, JR 1996, 214, 215). Andere Wege beschreitet die subjektive und objektive Merkmale kombinierende Auffassung. Sie geht zur Beantwortung der Frage nach dem Beginn der Beschuldigteneigenschaft zunächst von einem Willensakt der Ermittlungsbehörde (subjektive Komponente) aus. Den erkennt man darin, dass das Verfahren begründeterweise gegen eine bestimmte Person betrieben wird (Beulke Rdn 118). Mangelt es an einem bereits laufenden personenbezogenen Verfahren, erlangt die aus den äußeren Umständen sich ergebende Stärke eines Verdachts der Täterschaft gegenüber einer bestimmten Person (objektive Komponente) derartige Bedeutung, dass der Maßnahmeadressat als Beschuldigter anzusehen ist. Unabhängig von einem behördlichen Willenakt oder offensichtlichem Verdacht der Täterschaft gründet sich die Beschuldigteneigenschaft ggf. auf rein tatsächliches polizeiliches Handeln, vor allem wenn die Ermittlungsbehörde dem Betroffenen in einer Art und Weise gegenübertritt, die ihm unmissverständlich zu verstehen gibt, dass er in ihren Augen die aktuell verfolgte Straftat mit an Sicherheit grenzender Wahrscheinlichkeit begangen hat (BGH NStZ 1992, 504), die Behörde also Maßnahmen ergreift, die erkennbar darauf abzielen, gegen den Adressaten wegen einer bestimmten Straftat strafprozessual vorzugehen (BGH NJW 2003, 671, NJW 1992, 1463, 1466; NJW 1997, 1591= NStZ 1997, 398). Den dargestellten Vorschlägen zur Abgrenzung eines (nur) Tatverdächtigen zu einem Beschuldigten leiden durchweg daran, dass sie äußerst nebulös und insofern missbräuchlicher Interpretation zugänglich sind. Darüber hinaus unterliegt diese Abgrenzung – was rechtlich nicht vollkommen unwichtig ist – dem Beurteilungsspielraum der Behörde.

98a Die überwiegend subjektiver Einschätzung anheim gestellten Abgrenzungskriterien zwischen Beschuldigtem und Tatverdächtigem unterliegen einem Beurteilungsspielraum. Dabei handelt es sich um Beurteilung und Wertung eines gegebenen Sachverhalts, die der Gesetzgeber den Ermittlungsbehörden überträgt mit der Maßgabe, dass deren Entscheidungen grundsätzlich verbindlich und – im Gegensatz zur Ermessensentscheidung – nur in relativ engen Grenzen gerichtlicher Kontrolle unterworfen sind (Kopp § 114 Rdn 23). Gerichtlicher Überprüfung ist polizeiliches Handeln in Fällen einer Überschreitung der Grenzen des Beurteilungsspielraums zugänglich, z.B. wenn ein Beamter seine Entscheidung an sachfremden, willkürlichen oder sonst unsachlichen Erwägungen orientiert (BVerwGE 73, 378), wenn er nicht hinreichend recherchiert oder nicht gesicherte oder in Wahrheit nicht vorliegende Tatsachen als gegeben ansieht, in böser Absicht, parteiisch oder auf Grund sonstiger von der Rechtsordnung missbilligter subjektiver Motive oder Haltungen entscheidet. Damit verbietet es sich, einen Betroffenen über seine aus Sicht der Ermittlungsorgane offenkundigen Stellung als Beschuldigter eines Strafverfahrens zu täuschen, um ihn nicht über seine prozessualen Rechte belehren zu müssen (BGH NJW 1997, 1591).

Die Unterscheidung zwischen Verdächtigem und Beschuldigtem ist strafprozessual wertlos, denn der Übergang ist nicht objektivierbar. Ziehen die Strafverfolgungsorgane Ermittlungshandlungen aber in Erwägung, erfordern Rechtssicherheit und Transparenz staatlichen Handelns unabdingbar, dem Betroffenen nicht nur die Erklärung zu geben, dass gegen ihn als Beschuldigten ermittelt wird (Fuß, S. 305, 307), sondern auch zu begründen, auf welcher rechtlichen und tatsächlichen Basis die nahe an Gewissheit reichende Vermutung der Täterschaft beruht. **99**

Wie wichtig es wäre, den Beschuldigtenbegriff gesetzlich zu definieren, **100** macht ein Beschluss des Bundesverfassungsgerichts (2 BvR 1511/96 vom 2. 8. 1996) deutlich. Danach bedarf es für die Annahme der Eigenschaft als Beschuldigter keines besonders starken Tatverdachts; denn es gehe letztlich darum, bisher vage Hinweise auf die Täterschaft eines Einzelnen zu erhärten oder aufzuheben (BVerfG NStZ 1996, 606 f.).

Mit dieser Entscheidung setzt sich das Gericht nicht nur in Widerspruch zur **101** bisher einhelligen Rechtsprechung (so zuletzt OVG Bautzen NVwZ-RR 2001, 238, das an dem tradierten Beschuldigtenbegriff festhält) und Lehre, es hebt auch die vom Gesetzgeber zweifellos gewollte Unterscheidung zwischen „einfach" tatverdächtigen, „dringend" tatverdächtigen Personen und Beschuldigten auf. Im Übrigen stellt sich nach Veröffentlichung dieses Beschlusses dem Praktiker die wichtige Frage, welche Verdachtsintensität im Falle einer vorläufigen Festnahme (entspr. gilt für Erlass eines Haftbefehls) zu fordern ist; denn § 112 I StPO setzt den dringend Tatverdächtigen expressis verbis dem Beschuldigten gleich (Kritik an dem Beschluss des BVerfG vgl. Benfer, StV 1999, 402 ff.; ders. NStZ 1997, 397).

8. Andere Person, Kontakt- und Begleitperson

In den Polizeigesetzen unterscheidet man zwischen „Kontakt- und Begleit- **102** personen" (vgl. z.B. § 34 III Ziff. 3 thPAG) auf der einen sowie „anderen Personen" auf der anderen Seite. Diese Differenzierung ist der Strafprozessordnung expressis verbis zwar nicht eigen, doch die Formulierung „Person, die in einem Verhältnis zueinander stehen" (vgl. § 100c IV StPO) weist eindeutig in Richtung der Kontakt- oder Begleitperson, so dass wir auch im repressiven Bereich zur „anderen Person" abzugrenzen haben. Wir müssen davon ausgehen, dass die Kontakt- oder Begleitperson nach der Vorstellung des Gesetzgebers eine evident nähere Beziehung zu der jeweiligen Anlasssituation hat als die „andere Person", ohne indes in die Position des Gefahrverursachers bzw. des Beschuldigten/Tatverdächtigen hineingewachsen zu sein. Daraus folgt die rechtsstaatliche Pflicht, diese Begriffe restriktiv auszulegen.

Als „Kontaktpersonen" gelten Menschen, die enge persönliche, dienstliche **103** oder geschäftliche Beziehungen zu einer observierten Person unterhalten. Als „Begleitperson" eines Gefahrverursachers oder eines Beschuldigten kommt eine Person in Betracht, die nicht nur kurzfristig mit ihr angetroffen wird, ohne jedoch enge persönliche, dienstliche oder geschäftliche Beziehungen zu diesen zu unterhalten (vgl. § 16a I nwPolG). Kontakt- oder Begleitpersonen sind nach

Erkenntnissen der Behörden in einen präventiv- bzw. repressivrechtlich relevanten Handlungskomplex insoweit einbezogen, als sie im Hintergrund des Geschehens bzw. dessen Umfeld wirken. Allerdings darf diese Person nie die Grenze zur Täterschaft oder Teilnahme überschreiten (BVerfG, NPA LZ 730, Gefahrenabwehr Bl. 42). „Andere Person" i.S. der Strafprozessordnung ist prinzipiell jeder, der weder tat- noch teilnahmeverdächtig ist. Will man ihm gegenüber einen Grundrechtseingriff vornehmen, verlangt dessen Zulässigkeit ebenfalls einen Anlass. Dabei stellt sich grundsätzlich die Frage, ob es sich um eine Straftat oder um eine rechtswidrige Tat handeln muss.

104 Fordert man z.B. für eine Durchsuchung oder eine Identitätsfeststellung (§§ 103 oder 163b II StPO) gegenüber anderen als Verdächtigen eine Straftat, dürften Strafunmündige, wie z.B. Kinder, diesen Eingriffen nicht unterworfen werden, sofern sie den Tatbestand eines Strafgesetzes eigenverantwortlich verwirklicht haben (Nack, in: KK § 102 Rdn 1; a.A. OLG Bamberg NStZ 1989, 40). Beide Eingriffe wären jedoch zulässig, wenn andere Personen eine Straftat begangen haben und die Aufklärung dieser Tat durch den Eingriff gegenüber dem Kind zu erwarten ist.

Beispiel: Einem ca. 10-jährigen Jungen wird vorgeworfen, in einem Kaufhaus eine Tafel Schokolade gestohlen zu haben. Dem Kind wird hier die Erfüllung eines Straftatbestandes zur Last gelegt. Folglich ist keine Anlasstat für strafprozessuale Grundrechtseingriffe zu erkennen.

Aber:

R steht im Verdacht, seine 13-jährige Tochter schwer misshandelt und sexuell missbraucht zu haben (§§ 225, 174 I Ziff. 3, u.U. 177 StGB). Zum Zwecke der Aufklärung dieser Straftaten und einer gesicherten Beweisführung kann eine körperliche Untersuchung der Tochter nach §§ 81c, 81d StPO angeordnet werden.

105 Gegen die Zulässigkeit strafprozessualer Rechtseingriffe gegenüber anderen als Verdächtigen im Falle rechtswidriger Taten spricht allein schon der Wortlaut der Gesetze. So verlangen §§ 81c I, 103 I Satz 1 StPO als Ziel des Eingriffs die Suche nach Spuren oder Folgen einer Straftat, während § 163b II StPO die Aufklärung einer Straftat im Auge hat. Die Auslegung des Begriffs „Straftat" i.S. einer rechtswidrigen Tat ist folglich als contra legem abzulehnen. Des Weiteren würde es eine erhebliche Ausweitung der Befugnisse und keine Restriktion bedeuten, wenn die Behörden Rechtseingriffe gegen andere als verdächtige Personen schon bei Anerkennung einer rechtswidrigen Tat vornehmen dürften. Das ist systemwidrig und mit dem Sinn dieser Normen nicht zu vereinbaren.

106 Adressaten ermittlungsbehördlicher Rechtseingriffe können das Opfer selbst, Zeugen oder Sachverständige sein. Probleme rechtlicher Natur werden in seltensten Fällen auftreten, wenn das Opfer der Straftat zugleich Zeuge ist, weil es regelmäßig ein natürliches Interesse an schneller Aufklärung hat. Völlig anders kann es jedoch werden, wenn jemand zwar Zeuge ist, sich aber gegenüber den Ermittlungsorganen nicht kooperativ verhält. Dann bedarf es gegenüber dieser Person eines Rechtseingriffs, der ggf. auch mit Zwang durchgesetzt werden muss. Dabei haben die Ermittlungsbehörden ganz besondere Rücksicht auf die Stellung des Zwangsadressaten in dem Strafverfahren zu nehmen (Verhältnismäßigkeit), und zwar sowohl im Hinblick auf die Fragen, ob der Zeuge unbedingt in das Verfahren eingebunden werden muss, als auch in welchem Umfang der Eingriff in seine Rechte notwendig ist.

a) Zeuge

Zeuge kann grundsätzlich nur sein, wer nicht durch eine andere Rolle in dem Verfahren aus dieser Stellung verdrängt wird (Schlüchter Rdn 477), etwa wenn die Person selbst zum Beschuldigten wird. Prinzipiell – wenn auch mit bedeutenden Ausnahmen – sollte ein Zeuge in der Lage sein, Geschehnisse sinnlich wahrzunehmen und verständlich darüber zu berichten (RGSt 52, 289). Sprachbarrieren sind insoweit wirkliche Hindernisse (Kühne, in: AK StPO vor § 48 Rdn 12), als sich die Funktion des Zeugen auf die sprachliche Wiedergabe eines relevanten Geschehens reduziert. **107**

Praktisch lässt sich die Anerkennung einer Zeugeneigenschaft indessen nicht auf das Verbale beschränken; denn ansonsten müssten Personen als Zeugen ausscheiden, die zur Kundgabe real wahrgenommener Geschehnisse unfähig sind, etwa misshandelte Kleinstkinder. Diese Personengruppe ist aber nicht anders zu sehen als diejenige, deren Aussage einzig darin besteht, infolge Schlaf, Ohnmacht o.Ä. von der Tathandlung nichts gemerkt zu haben. Daher werden Personen in den Kreis der Zeugen einer Straftat einbezogen, die sinnliche Wahrnehmungen zwar gemacht haben, die dieses aber nicht ausdrücken können, oder die ihre Erkenntnisse zwar auszudrücken in der Lage wären, die aber keine Wahrnehmungen gemacht haben. Zeugen werden solche Menschen nur, wenn nach pflichtgemäßer Prüfung des Sachverhalts an ihrem Körper Spuren eines historischen, strafrechtlich relevanten Vorgangs zu finden sein müssten, denen als Beweismittel eine wesentliche Verfahrensrolle zukommt (Schlüchter Rdn 191, Peters § 42 I). **108**

Zeugnisfähige Tatsachen sind prinzipiell vergangene Vorgänge. Handelt es sich um Tatfolgen oder Umstände, die mit irgendwelchen vergangenen Ereignissen in Beziehung stehen, können auch gegenwärtige Ereignisse Gegenstand einer Zeugenaussage sein. **109**

b) Sachverständiger

Sachverständiger ist eine Person, die auf einem Spezialgebiet über erhebliches Fachwissen verfügt und auf Grund dessen in der Lage ist, durch Gutachten das Wissen und die Erfahrung von Ermittlungsorganen, Richtern und Verteidigern in besonderen Fällen zu ergänzen und damit Entscheidungshilfen zu leisten (Benfer, S. 236). Insoweit sagt eine Person als Sachverständiger aus, wenn sie auf der Basis ihrer Sachkunde Erfahrungssätze aufzeigt und auf Tatsachen anwendet, die sie selbst gefunden hat oder die ihr unterbreitet worden sind. **110**

9. Verhältnis Polizei- und Versammlungsrecht

Viele polizeiliche Tätigkeiten stehen in Zusammenhang mit öffentlichen Versammlungen. Dabei werden – wie die Erfahrung belegt – immer wieder Rechtseingriffe erforderlich. Dies konfrontiert uns zwangsläufig mit der Frage, auf Grund welcher Rechtsnormen diese Eingriffe vorgenommen werden. Begehen die Versammlungsteilnehmer Straftaten nach §§ 21 ff. VersammlG, dem Strafgesetzbuch oder sonstigen Strafrechtsnormen (z.B. §§ 29 ff. BtMG), **muss**, bei Ordnungswidrigkeiten **kann** die Polizei einschreiten. In diesen Fällen wird sie ihr Handeln auf repressive Eingriffsermächtigungen stützen. **111**

111a Auf nichtöffentliche Versammlungen, insbesondere solche in geschlossenen Räumen, sollen nach Ansicht der h.M. (vgl. Rozek, JuS 2002, 470, 476; Führing, NVwZ 2001, 157, 160f.) die Regeln des allgemeinen Polizeirechts mit der Folge anwendbar sein, dass sich deren Schutz unmittelbar aus Art. 8 I GG herleitet. Weil der Gesetzesvorbehalt des Art. 8 II GG auf nichtöffentliche Versammlungen nicht anwendbatr ist handelt es sich insoweit um ein vorbehaltlos gewährtes Grundrecht. Eingriffe auf der Grundlage der polizeilichen Generalklausel gegenüber Veranstaltern oder Teilnehmern an nichtöffentlichen Versdammlungen sind daher nur zulässig unter Beachtung einer verfassungskonformen Auslagung der Ermächtigungen (R. Schmidt, S. 120f.).

112 Will die Polizei gegen Teilnehmer an öffentlichen Versammlungen lediglich gefahrenabwehrende Maßnahmen ergreifen, ist es ihr grundsätzlich nicht gestattet, sich auf polizeirechtliche Spezialermächtigungen (etwa Platzverweisung, § 16 bbPolG, § 34 nwPolG, § 18 thPAG) zurückzuziehen (OVG Bremen DÖV 1987, 253) oder gar die Generalklausel (§ 10 bbPolG, § 8 nwPolG, § 12 thPAG) anzuwenden; denn das Grundecht der Versammlungsfreiheit ist weitgehend polizeifest (Ott, Einf. Rdn 10; Zeitler Rdn 47). Das bedeutet konkret, gegen eine Versammlung i.S. des Art. 8 I GG darf die Polizei grundsätzlich nicht mit den Mitteln des allgemeinen Polizeirechts vorgehen. Das ändert sich grundlegend, wenn die Versammlung gem. § 15 II VersammlG aufgelöst oder ein Teilnehmer begründet ausgeschlossen wurde. Dann kommt der Platzverweis als Rechtseingriff in Betracht, der mit Ingewahrsamnahme ggf. durchgesetzt werden darf (BVerfG NStZ 2005, 80ff.).

113 Von großer Bedeutung ist es also festzustellen, wann eine Vielzahl von Personen als Versammlung tatsächlich anzuerkennen ist. Daneben steht der Begriff der Ansammlung, bei der die Teilnehmer nicht unter dem Schutz des Art. 8 GG stehen, so dass sie Adressaten auch präventiver Rechtseingriffe durch die Polizei werden können.

114 Bei einer Versammlung kommen mehrere (mindestens zwei) Personen an einem Ort zusammen, um öffentliche oder private Angelegenheiten untereinander zu erörtern bzw. durch kollektive Kundgabe eine bestimmte Einstellung zu solchen Belangen zum Ausdruck zu bringen (M-D-H Art. 8 Rdn 46ff.; Dietel/Gintzel/Kniesel § 1 Rdn 56ff.). Irrelevant ist es, ob die Zusammenkunft geplant bzw. vorbereitet oder spontan (sog. Spontanversammlung, M-D-H Art. 8 Rdn 55) erfolgt.

115 Das Erfordernis des die Teilnehmer verbindenden Zwecks grenzt die Versammlung von der Ansammlung ab. Daher ist eine Personenmehrheit (ohne Rücksicht auf die Größe der Gruppe), die zufällig zusammenkommt und bei der es an einem gemeinsamen, auch nicht ad hoc aufkommenden Wollen fehlt, nicht als Versammlung, sondern als Ansammlung zu betrachten (Herzog, in: M-D-H Art. 8 Rdn 49). Allerdings ist der Übergang von der schlichten Ansammlung zur Versammlung i.S. des Art. 8 GG fließend (Ridder/Breitbach/Rühl/Steinmeier Art. 8 Rdn 17).

116 Rechtlich stufen wir darüber hinaus diejenigen als Mitglieder einer Ansammlung ein, die als potentielle Teilnehmer auf den Beginn der Versammlung warten. Schließlich bilden auch Personengruppen, die sich nach zulässiger Auflösung einer Versammlung zusammenfinden, eine Ansammlung. Selbst wenn diese Gruppe eine neue Veranstaltung in unmittelbarem zeitlichen und örtlichen Bezug zu der aufgelösten Versammlung mit im Wesentlichen identischen Teilnehmern und zu demselben Gegenstand durchführt, bleibt dies eine Ansammlung; denn ansonsten würde die Verbots- und Auflösungsverfügung umgangen (VG Berlin NVwZ-RR 1990, 188, 189).

Die Teilnahme an einer Versammlung verlangt keineswegs die Billigung der Ziele, die der Veranstalter mit der Versammlung verfolgt, oder der mehrheitlich in ihr vertretenen Meinungen. Der Grundrechtsschutz erstreckt sich auch auf denjenigen, der den in der Versammlung verkündeten Meinungen kritisch oder ablehnend gegenübersteht und dies in der Versammlung mit kommunikativen Mitteln zum Ausdruck bringt (BVerfG NJW 1995, 3110, 3112; Ridder/Breitbach/Rühl/Steinmeier § 1 Rdn 54). 117

Beispiel: Auf dem Marktplatz in A-Stadt findet eine politische Demonstration statt. Die ca. 2000 Demonstranten stehen nahezu einhellig hinter dem Motto der Veranstaltung. Nur eine kleine Gruppe (10 Personen) gibt lautstark und mit Transparenten inmitten der sonstigen Versammlungsteilnehmer ihre ablehnende Haltung kund.

Die kleine Gruppe von Demonstranten nimmt das Recht auf Teilnahme an einer Versammlung i.S. des Art. 8 GG wahr. Dass sie sich mit der inhaltlichen Aussage der Gesamtveranstaltung nicht solidarisch zeigt, ist versammlungsrechtlich irrelevant; denn die Kundgabe einer abweichenden Meinung in einer Versammlung bedeutet nicht, dass diejenigen, die sie äußern, eine eigene, nicht angemeldete Versammlung durchführen (BVerfG NJW 1995, 3110, 3112). Somit können wir diesen Personen polizeilich betrachtet nur mit den spezialgesetzlichen Mitteln begegnen. 118

Anders gestaltet sich die Rechtslage, wenn sich die 10-köpfige Gruppe aus der Gesamtversammlung lösen und abseits davon aktiv werden würde. In solchen Fällen veranstalten diese Personen eine eigenständige Versammlung. 119

Beispiel: Gegen die Erweiterung des atomaren Zwischenlagers in A-Stadt gehen ca. 10 000 Menschen auf die Straße. Darunter befinden sich auch ungefähr 25 gewaltbereite Personen, die immer wieder erfolglos versuchen, die Versammlungsteilnehmer zu Gewalthandlungen anzustiften. Als sie feststellen, dass sie erfolglos sein würden, lösen sie sich – auf ein vereinbartes Zeichen hin – aus der Demonstration. Auf dem nahe gelegenen Rathausplatz formieren sie sich neu und demolieren in der City von A-Stadt vornehmlich die Scheiben an Bankgebäuden.

Die 25 Gewalttäter veranstalten zweifelsfrei eine neue Versammlung und könnten den Schutz des Versammlungsgesetzes in Anspruch nehmen. Lassen wir einmal die versammlungsrechtlichen Verstöße (§ 26 VersammlG, wenn wir eine Spontanversammlung ablehnen, und § 27 VersammlG) unbeachtet, liegt strafrechtlich relevantes Verhalten im Sinne des Strafgesetzbuches vor, so dass die einschreitenden Polizeibeamten ihr Handeln auf die Strafprozessordnung stützen können. Gefahrenabwehrende Maßnahmen gegen diese „Neben"-Demonstration wären indes grundsätzlich nicht erlaubt, es sei denn in dem Rahmen, den das Versammlungsgesetz selbst steckt. 120

Der Schutz des Art. 8 GG erstreckt sich sowohl auf Versammlungen, bei denen argumentiert und gestritten wird, als auch auf Veranstaltungen mit Demonstrationscharakter, bei denen die Versammlungsfreiheit zum Zwecke plakativer oder Aufsehen erregender Meinungskundgabe in Anspruch genommen 121 wird (BVerfG NJW 1985, 2395, 2398), wie bei rein physischer Anwesenheit einer Menschenmenge.

122 Das Versammlungsgesetz enthält in Bezug auf Zulässigkeit polizeilicher Maßnahmen gegen Versammlungsteilnehmer einen Kanon spezialgesetzlicher Regelungen (§§ 12a, 13, 15, 17a IV, 18 III, 19 IV VersammlG), denen Vorrang gegenüber den Befugnissen aus dem Polizeirecht einzuräumen ist (h.M. vgl. Drews/Wacke/Vogel, S. 177; Krüger, S. 35 f.). Somit regelt das Versammlungsgesetz als Spezialgesetz abschließend, welche präventiven Eingriffsermächtigungen die Polizei gegenüber Teilnehmern an Versammlungen und Aufzügen einsetzen darf (Dietel/Gintzel/Kniesel § 1 Rdn 192 ff. und § 15 Rdn 4). Irrelevant ist dabei, ob die Versammlung friedlich oder unfriedlich ist (BVerfGE 69, 315, 361; VG Hamburg NVwZ 1987, 829, 831; Ott, Vorbem. § 1 Rdn 1). „Unfriedlich" ist eine Versammlung erst, wenn Handlungen von einiger Gefährlichkeit durch aggressive Ausschreitung vorgenommen werden (BVerfG NVwZ 2005, 80; BVerGE 104, 92, 105 f.). Die Begehung rechtswidriger Handlungen selbst durch einzelne Teilnehmer kann dazu führen, der Versammlung den Charakter einer unfriedlichen, ggf. verbotenen Versammlung zuzuerkennen. Dies macht indessen ihre Auflösung nicht überflüssig, weil selbst verbotene Versammlungen aufzulösen sind (§ 15 IV VersammlG) und ohne Auflösung der Versammlung die Vornahme präventiv-polizeilicher Maßnahmen gegen Versammlungsteilnehmer stets rechtswidrig ist (OLG Celle NVwZ-RR 2005, 543 f.). Dem polizeilichen Ermessen ist lediglich anheim gestellt zu entscheiden, ob eine Versammlung unfriedlich ist. Dabei ist mit Blick auf den besonderen Charakter des Versammlungsrechts bei Beurteilung des in Betracht kommenden Verhaltens größte Zurückhaltung geboten.

123 Den Katalog von Eingriffsnormen darf die Polizei grundsätzlich nicht mit dem Argument erweitern, dies sei zur Abwehr versammlungsspezifischer Gefahren notwendig (Jahn, DVBl. 1989, 1038, 1042). Damit ist dem Rückgriff sowohl auf eine polizeirechtliche Spezialermächtigung (z.B. Platzverweisung oder Identitätsfeststellung) als auch und vor allem auf die Generalklausel ein Riegel vorgeschoben (LG Hamburg NVwZ 1987, 833). Allerdings ist eine umfassende Geltung dieses Grundsatzes des Vorrangs versammlungsrechtlicher Normen gegenüber dem Polizeigesetz nicht unproblematisch. Nehmen wir eine Versammlung bei der Zusammenkunft von lediglich zwei Personen an (vgl. Rdn 114), könnte quasi jedermann polizeirechtlichem Einschreiten mit dem Argument begegnen, man führe eine Spontanversammlung durch (z.B. blockieren zwei Männer eine Hauptverkehrsader; einschreitenden Polizeibeamten erklären sie, sie demonstrierten spontan für die Einrichtung einer Fußgängerampel). Eine derartige Interpretation des Versammlungsbegriffs ist nicht nur lebensfremd, sondern zeigt auch insoweit komische Aspekte (Depenheuer, in: M-D-H Art. 8 Rdn 44), als darauf die Vorschriften des Versammlungsrechts anwendbar wären, z.B. die Wahl eines Versammlungsleiters. In solchem Falle gilt analog die Grundthese, dass Veranstalter und Teilnehmer von Versammlungen keineswegs ein ausschließliches, gleichsam souveränes Recht haben, Versammlungsort und -zeit zu bestimmen. Solche besonders gelagerte Fälle berechtigen die Polizei dazu – ohne indes den Kern des Versammlungsrechts zu verletzen –, die Demonstranten mittels einer Verfügung aufzufordern, ihre Demonstration auf dem Gehweg fortzusetzen.

Eine polizeitaktische Variante der Ingewahrsamnahme von Versammlungsteilnehmern ist deren „Einschließung" (sog. Hamburger oder Berliner Kessel). Dieser Eingriff erfolgt je nach Lage auf unterschiedliche Art und Weise, nämlich als stationäre oder als mobile Einschließung. Im Falle der stationären werden die Versammlungsteilnehmer durch Beamte oder (und) Absperrgerät eingeschlossen und daran gehindert, den fest umrissenen Platz zu verlassen, bis der polizeilich verfolgte Zweck erreicht ist. Diese Maßnahme ist unstrittig eine besondere Form der Gewahrsamnahme (KG NVwZ 2000, 468, 469). Im Falle der mobilen Einschließung werden die Personen in ihrer Fortbewegung, also während ihres Demonstrationsmarsches so massiv begleitet, dass niemand die Einschließung verlassen kann. Jede Art dieser Einschließung von Versammlungsteilnehmern ist rechtswidrig, weil das Versammlungsgesetz als lex spezialis solche Rechtseingriffe nicht vorsieht (BVerfG NVwZ 1988, 250; VG Berlin NVwZ-RR 1990, 188, 189; Zeitler Rdn 53). 124

Beispiel: Hausbesetzer besetzen eine Straßenkreuzung, um gegen die Wohnungsnot zu demonstrieren. Der Einsatzleiter der Polizei fordert sie auf, die Kreuzung sofort zu räumen, und stellt, weil sich die Demonstrationsteilnehmer nicht rühren, die Personalien fest.

Die polizeiliche Verfügung stellt eine Platzverweisung dar (§ 16 bbPolG, § 34 nwPolG, § 18 thPAG). Hinzu tritt die Personalienfeststellung (§ 12 bbPolG, § 12 nwPolG, § 14 thPAG). Da sich die Maßnahmen gegen Versammlungsteilnehmer richten, kann der Beamte sie nicht auf das Polizeigesetz stützen. Das Versammlungsgesetz sieht solche Rechtseingriffe indes nicht vor. Folglich sind die Eingriffe rechtswidrig. 125

Der Weg für die Anwendung polizeirechtlicher Normen wird frei, wenn die Polizei die Versammlung zunächst unter Beachtung von § 15 II VersammlG auflöst oder einzelne Versammlungsteilnehmer begründet von der Versammlung ausschließt. Dabei erfolgt der Übergang von den versammlungsrechtlichen zu den polizeirechtlichen Ermächtigungen nicht abrupt im Augenblick der Auflösung. Der Schutz des Art. 8 I GG erstreckt sich ebenso auf eine angemessene Zeit nach der Auflösung; denn die Teilnehmer müssen rein tatsächlich in der Lage sein, ihrer gesetzlichen Pflicht zu genügen (a.A. Hofmann, NVwZ 1987, 769, 770). Die Länge der Frist bestimmt sich nach den Umständen des Falles und wird nach pflichtgemäßem Ermessen festgelegt. Als Auflösung bezeichnen wir die Beendigung einer gerade stattfindenden Versammlung mit dem Ziel, die Personenansammlung für eine bestimmte Zeit oder endgültig zu zerstreuen . Im Falle eines Ausschlusses trifft einen Versammlungsteilnehmer ein belastender Verwaltungsakt, auf Grund dessen ihm verboten wird, weiterhin an der Versammlung teilzunehmen. Damit endet sein versammlungsrechtlicher Schutz (Dietel/Gintzel/Kniesel § 18 Rdn 36), so dass gefahrenabwehrende Maßnahmen gegen ihn zulässig werden. Die polizeiliche Auflösungsverfügung muss eindeutig und unmissverständlich formuliert sein. Unabhängig vom konkreten Wortlaut der Anordnung muss deren Bedeutung und Tragweite deutlich hervortreten. Danach kann der Beamte die Versammlungsauflösung nicht konkludent, etwa durch Bildung einer Polizeikette, Aufstellen von Sperrgittern oder gar Einsatz von Hiebwaffen, auflösen; dies verbieten ihre einschneidenden Folgen (OVG Berlin NVwZ-RR 2003, 896). Dokumentiert allerdings die Formulierung auch unter Berücksichtigung des Empfängerhorizonts mit der erfor- 126 derlichen Eindeutigkeit den polizeilichen Willen zur Auflösung der Versammlung, sind die Versammlungsteilnehmer wirksam aufgefordert, sich unverzüglich zu entfernen (OLG Celle NVwZ-RR 2006, 254).

127 Aus Sinn und Zweck des Art. 8 GG können wir überdies ableiten, dass die versammlungsrechtlichen Privilegierungen nicht auf Versammlungen im engeren Sinne beschränkt bleiben dürfen. Dieses Grundrecht ließe sich nämlich aus präventiven Gesichtspunkten leicht einschränken, in Einzelfällen sogar aufheben, wenn wir seinen Schutz nicht ins Vorfeld der Versammlung hineinziehen. Folglich schützt Art. 8 GG den Bürger auf dem Weg zum Versammlungsort (BVerfGE 69, 315 ff.; 20, 56, 99; VG Hamburg NVwZ 1987, 829, 830; Bedenken dagegen Hofmann, NVwZ 1987, 769, 770), zumindest wenn er sich in dessen Nahbereich befindet.

128 Insbesondere, wenn die Polizei präventiv gegen anreisende Versammlungsteilnehmer vorgehen will, ist die Frage des Vorrangs versammlungsrechtlicher gegenüber polizeirechtlichen Eingriffsnormen ohne Konturen. Zwar darf die Polizei diesen Versammlungsteilnehmern, solange sie noch nicht dem Schutz des Art. 8 I GG unterliegen, mit gefahrenabwehrenden Eingriffsermächtigungen entgegentreten, dadurch aber nicht die Inanspruchnahme oder den Sinn des Versammlungsrechts gefährden bzw. verhindern (OVG Münster DVBl. 1982, 653, 654; BayVGH BayVBl. 1983, 434, 436).

129 Auf der Grundlage dieser Überlegungen ist es zulässig, anreisende Versammlungsteilnehmer weit abgesetzt vom Versammlungsort mit dem Ziel zu durchsuchen, Gegenstände zu finden, mit denen Versammlungen gestört werden sollen (Vorkontrollen). Ob auch eine Identitätsfeststellung bei Personen zulässig ist, die an einer Versammlung teilnehmen wollen (so BayVGH BayVBl. 1990, 654, 659), ist zweifelhaft. Einmal steht der gefahrenabwehrende Zweck eines solchen Eingriffs ernstlich in Frage, zum anderen könnten sich die Adressaten solchen polizeilichen Handelns genötigt sehen, auf das Recht auf Teilnahme an einer Versammlung zu verzichten. Zur wirklich freien Inanspruchnahme des Versammlungsrechts gehört es ohne Zweifel auch, als Teilnehmer anonym bleiben zu können.

130 Schließlich sind polizeirechtliche Rechtseingriffe zulässig, um versammlungsbezogene Straftaten und Ordnungswidrigkeiten zu verhindern oder die Versammlung vor unfriedlichen oder bewaffneten Teilnehmern zu schützen, wenn das Versammlungsgesetz keine eigene Ermächtigung enthält (BayVGH BayVBl. 1990, 654, 659; Krüger, S. 36 f.).

Beispiel: Auf dem Weg zu einer Versammlung, bei der gewalttätige Ausschreitungen befürchtet werden, befindet sich eine Gruppe von 30 Personen mit einem Bus. Nach Einschätzung der Lage durch den Polizeiführer P gehören diese Personen zum Kreis der Gewalttäter. Obwohl die Kontrollstelle ca. 50 km vom Versammlungsort entfernt liegt, ordnet P die Durchsuchung des Busses, der Personen und der Taschen an. Dabei entdecken die Beamten Molotow-Cocktails, Metallronden und Schleudern. Alle diese Gegenstände werden beschlagnahmt.

Oder:

Bei einer Demonstration vor der Botschaft des A-Staates, in dem innere Unruhen blutig niedergeschlagen worden sind, entrollen zwei Demonstranten ein Spruchband mit der Aufschrift „Keine finanzielle Unterstützung der Mörderbande durch die BRD“. Einsatzleiter P lässt dieses Spruchband beschlagnahmen.

Das Verbot des § 2 III Satz 1 VersammlG (erstes Beispiel) bezieht sich auf Waffentragen bei Versammlungen, also im Versammlungsraum. Folglich liegt im ersten Fall keine Straftat i.S. des § 27 I Satz 1 VersammlG vor. Doch dehnt § 2 III Satz 2 VersammlG das Verbot, Waffen (beachte den spezifischen Waffenbegriff des Versammlungsrechts) zu führen, auf Personen aus, die sich auf dem Weg zu einer Versammlung befinden. Auch dieser Tatbestand ist als Vergehen ausgewiesen (vgl. § 27 I Satz 2 VersammlG). **131**

Die Schwierigkeit des § 2 I Satz 2 VersammlG besteht darin festzustellen, wer sich „auf dem Weg zu öffentlichen Versammlungen oder Aufzügen" befindet. Dazu bedarf es einerseits einer geografisch evidenten Verbindung von Person zu Ereignis, andererseits muss die Behörde den Beweis im Einzelfall aus den besonderen Umständen, Äußerungen des Betroffenen, seinem Verhalten oder seiner Ausrüstung erbringen (Dietel/Gintzel/Kniesel § 2 Rdn 54 f.). Dies stellt erhebliche Anforderungen an die Pflichtgemäßheit der Entscheidung. **132**

Daher stellt sich die Frage, ob sich die Insassen des Busses auf dem Weg zu einer Versammlung i.S. des § 2 III Satz 2 VersammlG befinden; denn sie sind noch ca. 50 km vom Ort der Demonstration entfernt, und eine evidente Verbindung zwischen Personen und Ereignis ist nicht zu erkennen. Stellen wir hingegen auf die besonderen Umstände des Falles (z.B. Beobachtung einschlägig bekannter Personen, Mitteilung von Verfassungsschutz und örtlichen Polizeibehörden über die Aktivitäten dieser Gruppe im Hinblick auf die bevorstehende Demonstration) und die Ausrüstung der Personen ab, ist § 2 II Satz 2 VersammlG einschlägig. Zur Verhinderung versammlungsspezifischer Straftaten wäre das geschilderte präventiv-polizeiliche Vorgehen erlaubt. **133**

Dennoch können die Beamten in unserem Beispielsfall sich nicht auf die Strafprozessordnung stützen; denn im Augenblick der Durchsuchung des Kfz sowie der Aufforderung, die Tasche zu öffnen, um den Inhalt kontrollieren zu können, sprechen keineswegs tatsächliche Anhaltspunkte dafür (Verdacht), dass die Personen Waffen mit sich führen. Folglich kann es sich in diesem Stadium des polizeilichen Handelns nur um Gefahrenabwehr handeln. **134**

Eine polizeiliche Gefahr besteht ohne Zweifel, weil bei ungehindertem Geschehensablauf mit der Begehung einer Straftat zu rechnen ist. Da der Anmarsch zum Versammlungsort in den Schutzbereich des Art. 8 GG fällt, wäre prinzipiell der Eingriffskanon des Versammlungsgesetzes heranzuziehen, der eine Durchsuchung bzw. eine Beschlagnahme jedoch nicht vorsieht. In derartigen Situationen ist es zulässig, auf die polizeirechtlichen Mittel der Gefahrenabwehr zurückzugreifen, wenn Gewähr dafür gegeben ist, dass die Störer das Recht auf Teilnahme an der Versammlung wahrnehmen können. Durchaus überdenkenswert ist daneben die Überlegung, diese Rechtseingriffe repressiv zu begründen; denn § 30 VersammlG legt fest, wie mit verbotenen Gegenständen zu verfahren ist: Gegenstände, auf die sich eine Straftat nach § 27 oder § 28 oder eine Ordnungswidrigkeit nach § 29 I Nr. 1a oder 3 bezieht, können eingezogen werden (Satz 1). Diese Einziehungsgegenstände werden folglich auf der Grundlage von §§ 111b I, 111c I StPO beschlagnahmt, sie aufzufinden, erlaubt § 111b IV i.V.m. §§ 102 ff. StPO. Vollziehen wir diese Eingriffe auf der Grundlage der Strafprozessordnung, stellt sich die Frage nach dem Verhältnis vom Versammlungsrecht zum Gefahrenabwehrrecht nicht, auch wenn mit diesem Vorfeldeingriff konkrete Gefahren abgewehrt werden. Diese Parallelität **135** von Repression und Prävention belegt eindrucksvoll den Grundsatz, dass das von Anbeginn polizeilichen Handelns verfolgte Ziel die anzuwendende Rechtsgrundlage zu bestimmen hat. Die Vorkontrollen haben einzig den Zweck, Waffen und/oder verbotene Gegenstände zu finden, um zu verhindern, dass es während der Versammlung zu unfriedlichen Handlungen (und damit Straftaten oder Ordnungswidrigkeiten) kommt. Polizeirecht ist hingegen einschlägig beim Auffinden von Gegenständen, die ohne verbotene Gegenstände zu sein eine gegenwärtige Gefahr verursachen können (Knape, Die Polizei 2007, 151, 155).

136 Von anderer rechtlicher Qualität ist die Suche nach Transparenten und Spruchbändern im Rahmen von Vorkontrollen. Fordert die Polizei anreisende Versammlungsteilnehmer auf, die Transparente auszurollen, um den Text auf mögliche strafrechtlich relevante Inhalte und/oder Symbole zu prüfen, verlangt dies einen dahin gehenden begründeten Verdacht; denn polizeiliche Eingriffsmaßnahmen der Repression sind verdachtsabhängig. Es bedarf somit auch in derartigen Fällen konkreter Anhaltspunkte, die darauf schließen lassen, dass auf den zu prüfenden Transparenten Aussagen mit strafbarem Inhalt zu finden sein werden.

136a Im Falle des Transparents „Mörderbande" (Beispiel oben) haben wir es mit einer Straftat nach §§ 103, 193 StGB zu tun. Das Recht auf freie Meinungsäußerung tritt zurück, wenn schutzwürdige Interessen eines anderen von höherem Rang durch ihre Betätigung verletzt werden (BVerfGE 7, 198, 210). Folglich lag eine Störung der öffentlichen Sicherheit vor. Dieses Transparent wird – wie zu vermuten ist – für die Dauer der Demonstration gezeigt werden, so dass sich aus dieser Störung eine Gefahr für die öffentliche Sicherheit ergibt, die die Polizei abzuwehren hat.

137 Das Versammlungsgesetz allerdings bietet keine Handhabe für eine Sicherstellung zur Beseitigung der Gefahr. Jedoch ist das Mittel der Sicherstellung des Transparents deutlich milder als die Auflösung der Demonstration, die gem. § 15 II VersammlG zulässig wäre. Daher darf die Polizei nach pflichtgemäßem Ermessen die zur Beseitigung der Störung und zur Abwehr der Gefahr für die öffentliche Sicherheit geeigneten, erforderlichen und verhältnismäßigen polizeirechtlichen Maßnahmen anordnen und durchführen (BVerwG BayVBl. 1982, 183, 186).

138 Unbestritten ist darüber hinaus, dass die Polizei Gefahren, die in keinem inneren Zusammenhang mit Versammlungen stehen, sondern nur als deren Nebenfolge eintreten, mit polizeirechtlichen Ermächtigungen abwehren darf. Hier stehen insbesondere in der Diskussion baurechtliche oder feuerschutzrechtliche Gesichtspunkte.

10. Eingriffe zur Verfolgung von Ordnungswidrigkeiten

139 Die Polizei ist zur Verfolgung nicht allein von Straftaten (§ 163 StPO), sondern auch von Ordnungswidrigkeiten berufen. Während bei Verdacht einer Straftat die Behörden einem Verfolgungszwang unterliegen (Legalitätsprinzip), steht die Verfolgung von Ordnungswidrigkeiten im pflichtgemäßen Ermessen (Opportunitätsprinzip) der Behörden (§§ 47 I, 53 I OWiG). Die Ausübung des Ermessens verbietet willkürliches, an sachfremden Erwägungen orientiertes

Vorgehen (H. Meier Anm. zu § 47). Sachgerecht bzw. pflichtgemäß sind Erwägungen, wenn sie den Unrechtsgehalt der Tat, deren Folgen oder die Einsicht des Betroffenen berücksichtigen (Rotberg, § 47 Rdn 4).

Da ein Polizeibeamter häufig vor der Frage steht, ob er eine Ordnungswidrigkeit verfolgt, stellt sich ihm zwangsläufig die Frage nach entsprechenden Eingriffsbefugnissen. Weil das Ordnungswidrigkeitengesetz keine eigenen Normen zur Beeinträchtigung subjektiv-öffentlicher Rechte kennt, müssen wir prüfen, in welchem Umfang der Beamte auf entsprechende Ermächtigungen aus der Strafprozessordnung zurückgreifen kann. **140**

Nach § 46 I OWiG gelten für das Bußgeldverfahren sinngemäß die Vorschriften der allgemeinen Gesetze über das Strafverfahren, namentlich der Strafprozessordnung, des Gerichtsverfassungsgesetzes und des Jugendgerichtsgesetzes, soweit das Ordnungswidrigkeitengesetz nichts anderes bestimmt. Aus dieser Subsidiaritätsklausel folgt die Verpflichtung, zunächst eine Vorschrift aus dem Ordnungswidrigkeitengesetz anzuwenden, bevor die Ermittlungsbehörden auf die Strafprozessordnung zurückgreifen dürfen (Rebmann § 46 Anm. 4). Eine eigenständige Rechtsnorm mit Bezug zur Verfolgung von Ordnungswidrigkeiten findet sich in § 55 OWiG, der die Anhörung (vergleichbar der Vernehmung) des Betroffenen regelt. **141**

Daneben legt § 46 II OWiG fest, dass die Verwaltungsbehörde im Bußgeldverfahren die gleichen Rechte und Pflichten hat wie die Staatsanwaltschaft bei der Verfolgung von Straftaten, soweit das Gesetz nichts anderes bestimmt. Ist die Polizei auf Grund einer Zuständigkeitsverordnung die für die Verfolgung und Ahndung von Ordnungswidrigkeiten berufene Behörde, übernimmt sie die Funktion der Staatsanwaltschaft aus dem strafprozessrechtlichen Verfahren. Verfolgt sie dagegen Ordnungswidrigkeiten als Ermittlungsbehörde, ist die Verwaltungsbehörde Herr des Verfahrens und der Polizei gegenüber ggf. weisungsbefugt (vgl. § 53 I OWiG). Wird im Zuge einer derartigen Ermittlungstätigkeit ein Grundrechtseingriff erforderlich, muss der anordnende Polizeibeamte Ermittlungsbeamter der Staatsanwaltschaft sein. **142**

Die Vorschriften der allgemeinen Gesetze über das Strafverfahren sind gemäß § 46 I OWiG sinngemäß anzuwenden, womit sich eine Übertragung in vollem Umfang verbietet. Dieses Verbot untermauert das Ordnungswidrigkeitengesetz zunächst durch den Wortlaut und untersagt bestimmte Rechtseingriffe, nämlich Anstaltsunterbringung (§ 81 StPO), Verhaftung und vorläufige Festnahme (§§ 112 ff. StPO) oder Beschlagnahme von Postsendungen und Telegrammen (vgl. § 46 III Satz I OWiG). Daneben beschränkt es ihre Anwendung teilweise erheblich, wie die richterlich angeordnete Vorführung von Betroffenen und Zeugen, die einer Ladung nicht nachkommen, oder die Dateiregelung (§§ 46 V, 49c OWiG). Aus Erwägungen zur Verhältnismäßigkeit ergibt sich schließlich ein zwingendes Verbot der Vornahme von Eingriffen mit weit reichenden Folgen für subjektiv-öffentliche Rechte (Lampe, in: KK OWiG § 46 Rdn 12), wie vorläufige Entziehung der Fahrerlaubnis (§ 111a StPO) oder vorläufiges Berufsverbot nach § 132a StPO (Rotberg § 46 Rdn 4) sowie allgemein das Verbot der Übertragung solcher strafprozessualer Eingriffsbefugnisse, deren Anordnung die Strafprozessordnung an bestimmte Straftaten bindet oder die nur zur Verfolgung von Straftaten mit erheblicher Bedeutung vollzogen werden dürfen (Göhler § 46 Rdn 8; Benfer, Pol-Info 3/2006, S. 6). **143**

144 Andere prozessuale Ermittlungsbefugnisse sind gemäß § 46 I OWiG bei der Verfolgung von Ordnungswidrigkeiten anwendbar, wie z.B. Identitätsfeststellung, § 163b StPO, Durchsuchung, §§ 102 ff. StPO, Beschlagnahme von Beweismitteln, §§ 94 ff. StPO, Beschlagnahme von Gegenständen, die dem Verfall oder der Einziehung unterliegen, §§ 111b ff. StPO (dabei ist auf die dem Ordnungswidrigkeitengesetz typischen Besonderheiten aus §§ 123, 22 ff. und 29a OWiG abzustellen; insbesondere gilt es zu beachten, dass im Ordnungswidrigkeitenrecht die Anordnung des Verfalls im Ermessen des Gerichts steht), körperliche Untersuchung, §§ 81a, 81c StPO (mit der Einschränkung, dass nur Blutproben und sonstige geringfügige Eingriffe durchgeführt werden dürfen, nicht dagegen Urinproben oder gar schwerwiegendere körperliche Eingriffe, vgl. Lampe, in: KK OWiG § 46 Rdn 37).

145 Die im Strafverfahren zulässigerweise entnommenen Blutproben und sonstigen Körperzellen dürfen im Ordnungswidrigkeitenverfahren nur verwendet werden, wenn ihre Entnahme auf der Grundlage des § 46 IV Satz 1 OWiG zulässig gewesen wäre (§ 46 IV Satz 2 OWiG). Damit schließt der Gesetzgeber ein „Schlupfloch", das es den Behörden ermöglicht hätte, über den „Umweg" eines eingeleiteten Strafverfahrens an Beweise zu gelangen, die zu erheben das Ordnungswidrigkeitengesetz strikt verbietet. Ebenfalls unzulässig ist es, DNA-Analysen für ein Ordnungswidrigkeitenverfahren zu machen (§ 46 IV Satz 3 OWiG).

146 Sonstige strafprozessuale Rechtsbeeinträchtigungen sind z.B. die Sicherheitsleistung, § 132 StPO, oder die Festnahme bei Störung einer Amtshandlung, § 164 StPO. Die Durchführung erkennungsdienstlicher Maßnahmen, § 81b StPO, genießt eine Sonderstellung: Eingriffe für Zwecke des Erkennungsdienstes kommen nur in Ausnahmefällen in Betracht, wohingegen Eingriffe für Zwecke des Bußgeldverfahrens in der Regel an den Anforderungen der Notwendigkeit scheitern werden (Rosenkötter, S. 269; Lampe, in: KK OWiG § 46 Rdn 27; Riegel, S. 69 f.). Allenfalls zur Verfolgung des Tatbestandes der unerlaubten Ansammlung nach § 113 OWiG könnten sie ausnahmsweise angebracht sein.

147 Der Grundsatz der Verhältnismäßigkeit bedarf wegen des Opportunitätsprinzips einer besonderen Würdigung (Göhler § 46 Rdn 9). Dies verlangt Beurteilung der Frage, ob und in welchem Umfang der in Aussicht genommene Grundrechtseingriff zur Verwirklichung des repressiven Zieles geeignet und erforderlich ist. Mittel und Zweck der Rechtsbeeinträchtigung sowie ihre Intensität müssen in einem angemessenen Verhältnis zur Bedeutung der Ordnungswidrigkeit stehen. Da die Verfolgung eines Bußgeldtatbestandes nicht in jedem Falle Priorität genießt, sind Rechtseingriffe, die im Strafverfahren angewendet werden müssten, in diesem Falle entweder gar nicht oder nur bei Anerkennung ganz besonderer Umstände zulässig (Gramse, BB 1984, 374). So ist z.B. die Durchsuchung einer Anwaltskanzlei wegen Verfolgung einer Verkehrsordnungswidrigkeit grundsätzlich unverhältnismäßig und verletzt den Rechtsanwalt in seinem Grundrecht auf Unverletzlichkeit der Wohnung (BVerfG NJW 2006, 3411).

Kapitel 2. Generalklausel/Platzverweisung

I. Die Generalklausel

Die Polizei kann – polizeirechtlich gesehen – die notwendigen Maßnahmen ergreifen, um eine im einzelnen Falle bestehende Gefahr für die öffentliche Sicherheit (Gefahr) abzuwehren (§ 10 I b PolG, § 8 I nwPolG, § 12 thPAG). Diese Norm, im Allgemeinen als Generalklausel (atypische Maßnahme) bezeichnet, kann nur greifen, wenn spezielle Eingriffsermächtigungen (typische Maßnahmen) zur Beseitigung der Gefahrensituation nicht herangezogen werden können. Ist auf den zu lösenden Sachverhalt eine Spezialermächtigung anwendbar, treffen deren Tatbestandsmerkmale aber nicht zu, ist ein Rückgriff auf die Generalklausel unzulässig, weil Spezialgesetze stets Vorrang vor Generalermächtigungen haben. 148

Die Frage, welche Ermächtigung als typische und welche als atypische anzusehen ist, beantwortet sich nicht nach der Häufigkeit ihrer Anwendung in der polizeilichen Praxis (so Czarnecki/Neuwirth, DNP 1994, 409, 411), sondern als typische Eingriffsermächtigungen sehen wir solche, die das verfassungsmäßig geschützte Recht klar definieren und bei denen Art und Umfang der Beeinträchtigung gesetzlich begrenzt und somit überschaubar sind. Den atypischen mangelt es gerade an diesem Bestimmtheitskriterium, weil der Gesetzgeber nicht im Stande ist, die von den typischen Maßnahmen nicht erfassten Gefahrenlagen zu überschauen und verständlich zu kodifizieren. 149

1. Polizeirechtliche Generalklausel

Wenn auch das Gewicht der Generalklausel mehr und mehr abnimmt, hat sie ihre praktische Relevanz bis heute zur Gefahrenabwehr erhalten. Geht es darum, generelle Ge- oder Verbote zu konkretisieren, und zwar durch Anordnen oder Untersagen eines bestimmten Verhaltens im Einzelfall, und enthält weder das Polizeigesetz, ein anderes Gesetz noch eine Verordnung oder Satzung eine Ermächtigung zur Durchsetzung dieses Verhaltens, stützt sich die Polizei auf die Generalklausel (Lisken/Denninger, Rdn F 701 ff. 337; Götz § 8 Rdn 5 f.). 150

Beispiel: Eine alte Dame (D) versucht, eine stark befahrene Straße zu überqueren. Als sie nach einigen vergeblichen Anläufen schließlich auf die Fahrbahn tritt, kann der Polizeibeamte P sie gerade noch vor herannahenden Pkw zurückreißen.

Oder:

P bemerkt, dass in das dicke Eis auf dem See mehrere Löcher gehackt worden sind, die nur eine ganz dünne Eisschicht haben. Die Kinder, die sich unbeschwert auf dem Eis tummeln, sind völlig ahnungslos. P fordert sie auf, sofort von dem Eis zu kommen.

Diese unterschiedlichen Sachlagen machen die Problematik deutlich: Die Gefahrenlagen sind evident; in beiden Fällen haben wir es mit einer Lebens- bzw. (mindestens) Gesundheitsgefahr zu tun. Dennoch ist es unmöglich, diesen Gefahren mit Spezialermächtigungen zu begegnen; denn die Ursachen für 151 polizeiliche Gefahren sind so unterschiedlich, dass sie sich einer gezielten gesetzlichen Regelung entziehen.

152 Auch in Fällen, in denen der Gesetzgeber ein verfolgbares Verbot festschreibt, kann – sofern das Opportunitätsprinzip greift – die Durchsetzung der gesetzlichen Forderung durchaus mittels Verfügung erfolgen, die auf die Generalklausel zurückgeht.

Beispiel: Die Verfügung gegenüber dem Hausrechtsinhaber, die Musik bei der Party auf Zimmerlautstärke zu reduzieren, basiert auf Immissionsschutzvorschriften; denn dort wird dieser Fall geregelt. Sollte die Polizei zulässigerweise die Repression zurückstellen, stützt sich ihr Einschreiten auf die Generalklausel.

Oder:

Die Verfügung des Polizeibeamten gegenüber dem Pkw-Fahrer, sein Fahrzeug aus dem absoluten Haltverbot zu entfernen, geht zwar auf die Straßenverkehrsordnung zurück, findet ihre Grundlage aber in der Generalklausel.

153 Das ist ganz anders, wenn das anzuwendende Gesetz spezielle Ermächtigungen zur Durchführung von Rechtseingriffen hat, wie z.B. im Falle des § 54 II WaffG, der die repressive Einziehung gestattet, oder § 21 I WHG, § 22 II GaststättenG, die reine Betretungsrechte beinhalten. Allerdings können wir nicht über die speziell genannte Befugnis hinausgehen mit dem Argument, wenn Einziehung oder Betreten erlaubt sind, müsse zwangsläufig auch Durchsuchung und Beschlagnahme sowohl als Anschlussmaßnahme zum Betreten als auch als Vorbereitungsmaßnahme für die Einziehung gestattet sein.

154 Ein Rückzug auf die Generalklausel verbietet sich auch bei einem sog. typischen Rechtseingriff, der polizeigesetzlich nicht geregelt ist (Lisken/Denninger Rdn F 457). Einen solchen Fall haben wir im körperlichen Eingriff, der unbestritten zu den typischen Rechtseingriffen zählt, was ein Blick in §§ 81 ff. StPO unmittelbar vor Augen führt. Im Polizeirecht mangelt es an einer speziellen Regelung sowohl der körperlichen Untersuchung als auch des körperlichen Eingriffs, und zwar ohne Rücksicht auf die Schwere der jeweils notwendigen Rechtsbeeinträchtigung.

Beispiel: Der sinnlos betrunkene A erbricht, und das Erbrochene ergießt sich über den Anzug des G. Das teure Kleidungsstück ist hin. Zur Sicherung seiner Ansprüche ruft G die Polizei. Der Beamte P ordnet nach Feststellung der Personalien die Entnahme einer Blutprobe an.

155 Die entscheidende Frage geht dahin, ob die Blutprobe überhaupt zulässig ist. Da wir kein vorsätzliches Handeln erkennen können, scheidet die Annahme einer Sachbeschädigung bei Anwendung der heute herrschenden finalen Handlungslehre aus (vgl. §§ 303, 15 StGB). Ein Rückgriff auf § 323a StGB kommt gleichfalls nicht in Betracht; denn dazu wäre eine Handlung, also ein gesteuertes Verhalten erforderlich, an dem es gerade wegen der sinnlosen Trunkenheit fehlt (BayObLG DAR 1979, 239).

156 Aus der fahrlässig begangenen Sachbeschädigung entsteht gemäß § 823 I BGB ein Schadensersatzanspruch. Dieser wäre gefährdet, würde die Polizei nicht tätig. Folglich besteht eine Gefahr, zu deren Beseitigung die Polizei subsidiär zuständig ist (§ 1 II bbPolG, § 1 II nwPolG, § 2 II thPAG). Ob zur Erfüllung dieser Aufgabe eine Blutprobe erforderlich ist, müssen wir unter Beachtung des § 827 BGB als durchaus fraglich ansehen; denn der Verursacher des Schadens

haftet auch, wenn er sich fahrlässig in den Zustand der Bewusstlosigkeit versetzt hat. Davon können wir in dem vorliegenden Fall ausgehen. Das Recht lässt zur Begründung der Blutprobe somit nur einen ganz engen Raum. Es kann allein darum gehen sicherzustellen, die Ursache für die Bewusstlosigkeit beweiskräftig festzustellen.

Zwar ist die Blutprobe ein leichter Eingriff (vgl. § 46 IV OWiG), dennoch ist **157** sie polizeirechtlich nicht vorgesehen und wäre damit nicht zugelassen. Ein Berufen auf die Generalklausel kommt aus rechtsstaatlichen Gesichtspunkten nicht in Betracht: Der Gesetzgeber regelt in einer gesonderten Bestimmung des Polizeirechts die Durchsuchung von Personen. Erfährt aber ein solch leichter Rechtseingriff eine spezialgesetzliche Regelung, kann es nicht zulässig sein, schwerwiegendere Rechtsbeeinträchtigungen auf eine Generalklausel zu stützen (a.A. und für Rückgriff auf die Generalklausel Czarnecki/Neuwirth, DNP 1994, 409). Ganz anders können wir im Falle der körperlichen Untersuchung argumentieren. Diese schlichte Inaugenscheinnahme genießt auch repressiv keineswegs das Gewicht eines körperlichen Eingriffs. Folglich lässt sie sich auf die polizeirechtliche Generalklausel stützen.

2. Strafprozessuale Generalklausel

Dem Strafprozessrecht ist das Instrument einer dem Polizeirecht vergleichba- **158** ren Generalklausel unbekannt; denn der Gedanke des Rechtsstaates verlangt Transparenz staatlichen Handelns und insbesondere Kontrollierbarkeit und Nachvollziehbarkeit ermittlungsbehördlichen Tuns (Hansen, Rdn 4; Krüger, JR 1984, 490, 491). Diesem Grundsatz widerspräche es, wenn im repressiven Bereich die Ermittlungsbehörden sich gesetzlich nicht konkret benannter Mittel bedienen könnten. Diese Lücke kann prinzipiell auch § 160 bzw. § 163 StPO nicht schließen, der in erster Linie als Aufgabenzuweisung für Staatsanwaltschaft sowie Polizei zu verstehen ist. Die Aufgabenzuweisung ergänzt ein gesetzlich festgeschriebenes Auskunftsrecht, das es Staatsanwaltschaft (§ 161 StPO) sowie Polizei (§ 163 I S. 2 StPO) zugesteht, von allen Behörden Auskünfte zu verlangen. Diese Berechtigung bezieht sich jedoch nur auf solche Informationen, die einen Bezug zu dem Ermittlungsverfahren haben und die zum entscheidungserheblichen Zeitraum nach pflichtgemäßem Ermessen dazu beitragen, das Verfahren voranzubringen. Damit stellt sich die Frage nach der Nutzung polizeirechtlich erhobener und gespeicherter Daten in anhängigen Strafverfahren sowie die Nutzung repressiv erhobener Daten zu Zwecken der Gefahrenabwehr.

Die im Rahmen der Strafverfolgung rechtmäßig erhobenen und gespeicher- **159** ten personenbezogenen Daten dürfen zu präventiven Zwecken gespeichert und genutzt werden, wenn dies wegen der Art, Ausführung oder Schwere der Tat sowie der Persönlichkeit des Täters erforderlich ist, um zukünftige vergleichbare Straftaten dieser Person zu verhüten oder für deren Verfolgung Vorsorge zu treffen. Diese Erlaubnis erteilt das Gesetz indessen nur, sofern in dem strafgerichtlichen Verfahren der diesem zu Grunde liegende Tatverdacht nicht endgültig ausgeräumt worden ist; denn auch im Falle eines freisprechenden Urteils kann der die Datenspeicherung rechtfertigende Tatverdacht durchaus fortbestehen, etwa bei Freispruch „mangels Beweises“ (vgl. BVerwG DÖV 1990, 117; 1973, 752 f.). Grundlage für diese Erlaubnis zur präventiv-polizeilichen Speicherung und Nutzung repressiv erhobener Daten ist § 39 II bbPolG, § 24 II nwPolG, § 40 II thPAG. Des Weiteren überträgt § 481 I S. 1 StPO der Polizei die Befugnis, personenbezogene Daten, die im Rahmen der Strafverfolgung rechtmäßig erlangt worden sind, in polizeirechtlich ausgelegten Dateien zu speichern und, soweit dies nach Maßgabe der Polizeigesetze zur Erfüllung ihrer Aufgaben erforderlich ist, zu nutzen, es sei denn die Polizei verwendet diese Daten ausschließlich zum Schutz privater Rechte (§ 481 I S. 3 StPO). Somit kann sich die Polizei auch der im Rahmen der Verfolgung von Straftaten gewonnenen personenbezogenen Daten zum Zwecke der Gefahrenabwehr bedienen. Erst wenn der Verdacht, eine Straftat begangen zu haben, gegen die Person vollständig entfallen ist, sind ihre im Zusammenhang mit diesem Tatverdacht in Dateien suchfähig gespeicherten personenbezogenen Daten zu löschen sowie die zu ihrer Person suchfähig angelegten Akten zu vernichten.

160 Der Einwand, eine solche Praxis verstoße gegen das verfassungsmäßig festgelegte Prinzip der Unschuldsvermutung, die auf Grund Art. 6 II EMRK Bestandteil des Bundesrechts ist, geht schlicht fehl. Der Gedanke der Unschuldsvermutung schützt den Beschuldigten vor solchen Nachteilen, die einer Strafe gleich stehen, denen indessen kein rechtsstaatlich gebotenes Verfahren zur Feststellung seiner Schuld vorgeschaltet ist. Die Begründung eines Tatverdachts oder dessen Aufrechterhalten nach Abschluss des Strafverfahrens ist aber etwas grundsätzlich anderes als die Schuldfeststellung.

161 In der Diskussion um eine strafprozessuale Generalklausel dürfen wir aber nicht übersehen, dass durch den heute geltenden weiten Eingriffsbegriff der Gesetzesvorbehalt auf behördliche Handlungsweisen im Ermittlungsverfahren ausgedehnt wird, deren Durchführung bei Geltung des tradierten engen Eingriffsbegriffs keiner gesetzlichen Ermächtigung bedurfte. Zudem ist es einem Gesetzgeber niemals möglich, allen denkbaren Verhaltensweisen von Straftätern mit einer abschließenden Aufzählung von Befugnisnormen zu begegnen. Folglich ist § 163 StPO für die polizeiliche Arbeit (§ 160 StPO für die staatsanwaltschaftliche) durchaus von Bedeutung.

162 Wir beschränken daher die Forderung, jeder Eingriff in subjektiv-öffentliche Rechte müsse sich auf eine gesetzliche Ermächtigung zurückführen lassen (Art. 19 GG), auf Rechtsbeeinträchtigungen mit Zwangscharakter. Ermittlungsmaßnahmen ohne diese Zwangswirkung (sog. „sanfte Eingriffe“), deren Eingriffsintensität diese Schwelle nicht überschreitet (Schwellentheorie), sind auf der Grundlage der §§ 160, 163 StPO zulässig (BVerfG NStZ 1996, 45; Rogall, Informationsbegriff, S. 68ff.; Ahlf, Die Polizei 1983, 41, 52; Kramer Rdn 179, jeweils mwN).

163 Solch „sanfte Rechtseingriffe“ stellen insbesondere Beeinträchtigungen des allgemeinen Persönlichkeitsrechts durch Datenerhebung bzw. die Bestimmungen über Datenspeicherung, Datenveränderung, Datennutzung oder Datenübermittlung dar. Auch die Strafprozessordnung kennt Spezialermächtigungen in Bezug auf die besonderen Mittel der Datenerhebung, wohingegen ihr die vielfältigen Möglichkeiten des Umgangs mit vorhandenen Daten fremd sind. Daher beschränkt sich die Anwendbarkeit der §§ 160, 163 StPO auf diese Felder der Beeinträchtigung des allgemeinen Persönlichkeitsrechts und im Bereich der Datenerhebung auf die sog. Hörfalle (BGH NStZ 1998, 95) sowie den Einsatz von V-Personen (BVerfG NJW 1981, 1719; BGH NJW 1981, 1533), Letzterer ist indes polizeirechtlich sehr wohl spezialgesetzlich geregelt (vgl. § 34 bbPolG, § 19 nwPolG, § 34 V thPAG).

Indes gilt es zu bedenken, dass das Bundesverfassungsgericht in seiner Entscheidung (E 65, 1 ff.) den Rahmen der staatlichen Eingriffe in verfassungsmäßig garantierte Rechte weit gesteckt hat. Dies hat zur Folge, dass der Gesetzgeber auch dann gefordert ist, die Grenzen für Rechtseingriffe festzulegen, wenn es sich um Beeinträchtigungen des Rechts auf informationelle Selbstbestimmung handelt, die der Betroffene unmittelbar gar nicht bemerkt. Dieser Pflicht zu entsprechen, ist ihm ein zeitlicher Rahmen ohne genau fixierte Grenzen zuerkannt (Übergangsbonus, vgl. BGH NStZ 1992, 44 f.; BVerwG NJW 1990, 2765, 2767). Allerdings ist diese Übergangsfrist zur Schaffung bereichsspezifischer Vorschriften keineswegs endlos und dürfte nach Ablauf von zwei Legislaturperioden verflossen sein (vgl. Rogall, NStZ 1992, 45, 48; Temme/Tesch, S. 142). 164

3. Betrachtung von Einzelfällen

Nachdem wir uns grundsätzlich Gedanken über die Generalklausel gemacht haben, wollen wir einige interessante Einzelfälle genauer untersuchen, und zwar das Anfertigen von Bildaufnahmen, das Räumen besetzter Häuser und das Versetzen von Kraftfahrzeugen. 165

a) Anfertigen von Bildaufnahmen

Beim Anfertigen von Bildaufnahmen müssen wir unterscheiden zwischen dem Fotografieren (im weitesten Sinne) durch Polizeibeamte und Fotografieren von Polizeibeamten im Einsatz. Stellen Polizeibeamte Bilder von Personen her, ist ein Rückgriff auf die Generalklausel ausgeschlossen; denn sowohl das Polizeirecht (§§ 31 ff. bbPolG, §§ 15 ff. nwPolG, §§ 33, 34 II thPAG) als auch die Strafprozessordnung (§§ 100h ff. StPO) enthält entsprechende Spezialermächtigungen. Damit ist das Herstellen von Lichtbildern über den dort erfassten Bereich hinaus nicht zulässig. 166

Einer gefahrenabwehrenden oder repressiven gesetzlichen Regelung entzieht sich selbstredend das Fotografieren von Polizeibeamten in dienstlichem Zusammenhang. Sieht man darin eine Störung der öffentlichen Sicherheit, weil der Fotografierende das Recht am eigenen Bild missachtet, was Polizeibeamten prinzipiell auch in Einsatzfällen zusteht (VG Karlsruhe NJW 1980, 1708; VG Köln NJW 1988, 367, 368), sind polizeirechtliche Eingriffshandlungen ggf. zulässig, und zwar die Sicherstellung (§ 25 bbPolG, § 43 nwPolG) mit anschließender Vernichtung des Bildträgers (§ 27 IV bbPolG, § 45 IV nwPolG). 167

Diese Rechtfertigung polizeilichen Handelns ist indes nicht ganz unproblematisch. Der Polizeibeamte wird im Falle eines Einsatzes gerade nicht als Privatperson tätig, sondern als Repräsentant der Behörde. Da die Behörde als juristische Person des öffentlichen Rechts aber niemals Träger von Persönlichkeitsrechten sein kann, können diese Rechte für das handelnde Organ dieser Behörde so lange nicht in Betracht kommen (Gusy Rdn 319 ff.), wie der Amtsträger staatliche Aufgaben wahrnimmt. Das Persönlichkeitsrecht des Beamten überlagert folglich seine Stellung als Organ der Behörde nicht. 168

169 Darüber hinaus könnten §§ 22, 23 KUG das Fotografieren von Polizeibeamten im Einsatz zulassen, sofern Bildnisse der Zeitgeschichte hergestellt werden (§ 23 I Ziff. 1 KUG), auf denen der Beamte lediglich „Beiwerk" ist (wie z.B. bei der Dokumentation eines Verkehrsunfalls), oder wenn der Beamte „relative Person der Zeitgeschichte" wird. Auch Bilder, die das Geschehen z.B. während einer Versammlung insgesamt oder bei deren Auflösung dokumentieren (§ 23 I Ziff. 3 KUG), sind ohne Zweifel Bildnisse der Zeitgeschichte. Die Personen, die an einer Versammlung teilnehmen (dazu zählen auch die eingesetzten Polizeibeamten), dürfen ohne deren Einwilligung fotografiert werden (OLG Karlsruhe NJW 1980, 1708). Allerdings darf der Fotograf sie auch in dieser Situation nicht gezielt ablichten. Denn auf § 23 I KUG kann sich nicht berufen, wer keinen schutzwürdigen Interessen der Allgemeinheit nachkommt, sondern durch Verwertung des Bildnisses eigensüchtige Ziele befriedigen will (BGH NJW 1996, 593, 594). Aus dem fraglichen Geschehen heraus kann ein Beamter im Einsatz also durchaus eine relative Person der Zeitgeschichte, d.h. eine Person, die durch das Ereignis vorübergehend in den Blickpunkt der Öffentlichkeit gerät (OLG Karlsruhe NJW 1980, 1701, 1702; OLG Frankfurt a. M. NJW 2000, 594), oder Bestandteil eines Bildnisses der Zeitgeschichte werden. Der Begriff „Zeitgeschichte" ist im weitesten Sinne zu verstehen. Dazu gehört alles, was in der Öffentlichkeit Beachtung findet, also nicht nur ein Ereignis der nationalen bzw. internationalen Politik, sondern auch Geschehnisse des Kulturlebens wie auch des Sports. Damit ist es dem Polizeibeamten verwehrt, sich auf § 22 KUG zu berufen. Hat die Person in diesem Falle kein überwiegendes berechtigtes Interesse daran, nicht abgelichtet zu werden, können wir nicht auf Störung der öffentlichen Sicherheit erkennen, und ein gefahrenabwehrendes Einschreiten scheidet aus.

170 Das „Recht am eigenen Bild" (Art. 2 GG) genießt jedermann jedoch nur im Rahmen der gesetzlichen Grenzen. Bei Verletzung dieses Rechts ist polizeiliches Einschreiten ermessensgetragen zulässig, wenn im Einzelfall konkrete Anhaltspunkte dafür vorliegen, dass im Rahmen z.B. der Pressefreiheit angefertigte Fotos unter Verletzung des Rechts am eigenen Bild Dritter verbreitet oder öffentlich zur Schau gestellt werden. Dann kann die Polizei die geeigneten und notwendigen gefahrenabwehrenden Maßnahmen, wie beispielsweise Beschlagnahme des Bildmaterials, zum Schutz des Rechts aus § 22 Satz 1 KUG ergreifen (BVerfG, Beschluss vom 8. 1. 2001 – 6 B 56/00; VGH Mannheim NVwZ 2001, 1292).

b) Räumen besetzter Häuser

171 Die Anordnung an die Hausbesetzer, das besetzte Haus zu räumen, kann keine Platzverweisung sein; denn sie ist auf Herbeiführen eines endgültigen Erfolges gerichtet. Eine Platzverweisung hingegen beinhaltet ein nur vorübergehendes Verbot (vgl. Rdn 175). Zwar untersagt § 123 StGB das widerrechtliche Eindringen in das Haus oder das unberechtigte Verweilen darin, dennoch geben die strafprozessualen oder polizeirechtlichen Spezialermächtigungen keine Berechtigung, die Besetzer hinauszuführen oder hinauszutragen. Da aber die Hausbesetzung einen Verstoß gegen § 123 StGB darstellt (Dauerdelikt), liegt eine Störung der öffentlichen Sicherheit vor, von der gleichzeitig eine Gefahr

ausgeht. Diese Gefahr beseitigt die Polizei, indem sie in das Haus eindringt (Betreten und Durchsuchen von Wohnungen, § 23 bbPolG, § 41 nwPolG, § 25 thPAG) und die Störer hinausbringt (Generalklausel). Dies macht das Wechselspiel zwischen General- und Spezialermächtigung deutlich: Das Betreten stützt sich auf die Spezialnorm, die Anschlussmaßnahme muss mit einer Generalklausel begründet werden.

c) Versetzen von Kraftfahrzeugen

Versetzen von rechtswidrig abgestellten Kraftfahrzeugen ist deren Verbringen **172** an einen anderen Ort, weil der Verkehrsverstoß beendet werden muss. Wohin die Polizei das Kfz verbringt, ist irrelevant; es kann sich um eine andere öffentliche Verkehrsfläche oder um behördliches Sicherstellungsgelände handeln.

Beispiel: Aus Anlass einer Sportveranstaltung hat die zuständige Behörde beiderseits der H-Straße absolutes Halteverbot in der Zeit von 12.00 bis 20.00 Uhr verfügt. Kurz nach 12.00 Uhr lassen Polizeibeamte die im Halteverbot abgestellten Pkw abschleppen, und zwar auf einen nur wenige Meter entfernten öffentlichen Parkplatz, auf dem die Behörde für diese Fälle einige Plätze freigehalten hat.

Aber:

Die Besatzung eines Funkstreifenwagens überprüft ein am Fahrbahnrand geparktes Kfz ohne konkreten Anlass. Die Datenabfrage ergibt, dass das Fahrzeug als gestohlen einliegt. Obwohl sich an dem Pkw keinerlei Einbruchsspuren befinden, lässt die Kommissarin K den Wagen abschleppen.

In dem ersten Beispiel geht es den Beamten ausschließlich um die Beendi- **173** gung der Verkehrsordnungswidrigkeit, insofern bewerten wir das behördliche Tun als Umsetzen bzw. Versetzen des Kfz, das sich auf die Generalklausel stützt. Dass wir es in diesem Fall mit bedarfsabhängigen Halteverbotszeichen zu tun haben, ist für die Beantwortung der Rechtsfrage irrelevant. Selbst wenn die Halteverbotsschilder erst nach dem rechtmäßigen Abstellen eines Fahrzeugs angebracht werden, ist das Abschleppen unter Beachtung der Verhältnismäßigkeit regelmäßig zulässig, wenn zwischen dem Aufstellen der Schilder und dem Abschleppen eine Frist von 4 Tagen verstreicht (BVerwG DAR 1997, 119).

Ist das Ziel des Handelns der Polizei nicht allein oder gar ausschließlich die **174** Beendigung des Verkehrsverstoßes, sondern will sie einen darüber hinausgehenden Erfolg herbeiführen (i.d.R. Eigentumssicherung wie im zweiten Fall), handelt es sich nicht mehr um Versetzen eines Kfz, sondern um Sicherstellung, die auf der Grundlage einer Spezialermächtigung (§ 25 bbPolG, § 43 nwPolG, § 27 thPAG) erfolgt.

II. Die Platzverweisung

Nach § 16 I Satz 1 bbPolG, § 34 I Satz 1 nwPolG, § 18 I thPAG kann die **175** Polizei zur Abwehr einer Gefahr eine Person vorübergehend von einem Ort verweisen oder ihr vorübergehend das Betreten eines Ortes verbieten (allgemeiner Platzverweis). Der Eingriff in das Recht auf Freiheit der Wahl des Aufenthaltsortes (Art. 2 I GG) ist nach dem Wortlaut der Norm nur vorübergehender Natur, endgültige Betretungsverbote (wie das Räumen besetzter

Häuser) lassen sich mit dieser Vorschrift nicht begründen. Irrelevant ist es, wie viele Personen Adressat der Platzverweisung sind und wie weit sie sich zu entfernen haben. Spezielle Formen der Platzverweisung beinhalten die Ermächtigungen zur Erteilung einer Wohnungsverweisung mit Aussprechen eines Rückkehrverbots nach § 34a nwPolG sowie das Verfügen eines Aufenthaltsverbots (§ 18 II thPAG, § 34 II nwPolG). Nach § 34a nwPolG kann die Polizei eine Person zur Abwehr einer von ihr ausgehenden gegenwärtigen Gefahr für Leib, Leben oder Freiheit einer anderen Person aus einer Wohnung, in der die gefährdete Person wohnt, sowie aus deren unmittelbarer Umgebung verweisen und ihr die Rückkehr in diesen Bereich untersagen (Abs. 1 Satz 1). Diese spezielle Platzverweisung bezieht sich einzig auf Wohnungen i.S. des Art. 13 I GG sowie den öffentlich zugänglichen oder auch privaten Bereich in deren unmittelbarem Umfeld, soweit von dort die besondere Gefahrenlage auf das Opfer noch einwirken kann (bei größerer Distanz zur Wohnung greift die Regelung über den „allgemeinen" Platzverweis nach § 34 I nwPolG). Einer weiteren speziellen Form des Platzverweises begegnet man im Versammlungsrecht. Bei Auflösung einer Versammlung (§§ 13 I, 15 II, 18 I i. V. mit 13 II VersammlG) besteht für die Versammlungsteilnehmer ein gesetzlich fixiertes Gebot, sich umgehend zu entfernen. Wegen der „Polizeifestigkeit" des Versammlungsrechts darf die Polizei dieses gesetzliche Gebot nicht mit einem Platzverweis überlagern. Gleiches gilt für die Fälle, in denen die Polizei einen Versammlungsteilnehmer rechtswirksam von der Teilnehme an einer Versammlung ausschließt (§§ 11 I, 18 I i. V. mit 11 VersammlG). Auch in diesem Falle gilt das gesetzliche Gebot, sich unverzüglich zu entfernen (Merten, DPolBl 2003, 2, 3).

176 In Ergänzung des „schlichten" Platzverweises sieht das Polizeigesetz ein Aufenthaltsverbot („erweiterter" Platzverweis) vor (§ 16 II bbPolG, § 34 II nwPolG, § 18 II thPAG), wenn Tatsachen die Annahme rechtfertigen, dass in einem bestimmten örtlichen Bereich eine Person eine Straftat begehen wird. Ist diese Erkenntnis begründet, darf die Polizei der Person, von der diese Gefahr ausgeht, ein Aufenthaltsverbot erteilen. Dieses Verbot kann dem Adressaten einmal verbieten, von außerhalb kommend den genannten Bereich zu betreten (Betretungsverbot), zum anderen ist es denkbar, dem in diesem Bereich wohnenden Adressaten die Verfügung zu erteilen, sich dauerhaft daraus zu entfernen (Aufenthaltsverbot, vgl. eingehend Rdn 190ff.). Allerdings gelten sowohl für das Betretungs- als auch das Aufenthaltsverbot zeitliche Grenzen. Der „erweiterte" Platzverweis darf zwar länger als der „schlichte" Platzverweis verfügt werden, doch gilt auch hier der Grundsatz der Verhältnismäßigkeit mit der Folge, dass er nicht länger als zur Verhütung der Straftat notwendig angeordnet werden darf. Im Übrigen gibt es eine absolute zeitliche Grenze: Das Verbot darf drei Monate in keinem Falle überschreiten.

1. Polizeirechtliche Platzverweisung

177 Die präventive Platzverweisung verlangt als Anlass eine konkrete Gefahr. Erkennt man darauf, darf der Beamte der oder den Person(en) verbieten, einen bestimmten Ort zu betreten, oder er darf sie auffordern, einen bestimmten Ort zu verlassen. Da der Adressat durch die öffentliche Gewalt gegen seinen Willen gehindert wird, einen Ort oder Raum aufzusuchen oder sich dort aufzuhalten, der ihm an und für sich tatsächlich oder rechtlich zugänglich ist (BVerfG NVwZ 1996, 678), haben wir es bei der Platzvereisung mit einer Freiheitsbeschränkung, nicht mit einer Freiheitsentziehung zu tun.

a) Gefahr

Zugelassen ist die Platzverweisung zur Abwehr einer Gefahr, wobei diese **178**
weder nach ihrer Intensität noch nach der zeitlichen Dringlichkeit qualifiziert sein muss.

Beispiel: Hunderte von Schaulustigen drängen sich an der Kreuzung nach einem schweren Verkehrsunfall mit einem Toten und mehreren Schwerverletzten und behindern ganz massiv die Unfallaufnahme durch die Polizei. Der Dienstgruppenleiter fordert die Menschen auf, bis auf den Gehweg zurückzutreten.

Eine Gefahr für die Durchsetzung zivilrechtlicher Ansprüche der Unfallbeteiligten liegt auf der Hand. Darüber hinaus sind Leichtigkeit und Sicherheit des Verkehrs tangiert, schließlich ist eine Gefahr für die Funktionsfähigkeit der Polizei evident. Diese Gefahren hat die Polizei wirksam zu beseitigen. Dazu müssen die Schaulustigen die Fahrbahnen auf der Kreuzung frei machen. Somit ist es erforderlich, die Menschen von dem Platz, an dem sie sich aufhalten möchten, vorübergehend zu verweisen. Ohne Bedeutung in Bezug auf den Sachverhalt ist es, dass ein Betretungsverbot für Fußgänger auch nach Beendigung der Unfallaufnahme besteht, wenn der Straßenverkehr wieder über die Kreuzung fließt. Erlässt ein Polizeibeamter in einer solchen Lage einen Platzverweis (Verstoß gegen § 25 StVO), muss er die Gefahr anders definieren. In unserem Beispielsfall haben wir es darüber hinaus noch mit Straftaten nach §§ 222, 229 StGB zu tun. Diese zu verfolgen, eignet sich die Platzverweisung jedoch nicht.

Die Ermächtigung zum Platzverweis bezieht sich auch auf Privatbereiche. So **179**
ist die Aufforderung an einen Wohnungsinhaber, wegen Gasalarms vorübergehend die Wohnung zu verlassen, eine Platzverweisung zur Abwehr einer unmittelbar bevorstehenden Lebensgefahr. Eine andere Dimension erhält § 16 bbPolG, § 34 nwPolG, § 18 thPAG in den Fällen der Durchsetzung des Hausrechts für den Mieter/Pächter bzw. den Eigentümer einer Wohnung.

Beispiel: A veranstaltet eine Party in seiner Villa. G, geladener Gast, benimmt sich eklatant daneben und wird von A mehrmals unmissverständlich aufgefordert, das Haus zu verlassen. Da G keinerlei Anstalten macht, dem nachzukommen, ruft A die Polizei, die letztendlich den G auffordert, das Haus sofort zu verlassen.

Oder:

Wirt W hat schon mehrmals seinen letzten Gast G aufgefordert zu gehen, da er „Feierabend" machen möchte. G weigert sich beharrlich, so dass W schließlich die Polizei ruft. Erst als Polizeibeamte den G auffordern, sofort das Lokal zu verlassen, fügt er sich und geht.

In beiden Fällen erlässt die Polizei Verwaltungsakte zur Gefahrenabwehr; denn mit der Aufforderung, die Wohnung zu verlassen, kann der Polizeibeamte keine wirksame Verfolgung des tatsächlich vorliegenden Hausfriedensbruchs (§ 123 StGB) betreiben. Allerdings müssen wir bei präventivem Handeln die Gefahr hinreichend belegen. Die Gäste setzen sich über die aus dem Hausrecht fließende zivilrechtliche Berechtigung hinweg, frei darüber zu entscheiden, wer sich in der Wohnung aufhalten darf. Folglich ist sowohl die Eigentums- (Fall 1) als auch die Besitzausübung (Fall 2) gestört, wodurch Eigentümer wie auch Besitzer einen Unterlassungsanspruch aus § 1004 BGB bzw. § 862 BGB erhalten. Wird diese Eigentums- bzw. Besitzstörung nicht umgehend beseitigt, ergibt sich auf Grund ihrer Fortdauer eine Gefahrenlage. Zu deren Beseitigung ist die Polizei berechtigt (§ 1 II bbPolG, § 1 II nwPolG, § 2 II thPAG), und sie darf zu diesem Zwecke eine Platzverweisung verfügen (§§ 10 II S. 2, 16 bbPolG, §§ 8 II S. 2, 34 nwPolG, §§ 12 II Ziff. 2, 18 thPAG).

180 Weiterhin greift die Polizei zu dem Mittel der Platzverweisung, wenn sie einem Menschen verbietet, einen Ort zu betreten, den der Betreffende aufsuchen möchte.

Beispiel: In einem Waldstück wird die Leiche eines Ermordeten gefunden. Die Polizei sperrt mit einem großen Kräftepotenzial den gesamten Wald, um Spuren zu suchen und zu sichern.

Hier ist wieder eine Gefahr für die Funktionsfähigkeit der Polizei gegeben. Die Platzverweisung dient dazu, diese Gefahr zu beseitigen.

Auch wenn Spezialgesetze das Betreten eines bestimmten Ortes allgemein oder bestimmten Personengruppen gezielt verbieten, ist das Verbot mittels Platzverweisung durchzusetzen.

Beispiel: Drei offensichtlich noch jugendliche Personen wollen das Bordell in A-Stadt betreten. Der Polizeibeamte P, der das sieht, weist sie zurück. Bei der Beurteilung der Rechtmäßigkeit dieses Verhaltens müssen wir ganz besonderen Wert auf die Gefahrendefinition legen (vgl. § 8 JuSchG).

b) „Ort"/Aufenthaltsverbot

181 Die polizeirechtliche Ermächtigung erstreckt sich darauf, dem Adressaten das Betreten „eines Ortes" zu verbieten bzw. ihn zum Verlassen „eines Ortes" aufzufordern. Im Normalfall stellt die Definition des unbestimmten Gesetzesbegriffs „Ort" kein Problem dar. Eine Kreuzung, ein Wohn- bzw. Geschäftsraum, der weiträumig abgesperrte Tatort oder das Bordell (vgl. vorhergehende Beispiele) sind räumlich eindeutig definiert, und der Adressat des Verwaltungsaktes kann ohne Weiteres erkennen, bis hinter welche Grenze er sich zu entfernen hat und für welchen Zeitraum dieses Verbot ggf. wirksam bleibt. Fraglich ist im Falle solch weiter kurzfristiger (längerfristige vgl. Rdn 196 ff.) Aufenthaltsverbote, ob sie – selbst bei genauer Fixierung – Wirksamkeit entfalten können, schließlich untersagen sie einem Menschen, sich in quasi für jedermann elementar wichtigen (Behördengänge, Einkaufsmöglichkeiten, Benutzung öffentlicher Verkehrsmittel) Stadtbereichen „aufzuhalten". Doch erfasst das Verbot des Aufenthalts allein das „Herumlungern" mit dem Ziel, das jeweils sozial inkriminierte Verhalten verwirklichen zu können. Es untersagt nicht, sich in dem fest umrissenen Gebiet zu bewegen, es aufzusuchen oder zu durchqueren, um einem anerkannten Ziel nachzugehen (VGH München NVwZ 2000, 454 ff.). Diese Restriktion macht deutlich, dass sich ein Platzverweis gegenüber Auswärtigen im Falle seiner Erforderlichkeit in Einzelfällen auf das gesamte Stadtgebiet ohne Beschränkung erstrecken kann (sog. „Stadtverbot").

c) Vorübergehend

Die Platzverweisung darf nur ein zeitlich begrenztes Verbot der Anwesenheit an einem bestimmten Ort verfügen. Die Befristung ist regelmäßig unproblematisch, weil sowohl die Behörde als auch der Adressat das Ende erkennen bzw. die Zeit, für die sie ausgesprochen wird, übersehen kann, und wird nicht über 24 Stunden ausgesprochen. Es ist zweifellos charakteristisch, dass ein Aufenthaltsverbot längerfristig verhängt wird. Für die Festlegung der Dauer sind im Einzelfall die Grundsätzen der Verhältnismäßigkeit maßgebend (Bösch, Jura 2009, 650, 651). Ob aus diesem Blickwinkel betrachtet ein auf ein Jahr verhängtes Aufenthaltsverbot dem Tatbestandsmerkmal „vorübergehend" entspricht (so aber VGH München a.a.O.), erscheint höchst fraglich und ist keineswegs einhellige Meinung (drei Monate rechtswidrig, VG Stuttgart NVwZ-RR 1996, 390 ff.). Aus teleologischer Sicht kann ein Aufenthaltsverbot nur als vorübergehend anerkannt werden, wenn es auf einen Zeitraum befristet ist, dessen der Adressat sich stets und ohne intensives Nachdenken bewusst ist. Als äußerste Grenze erscheint insoweit ca. 6 Wochen. 182

Die Effizienz und damit die Rechtmäßigkeit eines befristet verfügten Aufenthalts- bzw. Betretungsverbots gilt es zu hinterfragen, wenn damit eine Gefahrensituation von einem Ort an einen anderen lediglich „verlagert", nicht aber beseitigt wird, wie z.B. bei Platzverweisen gegenüber Personen aus der Drogenszene. Doch können selbst in derartigen Fällen (u.U. auf einen Tag begrenzte) Platzverweise und Aufenthaltsverbote durchaus geeignet sein, eine Störung der öffentlichen Sicherheit in Gestalt einer Normverletzung gegen das Betäubungsmittelgesetz zu verhindern. Außer für die unmittelbar Betroffenen, also die Drogenkonsumenten, besteht die Gefährlichkeit einer offenen Drogenszene aus präventivpolizeilicher Sicht darin, dass bislang Unbeteiligte in den Sog der Szene geraten und sich der Kreis der Süchtigen dadurch ausweiten könnte (BayVGH, Urt. vom 20. 3. 2001, 24 B 99.2709). 183

2. Wohnungsverweisung

Als Wohnungsverweisung (§ 34a nwPolG) bezeichnet man den gegenüber einem Störer ergehenden Verwaltungsakt, von ihm (mit-)bewohnte Räumlichkeiten zu verlassen und für einen festgelegten Zeitraum dorthin nicht zurückzukehren (Rückkehrverbot). Mit diesem Instrumentarium versucht der Gesetzgeber, dem Opfer häuslicher Gewalt einen verbesserten Schutz vor Gewalttätigkeiten angedeihen zu lassen, soweit die Beeinträchtigung die Qualität einer Lebens-, nicht unerheblichen Gesundheitsgefahr sowie einer nicht nur belanglosen Verletzung der persönlichen Bewegungsfreiheit erreicht. Da dieser Schutz durch die Polizei quasi sofort geleistet wird, ist er deutlich effektiver als derjenige, der durch zivilgerichtliche Auseinandersetzungen zu erreichen wäre (OVG Münster, Beschluss vom 15. 2. 2002 – 5 B 278/02). Voraussetzung ist, dass von demjenigen, der aus der Wohnung verwiesen wird, also dem Maßnahmeadressaten, für eine andere Person, die sich berechtigt in dieser Wohnung aufhält, eine gegenwärtige qualifizierte Gefahr (Art. 13 VII GG verlangt dagegen eine dringende Gefahr) ausgeht. Allerdings beruht die Wohnungsverweisung auf der Prognose, der Adressat werde erneut gewalttätig, so dass es dafür 184 einer tragfähigen Grundlage bedarf. Die lässt sich in Einzelfällen auf Erkenntnisse über die Person des Gewalttäters oder z.B. auf die Handlung selbst gründen. Insbesondere nach schweren Gewalttätigkeiten spricht einiges für die Annahme, der Täter werde in absehbarer Zeit erneut zu Gewalt greifen. Gleiches gilt für Erkenntnisse aus der Vorgehensweise: Besonders brutales, rücksichtsloses, gefühlskaltes oder hinterhältiges Handeln offenbart eine Neigung zu Gewalthandlungen und stützt die Prognose hinsichtlich § 34a nwPolG. Jedoch muss die Gefahr in einem zeitlichen Zusammenhang mit der Maßnahme, also gegenwärtig sein und mindestens für die Zeit des befristeten Rückkehrverbots bestehen (Krugmann, NVwZ 2006, 152, 157). Dies kann man keineswegs in jedem Falle gewalttätigen Handelns des einen gegenüber einem anderen Bewohner prognostizieren. Die rechtliche Besonderheit von Wohnungsverweisung und Rückkehrverbot besteht in der Tatsache, dass wir es hier mit zwei selbstständigen Verwaltungsakten zu tun haben, die miteinander verbunden werden *können*, *keineswegs* aber verbunden werden *müssen*. Es wäre somit denkbar, eine Wohnungsverweisung zu verfügen, ohne ein Rückkehrverbot festzusetzen. Daneben gilt es zu beachten, dass das Rückkehrverbot unbedingt schriftlich zu fixieren ist. Dies folgt aus § 34a III nwPolG, der einer mit Rückkehrverbot belegten Person vorschreibt, eine Anschrift oder eine zustellungsbevollmächtigte Person zu benennen, damit ihm der entsprechende Verwaltungsakt ordnungsgemäß überreicht werden kann. Lässt sich im Einzelfall das Rückkehrverbot nicht mündlich verfügen, wird es als schriftlicher Verwaltungsaktes erteilt. Dieser Verwaltungsakt ist dann im Wege der öffentlichen Zustellung (§ 10 VwZG) zuzustellen.

184a § 34a nwPolG ist nur anwendbar, wenn sich die gefährdete Person dauerhaft in der Wohnung, in der sich der die Maßnahme auslösende Sachverhalt ereignet, aufhält. Der Kreis der Opfer lässt sich nicht eingrenzen, wenn auch empirisch belegt überwiegend Frauen betroffen sein werden. Doch können Kinder, alte Menschen und – sicherlich selten – Männer durchaus einmal Gewaltopfer sein. In welcher Beziehung Opfer und Gewalttäter stehen, spielt für die Anwendbarkeit der Eingriffsermächtigung keine Rolle. Somit kommen eheliche oder nichteheliche Lebensgemeinschaften, letztere auch gleichgeschlechtlicher Natur, ebenso in Betracht wie sonstige Lebensformen ohne Rücksicht auf einen evtl. Generationenunterschied.

184b Der räumliche Bereich, auf den sich die Wohnungsverweisung und das Rückkehrverbot beziehen, ist nach den Prinzipien der Notwendigkeit zu bestimmen und genau zu bezeichnen. Die Festlegung der Grenzen entspricht denen der allgemeinen Platzverweisung (§ 34 nwPolG); denn dies kommt der Forderung nach Bestimmtheit des Verwaltungsakts nach. Welche Grenzen im Einzelfall gezogen werden, orientiert sich an den Prinzipien des pflichtgemäßen Ermessens. In diese Beurteilung fließen z.B. Erkenntnisse über und Erfahrungen mit den/dem Randalierer ebenso ein wie solche über das/die Opfer (z.B. psychischer Zustand der Beteiligten, Anwesenheit von Kindern, deren Alter).

185 Die Festlegung der Dauer einer Wohnungsverweisung und des Rückkehrverbots bemisst sich an der Zeit, die zur Erlangung gerichtlichen Rechtsschutzes nach dem Gewaltschutzgesetz notwendig ist. Daher legt das Gesetz lediglich die Höchstdauer des im einzelnen Falle auszusprechenden und schriftlich zu fixierenden (§ 34a III nwPolG, § 37 II VwVfG) Rückkehrverbots fest. Allerdings gibt es innerhalb der Landesgesetze kein Einheitlichkeit. So darf entsprechend

§ 34a V nwPolG das Rückkehrverbot nicht über zehn Tage hinausgehen, § 21 III sächsPolG spricht dagegen von max. 7 Tagen. Also hat die Polizei einen Entscheidungsraum von einem bis zu zehn (bzw. 7) Tagen. Regelmäßig wird das Rückkehrverbot auf die Höchstdauer festgelegt. Ausnahmsweise kann die Polizei auch kürzere Fristen wählen (§ 34a V nwPolG). Das Gewaltopfer seinerseits kann einen Antrag auf zivilrechtlichen Schutz mit dem Ziel stellen, eine Verlängerung des Rückkehrverbots um bis zu 10 Tagen gerichtlich zu erwirken. Allerdings kann auch der Adressat eines Rückkehrverbots beim Zivilgericht beantragen, die Frist des gegen ihn verhängten Rückkehrverbots zu verkürzen. Entspricht das Gericht diesem Antrag (oder auch nur teilweise), endet das Rückkehrverbot ohne Rücksicht auf den polizeilich verfügten Zeitraum mit Wirksamkeit der gerichtlichen Entscheidung (Grundsatz des Primats richterlichen Handelns).

Um Wohnungsverweisung wie auch Rückkehrverbot durchzusetzen, ist die **186** Polizei befugt, weiter gehende Maßnahmen zu ergreifen. In Betracht kommen Sicherstellung/Beschlagnahme von Schlüsseln, selbst das Auswechseln eines Schlosses ist im Einzelfall erlaubt. Diese „Anschlusseingriffe" finden ihre Rechtsgrundlage in §§ 43 bzw. 8 nwPolG. Auf die Generalklausel haben sich auch über das Rückkehrverbot hinaus gehende Verfügungen zu stützen, etwa ein Kontakt- oder Annäherungsverbot.

Die Verhängung einer Wohnungsverweisung sowie das Aussprechen eines **187** befristeten Rückkehrverbots ist von der Zustimmung des Gewaltopfers unabhängig. Die dazu notwendige Gefahrenprognose trifft allein die Polizei, weil die Opfer einer von Gewalttätigkeiten gekennzeichneten Beziehung erfahrungsgemäß dazu neigen, den Gewalttäter vor der Polizei in Schutz zu nehmen, indem sie das Geschehen verharmlosend darstellen (LT-Drucks. NRW 13/1525, S. 12). Dem Betroffenen kann man die Rückkehr in die Wohnung erlauben, wenn die vormals gefährdete Person auf Grund eindeutig autonomer Entscheidung dies wünscht und ein nicht lediglich unbedeutender Teil des Verbots, in die Wohnung zurückzukehren, vergangen ist. Lässt sich ein freier Willensentschluss des Gewaltopfers indessen nicht sicher und zweifelsfrei feststellen, gebührt dem Schutzauftrag des Staates regelmäßig der Vorrang. Dies gilt insbesondere, wenn neben dem primären Gewaltopfer beispielsweise auch Kinder gefährdet sind (VG Aachen NJW 2004, 1888 f.). Auch wenn die polizeiliche Gefahrenprognose zum Zeitpunkt des Ersuchens seitens des Gewaltopfers, das Rückkehrverbot aufzuheben, zu einem vollkommen anderen Ergebnis gelangt, sollte dessen Einschätzung des Gewaltpotenzials bei Festlegung der Dauer des Rechtseingriffs angemessen berücksichtigt werden. Bei Bestimmung der angemessenen Frist für das Rückkehrverbot ist vor allem daran zu denken, dass der Betroffene nicht nachhaltig und dauerhaft aus seinem sozialen Umfeld gerissen wird. Dagegen greift das Argument gegen die Rechtmäßigkeit der Wohnungsverweisung und des befristeten Rückkehrverbots, der in der Wohnung Verbliebene könne an dem Besitz des Verwiesenen verbotene Eigenmacht (§ 858 BGB) üben, grundsätzlich nicht durch. Sollte diese Gefahr in Einzelfällen tatsächlich begründet sein, könnte der Betroffene dem im Wege des zivilgerichtlichen Eilrechtsschutzes begegnen (BVerfG NJW 2002, 2225).

Sollte der Verwiesene vor Ablauf des bindenden Rückkehrverbots, das min- **188** destens einmal auf Einhaltung zu kontrollieren ist (Absatz 7), die Wohnung wieder betreten, stellt sich die Frage nach den darauf folgenden Maßnahmen. Einen Hausfriedensbruch (§ 123 StGB) begeht der Rückkehrer nicht; denn er ist ohne Rücksicht auf die polizeilich verfügte Wohnungsverweisung weiterhin Hausrechtsinhaber. Allerdings gibt § 35 I Ziff. 4 nwPolG eine Antwort auf diese Frage. Ist es **unerlässlich**, eine Wohnungsverweisung oder ein Rückkehrverbot durchzusetzen, kann deren Adressat in Gewahrsam genommen werden. „Unerlässlich" bedeutet Anerkennung einer verschärften Notwendigkeit, also muss der Beamte eine Antwort auf die Frage geben, ob wirklich nur durch Freiheitsentzug das polizeiliche Ziel, Beendigung der Bedrohung oder Verhinderung der körperlichen Beeinträchtigung des anderen Bewohners, zu erreichen ist. Diese Fragen stellen sich sowohl bei „vorzeitiger Rückkehr" als auch bei Weigerung zum Verlassen der Wohnung, und sie sind unter Berücksichtigung aller Umstände und Besonderheiten in jedem einzelnen Falle nach pflichtgemäßem Ermessen zu beantworten. Es ist nämlich durchaus denkbar, dass der eine oder andere „Randalierer" bei der Ankündigung, ihn für längere Zeit „auf die Straße zu setzen", plötzlich friedlich wird, womit sowohl der Vollzug als insbesondere seine Durchsetzung per Ingewahrsamnahme überflüssig wird.

189 Zu guter Letzt stellt sich das Problem, wo der aus der Wohnung Verwiesene bleiben soll. Ganz allgemein ausgedrückt: Das ist allein seine Angelegenheit. Die Polizei ist zwar nicht gehalten, ihm eine angemessene Unterkunft zu besorgen, schließlich soll diese Wohnungsverweisung ihn zur Vernunft bringen. Doch ist es in einzelnen Fällen durchaus denkbar, dass die aus der Wohnung verwiesene Person in Ermangelung einer Unterkunft als hilflose Person i.S. des § 35 I Ziff. 1 nwPolG in Gewahrsam zu nehmen ist. Der aus der Wohnung verwiesenen Person ist in jedem Falle die Möglichkeit einzuräumen, dringend benötigte Gegenstände des persönlichen Bedarfs mitzunehmen. Dazu darf sie die Wohnung ggf. auch noch einmal betreten. „Dringend benötigte Gegenstände" sind solche, die zur Berufsausübung sowie zu einer angemessenen Lebensführung, also zur Ernährung, Kleidung oder Körperpflege, unverzichtbar sind. Es geht also nur darum sicherzustellen, dass die betroffene Person bis zu dem Zeitpunkt, da sie eine vorübergehende Bleibe gefunden hat, sich ernähren, witterungsangepasst kleiden und entsprechende Körperpflege treiben kann. Übertriebene Forderungen bleiben dabei unerfüllt.

3. Aufenthaltsverbot

190 Anlass für diese speziellen Formen des Platzverweises ist das Bemühen der Polizei, präventiv in der Weise zu wirken, dass sie die Begehung von Straftaten verhütet, sofern Tatsachen die Annahme rechtfertigen, die betreffende Person werde in dem Bereich, auf den sich das Aufenthaltsverbot bezieht, eine Straftat begehen oder zu deren Begehung beitragen. Welcher Art diese Straftat ist, spielt für die Berechtigung zur Vornahme des Rechtseingriffs keine Rolle: Ob Vergehen oder Verbrechen ist ebenso irrelevant wie die Art der Begehung (also ob gewerbs-, gewohnheits-, bandenmäßig oder organisiert). Die Berechtigung zum Verhängen eines Aufenthaltsverbots ergänzt § 31 III bbPolG, § 15a nwPolG, § 33 II thPAG, der der Polizei das Recht zugesteht, zum Zwecke der Gefahrenabwehr öffentlich zugängliche Straßen und Plätze per Video-Überwachung zu beobachten, wenn Tatsachen die Annahme rechtfertigen, dass dort weitere

Straftaten begangen werden. Während die Video-Überwachung allein die Örtlichkeit im Auge hat, zielt § 16 II bbPolG, § 34 II nwPolG, § 18 II thPAG auf eine bestimmte Person, von der die Gefahr (u.U. auch für den per Video überwachten Bereich) ausgeht.

a) Tatsachen rechtfertigen die Annahme

Der Begriff „Tatsachen rechtfertigen die Annahme" ist zur Standardformulierung der modernen Eingriffsermächtigungen geworden (vgl. dazu oben Rdn 70). Gegenüber dem Adressaten des Aufenthaltsverbots müssen Tatsachen für die Annahme sprechen, diese Person werde in dem „Bannkreis" eine Straftat selbst begehen oder „zu ihrer Begehung beitragen". Dieses Tatbestandsmerkmal verlangt eine kritische Betrachtung. Einerseits ist nicht festgelegt, auf welchen zeitlichen Rahmen sich die Prognose zu erstrecken hat. Die absolute Höchstgrenze der Befristung von drei Monaten zwingt die Polizei dazu, auf der Grundlage ihres pflichtgemäßen Ermessens die Dauer des Aufenthaltsverbots zwischen einem Tag und drei Monaten zu bestimmen. Andererseits richtet sich das personenbezogene Aufenthaltsverbot einmal gegen jemanden, der als potenzieller Straftäter angesehen wird (erste Alternative). Daneben kommt als Adressat eine Person in Betracht, die zur Begehung einer Straftat durch einen anderen nach Ansicht der Polizei einen Beitrag leistet (zweite Alternative). Die zweite Alternative ist missverständlich; denn der Beitrag könnte in Teilnahme an der Straftat des anderen liegen. Dann allerdings wäre der Betreffende selbst Straftäter, womit die erste Alternative als spezieller in Betracht kommt. Leistet jemand lediglich fahrlässig einen Beitrag zum Gelingen einer Straftat durch einen anderen, ist gegenüber dieser Person ein so schwer wiegender Rechtseingriff wie das Aufenthaltsverbot unangemessen. Daher lässt sich die gesetzliche Formulierung „Beitragen" zum Gelingen einer Straftat allein in Richtung strafbarer Teilnahme interpretieren. Für die Stichhaltigkeit des gerade vorgestellten Ergebnisses spricht eine weitere Erkenntnis: Prognostiziert ein Polizeibeamter, eine ganz bestimmte Person werde innerhalb eines gewissen überschaubaren Zeitraums unvorsätzlich einen Beitrag zum Gelingen einer Straftat durch einen anderen leisten, gebietet der Grundsatz lageangemessenen polizeilichen Handelns, den Betreffenden auf die Folgen seines zu erwartenden Tuns aufmerksam zu machen und ihn aufzufordern, dieses zu unterlassen. Damit wäre ein Einschreiten im Sinne eines Aufenthaltsverbots ausgeschlossen. Handelt die Person dennoch wie sie es vorhatte, leistet sie wissentlich, also vorsätzlich Hilfe zur Verwirklichung der Haupttat und ist als Täter einer Straftat geeigneter Adressat, sofern sich damit der polizeiliche Erfolg, nämlich Verhinderung der prognostizierten Tat, erreichen lässt. **191**

b) Aufenthaltsverbot/berechtigtes Interesse

Ein „Aufenthaltsverbot" verbietet dem Adressaten für einen festgelegten Zeitraum, einen genau bezeichneten örtlichen Bereich aufzusuchen, sich darin aufzuhalten oder sich darin zu bewegen. Allerdings darf der Betreffende (§ 16 II Satz 3 bbPolG, § 34 II Satz 1 nwPolG, § 18 II Satz 5 thPAG) in der bezeichneten Örtlichkeit eigene berechtigte Interessen sowie die berechtigten Interessen anderer Personen ohne Rücksicht auf das wirksame Aufenthaltsverbot wahr- **192** nehmen. „Berechtigte Interessen“ sind alle nach vernünftigen Erwägungen durch die Sachlage gerechtfertigte schutzwürdige Interessen in Bezug auf Sinn und Zweck der polizeilichen Maßnahme. Diese Interessen können rechtlicher, wirtschaftlicher oder auch ideeller Natur sein (Kopp/Ramsauer § 44 Rdn 68).

193 Eigene berechtigte Interessen sind z.B. Erreichen des Arbeitsplatzes, Behördengänge, Arzt- oder Rechtsanwaltsbesuche, Benutzung öffentlicher Verkehrsmittel oder die Wahrnehmung menschlich-sozialer Verpflichtungen (z.B. Familienangelegenheiten). Da auch „ideelle“ Interessen erfasst sind, kommt das Aufenthaltsverbot auch nicht zum Tragen, wenn der Adressat zur Kirche oder zum Friedhof zu gehen beabsichtigt bzw. wenn er kulturelle Veranstaltungen besuchen möchte. Ob auch die alltäglichen Besorgungen den berechtigten Interessen zuzurechnen sind, ist von der Frage abhängig, inwieweit deren Durchführung ohne erhebliche und unvertretbare Einbußen finanzieller, zeitlicher oder ähnlicher Art möglich ist. Kommt man zu der begründeten Überzeugung, die Besorgungen ließen sich ebenso gut außerhalb der „verbotenen Zone“ tätigen, greift das Aufenthaltsverbot durch.

194 Ähnlich den eigenen überlagern berechtigte Interessen Dritter das Aufenthaltsverbot, wobei zu bedenken ist, dass an Anerkennung dieser Interessen strenge Maßstäbe anzulegen sind. In erster Linie ist an die Berufsausübung zu denken, wenn damit beispielsweise das Aufsuchen anderer zwingend verbunden ist. Würde man in derartigen Fällen z.B. einem Handwerker unter Hinweis auf das gegen ihn verhängte und prinzipiell wirksame Betretungsverbot untersagen, einen ihm erteilten Auftrag auszuführen, träfe man neben dem Handwerker gleichermaßen den Auftraggeber. Auch das Argument, der Auftraggeber könne ebenso gut einen anderen Handwerker beauftragen, ist nicht zwingend, weil das Vertrauen des Auftraggebers in die Qualität der Arbeit des von ihm Beauftragten das Interesse an Beachtung des Betretungsverbots deutlich überwiegt. Des Weiteren wäre eine Aussetzung des Aufenthaltsverbots bei besonderen Familienanlässen denkbar. Wie weit der Bogen diesbezüglich gespannt wird, entscheidet der Beamte nach pflichtgemäßem Ermessen.

195 Es versteht sich von selbst, dass auch ein Aufenthaltsverbot nicht dazu führen darf, den Adressaten quasi obdachlos zu machen. Er hat unstrittig das Recht, sich in seiner Wohnung aufzuhalten und den „Bannkreis“ bei deren Verlassen oder zur Rückkehr zu durchqueren, und zwar nicht ausschließlich auf dem kürzesten, sondern auf einem Weg, der unter Berücksichtigung des verfolgten Zwecks angemessen ist.

Beispiel: A ist ein Aufenthaltsverbot für den Bereich um ein großes Einkaufzentrum erteilt; er wohnt am östlichen Rand der Verbotszone. Am ... beabsichtigt er zum Stadion, das ein wenig westlich außerhalb des „Bannkreises“ liegt, zu gehen. Daher durchquert er die gesamte Verbotszone, obwohl er in die andere Richtung nur ca. 100 m gehen müsste, um diese zu verlassen. Das Durchqueren der Verbotszone ist für A sicherlich zulässig; wenn er ansonsten einen nicht zumutbaren Umweg in Kauf nehmen müsste, um sein Ziel erreichen zu können, oder wenn der andere Weg große zeitliche Einbußen mit sich bringen würde.

c) Dauer des erlaubten Aufenthalts

Wie lange sich der Adressat des Aufenthaltsverbots in der Verbotszone aufhalten darf, ist unterschiedlich zu bemessen: In seiner Wohnung gelten keinerlei zeitliche Beschränkungen. Außerhalb der Wohnung gilt, dass er den ihm verbotenen Bereich unverzüglich, also unmittelbar nach Fortfall des Erlaubnistatbestandes und auf – relativ – kürzestem Wege, zu verlassen hat. Ohne schuldhaftes Zögern handelt der Adressat tatsächlich noch, wenn er bei Gelegenheit z.B. private Besorgungen erledigt und dies nicht den Sinn des Aufenthaltsverbots konterkariert. Neben der zeitlichen Beschränkung erlegt § 16 II bbPolG, § 34 II Satz 3 nwPolG der Polizei die Pflicht auf, den örtlichen Bereich, auf den sich das Aufenthaltsverbot erstreckt, nach pflichtgemäßem Ermessen zu bestimmen. Da dieser Eingriff eine massive Beeinträchtigung der Freizügigkeit darstellt, sind die Grenzen, innerhalb derer der Adressat sich nicht aufhalten darf, so eng wie es unter Berücksichtigung des verfolgten polizeilichen Ziels geboten ist, festzulegen. **196**

Beispiel: P, der wegen seiner pädophilen Neigungen mehrfach polizeilich in Erscheinung getreten ist, wird es untersagt, sich im Umkreis von ... (genau definiert) von Schulen, Kindergärten oder Jugendzentren aufzuhalten.

Oder

Exhibitionist E zeigt sich sommertags im Stadtpark an der X-Straße bei Einbruch der Dunkelheit vorübergehenden jungen Frauen. Die Polizei verhängt gegen ihn ein Aufenthaltsverbot für diese städtische Grünanlage.

Oder

Dealer D reist täglich aus seiner Heimatstadt nach A-Stadt und verkauft dort in der Umgebung des Hauptbahnhofs Drogen. Der Polizeipräsident verhängt gegen D ein Aufenthaltsverbot für einen genau bezeichneten Bereich um den Hauptbahnhof.

Im Falle des pädophilen P gilt es zu bedenken, dass sich eine Vielzahl von Objekten in der Stadt befindet. Diesem Problem begegnet das Gesetz, indem es von „einem bestimmten Ort“ bzw. „einem bestimmten örtlichen Bereich“, „einem Gebiet innerhalb einer Gemeinde“ oder dem „gesamten Stadtgebiet“ spricht, auf das sich das Aufenthaltsverbot erstrecken kann. Lässt sich das Gebiet, in dem die Begehung von Straftaten droht, konkret einkreisen, gebietet die Rechtmäßigkeit polizeilichen Handelns, das Aufenthaltsverbot entsprechend zu begrenzen. Ist das bei der Vielzahl der Objekte nicht möglich, wäre zu prüfen, ob man das Aufenthaltsverbot auf ein größeres Gebiet innerhalb der Gemeinde oder gar das gesamte Stadtgebiet ausdehnt. Jedoch stellt sich in allen Fällen der Verhängung eines Aufenthaltsverbots die Frage nach dem Verdrängen der Delinquenz in andere Bereiche bzw. Städte. Betrachten wir das Aufenthaltsverbot gegen den Exhibitionisten sowie Dealer, dann ist die Rechtslage verhältnismäßig klar: Die Verfügung gilt für den von E bevorzugten Park und sollte auch eine tageszeitliche Beschränkung beinhalten, was wiederum für den Dealer nicht in Betracht zu ziehen ist. **197**

Eine gegenüber nahezu allen anderen Verfügungen von Polizeivollzugsbeamten festzustellende Besonderheit ist die gesetzliche Forderung, das Aufenthaltsverbot schriftlich zu erteilen (§ 16 II Satz 2 bbPolG). Dies bedeutet, dass der Verwaltungsakt dem Betroffenen unverzüglich zuzustellen ist; denn seine Wirksamkeit lebt erst mit Bekanntgabe auf (Kopp/Ramsauer § 43 Rdn 4). **198**

199 Keine Auswirkungen hat das polizeirechtlich verfügte Aufenthaltsverbot auf versammlungsrechtliche Vorschriften. Zwar legt dies § 16 II Satz 4 bbPolG, § 18 II Satz 6 thPAG expressis verbis fest, doch bedarf es angesichts der Tatsache, dass die Wahrnehmung berechtigter Interessen das Aufenthalts- oder Betretungsverbot vorübergehend derogiert, einer solchen gesetzlichen Festlegung nicht. Ohne Zweifel ist die Teilnahme an öffentlichen Versammlungen mit Blick auf Art. 8 GG ein schutzwürdiges Interesse. Damit steht fest, dass Adressaten von Aufenthaltsverboten auch dann an öffentlichen Versammlungen teilnehmen dürfen, wenn diese teilweise oder ganz zu der Zeit in dem Gebiet stattfinden, in dem sich der Adressat (ansonsten) nicht aufhalten darf.

4. Strafprozessuale Platzverweisung

200 Eine repressive Platzverweisung sehen die Gesetze expressis verbis nicht vor. Allerdings gibt es eine Norm (§ 164 StPO), die es der Polizei erlaubt, Personen die Freiheit zu entziehen, die eine Amtshandlung durch Handeln oder Unterlassen stören. Im Falle des Unterlassens muss indes eine Handlungspflicht bestehen. Zwar spricht § 164 StPO nicht von Platzverweisung, aber auf Grund von Verhältnismäßigkeitsgesichtspunkten ist dieser weniger einschneidende Rechtseingriff dem schwereren der Freiheitsentziehung vorzuziehen. Als letztes Mittel käme bei zwangsweiser Durchsetzung des Platzverweises die Freiheitsentziehung wiederum in Betracht.

Beispiel: Die Polizeibeamten P und R führen bei A eine Durchsuchung der Wohnung auf der Grundlage von §§ 102 ff. StPO durch. A, der diesen Eingriff in seine Rechte missbilligt, stellt sich in die Tür zum Wohnzimmer, als P sich anschickt, dieses zu durchsuchen. P fordert den A auf, aus der Tür zu treten und den Zugang freizugeben.

201 Grundlage der Anordnung des P ist zweifellos § 164 StPO. Da A dem Beamten die Möglichkeit einer sachgerechten Durchführung der Ermittlungshandlung nimmt, stört er diese. Auch der Gedanke, ein Beschuldigter müsse an seiner Überführung nicht tätig mitwirken, greift nicht; denn A müsste nur eine notwendige Begleithandlung durchführen. Insoweit ist die Aufforderung, diesen Ort zu verlassen und sich anderswo aufzuhalten, eine Platzverweisung. Setzt A diese Störung fort oder stört er in gleicher Art bei der Durchsuchung anderer Zimmer erneut, könnte statt einer Platzverweisung eine Freiheitsentziehung in Betracht kommen.

202 Störer i.S. des § 164 StPO kann nicht nur der Verdächtige (bzw. Beschuldigte), sondern auch ein Unbeteiligter sein.

Beispiel: Ausgangsfall wie oben, doch stehen in der Tür die Freunde von A (E u. F).

5. Sonstige Platzverweise

203 Eine polizeilich noch interessante Vorschrift, die der Platzverweisung entspricht, findet sich in §§ 13, 18 VersammlG. Bei dieser Norm müssen wir streng unterscheiden zwischen der reinen Auflösungsermächtigung (§ 13 I VersammlG) und der Platzverweisung (§ 13 II VersammlG). Voraussetzung für eine wirksame und durchsetzbare Platzverweisung ist die Rechtmäßigkeit der Auflösungsverfügung (Gusy Rdn 277).

Kapitel 3. Ermittlung personenbezogener Daten

Dieses Kapitel widmet sich den Ermächtigungen, die es Staatsanwaltschaft und Polizei ermöglichen, personenbezogene Daten zu ermitteln, und zwar einmal die für die Behörden wesentlichste Norm der Personalien- bzw. Identitätsfeststellung (die sowohl präventiv als auch repressiv einzusetzen ist) sowie die Datenerhebung bei öffentlichen Veranstaltungen und Ansammlungen (§ 31 I bbPolG, § 15 nwPolG; § 33 thPAG) und die Datenerhebung durch den offenen Einsatz optisch-technischer Mittel (§ 31 III bbPolG, § 15a nwPolG, § 33 II thPAG). Des Weiteren geht der Blick kurz auf die Befugnis der Polizei, sog. Berechtigungsscheine zu prüfen (§ 13 nwPolG, § 15 thPAG). 204

A. Prüfung von Berechtigungsscheinen

Die Polizei kann verlangen, dass ein Berechtigungsschein zur Prüfung ausgehändigt wird, wenn der Betroffene auf Grund einer Rechtsvorschrift verpflichtet ist, diesen Berechtigungsschein mitzuführen (§ 13 nwPolG, § 15 thPAG). Ein Berechtigungsschein ist eine besondere Erlaubnis, die es einer natürlichen oder einer juristischen Person gestattet, einer prinzipiell untersagten Tätigkeit nachzugehen oder ein grundsätzlich nicht zulässiges Verhalten vorzunehmen. Die Ermächtigung beschränkt sich darauf festzustellen, ob derjenige, der einer solchen erlaubnispflichtigen Tätigkeit nachgeht, im Besitz dieser behördlichen Gestattung ist. Die Rechtseingriffe, die diese Kontrolle vorbereiten oder die darüber hinausgehen, müssen selbstständig auf ihre gesetzlichen Grundlagen geprüft werden. 205

Beispiel: Der Polizeibeamte P beobachtet einen Mann (M), der im Gürtel seiner Hose offensichtlich eine Pistole stecken hat. P hält den M an und fordert ihn auf, den Waffenschein vorzuweisen.

Eines Waffenscheins bedarf, wer Schusswaffen führen will (§§ 2, 10 IV WaffG). Um diesen Waffenschein sachgerecht prüfen zu können (§ 38 WaffG), muss der Beamte den Adressaten anhalten, was die Berechtigung zur Prüfung der Gestattung nicht zulässt. Zur Begründung der notwendigen Freiheitsbeschränkung zieht sich der Beamte daher auf § 9 nwPolG, § 13 thPAG zurück; denn für die Erfüllung der polizeilichen Aufgabe „Prüfung eines Berechtigungsscheins" kann der Angehaltene offenkundig sachdienliche Angaben machen. Daher darf er für die Dauer der Prüfung festgehalten werden. Ist im Anschluss daran auf Grund besonderer Umstände die Feststellung der Personalien notwendig, sind die Tatbestandsmerkmale des § 12 nwPolG, § 14 thPAG oder – sofern Anhaltspunkte für die Annahme eines strafrechtlich relevanten Verhaltens gegeben sind, des § 163b StPO zu prüfen. 206

Zu bedenken ist, dass § 13 nwPolG, § 15 thPAG nur subsidiär zur Anwendung kommt. Verpflichten Spezialnormen den Erlaubnisinhaber, den „Berechtigungsschein" u.a. Polizeibeamten zur Kontrolle „auszuhändigen", dann genie- 207 ßen diese Priorität. Eine solche Regelung findet sich z.B. in § 38 WaffG (für den Waffenschein), § 31 I LFischG (für den Fischereischein), § 4 II FeV (für den Führerschein), § 48 III FeV (für den Führerschein zur Fahrgastbeförderung), § 24 S. 2 StVZO (für den Fahrzeugschein).

208 Enthält die Spezialregelung in Bezug auf Prüfung von Berechtigungsscheinen lediglich eine Vorzeigepflicht (und keine Aushändigungspflicht), dann braucht der Adressat dem Beamten die behördliche Erlaubnis tatsächlich nur zu zeigen. Dabei hat er dem Kontrollierenden selbstredend die Möglichkeit einzuräumen, die wesentlichen Inhalte der Gestattung sachgerecht zur Kenntnis zu nehmen. Derartige Regelungen finden sich z.B. in § 15 I BJagdG (für den Jagdschein) § 60c GewO (für die Reisegewerbekarte).

209 Schließlich sehen verschiedene Gesetze die Erteilung von Genehmigungen für grundsätzlich untersagte Tätigkeiten vor, ohne dass die entsprechenden Gesetze irgendeine Regelung in Bezug auf die Kontrolle enthielten. In so gelagerten Fällen müssen die kontrollierenden Polizeibeamten auf § 13 nwPolG, § 15 thPAG zurückgreifen. In Betracht kommt dies z.B. für die verschiedenen Ausnahmegenehmigungen auf Grund von §§ 7, 9 II, 10 IV, 11 I LImschG, die Erlaubnis nach § 3 FlHG (für die Durchführung einer Hausschlachtung) oder die Erlaubnis nach §§ 7, 7a WHG (für das Einleiten von Abwasser).

B. Identitätsfeststellung

210 Die Strafverfolgungsbehörden benötigen die Personalien eines Menschen, um ein Strafverfahren einleiten oder prüfen zu können, ob der Verdächtige festgenommen werden darf. Daneben benötigen die Strafgerichte die Personalien eines Angeschuldigten, um das anhängige Strafverfahren ordnungsgemäß durchführen zu können. Ermittlungsbeamte und Richter sind zudem gehalten, vor Durchführung der vorläufigen Festnahme bzw. vor Erlass eines Haftbefehls zu prüfen, ob ein Haftgrund vorliegt. Zur sachgerechten Prüfung der Haftgründe Fluchtgefahr und Wiederholungsgefahr (§§ 112 II Ziff. 2, 112a StPO) sind schließlich weit reichende Kenntnisse aus dem Leben des Beschuldigten nötig. Die wiederum können die Behörden nur über eine Identitätsfeststellung ermitteln.

211 Ergänzend erfolgt ein Hinweis auf die Berechtigung zur Personalienfeststellung in militärischen Sicherheitsbereichen nach § 4 UZwGBw. Der Personenüberprüfung unterliegen danach Personen, die sich in militärischen Sicherheitsbereichen aufhalten (Abs. 1 Ziff. 1), sowie Personen, die militärische Sicherheitsbereiche betreten oder verlassen wollen (Abs. 1 Ziff. 2). Die Feststellung der Personalien erfolgt auf dem üblichen Weg durch Überprüfung entsprechender Ausweise (vgl. im Übrigen Rdn 257 ff.). Kann sich die Person nicht hinreichend ausweisen oder lässt sich ihre Berechtigung zur Anwesenheit in dem militärischen Sicherheitsbereich nicht sofort feststellen, steht dem kontrollierenden Soldaten ein Festhalterecht (§ 5 I Ziff. 1 UZwGBw) zur Verfügung (Sistierung). „Aufenthalt" verlangt berechtigte oder auch unberechtigte körperliche Anwesenheit. Der Begriff „betreten wollen" deckt übliche Einlasskontrollen, nach deren Beendigung eine Berechtigung zur Anwesenheit erteilt wird. Hat eine Person den militärischen Sicherheitsbereich unbefugt betreten, ist sie unter Hinweis auf dieses rechtswidrige Verhalten zum Verlassen aufzufordern, wobei eine Personenkontrolle nahezu selbstverständlich ist. Im Falle einer Weigerung, der Weisung Folge zu leisten, kann der Betreffende mittels Anwendung von Zwang entfernt werden (Jess/Mann § 4 Rdn 17). Die Berechtigung aus § 4 UZwGBw erstreckt sich auch auf Soldaten, deren Aufenthalt in dem konkreten militärischen Sicherheitsbereich nicht zwingend ist.

Verwaltungsbehörden benötigen zur Gefahrenabwehr grundsätzlich keine Personalien, weil sie auf diesem Wege kaum jemals eine Gefahr wirksam abwehren werden (Merten, ZRP 1988, 172, 173). Allenfalls zur Fertigung von Berichten oder zur sachgerechten Bearbeitung sonstiger behördlicher Unterlagen können die Personalien dienen. Auf die Polizei in ihrer doppelfunktionalen Eigenschaft treffen insoweit beide einleitend dargestellten Positionen zu. Auch sie wehrt normalerweise eine Gefahr für die öffentliche Sicherheit nicht dadurch ab, dass sie die Personalien bzw. die Identität des Gefährdeten oder eines anderen feststellt. Im Falle der Verhinderung einer bevorstehenden Straftat (Gefahr) kann die Personalienfeststellung gegenüber dem potentiellen Täter ausnahmsweise einmal das geeignete Mittel zur Gefahrenabwehr sein. 212

Beispiel: F will an einem Fußgängerüberweg die Fahrbahn vorschriftsmäßig überqueren. Er erkennt aber nicht den Pkw-Fahrer U, der einen bereits wartenden Fahrer überholt. Der Polizeibeamte W, der die Situation überschaut, kann den F gerade noch zurückreißen. Dass W eine Gefahr abgewehrt hat, steht fest. Ebenso einleuchtend ist, dass es zu dieser Gefahrenabwehr grundsätzlich keiner Identitäts- oder Personalienfeststellung bedarf. Müsste der Beamte jedoch einen Bericht über den Vorgang fertigen (etwa bei Verletzung des F), benötigte er ohne Frage die Personalien. Das zu schützende Rechtsgut ist dabei die Funktionsfähigkeit der Polizei.

Von der gefahrenabwehrenden Personalienfeststellung ist unbedingt die Ermächtigung zur Befragung abzugrenzen, die es Polizeibehörden erlaubt, den Adressaten nach Personaldaten zu befragen. Zielrichtung dieser Vorschrift ist es aber nicht, Gefahren allgemeiner Art zu beseitigen, sondern einen Zeugen ordnungsgemäß in das Verwaltungsverfahren einbinden zu können. Somit bearbeiten wir den § 11 bbPolG, § 9 nwPolG, § 13 thPAG im Rahmen des Themas „Befragung und Vernehmung". 213

I. Abgrenzung Personalien- und Identitätsfeststellung

Der Gesetzgeber spricht sowohl im Polizeigesetz als auch in der Strafprozessordnung von Identitätsfeststellung. Im Interesse einer eindeutigeren Handhabung des Rechts wäre es sinnvoller, zwischen Personalienfeststellung und Identitätsfeststellung zu unterscheiden. Beides greift zwar in das Recht auf Anonymität (Art. 2 I GG) ein, jedoch in unterschiedlicher Intensität: Bei der Personalienfeststellung erheben die Hoheitsträger die anlass- und aufgabenbezogenen persönlichen Daten. So benötigen sie für eine polizeiliche Strafanzeige Angaben zu Namen, Vornamen, Geburtsdatum und Wohnanschrift. Ob im Rahmen einer gefahrenabwehrenden Personalienfeststellung in gleichem Umfang in die Anonymität eingegriffen werden muss, bedarf einer gewissenhaften Prüfung im Einzelfall. Präventive Aufgabenerfüllung lässt sich in vielen Fällen durchaus auch ohne Kenntnis von Geburtsdaten bewältigen. 214

215 Wesentlich weiter als die Personalienfeststellung geht die Identitätsfeststellung. Damit verschafft sich der Ermittlungsbeamte einen umfassenden Einblick in die Persönlichkeitsstruktur des Betroffenen, insbesondere in seine Lebensumstände oder seinen Lebenslauf. Dies ist notwendig, weil die Identitätsfeststellung anderen Zielen als die Personalienfeststellung dient: Strafprozessual soll sie die Frage beantworten, ob eine vorläufige Festnahme bzw. der Erlass eines Haftbefehls angezeigt ist. Polizeirechtlich kann es in Einzelfällen sicherlich auch einmal erforderlich sein, tiefer in die personale Schutzsphäre einzudringen, insbesondere wenn die Gefahrenlage und deren Bewältigung etwas weiter gehende Kenntnisse über den Eingriffsadressaten verlangt.

Beispiel: Die Polizeibeamten A und B finden eine Person in stark angetrunkenem Zustand, die sich torkelnd und hin und wieder an eine Hauswand anlehnend vorwärts bewegt. Zur Gefahrenabwehr wäre es durchaus genügend, Namen und Wohnanschrift dieser Person zu ermitteln. Dann stünde fest, ob die Beamten den Betrunkenen zur Gefahrenabwehr nach Hause bringen oder in Gewahrsam nehmen.

Aber:

Im Rahmen einer Streifenfahrt fällt den Polizeibeamten A und B eine männliche Person (P) auf, die sich zur Nachtzeit unmittelbar am Zaun einer einsam gelegenen Elektrizitäts-Versorgungsanlage aufhält. Als P den Streifenwagen bemerkt, duckt er sich in ein Gebüsch. Liegen im Einzelfall konkrete Hinweise auf Gefährdung dieser Anlagen vor (z.B. wiederholt durchgeführte Anschläge oder objektive Erkenntnisse über Planung von Anschlägen), kann die Identität des M festgestellt werden. Natürlich muss diese Identitätsfeststellung umfangreicher in die Anonymität des Adressaten eingreifen als im Falle des einfachen Berichts.

216 Sowohl in den Polizeigesetzen als auch der Strafprozessordnung erteilt der Gesetzgeber Polizei und Staatsanwaltschaft die Ermächtigung zur Identitätsfeststellung, erlaubt ihr also, sehr weit reichend die Anonymität des Adressaten aufzudecken. Bleiben die Behörden aus Gesichtspunkten der Erforderlichkeit unterhalb dieser Eingriffstiefe, deckt sowohl die polizeirechtliche als auch die strafprozessuale Ermächtigung diese Personalienfeststellung als Minus gegenüber der Identitätsfeststellung. Zur Durchführung des Eingriffs gibt das Gesetz Polizei und Staatsanwaltschaft 12 Stunden Zeit (§ 20 II bbPolG, § 38 II nwPolG, § 163c StPO).

II. Gefahrenabwehrende Identitätsfeststellung

217 Gefahrenabwehrende Ermächtigungen zur Personalien- bzw. Identitätsfeststellung finden sich z.B. in § 12 bbPolG, § 12 nwPolG, § 14 thPAG §§ 48, 49 AufenthG, § 16 AsylVfG. Auf die letztgenannten ausländerrechtlichen Normen wollen wir an dieser Stelle eingehen, obwohl sie im Kontext zu der erkennungsdienstlichen Behandlung stehen und im Gesetz auch als solche bezeichnet werden. Da das Ziel dieses Rechtseingriffs jedoch die Beseitigung von Zweifeln an der Identität eines Menschen ist, ist erforderlich, §§ 48, 49 AufenthG, § 16 AsylVfG unter dem Generalthema „Identitätsfeststellung" kurz zu beleuchten.

1. Generalklausel der Personalienfeststellung

Auf Grund § 12 I Ziff. 1 nwPolG kann die Polizei die Identität einer Person zur Abwehr einer Gefahr feststellen. Dies verlangt eine konkrete Gefahr, die schon dann vorliegt, wenn in einem durch bestimmte Umstände eingegrenzten Einzelfall in überschaubarer Zukunft mit einem Schadenseintritt hinreichend wahrscheinlich gerechnet werden muss (VGH München NJW 1984, 2235, 2238). An die Wahrscheinlichkeit des Schadenseintritts sind bei dieser Prognoseentscheidung umso geringere Anforderungen zu stellen, je höherwertig das bedrohte Rechtsgut und je umfangreicher der zu erwartende Schaden ist (BVerfGE 47, 31, 40). Da dieser Rechtseingriff regelmäßig nicht schwerwiegend ist, genügt für seine Zulässigkeit im Allgemeinen die schwächste Gefahrenprognose. Zudem muss die Identitätsfeststellung objektiv erforderlich sein, das polizeiliche Ziel also, die Beseitigung der Gefahr zu erreichen. 218

Beispiel: Den Polizeibeamten A und B fallen im unmittelbaren Bereich des Bordells in A-Stadt zwei junge Mädchen auf, die seit zwei Tagen von zu Hause abgängig sind. A und B führen daraufhin eine Identitätsfeststellung durch.

Den Grund bzw. die Rechtsgrundlage für den Rechtseingriff müssen die Beamten den Betroffenen nennen. Dies folgt zwar nicht unmittelbar aus den Polizeigesetzen, lässt sich indessen aus den allgemeinen Vorschriften über die Datenerhebung (z.B. § 29 bbPolG, § 31 thPAG) herleiten, die auch (allerdings umstritten) für die Identitätsfeststellung gelten (R. Schmidt, S. 120). Die Tatsache, dass die Mädchen aus ihrem Elternhaus ausgerissen sind, ist weder Straftat noch Ordnungswidrigkeit. Polizeirechtlich liegen Gefahren für unterschiedliche Rechtsgüter vor. Die öffentliche Sicherheit ist zunächst gefährdet, wenn die beiden Minderjährigen sich weiterhin an dem jugendgefährdenden Ort aufhalten. Des Weiteren nimmt das Aufenthaltsbestimmungsrecht der Eltern als ein Teil der Personensorge (§§ 1626, 1631 BGB) weiteren Schaden, wenn die Mädchen nicht sobald wie möglich ihrer Obhut überstellt werden. Beseitigt sind die Gefahren, wenn die Polizei die Jugendlichen der elterlichen Personensorge zugeführt hat. Dies verlangt Kenntnis bestimmter persönlicher Daten, so dass die Beamten auf die „Generalklausel" zur Personalienfeststellung zurückgreifen müssen, um das Aufenthaltsbestimmungsrecht der Eltern als ein bestimmtes „privates Recht" zu gewährleisten. Die Gefahr für das sittliche Wohl der Jugendlichen kann die Polizei dagegen mit dem Mittel der Personalienfeststellung nicht abwehren. 219

2. Spezielle Normen zur Identitätsfeststellung

Neben dieser generalklauselartigen Ermächtigung zur Identitätsfeststellung kennen die Polizeigesetze spezielle Eingriffsbefugnisse, und zwar an so genannten gefährlichen Orten, an so genannten gefährdeten Orten, an Kontrollstellen, zum Schutz privater Rechte (allerdings nur subsidiär) und sog. anlassunabhängige Personalienfeststellungen. Nachfolgend klammern wir die Personalienfeststellung an Kontrollstellen aus und bearbeiten diesen Rechtseingriff im Kapitel „Kontrollstelle". Ebenso verzichten wir auf Erläuterungen zum Schutz privater Rechte. Diesbezüglich beschränken wir uns auf den Hinweis, dass die Persona- 220 lienfeststellung zu diesem Zweck nicht auf die Generalklausel der Identitätsfeststellung gestützt werden kann.

a) Gefährliche Orte

221 Für die Identitätsfeststellung an gefährlichen Orten ist erforderlich, dass die Örtlichkeit auf Grund tatsächlicher Anhaltspunkte in der gesetzlich genannten Weise in Betracht kommt. Es bedarf also konkreter polizeilicher Erkenntnisse, die sich in erster Linie auf Erfahrungen stützen. Die subjektive Einschätzung der Örtlichkeit durch den handelnden Polizeibeamten reicht nicht. Da es sich bei der Ermächtigung aus § 12 I Ziff. 2 bbPolG, § 12 I Ziff. 2 nwPolG, § 14 I Ziff. 2 thPAG um eine polizeirechtliche Razzia handelt, muss die im Einzelfall festgestellte Person keineswegs in konkretem Verdacht stehen, erhebliche Straftaten zu verabreden, vorzubereiten oder zu verüben (Buchst. a), sich mit Personen ohne Aufenthaltsgenehmigung zu treffen (Buchst. b) oder Personen, die zur Strafverfolgung gesucht werden, zu verbergen (Buchst. c), sie darf allerdings auch nicht völlig außerhalb des gefahrenabwehrenden Interesses stehen.

222 Die sog. gefährlichen Orte sind Örtlichkeiten, bei denen die Gefahrenlage gesetzlich vermutet wird. Es bedarf keineswegs der Begründung einer konkreten Gefahr für die öffentliche Sicherheit im Einzelfall. Doch ergibt sich aus dem Grundsatz der Verhältnismäßigkeit die Verpflichtung zur sachgerecht abgestuften Vornahme des Rechtseingriffs, wozu die Behörde auf Grund ihrer Kenntnis von bisher ermittelten Tatverdächtigen, Tatzeit und Taten ohne weiteres in der Lage ist. Örtlichkeit in diesem Sinne sind räumlich abgegrenzte Bereiche aller Art und Größe, also z.B. Parks, Plätze, Schulhöfe nach Schulschluss, Sportplätze bei bestimmten Sportveranstaltungen oder gar Wohnungen, wobei dann die flankierende Norm des § 23 bbPolG, § 41 nwPolG, § 25 thPAG zu beachten ist.

223 Kann man bei der Ermächtigung zur Personalienfeststellung an gefährlichen Orten bereits bei der Gefahrenvermutung einschreiten, steht dem Rechtseingriff nichts entgegen, wenn konkrete Gefahren an diesen Orten evident sind. Auch in diesen Fällen ist § 12 I Ziff. 2 bbPolG, § 12 I Ziff. 2 nwPolG, § 14 I Ziff. 2 thPAG als Spezialnorm gegenüber der Generalklausel einschlägig. Stützt ein Beamter einen Rechtseingriff auf diese Ermächtigung, muss er bedenken, dass die dort genannten Verhaltensweisen häufig Straftaten darstellen. Verabreden Personen z.B. Verbrechen, wäre in jedem Falle § 30 StGB zu prüfen. Auch die Vorbereitung von Verbrechen ist in Einzelfällen selbstständige Straftat (vgl. u.a. §§ 83, 149, 275, 310 StGB), in anderen wiederum kann sich die Strafbarkeit aus Normen des Nebenstrafrechts herleiten.

Beispiel: M kauft sich einen Revolver, ohne einen Waffenerwerbsschein zu besitzen, um seinen Nebenbuhler zu erschießen. Hier ist zwar die Vorbereitung eines Tötungsdelikts als selbstständige Straftat nicht erfasst, doch verstößt das Verhalten gegen §§ 2 II, 52 WaffG und ist als solches ein Vergehen.

224 Besonders delikat ist die Grenzziehung zwischen Prävention und Repression im Falle der dritten Handlungsalternative dieser Norm. Rechtfertigen Tatsachen die Annahme, dass Personen Straftaten von erheblicher Bedeutung verüben, dann hat man es normalerweise mit dem Versuch, häufig auch der Vollendung einer Tatbestandserfüllung zu tun. Verdächtig ist eine Person, wenn

gewisse tatsächliche Anhaltspunkte dafür sprechen, dass sie eine bestimmte Straftat begangen hat (vgl. Rdn 81 ff.). Das aber steht der auf Tatsachen beruhenden Annahme i.S. des § 12 I Ziff. 2 nwPolG, § 14 I Ziff. 2 thPAG gleich. Weist diese Annahme auf die Möglichkeit hin, eine Straftat von erheblicher Bedeutung werde begangen, steht häufig eine Straftat im Raum, so dass repressives Einschreiten angezeigt ist.

b) Gefährdete Orte

Mit § 12 I Ziff. 3 bbPolG, § 12 I Ziff. 3 nwPolG, § 14 I Ziff. 3 thPAG unternimmt der Gesetzgeber den Versuch, einige nur allgemein bezeichnete wichtige Objekte dadurch zu schützen, dass er die Polizei ermächtigt, Personenkontrollen ohne Rücksicht auf im Einzelfall bestehende Gefahren durchzuführen. Es bedarf zwar zur Identitätsfeststellung keiner konkreten Gefahr, jedoch müssen die Objekte selbst und die sich dort befindenden Personen auf Grund bestimmter Tatsachen potentiell gefährdet sein (Riegel § 9 Rdn 9). Als Tatsache gilt in diesem Fall bereits, dass vergleichbare Objekte im entscheidungsrelevanten Zeitraum vermehrt ausspioniert werden oder Ziel von Anschlägen gewesen sind. **225**

Zu den Verkehrsanlagen und -einrichtungen zählen Flughäfen, Häfen, Eisenbahnen oder öffentliche Verkehrsmittel. Versorgungsanlagen sind sicherlich die Gas-, Wasser- und Elektrizitätsunternehmen. Ob auch Lebensmittelgroßmärkte dazu gehören (bejahend Chemnitz, S. 95), ist zumindest streitig; denn es entstehen keine besonders nachteiligen Folgen für die Allgemeinheit, wenn der eine oder andere dieser Märkte auf Grund eines Anschlages ausfallen sollte. Amtsgebäude sind Häuser, in denen sich Behörden (vgl. § 1 VwVfG) befinden, gleichgültig ob es sich um öffentliche oder private Gebäude handelt. Als besonders gefährdete andere Objekte kommen insbesondere Botschafts- oder Konsulatsgebäude ebenso in Betracht wie die Privatwohnungen gefährdeter Persönlichkeiten aus Politik oder Wirtschaft. **226**

c) Anlassunabhängige Personalienfeststellung

Nach § 29 I Ziff. 5 m-vSOG, Art. 13 I Ziff. 5 bayPAG, § 14 I Ziff. 5 thPAG darf die Polizei ohne besonderen Anlass die Personalien (bzw. Identität) einer Person feststellen, ohne dass von ihr eine Gefahr im Sinne des Polizeirechts ausginge, so z.B. zur Unterbindung des unerlaubten Aufenthalts und zur vorbeugenden Bekämpfung von Straftaten der grenzüberschreitenden Kriminalität im Grenzgebiet bis zu einer Tiefe von 30 km sowie auf Durchgangsstraßen (das sind Bundesautobahnen, Europastraßen und andere Straßen von erheblicher Bedeutung für den grenzüberschreitenden Verkehr) und in öffentlichen Einrichtungen des internationalen Verkehrs. Diese Befugnis zur Vornahme von Rechtseingriffen zwecks Gefahrerforschung soll die Polizei über einen Folgeeingriff in die Lage versetzen, durch Abgleich der ermittelten personenbezogenen Daten mit den polizeilichen Datenbeständen eine von der kontrollierten Person u.U. ausgehende oder mit ihr zusammenhängende Gefahr durch entsprechende Maßnahmen abzuwehren. Daneben können die Auffälligkeiten, die der Polizei auf Grund der über eine schlichte Personalienfeststellung hinausreichenden Identitätsfeststellung (zum Unterschied vgl. Rdn 214 ff.) zur **227**

Kenntnis gelangt sind, erheblich weiter reichende Maßnahmen nach sich ziehen. Schließlich wäre denkbar, dass die Aufhebung der Identität den Betroffenen bewegen könnte, auf kriminelle Aktivitäten zu verzichten. Auch wenn man diese Eingriffsermächtigung als „ereignis- oder anlassunabhängig" bezeichnet, hat das keineswegs zur Folge, dass das Gesetz ein vollkommen willkürliches, durch kein Ziel determiniertes Kontrollieren ermöglicht. Vielmehr ist die Polizei gehalten, die Kontrollen mit entsprechenden polizeilichen Erfahrungen oder mit Lageerkenntnissen gegenüber einer bestimmten, äußerlich identifizierbaren Bevölkerungsgruppe mit einer erhöhten Tendenz zu Rechtsverstößen zu belegen (Krane, JZ 2006, 623, 624), auch wenn dies im Gesetz expressis verbis keinen Widerhall findet (BayVerfGH JZ 2006, 617, 619). Die Eingriffsschwelle derart niedrig anzusetzen, ist indessen lediglich bei der „schlichten" Personalien- oder Identitätsfeststellung akzeptabel; denn dabei handelt es sich nicht um einen schwerwiegenden Eingriff (BayVerfGH 56, 28, 53). Werden weiter gehende Eingriffe zur Identitätsfeststellung erforderlich (z.B. Durchsuchung), sind strengere Anforderungen an die Zulässigkeitsvoraussetzungen zu stellen.

aa) Regelungsinhalt

228 Nach dem Wortlaut des Gesetzes ist zu unterscheiden zwischen Kontrollen zur vorbeugenden Bekämpfung von Straftaten der grenzüberschreitenden Kriminalität im Grenzgebiet bis zu einer Tiefe von 30 km, Eingriffen auf Durchgangsstraßen von erheblicher Bedeutung für den grenzüberschreitenden Verkehr (ohne dass es eine Entfernungsgrenze gäbe), in öffentlichen Einrichtungen des internationalen Verkehrs und Maßnahmen zur Unterbindung des unerlaubten Aufenthalts. Was sich auf den ersten Blick als gesetzlich und vor allem verfassungsrechtlich einheitliche Regelung anbietet, erweist sich bei genauerem Hinsehen als differenziert zu behandelnde Vorschrift. Zunächst enthält sie die Befugnis zur Personalienfeststellung zwecks vorbeugender Bekämpfung von Straftaten der grenzüberschreitenden Kriminalität auf Durchgangsstraßen, auf der anderen Seite geht es darum, mittels des Eingriffs in die informationelle Selbstbestimmung den unerlaubten Aufenthalt zu unterbinden bzw. Straftaten der grenzüberschreitenden Kriminalität im Grenzgebiet bis zu einer Tiefe von 30 km sowie in öffentlichen Einrichtungen des internationalen Verkehrs zu bekämpfen (auf das Küstenmeer gehen wir an dieser Stelle nicht ein).

– Durchgangsstraßen/Grenzgebiet

229 Der Begriff „Durchgangsstraße" ist wenig bestimmt. Einerseits legt das Gesetz selbst fest, was genau dazu zählt, andererseits „verwässert" es ihn, indem es ausführt, „alle anderen Straßen von erheblicher Bedeutung für den grenzüberschreitenden Verkehr" gehörten dazu. In der Tat gewährt dies eine gewisse Flexibilität und macht die Polizei unabhängig von den Zufälligkeiten des Verlaufs von Verkehrsströmen (BayVGH, Entsch. vom 28. 3. 2003, Vf.-VII-00). Doch kann dadurch jedermann zu jeder Zeit an jedem Ort des Landes Adressat eines Rechtseingriffs werden, ohne selbst den Anlass dazu gegeben zu haben. Dass sich jemand auf einer Durchgangsstraße von erheblicher Bedeutung ... aufhält, kann für sich allein betrachtet kein Umstand sein, auf dessen Grundlage die Polizei einen Zusammenhang herstellt zwischen der konkret herangezogenen Person und einer allenfalls fiktiven Schädigung zu schützender Rechtsgüter. Auch gibt es keine fundierten Anhaltspunkte für die Begehung schwererer Straftaten der grenzüberschreitenden Kriminalität auf Durchgangsstraßen. Allenfalls lässt sich argumentieren, dass „Straßen von erheblicher Bedeutung für den grenzüberschreitenden Verkehr" mit gewisser Wahrscheinlichkeit von Personen benutzt werden, die in krimineller Absicht einreisen oder nach Begehen einer Straftat ins Ausland zurückkehren. Doch rekurriert das Gesetz auf diese Erkenntnisse gerade nicht. Daher ist die Personalienfeststellung auf Durchgangsstraßen eine polizeirechtliche Eingriffsbefugnis, die weder einen bestimmten Anlass noch eine spezifische Gefahrenlage voraussetzt.

Im Falle des Grenzgebiets ist der Bereich, in dem die Eingriffsbefugnis wirkt, 230
durch eine festgelegte Tiefe konkret definiert. Die örtliche Sondersituation „Grenzgebiet bis zu einer Tiefe von 30 km" rechtfertigt es bereits, jedermann zu verpflichten, gegenüber der Polizei die Personalien anzugeben. Daneben ist es erlaubt, an den durch Grenznähe definierten Örtlichkeiten Vorschriften zur Bekämpfung aller Arten der grenzüberschreitenden Kriminalität wie auch zur Unterbindung jeden unerlaubten Aufenthalts zu schaffen. Dazu bedarf es zur Pflicht sich auszuweisen keiner ausdrücklichen gesetzlichen Eingriffsschwellen. Vielmehr handeln die Subjekte öffentlicher Verwaltung dort bereits rechtmäßig, wenn sie die Verhältnismäßigkeit beachten und das ihnen eingeräumte Ermessen sachgerecht ausüben (LVerfG M-V Urteil vom 21. 10. 1999, LVerfG 2/98).

– Öffentliche Einrichtung des internationalen Verkehrs

An der Bestimmtheit des Rechtsbegriffs in „öffentlichen Einrichtungen des 231
internationalen Verkehrs" sind (wie bei „Durchgangsstraße") Bedenken nicht unbegründet. Ohne Zweifel gehören z.B. Flughäfen, große Bahnhöfe, Fernzüge, Autobahn-Raststätten oder autobahnnahe Restaurants (sog. Autohöfe), Wasserstraßen sowie Binnenhäfen dazu. Wie aber soll die Polizei Personen behandeln, die Regionalzüge oder gar S-Bahnen benutzen, die mit ihrem Kfz – von der Autobahn kommend – in einem Landgasthaus rasten oder die sich in einem Gasthaus am Rande einer – soeben dazu „hochgestuften" – Durchgangsstraße von den Reisestrapazen erholen? Dieser Personenkreis kann doch nicht allein deshalb der Pflicht zur Offenbarung seiner Personalien unterliegen, weil sich die Menschen in der Regel zufällig zu dieser Zeit an diesem Ort aufhalten. Der Begriff „öffentliche Einrichtungen . . ." erfüllt rechtsstaatliche Anforderungen nur, wenn die Bereiche, in denen internationaler Verkehr stattfindet, dezidiert festgelegt werden. Nur auf diese Weise lässt sich der Kreis potenzieller Eingriffsadressaten einigermaßen begrenzen.

– Grenzüberschreitende Kriminalität

Die Berechtigung zur Personalienfeststellung dient zur Unterbindung des 232
unerlaubten Aufenthalts und zur vorbeugenden Bekämpfung grenzüberschreitender Kriminalität. In Bezug auf die zweite Alternative bestehen massive Zweifel an deren Verfassungsmäßigkeit. Zunächst mangelt es an einer Begrenzung auf „Straftaten von erheblicher Bedeutung". Folglich wäre durchaus denkbar und – vor allem – vorstellbar, dass die Polizei vorbeugend auch die grenzüberschreitende Bagatellkriminalität zu bekämpfen beginnt. Das aber würde auf der

Grundlage der hier zu behandelnden Eingriffsermächtigung als Verstoß gegen das Übermaßverbot abzulehnen sein. Im Übrigen muss das Gesetz im Einzelnen festlegen, welche Erkenntnisse den sachlichen Zusammenhang zwischen Grenzüberschreitung und krimineller Handlung stützen: Soll also der Grenzübergang zwecks Vorbereitung oder Ausführung einer Straftat als Grundlage für den Rechtseingriff genügen? Zwar bedarf es keiner enumerativen Aufzählung der in Betracht zu ziehenden Delikte, doch muss der Zweck, zu dem eine Personalienfeststellung zulässig sein soll, hinreichend bestimmt sein. Demgemäß hat die Eingriffsnorm präzise und normklar die Gefahrenlage festzulegen (BVerfG EuGRZ 1999, 389, 406). Diese Forderung erfüllt ein Katalog von Straftaten, die mit dem betreffenden Eingriff bekämpft werden sollen. Dieser Katalog ist zuzuschneiden auf die Delikte der Organisierten Kriminalität und deren organisierte Begehensweise. Damit scheiden Vergehen bis auf solche, die empirisch belegbar grenzüberschreitend organisiert begangen werden, sowie einige Verbrechen weitgehend aus dem Anwendungsbereich von § 29 I Ziff. 5 m-vSOG; Art. 13 I Ziff. 5 bayPAG aus.

bb) Eingriffsvoraussetzungen auf Durchgangsstraßen

233 Vor dem Hintergrund rasch anwachsender, international verflochtener Kriminalität und angesichts steigender Mobilität der Verbrecher besteht ohne Zweifel eine neue Herausforderung für die Polizei, der mit neuen Konzepten zu begegnen ist. Nach dem Wortlaut der hier relevanten Normen ist der Rechtseingriff erlaubt, wenn sich eine Person z.B. auf einer Durchgangsstraße befindet. Über den Anlass des polizeilichen Eingriffs sagt das Gesetz nichts. Im Allgemeinen zeichnen sich Eingriffsermächtigungen dadurch aus, dass das Gesetz polizeiliches Handeln an Tatbestandsmerkmale bindet: regelmäßig ist dies im präventiven Tätigkeitsfeld die Begründung einer (in Einzelfällen auch qualifizierten) Gefahrensituation. Derartige Tatbestandsmerkmale sehen die einschlägigen Normen gerade nicht vor; die gesetzliche Argumentation „zur vorbeugenden Bekämpfung von Straftaten . . ." ist schlichte Aufgabenzuweisung, aber kein Tatbestandsmerkmal. Eine Gefahr braucht für diese Art der Personalienfeststellung somit nicht zu bestehen. Sicherlich ist die Anwendung der Norm auf gewisse Örtlichkeiten beschränkt, doch fehlen die unverzichtbaren konditionalen Begrenzungen für den hoheitlichen Rechtseingriff. Tatsächlich ist jedermann, sofern er sich z.B. auf einer Durchgangsstraße bewegt, potenzieller Adressat einer polizeilich veranlassten Personalienfeststellung.

234 Diese anlassunabhängige Eingriffsnorm lässt sich schwerlich mit dem Argument verteidigen, der Einzelne habe diese Beeinträchtigung seiner Rechte als „Soziallast zur Steigerung des Sicherheitsniveaus" hinzunehmen. Eine derartige Überlegung missachtet grundlegende verfassungsrechtliche Prinzipien und mündet in die Auffassung, wenn es generalpräventiven Zielen dient, müsse jedermann an gesetzlich festgelegten Örtlichkeiten mit einem Eingriff in sein Recht auf informationelle Selbstbestimmung rechnen. Ohne Zweifel stellt die vorbeugende Bekämpfung von Straftaten ein wesentliches öffentliches Anliegen dar. Vor allem die zunehmend zu beobachtende Brutalisierung der Begehensweise von Straftaten aller Art verlangt es geradezu, nicht erst bei Anerkennen eines Anfangsverdachts oder einer konkreten polizeilichen Gefahr tätig zu werden, sondern präventiv dagegen vorzugehen, auch wenn dabei die rechtsstaat-

lich verlangte Hürde einer polizeirechtlichen Gefahr bzw. eines strafprozessualen Anfangsverdachts unterschritten wird. Eingriffe dieser Art müssen indes die Ausnahme bleiben, und das Gesetz hat diesen Ausnahmecharakter der Eingriffsermächtigung explizit hervorzuheben. Nur so lässt sich die Schaffung einer Blanko-Ermächtigung verhindern, die, weil sie als Einstieg zu polizeilicher Allmacht missbraucht werden könnte, verfassungsrechtlich nicht hingenommen werden kann

cc) Unerlaubter Aufenthalt

Ausländer bedürfen für die Einreise und den Aufenthalt im Bundesgebiet grundsätzlich eines Aufenthaltstitels (§ 4 I AufenthG). Dieser wird vor der Einreise als Visum, Aufenthaltserlaubnis, Niederlassungserlaubnis oder als Erlaubnis zum Daueraufenthalt erteilt. Unerlaubt hält sich folglich in Deutschland auf, wem vor der Einreise ein Aufenthaltstitel nicht erteilt worden ist oder wer eine solche Aufenthaltsgenehmigung nicht mehr besitzt (§ 14 AufenthG). **235**

d) Adressatenfragen

Die Ermächtigung zur Personalienfeststellung an gefährlichen bzw. gefährdeten Orten wie auch die anlassunabhängige geht sehr weit; denn sie unterscheidet nicht mehr zwischen der Verantwortung des Störers und der Inanspruchnahme eines Nichtverantwortlichen (vgl. Wagner, in: AK nwPolG § 9 Rdn 5 und 14). Adressat ist jede Person, die sich in den gefährlichen oder gefährdeten Objekten, in deren unmittelbarer Nähe oder auf einer „Durchgangsstraße" aufhält. Daraus folgt, dass sich der Adressat aus der Norm selbst ergibt. **236**

In dem gefährdeten Objekt hält sich auf, wer sich im Gebäude oder innerhalb der Umfriedung befindet. In dessen unmittelbarer Nähe ist, wer sich in einem Bereich befindet, der unter Berücksichtigung des erwarteten Anschlags zu dem Gefahrenbereich gehört. Ist die Gefahrenprognose besonders intensiv, kann die Polizei von jedem, der sich in oder an dem Objekt aufhält, die Personalien feststellen. Im Falle abnehmender Gefährdungsintensität sind auf die Person bezogene Anhaltspunkte erforderlich, um sie zum Adressaten der Personalienfeststellung machen zu können. Solche Anhaltspunkte setzen ein auffälliges Verhalten voraus. **237**

Im Falle der Generalklausel zur Personalienfeststellung (Ziffer 1) liegt keine spezielle Adressatenregelung vor. Daher müssen wir auf die allgemeinen Vorschriften aus §§ 6 ff. bbPolG, §§ 4 ff. nwPolG §§ 7 ff. thPAG zurückgreifen. **238**

e) Straftat von erheblicher Bedeutung

In § 12 I Ziff. 2a bbPolG, § 12 I Ziff. 2a nwPolG verwendet der Gesetzgeber den Begriff der Straftat von erheblicher Bedeutung (dagegen genügt nach § 14 I Ziff. 2a thPAG die „einfache" Straftat). Diese Formulierung, offenkundig als Korrektiv zu der weit reichenden Eingriffsermächtigung gedacht, kann ihrer Funktion nicht gerecht werden. Straftaten von erheblicher Bedeutung (vgl. dazu grds. Rdn 69) sind insbesondere Verbrechen sowie die in § 100a StPO genannten Vergehen, also banden- oder gewerbsmäßig begangene Straftaten nach dem Strafgesetzbuch, dem Waffen-, Betäubungsmittel-, Aufenthalts- und Asylverfahrensgesetz (§ 10 III bbPolG, § 8 III nwPolG, § 31 V thPAG). **239**

240 Dieser Katalog ist so wenig einzugrenzen und in der Tatbestandsbestimmung so interpretationsfähig, dass Zweifel an der Aufgabe der Begrenzungsfunktion durchaus angebracht sind. Da sich diese präventive Ermächtigung an Polizeibeamte wendet, erfolgt der Eingriff im frühestmöglichen Stadium des Verfahrens; überdies darf nicht einmal ein strafbarer Versuch vorliegen, weil dann wegen des Legalitätsprinzips grundsätzlich der Repression Vorrang einzuräumen wäre. Gerade zu diesem Zeitpunkt ist die Entscheidungsbasis aber so dünn, dass man von fundierten Erkenntnissen hinsichtlich der geplanten Straftat bestenfalls in Einzelfällen sprechen kann.

f) Tatsachen rechtfertigen die Annahme/tatsächliche Anhaltspunkte

241 Die Formulierung, Tatsachen müssten die Annahme rechtfertigen bzw. auf Grund tatsächlicher Anhaltspunkte müsse anzunehmen sein (z.B. § 14 thPAG), dass Straftaten von erheblicher Bedeutung begangen werden, schützt den Bürger nur scheinbar vor ungesetzlichen Rechtseingriffen durch die Staatsgewalt. Belegen gewisse räumliche, zeitliche oder andere Wahrscheinlichkeitsindikatoren nach polizeilicher Erfahrung den Verdacht, eine Straftat von erheblicher Bedeutung könnte bevorstehen, haben wir dafür sprechende *tatsächliche Anhaltspunkte* (BVerfGE 113, 348, 378f.). Die Polizei muss den Verdacht einerseits zwar nicht näher spezifizieren, andererseits bedarf es auch keineswegs eines entsprechenden Nachweises. Da sich die *Annahme rechtfertigende Tatsachen* auf objektiv nachweisbare Fakten stützen müssen, reichen bloße entsprechende Vermutungen nicht. Auch bedarf es in diesem Falle keiner Tatsachen hinsichtlich der zu erwartenden Straftat, sondern lediglich solcher, die eine diesbezügliche Annahme des Beamten belegen; es überwiegt somit eindeutig das subjektive Element. Tatsachen in diesem Sinne sind u.a. persönliche Wahrnehmungen, bekannt gewordene Ereignisse, behördeninterne Erkenntnisse, aber auch Aussagen eines einzelnen Menschen, der Informationen der geforderten Art liefert. Wie der Beamte solche Angaben wertet, ob er ihnen Glauben schenkt oder nicht, ist seiner pflichtgemäßen Würdigung (subjektives Element) anheim gestellt. Gibt er ihnen das entsprechende Gewicht, hat er die durch Tatsachen begründete Annahme, die ihn ermächtigt, die Anonymität eines Menschen aufzudecken. Der Unterschied zwischen tatsächlichen Anhaltspunkten und Tatsachen rechtfertigen die Annahme liegt darin, dass bei ersterem nur sachgerechte Wertungen auf Grundlage vorhandener Erfahrungen verlangt werden, während bei den rechtfertigenden Tatsachen eine nachprüfbare Voraussetzung vorliegt. Dieses Tatbestandsmerkmal ist daher enger, liegt aber, da Erfahrungstatsachen ausreichen, unterhalb der Schwelle zur konkreten Gefahr.

242 Somit sind diese Tatbestandsmerkmale alles andere als geeignet, die Bestrebungen der Polizei zu begrenzen, umfassende und beinahe unkontrollierbare Ermächtigungen in die Hand zu bekommen. Die auf die zukünftigen Straftaten hindeutenden Erkenntnisse müssen sich nämlich keineswegs zu einer konkreten Gefahr verdichtet haben (LT-Drucks. NW 10/3997, S. 34), weil die (subjektive) Annahme entscheidendes Kriterium ist. Reicht aber schon die im Grunde unbelegte Denunziation aus, um die Polizei zu legitimieren, eine Identitätsfeststellung durchzuführen, dann ist es sehr fraglich, ob der Gesetzgeber mit einer derartigen Ermächtigung dem verfassungsrechtlichen Gebot entspricht, er habe

den Verwendungszweck personengebundener Daten präzise zu bestimmen, und die Angaben müssten für den Zweck geeignet und erforderlich sein (BVerfGE 65, 1, 46).

g) Ablauf der Personalienfeststellung

Den rein tatsächlichen Ablauf der gefahrenabwehrenden Personalienfeststellung legt § 12 II bbPolG, § 12 II nwPolG, § 14 II thPAG recht einprägsam fest. Die notwendigen Schritte bestimmt der einschreitende Polizeibeamte nach Gesichtspunkten objektiver Notwendigkeit und im Rahmen des ihm eingeräumten pflichtgemäßen Ermessens. Gibt er sich mit schlichten mündlichen Angaben zur Person zufrieden, ist das – wenn es auf sachgerechten Erwägungen beruht – ebenso hinzunehmen wie sein Verlangen nach Aushändigung eines Ausweises. Was im Einzelfall notwendig ist, wird maßgeblich auch von dem Gewicht des bedrohten Rechtsguts sowie dem Umfang und der Nähe des befürchteten Schadens bestimmt. **243**

Kommt der Beamte mit den Mitteln, die er für die Personalienfeststellung sich vorstellt, nicht zum Ziel, weil unüberwindbare (objektive Unmöglichkeit) oder ganz erhebliche Hindernisse entgegenstehen, darf der Beamte tiefergehend in die Rechte des Adressaten hineinwirken und ihn und dessen mitgeführte Sachen durchsuchen, ihn festhalten (Freiheitsentziehung) oder ihn erkennungsdienstlich behandeln (§ 13 II Ziff. 1 bbPolG, § 14 I Ziff. 1 nwPolG, § 16 I Ziff. 1 thPAG). Diese weitergehenden Ermächtigungen zur Durchführung von Rechtseingriffen dürfen nicht mit den jeweiligen speziellen Eingriffsnormen verwechselt werden. Es handelt sich hier um Eingriffe sui generis, die als Mittel der Identitätsfeststellung eingesetzt werden dürfen. Mit einer Durchsuchung dringen die Beamten in die Privatsphäre des Adressaten in Form eines ziel- und zweckgerichteten Suchens oder Ausforschens ein, was von diesem als diskriminierend oder stigmatisierend empfunden werden und seinen sozialen Status negativ beeinflussen kann. Daraus ergibt sich die Bewertung einer Durchsuchung im Gegensatz zur Identitätskontrolle als schwerwiegender Eingriff in die Privat- und Intimsphäre, der als handlungsbegrenzendes Erfordernis einer „erhöhten abstrakten Gefahr" bedarf (BayVGH JZ 2006, 617, 620). **244**

3. Personalienfeststellung bei Ausländern

Die Feststellung der Personalien von Ausländern geschieht grundsätzlich auf der gleichen Ebene wie gegenüber einem Deutschen. Somit haben die Behörden die einschlägigen Ermächtigungen zu berücksichtigen. Strebt jedoch ein Ausländer einen dauerhaften Aufenthalt in der Bundesrepublik Deutschland an oder stellt er einen Antrag auf Gewähren von Asyl, greifen die besonderen Rechtsnormen aus §§ 48 ff. AufenthG bzw. § 16 AsylVfG. Auch in diesem Falle geschieht die Identitätsfeststellung nach den allgemeinen Grundsätzen. Unter Identität i.S. des § 49 AufenthG ist die Übereinstimmung nicht näher definierter personenbezogener Daten mit der Person eines Ausländers zu verstehen. **245**

Bestehen trotz des durchgeführten Personenfeststellungsverfahrens begründete Zweifel über die Person oder die Staatsangehörigkeit des Ausländers, können erkennungsdienstliche Maßnahmen auch gegen seinen Willen durch- **246** geführt werden. Auf der Grundlage von § 49 IV AufenthG dürfen diese Maßnahmen indes erst eingesetzt werden, wenn Anfragen bei den in Betracht kommenden Stellen im Bundesgebiet (z.B. Meldebehörden oder ausländische Konsulate) keinen Erfolg gehabt haben oder untunlich sind.

247 Ein Ausländer erfüllt seine Ausweispflicht, wenn er zur Kontrolle befugten Personen einen Nationalpass oder einen Passersatz aushändigt. Dieser Pass muss Angaben über den Inhaber (berechtigten Benutzer) enthalten. Im Sinne einer angemessenen Personalienidentität sind die personenbezogenen Daten, die die Identität ausmachen, diejenigen, die in Deutschland üblicherweise zur Feststellung der Person verwendet werden, also vor allem Name und Geburtsdatum. Einer Identitätsklärung steht es nicht entgegen, dass einzelne Hilfsmerkmale nicht bekannt sind, sofern sich daraus keine Verwechslungsgefahr herleitet, wie etwa ein Geburtsname oder der Geburtsort. Unschädlich sind auch Fälle, dass die Personaldokumente nicht in der offiziellen lateinischen Schrift abgefasst sind (Moar, in: Kluth/Hund/Maaßen § 4 Rdn 152).

248 Ist ein Ausländer nach § 48 AufenthG zur Aushändigung eines Personaldokuments verpflichtet, dürfen alle zur Kontrolle befugten Behörden (dazu zählt auch die Polizei) auf der Grundlage des § 49 AufenthG den Pass, Passersatz oder Ausweisersatz auf Echtheit überprüfen (Möller, in: H/H § 49 AufenthG Rdn 5). Danach ist es erlaubt, die auf dem elektronischen Speichermedium eines solchen Dokuments gespeicherten biometrischen oder sonstigen Daten auszulesen, die benötigten Daten beim Inhaber des Dokuments zu erheben und die Daten miteinander abzugleichen. Biometrische Daten sind die Fingerabdrucke, das Lichtbild sowie die Irisbilder. Zweifel über die Person eines Ausländers, sein Alter oder seine Staatsangehörigkeit bestehen, sobald diese Angaben nicht eindeutig belegt sind (z.B. durch einen amtlichen Ausweis). Die Zweifel müssen nicht besonders eingehend begründbar sein, es genügen objektiv zu belegende Unsicherheiten. Ein lediglich allgemeiner Verdacht bezüglich der Richtigkeit mündlicher Angaben des Ausländers zu seiner Person und/oder der Eintragungen in dessen Personalpapieren berechtigt nicht zu routinemäßigen Untersuchungen prophylaktischer Art. Liegen entsprechende Erfahrungen und Erkenntnisse gegenüber Angehörigen bestimmter Staaten oder Volksgruppen vor, ist im Einzelfall Misstrauen ggf. zwar begründet, das aber darf nicht auf alle Ausländer ohne Unterschied und ohne Ansehen ihrer Herkunft übertragen werden (Renner § 49 AufenthG Rdn 4). Unerklärliche oder widersprüchliche Angeben zur Person belegen ebenso Zweifel an der Identität wie die Erkenntnis, dass der Pass oder das sonstige Personaldokument ge- oder verfälscht sein könnte. Die Angabe des Betroffenen, sein Pass sei abhanden gekommen, belegt dagegen isoliert betrachtet keinen Zweifel an dessen Identität. Die erkennungsdienstlichen Maßnahmen zum Zwecke seiner Identifizierung sind bei Ausländern, die das 14. Lebensjahr vollendet haben (Zweifel an der 14-Jahres-Grenze gehen zu Lasten des Ausländers, § 49 VI S. 2 zweiter Halbsatz AufenthG), das Aufnehmen von Lichtbildern, Abnahme von Fingerabdrücken sowie Messungen und ähnliche Maßnahmen, einschließlich körperlicher Eingriffe, die von einem Arzt nach den Regeln der ärztlichen Kunst zum Zwecke der Feststellung des Alters vorgenommen werden, wenn kein Nachteil für die Gesundheit des Ausländers zu befürchten ist (§ 49 VI S. 1 AufenthG). Zur Bestimmung des Herkunftsstaates oder der Herkunftsregion des Ausländers kann dessen gesprochenes Wort auf Ton- oder Datenträger aufgezeichnet werden, wenn er vorher darüber in Kenntnis gesetzt wurde.

Eine dem Aufenthaltsgesetz nur bedingt vergleichbare Regelung über erkennungsdienstliche Behandlung enthält § 16 I AsylVfG. Danach ist die Identität eines Ausländers, der um Asyl nachsucht, durch erkennungsdienstliche Maßnahmen zu sichern, es sei denn, dass er eine unbefristete Aufenthaltsgenehmigung besitzt oder noch nicht 14 Jahre alt ist. Diese Vorschrift soll in erster Linie den Missbrauch von Asylverfahren verhindern, insbesondere durch Ausländer, deren Asylantrag bereits einmal abgelehnt worden ist und die unter anderem Namen erneut einen Antrag stellen (Renner § 16 AsylVfG Rdn 6). Des Weiteren will sie verhindern, dass Asylbewerber unter verschiedenen Namen bei verschiedenen Behörden staatliche Leistungen einfordern und erhalten. **249**

Der Umfang der erkennungsdienstlichen Behandlung eines Asylbewerbers beschränkt sich der ratio legis entsprechend auf Lichtbilder und Abdrucke aller zehn Finger (§ 16 I Satz 2 AsylVfG) und ist gegenüber jedem Asylbewerber nicht nur generell zulässig, sondern zwingend durchzuführen. Sind Herkunftsland oder Herkunftsregion des Ausländers nicht bekannt, kann – nach vorheriger Information – das gesprochene Wort des Ausländers auf Ton- oder Datenträger aufgezeichnet werden, wenn auf Grund konkreter Gegebenheiten begründete Zweifel an den Angaben des Ausländers bestehen und diese Kenntnisse mit anderen Mitteln nicht gewonnen werden können und. Zwingend notwendig ist indessen, dass die Zweifel mit den Methoden der Sprachanalyse tatsächlich behoben werden können (Hilbrans, in: H/H § 16 AsylVfG Rdn 6; Renner § 16 AsylVfG Rdn 20). Mit Blick auf die Beschränkung des Umfangs auf Lichtbilder und Fingerabdrucke ist die Verhältnismäßigkeit hinreichend berücksichtigt. **250**

Rechtlich problematisch ist die Durchsetzung der Identitätsfeststellung. Die erkennungsdienstlichen Maßnahmen sind auch gegen den Willen des Ausländers/Asylbewerbers durchzuführen, denn § 49 X AufenthG erlegt dem Ausländer eine entsprechende Duldungspflicht auf. Allerdings dürfen die originär zuständigen Behörden diese Duldungspflicht nicht mit unmittelbarem Zwang durchsetzen, es sei denn, man sieht in der Duldungspflicht über die Rechtsfigur der implizierten Befugnis eine Berechtigung, die Identitätsfeststellung auch zwangsweise vorzunehmen. Ein Ausländer, der sich den Pflichten aus § 49 AufenthG entzieht, begeht jedoch eine Straftat nach § 95 I Ziff. 5, 6 AufenthG, womit die Möglichkeit eröffnet ist, die einschlägigen strafprozessualen Eingriffsermächtigungen anzuwenden. Die Weigerung eines Ausländers, nach dem Asylverfahrensgesetz seine Identität nachzuweisen oder sich einer Identitätsfeststellung zu stellen, stellt indessen keine Ordnungswidrigkeit dar. Dies schließt eine Durchsetzung erkennungsdienstlicher Behandlungen mittels unmittelbaren Zwangs über die Repression aus. Präventiv allerdings darf die Polizei (§ 12 I bbPolG, § 14 I thPAG, § 24 I BPolG) die Identität sowohl eines Ausländers als auch eines Asylbewerbers feststellen, innerhalb ihrer Zuständigkeit ggf. auch unter Einsatz von unmittelbarem Zwang. **251**

4. Weitere Befragungsrechte

252 Neben den Ermächtigungen zur Personalien- oder Identitätsfeststellung kennt das Gesetz verbreitet Rechte, nach den Personalien von Verfahrensbeteiligten zu fragen (z.B. §§ 68, 136 III, 243 II StPO; § 43 I JGG; § 395 ZPO). Diese Befragung hat jedoch nichts mit einer Personalien- oder gar Identitätsfeststellung zu tun. Da die befragten Personen bereits in ein Verfahren eingebunden sind – und sei es auch als Zeuge –, stehen die dafür erforderlichen persönlichen Daten bereits fest.

5. Identitätsfeststellung durch molekulargenetische Untersuchung

252a Gemäß § 14a I Satz 1 und 2 nwPolG kann zur Feststellung der Identität einer Leiche oder einer hilflosen Person deren DNA-Identifizierungsmuster mit denjenigen einer vermissten Person abgeglichen werden, wenn die Feststellung der Identität auf andere Weise nicht oder nur unter erheblichen Schwierigkeiten mögliche ist. Als Rechtsfolge sieht das Gesetz die Entnahme von Körperzellen und Proben von Gegenständen mit Spurenmaterial der vermissten Person vor. Die Proben können molekulargenetisch untersucht werden.

252b Insbesondere bei unbekannten Toten mit längerer Liegezeit ist eine Identifizierung mit anderen Methoden, z.B. anhand von Fotos oder körperlichen Merkmalen (Fingerabdrücke, Gebissfund) nicht möglich. Die DNA dagegen bleibt unbegrenzt verwertbar. Nicht identifizierbare, hilflose Personen sind solche, die sich auf Grund eines Unglückfalls (Großschadensereignis, Naturkatastrophe) oder einer schweren Erkrankung in einem die freie Willensbestimmung ausschließenden Zustand oder sonst in hilfloser Lage befinden. § 14a nwPolG enthält in Absatz 1 Satz 8 eine enge Zweckbindung. Die in der Datei gespeicherten DNA-Identifizierungsmuster dürfen ausschließlich zum Zweck der Gefahrenabwehr verwendet werden; des weiteren unterstellt Absatz 2 die Durchführung einem Richtervorbehalt. Die Anordnung erfolgt ausschließlich auf Antrag der Polizei. Durch den Verweis auf § 81f Abs. 2 StPO werden besondere Anforderungen an die Untersuchungsinstitute gestellt sowie datenschutzrechtliche Vorkehrungen zur Einhaltung der Anforderungen des Absatzes 2 getroffen.

III. Strafprozessuale Identitätsfeststellung

253 Bei der strafprozessualen Identitätsfeststellung ist zu unterscheiden zwischen der gegenüber Verdächtigen und der gegenüber anderen Personen. Gerade hinsichtlich § 163b StPO ist eine Differenzierung zwischen Personalien- und Identitätsfeststellung geboten, die in den einleitenden Ausführungen (Rdn 214ff.) vorgenommen wurden. Jedoch gilt diese unterschiedliche Sicht nicht für die Personalienfeststellung gegenüber anderen als Verdächtigen, weil der Umfang des Eingriffs in das Recht auf Anonymität gegenüber diesem Personenkreis durch dessen Stellung im Strafverfahren weitgehend festgelegt ist. Auch im Falle des repressiven Einschreitens ist den Adressaten der Grund für den Eingriff in das Recht auf informationelle Selbstbestimmung zu nennen (vgl. Rdn 219).

1. Identitätsfeststellung bei Verdächtigen, § 163b I StPO

Ist jemand einer Straftat verdächtig, so können Staatsanwaltschaft und Polizei die zur Feststellung seiner Identität erforderlichen Maßnahmen treffen. Der durch § 163b StPO zugelassene Eingriff in das verfassungsmäßig geschützte Recht auf Anonymität ist an zwei Tatbestandsmerkmale gebunden, und zwar Verdacht der Begehung einer Straftat und Anerkennung der Verdächtigeneigenschaft. Nicht erforderlich ist, dass sich der Ermittlungsbeamte im Dienst befindet. Verfolgt er außerhalb seiner Dienstzeit eine Straftat, kann er sich gleichfalls auf § 163b StPO berufen (OLG Hamm NJW 1991, 1897). 254

a) Verdacht einer Straftat

Grundsätzlich verlangt der Begriff Straftat (vgl. eingehend dazu Rdn 71 ff.) neben Tatbestandserfüllung und Rechtswidrigkeit schuldhaftes Handeln. Folglich kann § 163b StPO zum Zwecke der Identitätsfeststellung bei Kindern keine Anwendung finden (a.A. Vahle, DNP 1984, 134). Das bedeutet indessen nicht, dass die Polizei gegenüber Kindern nach deren strafrechtlicher Tatbestandserfüllung zu Untätigkeit „verurteilt" ist. Sicherlich scheidet der Vollzug strafprozessualer Rechtseingriffe aus. Doch ist die Folge einer tatbestandsmäßigen Körperverletzung oder Erpressung, eines tatbestandsmäßigen Diebstahls, Betrugs oder Raubes nicht auf die strafrechtliche Seite reduziert. Vielmehr erwächst dem Geschädigten/Opfer prinzipiell ein zivilrechtlicher Anspruch, der sich z.B. auf §§ 985 (Herausgabeanspruch des Eigentümers), 961 (Herausgabeanspruch des Besitzers) oder 823 BGB (Schadenersatz einschließlich Schmerzensgeld) stützen kann. Dieser Anspruch liefe Gefahr nicht durchgesetzt werden zu können, wenn gegen den Verantwortlichen, also das Kind, keine den Anspruch sichernden Maßnahmen, wie z.B. Durchsuchung zur Sicherung des Herausgabeanspruchs oder Personalienfeststellung zur Sicherung des Schadenersatzanspruchs, unternommen werden dürften. Damit ist eine konkrete Gefahr i.S. des Polizeirechts gegeben und gefahrenabwehrende Rechtseingriffe gegen Personen unter 14 Jahren sind zulässig. 255

b) Verdächtiger

Zum Begriff Tatverdacht vgl. eingehend Rdn 81 ff. 256

c) Feststellung der Identität

Die Ermittlungsorgane dürfen die zur Feststellung der Identität erforderlichen Maßnahmen beim Tatverdächtigen treffen. Dazu ist es notwendig, dass sich die Person durch einen amtlichen Ausweis legitimiert. Amtliche Ausweise sind der Personalausweis, den jeder Bundesbürger mit Vollendung des sechzehnten Lebensjahres haben muss (§ 1 PersonalausweisG), sowie der Reisepass. Es gibt zwar noch andere amtliche Dokumente mit Personalienangaben, die in erster Linie jedoch als Nachweis einer besonderen Berechtigung, wie z.B. Führerschein, Waffenschein, Jagd- und Fischereischein dienen. Ähnlich verhält es sich mit privat ausgestellten Identitätskarten, wie z.B. Studentenausweis, Werksausweis, Mitgliedsbücher von Vereinen oder Parteien. 257

258 Die Personalien einer Person stehen fest, wenn Name, Vorname, Geburtsdatum, Geburtsort, Wohnort und Wohnung bekannt sind. Die darüber hinausgehenden Angaben über persönliche Verhältnisse, zu deren Offenbarung gegenüber zuständigen Amtsträgern § 111 OWiG verpflichtet, dienen nicht unmittelbar der Personalienfeststellung. Allerdings kann ihre Kenntnis für die Beantwortung der Frage, ob eine Freiheitsentziehung angeordnet werden muss, unverzichtbar sein.

259 Zum Zwecke der Personalienfeststellung dürfen Polizei und Staatsanwaltschaft die erforderlichen Maßnahmen treffen (vgl. § 163b I Satz 1 StPO). Erforderlich i.S. von zweckmäßig und verhältnismäßig ist es in erster Linie, den Verdächtigen anzuhalten und aufzufordern, einen Ausweis auszuhändigen bzw. Angaben zu seiner Person zu machen und diese zu belegen. Ob die Befragung anderer Personen ein geeignetes Mittel der Personalienfeststellung ist, prüft der Ermittlungsbeamte nach pflichtgemäßem Ermessen unter Berücksichtigung des Schutzes der Anonymität des Betroffenen. Vor allem ist eine (Einzel-)Gegenüberstellung des Verdächtigen mit dem Opfer kein Fall des § 163b StPO, weil dadurch wohl der Tatverdacht erhärtet, aber kein Hinweis auf die Personalien oder gar Identität gewonnen werden kann. Gleiches gilt für die sog. Wahllichtbildvorlage, deren primäres Ziel ohne Zweifel darin besteht, eine Straftat bestimmten Personen zuordnen zu können. Zwar stellt dies ein wichtiges Hilfsmittel zur Strafverfolgung dar, wird aber ohne Rechtsgrundlage durchgeführt (Riegel, ZRP 1997, 476, 479).

260 Die Personalien einer Person sind nach Aushändigung eines gültigen Personalausweises festgestellt. Benutzt der Verdächtige einen Reisepass zur Legitimation, muss er über die dortigen Angaben hinaus die genaue Wohnanschrift nennen. Selbstverständlich verbietet sich bei Aushändigung eines gültigen Personalausweises eine Freiheitsentziehung, um zu prüfen, ob die Angaben über die Wohnung noch stimmen oder ob der Ausweis nicht gefälscht oder verfälscht ist. Eine solche, in der polizeilichen Praxis häufige Verhaltensweise ist nur zulässig, sofern konkrete Hinweise auf Fälschung nachweisbar sind (OVG Münster, Aktenz. 4 A 922/80). Eine Personalien- oder gar Identitätsfeststellung kann auch dann nicht auf § 163b StPO gestützt werden, wenn der Tatverdächtige den Ermittlungsorganen auf Grund wiederholten Einschreitens hinlänglich bekannt ist.

261 Kann ein Tatverdächtiger keinen amtlichen Ausweis aushändigen, stellt sich für den Ermittlungsbeamten die Frage, ob ihm der angebotene Ersatz genügt. Eine allgemein verbindliche Antwort gibt es darauf nicht. Ob der Beamte den vorgelegten Ausweis zur Feststellung der Personalien ausreichen lässt, hängt einmal von dem Ausweis selbst, aber auch und vor allem von der Art des Deliktes ab, das er zu verfolgen hat. Je schwerwiegender die Tat, desto größere Anforderungen sind an die Qualität des Ausweises zu stellen.

Beispiel: Eine männliche Person (P) torkelt grölend nach dem Eintritt der Sperrstunde nach Hause. An einem am Straßenrand geparkten Pkw bricht sie die Antenne ab. Als ein Polizeibeamter die Personalien feststellen will, überreicht P einen Führerschein, ausgestellt vor ca. 8 Jahren, und einen Fahrzeugschein.

Oder:

Zwei ca. 20-jährige Männer bedrohen in der Nacht einen heimkehrenden Zecher. Der eine fordert die Herausgabe von Geld, der andere droht, ihn zusammenzuschlagen, sollte er sich widersetzen. Auch diese beiden weisen sich mit Führerschein und Fahrzeugschein aus.

Während man im ersten der Fälle in Anbetracht des Deliktes (Antrags- und Privatklagedelikt) diese Dokumente für eine Personalienfeststellung ausreichen lassen kann, müssten die Beamten im zweiten Fall wegen des begangenen Verbrechens wohl eine Identitätsfeststellung durchführen, wozu die Dokumente nicht mehr ausreichen.

Der Ausweis muss in jedem Falle Minimalforderungen erfüllen, also ein Lichtbild haben und Gewähr dafür bieten, dass die Anschrift auf dem neuesten Stand ist. Daraus resultiert die Feststellung, dass ein Führerschein allein im Normalfall kein ausreichendes Dokument ist. In Verbindung mit dem Fahrzeugschein, dessen Angaben gemäß § 27 StVZO den tatsächlichen Verhältnissen zu entsprechen haben, kann er im Einzelfall auf Grund pflichtgemäßen Ermessens zum ausreichenden Legitimationspapier werden. **262**

Ist die Feststellung der Personalien oder der Identität objektiv unmöglich, kann der Amtsträger die weitergehenden Befugnisse anwenden. Unmöglichkeit ist z.B. anzunehmen, wenn die Person sich nicht ausweisen will bzw. kann oder die mitgeführten Ausweise nicht ausreichen. Auch wenn die Personalien mehrerer Personen gleichzeitig festzustellen sind, die eingesetzten Beamten aber nicht gleichzeitig bei allen Betroffenen tätig werden können, ist hinsichtlich eines Teils der Adressaten die Feststellung der Personalien ohne Festhalten unmöglich (Zöller, in: HK § 163b Rdn 6). **263**

Liegt bei dem Amtsträger dagegen subjektives Unvermögen vor, sind weiterreichende Eingriffe i.S. des § 163b StPO nicht zulässig. Solches Unvermögen wäre z.B. gegeben, wenn ein Polizeibeamter bei Dunkelheit wegen Fehlens einer Taschenlampe den Personalausweis nicht lesen kann. **264**

In welchen Fällen die Personalienfeststellung nur erschwert möglich ist, kann man allgemein nicht festlegen. Dies entscheidet der Beamte im Einzelfall. Grundsätzlich ist die Personalienfeststellung nur schwer möglich, wenn die mit der Maßnahme verbundenen oder die auf Grund ihrer Durchführung auftauchenden Schwierigkeiten so groß sind, dass es sowohl für den Beamten als auch für den Betroffenen unzumutbar ist, den Eingriff an Ort und Stelle durchzuführen oder zu erdulden. Ohne Zweifel ist das der Fall, wenn der die Identitätsfeststellung durchführende Beamte durch Umstehende bedroht wird oder die Bedrohung sich gegen den Betroffenen richtet, d.h. Passanten versuchen, sich an dem Verdächtigen zu vergreifen. Wesentliche Erschwerungen können darüber hinaus witterungsbedingt sein. Für den Betroffenen unzumutbar ist eine Identitätsfeststellung u.U. auch, wenn sie an einem Ort vorgenommen werden müsste, an dem seine verfassungsmäßigen Rechte weit mehr als unabdingbar notwendig beeinträchtigt werden, etwa wenn ein „Ladendieb“ im Angesicht vieler Schaulustiger von Polizeibeamten aufgefordert wird, sich zu legitimieren. **265**

Die weiterreichenden Rechtseingriffe dürfen indes nicht bei Schwierigkeiten allgemeiner Natur angewendet werden; denn mit Widrigkeiten muss ein Ermittlungsbeamter bei Vornahme von Diensthandlungen in jedem Falle rechnen. Eine Freiheitsentziehung oder sonstige Rechtsbeeinträchtigung zur Durchführung einer Personalienfeststellung ist also nur zugelassen, wenn wesentliche Erschwernisse anzuerkennen sind. **266**

d) Maßnahmen zur Identitätsfeststellung

267 Ist die Feststellung der Person nicht oder nur unter wesentlich erschwerten Umständen möglich, sind die Ermittlungsbeamten berechtigt, weitergehende Eingriffe durchzuführen, und zwar Festhalten als eine Form der Freiheitsentziehung, Durchsuchung der Person und deren Sachen oder erkennungsdienstliche Behandlung. Diese Maßnahmen müssen jedoch erforderlich, geeignet und verhältnismäßig sein (LG Amberg StV 1990, 541).

268 Der Ermittlungsbeamte darf die genannten Maßnahmen aber auch zur Identitätsfeststellung einsetzen, wenn er die Personalien zwar hinreichend sicher feststellen konnte, aber auf Grund des zu verfolgenden Delikts zu prüfen ist, ob weiterreichende strafprozessuale Eingriffe erforderlich sind, z.B. eine vorläufige Festnahme. Da der Gesetzgeber in § 112 II Ziff. 2 StPO Polizei und Staatsanwaltschaft verpflichtet, Umstände des Einzelfalls zu würdigen, muss sich der Ermittlungsbeamte über die aus den Ausweisen zu entnehmenden Personalien hinausgehend über die Person des Verdächtigen ein Bild verschaffen, was er nur hinreichend zuverlässig durch eine eingehende Identitätsfeststellung kann (so nun auch die Rspr., vgl.. OLG Celle NVwZ-RR 2006, 73).

aa) Festhalten/Freiheitsentziehung

269 Zum Zwecke der Identitätsfeststellung darf der Verdächtige festgehalten werden. „Festhalten" umschreibt jede gegen den Willen des Betroffenen vorgenommene Einschränkung seiner Bewegungsfreiheit, die über die Zeit hinausgeht, die die Polizei für eine alsbald mögliche Identitätsfeststellung benötigt (Griesbaum, in: KK § 163b Rdn 15), sowie jedes unfreiwillige Verbringen an einen anderen Ort (z.B. zur Polizeiwache). Davon zu unterscheiden ist das schlichte „Anhalten", die zwingend mit der Aufforderung, sich auszuweisen, verbundene Behinderung der Fortbewegung (Achenbach, in: AK StPO § 163b Rdn 11). Aus dem Anhalten entwickelt sich ein Festhalten, wenn der Betroffene z.B. keinen Ausweis bei sich hat, seine Personalien auf Befragen nicht angibt oder wenn weiterführende Maßnahmen (Rückfragen per Funk oder Mitnahme zur Wache) erforderlich werden (Riegel, Personenkontrolle, S. 39). Das Festhalten als der gegenüber dem Anhalten weitergehende Eingriff ist Freiheitsentziehung i.S. des Art. 104 II GG.

270 Freiheitsentziehung ist die Unterbringung einer Person gegen ihren Willen oder in willenlosem Zustand in einem Raum, einem Gebäude, einem abgeschlossenen Teil einer Anstalt oder einem Lager (Sachs Art. 104 Rdn 5; Zippelius/Württenberger § 25 Rdn 7). Als Haftraum kommt jede Räumlichkeit in Betracht, in der sich eine Person auf Geheiß des Ermittlungsbeamten aufzuhalten hat und den sie ohne dessen Einwilligung nicht verlassen darf. Dabei ist irrelevant, um welche Art von Raum es sich handelt. Ein Streifenwagen kann ebenso Haftraum sein wie ein zur Wache gehörender Raum oder das Polizeigewahrsam. Entscheidend ist nicht die Qualität der Räumlichkeit, sondern die Art des Eingriffs in das Recht auf Freiheit der Person. Mit der Freiheitsentziehung auf der Grundlage des § 163b I StPO verfolgen die Ermittlungsbehörden ein begrenztes Ziel, so dass die Person, deren Personalien oder Identität festzustellen ist, nicht ins Gewahrsam verbracht werden darf. Die notwendigen Schritte zur Feststellung der Personalien bzw. Identität müssen möglichst im

Wachraum oder dessen Nebenräumen bzw. in einem sonstigen angemessenen Raum durchgeführt werden.

bb) Durchsuchung

Die Ermittlungsorgane dürfen zur Personalien- oder Identitätsfeststellung sowohl die Person als auch von dieser mitgeführte Sachen durchsuchen. Die Durchsuchung der Person besteht im Nachforschen in der angezogenen Kleidung oder/und auf der Körperoberfläche (jedoch nur, soweit das zwingend erforderlich ist) nach Dokumenten oder Anhaltspunkten, die die Personalien der Person belegen könnten (Henkel § 71 B I; Rieß, in: L-R § 102 Rdn 39). Solche Anhaltspunkte wären z.B. Tätowierungen, Narben, Leberflecke oder sonstige auffällige Anomalien (Schulz/Berke-Müller § 163b Rdn 6). Sachen sind neben den Kleidungsstücken, die der Verdächtige bei sich trägt (also alles, was er nicht angezogen hat), die bewegliche Habe, wie Taschen, Koffer oder ein Kraftfahrzeug. **271**

cc) Zufallsfunde

Sowohl bei der Durchsuchung der Person als auch und insbesondere bei der von Sachen einer Person können die Ermittlungsbeamten Gegenstände finden, die mit der Straftat, wegen der die Personalienfeststellung durchgeführt wird, in keinem Zusammenhang stehen, aber auf die Begehung einer anderen Straftat hindeuten. Diese Gegenstände (= Beweismittel) sollen nach der h.M. gemäß § 108 StPO als Zufallsfunde vorläufig beschlagnahmt werden dürfen (vgl. Griesbaum, in: KK § 163b Rdn 21; Meyer-Goßner § 163b Rdn 22; Schulz/Berke-Müller § 163b Rdn 15). Diese Interpretation des Durchsuchungsbegriffs aus § 163b StPO ist jedoch nicht stichhaltig; denn bei dieser Norm handelt es sich nicht um eine Durchsuchungsvorschrift, sondern um eine Möglichkeit zur Personalienfeststellung. Die zum Zwecke der Feststellung von Personalien eingeräumten weitergehenden Befugnisse sind auch nicht Ausfluss der jeweiligen speziellen Ermächtigung, in diesem Falle der §§ 102ff. StPO, sondern Eingriffe eigener Art (Benfer, NJ 2002, 125, 126). Gegen die Ansicht der h.M. spricht zudem, dass § 108 StPO sich eindeutig auf die Durchsuchung bei Verdächtigen und anderen Personen nach §§ 102, 103 StPO bezieht und keineswegs auf Durchsuchungen schlechthin, wie sie gesetzlich zugelassen sind. Damit steht fest, dass es bei der Durchsuchung zum Zwecke der Identitätsfeststellung keine beschlagnahmefähigen Zufallsfunde i.S. des § 108 StPO gibt. **272**

dd) Erkennungsdienstliche Behandlung

Erkennungsdienst ist der Inbegriff aller polizeilichen Maßnahmen mit dem Ziel, auf Grund von Fingerabdrücken, Personenbeschreibungen, Fotos, Messungen usw. Menschen zu identifizieren, der Täterschaft zu überführen, sie zu entlasten oder ihre zukünftige Wiedererkennung zu ermöglichen. Im Zusammenhang mit § 163b StPO interessieren uns nur solche erkennungsdienstlichen Maßnahmen, die dem hier geforderten Ziel, nämlich Identifizierung einer Person, die im Verdacht steht, eine Straftat begangen zu haben, entsprechen können. **273**

ee) Erforderlichkeit

274 Die dargestellten Rechtseingriffe darf der Ermittlungsbeamte einsetzen, wenn sie zur Durchführung der Personalien- oder Identitätsfeststellung erforderlich, also geeignet sind, den angestrebten Zweck zu erreichen (Geeignetheit) und möglichst wenig Nachteile nach sich ziehen (Erforderlichkeit). In diesem Sinne ist Nachteil jede Beeinträchtigung verfassungsmäßig geschützter Rechte.

275 Allerdings haben diese weiterreichenden Befugnisse sehr verschiedene Eingriffsintensität. Die Durchsuchung von Personen oder deren Sachen ist ein Eingriff in Art. 2 I GG. Die Mitnahme zur Wache stellt einen Eingriff in die Bewegungsfreiheit des Menschen dar (Art. 2 II GG). Die erkennungsdienstliche Behandlung enthält neben einer Freiheitsentziehung die Verletzung des allgemeinen Persönlichkeitsrechts. Diese Feststellungen wirken sich auf die Beachtung der Erforderlichkeit insoweit aus, als die Ermittlungsbeamten nur den Eingriff vornehmen dürfen, der den Einzelnen am wenigsten beeinträchtigt, aber dennoch die Durchführung des Strafverfahrens sicherstellt. Sind Personalien- oder Identitätsfeststellung nicht oder nur unter erschwerten Bedingungen möglich, müssen die Beamten versuchen, über eine Durchsuchung zum Ziel zu kommen. Bleibt dieser Eingriff erfolglos, könnten sie zum Mittel der Freiheitsentziehung greifen. Erst als letztes Mittel käme eine erkennungsdienstliche Behandlung in Betracht.

e) Verhältnis von § 127 I zu § 163b I StPO

276 Aus § 127 I Satz 1 StPO ergibt sich expressis verbis eine Befugnis sowohl zur Personalienfeststellung als auch zur Freiheitsentziehung. Zur Anordnung beider Grundrechtseingriffe, deren Durchführung in dieser Norm allgemein jedermann übertragen ist, werden Polizeibeamte in besonderen Bestimmungen ermächtigt. Das Recht zur Identitätsfeststellung leitet sich für Ermittlungsbeamte aus § 163b StPO ab, das zur Freiheitsentziehung aus §§ 127 II i. V. mit 112, 112a, 113 StPO. Da für die mit hoheitlichen Rechten ausgestatteten Subjekte öffentlicher Verwaltung spezielle Normen zum Eingriff in die subjektiv-öffentlichen Rechte vorhanden sind, ist es ihnen verwehrt, sich auf allgemeine, weitergehende Befugnisnormen zu stützen. Folglich ist § 127 I StPO für Polizeibeamte zum Zwecke der Identitätsfeststellung unanwendbar (Benfer, Die Polizei 1978, 249; ders. MDR 1993, 828, 829; a.A. Kramer, MDR 1993, 11 f.). Im Übrigen ist ein solcher Rückgriff auf § 127 I StPO entbehrlich; denn § 163b StPO erlaubt sowohl eine Personalien- als auch die Identitätsfeststellung, so dass die Ermittlungsbeamten eine sachlich fundierte Entscheidung treffen können, ob im Einzelfall die Gefahr besteht, der Tatverdächtige werde sich dem Strafverfahren entziehen.

2. Personalienfeststellung bei anderen Personen

277 Neben der Personalienfeststellung bei Verdächtigen erlaubt das Gesetz, die Personalien anderer als verdächtiger Personen festzustellen. Jedoch muss dies zur Aufklärung der Straftat geboten sein. Adressat dieses Rechtseingriffs ist eine Person, die nicht im Verdacht steht, die aufzuklärende Straftat begangen zu haben, also in erster Linie das Opfer einer Straftat (der Verletzte) oder ein Zeuge.

Wer als Zeuge in Betracht kommt, entscheiden die Ermittlungsorgane auf Grund pflichtgemäßen Ermessens. Hat der Rechtsgutsträger aber nicht die Ursache für die Verletzung seines Rechts auf Anonymität gesetzt, muss ihm die Rechtsordnung eine stärkere Position als dem Verdächtigen einräumen. Diese Forderung realisiert § 163b II StPO vor allem dadurch, dass die Feststellung der Identität geboten sein muss.

Besonders zu beachten ist der Umfang einer Identitätsfeststellung bei anderen als verdächtigen Personen. Ziel des Rechtseingriffs ist es sicherzustellen, dass diese Person z.B. als Zeuge ordnungsgemäß in das Strafverfahren eingebunden werden kann. Selbst wenn hin und wieder wichtig sein wird, Erkenntnisse über Alter und Beruf des Zeugen zu gewinnen, insbesondere weil diese Angaben seine Glaubwürdigkeit oder Glaubhaftigkeit bzw. das Gewicht seiner Aussagen belegen können, bleibt der Umfang der Identitätsfeststellung i.S. des § 163b II StPO auf eine schlichte Personalienfeststellung reduziert. **278**

a) Verhältnismäßigkeit

Da der Eingriff in das Recht auf Anonymität z. N. einer unverdächtigen Person durchgeführt wird, bestimmt der Gesetzgeber in § 163b II Satz 1 StPO, dass er zur Aufklärung einer Straftat geboten sein muss. Diese Formulierung beinhaltet den erforderlichen Ausgleich zwischen dem Interesse des Staates an rascher und umfassender Aufklärung von Straftaten und dem des Bürgers, gegenüber allen staatlichen Stellen anonym zu bleiben. Dem Gesetzgeber geht es keineswegs darum, die Personalien eines Zeugen um jeden Preis festzustellen. Vielmehr wird deutlich, dass auch bei Verfolgung von Straftaten der Anspruch der Gesellschaft auf Bestrafung eines Täters sehr wohl hinter dem berechtigten Interesse des Einzelnen, mit der Angelegenheit nichts zu tun haben zu wollen, zurücktreten kann. Andererseits darf dieses Individualinteresse nicht jeglichem Interesse der Gemeinschaft übergeordnet werden, sondern es ist ein sinnvoller Interessenausgleich vorzunehmen. Hängt die wirksame Verfolgung einer schweren Straftat von der Aussage eines einzigen Zeugen ab, wäre es i.S. von Rechtsstaatlichkeit und Rechtssicherheit unvertretbar, wenn der Zeuge sich ohne weiteres seiner staatsbürgerlichen Pflicht durch den Hinweis entziehen könnte, mit dieser Angelegenheit nicht behelligt werden zu wollen. **279**

Beispiel: F ist Zeuge eines Tötungsdelikts geworden. Er hat Tathergang und Täter genauso gesehen wie Fluchtfahrzeug und Fluchtrichtung. Als er von der Polizei angesprochen wird, verweigert er Angaben zur Person und zur Sache mit dem Hinweis, das gehe ihn alles nichts an. Hier wird wohl niemand ernsthafte Zweifel an der Feststellung erheben, dass die Güterabwägung eindeutig gegen Aufrechterhaltung der Anonymität des F spricht.

Ausnahmsweise geht selbst bei schwerster Kriminalität das Interesse des Zeugen, unbekannt zu bleiben, dem Gemeinschaftsinteresse an schneller und wirksamer Verbrechensaufklärung vor. Das ist insbesondere der Fall, wenn dem Zeugen ernsthafte und schwerwiegende Repressalien drohen. Ob eine derartige Gefährdung vorliegt, bedarf selbstredend einer intensiven Prüfung. **280**

b) Erfordernis der Einwilligung

281 Bei den zur Durchführung einer Personalienfeststellung evtl. notwendig werdenden weiteren Grundrechtseingriffen differenziert der Gesetzgeber. Eine Freiheitsentziehung darf nicht durchgeführt werden, wenn sie zur Bedeutung der Sache außer Verhältnis steht. Auch diese in § 163b II Satz 2 StPO gewählte Formulierung macht deutlich, wie wichtig dem Gesetzgeber der Rechtsgüterschutz des Unverdächtigen ist. Methodisch bedarf es eines solchen Hinweises auf die Verhältnismäßigkeit der Freiheitsentziehung jedoch nicht. Wenn § 163b II Satz 1 StPO das Gebotensein der Personalienfeststellung verlangt, dann wird es i.d.R. bereits an diesem Tatbestandsmerkmal fehlen, sobald es um die Verfolgung einer strafrechtlichen Lappalie geht. Ist es nämlich dringend erforderlich (= geboten), die Personalien eines bestimmten Zeugen zu erhalten, dann muss es einfach verhältnismäßig sein, zum Zwecke dieser Personalienfeststellung kurzfristig die Freiheit der Person einzuschränken.

282 Durchsuchung und erkennungsdienstliche Behandlung dürfen demgegenüber nur durchgeführt werden, wenn der Betroffene einwilligt (§ 163b II Satz 2 StPO). Diese weiterreichenden Rechtseingriffe gegen den Willen des betroffenen unverdächtigen Bürgers sind folglich gänzlich ausgeschlossen (BT-Drucks. 8/1482, S. 10). Fraglich ist, ob die Ermittlungsbeamten den nicht verdächtigen Betroffenen über sein Recht, die Durchsuchung oder die erkennungsdienstliche Behandlung zum Zwecke der Personalienfeststellung zu verweigern, aufklären müssen. Nehmen wir den Rechtsstaat ernst, ist es zwingend, den Bürger entsprechend zu belehren. Dieser Verpflichtung kommen die Hoheitsträger nicht allein dadurch nach, dass sie die Belehrung zwar unterlassen, aber schon bei der ersten Widersetzlichkeit einen entgegenstehenden Willen des Adressaten annehmen (Meyer-Goßner § 163b Rdn 19). Vielmehr nutzt der Ermittlungsbeamte die Unerfahrenheit des Bürgers aus, wenn er es unterlässt, den Betroffenen auf sein Recht zur Verweigerung der Durchsuchung oder der erkennungsdienstlichen Behandlung hinzuweisen. Dann ist die Duldung des Rechtseingriffs niemals eine auf autonomer Entscheidung basierende Einwilligung, und sie wirkt auch nicht als Verzicht auf das Geltendmachen eines aus einem subjektiv-öffentlichen Recht fließenden Unterlassungsanspruchs. Vielmehr ist die Einwilligung ein zusätzliches Erfordernis und entbindet die Ermittlungsorgane nicht von der Beachtung der Tatbestandsmerkmale einer Personalienfeststellung bei anderen als verdächtigen Personen.

283 Die eigenwillige Konstruktion des § 163b II StPO wirft eine Frage von besonderem Reiz auf: Darf eine Freiheitsentziehung mit dem Ziel der Personalienfeststellung durchgeführt werden, wenn der Adressat weder in die Durchsuchung noch in eine erkennungsdienstliche Behandlung einwilligt? Stellen wir auf den Wortlaut des Gesetzes ab und bejahen auf dessen Grundlage die Zulässigkeit der Freiheitsentziehung, ließen wir den Sinn der Norm völlig unberücksichtigt. Die in § 163b StPO zugelassenen Grundrechtseingriffe sind Befugnisse, die es den Ermittlungsorganen ermöglichen sollen, die Identität von Verdächtigen und die Personalien von anderen Personen festzustellen, sofern dies für das Strafverfahren notwendig oder gar geboten ist. Die Beamten dürfen Freiheitsentziehung, Durchsuchung oder erkennungsdienstliche Behandlung anordnen, sobald die Identität auf andere Weise nicht festgestellt werden kann.

Eine Freiheitsentziehung erscheint in Fällen der Weigerung des Betroffenen prima vista denkbar ungeeignet, den gewünschten Erfolg zu erzielen (Bedenken gegen diese Fassung des § 163b StPO in BT-Drucks. 8/1482, S. 10f.). Denn zur Durchführung einer Personalienfeststellung benötigen die Beamten wenigstens kleinste Anhaltspunkte, von denen sie ausgehen können. Im Falle, dass es daran mangelt, führt zwar auch die mehrstündige Freiheitsentziehung nicht unmittelbar zum Ziel, doch können Ermittlungsbehörden in dieser Zeit einen Richter einschalten, der gegenüber dem widerspenstigen Zeugen die Möglichkeit hat, Beugehaft zu verhängen (§ 70 StPO). Ist ein Richter innerhalb von 12 Stunden nicht zu erreichen, kann die Polizei den Zeugen der Staatsanwaltschaft vorführen, der gegenüber er die Pflicht zur Angabe seiner Personalien hat (Griesbaum, in: KK § 161a Rdn 15). Insofern kann der 12-Stunden-Frist tatsächlich erhebliche Bedeutung zukommen. 284

3. Verfahrensvorschriften

Der § 163c StPO enthält Normen, die neben den Vorschriften des § 163b StPO bei Identitäts- und Personalienfeststellung zu beachten sind. Da wir alle Normen, die die Ermittlungsbeamten in Ausübung ihrer Zwangsgewalt einschränken, als gleichwertig ansehen, ist ein Teil der Bestimmungen des § 163c StPO als Zulässigkeitsvoraussetzungen (also Tatbestandsmerkmale) zu bezeichnen. 285

a) Dauer der Freiheitsentziehung (§ 163c III StPO)

Nach § 163c I StPO darf die Freiheitsentziehung nur so lange dauern, wie es zur Feststellung der Personalien oder der Identität unerlässlich ist, jedoch nicht länger als insgesamt 12 Stunden, also ohne Rücksicht auf eine ggf. notwendige Einschaltung eines Staatsanwalts oder eines Richters. Die Vorschriften der §§ 48 ff. StPO (Pflichten von Zeugen und Folgen von Verstößen gegen diese Pflichten) bleiben unberücksichtigt. Somit muss auch der Zeuge entlassen werden, der entgegen seiner Pflicht zur Angabe der Personalien keine Aussage macht (Meyer-Goßner § 163c Rdn 15). 286

b) Vorführung

Sowohl Verdächtige als auch Unverdächtige müssen zum Zwecke der Entscheidung über Zulässigkeit oder Fortdauer der Freiheitsentziehung dem Richter vorgeführt werden. Diese Regelung ist Ausfluss des Art. 104 II GG. Da aber die weitaus größte Zahl aller mit Freiheitsentziehung verbundenen Personalienfeststellungen kurzfristiger Natur ist, bedarf es keiner richterlichen Entscheidung, wenn deren Einholen länger als die Freiheitsentziehung selbst dauern würde. 287

c) Vernichten erkennungsdienstlicher Unterlagen

Nach § 163b IV StPO sind die Unterlagen, die im Zusammenhang mit der erkennungsdienstlichen Behandlung bei unverdächtigen Personen angefallen sind, zu vernichten, sobald die Personalien feststehen. Hier wird deutlich, dass der Gesetzgeber über § 163b StPO nicht die Befugnisse zur Durchführung er- 288 kennungsdienstlicher Behandlungen nach § 81b StPO ausweiten wollte. Die in § 163b StPO zugelassenen Grundrechtseingriffe sind solche eigener Art und nicht an die Voraussetzungen der Bestimmungen aus § 81b StPO (für die erkennungsdienstliche Behandlung), §§ 102ff. StPO (für die Durchsuchung) oder §§ 112f. StPO (für die Freiheitsentziehung) gebunden (vgl. oben Rdn 272f.).

d) Benachrichtigung

289 Nach § 163c II StPO sind die Ermittlungsbehörden verpflichtet, einem Festgehaltenen zu ermöglichen, eine Person seines Vertrauens zu benachrichtigen. Diese Verpflichtung entfällt nur, wenn durch die Benachrichtigung auf Grund konkreter Anhaltspunkte eine Gefährdung des Untersuchungszweckes zu befürchten ist.

C. Datenerhebung bei öffentlichen Veranstaltungen und Ansammlungen

290 Bei oder im Zusammenhang mit öffentlichen Veranstaltungen oder Ansammlungen, die nicht dem Versammlungsgesetz unterliegen, kann die Polizei personenbezogene Daten von den Teilnehmern auch durch den Einsatz technischer Mittel zur Anfertigung von Bild- und Tonaufzeichnungen erheben, wenn Tatsachen die Annahme rechtfertigen, dass dabei Straftaten oder Ordnungswidrigkeiten begangen werden. Diesen Eingriff erlaubt das Gesetz zum Nachteil anderer Personen, soweit deren Rechtsverletzung erforderlich ist, um eine Datenerhebung gegenüber den eigentlichen Zielpersonen zuverlässig durchführen zu können.

291 In Betracht kommen allein Ansammlungen (vgl. dazu Rdn 115) oder öffentliche Veranstaltungen. Als öffentliche Veranstaltung bezeichnen wir jede geplante, jedermann ohne Ansehen seiner Person zugängliche Zusammenkunft von ernsthaft geschätzt mindestens 15 bis 20 (angelehnt an den Begriff „Menschenmenge“, vgl. Fischer § 124 Rdn 4) Teilnehmern mit z.B. wissenschaftlichem, kulturellem, unterhaltendem, informierendem oder sportlichen Inhalt. In Betracht kommen beispielsweise Sportveranstaltungen in Stadien oder Hallen oder Umzüge (Schützen- oder Karnevalsumzüge), zu denen jedermann Zutritt hat.

292 Rechtfertigen Tatsachen die Annahme (zu diesem Begriff vgl. Rdn 241f.), dass bei diesen Veranstaltungen oder in deren Zusammenhang Straftaten jeder Art oder nicht völlig belanglose Ordnungswidrigkeiten begangen werden, darf die Polizei personenbezogene Daten in erster Linie bei denen erheben, die für die Begehung dieser Delikte auf der Grundlage einer pflichtgemäßen Ermessensentscheidung in Frage kommen. Da wir es im Regelfall aber mit Massenveranstaltungen zu tun haben, kann die Überwachung unter Einsatz von technischem Gerät nur effektiv sein, wenn sich der Eingriff zunächst gegen eine größere Gruppe richtet, der naturgemäß auch Unbeteiligte einbezieht. Kristallisieren sich im Zuge der Weiterentwicklung des repressiv relevanten Geschehens einzelne Personen als die Tatverdächtigen heraus, hat sich die Überwachung auf diese zu konzentrieren. Soweit das eingesetzte technische Gerät es möglich macht, darf dann auch nur diese Person überwacht werden. Die Ermächtigung zum Eingriff in das Recht auf informationelle Selbstbestimmung greift sowohl während der laufenden Veranstaltung als auch auf den Wegen zur Veranstaltung oder nach deren Abschluss (einheitlicher Lebenssachverhalt, vgl. Chemnitz, S. 111).

Beispiel: Die Polizei erfährt aus gut unterrichteten Kreisen, dass gewaltbereite „Fans" des FC A-Stadt beim Spiel „ihres" Vereins in X-Burg schwerste Ausschreitungen planen. Um diese im Keim zu ersticken oder aber ausreichend Beweismaterial zu bekommen, überwachen Beamte die „Fan"-Gruppen auf dem Weg von A-Stadt nach X-Burg, und auch im Stadion lässt eine Kamera den entsprechenden Fan-Block nicht „aus dem Auge". Es lässt sich in diesem Beispiel gar nicht vermeiden, dass neben den gewaltbereiten auch friedliche Fans, die sich auf dem Weg ins Stadion befinden, von den Überwachungskameras der Polizei erfasst und gefilmt werden. Würde aber eine kleine Gruppe der Gewaltbereiten nun auf gegnerische Fans losgehen, müsste sich die Bilddokumentation des Geschehens soweit möglich auf diese Personen konzentrieren und beschränken.

In welcher Art und Weise die Daten erhoben werden, ist weitgehend irrelevant. Allerdings lässt das Gesetz ausschließlich eine offene Datenerhebung zu, sei es durch Einnahme des Augenscheins (der beispielsweise permanent durch die begleitenden Beamten erfolgt), sei es durch den Einsatz von technischem Gerät, insbesondere Bildaufzeichnungsgeräten. Erfolgt die Datenerhebung dagegen verdeckt, gilt § 33 bbPolG, § 17 nwPolG, § 34 III thPAG. **293**

Sofern die Daten nicht zur Verfolgung von Straftaten oder Ordnungswidrigkeiten benötigt werden oder sofern keine Tatsachen zu erkennen sind, die die Annahme rechtfertigen, dass die beobachteten Personen künftig Straftaten begehen werden und die Aufbewahrung der Daten zur vorbeugenden Bekämpfung von Straftaten von erheblicher Bedeutung (vgl. dazu Rdn 69) erforderlich ist, sind die Bild- und Tonaufzeichnungen spätestens einen Monat nach der Datenerhebung zu löschen oder zu vernichten. Dieses Löschungsgebot (§ 31 II bbPol G, § 15 I S. 3 nwPolG, zwei Monate nach § 33 II S. 2 thPAG) ist zwingende Formvorschrift und sie verbietet auch die Aufbewahrung der Daten aus Gründen einer allgemeinen Gefahrenabwehr. **294**

D. Datenerhebung durch den offenen Einsatz optisch-technischer Mittel

Nach § 15a I nwPolG darf die Polizei zur Verhütung von Straftaten einzelne öffentlich zugängliche Orte, an denen wiederholt Straftaten begangen wurden, mittels Bildübertragung beobachten und die übertragenen Bilder aufzeichnen (ähnlich auch § 31 III bbPolG), solange Tatsachen die Annahme rechtfertigen, dass dort weitere Straftaten begangen werden. Ziel dieses Einsatzes der Video-Technik ist nicht eine gezielte Überwachung oder gar Observation konkreter Personen. Vielmehr soll damit der Schutz von Personen und Sachen sichergestellt, also die subjektive Sicherheit erhöht werden. Indem potenzielle Straftäter sich einer offen durchgeführten Bildüberwachung gegenübersehen, sollen sie von der Begehung beliebiger Straftaten in dem überwachten Bereich abgehalten werden. Ob man darin die Entfaltung einer präventiven Wirkung erblicken kann (so aber VG Karlsruhe, Urt. vom 10. 10. 2001 – 1 1 K 1 9 1 /01), muss **295** mit dick(st)en Fragezeichen versehen werden. Schauen wir z.B. auf das in diesem Zusammenhang primär in Betracht kommende Dealen und/oder die Beschaffungskriminalität, so sind das Straftaten, die vornehmlich zur Sicherung des Lebensunterhalts bzw. des Drogenkonsums begangen werden. Vor diesem Hintergrund beseitigt man die Tatbestandsverwirklichung nicht dadurch, dass man die Örtlichkeit, an der sie zurzeit gehäuft vorkommen, mittels Bildüberwachung und -aufzeichnung überwacht. Der wirkliche „Erfolg" der Behörde auf der Grundlage dieser Ermächtigung besteht darin, den Kriminalitätsschwerpunkt zu verlagern. Es fällt ungeheuer schwer, darin wirkliche Prävention zu erblicken.

296 Bei Auslegung des § 31 III bbPolG, § 15a nwPolG muss man streng zwischen Beobachten bzw. Überwachen einerseits und Aufzeichnung differenzieren. Beobachten darf die Polizei einen Platz ohne Einschränkung, d.h., sie ist berechtigt, das Geschehen dort in allen Einzelheiten zur Kenntnis zu nehmen. Dagegen ist die Aufzeichnung von Bildern, also deren Festhalten auf einem Bildträger, nur dann erlaubt, wenn die „schlichte" Beobachtung den Verdacht einer begonnenen oder unmittelbar bevorstehenden Straftat jeder Art (§ 31 III bbPolG) bzw. solche Straftaten belegt, die in § 15a IV nwPolG genannt sind.

297 Grundsätzlich hat die Beobachtung offen zu erfolgen, also für jedermann ohne weiteres erkennbar. Sollte das nicht gegeben (z.B.: weil Beschädigungen oder Zerstörungen der Kameras vorkommen) oder auf Grund der Besonderheiten der Örtlichkeit nicht möglich sein, ist die Beobachtung durch geeignete Maßnahmen (etwa Hinweisschilder ähnlich der Ankündigung von Radar-Messungen) erkennbar zu machen (§ 31 III S. 1 bbPolG, § 15a I S. 2 nwPolG).

Beispiel: Im Bereich Alter Markt, der in den letzten Monaten zum Treffpunkt von Drogendealern und Drogenkonsumenten geworden ist, hat die Polizei mehrere Kameras installieren lassen, um die „Szene" rund um die Uhr überwachen zu können. Die Polizei hofft so, sowohl die Drogen- als auch die sie begleitende allgemeine Kriminalität eindämmen und möglicherweise auch andere Straftaten effektiver aufklären zu können.

298 Die Beamten haben es mit (vornehmlich) Straftaten aus dem Betäubungsmittelgesetz zu tun. Der gewerbsmäßige Betäubungsmittelhandel ist gem. § 29 III Satz 2 Ziff. 1 (oder 4) BtMG ein Verbrechen und im Katalog des § 8 III nwPolG enthalten. Infolgedessen stützt sich die Video-Überwachung des Platzes auf einen gesetzlich verlangten Anlass. Ohne Zweifel ist auch die Forderung des Gesetzes, eine der Katalogtaten müsse „wiederholt begangen" worden sein, erfüllt. Eine wiederholte Tatbegehung können wir annehmen, wenn die angesprochenen Straftaten an der bestimmten Örtlichkeit gehäuft begangen werden (insofern ist der Begriff nicht identisch mit dem aus § 112a StPO), und zwar unabhängig von der Person des oder der Täter(s). Ergaben die bisherigen Ermittlungen, dass der Alte Markt zum Treffpunkt von Drogendealern verkommen ist, bedeutet dies eine Anhäufung von Straftaten und Straftätern, und das Tatbestandsmerkmal „wiederholtes Begehen von Katalog-Straftaten" ist als gegeben zu bezeichnen. Der Alte Markt ist tatsächlich öffentlich zugänglich, und seine Einstufung auf Grund polizeilicher Erfahrung als Kriminalitätsschwerpunkt ist durchaus sachgerecht. Damit ist die Beobachtung aller Personen und damit auch derjenigen, die mit der „Szene" nichts zu tun haben und die diesen Platz queren, rechtlich zulässig.

Die Nutzung der Bildaufnahmen ist gesetzlich festgelegt: Sie dürfen nur zur Verfolgung von Straftaten verwendet werden oder dann, wenn Tatsachen die Annahme rechtfertigen, dass eine Person künftig Straftaten begehen wird und die Aufbewahrung zur vorbeugenden Bekämpfung von Straftaten erforderlich ist. **299**

Die Bildaufnahmen, die zu Strafverfolgungszwecken oder zur vorbeugenden Bekämpfung von Straftaten nicht benötigt werden, dürfen höchstens für die Dauer von 14 Tagen gespeichert werden. Ob die Bilder noch für das Strafverfahren gebraucht werden und wie lange, das entscheidet der Polizeibeamte nach pflichtgemäßem Ermessen. Dies kann in Einzelfällen durchaus die Zeit bis Ein- **300**
301 tritt der Rechtskraft des Urteils sein. Gerät eine andere Person als die, gegen die das Verfahren, in dem die Bildaufnahmen aktuell ausgewertet werden, bereits läuft, in den Verdacht, eine andere Straftat begangen zu haben oder daran beteiligt gewesen zu sein, darf die Bildaufzeichnung auch zu ihrer Überführung verwendet werden.

Kapitel 4. Die Durchsuchung

302 Mit der Durchsuchung greift der Gesetzgeber in unterschiedliche Grundrechte ein, je nachdem, welches Objekt durchsucht werden soll. Auf der Hand liegt eine Beeinträchtigung des allgemeinen Persönlichkeitsrechts (Art. 2 I GG) bei der Durchsuchung der Person bzw. von Sachen einer Person oder des Hausrechts (Art. 13 I GG) bei der Durchsuchung von Wohnungen, Geschäftsräumen oder umfriedetem Besitztum. Nicht so offensichtlich, aber dennoch erwähnenswert ist die Tatsache, dass bei der Durchsuchung eines Geschäftsraumes auch Art. 12 GG und – sofern Presse- und Rundfunkhäuser durchsucht werden – u.U. Art. 5 GG tangiert wird. Diese Ausführungen machen deutlich, welch weit reichende verfassungsrechtliche Folgen eine Durchsuchung in vielen Fällen hat.

303 Schwerpunkte der Durchsuchungsvorschriften sind ohne Zweifel die polizeirechtliche, §§ 21 ff. bbPolG, §§ 39 ff. nwPolG, §§ 23 ff. thPAG und die strafprozessuale Durchsuchung, §§ 102 ff. StPO. Daneben finden sich Durchsuchungsnormen z.B. in § 758 ZPO, § 7 UZwGBw, § 16 WDO, § 127 TKG, § 23a ZDG. Neben den reinen Durchsuchungsvorschriften und den Ermächtigungen, die sowohl eine Durchsuchung als auch ein Betreten von Räumen gestatten (z.B. § 23 bbPolG, § 41 nwPolG, § 23a ZDG), kennt das Recht „reine" Betretungsrechte, z.B. in § 23 III bbPolG, § 41 III nwPolG, §§ 42, 44 LFGB, § 21 WHG, § 22 II GaststättenG, § 29 II IfSG, § 39 II WaffG, § 31 II SprengG, § 12 StrVG.

304 Aus der Vielzahl der Durchsuchungsvorschriften, auf die lediglich ein Hinweis erfolgte, greifen wir § 7 UZwGBw sowie § 16 WDO heraus, um sie kurz zu skizzieren. § 16 WDO erlaubt eine Durchsuchung bei Soldaten, die eines Dienstvergehens verdächtig sind. Durchsucht werden dürfen die Person, alle dienstlichen und privaten Behältnisse samt Inhalt (sogar einschließlich Briefe, Dau § 16 Rdn 16), der private Pkw des Soldaten (auch wenn er außerhalb der militärischen Unterkunft oder Anlage abgestellt ist), nicht aber seine Wohnung (selbst wenn diese innerhalb der militärischen Anlage liegt). Ziel der Durchsuchung darf es nur sein, Beweise für das Dienstvergehen zu finden oder den Aufenthalt des Soldaten zu ermitteln. Keine Durchsuchung i.S. des § 16 WDO ist die Spindkontrolle, deren Ziel darin besteht, dienstliche Gegenstände auf Einsatzbereitschaft, pflegliche Behandlung usw. zu überprüfen. Adressat der Durchsuchung nach § 7 UZwGBw ist jede Person, die sich in einem militärischen Sicherheitsbereich aufhält, ihn betreten oder verlassen will, ohne Rücksicht darauf, ob es sich um einen Zivilisten oder Soldaten handelt (Jess/Mann § 7 Rdn 4). Sie kann durchsucht werden, wenn sie verdächtig ist, eine Straftat gegen die Bundeswehr begangen zu haben, und zu vermuten ist, dass die Durchsuchung zur Auffindung von Beweismitteln führen werde. Die enge Verbindung zu § 102 StPO liegt auf der Hand, allerdings beschränkt sich der Durchsuchungszweck auf das Auffinden von Beweismitteln, und die Durchsuchungsobjekte sind einzig die Person und deren mitgeführte Sachen (insofern vgl. Rdn 370 ff.).

A. Präventive Durchsuchungsnormen

Im Bereich der Gefahrenabwehr stellt der Gesetzgeber neben die Durchsuchung bei Eingriffen in das Hausrecht das Betreten (vgl. oben). Die Unterscheidung zwischen Betreten und Durchsuchen ist von nur marginaler Bedeutung; denn das Betreten einer Wohnung kann sich üblicherweise nicht – soll es sich nicht um eine bloße Alibiüberprüfung handeln – darin erschöpfen, sich einen allgemeinen und damit oberflächlichen Eindruck zu verschaffen. Auf „Betreten" einer Wohnung erkennen wir daher, wenn Polizeibeamte in den vom Hausrecht umfassten Raum eintreten, also darin verweilen, sich aber lediglich umsehen, ohne darauf hinzuwirken, Personen oder Sachen aufzufinden (Wolffgang/Hendricks/Merz Rdn 170–180). Dagegen besteht das Wesen der Durchsuchung darin, planmäßig und zweckgerichtet nachzusehen, um eine Person oder Sache aufzufinden, die der Wohnungsinhaber nicht freiwillig zu offenbaren bereit ist (Scholler/Schloer, S. 138). Mit dem Betreten ist folglich eine Nachschau im Sinne der Gefahrenabwehr verbunden, wie z.B. bei Betreten von Geschäftsräumen mit dem Ziel zu prüfen, ob sich der durch eine behördliche Erlaubnis Begünstigte im Rahmen der Gesetze bewegt. Daher können wir eine Durchsuchung so lange nicht anerkennen, wie der Eingriff in die Unverletzlichkeit der Wohnung über das Besichtigen offen liegender Gegenstände nicht hinausgeht (OVG Hamburg NJW 1997, 2193, 2194). **305**

Dass diese Grenzziehung zwischen Betreten und Durchsuchen von Wohnungen allein auf präventiv begründete Eingriffe anzuwenden ist, erhellen zwei Hinweise auf die Rechtsprechung: Die Besichtigung einer Wohnung zur **Feststellung, ob der Inhaber seinen Beruf ordnungsgemäß ausübt**, fällt ebenso wenig in den Bereich der Durchsuchung (BVerwGE 47, 31, 37) wie das Betreten **von Betriebsräumen** zum Zwecke einer **routinemäßigen Nachschau** (BVerwGE 78, 251, 254). In Ergänzung dazu müssen wir die Grenze zwischen Betreten und Durchsuchen im strafprozessualen Sinne deutlich anders ziehen (vgl. Rdn 305). **306**

Ausgenommen von der Forderung nach einer Ermächtigung zum Betreten/Durchsuchen sind allein die Räume, die jedermann aufsuchen kann. Halten sich die Beamten im Rahmen der jedermann zustehenden Berechtigung, benötigen sie keine gesetzliche Grundlage (vgl. § 23 IV bbPolG, § 25 IV thPAG). Insoweit erübrigt sich grundsätzlich auch eine differenzierte Betrachtung der Begriffe „Betreten" und „Durchsuchen", wie sie in § 23 bbPolG, § 41 nwPolG, § 25 thPAG vorgenommen wird. **307**

Relevanz erhält die Unterscheidung zwischen Betreten und Durchsuchen jedoch hinsichtlich § 24 bbPolG, § 42 nwPolG, § 26 thPAG. Durchsuchungen müssen grundsätzlich durch den Richter angeordnet werden (Absatz 1), wohingegen das Betreten jeder Polizeibeamte anordnen darf. Auch die anderen Rechte aus diesen Normen das Anwesenheitsrecht (Absatz 2), die Bekanntmachung des Zwecks (Absatz 3), das Fertigen und Aushändigen einer Niederschrift (Absatz 4) beziehen sich allein auf Durchsuchungen. Aus diesem Grunde ist es geboten, den Durchsuchungsbegriff weit auszudehnen. Das Betreten beschränken wir hingegen auf Ausnahmesituationen. **308**

Beispiel: Die Polizei erhält einen Hinweis, dass sich eine total betrunkene Person (B) im Schrebergarten des M befinde. Bei ihrem Eintreffen sehen die Beamten eine männliche Person zwischen den Rosensträuchern liegen. Da das Törchen verschlossen ist, klettern beide über den Zaun, um den B in Gewahrsam nehmen zu können. Unstrittig ist der Schrebergarten des U umfriedetes Besitztum und unterliegt dem Schutz des § 23 bbPolG, § 41 nwPolG, § 25 thPAG. Da die „gesuchte" Person offen im Garten liegt, brauchen die Beamten keine Nachschau im eigentlichen Sinne zu halten. Daher liegt ein Betreten vor. Die „Formvorschriften" müssen insoweit nicht beachtet werden.

309 Auch im Falle der Durchsuchung von Personen gilt es eine Grenze zu ziehen, und zwar zur „Nachschau" und zur „Untersuchung". Bei der Durchsuchung suchen wir zielgerichtet nach Gegenständen, die sich möglicherweise am Körper des Adressaten oder zwischen seiner Kleidung verborgen befinden. Die Untersuchung verfolgt das Ziel, Beschaffenheit und Zustand des Körpers selbst zu erkennen, um festzustellen, ob sich Fremdkörper im Körperinneren befinden. Eine Nachschau ist dagegen die Suche in den Taschen der vom Adressaten am Körper getragenen (abgelegte Kleidung ist Durchsuchung von Sachen) Kleidung (Wolffgang/Hendricks/Merz Rdn 167).

310 Während die Nachschau deutlich hinter der Durchsuchung der Person in der Eingriffsintensität zurückbleibt und insoweit von dieser Ermächtigung mit erfasst wird, liegt die Rechtslage hinsichtlich der Untersuchung vollkommen anders. Dieser Eingriff richtet sich gegen ein anderes Rechtsgut, und es bedürfte zu seiner Vornahme einer speziellen Ermächtigung, die indes im Polizeigesetz fehlt. Daher ist es gefahrenabwehrend von erheblicher Bedeutung, die Grenze zwischen Durchsuchung und Untersuchung eindeutig festzulegen.

311 Die präventiven Durchsuchungsvorschriften finden sich in §§ 21 ff. bbPolG, §§ 39 ff. nwPolG, § 23 ff. thPAG. Entsprechend dem Gewicht und dem Umfang des Grundrechtseingriffs differenziert der Gesetzgeber zwischen Durchsuchen von Personen, Durchsuchen von Sachen und Betreten und Durchsuchen von Wohnungen und stellt an die Rechtmäßigkeit dieser verschiedenen Eingriffe unterschiedliche Anforderungen. Vor dem Vollzug einer Durchsuchung haben die Beamten den Eingriffsadressaten aufzufordern, den Gegenstand, den sie sicherstellen wollen, sofort herauszugeben, sofern die unmittelbare Durchsetzung dieser Verfügung zur Gefahrenabwehr zwingend geboten ist (VGH Mannheim JuS 2009, 1043). Lässt es die Situation zu, kann man dem Betroffenen eine angemessene Frist einräumen.

Beispiel: Polizeibeamte beobachten eine kleine Gruppe Jugendlicher, die jeweils eine Flasche Bier in der Hand, dem Fußballstadion zustreben. Da alle stark ausgebeulte Jacken tragen, fordert der Einsatzleiter die Betroffenen auf, die in der Hand gehaltenen Flasche auszuhändigen und „sofort" die Jackentaschen zu leeren, die alkoholischen Getränke herauszugeben, ansonsten müssten sie alle durchsucht werden. Die Verfügung gegenüber dem Eingriffsadressaten wird im Augenblick der Bekanntgabe wirksam. In diesem Falle ist das unmittelbar vor der angekündigten Durchsuchung. Weil aber ein sofortiges Tätigwerden unumgänglich ist, bestehen gegen das polizeiliche Handeln keine Bedenken (Waldhoff, JuS 2009, 1043).

1. Durchsuchung von Personen

312 Außer in den Fällen der Durchsuchung einer Person zum Zwecke der Personalienfeststellung darf eine Person durchsucht werden, wenn sie festgehalten werden darf (§ 21 I Ziffer 1 bbPolG, § 39 I Ziff. 1 nwPolG, § 23 I Ziff. 1 thPAG). Unter „Festhalten" verstehen wir jede durch Gesetz zugelassene Freiheitsentziehung präventiver oder repressiver Art, ohne Rücksicht darauf, ob es sich um einen originären oder implizierten Eingriff in das Recht auf Freiheit der Person handelt.

Ziel dieser Durchsuchung ist es zu verhindern, dass die Person, gegen die **313** sich bereits polizeiliche Maßnahmen gerichtet haben und der rechtlich zulässig die persönliche Freiheit entzogen werden soll, mit Waffen oder ähnlichen geeigneten Werkzeugen Angriffe auf Leben oder Gesundheit von Polizeibeamten unternimmt oder sich selbst gefährdet. Weil Adressaten einer Freiheitsentziehung nicht selten die Polizeibeamten angreifen, ist diese Durchsuchung notwendig, um solche Rechtsverletzungen a priori auszuschließen. Insoweit haben wir eine Norm vor uns, die auch der Eigensicherung dient.

Des Weiteren darf die Polizei Personen durchsuchen, wenn Tatsachen die **314** Annahme rechtfertigen, dass sie Sachen bei sich führen, die sichergestellt werden dürfen (Ziffer 2). Objektive Erkenntnisse, die pflichtgemäß gewürdigt werden, zeigen dem Beamten, die Durchsuchung werde mit an Sicherheit grenzender Wahrscheinlichkeit zum Auffinden von Gegenständen führen, die sichergestellt werden dürfen. Folglich muss die Berechtigung zur Sicherstellung der Sache vor Beginn der Suche nach ihr geprüft und angenommen werden.

Beispiel: Bei der Polizei in A-Stadt gehen Hinweise ein, wonach die Fans des Fußballclubs X beabsichtigen, mit Stöcken, Ketten, Messern und anderen Gegenständen bewaffnet das Stadion zu betreten.

Die Hinweise aus der Bevölkerung sind Tatsachen. In Verbindung mit den **315** anlassbezogenen empirischen Erkenntnissen der Polizei rechtfertigen sie die Annahme, dass tatsächlich Fußballrowdys unterwegs sind. Ohne Zweifel liegt eine gegenwärtige Gefahr vor, wenn diese Personen das Stadion betreten. Also können die Beamten alle Schlagwerkzeuge nach § 25 Ziff. 1 bbPolG, § 43 Ziff. 1 nwPolG, § 27 Ziff. 1 thPAG sicherstellen. Somit liegen auch die Voraussetzungen des § 21 I Ziff. 2 bbPolG, § 39 I Ziff. 2 nwPolG, § 23 I Ziff. 2 thPAG vor.

Durchsuchen die Beamten eine Person, die sich in einem die freie Willens- **316** bestimmung ausschließenden Zustand oder sonst in hilfloser Lage befindet (Ziffer 3), geht es in erster Linie um die Frage, ob der Betroffene in die Obhut von Angehörigen oder anderen zu seiner Pflege berufenen Personen gebracht werden muss.

Darüber hinaus darf die Polizei Personen durchsuchen, die sich an gefährli- **317** chen oder gefährdeten Orten aufhalten (Ziffern 4, 5), sofern diese Personen auf Grund einer pflichtgemäßen Ermessensentscheidung in einen unmittelbaren Zusammenhang mit der Gefährdungslage gebracht werden können. Die Durchsuchungsermächtigung korrespondiert mit der Befugnis zur Personalienfeststellung an diesen Orten und kommt nur in Betracht, wenn diese nicht geeignet ist, die Gefahr wirksam zu bekämpfen und die Intensität der Gefährdung auf Grund objektiver Umstände einen solchen Umfang angenommen hat, dass ihr allein mit einer Durchsuchung wirksam begegnet werden kann.

Eine nur der Eigensicherung dienende Durchsuchungsregelung finden wir **318** in § 21 II bbPolG, § 39 II nwPolG, § 23 II thPAG. Ist es nach den Umständen des Einzelfalls zum Schutz von Polizeiangehörigen oder von Dritten erforderlich, dürfen zur Abwehr von Gefahren für Leben und Gesundheit Personen nach Waffen, gefährlichen Werkzeugen oder Explosivmitteln durchsucht werden, wenn deren Identität präventiv oder repressiv festgestellt oder wenn diese Person vorgeführt werden soll. Hier steht der Schutz des Polizeibeamten im Vordergrund. Da zur Zeit der bevorstehenden Personalienfeststellung nicht gesagt werden kann, ob deren Adressat im weiteren Verfahrensverlauf die Freiheit entzogen wird, greift Absatz 1 Ziffer 1 in diesen Fällen nicht. Auch lässt sich nicht ausschließen, dass ein Betroffener schon zu Beginn seiner Konfrontation mit der Polizei zu Aggressionen übergeht. Dies auszuschalten, erlaubt es der Gesetzgeber den Beamten, den Adressaten schon vor der ersten gefahrenabwehrenden oder repressiven Handlung zu durchsuchen.

2. Durchsuchung von Sachen

319 Grundsätzlich gestattet das Gesetz die Durchsuchung von Sachen unter den gleichen Voraussetzungen wie die Durchsuchung von Personen (vgl. § 22 bbPolG, § 40 nwPolG, § 24 I thPAG jeweils Ziffern 1, 3, 4, 5). Auf die speziellen Bedürfnisse dieser Durchsuchung geht der Gesetzgeber in den Fällen der Ziffern 2 und 6 ein.

320 Rechtfertigen Tatsachen die Annahme, dass sich in einer Sache eine Person befindet, die in Gewahrsam genommen werden darf, die widerrechtlich festgehalten wird oder die hilflos ist, darf diese Sache durchsucht werden (Ziffer 2). Sachen in diesem Sinne sind Räume, in denen ein Mensch versteckt werden oder sich aufhalten kann (beachte Geeignetheit des Eingriffs), ohne dass es sich um eine Wohnung handelt.

321 Suchen die Beamten eine Person, die in Gewahrsam genommen werden darf, dann müssen sie die Voraussetzungen der gefahrenabwehrenden Freiheitsentziehung geprüft und für gegeben halten. Strafprozessuale Vorschriften über Freiheitsentziehung greifen hier nicht.

322 Widerrechtlich festgehalten wird ein Mensch, dem der Gebrauch der persönlichen Freiheit durch jemanden genommen wird, der nicht auf der Grundlage gesetzlicher Befugnisse handelt. In Betracht kommt hier insbesondere der Tatbestand des § 239 StGB. Allerdings muss der Betreffende widerrechtlich handeln, darf also kein stärkeres Recht als der Verletzte haben. Rechtfertigende Normen wären insbesondere § 127 I StPO und die verschiedenen Selbsthilferechte.

Beispiel: Kidnapper bemächtigen sich des Industriellen I, den sie im Steigeschacht eines Brückenpfeilers gefangen halten.

323 Zweifelsfrei zeigt dieser Sachverhalt mehrere Straftaten auf, und I wird widerrechtlich festgehalten. Die Polizei wird zwar aus Anlass der Straftat tätig, aber eine Durchsuchung des Raumes hätte in erster Linie das Ziel, die Geisel zu befreien, würde also gefahrenabwehrend begründet, wenn sie auch mittelbar strafverfolgenden Zwecken dienen könnte.

3. Betreten und Durchsuchen von Wohnungen

Betreten und Durchsuchen einer Wohnung ist ohne Einwilligung des Inhabers nach § 23 bbPolG, § 41 nwPolG, § 25 thPAG zulässig, wenn Tatsachen die Annahme rechtfertigen, dass sich in ihr eine Person befindet, die präventiv vorgeführt oder in Gewahrsam genommen werden darf (Abs. 1 Ziff. 1), wenn Tatsachen die Annahme rechtfertigen, dass sich in ihr eine Sache (oder ein Tier) befindet, die präventiv sichergestellt werden darf (Abs. 1 Ziff. 2), wenn es zur Abwehr einer gegenwärtigen Gefahr für Leib, Leben oder Freiheit einer Person oder für Sachen bzw. ein Tier von bedeutendem Wert erforderlich ist (Abs. 1 Ziff. 4 bbPolG, Abs. 1 Ziff. 4 nwPolG, Abs. 1 Ziff. 3 thPAG), wenn von der Wohnung Emissionen ausgehen, die nach Art, Ausmaß oder Dauer zu einer erheblichen Belästigung der Nachbarschaft führen (Abs. 1 Ziff. 3 bbPolG, Abs. 1 Ziff. 3 nwPolG, Abs. 1 Ziff. 4 thPAG). **324**

a) Abwehr einer gegenwärtigen Gefahr

Weitergehende Aussagen zur Durchsuchung auf der Grundlage der Ziffern 1 und 2 erscheinen nicht angebracht, wohingegen wir uns mit der Durchsuchung zur Abwehr von Gefahren für Leben, Gesundheit oder Freiheit einer Person oder für Sachen von bedeutendem Wert beschäftigen müssen. Gegenwärtig ist die Gefahr, wenn der Eintritt des schädigenden Ereignisses bereits begonnen hat oder in allernächster Zeit zu erwarten ist. Dieser Begriff beinhaltet gegenüber der normalen Gefahrensituation ein zeitliches Moment (Riegel § 1 Rdn 9; Dietel/Gintzel, S. 73). Droht die gegenwärtige Gefahr solch hochwertigen Rechtsgütern, steht einer Anerkennung der in Art. 13 III GG geforderten dringenden Gefahr nichts im Wege. **325**

b) Abwehr belästigender Emissionen

Nach § 23 I Ziff. 3 bbPolG, § 41 I Ziff. 3 nwPolG, § 25 I Ziff. 4 thPAG darf die Polizei eine Wohnung betreten und durchsuchen, wenn von der Wohnung Emissionen ausgehen, die nach Art, Ausmaß oder Dauer zu einer erheblichen Beeinträchtigung der Nachbarschaft führen. Dieses konkrete Erfolgsdelikt zielt zwar überwiegend auf Lärmbelästigungen (vgl. §§ 10, 11 LImSchG BB, §§ 9, 10 LImSchG NW), erfasst aber auch Belästigungen durch Geruch oder Rauch, sofern diese Beeinträchtigungen nicht mit zulässigen Verhaltensweisen notwendig verbunden sind. **326**

Beispiel: F feiert den Einzug in seine neue Wohnung. Die Musik lässt er dabei so laut spielen, dass sich die Teilnehmer an der Feier nur schreiend bemerkbar machen können. Der Lärm dröhnt durch das ganze Mehrfamilienhaus.

Die Berechtigung zum Grundrechtseingriff liegt nur vor, wenn die Beeinträchtigungen erheblich sind, also ein Ausmaß annehmen, das ein durchschnittlich empfindlicher Mensch nicht hinzunehmen bereit ist. Ob und ggf. wann diese Grenze überschritten ist, entscheidet der Beamte nach pflichtgemäßem Ermessen unter Berücksichtigung der besonderen Umstände des Einzelfalls. **327**

In unserem Beispiel bestehen hinsichtlich der Erheblichkeit der zu bemerkenden Beeinträchtigungen keinerlei Zweifel. Somit wäre das Betreten der Wohnung zulässig, um den Hausrechtsinhaber an seine Verpflichtung zu erin- **328** nern, Ruhe zu wahren. Aber auch das Durchsuchen der Wohnung, um z.B. die Musikanlage zu finden und ggf. sicherzustellen, erlaubt das Gesetz.

c) Nächtliche Haussuchung

329 Während der Nachtzeit ist das Betreten und Durchsuchen einer Wohnung in den Fällen des Absatzes 1 nur zur Abwehr einer gegenwärtigen Gefahr für Leben, Gesundheit und Freiheit einer Person, für Sachen von bedeutendem Wert (§ 25 II thPAG) oder zur Abwehr von Emissionen, die nach Art, Ausmaß oder Dauer zu einer erheblichen Beeinträchtigung der Nachbarschaft führen, zulässig (§ 23 II bbPolG, § 41 II nwPolG). Was wir unter gegenwärtiger Gefahr verstehen, ist oben bereits dargelegt (vgl. dazu Rdn 57 f.).

330 Zustände, die die öffentliche Sicherheit erheblich beeinträchtigen, sind solche, deren Beseitigung ein besonderes Anliegen der Allgemeinheit ist, sei es wegen des Gewichts des betroffenen Rechtsguts, sei es wegen des Umfangs der Gefahr.

Beispiel: Die Polizei erhält den Hinweis, in den hinteren Räumen der Diskothek D gingen junge Mädchen im Alter zwischen 16 und 19 Jahren nach 22.00 Uhr der Prostitution nach. Am . . . betreten acht Beamte in ziviler Kleidung die Diskothek, geben sich dem Geschäftsführer zu erkennen und verlangen Zutritt zu diesen Räumen.

331 Das „Betreten" der Räume, die zur Prostitutionsausübung dienen, könnte ein Fall des § 23 III bbPolG, § 41 III nwPolG, § 25 III thPAG sein. Eine gegenwärtige Gefahr für die Rechtsgüter der jungen Mädchen und der Allgemeinheit ist zu erkennen, und dass es sich dabei um wichtige Rechtsgüter handelt, bedarf keiner weiteren Erörterung. Insofern liegen die Voraussetzungen des Gesetzes vor.

332 Fraglich ist indes, ob die Beamten die Diskothek lediglich betreten oder ob sie diese durchsuchen. Unbestreitbar geht es den Beamten um die Ermittlung eines Sachverhaltes, und zwar um die Frage, ob die Mädchen in den Räumen tatsächlich der Prostitution nachgehen. Zudem dringen sie tiefer in das Hausrecht des Inhabers ein, als das der „normale" Gast tut, der die Diskothek aufsucht. Die Tatsache, dass nicht jedermann dieses Treiben ohne weiteres erkennt, zeigt, dass es sich im Verborgenen abspielt. Dann kann das Vorgehen der Beamten aber nur als Durchsuchung qualifiziert werden.

333 Ganz erhebliche praktische Bedeutung hat die Berechtigung der Polizeibeamten, auch zur Nachtzeit eine Wohnung betreten **und** durchsuchen zu dürfen, von der Emissionen ausgehen, die zu einer erheblichen Beeinträchtigung der Nachbarschaft führen. Daher ist ein solcher Eingriff auch gestattet, wenn ein Polizeieinsatz wegen unerträglichen Lärms zur Nachtzeit erforderlich ist.

d) Besondere Durchsuchungsermächtigung

334 Ohne Grenzziehung zwischen Tages- und Nachtzeit ist ein Betreten von Wohnungen zur Abwehr dringender Gefahren jederzeit möglich, wenn auf Grund tatsächlicher Anhaltspunkte anzunehmen ist, dass dort Personen Straftaten von erheblicher Bedeutung verabreden, vorbereiten oder verüben, sich Personen ohne erforderliche Aufenthaltsgenehmigung treffen, sich Straftäter verbergen oder die Räume zur Ausübung der Prostitution dienen (§ 23 III bbPolG, § 41 III nwPolG, § 25 III thPAG).

Ins Auge fällt zunächst, dass der Gesetzgeber nur zum Betreten ermächtigt. **335**
Das ist aber nur scheinbar unzureichend; denn führt das Betreten zu weitergehenden Erkenntnissen, lässt sich regelmäßig eine notwendig werdende Durchsuchung auf repressive oder präventive Normen stützen.

Wir wollen an dieser Stelle auf die problematische Fassung des Landesgeset- **336**
zes hinweisen. Verlangt es eine dringende Gefahr, bedarf es der Feststellung einer hinreichenden Wahrscheinlichkeit der Schädigung eines wichtigen Rechtsguts (vgl. Kritik an dieser Argumentation Rdn 67). Auch in Bezug auf die Tatsachen, die bestimmte Annahmen rechtfertigen müssen, haben wir Bedenken angemeldet. Schließlich sind die Tatbestandsmerkmale „Verabreden, Vorbereiten oder Verüben von Straftaten von erheblicher Bedeutung" (Ziffer 1a) sowie Wohnungen, die „der Prostitution dienen" (Ziffer 2) ebenso kritikwürdig, und wir haben diesbezüglich Bedenken angemeldet.

Ausgangspunkt des Betretungsrechts sind objektive Erkenntnisse (= tatsäch- **337**
liche Anhaltspunkte), die auf der Grundlage fundierter polizeilicher Erfahrung den Schluss zulassen, dass einer der genannten Anlässe auf die Benutzer der ins Auge gefassten Wohnung zutrifft. Solche Anhaltspunkte sind neben Zeugenaussagen z.B. auch Ergebnisse polizeilicher Ermittlungen oder gezielter Beobachtung.

B. Begriff der strafprozessualen Durchsuchung

Die strafprozessuale Durchsuchung ist ein bedeutender Grundrechtseingriff, **338**
der im Kontext zu den anderen Grundrechtseingriffen eine Besonderheit enthält: Ziel ist es, den Tatverdächtigen zu stellen oder Gegenstände zu finden, die sichergestellt oder beschlagnahmt werden können. Die Durchsuchung ist also ein Eingriff, der entweder weitergehende Folgen nach sich zieht oder den Verdächtigen entlastet. Somit bestimmt der Erfolg dieses Grundrechtseingriffs wesentlich die weitergehenden Entscheidungen der Ermittlungsorgane. Werden belastende Gegenstände gefunden, folgen Beschlagnahme und ggf. Festnahme des dann dringend Tatverdächtigen. Wird kein Beweismittel gefunden, ist das zumeist ein Indiz, das zur Beseitigung des Verdachts und damit zur Entlastung des Betroffenen führt. Keinesfalls darf eine Durchsuchung zur bloßen Ausforschung des Betroffenen durchgeführt werden. Ihre Anordnung hat auf Grund von § 34 StPO die wesentlichen Verdachtsmomente, einschließlich der Indiztatsachen auszuweisen. Der formelhafte Rückzug auf die bisherigen Ermittlungsergebnisse genügt dem nicht (BGH NStZ-RR 2009, 142, 143). Auf eine derartige Begründung darf man nur verzichten, sofern dringende Gründe dafür sprechen, die Bekanntgabe dieser wesentlichen Verdachtsmomente würden den Untersuchungszweck gefährden. In Erinnerung zu rufen wäre nur noch, dass der Rechtseingriff in einem angemessenen Verhältnis zur Schwere der Tat, zur Stärke des Tatverdachts und zum erwarteten Erfolg stehen muss (LG Zweibrücken NJW 1990, 2760).

Einer Ermächtigung bedürfen die Ermittlungsorgane nur für die Durchfüh- **339**
rung einer Durchsuchung. Infolgedessen müssen wir zunächst eine Antwort auf die Frage finden, was unter dem **Begriff der Durchsuchung** zu verstehen ist. Eine allgemein verbindliche Antwort erscheint im Angesicht der unterschiedlichen Durchsuchungsobjekte unzweckmäßig.

340 Als Durchsuchung i.S. der §§ 102ff. StPO bezeichnet die h.M. jede amtliche Suche nach Personen, Spuren oder Sachen (Roxin § 35 Rdn 1; Henkel § 71 A I), wenn das gesuchte Objekt versteckt (Roxin a.a.O.), also dem forschenden Blick der Ermittlungsbeamten verborgen ist (vgl. auch OVG Hamburg NJW 1997, 2193, 2194). Diese Erläuterung kann jedoch nur auf Fälle der Durchsuchung von Personen und/oder Sachen zutreffen, ist dagegen viel zu eng, wenn es sich um eine Hausdurchsuchung handelt.

Beispiel: L hat in einem Radiogeschäft einen Fernsehapparat und einen Video-Recorder gestohlen. Beide Geräte stellt er in seiner Wohnung auf und gebraucht sie. Man wird dem L kaum nachsagen können, dass er die gestohlenen Gegenstände versteckt habe; denn beide Geräte stehen offen in seiner Wohnung. Dennoch müsste nach dem Diebesgut i.S. der §§ 102, 105 StPO gesucht werden.

341 Bei der Hausdurchsuchung stellen wir zur Bestimmung des Durchsuchungsbegriffs auf die mit der hoheitlichen Tätigkeit verbundenen Grundrechtseingriffe ab. Eine Beeinträchtigung des verfassungsrechtlich geschützten Hausrechts entsteht nicht erst bei der Suche nach etwas Verborgenem (so aber BVerfG, AZ 1 BvR 201/97 vom 19. 11. 1999), sondern im Augenblick des Betretens einer Wohnung. Zu diesem Zeitpunkt nimmt der Ermittlungsbeamte Dinge wahr, die normalerweise seinem forschenden Auge verborgen sind, die der Hausrechtsinhaber von sich aus nicht offen legen bzw. herausgeben will, ja deren Kenntnisnahme durch die Behörde ihm erhebliche Nachteile bringen kann. Folglich müssen wir ab diesem Augenblick eine Durchsuchung anerkennen (vgl. OLG Köln NJW 1977, 825f.; Kühne Rdn 501; Amelung, in: AK StPO § 102 Rdn 21f.).

C. Voraussetzungen der strafprozessualen Durchsuchung

342 Die §§ 102–104 StPO enthalten die Voraussetzungen für die strafprozessuale Durchsuchung und machen den Grundrechtseingriff von festgelegten Tatbestandsmerkmalen abhängig. Bemerkenswert ist, dass die verschiedenen, in ihrer Gewichtung sehr unterschiedlichen Grundrechtseingriffe allesamt an identische Voraussetzungen gebunden sind. Um der Schwere des mit dem hoheitlichen Handeln verbundenen Grundrechtseingriffs gerecht zu werden, wäre eine Trennung der Durchsuchungsnormen angebracht, wie sie im Polizeirecht üblich ist. Auch und vor allem wegen dieser grundlegenden Feststellungen bedarf die Durchsuchung einer Rechtfertigung nach den Grundsatz der Verhältnismäßigkeit. Das bedeutet: Das zu suchende Objekt ist in einer der Eigenart des Tatverdachts sachgerechten Weise zu bezeichnen (OVG Lüneburg NVwZ-RR 2009, 473). Sie muss mit Blick auf den bei der Anordnung verfolgten gesetzlichen Zweck Erfolg versprechend sein; ferner muss gerade dieser Eingriff zur Ermittlung und Verfolgung der Straftat erforderlich sein; schließlich muss die Maßnahme in einem angemessenen Verhältnis zur Schwere der Straftat und der Stärke des Tatverdachts stehen. Das ist dann nicht mehr anzuerkennen, wenn weniger einschneidende Mittel zur Verfügung stehen, den beabsichtigten Maßnahmeerfolg herbeizuführen (BVerfG StraFo 2006, 240).

I. Durchsuchung beim Verdächtigen, § 102 StPO

Gemäß § 102 StPO darf bei dem, welcher als Täter oder Teilnehmer einer Straftat oder der Begünstigung, Strafvereitelung oder Hehlerei verdächtig ist, die Wohnung oder jeder andere Raum sowie seine Person und die ihr gehörende Sache sowohl zum Zwecke seiner Ergreifung als auch dann durchsucht werden, wenn zu vermuten ist, dass die Durchsuchung zum Auffinden von Beweismitteln führen werde. Aus Gründen der Verhältnismäßigkeit ist dem Eingriffsadressaten ausreichend Zeit einzuräumen, den gesuchten Gegenstand herauszugeben. Die Durchsuchung muss stets in einem angemessenen Verhältnis zur Schwere der Straftat sowie zur Intensität des Tatverdachts stehen. Daher ist nicht nur die Bedeutung des potenziellen Beweismittels für das Verfahren, sondern auch der darauf bezogene Verdacht, es aufzufinden, einer strengen Bewertung zu unterziehen (BVerfG CR 2005, 777). Aus Gründen der Verhältnismäßigkeit ist insoweit unbedingt zu vermeiden, den Eingriff zur Gewinnung bedeutungsloser Beweismittel (insbes. Daten) vorzunehmen (BVerfG CR 2006, 383, 390). **343**

1. Verdacht einer Straftat

Zum Begriff der Straftat vgl. grundsätzlich Rdn 71 ff. Die Eingriffsintensität verlangt als Durchsuchungsvoraussetzung Verdachtsgründe, die über vage Anhaltspunkte hinausreichen. Ein Verstoß gegen diese Forderungen ist anzuerkennen, sobald sich keine sachlich zureichenden, plausiblen Gründe für eine Durchsuchung finden lassen, ihr Ergebnis bei verständiger Würdigung der das Grundgesetz beherrschenden Gedanken also nicht verständlich ist (vgl. BVerfG NJW 2004, 1517, 1518; 2005, 1707). Ein erheblicher Eingriff in die Rechtssphäre eines Menschen bedarf stets einer Rechtfertigung nach den Grundsätzen der Verhältnismäßigkeit (BVerfGE 96, 44, 51). Dies bedeutet für eine Durchsuchung, dass sie insbesondere in einem angemessenen Verhältnis zur Schwere der Straftat und zur Stärke des Tatverdachts steht (BVerfG NJW 2005, 1917, 1922; LG Potsdam NJ 2006, 225, 226) sowie mit Blick auf den bei der Anordnung verfolgten Zweck, dass sie Erfolg versprechend erscheint. Auch wenn es grds. Sache der Ermittlungsbehörden ist, über Zweckmäßigkeit und Reihenfolge der vorzunehmenden Ermittlungshandlungen zu befinden, ist ein Grundrechtseingriff stets unverhältnismäßig, wenn eine nahe liegende grundrechtsschonende Ermittlungshandlung ohne greifbare Gründe unterbleibt oder zurückgestellt wird und die vollzogene Maßnahme außer Verhältnis zur Stärke des Tatverdachts steht (BVerfG NStZ-RR 2006, 110). Eine im frühen Stadium der Ermittlungen in Betracht kommende Durchsuchung (§ 102 StPO) verlangt einen auf bestimmte tatsächliche Anhaltspunkte gestützten Tatvorwurf, der über bloße Vermutungen hinausreicht, sowie unbedingt die Bezeichnung der Beweismittel, denen die Durchsuchung gilt. Dazu bedarf es keiner umfänglichen Ausführungen, vielmehr genügen knappe, aber aussagekräftige Tatsachenangaben (BVerfG NStZ 2002, 212, 213; BGH wistra 2009, 197, 198). Der Tatvorwurf ist also in einer Weise zu beschreiben, dass die aufzuklärende Straftat ggf. kurz, aber so genau umschrieben wird, wie dies die Umstände des Einzelfalls zulassen, und **344** der äußere Rahmen abgesteckt wird, innerhalb dessen die Maßnahme vollzogen werden soll (BVerfGE 42, 212, 220f.).

2. Tatverdächtiger

345 Allgemein wurde der Begriff Verdächtiger einer Straftat in Rdn 81ff. erläutert. Dem Adressaten des Rechtseingriffs muss die Tathandlung zeitlich und sachlich konkret vorgeworfen werden. Nur dann genügen Durchsuchungsanordnung bzw. -beschluss rechtsstaatlichen Anforderungen (BVerfG NStZ 1992, 91; LG Mönchengladbach StV 1986, 246).

346 Die Formulierung der Durchsuchungsanordnung muss im Rahmen des Möglichen und Zumutbaren sicherstellen, dass der Eingriff in die Grundrechte messbar und kontrollierbar bleibt. Eine Durchsuchungsanordnung, die keinerlei tatsächliche Angaben über den Inhalt des Tatvorwurfs enthält und der zudem die konkret gesuchten Gegenstände nicht erkennen lässt, wird diesen Anforderungen jedenfalls dann nicht gerecht, wenn solche Angaben nach dem Ergebnis der Ermittlungen ohne weiteres möglich und den Zwecken der Strafverfolgung nicht abträglich sind (BVerfG NStZ 1999, 414; NJW 2004, 1517). Die entsprechend dem Ermittlungsstand konkrete Bezeichnung des Gesuchten ist vor allem unter Gesichtspunkten der Verhältnismäßigkeit geboten; denn das gibt dem Adressaten Gelegenheit, durch Herausgabe den Vollzug der Durchsuchung zu verhinern.

3. Teilnahme, Begünstigung, Strafvereitelung, Hehlerei

347 Mit der Auflistung der Täterschaft, der Teilnahme und des Tatverdachts hinsichtlich der §§ 257ff. StGB sind sämtliche Formen der Begehung einer Straftat erfasst, ausgenommen die Fälle der notwendigen Teilnahme. Davon sprechen wir, wenn die Tatbestandsverwirklichung nur möglich ist, sofern mehrere Personen an ihr mitwirken (Lange, S. 63ff.), ohne dass ein qualifizierendes Tatbestandsmerkmal das Handeln mehrerer Personen verlangt. Dann nämlich stehen alle Personen im Verhältnis der Mittäterschaft zueinander (RG LZ 25, 213; BGH JZ 1952, 46).

Beispiel: A, B und C haben eine sichere Masche entdeckt, an Geld zu kommen. Sie stehlen hochwertige Pkw, die in der Werkstatt des E „frisiert", mit neuen „Papieren" von billig eingekauften Unfallfahrzeugen versehen und dann von E verkauft werden. Als das Quartett „auffliegt", haben sie bereits 389 Pkw abgesetzt.

348 Als qualifizierendes Merkmal kommt Bandendiebstahl nach §§ 242, 244 StGB in Betracht, denn Bandenmitgliedschaft ist kein Merkmal notwendiger Teilnahme.

349 Die umfassende Aufzählung täterschaftlicher Möglichkeiten unterstreicht die Zulässigkeit einer Durchsuchung nach § 102 StPO auch in den Fällen, in denen die Beteiligung eines anderen aus dem Personenkreis an der aufzuklärenden Straftat nachgewiesen werden soll. Da die Personen aus dem in § 102 StPO angesprochenen Kreis gleichrangig nebeneinander stehen, darf die Durchsuchung bei dem Begünstiger z.B. durchgeführt werden, um den Verdacht gegen den Vortäter erhärten zu können.

Beispiel: L hat reiche Beute bei einem Einbruch in die Villa des V gemacht. Als er in seinen Kreisen den Tipp bekommt, die Kripo sei hinter ihm her, bietet sich F an, die „heiße Ware" aufzubewahren, bis „Gras über die Sache gewachsen" sei.

Hier steht L im Verdacht, Täter eines Diebstahls zu sein, wogegen sich der **350** Verdacht der Begünstigung und der Strafvereitelung gegen den F richtet. Damit liegen die Durchsuchungsvoraussetzungen nach § 102 StPO bei beiden vor.

Die weite Fassung des § 102 StPO dürfen die Ermittlungsbehörden jedoch **351** nicht dazu missbrauchen, Verdachtsmomente gegen einen bisher unbekannten Straftäter zu gewinnen (BVerfGE 20, 162, 192).

4. Durchsuchungszweck

Herzstück der Durchsuchungsvoraussetzungen ist die Erläuterung, welchem **352** Zweck der Grundrechtseingriff gelten soll. Der Gesetzgeber lässt die Durchsuchung zu, um den Verdächtigen zu ergreifen bzw. Beweismittel oder Gegenstände, die dem Verfall oder der Einziehung unterliegen, aufzufinden. Wichtig ist, dass der Ermittlungsbeamte bei Prüfung der Rechtmäßigkeit einer Durchsuchung begründet, ob einer dieser Zwecke verfolgt wird. Die Durchsuchungsanordnung muss also Art und denkbaren Inhalt der zu suchenden Beweismittel oder sonstigen Gegenstände erkennen lassen (BVerfG NJW 1992, 551); denn nur so ist sichergestellt, dass eine der Funktion des Richtervorbehalts gerecht werdende eigenverantwortliche Prüfung stattfinden kann (BVerfG Beschl. Vom 28.09.04, 2 BvR 2105/03). Heißt es dagegen in der polizeilichen Anordnung, die Durchsuchung „könne Erkenntnisse über begangene Straftaten liefern", handelt es sich offensichtlich um weniger als eine vage Möglichkeit, der Eingriff könne erfolgreich sein. Vielmehr legt diese Argumentation den Gedanken nahe, der Polizei gehe es einzig um eine Ausforschung in alle Richtungen (VG Lüneburg NVwZ-RR 2006, 542).

Daneben haben die Ermittlungsbehörden die Tat, die sie dem Verdächtigen **353** vorwerfen, so weit wie möglich zu konkretisieren (BVerfG NJW 1994, 3281), also das Geschehen in einer Weise zu definieren, dass eine Subsumtion unter einen gesetzlichen Tatbestand möglich ist (BVerfGE 44, 353, 371). Eine Durchsuchungsanordnung, die keine tatsächlichen Angaben über den konkreten Tatvorwurf wiedergibt, genügt den Mindestanforderungen nicht (BVerfG NStZ-RR 1998, 366). Selbst wenn man unter Berücksichtigung der spezifischen Situation, in der sich Polizei und Staatsanwaltschaft regelmäßig befinden, keine allzu hohen Anforderungen an die Bestimmtheit der Anordnungsinhalte stellen sollte (Schoreit, NStZ 1999, 173 ff.), verletzt eine völlig undifferenziert formulierte Durchsuchungsanordnung den Adressaten in seinen verfassungsmäßig zugestandenen Rechten. Dies gilt zumindest dann, wenn solche Kennzeichnung ohne weiteres möglich und den Zwecken des Strafverfahrens nicht abträglich ist (BVerfGE 71, 64, 65).

a) Ergreifen des Verdächtigen

„Ergreifen" erfasst jede Freiheitsentziehung ohne Rücksicht auf deren Dauer **354** mit dem Ziel, strafprozessual zugelassene Grundrechtsbeeinträchtigungen durchzuführen (Eb. Schmidt § 102 Rdn 12; Bennecke-Beling § 54 Ia Fn 3). In

Betracht kommt in erster Linie die vorläufige Festnahme (§§ 127 II, 112, 112a, 113 StPO), die Verhaftung (§§ 114, 112, 112a, 113 StPO), die Festnahme auf Grund eines Vorführungsbefehls (§§ 134, 230 II, 236, 329 IV Satz 1 StPO) oder die einstweilige Unterbringung (§ 126a StPO). Darüber hinaus erfasst der Begriff „Freiheitsentziehung" das Verbringen des Beschuldigten zur Beobachtung in ein psychiatrisches Krankenhaus (§ 81 StPO) oder zur Durchführung einer körperlichen Untersuchung (§ 81a StPO), das Wiederergreifen bzw. die Festnahme eines bereits Verurteilten, die Einlieferung in Widerrufshaft (§ 453c StPO), in Strafhaft (§ 457 StPO) oder in den Maßregelvollzug (§ 463 StPO).

355 Für die Ermittlungsbeamten ist es wichtig zu wissen, ob auch eine Freiheitsentziehung nach § 163b StPO dem Begriff des Ergreifens zugeordnet werden kann; denn bei der Anordnung einer Wohnungsdurchsuchung (und nur dort kann ja ein Ergreifen stattfinden) zum Zwecke der Identitätsfeststellung kann noch nicht feststehen, ob dazu eine Freiheitsentziehung erforderlich werden wird.

356 Die einfachere und die Rechte des Tatverdächtigen eindeutig weniger belastende Form der Identitätsfeststellung, nämlich das Befragen bzw. das Aushändigen von Personalpapieren, stellt keine Form des Ergreifens i.S. des § 102 StPO dar; Befragen und Aushändigen von Personalpapieren verlangt zwingend die Mitwirkung des Betroffenen. In diesen Fällen kommt eine Wohnungsdurchsuchung nicht in Betracht, und das Problem der Interpretation des Begriffs „Ergreifen" stellt sich nicht.

357 Verweigert der tatverdächtige Hausrechtsinhaber die Feststellung seiner Personalien bzw. seiner Identität auf diese Art, ist sie i.S. des § 163b StPO objektiv unmöglich, so dass der Ermittlungsbeamte die weiterreichenden Eingriffsbefugnisse aus dieser Ermächtigung anwenden kann. Aus dem Kanon der gesetzlichen Möglichkeiten bietet sich zunächst das Festhalten an. Dies ist – wie dargestellt – ein Fall des Ergreifens, so dass die Durchsuchung einer Wohnung zum Zwecke der Identitätsfeststellung zulässig sein kann.

358 Unter den Begriff des Ergreifens aus § 102 StPO fallen auch Personen, die erkennungsdienstlich behandelt werden sollen, und zwar ohne Rücksicht darauf, ob sich der Eingriff auf § 81b 1. Alt. StPO (Zwecke des Strafverfahrens) oder auf § 81b 2. Alt. StPO (Zwecke des Erkennungsdienstes) stützt.

b) Auffinden von Beweismitteln

359 Neben dem Ergreifen des Tatverdächtigen ist die Durchsuchung zulässig, um Beweismittel aufzufinden. Dabei gilt i.S. des § 102 StPO der eingeschränkte Begriff des Beweismittels, der sich auf Sachen beschränkt. „Sache" ist nicht i.S. des bürgerlichen Rechts zu verstehen, sondern erfasst neben beweglichen und unbeweglichen körperlichen Gegenständen auch Spuren (Gerland, S. 248; Beling § 106 VI). Weiterhin gehören Urkunden, die eine rechtlich erhebliche Aussage über ein Recht, eine Forderung oder eine Sache machen (z.B. Verträge, Geschäftsbücher, Kontoauszüge) zu den Beweismitteln (Henkel § 69 I; Peters § 48 A I 1), ohne Rücksicht darauf, ob ein Recht oder eine Forderung selbst Sache sein kann. Als Beweis-„Mittel" sieht die Rechtsprechung zurzeit auch die elektronisch gespeicherten Daten (BVerfG NJW 2005, 1917ff.), so dass §§ 102ff. StPO die Suche danach erlauben (Kritik an dieser Auffassung vgl. oben Rdn 519f.).

Der Körper des lebenden Menschen ist keine Sache. Dagegen ist die Leiche Sache i.S. der Strafprozessordnung, so dass die Suche nach Leichen oder Leichenteilen unter den Tatbestand des § 102 StPO fällt. Gleiches gilt für die vom menschlichen Körper getrennten Teile, wie z.B. Blut, Urin, Mageninhalt (Benfer, S. 82). **360**

Die Durchsuchung dient dem Auffinden von Beweismitteln, wenn Gegenstände oder Spuren gesucht werden, die Verfahrensbedeutung haben können, weil sie einen Rückschluss auf den Täter, die Tat oder Tatzusammenhänge zulassen. Hinweise auf den Täter geben z.B. Tatwerkzeuge, Objekte der Tat oder Sachen, die durch die Begehung einer Straftat verändert wurden. Rückschlüsse dieser Art lassen daneben Gegenstände zu, die – ohne selbst Beweismittel zu sein – Spuren des Tatverdächtigen an sich tragen (Blut- oder Fingerspuren) und von Zeugen wiedererkannt werden können. Lassen sog. Vergleichsgegenstände eindeutige Hinweise auf den Täter zu (z.B. Schriftproben), zählen wir sie ebenfalls zu den Beweismitteln. **361**

Der Rückschluss auf die begangene Tat ist in zweierlei Hinsicht möglich. Einmal gibt die Sache direkt den Hinweis auf das tatsächlich begangene Delikt (Beispiel: Diebstahl, Pistole wird gefunden, somit § 244 I Ziff. 1 StGB). Zum anderen lässt sich erst durch genaue Untersuchungen des Beweismittels feststellen, welches Delikt der Täter begangen hat bzw. haben könnte (Beispiel: Körperverletzung, Auffinden von Gift, somit §§ 212, 22 oder 224 I Ziff. 1 StGB). **362**

Auf Tatzusammenhänge lässt ein Beweismittel Rückschlüsse zu, wenn damit nicht nur die gerade verfolgte, sondern auch andere, bisher nicht geklärte Taten aufgeklärt werden können. **363**

Beispiel: K wird beobachtet, wie er im Gedränge auf dem Wochenmarkt einer Frau die Geldbörse aus der Einkaufstasche zieht. Finden die Beamten die Geldbörse der Frau bei K, steht mit an Sicherheit grenzender Wahrscheinlichkeit fest, dass er diesen Diebstahl begangen hat. Insoweit gibt das Objekt der Tat Aufschluss über den Täter.

Oder:

Das Opfer eines Raubes behauptet, es sei mit einer Pistole bedroht worden. Finden die Beamten bei der Durchsuchung eine Pistole oder einen Gegenstand, der der Pistole gleichzusetzen ist, kann damit die konkret begangene Tat bestimmt werden: hier statt Raub, § 249 StGB, schwerer Raub, § 250 StGB. Das Beweismittel gibt folglich einen Hinweis auf die Tat.

Oder:

Wird eine Pistole gefunden, wäre durch einen Vergleich der Projektile und der ausgeworfenen Patronenhülsen mit den an anderen, früher aufgenommenen Tatorten gefundenen feststellbar, ob mit dieser Waffe andere Straftaten begangen worden sind. Somit gäbe die Pistole Aufschlüsse über Tatzusammenhänge.

c) Gegenstände, die dem Verfall oder der Einziehung unterliegen

Der § 111b IV StPO bestimmt, dass für eine Durchsuchung nach Gegenständen, die dem Verfall oder der Einziehung unterliegen, die §§ 102 bis 110 StPO entsprechend gelten. Eine Durchsuchung ist damit zulässig, wenn dringende Gründe für die Annahme vorhanden sind, dass die Voraussetzungen für den Verfall oder die Einziehung des gesuchten Gegenstandes vorliegen. **364**

Einziehungsgegenstände sind körperliche Sachen und Rechte (Jescheck/ **365**
Wiegend, S. 796), die entweder durch die Begehung einer vorsätzlichen Straftat

hervorgebracht wurden (producta sceleris) oder zu ihrer Begehung oder Vorbereitung gebraucht oder bestimmt gewesen sind (instrumenta sceleris). Dem Verfall unterliegt alles, was der Täter oder Teilnehmer aus der Begehung einer rechtswidrigen Tat erlangt hat, sofern nicht dem Verletzten aus der Tat ein Anspruch erwachsen ist, dessen Erfüllung dem Täter oder Teilnehmer den Wert des aus der Tat Erlangten entziehen würde. „Erlangt" ist der Vorteil, sobald der Täter die tatsächliche Verfügungsgewalt darüber begründet hat (quasi Eigenbesitz, §§ 854, 872 BGB).

366 Beispiel für ein productum sceleris ist die gefälschte Urkunde (wie etwa Führerschein, Pass, Ausweis sonstiger Art), und zwar für ein Delikt nach § 267 StGB, oder das Falschgeld für eine Tat nach § 146 StGB. Stellvertretend für ein instrumentum sceleris wollen wir hier die Pistole, mit der ein Delikt nach § 211 StGB begangen wurde, das Einbruchswerkzeug oder den Pkw zum Abtransport der Beute herausstellen.

367 Der Begriff „etwas erlangt" ist ausschließlich wirtschaftlicher Natur, bezieht sich somit nicht auf immaterielle Vorteile. Erfasst werden z.B. Geldbeträge, Autos, Grundstücke; dazu zählen aber auch dingliche Rechte (z.B. Abo-Verträge, Pacht, Miete) sowie Leistungen, Nutzungen oder Einsparungen (z.B. Umweltschutzabgaben), denen ein wirtschaftlich messbarer Wert zukommt. Der Vermögensvorteil muss unmittelbar aus oder für die Anknüpfungstat erlangt sein; § 73 StGB greift folglich nicht ein bei Gewinnen, die dem Täter durch Spekulationen mit dem erlangten Geld zufließen (Wolters, in: SK StGB § 73 Rdn 10).

368 Von diesem Grundsatz der Unmittelbarkeit gibt es zwei Ausnahmen: die Nutzungen (Abs. 2 S. 1) und die Surrogate (Abs. 2 S. 2). Als Nutzung bezeichnet man die Vermögensvorteile, die der Tatbeteiligte aus einer Sache oder einem Surrogat bis zum Zeitpunkt der gerichtlichen Entscheidung tatsächlich gezogen hat. Dazu zählt z.B. der Zinsgewinn (indes nur bankübliche Zinsen) oder der Betriebsgewinn, soweit dieser nicht im Wesentlichen auf Leistungen und Fähigkeiten dessen beruht, der diesen Gewinn erzielt hat (Brenner, DRiZ 1977, 204).

369 „Surrogate" sind Vermögensvorteile, die an die Stelle der von dem Tatbeteiligten aus der Anknüpfungstat oder für die Anknüpfungstat erlangten Vermögensvorteile getreten sind. Damit erfasst das Gesetz neben dem Veräußerungsgewinn (Verkaufs- oder Tauscherlös) das, was als Ersatz für Zerstörung, Beschädigung oder Entziehung einer Sache (wie Anspruch gegen die Versicherung), oder das, was auf Grund eines erlangten Rechts erworben worden ist (wie z.B. Realisierung eines erschwindelten Anspruchs).

5. Durchsuchungsobjekte

370 Nach § 102 StPO darf bei dem Tatverdächtigen eine Durchsuchung der Wohnung und anderer Räume sowie seiner Person und der ihr gehörenden Sachen vorgenommen werden. Die Durchsuchungsobjekte werden zwar genannt, aber nicht so genau festgelegt, wie das in Anbetracht des Gewichts von Grundrechtseingriffen notwendig wäre. Insbesondere die Formulierung „andere Räume" entspricht nur dann rechtsstaatlichen Anforderungen, wenn diese Räume in der Durchsuchungsanordnung konkret bezeichnet und damit für den Eingriffsadressaten erkennbar werden (BVerfG NJW 1992, 551; NStZ 1992, 91).

a) Geschützte Räume

Der Wohnungsbegriff aus Art. 13 GG ist weit auszulegen. Daher genießen neben Wohnungen im engeren Sinne Geschäftsräume und das umfriedete Besitztum den Schutz des Grundgesetzes (Anschütz Art. 115 Anm. 1: BVerfGE 32, 54, 70: 42, 212, 219). Diesen weiten Wohnungsbegriff macht sich § 102 StPO zu Eigen. Er gestattet eine Durchsuchung der Wohnung und anderer Räume. Als anderer Raum kommen daher auch Geschäftsräume und das umfriedete Besitztum in Betracht. Als Träger des Grundrechts aus Art. 13 I GG kommt bei Geschäftsräumen allein der Unternehmer/Gewerbetreibende in Betracht, nicht dagegen ein Arbeitnehmer (BVerfG NVwZ 2009, 1281 f.). **371**

aa) Wohnung

Hinsichtlich der Wohnungsdurchsuchung ist zunächst eine Einschränkung dahin gehend zu machen, als dieser Rechtseingriff zur Verfolgung von Bagatelldelikten grundsätzlich rechtswidrig ist. Als Bagatelldelikte kommen nur Taten in Frage, deren Strafrahmen Freiheitsstrafe bis zu sechs Monaten oder Geldstrafe bis zu 180 Tagessätzen vorsehen. Einen solch schwerwiegenden Rechtseingriff wie eine Wohnungsdurchsuchung können derartige Delikte unter keinen Umständen rechtfertigen (LG Freiburg StraFo 2006, 168). Die Auslegung des Begriffs „Wohnung“ geht von der Bedeutung bzw. Bestimmung aus, die ein bestimmter Raum für seinen Inhaber hat, und bezieht sämtliche Räumlichkeiten ein, die sich das Individuum als Lebensmittelpunkt (Dagtoglou, JuS 1975, 753: Stein, in: SKBT § 123 Rdn 8) wählt, in deren Intimität es vor unbefugter Einblicknahme durch andere weitgehend sicher ist (BVerfGE 89, 1, 12; Schall, S. 135) und in dessen Schutz es auch solche Verhaltensweisen vornehmen kann, deren Durchführung in der Öffentlichkeit dem Ansehen des Betroffenen abträglich wäre. Dazu ist zumindest ein gewisses Maß an Abschirmung nach außen erforderlich. Ebenso spielt die Qualität des Raumes eine nur untergeordnete Rolle, wenn objektiv erkennbar ist, dass die Räumlichkeit zu Wohnzwecken genutzt wird (Sachs Art. 13 Rdn 2). Den Schutz des Art. 13 I GG genießt allein der Inhaber der tatsächlichen Gewalt über die Räume, im Falle einer Mietwohnung der Mieter und nicht der Vermieter, der die Räumlichkeiten tatsächlich nicht innehat (BVerfG NVwZ 2009, 1281 f.). **372**

Daher ist Wohnung in diesem Sinne ein während einer Kur oder einer Reha-Maßnahme genutztes Krankenzimmer (BGH NJW 2005, 3295, 3296) oder das für eine Nacht gemietete Hotelzimmer (Model/Müller Art. 13 Anm. 1), wogegen das nur zum Nächtigen aufgesuchte Obdachlosenasyl als Massenquartier niemals Wohnung ist, weil zur Anerkennung einer Wohnung ein Mindestmaß an Abgeschlossenheit der räumlichen Verhältnisse zur eigenständigen Gestaltung des häuslichen Lebens mit gewissen Rückzugsmöglichkeiten notwendig ist, woran es in diesen Fällen ebenso fehlt (OVG Berlin NVwZ 1994, 799; Hömig Art. 13 Rdn 5) wie bei den Unterkunftsräumen für Soldaten (Herdegen, in: BK Art. 13 Rdn 26), Pkw (BGH NJW 1997, 2129), Hafträumen in einer Justizvollzugsanstalt (BVerfG NJW 1996, 2643) oder auch **373** dem Besucherraum einer Untersuchungshaftanstalt (BGH NJW 1998, 3284, 3285).

374 Zu den Wohnungen zählen auch Künstler- oder Schaustellerwagen, Schlafkabine von Lkw, bewohnbare Schiffe, Gartenhäuser und Campingwagen oder Bordelle, die nicht allgemein zugänglich sind (BGH NJW 1997, 1019), weil sich in ihnen das private Leben der entsprechenden Personen abspielt, einschließlich der Nebenräume als deren integrierte Bestandteile, wie Treppen, Flure, Keller, Dachboden oder Veranda (RGSt 1, 121, 122).

bb) Geschäftsraum

375 Geschäftsräume sind Räume, die gewerblichen, wissenschaftlichen, künstlerischen oder ähnlichen Zwecken zu dienen bestimmt sind und die entsprechend dieser Zweckbestimmung zumindest für eine gewisse Dauer genutzt werden (RGSt 32, 371 f.: Schall, S. 116). Daher genießen den Schutz aus Art. 13 I GG, § 102 StPO nicht allgemein zugängliche Geschäfts- und Büroräume, Personalaufenthaltsräume, Arbeitshallen, Werkstätten oder Vereinsbüros. Der geschäftliche Zweck braucht nicht der einzige, muss aber der bestimmende sein, primär also muss der Raum der Verfolgung geschäftlicher Interessen dienen. Im Falle beruflich genutzter Räume greift die Durchsuchung schwerwiegend in das Grundrecht aus Art. 13 GG ein. Auch wenn eine solcher Eingriff den Schutzbereich des Art. 12 GG nicht unmittelbar berührt, müssen die Strafverfolgungsbehörden das Ausmaß der mittelbaren Beeinträchtigung der beruflichen Tätigkeit beim Adressaten berücksichtigen (BVerfG JuS 2009, 71).

376 Im Gegensatz zur Wohnung ist allgemeine Zugänglichkeit vielfach integraler Bestandteil eines Geschäftsraums, wenn auch mit der Einschränkung, dass er ggf. für einen bestimmten Zweck der Öffentlichkeit zur Verfügung gestellt wird. Doch schließt der Schutz des § 102 StPO auch geschäftlich genutzte Räume ein, die nicht allgemein zugänglich sind (BVerfGE 96, 44, 51). Durchsuchungen verletzen unvermeidlich die geschäftliche Privatsphäre ohne Rücksicht darauf, ob sie den für die Allgemeinheit abgeschlossenen Räumlichkeiten gilt oder ob jedermann zugängliche Geschäftsräume betroffen sind. Dieser Eingriff sprengt den Rahmen jeder üblichen Nutzung, so dass die Ermittlungsorgane im Falle dieser Rechtsverletzung eine Ermächtigung benötigen.

cc) Umfriedetes Besitztum

377 Umfriedet ist ein Grundstück, wenn es nach außen erkennbar gegen willkürliches Betreten oder Eindringen gesichert ist (BayObLG JR 1969, 466, 467). Wie diese Sicherung durchgeführt wird, ist unerheblich, wenn bloß der einem unberechtigten Betreten des Grundstücks entgegenstehende Wille eindeutig erkennbar ist. So können zur Einfriedung natürliche Hindernisse wie Bachläufe, Hecken oder Gräben ebenso verwendet oder einbezogen werden wie künstliche Hindernisse in Form von Mauern oder Zäunen. Unüberwindbarkeit des Hindernisses ist nicht erforderlich, doch muss die Umfriedung ein physisches Hindernis sein und darf nicht nur psychisch wirken. Infolgedessen reichen Verbotstafeln (OLG Hamm VRS 37, 265, 266) oder symbolische Hindernisse wie etwa die Markierung einer Grundstücksgrenze durch Randsteine oder Ähnliches nicht aus, eine Umfriedung zu bejahen.

b) Person

Die Durchsuchung einer Person ist zunächst gegen § 81a StPO abzugrenzen, weil die Voraussetzungen für beide Eingriffe unterschiedlich sind. Während eine Durchsuchung beim Verdächtigen möglich ist, muss für die Zulässigkeit einer Untersuchung ein Beschuldigter gegeben sein. Weiterhin ist eine körperliche Untersuchung verfahrensrechtlich nur wirksam, wenn das Ergebnis ärztlich attestiert ist. **378**

Durchsuchung ist Vorbereitung der Beweisführung, Untersuchung die Augenscheinseinnahme (Bosch, in: KMR § 81a Rdn 11). Daher wäre Durchsuchung der Person das Nachforschen in oder unter der angezogenen Kleidung oder auf der Körperoberfläche (Meyer-Goßner § 102 Rdn 9; Joecks § 102 Rdn 7) nach Sachen oder Spuren, die als Beweismittel auf eine Straftat hindeuten bzw. dem Verfall oder der Einziehung unterliegen. Nicht zum Anwendungsbereich des § 102 StPO gehört die Suche im Körperinneren oder in Körperhöhlen nach verschluckten oder sonstwie verborgenen Sachen. **379**

Ohne Schwierigkeiten lassen sich die Fälle als Untersuchung qualifizieren, in denen Beweismittel verschluckt oder im Körperinneren versteckt werden. Erinnert sei hier an das Verbergen von Drogen in After oder Scheide oder deren Verschlucken. Wesentlich problematischer gestaltet sich die Suche in körperlichen Verstecken, in denen auch ein medizinischer Laie ohne Gefahr für die Gesundheit Nachforschungen anstellen könnte. **380**

Beispiel: A versteckt einen soeben gestohlenen Brillantring im Mund, bevor das Verkaufspersonal etwas unternehmen kann. Zwar kann u.U. ein medizinischer Laie den Mund des A öffnen, dennoch bleibt dieser Eingriff so schwerwiegend, dass man ihn § 81a StPO zuordnen muss. Überdies wäre die bloße Nachschau im Mund unergiebig, vielmehr müsste nach dem Beweismittel gesucht werden. Das kann aber nur Untersuchung sein, da (wenn auch einfachste) medizinische Hilfsmittel benötigt werden.

Das sieht völlig anders aus, wenn der Täter seine Beute unter der Achselhöhle versteckt. Dann erfolgte eine bloße Nachschau auf der Körperoberfläche i.S.d. § 102 StPO.

c) ihr gehörende Sachen

Der Begriff „Sache" bezieht alle beweglichen oder unbeweglichen Gegenstände ein, die der Wohnungsbegriff nicht erfasst. Sollen Schränke oder Kisten in einer Wohnung durchsucht werden, unterliegen sie als Sachen dem § 102 StPO. Sachen sind daneben z.B. Autos, Schließfächer, Taschen, Koffer und auch die nicht angezogene Kleidung. Da die Durchsuchung ein verfahrenssichernder Grundrechtseingriff ist, dürfen wir das Merkmal „ihm gehörend" nicht mit Eigentum an der Sache gleichsetzen. Ausschlaggebend ist allein Besitz oder Gewahrsam, wobei auch Mitgewahrsam genügt. **381**

6. Erfolgsvermutung

Die Erfolgsvermutung ist das Bindeglied zwischen Durchsuchungszweck und -objekt (BVerfG NJW 2005, 1917, 1922). Hier ist darzulegen, warum die Durchsuchung gerade dieses Objekts die Erwartung festigt, die gesuchte Person, Spur oder Sache zu finden. Sie übt infolgedessen eine Begrenzungsfunktion aus; denn einerseits sind Durchsuchungen dort unzulässig, wo die gesuchten Ge- **382** genstände nicht versteckt werden können, andererseits verbietet sich eine Fortsetzung der Durchsuchung, wenn keine Anhaltspunkte für die Vermutung vorhanden sind, die weitere Durchführung werde zum Auffinden neuer Beweismittel führen (BGH StV 1988, 90).

383 Zur Begründung der Vermutung reichen subjektive Ansichten oder Erkenntnisse (Stenglein, GS 57, 1, 5). Das Gesetz verlangt also nicht unumstößliche Anhaltspunkte für den Erfolg der Durchsuchung (Erbs § 102 Anm. VI; Roxin § 35 Rdn 5). Es müssen nur gewisse tatsächliche Anhaltspunkte vorhanden sein, die die Möglichkeit des Durchsuchungserfolges aufzeigen. Diese Forderung verhindert, dass eine Durchsuchung schon auf Grund gefühlsmäßiger Vermutungen zulässig wird. Worauf sich die Vermutung im Einzelfall gründet, lässt sich nicht festlegen. Sie kann auf Lebenserfahrung oder polizeilicher bzw. kriminalistischer Erfahrung ebenso beruhen wie z.B. auf Verhaltensweisen des Verdächtigen.

II. Durchsuchung bei anderen Personen, § 103 StPO

384 Häufig lässt sich eine Straftat nur klären, wenn eine Durchsuchung sowohl beim Tatverdächtigen als auch oder allein bei anderen Personen durchgeführt wird.

Beispiel: In der Scheune des Bauern B haben die Mitglieder einer Bande ein umfangreiches Lager von Diebesgut angelegt, und zwar ohne Wissen des B.

Oder:

Der bei einem Diebstahl im Kaufhaus bemerkte F steckt die Beute dem P in die Tasche, ohne dass dieser etwas davon bemerkt hätte.

385 Sind Grundrechtseingriffe bei Personen zulässig, die nicht durch eigenes Handeln die Ursache für den Rechtseingriff gesetzt haben, müsste der Gesetzgeber diesen Personenkreis prinzipiell in seinen Rechten besser stellen als den Kreis der Tatverdächtigen. Diesem Grundsatz entspricht § 103 StPO in ganz bescheidenem Umfang; denn die Durchsuchung bei anderen als tatverdächtigen Personen ist an nur unwesentlich strengere Voraussetzungen als die i.S. des § 102 StPO gebunden. Durch die Verknüpfung des personenbezogenen Tatverdachts mit einem eher abstrakten Auffindungsverdacht schafft der Gesetzgeber in § 102 StPO einen ausreichenden Eingriffsanlass. Fehlt dagegen ein gegen den von der Durchsuchung Betroffenen selbst gerichteter Verdacht der Beteiligung an der Tat, dann muss der Eingriffsanlass hinsichtlich des Durchsuchungszweckes näher konkretisiert sein, um die staatliche Inanspruchnahme des Betroffenen zu rechtfertigen. Daher müssen konkrete Gründe darauf hindeuten, dass ein Beweisgegenstand (bzw. der Beschuldigte) bei dem Unverdächtigen gefunden werden kann (BVerfG NJW 2003, 2669, 2670).

1. Andere Person

386 Zum Begriff „andere Person" vgl. Rdn 102ff. Belanglos ist, ob derjenige, bei dem i.S. des § 103 StPO durchsucht werden soll, zu den zeugnisverweigerungsberechtigten Personen aus §§ 52 bis 53a StPO gehört (Stenglein § 102 Anm. 2;

Creifelds, GA 1960, 65, 70), solange nicht Gegenstände gesucht werden, die beschlagnahmefrei sind (Haffke, NJW 1974, 1983, 1984). Folglich ist eine Durchsuchung der Unterlagen eines Ehepartners des Verdächtigen ohne Anordnung nach § 103 StPO unzulässig. Wird sie dennoch durchgeführt und werden Beweismittel gefunden, dürfen diese in einem Strafverfahren nicht verwertet werden (Nelles, StV 1991, 488).

2. Durchsuchungsobjekte

Durchsuchungsobjekte sind nach h.M. in § 103 StPO die gleichen wie in **387** § 102 StPO. Begründet wird diese Auffassung mit dem Argument, der Tatbestand der Durchsuchung bei anderen Personen nehme deutlich Bezug auf § 102 StPO. Zwar spräche § 103 StPO nur die Durchsuchung von Räumen an, aber doch wohl nur im Zusammenhang mit der Erfolgsprognose (Schäfer, in: L-R § 103 Rdn 5). Einerseits widerspricht diese weitherzige Auslegung dem Wortlaut des Gesetzes, andererseits ist § 103 StPO im Zuge der Reform der Strafprozessordnung novelliert worden, ohne diesen evidenten Mangel zu korrigieren. Folglich müssen wir annehmen, dass der Gesetzgeber die Beschränkung der Durchsuchung bei anderen als verdächtigen Personen auf Räume im weitesten Sinne beschränkt halten will (vgl. auch Amelung, in: AK StPO § 103 Rdn 6f.).

3. Durchsuchungszweck

Auf den ersten Blick glaubt man, eine strengere Fassung des § 103 StPO bei **388** der Bestimmung des Durchsuchungszweckes erkennen zu können, fordert der Gesetzgeber doch vermeintlich konkretere Kenntnisse als bei Begründung des Durchsuchungszweckes in § 102 StPO. Expressis verbis ist die Suche nach dem zu ergreifenden Beschuldigten oder nach bestimmten Gegenständen erlaubt. Die Ermittlungsorgane dürfen aber auch durchsuchen, um bestimmte Spuren einer Straftat zu verfolgen. Mögliche Restriktionen, die auch aus dem Gedanken hervorgehen könnten, dass der Adressat des Eingriffs nicht selbst die Ursache für das Vorgehen der Ermittlungsorgane gegen ihn gesetzt hat, könnten wir aus den Begriffen „Beschuldigter" sowie „bestimmte" Gegenstände bzw. Spuren herleiten. Doch sind Zweifel angebracht; denn die Interpretation dieser Begriffe ist durchaus geeignet, die einengende Handhabung des Gesetzestextes zu konterkarieren.

a) Ergreifen des Beschuldigten

Zu „Beschuldigter" vgl. Rdn 93ff. Wann ein Tatverdächtiger zum Beschul- **389** digten wird, entscheidet allein der Wille der Ermittlungsbeamten (Gerlach, NJW 1969, 776, 777), insbesondere deren Vorgehen bei der Auswertung der zur Verfügung stehenden Beweismittel und Spuren. Hier liegt die Schwachstelle des verfahrensrechtlich bedeutsamen Begriffs „Beschuldigter". Ist nämlich auf Grund objektiver Anhaltspunkte gar nicht feststellbar, wann eine Person die Schwelle vom Verdächtigen zum Beschuldigten überschreitet, reduziert sich die Restriktion des § 103 StPO gegenüber der weiten Fassung aus § 102 StPO auf Null. Das gilt gleichermaßen, wenn man die Definition des Beschuldigtenbegriffs, wie sie sich aus dem Beschluss des Bundesverfassungsgerichts herleitet (oben Rdn 100), verallgemeinert. Es widerspricht aber elementaren rechtsstaatlichen Prinzipien, die Ermächtigung zur Vornahme von Rechtseingriffen gegenüber Nichtverdächtigen an die gleichen Voraussetzungen zu knüpfen wie gegenüber einer Person, die durch ihr Verhalten den Rechtseingriff ausgelöst hat.

390 Ergreifen des Beschuldigten in § 103 StPO ist identisch mit dem Ergreifen der Person aus § 102 StPO.

b) Bestimmte Gegenstände oder Spuren

391 Im Gegensatz zu § 102 StPO, bei dem die Suche „irgendwelchen" Beweismitteln, Verfalls- oder Einziehungsgegenständen dient, verlangt § 103 StPO eine nähere Kenntnis der gesuchten Sache, und zwar in dem Sinne, dass der gesuchte Gegenstand konkret bezeichnet wird (Peters § 48 V; Binding § 74 Anm. 2b). Fraglich ist indessen, wann ein Gegenstand oder eine Spur so weit individualisiert ist, dass von der Suche nach bestimmten Gegenständen oder Spuren gesprochen werden kann. Generell und für alle Sachen gleich lautend lässt sich diese Frage nicht beantworten. Vielmehr ist die Lösung sowohl von der Art des Gegenstandes als auch von der aufzuklärenden Straftat und dem Wissensstand der Ermittlungsorgane zum Zeitpunkt der Durchsuchungsanordnung abhängig.

392 Auch wenn die Rechtsordnung nicht verlangen kann, den gesuchten Gegenstand in allen Einzelheiten zu beschreiben, bedeutet das keineswegs, lässt dies keine allgemeine Suche nach Beweismitteln zu (Gercke, in: HK § 103 Rdn 4). Eine ohne große Schwierigkeiten näher zu bezeichnende Gattungssache ist erst hinreichend bestimmt, wenn sie nicht nur ihrer Art nach benannt wird. Als Gattungssache bezeichnet man eine Sachgruppe mit gemeinschaftlichen und sich dadurch von Sachen anderer Art abhebenden Merkmalen (Heinrichs, in: Palandt § 243 Rdn 2). Der Gegenstand ist zwar noch unbestimmt („relativ unbestimmt"), aber durchaus bestimmbar.

Beispiel: Nach einem Banküberfall mit Pistole flüchten die Täter in einem Kfz. Eine Durchsuchung könnte später dem Auffinden sowohl der Pistole als auch des Kfz gelten. Während die Pistole nicht so ohne weiteres näher bestimmt werden kann (Kaliber, Fabrikat), ergeben sich bei dem Kfz kaum Schwierigkeiten, einige Merkmale zu benennen.

393 Grundsätzlich verlangt eine Durchsuchungsanordnung nach § 103 I StPO, dass hinreichend individualisierte Beweismittel für die den Gegenstand des Verfahrens bildende Straftat gesucht werden (BVerfG NJW 1981, 971; BGH NStZ 2000, 154, 155 mwN). Diese müssen in der Durchsuchungsanordnung bzw. im Durchsuchungsbeschluss so weit konkretisiert werden, dass weder bei dem Adressaten noch bei dem Beamten, der die Durchsuchung vollzieht, Zweifel über die zu suchenden und zu beschlagnahmenden Gegenstände entstehen können. Dazu ist zwar nicht notwendig, die Sachen in allen Einzelheiten beschreiben zu können, doch müssen sie zumindest der Gattung nach bestimmt sein (BGH NStZ 2002, 215, 216). Scheidet in besonderen Fällen selbst die Möglichkeit einer Konkretisierung auf Grund der besonderen Art des Gegenstandes aus, ist die Sache i.S. des § 103 StPO bestimmt, wenn sie überhaupt bezeichnet werden kann; denn objektiv Unmögliches darf der Gesetzgeber nicht verlangen.

Schreiten die Ermittlungen voran, und sind die Staatsorgane in der Lage, den gesuchten Gegenstand genauer zu benennen, muss diese Kenntnis Eingang in die Durchsuchungsanordnung nehmen.

Stoßen z.B. Polizeibeamte bei der Durchsuchung nach bestimmten Gegen- **394**
ständen auf andere, bisher nicht bekannte Beweismittel oder Einziehungsgegenstände, die sich auf die gleiche Tat beziehen, verfahren sie damit nicht anders als mit Sachen, denen die Suche gegolten hat (KMR § 103 Rdn 4).

4. Tatsachen

Tatsachen sind auf Grund objektiver Erkenntnisse gewonnene Hinweise, die **395**
den Schluss zulassen, dass die Durchsuchung bei der nicht verdächtigen Person im Hinblick auf die Verfolgung einer bestimmten Straftat weiterführen wird. Erforderlich sind substantiierte und deutlich herauszustellende Erkenntnisse, die etwas über die konkreten Erfolgsaussichten der Durchsuchung sagen. Die kryptische Formel, dies ließe sich aus den vorliegenden Tatsachen schließen, reicht dazu nicht (LG Chemnitz StraFo 2009, 280). Während „Tatsachen" einer richterlichen Nachprüfung ggf. standhalten müssen, entzieht sich die subjektive Würdigung der Erkenntnisse dieser Kontrolle.

5. Ausnahmeregel des § 103 II StPO

Nach § 103 II StPO gilt „die Beschränkung" des Absatzes 1 Satz 1 nicht „für **396**
Räume, in denen der Beschuldigte ergriffen worden ist oder die er während der Verfolgung betreten hat". Die Beschränkung, von der dieser Absatz spricht, bezieht sich auf die geforderten Tatsachen, aus denen zu schließen ist, die gesuchte Person, Spur oder Sache zu finden. Liegt also ein Fall des § 103 II StPO vor, reicht wieder die Vermutung des Erfolges aus, wenn auch mit der Einschränkung, dass eine der gesetzlich genannten spezifischen Situationen vorliegt.

a) Ergreifen des Beschuldigten

Die Behörden brauchen § 103 II StPO nicht zu beachten, wenn sie einen **397**
Raum durchsuchen, in dem der Beschuldigte ergriffen worden ist. Ergreifen wurde oben (vgl. Rdn 354) erläutert.

In diesem Zusammenhang wollen wir der Frage nachgehen, ob § 103 II **398**
StPO Anwendung finden kann, wenn eine Privatperson in ihrer Hausrechtssphäre einen Tatverdächtigen (= Beschuldigten) auf Grund § 127 I StPO festnimmt. Die h.M. bejaht die Anwendbarkeit von § 103 II StPO (Meyer-Goßner § 103 Rdn 15; Schäfer, in: L-R § 103 Rdn 21) und erlaubt somit den Strafverfolgungsbehörden, die Wohnung einer anderen als tatverdächtigen Person unter den günstigen Bestimmungen der §§ 103 II, 102 StPO zu durchsuchen. Diese inakzeptable Auffassung bedeutet letztlich, dass die Inanspruchnahme eines gesetzlich zugestandenen Rechts (hier der Festnahme durch jedermann) die eigene Rechtsposition gegenüber staatlichen Organen in Bezug auf die Inanspruchnahme anderer verfassungsmäßig zugestandener Rechte schwächt. Eine solche Konsequenz kann aber niemals die Folge des Berufens auf einen anerkannten Rechtfertigungsgrund sein.

b) Betreten während der Verfolgung

399 Eine alternative Voraussetzung für die Anwendung des § 103 II StPO ist das Betreten der zu durchsuchenden Räume durch den Beschuldigten während der Verfolgung. „Betreten" in diesem Sinne erfasst jeglichen noch so kurzen Aufenthalt in dem Raum. Konnte der Verfolgende die physische Anwesenheit nicht selbst wahrnehmen, müssen Tatsachen dafür sprechen, dass der Beschuldigte körperlich in diesem Raum gewesen ist. „Während der Verfolgung" verlangt einen unmittelbaren Zusammenhang zwischen der Verfolgung des Betreffenden und dem Betreten des Raumes. Diese Unmittelbarkeit können wir ohne weiteres annehmen, wenn der Beschuldigte auf Grund Sicht, Gehör oder anderer konkreter Anhaltspunkte, z.B. einer eindeutigen Spur, verfolgt wird.

c) Begriff des Raumes

400 Ziel des § 103 II StPO ist die Herstellung eines rechtsstaatlich vertretbaren Kompromisses zwischen dem Recht auf Unverletzlichkeit der Wohnung (Art. 13 I GG) und einer wirksamen Strafverfolgung. Daraus folgt, dass das Recht der Durchsuchung von Räumen nach § 103 II StPO nicht auf den Raum beschränkt werden darf, in dem der Beschuldigte (zufällig) ergriffen worden ist, sondern Räume einbeziehen muss, zu denen der Ergriffene vor seiner Ergreifung offensichtlich Zugang hatte, also die er auf Grund sachgerechter Überlegung bzw. objektiver Erkenntnisse tatsächlich betreten hat oder betreten konnte.

6. Abgrenzung zwischen §§ 102 und 103 StPO

401 Die Praxis kennt einige Fälle, die Schwierigkeiten hinsichtlich einer exakten Trennung zwischen § 102 und § 103 StPO offenbaren. Wir wollen anhand der Durchsuchung in Geschäftsräumen, beim Untermieter, bei eheähnlichen Lebensgemeinschaften oder in rechtswidrig besetzten Häusern prüfen, ob Adressat des Grundrechtseingriffs eine verdächtige oder andere Person ist.

a) Durchsuchung in Geschäftsräumen

402 Werden Geschäftsräume nach verdächtigen Personen oder nach Beweismitteln durchsucht, ist vorab zu prüfen, ob die Tat von einem Betriebsangehörigen oder einer betriebsfremden Person begangen worden ist. Eine Durchsuchung nach § 103 StPO kommt unstreitig in Betracht, wenn etwa ein Kunde eine Straftat in den Betriebsräumen begangen hat.

403 Haben dagegen Betriebsangehörige Straftaten in den Betriebsräumen begangen, könnte man durchaus die Meinung vertreten, die Durchsuchung erfolge i.S. des § 102 StPO; denn es werden Räume durchsucht, in denen der Tatverdächtige sich längere Zeit aufhält. Ein Blick auf das durch § 102 StPO geschützte Grundrecht macht jedoch offenbar, dass in diesen Fällen ein Rückgriff auf die Vorschrift der Durchsuchung beim Verdächtigen nicht in Betracht kommen kann. Der § 102 StPO greift nämlich nur, wenn der Verdächtige Hausrecht über den zu durchsuchenden Raum ausübt. Dieses Recht steht in Bezug auf einen Geschäftsraum aber ohne Zweifel dem Geschäftsinhaber zu. Daher kann

eine Durchsuchung nur auf Grund § 103 StPO erfolgen, im Übrigen meist unter Anwendung des § 103 II StPO.

b) Durchsuchung beim Untermieter/in Wohngemeinschaften

Von Untermiete sprechen wir, wenn ein Hauptmieter einem anderen die Benutzung der Wohnung insgesamt oder zu einem gewissen Teil vertraglich einräumt (Weidenkaff, in: Palandt § 549 Rdn 3). Der Umfang der Gebrauchsüberlassung bestimmt auch den Rahmen des dem ***Untermieter*** zustehenden Hausrechts. Es besteht uneingeschränkt für den Untermieter bezüglich der von ihm allein bewohnten Räume. Für gemeinsam mit dem Hauptmieter benutzten Wohnraum steht dem Haupt- und dem Untermieter die Ausübung des Hausrechts gleichberechtigt zu. In beiden Fällen müsste eine notwendige Durchsuchung mit § 102 StPO begründet werden. Zwar wird bei gemeinsam ausgeübtem Hausrecht auch ein Nichtverdächtiger betroffen, doch die Tatsache, dass ein Verdächtiger die zu durchsuchenden Räume mit benutzt, rechtfertigt die Anwendbarkeit von § 102 StPO (KMR § 102 Rdn 2; Stiegele § 102 Anm. 3). **404**

Diese Grundüberlegungen gelten im Übrigen auch bei der Durchsuchung von Räumen, bei denen Dritte (etwa die Eltern) Mitinhaber des Hausrechts sind. § 102 StPO verliert also nicht seine Bedeutung als Eingriffsgrundlage, wenn ein Raum durchsucht werden soll, der von einem jugendlichen Tatverdächtigen bewohnt wird (BGH NStZ 1986, 84f.). Wird ein Kind verdächtigt, kann die Durchsuchung seines Zimmers mangels Straftat weder auf § 103 StPO noch auf § 102 StPO gestützt (a.A. OLG Bamberg NStZ 1989, 40), sondern muss polizeirechtlich begründet werden. **405**

Differenzierter ist die Problematik in Bezug auf die Durchsuchung bei ***Wohngemeinschaften.*** Gehört der eigentliche Eingriffsadressat zu einer Gruppe mehrerer Personen, die als Beschuldigte in dem bestimmten Verfahren in Betracht kommen (sog. Gruppendelikte) ist davon auszugehen, dass alle Mitglieder der Gruppe zu allen Räumlichkeiten Zugang haben. Daher erfolgt die Durchsuchung auf der Grundlage von §§ 102, 105 StPO (BGH NStZ 2000, 154, 155). Das gilt ebenso für die Verfolgung von Delikten, die empirisch belegt nahezu ausschließlich von einer einzelnen Person begangen werden und wahrscheinlich auch begangen worden sind, ohne dass irgendein Mitglied der Wohngemeinschaft davon Kenntnis hat. In derartig gelagerten Fällen bezieht sich die Vermutung, Beweismittel zu finden, auf die Räume, die dem Verdächtige allein zur Verfügung stehen oder die er ungehindert mitbenutzen kann, so dass deren Durchsuchung auf der Grundlage von § 102 StPO erfolgt. Des weiteren fließt in die Abgrenzung von § 102 StPO zur Durchsuchung bei Unverdächtigen (§ 103 StPO) die Beurteilung die Frage ein, wonach gesucht wird und in welchem persönlichen Verhältnis die Mitglieder der Wohngemeinschaft zueinander stehen. Je enger die persönlichen Beziehungen und je besser Beweismittel versteckt werden können (u.U. sogar unbemerkt), desto überzeugender lassen sich Tatsachen begründen, in der Wohnung eines Unverdächtigen auf der Grundlage von § 103 StPO Beweismittel auffinden zu können. **405a**

c) Durchsuchung bei Lebenspartnerschaften

406 Beim Hausrecht an der Wohnung, die von zwei in einer Lebenspartnerschaft lebenden Personen genutzt wird, sind zwei Fallgestaltungen möglich: Einerseits haben beide Personen den Mietvertrag mit dem Vermieter geschlossen (Gleiches gilt für einen Kaufvertrag über Eigentumswohnung oder Haus), andererseits bewohnt einer der Partner vertragsgemäß die Wohnung und nimmt den anderen darin auf. Ob eine notwendig werdende Hausdurchsuchung nach § 102 StPO oder nach § 103 StPO zu begründen ist, entscheidet die Frage nach dem Hausrecht an der Wohnung. Sind beide Personen gleichberechtigte Mieter oder Eigentümer, haben sie gleichberechtigt Hausrecht. Eine Durchsuchung ist dann auf § 102 StPO zu stützen, gleichgültig, wer der Tatverdächtige bzw. Beschuldigte ist.

407 Hat dagegen einer der Partner die Wohnung gemietet und den anderen später darin aufgenommen, ist er laut Vertrag der alleinige Hausrechtsinhaber (hier werden nicht die zivilrechtlichen Fragen, die sich wegen der Aufnahme einer weiteren Person in die Wohnung aus dem Mietvertrag ergeben können, beleuchtet). Er kann das Hausrecht aber als höchstpersönliches Recht wirksam weitergeben. Nimmt der Hausrechtsinhaber also einen anderen in seine Wohnung auf und räumt er diesem uneingeschränkt ein Recht zur Benutzung der Wohnung ein, wird die hinzutretende Person gleichfalls Hausrechtsinhaber. Indiz für die Übertragung des Hausrechts ist in erster Linie die Übergabe eines Wohnungsschlüssels.

408 Im Hinblick auf die notwendige Durchsuchung ist dann § 102 StPO anwendbar. Dabei spielt es keine Rolle, wer von den beiden Hausrechtsinhabern Tatverdächtiger und damit unmittelbarer Adressat des Eingriffs ist.

d) Durchsuchung in rechtswidrig besetzten Häusern

409 Hausrecht erwirbt man grundsätzlich durch die rechtmäßige Inbesitznahme eines Hauses zu Wohnzwecken (Schall, S. 41 f.; Amelung/Schall, JuS 1975, 565, 566), der entweder ein Vertrag oder das bewusste Einräumen des Nutzungsrechts durch den Hausrechtsinhaber zu Grunde liegt. Beides fehlt bei der Übernahme des Hauses durch Hausbesetzer; deren Einzug in den Wohnraum steht dem Interesse des Berechtigten meist unmittelbar entgegen.

410 Diese Feststellungen führen keineswegs dazu, den Hausbesetzern ein Berufen auf verfassungsmäßig garantierte Abwehrrechte zu versagen. Für ein „Wohnen" i.S. des Art. 13 I GG ist ein faktisches Verhalten ausreichend, auf eine materielle Berechtigung des Wohnungsinhabers im zivilrechtlichen Sinne kommt es nicht an (Werwigk, NJW 1983, 2366; KMR § 102 Rdn 13). Zwar schützt Art. 13 I GG den nicht berechtigten Bewohner eines Hauses nicht gegenüber jedem hoheitlichen Eingriff, insbesondere eine Zwangsräumung. Eingriffe in die Unverletzlichkeit der Wohnung, wie sie von einer Durchsuchung ausgehen, unterliegen aber in jedem Falle dem Art. 13 II GG. Denn der Schutz der Verfassung kommt demjenigen zugute, der in einer Wohnung, einem Haus oder sonstigen Privaträumen eine Atmosphäre des Privatlebens geschaffen hat. Verwehrt man einem Personenkreis, der – aus welchen Gründen auch immer – gegenüber dem Eigentümer nicht berechtigt ist, diesen Grundrechtsschutz, würden diese Menschen quasi Freiwild der Staatsgewalt (Dagtoglou, in: BK,

Art. 13 Rdn 30). Insofern bedarf es auch gegenüber Hausbesetzern einer Ermächtigung, wenn das von ihnen (rechtswidrig) besetzte Haus durchsucht werden soll (Ranft, S. 215; Amelung, in: AK StPO § 102 Rdn 19; a.A. Jaeschke, NJW 1983, 434).

Ob in diesen Fällen § 102 StPO oder § 103 StPO einschlägig ist, richtet sich **411**
nach den realen Gegebenheiten: Zählt der Verdächtige zu den ständigen Bewohnern des besetzten Hauses und hat er zu allen Räumen Zutritt, erfolgt die Durchsuchung auf der Grundlage von § 102 StPO. In den anderen Fällen müsste als Rechtsgrundlage die Ermächtigung zur Durchsuchung bei anderen Personen herangezogen werden, wobei ggf. wieder § 103 II StPO einschlägig ist. Der Umfang der Durchsuchung richtet sich nach allgemeinen Grundsätzen.

7. Befugnisse nach § 103 I Satz 2 StPO

Ein ganzes Gebäude zu durchsuchen erlaubt § 103 I Satz 2 StPO, wenn ein **412**
Beschuldigter ergriffen werden soll, der dringend einer Straftat nach § 89a StGB, § 129a, auch in Verbindung mit § 129b Abs. 1, des Strafgesetzbuches oder einer der in dieser Bestimmung bezeichneten Straftat verdächtig ist. Jedoch müssen Tatsachen darauf hinweisen, dass der Beschuldigte sich in diesem Gebäude aufhält. Diese Durchsuchung tangiert überproportional das Rechtsstaatsprinzip; denn eine der wesentlichsten Voraussetzungen für den Eingriff in das Hausrecht braucht nicht vorzuliegen, nämlich die an Gewissheit grenzende Wahrscheinlichkeit, den Beschuldigten in der jeweils durchsuchten Wohnung zu finden.

Überwiegend werden mit der planmäßigen Durchsuchung ganzer Gebäude **413**
Unbeteiligte betroffen, also Personen, gegen die sich kein Verdacht richtet. Sie haben die Grundrechtsbeeinträchtigung zu dulden, weil bestimmte tatsächliche Hinweise gegeben sind, dass die des Terrorismus Beschuldigten sich in diesem Gebäude aufhalten. Die auf Grund § 103 I Satz 2 StPO zulässige Durchsuchung stellt sich somit als strafprozessuale Razzia dar (Plenarprotokoll des Deutschen Bundestages 8/72, S. 5652).

Wer sich auf den Standpunkt stellt, die Anordnung i.S. des Art. 13 II GG **414**
müsse sich auf eine gegenständlich bestimmte Wohnung beziehen (Dagtoglou, in: BK Art. 13 Rdn 81), muss § 103 I Satz 2 StPO als verfassungswidrig ablehnen. Denn diese Norm lässt es zu, eine Vielzahl einzelner Grundrechtseingriffe ohne Rücksicht auf spezielle Gegebenheiten des jeweiligen Hausrechtsinhabers anzuordnen. Andererseits könnte man ausreichenden präventiven Rechtsschutz für jeden Betroffenen darin erkennen, dass vor Erteilung einer Durchsuchungsanordnung der Richter gehalten ist, die Interessen der Allgemeinheit an wirkungsvoller Verbrechensbekämpfung gegen die des Individuums an Beachtung der Unverletzlichkeit der Wohnung abzuwägen. Nach dem Ergebnis der Prüfung wird er den weitgehenden Grundrechtseingriff anordnen oder die Anordnung unterlassen. Dieser präventive Rechtsschutz ist aber nicht nur gewährleistet, wenn die Abwägung für jede einzelne Wohnung vorgenommen wird. Es ergeben sich keine rechtsstaatlichen Bedenken, diese Interessenabwägung insgesamt vorzunehmen, weil die zur Beurteilung anstehenden Fakten unabhängig von der Person des Hausrechtsinhabers identisch sind.

415 Zwar bestehen Bedenken gegen § 103 I Satz 2 StPO, doch können wir letztendlich von der Verfassungsmäßigkeit dieser Norm ausgehen. Soll aber die Wohnung als Hort der Privatheit, der ungestörten individuellen Entfaltung (Gentz, S. 30) nicht völlig ausgehöhlt werden, muss ihr durch restriktive Auslegung des § 103 I Satz 2 StPO genügender Schutz zukommen. Folglich ist der Begriff „Gebäude" eng auszulegen, und zwar i.S. eines funktionalen Gebäudebegriffs. Danach ist Gebäude nur die bauliche Einheit, in der man sich nach einmaligem Zugang ungehindert bewegen kann. Ohne Bedeutung ist der architektonische Gebäudebegriff, der alle baulichen Einheiten als ein Gebäude ansieht, die eine derart enge Zuordnung haben, dass sie für einen objektiven Betrachter als einheitliches Ganzes erscheinen (Benfer, Die Polizei 1979, 196ff.).

III. Nächtliche Hausdurchsuchung, § 104 StPO

416 Durchsuchungen sind die für den ersten Angriff typischen Ermittlungshandlungen. Ihr Erfolg ist wesentlich vom schnellen Zugriff der Staatsorgane abhängig. Infolgedessen ergibt sich die Notwendigkeit, in besonderen Fällen auch zur Nachtzeit zu durchsuchen. Damit greifen die Ermittlungsbeamten ungleich stärker in die Rechtssphäre des Individuums ein als mit einer Durchsuchung zur Tageszeit, weil zu den stets verletzten Rechtsgütern „Hausrecht" und „Privatsphäre" das in der Nacht besonders ausgeprägte und schutzwürdige Ruhebedürfnis beeinträchtigt wird.

417 Die mit der Nachtzeitdurchsuchung zwangsläufig verbundenen intensiven negativen Erscheinungen versucht der Gesetzgeber auszugleichen, indem er die nächtliche Hausdurchsuchung an besondere Voraussetzungen bindet, die § 104 I StPO nennt. Allerdings zählt der Absatz 2 die Ausnahmen auf, die auf Grund ihrer spezifischen Situation von dem besonderen Schutz des Absatzes 1 ausgenommen sind.

1. Nachtzeit

418 Die Nachtzeit legt § 104 III StPO zeitlich fest. Kritisch wollen wir anmerken, dass die unterschiedliche Dauer der Nachtzeit einem Industriestaat unangemessen ist und auf einer agrarisch strukturierten Gesellschaft fußt. Es wäre höchste Zeit, den Nachtzeitbegriff den wirtschaftlichen Gegebenheiten anzupassen.

419 Beginnen die Ermittlungsbeamten mit der Durchsuchung zur Tageszeit, kann sie ohne Beachtung des § 104 StPO in die Nachtzeit hinein fortgesetzt werden (Kaufmann, S. 111; KMR § 104 Rdn 2); denn es wäre widersinnig, einem Hausrechtsinhaber bei andauernder Durchsuchung mit Eintritt der Nachtzeit ein erhöhtes Schutzbedürfnis zuzugestehen. Steht aber bereits vor Beginn der Durchsuchung fest, dass sie überwiegend oder fast ausschließlich in der Nachtzeit vollzogen wird, gebietet das Rechtsstaatsprinzip die Beachtung des § 104 StPO.

2. Verfolgen auf frischer Tat

Anknüpfungspunkt für das Tatbestandsmerkmal „Verfolgen auf frischer Tat" ist ein gerade stattfindendes oder soeben vollendetes strafbares Verhalten. Zunächst wird der Täter auf frischer Tat betroffen, also bei der Verwirklichung eines Tatbestandes oder der Ausführung eines strafbaren Versuchs bemerkt. Davon ist auszugehen, wenn die Zusammenschau aller erkennbaren äußeren Umstände im Wahrnehmungszeitpunkt nach der Lebenserfahrung ohne vernünftige Zweifel den Schluss auf eine rechtswidrige Tat zulässt (OLG Hamm NStZ 1998, 370). Die Verfolgung setzt unmittelbar nach Kenntnisnahme von Tat und Täter ein (Feisenberger § 104 Anm. 3; Thilo § 104 Anm. 2) und wird entsprechend den personellen und materiellen Voraussetzungen durchgeführt. Auf der subjektiven Seite verlangt „Verfolgen auf frischer Tat" den Willen, des Verfolgten habhaft zu werden, um gegen ihn Maßnahmen zur Aufklärung der Straftat treffen zu können (KMR § 104 Rdn 4). **420**

Objektiv ist eine zumindest lockere auf einem Sinneskontakt beruhende Verbindung zwischen Verfolger und Verfolgtem erforderlich (Kaufmann, S. 111), die sicherstellt, dass nur der Tatverdächtige Adressat der Ermittlungshandlung ist. Daher sind kurze und unbedeutende Unterbrechungen der Verfolgung unschädlich, sofern die objektive Beziehung wieder auflebt (Schubert, S. 45). Entscheidendes Kriterium ist mithin nicht die subjektive, sondern die objektive Komponente. **421**

Beispiel: A beobachtet Einbrecher am Tatort und benachrichtigt die Polizei. Diese erscheint, als die Täter gerade mit dem Pkw fliehen. Hier wäre – unstrittig – „Verfolgen auf frischer Tat" gegeben.

Aber:

Nach einer Verfolgungsfahrt über mehrere Kilometer verlieren die Beamten die Täter aus den Augen. Ca. 45 Minuten später fällt ihnen der Pkw wieder auf, und sie setzen die Verfolgung fort.

Durch die Tatsache, dass der Kontakt zwischen Verfolgten und Verfolgern abriss, war „Verfolgen auf frischer Tat" nicht mehr zu bejahen. Die spätere Wiederaufnahme der Verfolgung war zufällig und basierte nicht mehr auf einer objektiven Verbindung. **422**

3. Gefahr im Verzuge

Gefahr im Verzuge liegt vor, wenn ohne Durchsuchung zur Nachtzeit das Ergreifen des Verdächtigen bzw. Beschuldigten mit großer Wahrscheinlichkeit vereitelt bzw. die gesuchte Spur oder Sache dem behördlichen Zugriff entzogen wird. Ein Warten bis zum Tagesanbruch ist erkennbar untunlich (Dünkel, S. 78). Dieser Begriff betrifft die Tatbestandsseite der Durchsuchungsregelung aus § 104 StPO und ist unmissverständlich festgelegt. Ob Gefahr im Verzuge vorliegt, ist infolgedessen dem Ermessen des Entscheidenden entzogen. Als unbestimmter Rechtsbegriff unterliegt es auch richterlicher Kontrolle zu prüfen, ob diese Gefahr bestanden hat. **423**

4. Wiederergreifen eines entwichenen Gefangenen

424 Gefangene sind Personen, denen in Ausübung öffentlicher Gewalt auf Grund einer ihnen zur Last gelegten Straftat oder rechtswidrigen Tat zulässigerweise die Freiheit entzogen wird (Eb. Schmidt § 104 Rdn 6). Die Gefangenschaft beginnt mit der Herstellung des Gewahrsams und endet im Augenblick ihrer Beseitigung. Ohne Einfluss auf die „Gefangenschaft" ist sowohl die tatsächliche Lockerung (etwa im halboffenen Vollzug) als auch die Durchführung von Außenbeschäftigungen oder das Verbringen des Gefangenen in ein Krankenhaus. Ein Gefangener entweicht, wenn er entweder auf Grund eigener Tätigkeit oder unter Inanspruchnahme fremder Hilfe das amtliche Gewaltverhältnis über seine Person beseitigt. Solange ein zumindest lockerer Gewahrsam besteht, ist er noch nicht entwichen.

425 Wiederergreifen bezeichnet alle Handlungen mit dem Ziel, den amtlichen Gewahrsam über den ehemaligen Gefangenen wiederherzustellen. Das beschränkt sich keineswegs auf die Suche nach dem zu Verhaftenden selbst, sondern erfasst auch die Suche nach Anhaltspunkten (z.B. Kleidung, Zigarettenkippen) für den augenblicklichen Aufenthalt oder die Art seiner weiteren Flucht (z.B. Fehlen des Pkw) in den zu durchsuchenden Räumen.

5. Ausnahmen nach § 104 II StPO

426 Die Forderungen des § 104 StPO gelten nicht für die Durchsuchung der in § 104 II StPO abschließend aufgezählten Räume. Betrachtet man den Sinn des Verbots der Durchsuchung zur Nachtzeit, wird auch das Ziel des § 104 II StPO deutlich: Als restriktive Norm erfüllt sie ihren Sinn nur in den Fällen evidenter Notwendigkeit. Stehen bestimmte Räume zur Nachtzeit jedermann offen, fehlt es an einem erhöhten Schutzbedürfnis.

a) Jedermann zugänglich

427 Ein Raum ist allgemein zugänglich, wenn ihn jedermann üblicherweise und ohne besondere Prüfung seiner Person oder einer Berechtigung betreten kann. Selbst auf die Entrichtung eines Entgeltes kommt es nicht an (Eb. Schmidt § 104 Rdn 9). Zwar erfolgen hin und wieder Überprüfungen eines Gastes vor Betreten gewisser Räumlichkeiten, doch diese Kontrollen verfolgen unterschiedliche Ziele, z.B. die ordnungsgemäße Entrichtung des Eintrittspreises, die Einhaltung gesetzlicher (Jugendschutz) oder gesellschaftlicher (Bekleidung) Forderungen. Sie haben nicht den Sinn, eine Auswahl i.S. einer „geschlossenen" Gesellschaft zu treffen. Ist der Raum für einen Teil der Nacht allgemein zugänglich, wie z.B. Schankwirtschaften, Kinos, Bars, gilt die Ausnahme auch nur für diesen Teil der Nachtzeit. Daher kann sich der Inhaber eines in der Nacht jedermann zugänglichen Raumes einer Durchsuchung seiner Geschäftsräume ohne Beachtung des § 104 StPO nicht dadurch entziehen, dass er z.B. seine Schankwirtschaft vor Eintritt der Sperrstunde schließt (Stenglein § 104 Anm. 7), ohne den Schankbetrieb gleichzeitig zu beenden.

Beispiel: Aus sicherer Quelle erfährt der Pächter des „Schwarzes Schaf", dass sein Lokal Ziel einer umfangreichen Durchsuchung ist, nachdem der Polizei bekannt geworden ist, dass in diesem Lokal lebhafter Handel mit Drogen gepflegt wird. Sofort schließt der Wirt das Lokal, obwohl es erst 22.30 Uhr ist und noch mehrere Gäste anwesend sind.

Der Schankbetrieb läuft trotz „Schließung" des Lokals weiter. Daher bleibt das Lokal allgemein zugänglich i.S. des § 104 StPO. Anders wäre es, wenn der Wirt das Lokal geschlossen hätte, weil der letzte Gast gegangen ist und ein neuer nicht mehr erwartet wird. Dann endet die allgemeine Zugänglichkeit tatsächlich um 23.30 Uhr, und der Ermittlungsbeamte müsste bei einer Durchsuchung § 104 I StPO prüfen. **428**

Bestimmen rational nicht überprüfbare Gefühle wie Sympathie oder Antipathie maßgeblich und vor Zutritt zu dem Raum, wer ihn betreten darf, gilt dieser Raum als nicht allgemein zugänglich ansehen. **429**

Beispiel: Bei der Prostituierten spielt die Ökonomie eine wichtige Rolle im Verhältnis zwischen Dirne und Freier. Antipathie hindert aber in nicht seltenen Fällen schon die Aufnahme von Verhandlungen und damit erst recht den Zutritt zu der Unterkunft der Dirne. Insofern kann dieser Raum nicht als allgemein zugänglich bezeichnet werden.

b) Herberge bestrafter Personen

Ist gegen einen Menschen eine Kriminalstrafe verhängt worden, gilt er als bestrafte Person, allerdings nur so lange, wie den Ermittlungsorganen auf deren ausdrückliches Ersuchen die Strafe mitgeteilt werden darf (§ 41 I Nr. 1 und 5 BZRG). Darf eine Verurteilung nicht mehr offenbart werden (§ 51 BZRG), ist der Betreffende auch i.S. des § 104 StPO nicht als bestraft anzusehen. **430**

Herbergen und Versammlungsorte bestrafter Personen unterliegen nicht dem Schutz des § 104 I StPO. Diese Einschränkung rechtfertigt sich aus dem Denken, dass solche Räume zur Planung rechtswidriger Taten genutzt werden können (Ranft, S. 216). Als Herberge bzw. Versammlungsort bestrafter Personen kommt ein Raum bereits in Betracht, wenn sich einzelne Nichtbestrafte unter den Versammelten befinden, es sei denn, der Nichtbestrafte nimmt öffentliche Aufgaben wahr, z.B. als Bewährungshelfer. **431**

c) Niederlegen von Sachen

Aus dem Schutzbereich des § 104 I StPO scheidet schließlich ein Raum aus, der zum Ablegen von Sachen dient, die mittels Straftat erlangt worden sind. Das setzt voraus, dass der Gegenstand auf Grund der Begehung einer Straftat oder rechtswidrigen Tat in den Besitz des Gewahrsamsinhabers gekommen ist. **432**

Beispiel: Diebesgut (§§ 242 ff. StGB), Falschgeld (§ 146 StGB), das durch Bestechung (§§ 331 ff. StGB) oder Verletzung der §§ 133, 136 StGB erworbene Gut.

Zur Niederlage solcher Sachen dienen Räume, in denen diese Gegenstände gelagert werden, sei es, weil sie „verkauft" werden sollen, ihr „Verkauf" vorbereitet wird oder auch nur, um die Sachen so lange zu verstecken, bis sie nicht mehr „heiße Ware" sind.

Beispiel: „Geschäftsräume" oder Wohnungen von Hehlern oder bekannten illegalen Drogen- oder Waffenhändlern.

d) Schlupfwinkel

433 Der Begriff „Schlupfwinkel" beinhaltet notwendigerweise ein Verbergen oder Verstecken und bezeichnet einen Ort, an dem jemand unter Entzug der allgemein üblichen Beobachtungsmöglichkeit einer der genannten Tätigkeiten nachgeht (Samper Art. 37 Rdn 21). Erforderlich ist die Ausübung der Tätigkeiten insgeheim und ohne staatliche Konzession, Billigung oder Überwachung. Werden sie hingegen mit staatlicher Genehmigung oder zumindest geduldet durchgeführt, liegt keine Heimlichkeit vor, und ein Schlupfwinkel kommt nicht mehr in Betracht. Folglich können Bordelle keine Schlupfwinkel der Prostitution sein; denn sie sind allgemein zugängliche Orte, an denen Prostituierte mit behördlicher Duldung der Gewerbsunzucht nachgehen.

434 In Einzelfällen konkurrieren „Schlupfwinkel" auf der einen und geschütztes Hausrecht auf der anderen Seite. Da aber der Sinn des Hausrechts gerade darin liegt, der Einblicknahme durch die Öffentlichkeit entzogen Handlungen vorzunehmen, die – würde man sie offen ausführen – dem individuellen sozialen Ansehen regelmäßig abträglich sind, kann die Wohnung grundsätzlich kein Schlupfwinkel sein (Nack, in: KK § 104 Rdn 4).

Beispiel: Das Hotelzimmer, in dem ein Callgirl seinen „Kunden" aufsucht, ist „Wohnung". Gleiches gilt für die Wohnung eines Callgirls, selbst wenn die Frau ihre Kunden dort empfängt. In beiden Fällen müssen wir den Begriff des Schlupfwinkels ablehnen, auch wenn in der Wohnung Gewerbsunzucht vorgenommen wird.

435 Der Individualrechtsschutz darf aber nicht so extensiv ausgelegt werden, dass es dem Einzelnen unter Hinweis auf das Hausrecht möglich wird, Tätigkeiten auszuführen, die eine erhebliche Gefährdung der Allgemeinheit in sich bergen oder sogar strafrechtlich relevantes Verhalten darstellen, wie z.B. unerlaubter Betäubungsmittel- oder Waffenhandel oder Glücksspiel. Wer diesen Tätigkeiten in seiner Wohnung nachgeht, kann sich gegenüber staatlichen Organen selbstredend nicht auf das Hausrecht berufen. Über die Anwendung des § 104 II StPO entscheidet somit nicht allein die Tätigkeit ohne behördliche Erlaubnis (= unerlaubt). Darüber hinaus muss das Handeltreiben in einem Schlupfwinkel geschehen. Folglich fallen aus dem Anwendungsbereich der Norm alle Verhaltensweisen der genannten Art heraus, soweit sie in konzessionierten Räumen verbotenerweise durchgeführt werden.

e) Bekanntsein

436 In der gesetzlich genannten Art „bekannt" sind die Räume, sobald sie in der entsprechenden Art einmal in Erscheinung getreten sind und seitdem offenkundig keine Änderung bezüglich der Verwendung eingetreten ist (Joecks § 104 Rdn 6). Dafür sind entsprechende Tatsachen erforderlich, die die Vornahme einer der inkriminierten Verwendungsarten belegen. Eine Änderung der Verwendungsart kann durchaus objektiv erkennbar sein, etwa bei einem personellen Wechsel in der Führung des Betriebes. Liegen solche Erkenntnisse nicht vor, haben die Behörden andere Anhaltspunkte genau zu prüfen. Dabei sind wesentliche Umstände, wie Art und Häufigkeit des Auffallens, zu würdigen. Führt die Prüfung zu dem Ergebnis, eine einschneidende Änderung der Verwendungsart habe nicht stattgefunden, steht der Anwendung des § 104 II StPO

nichts im Wege. Ist eine solche Änderung der Verwendungsart jedoch unabweisbar, müssen die Ermittlungsbeamten bei einer notwendigen Durchsuchung zur Nachtzeit § 104 I StPO beachten.

D. Verfahren bei der Durchsuchung

Nach §§ 106 I und 105 II StPO sind im Falle der Durchsuchung von Wohnungen i. w. Sinne bestimmte Personen zuzuziehen, sofern das möglich ist und – im Falle des § 105 II StPO – die Durchsuchung ohne Beisein eines Richters oder Staatsanwalts stattfindet. Die Zeugenzuziehung nach § 105 II StPO soll gewährleisten, dass die Durchsuchung ordnungsgemäß vorgenommen wird und dass dieses nötigenfalls bewiesen werden kann. Daher genügt es, wenn die Zeugen unmittelbar vor Beginn der eigentlichen Durchsuchung zugezogen werden (BGH NJW 1963, 1461). Sie müssen nicht unbedingt in die Einzelheiten der Ermittlungshandlung eingewiesen sein. 437

Der Beamte hat die Möglichkeit der Personenzuziehung zu prüfen. Unmöglich ist sie grundsätzlich, wenn der zu erwartende Zeitverlust den Durchsuchungserfolg gefährdet. Bei der zwingenden Prüfung dieser Frage ist dem Ermittlungsbeamten ein Ermessen eingeräumt, innerhalb dessen eine vertretbare Entscheidung grundsätzlich als richtig anerkannt wird (Küper, NJW 1971, 1682). Gelangt der Beamte nach gewissenhafter Prüfung zu dem Ergebnis, eine Personenzuziehung sei ohne Gefahr für den Durchsuchungserfolg nicht möglich, und stellt sich später heraus, dass er sich geirrt hat, berührt das die Rechtmäßigkeit des Eingriffs nicht (BayObLG MDR 1980, 423). Das Gleiche gilt, wenn ein Zeuge zwar zugezogen werden kann, dieser Person aber von Seiten des Betroffenen ernsthafte Gesundheitsgefahr droht, die von den Polizeibeamten nicht wirksam abgewehrt werden kann. 438

Nach dem Ausgang der Prüfung ist zu handeln: Stellt der Beamte fest, dass eine Personenzuziehung möglich ist, muss er diese vornehmen. Stellt er deren Unmöglichkeit fest, braucht er sich um Durchsuchungszeugen oder Beistände nicht zu bemühen. Unbestritten enthält 105 II StPO Tatbestandsmerkmale (OLG Hamm NStZ 1986, 326; OLG Stuttgart Justiz 1984, 24), deren Beachtung auf die Rechtmäßigkeit der Durchsuchung durchschlägt (BGH NJW 2007, 930 mwN; OLG Hamm NStZ 1996, 281; Joachimski, S. 44). 439

Gleiche Bedeutung kommt § 106 I StPO zu, dessen Wortlaut in gleichem Umfang bindend ist wie § 105 II StPO(BGH NJW 2007, 930 mwN). Der Zuzuziehende soll als Beistand die Rechte des Hausrechtsinhabers wahrnehmen, also sozusagen an die Stelle des eigentlich von dem Rechtseingriff Betroffenen treten. Da der Hausrechtsinhaber ein quasi uneingeschränktes Anwesenheitsrecht genießt, müssen die Ermittlungsbehörden bei dessen Abwesenheit zwingend eine Person an der Durchsuchung teilnehmen lassen, die dessen Vertrauen genießt. 440

1. Zeugenzuziehung

Bei der Auswahl des Zeugen hat der Beamte grundsätzlich einen Beurteilungsspielraum (OLG Karlsruhe NStZ 1991, 50). Er sollte jedoch darauf achten, 441 dass die Person unparteilich ist und – falls erforderlich – über entsprechende Sachkunde verfügt. Davon können die Ermittlungsbeamten absehen, insbesondere wenn es aus prozessual übergeordneten Gesichtspunkten geboten erscheint. Das wäre z.B. der Fall, wenn der in Aussicht genommene Zeuge gleichzeitig Geschädigter der Straftat ist und bei der Durchsuchung das Diebesgut identifizieren könnte (OLG Hamm NStZ 1986, 326).

442 Kontrovers können die Verfahrensbeteiligten die Zuziehung von Durchsuchungszeugen entscheiden. Dabei sind mehrere Fallvarianten denkbar: Der Betroffene will einen Zeugen haben, der Beamte aber glaubt, darauf verzichten zu können; der Betroffene verzichtet auf die Zeugenzuziehung, der Beamte möchte dagegen einen Zeugen zuziehen.

443 Diese Fragen lassen sich am besten aus dem Sinn des § 105 II StPO beantworten: Der Zeuge soll die Ordnungsmäßigkeit der Durchsuchung belegen. Er dient somit dem Schutz sowohl des Betroffenen als auch des Beamten. Daher ist der Zeuge zuzuziehen, wenn es der Betroffene wünscht. Der Beamte hat andererseits einen Anspruch auf Anwesenheit eines Zeugen zu seinem Schutz (z.B. spätere ungerechtfertigte Angriffe). In diesem Falle ist die Verhältnismäßigkeit besonders intensiv zu prüfen. Verzichtet der Betroffene rechtswirksam auf die Zuziehung von Zeugen, bedarf es einer entsprechenden Prüfung nicht (OLG Celle StV 1985, 137, 139). Dagegen entbindet die Einwilligung des Hausrechtsinhabers in die Durchsuchung nicht von der Beachtung der §§ 105 II, 106 I StPO.

2. Inhaberzuziehung

444 Die Zuziehung eines Beistandes nach § 106 I StPO hat in der Praxis der Ermittlungsorgane keine besondere Bedeutung, weil bei fast allen Hausdurchsuchungen der Inhaber des Hausrechts anwesend ist. Dennoch werden Polizei und Staatsanwaltschaft in Einzelfällen auf andere Personen zurückgreifen müssen. Eine Vorschrift, die die Zuziehung des Hausrechtsinhabers bzw. eines Vertreters fordert, findet sich bezogen auf die präventive Durchsuchung in § 24 II bbPolG, § 42 II nwPolG, § 26 II thPAG. Sie ist im Wortlaut nahezu identisch mit § 106 I StPO und somit auch gleich zu interpretieren.

a) Inhaber

445 Inhaber der Wohnung ist, wer an den zu durchsuchenden Räumen tatsächlich Hausrecht hat. Auf eine rechtliche Basis kommt es dabei nicht an. Haben mehrere Personen Hausrecht, sind alle berechtigt, an der Durchsuchung teilzunehmen, wie z.B. bei der Durchsuchung eines Hotelzimmers sowohl der Gast als auch der Hotelier. Bei Mietwohnungen haben sämtliche Hausrechtsinhaber dieses Recht, was insbesondere für Wohngemeinschaften bedeutsam ist.

446 Ist der Hausrechtsinhaber abwesend, sind – sofern möglich – andere Personen zuzuziehen. Abwesend ist der Wohnungsinhaber, wenn er sich während der Durchsuchung nicht in den betreffenden Räumen befindet und sein Herbeiholen aus zeitlichen oder zwingenden tatsächlichen Gründen unmöglich ist, ohne den Erfolg des Eingriffs zu gefährden.

b) Zuzuziehender Personenkreis

Hinsichtlich der zuzuziehenden Personen enthält § 106 I Satz 2 StPO eine Rangfolge der in Betracht Kommenden (Kaufmann, S. 115). Danach haben sich die Ermittlungsbeamten zu bemühen, den Vertreter des Betroffenen oder einen erwachsenen Angehörigen, einen Hausgenossen oder einen Nachbarn zuzuziehen. Hier beschränken wir uns auf Ausführungen zu „Vertreter“ und „Angehöriger“. **447**

Vertreter sind Personen, die mit der Wahrnehmung der Geschäfte des Betroffenen allgemein oder bezogen auf die Durchsuchung speziell beauftragt sind (Schäfer, in: L-R § 106 Rdn 6 m.w.N.), also geschäftsfähige Angehörige, Vormund, ggf. Betreuer oder auch der Verteidiger, den der Betroffene beauftragt hat. **448**

Ein erwachsener Angehöriger kann im Einzelfall der Vertreter sein. „Erwachsen“ in diesem Sinne verlangt nicht zwingend Volljährigkeit, sondern schließt auch minderjährige Personen ein, sofern diese mindestens 14 Jahre alt sind und auf Grund ihrer Entwicklung und dem gesamten Erscheinungsbild den Eindruck des Erwachsenseins machen (Meyer-Goßner § 37 Rdn 10; v. Feldmann, in: MK ZPO § 181 Rdn 15). Innerhalb dieser Grenzen trifft der Ermittlungsbeamte eine Einzelfallentscheidung. Dazu ist die Feststellung erforderlich (pflichtgemäße Entscheidung), der noch Minderjährige werde die Aufgabe, die ihm das Gesetz überträgt, sachgerecht ausüben. **449**

3. Dauer der Anwesenheit

In Fällen, in denen die zugezogenen Personen den Durchsuchungsablauf stören, kommt es entscheidend darauf an zu erörtern, welche Auswirkungen die Störungen haben. Störungen sind Handlungen, die den Ermittlungsbeamten die ordnungsgemäße Durchführung der Durchsuchung wesentlich erschweren oder gar unmöglich machen. Keine Störung ist die Widersetzlichkeit in der Art, dass die als Zeuge (§ 105 II StPO) oder i.S. des § 106 I StPO zugezogene Person lästig wird, insbesondere durch Hinweise oder Einwendungen gegen die Art des Vorgehens. **450**

Ein Anwesenheitsrecht haben Zeugen und Beistände bis zum Ende der Durchsuchung. Bei Störungen der Durchsuchungshandlung können die Ermittlungsbeamten nach § 164 StPO verfahren: Ist der Hausrechtsinhaber der Störer, entfällt mit der Festnahme sein Anwesenheitsrecht nicht (Fuhrmann, S. 62); beendet er die Störung, „lebt“ dieses Recht wieder auf. Stört eine andere zugezogene Person die Ermittlungshandlung, wirkt sich das ebenso wenig schädlich auf die Rechte des Betroffenen aus. Im zuletzt Genannten (alt. aber auch im Ersten) wäre die Möglichkeit der Zuziehung eines anderen Beistandes zu prüfen. Stört ein Durchsuchungszeuge (§ 105 II StPO) den Ablauf der Ermittlungshandlung, kann er ausgeschlossen werden. Dann müssen die Beamten prüfen, ob ein anderer Zeuge zugezogen werden kann. **451**

4. Personenzuziehung und § 103 I Satz 2 StPO

452 Nach § 103 I Satz 2 StPO ist die Durchsuchung von Gebäuden mit einer Vielzahl von Wohnungen zulässig. Diese Norm bleibt nicht ohne Auswirkungen auf §§ 106 I und 105 II StPO, weil Hausdurchsuchungen ohne Beisein eines Richters oder Staatsanwalts nur rechtmäßig sind, wenn bestimmte Personen zugezogen werden. Daraus folgt die Notwendigkeit, bei Durchsuchung jeder Wohnung die entsprechenden Personen zuzuziehen.

453 Es bereitet aber erhebliche Schwierigkeiten oder ist gar unmöglich, so viele Menschen zu gewinnen, dass bei einer Gebäudedurchsuchung nach § 103 I Satz 2 StPO, bei der mehrere Wohnungen gleichzeitig durchsucht werden, alle Durchsuchungen in Anwesenheit von Zeugen stattfinden. Sind jedoch einige Personen teilnahmebereit, gibt es keine Unmöglichkeit der Personenzuziehung. Dann dürfen nur so viele Wohnungen zur gleichen Zeit durchsucht werden, wie Staatsanwälte, Richter (die eine Zeugenzuziehung erübrigen) und teilnahmebereite andere Personen zur Verfügung stehen.

E. Bekanntmachung, Mitteilung, Verzeichnisse

454 Nach § 106 II StPO und § 24 III bbPolG, § 42 III nwPolG, § 26 III thPAG (bei präventiven Durchsuchungen) ist dem Inhaber oder bei dessen Abwesenheit der zugezogenen Person in den Fällen des § 103 I StPO der Durchsuchungszweck vor Beginn des Eingriffs bekannt zu geben. Dies erübrigt sich bei Durchsuchungen auf der Grundlage von §§ 102 oder 103 II StPO. Des Weiteren findet § 106 II StPO keine Anwendung auf den Inhaber der in § 104 II StPO erwähnten Räume.

455 Eine schriftliche Mitteilung, die den Grund der Durchsuchung (§§ 102, 103 StPO) sowie im Falle des § 102 StPO die Straftat bezeichnet, ist dem von der Durchsuchung Betroffenen nach deren Beendigung auf Verlangen auszustellen. Weiterhin muss die Behörde ihm nach § 107 Satz 2 StPO auf Verlangen ein Verzeichnis der in Verwahrung genommenen oder beschlagnahmten Gegenstände oder – sofern nichts Verdächtiges gefunden wurde – eine Bescheinigung über diese Tatsache geben. Eine Kennzeichnung der beschlagnahmten Gegenstände verlangt § 109 StPO. Sowohl § 106 II StPO, § 24 bbPolG, § 42 nwPolG § 26 III, IV, V thPAG als auch § 107 StPO stellen typische Ordnungsnormen dar.

F. Zufallsfunde, § 108 StPO

456 Die Bestimmung des § 108 StPO stellt sicher, dass der durchsuchende Beamte nicht wegen bestehender Beschränkungen bei der Durchsuchung seine Augen verschließen muss, wenn er „verdächtige Gegenstände“ findet, die mit dem Verfahren, in dem die Durchsuchung stattfindet, in keinem Zusammenhang stehen. Allerdings gilt diese Regelung nicht für Durchsuchungen auf der Grundlage des § 103 I Satz 2 StPO (vgl. § 108 Satz 3 StPO).

457 Der § 108 Satz 1 StPO berechtigt nur zur Beschlagnahme von Gegenständen, die anlässlich einer angeordneten Durchsuchung gefunden werden. Es

handelt sich nicht um die Erweiterung der Durchsuchungsvorschriften, so dass es unzulässig ist, im Zusammenhang mit einer angeordneten Durchsuchung planmäßig nach anderen belastenden Gegenständen zu forschen (Stenglein § 108 Anm. 1). Wird also eine rechtmäßige Durchsuchung in ihrem Verlauf derart „umfunktioniert", dass nun gezielt nach Beweismitteln anderer Art gesucht wird, können die Gegenstände keine Zufallsfunde i.S. des § 108 StPO sein (LG Bonn NJW 1981, 292, 293; LG Baden-Baden StV 1989, 428 f.).

Die prozessuale Behandlung dieser gegen den Tatbestand des § 108 StPO ge- **458**
fundenen Beweismittel ist nicht ganz einfach. Steht man auf dem Standpunkt, rechtswidrig erlangte Beweismittel dürften im Strafverfahren überhaupt nicht verwendet werden (vgl. dazu ausführlich Kapitel „Verwertungsverbote"), liegen die Dinge klar: Diese Gegenstände dürfen gar nicht als Sachbeweis in das Strafverfahren eingeführt werden. Andererseits kann man auch kriminalpolitische Gesichtspunkte in den Vordergrund stellen. Danach ist im Einzelfall das Interesse des Staates an der Tataufklärung gegen das Interesse des Betroffenen am Schutz seiner Persönlichkeitssphäre abzuwägen. Im Rahmen dieser Abwägung ist u.a. von Bedeutung, welches Gewicht die aufzuklärende Tat hat, wie schwer der begangene Rechtsverstoß wiegt, ob staatliche Zwangsbefugnisse bewusst missbraucht oder im guten Glauben angewendet wurden und ob die Beweismittel auch auf gesetzlichem Wege hätten gewonnen werden können (LG Bonn NJW 1981, 292, 293; LG Bremen StV 1984, 505, 506). Je nach dem Ergebnis dieser Abwägung besteht ein Verwertungsverbot oder die Beweismittel dürfen in das Verfahren eingeführt und entsprechend gewürdigt werden.

1. Andere Straftat

Andere Straftat ist jede schuldhafte Tatbestandsverwirklichung, deren Aufklä- **459**
rung nicht Gegenstand des Ermittlungsverfahrens ist, in dem die Durchsuchung angeordnet wird. Ob diese Tat noch gar nicht bekannt ist oder ob deswegen ein anderes Ermittlungsverfahren anhängig ist, ist irrelevant. Eine präventive Durchsuchung kann aber ebenso wenig Ausgangspunkt einer vorläufigen Beschlagnahme nach § 108 StPO sein wie die Durchsuchung zur Identitätsfeststellung nach § 163b StPO.

2. Hindeuten

Auf eine noch nicht bekannte Straftat deutet ein Gegenstand hin, wenn sich **460**
aus dem Fund selbst oder der Art seines Auffindens tatsächliche Anhaltspunkte für eine Straftat ergeben (KMR § 108 Rdn 5).

Beispiel: Anlässlich einer Wohnungsdurchsuchung nach einem Kfz-Diebstahl fällt den Beamten Rauschgift in die Hände. Hier deutet der Fund selbst auf die Begehung einer Straftat nach dem Betäubungsmittelgesetz hin.

Oder:

Bei der Durchsuchung einer Wohnung bei einem des Mordes Verdächtigen finden die Beamten hinter der Fußleiste mehrere Geldscheine. Hier deutet die Art des Verbergens der Scheine darauf hin, dass noch eine andere Straftat vorliegen könnte.

461 Die Sachen müssen zwar nicht offensichtlich als Beweismittel erkennbar sein, aber begründete Anhaltspunkte sollten schon für die Wahrscheinlichkeit sprechen, eine bestimmte Person habe eine bestimmte Straftat begangen. Ungewisser Verdacht oder mutmaßliche Zusammenhänge genügen folglich nicht.

3. Einstweilige Beschlagnahme

462 Der einstweiligen, d.h. der vorläufigen, muss zwangsläufig die reguläre Beschlagnahme folgen, und zwar wenn das Einverständnis des Betroffenen nicht vorliegt. Die endgültige Entscheidung über die Beschlagnahme trifft der Richter, da Gefahr im Verzuge i.S. des § 98 StPO nicht mehr zu begründen ist. Bis zum richterlichen Beschluss bleibt die vorläufige Beschlagnahme bestehen.

4. Anordnung

463 Zur vorläufigen Beschlagnahme sind alle mit der Durchsuchung betrauten Beamten ohne Rücksicht darauf berechtigt, ob sie Ermittlungsbeamte der Staatsanwaltschaft sind. Die Bestimmung des § 108 StPO enthält nämlich eine Vermutung der Gefahr im Verzuge, weil der von der Durchsuchung Betroffene gewarnt ist. Keine Anwendung findet § 98 I StPO, wohl aber § 97 StPO.

G. Durchsicht von Papieren, § 110 StPO

464 Gemäß § 110 I StPO steht die Durchsicht von Papieren des von der Durchsuchung Betroffenen dem Staatsanwalt zu, der indes die Ermittlungspersonen mit der Durchsicht beauftragen kann. Diese Regelung entspricht zweifellos den Bedürfnissen der Praxis, weil in der Regel die Polizeibehörden über notwendige technische Einrichtungen sowie Kenntnisse zur Bearbeitung des entsprechenden Materials verfügen (BR-Drucks. 378/03, S. 55). Mit Einwilligung des Inhabers sind Polizeibeamte auch ohne Einschaltung des Staatsanwalts zur Durchsicht befugt. Hat dieser nicht eingewilligt und erachtet z.B. ein Polizeibeamter die Durchsicht gewisser „Papiere" für geboten, muss er sie in einen Umschlag stecken, der in Gegenwart des Betroffenen zu versiegeln und der Staatsanwaltschaft abliefern ist (§ 110 II StPO). Übertragen auf elektronisch gespeicherte Daten bedeutet dies, dass z.B. eine Dateiübersicht auch in Netzwerken angezeigt werden darf. Ein Öffnen der entsprechenden Dateien ist den Polizeibeamten indessen nicht gestattet. Auch elektronische Daten(-Träger) sind zu „verpacken", um sie versiegeln und der Kenntnisnahme durch Dritte entziehen zu können. „Durchsicht" in diesem Sinne erfasst auch das oberflächliche Lesen mit dem Ziel einer groben Sichtung des Materials dahingehend, ob die Papiere mit der Straftat in Beziehung stehen könnten. Polizeibeamte dürfen „Papiere" nur nach äußeren Kriterien untersuchen, etwa um sie zur Ablieferung an die Staatsanwaltschaft auszusondern und über Kenntnisnahme des „Betreff" bei einem Schreiben niemals hinausgehen (OLG Celle StV 1985, 137, 139). Gerade die restriktive Formulierung des Absatzes 2 zeigt, welche Bedeutung der Gesetzgeber dem Schutz der Privatsphäre zumisst.

Der Schutzzweck des § 110 StPO erstreckt sich keineswegs allein auf „Papiere“ im physikalischen Sinne, auch wenn das Gesetz den Begriff „Papier“ verwendet. Geschützt sind ganz allgemein Mitteilungen und Informationen, gleichgültig auf welchem Informationsträger sie festgehalten sind (Nack, in: KK § 110 Rdn 2). Demgemäß fallen unter § 110 StPO neben dem eigentlichen Papier auch Filme, Magnetbänder, Lochkarten, EDV-Dateien in Arbeitsspeichern, auf Festplatte oder Diskette sowie die zum Lesen und Verarbeiten von Disketten notwendigen Zentral-Computereinheiten (BVerfG NJW 2005, 1917, 1921; BGH StV 1988, 90), also alles, was der Aufzeichnung und Speicherung menschlicher Gedanken dient. Selbst Farbbänder einer Schreibmaschine sollen zu den Papieren i.S. des § 110 StPO gehören (LG Berlin StV 1987, 97). Diese Ausweitung des Schutzbereiches ist angesichts der Tatsache, dass nur in äußerst seltenen Fällen auf Farbbändern der Text, der maschinell geschrieben worden ist, lesbar ist oder gemacht werden kann, als zu weitgehend abzulehnen. **465**

Die Befugnis der Ermittlungsbehörden erstreckt sich auf die Mitnahme aller aufgefundenen Papiere, um bei deren Durchsicht diejenigen herauszufiltern, die die Voraussetzungen für eine Beschlagnahme erfüllen. Werden Papiere zu dieser Art Durchsicht mitgenommen, liegt darin keine Beschlagnahme; dies ist vielmehr noch Teil der Durchsuchung (BGH NStZ 2003, 670, 671; LG Baden-Baden ZIP 1989, 764). In welchem Umfang eine Durchsicht der Schriften erforderlich ist, wie diese Durchsicht auf der Grundlage von § 110 StPO vonstatten geht und wann sie beendet wird, liegt im Ermessen der Staatsanwaltschaft (BGH NJW 1995, 3397). Dem Gedanken der Verhältnismäßigkeit entsprechend ist die Durchsicht jedoch unverzüglich vorzunehmen. Daher müssen die Ermittlungsbehörden die Auswertung der Papiere in angemessener Zeit, d.h. abhängig von der Menge des zu sichtenden Materials sowie der Schwierigkeiten seiner Auswertung, beenden. **466**

Nach § 110 StPO darf sich die Durchsicht eines elektronischen Speichermedium bei dem von der Durchsuchung Betroffenen unter gewissen Voraussetzungen auch auf davon räumlich getrennte Speichermedien erstrecken. Um ein elektronisches Speichermedium handelt es sich im Falle eines programmierbaren Systems mit Eingabe-, Ausgabe- und Speichermöglichkeiten, von dem sowohl der Datenzugriff erfolgt als auch auf dessen Daten zugegriffen wird. Als räumlich getrennt sind alle nicht unmittelbar an das zu durchsuchende Speichermedium angeschlossenen Speichermedien, die also ein anderes System darstellen und die sich nicht in dem gleichen Raum befinden. Daher gelten auch im Falle eines Fernzugriffs auf Daten die allgemeinen Grundsätze der Durchsicht von Papieren (Schlegel, HRRS 2008, 23, 27). **466a**

Den Zugriff auf räumlich getrennte Speichermedien erlaubt das Gesetz, wenn darauf von dem Speichermedium des von der Durchsicht Betroffenen zugegriffen werden kann. Das erfordert ein derart konfiguriertes System, dass allein auf Grund seiner Konfiguration die Durchsicht auf andere, daran über ein Netzwerk angeschlossene, im übrigen unabhängige Computersysteme erweitert werden kann. Voraussetzung für diesen Rechtseingriff ist daneben, die Gefahr, ohne diese Durchsicht könnten beweiserhebliche Daten verloren gehen, z.B. weil noch vor der körperlicher Sicherstellung des externen Speichermediums die Löschung der Daten zu erwarten ist. Der Begriff „Bedeutung für das Verfahren“ entspricht dem gleich lautenden aus § 94 StPO (vgl. Rdn 532). **466b**

H. Auslesen von Computerdaten zu strafprozessualen Zwecken

467 Eine prozessual notwendige und durchaus erfolgversprechende Eingriffshandlung, die zunehmend Bedeutung erfährt, ist die Kenntnisnahme von elektronisch gespeicherten und abrufbaren Daten, sei es in den Zentraleinheiten (Computer oder auch Mobiltelefon) selbst, sei es auf den unterschiedlichsten Datenträgern. Darauf bezogen stehen die Beamten nicht selten vor der Frage, ob sie überhaupt „vor Ort" befugt sind, diese Daten zur Kenntnis zu nehmen bzw. ob sie die Datenträger oder gar die Hardware insgesamt beschlagnahmen dürfen.

Beispiel: B steht im Verdacht der Mitgliedschaft in einer terroristischen Vereinigung (§ 129a StGB). Im Zuge des Ermittlungsverfahrens erließ das zuständige Amtsgericht eine Durchsuchungsanordnung betreffend die Wohnung des B (§ 105 I StPO). Die Durchsuchung galt dem Auffinden schriftlicher Unterlagen, die Aufschluss über weitere Beteiligte an der Vereinigung wie auch deren Arbeitsweise geben sollte. Während der Durchsuchung nahmen die Polizeibeamten zwei PC und zahlreiche Disketten an sich. Sofort machten sie sich daran, die Datenträger zu sichten und Ausdrucke von ihrer Meinung nach wichtigen Niederschriften zu fertigen. Als B dies bemerkte, protestierte sowohl er selbst als auch sein inzwischen eingetroffener Rechtsanwalt: Die Polizei dürfe die Disketten nicht lesen und schon gar keine Ausdrucke fertigen, das sei ein „Privileg" der Staatsanwaltschaft. Die Beamten P und K dagegen vertraten die Auffassung, die „Nachschau" auf den Disketten sei ebenso ein Teil der Durchsuchung wie das Herstellen entsprechender Ausdrucke und somit von der richterlichen Anordnung erfasst.

468 Zuerst interessiert die Behauptung, Rechtsgrundlage für das Kopieren oder Ausdrucken der ermittlungsrelevanten Daten mittels entsprechender PC-Peripherie sei die Durchsuchung nach §§ 102, 103 StPO. Die Datenträger, die eine Person bei sich führt oder die sie in ihrer Wohnung aufbewahrt, dürften, wenn eine Durchsuchung der Person oder deren Wohnung zulässig ist, ebenfalls nach den dafür einschlägigen Vorschriften durchsucht werden.

469 Hebt man auf die auf CD oder auch in einem Mobilfunkgerät gespeicherten Daten ab, ist diese Auffassung äußerst irreführend. Die Polizei darf gemäß §§ 102, 103 I StPO eine Person oder eine Sache durchsuchen, wenn die Vermutung besteht, Beweismittel zu finden (§ 102 StPO) bzw. wenn Tatsachen darauf hindeuten, dass bestimmte Gegenstände zwecks Beschlagnahme gefunden werden (§ 103 I StPO). Entscheidend kommt es somit auf die Begriffe „Durchsuchen" (vgl. dazu Rdn 340ff.), „Beweismittel" (vgl. grds. Rdn 519ff.) und „Gegenstand" an. In der Tat kann man die Nachforschung auf dem Datenträger nach ermittlungsrelevanten Dateninhalten als Durchsuchung bezeichnen. Doch darf man bei der Auslegung den Zusammenhang, in den dieser Begriff gestellt ist, nicht aus dem Auge verlieren. Dieser Kontext zeigt die Forderung des Gesetzgebers auf, dass die gesuchten Dinge als Beweismittel beschlagnahmefähig sein müssen (Gegenstände, die der Einziehung unterliegen, bleiben unberücksichtigt). Wenden wir diese Überlegung auf einen Datenträger an, tauchen erhebliche Zweifel bezüglich der oben dargestellten Meinung der Beamten auf. Denn selbst bei großzügiger Auslegung lassen sich die auf CD oder z.B. in einem Mobiltelefon gespeicherten Telekommunikationsverbindungsdaten nur schwerlich unter den Begriff des Beweismittels subsumieren.

In diese Überlegung ist des Weiteren die Erkenntnis einzubeziehen, dass die Durchsuchung regelmäßig Folgeeingriffe, in diesem Zusammenhang die Sicherstellung/Beschlagnahme, ermöglichen soll. Daher muss die Behörde vor Beginn des Eingriffs den gesuchten Gegenstand so weitgehend wie der Stand der Ermittlungen dies zulässt benennen und darstellen, warum ihm Beweisfunktion zukommt. Infolgedessen erlaubt das Gesetz eine Durchsuchung nur dann, wenn vor deren Beginn die ermessensgetragene Erkenntnis besteht, dass der gesuchte Gegenstand im Falle seines Auffindens als Beweismittel beschlagnahmt wird. **470**

Gilt die Suche bestimmten Daten in einem PC bzw. in einem Mobiltelefon, ist der Datenträger einschließlich der in ihm gespeicherten Daten als Beweismittel anzusehen. In dem Augenblick, da der gesuchte Gegenstand aufgefunden ist, sowie dessen nur durch eine „logische Sekunde" von der Durchsuchung getrennten Sicherstellung/Beschlagnahme ist der vordergründige Durchsuchungszweck erfüllt. Führt danach am Auffindeort des PC die Polizei die Grobsichtung der Daten bzw. die Staatsanwaltschaft eine Durchsicht der Daten (§ 110 StPO) durch, dann gelten die §§ 102, 103 StPO bis zur Beendigung dieser Durchsicht (vgl. auch BGH NJW 1999, 730); denn es liegt gerade noch keine endgültige Beschlagnahme vor, die sich auf einen konkreten Gegenstand bezieht und deren Beweiseignung und Beschlagnahmefähigkeit gegenstandsbezogen geprüft wurde. Gelangt die Polizei nach der Grobsichtung der Daten zu der Erkenntnis, den Datenträger der Staatsanwaltschaft zur Durchsicht zur Verfügung stellen zu müssen, kann sie die Inverwahrungnahme des Datenträgers nicht auf Durchsuchungsnormen stützen. Weil diese behördliche Maßnahme ein anderes verfassungsmäßig garantiertes Recht einschränkt als die Durchsuchung, greifen diesbezüglich Beschlagnahmevorschriften (§§ 94, 98 StPO), ohne Rücksicht darauf, dass sich die Staatsanwaltschaft für die Durchsicht der Daten wieder auf die spezielle Durchsuchungsnorm des § 110 StPO zurückzuziehen hat; denn die Durchsicht der Daten auf Datenträgern in amtlicher Verwahrung unterliegt selbstredend der Regelung des § 110 StPO (JURPC Web-Dok 146/1999, Abs. 13). Wir haben somit den „kuriosen Fall", dass der andauernde Eingriff der Durchsuchung durch den weitergehenden der Sicherstellung/Beschlagnahme sozusagen unterbrochen wird. Selbst eine mit dem gerichtlichen Durchsuchungsbeschluss verbundene „Anordnung der Beschlagnahme" ist, soweit damit noch keine genaue Konkretisierung der zu beschlagnahmenden Gegenstände verbunden ist, sondern lediglich eine gattungsmäßige Umschreibung erfolgt, ein Teil der Durchsuchung (BVerfG NJW 2003, 2669, 2670). **471**

In Bezug auf Suche nach, Auffinden und Kenntnisnahme von Daten, die auf einem Datenträger allgemein oder einem Mobiltelefon gespeichert sind und polizeilich interessant sein könnten, sind – wie gerade aufgezeigt – unbedingt unterschiedliche Stufen zu beachten, die auch rechtlich differenziert zu sehen sind: Als **Erstes** gilt es, den Datenträger oder das Mobiltelefon zu finden. Dies geschieht auf der Grundlage von § 102 (ggf. § 103) StPO. Ob allerdings die gespeicherten Daten verfahrensrechtlich gebraucht werden können, das Gerät somit in toto als Beweismittel in Betracht zu ziehen ist, steht nicht quasi automatisch mit dem Auffinden fest, sondern lässt sich erst durch Kenntnis zumindest eines Teils der Daten feststellen. **472**

473 Die Kenntnisnahme der gespeicherten Daten ist die **zweite Stufe**. Da allein die Staatsanwaltschaft zu deren umfassender Sichtung berechtigt ist, die Polizei hingegen nur eine grobe Sichtung vornehmen darf (vgl. § 110 StPO), kommt für sie eine detaillierte Auswertung dieser Daten nicht in Betracht. Deuten die von ihr pauschal in Erfahrung gebrachten Inhalte auf Beweisfunktion hin, wird das Gerät sichergestellt bzw. beschlagnahmt (§§ 94, 98 StPO). Diese Differenzierung hinsichtlich der Befugnisse bezogen auf Kenntnisnahme der Dateninhalte zwischen Staatsanwaltschaft und Polizei hat Auswirkungen auf die vorzunehmenden Eingriffe. Da die Durchsicht von Papieren (§ 110 StPO) tatsächlich Bestandteil der Durchsuchung ist, endet dieser Eingriff im Falle seiner Vornahme durch die Staatsanwaltschaft erst, wenn sie diese Durchsicht vor Ort abschließt. Sollte die Polizei an Ort und Stelle die Grobsichtung vornehmen und dabei beweiserhebliche Daten feststellen, müsste sie den Datenträger beschlagnahmen, um der Staatsanwaltschaft die genaue Durchsicht zu ermöglichen.

474 Das Ausdrucken der ermittlungsbehördlich interessanten Daten kann dagegen niemals auf der Grundlage von §§ 102, 103 StPO geschehen. Vielmehr verbirgt sich dahinter die Durchsicht von Papieren, die einzig auf Grund von § 110 StPO zulässig ist. Das Gleiche gilt für das Lesen der auf einem Monitor oder in einem Display sichtbar gemachten Daten.

475 Ohne Zweifel handelt es sich bei den elektronisch gespeicherten Daten um „Papiere" im Sinne des § 110 StPO. Dieser Begriff ist nach unbestrittener Meinung weit auszulegen (vgl. oben Rdn 466). Geschützt sind dadurch Mitteilungen und Informationen aller Art, ohne Rücksicht auf den Informationsträger, also alles, was der Aufzeichnung und Speicherung, dem Festhalten menschlicher Gedanken dient (BGH, Beschl. vom 14. 12. 1998, 2 BJs 82/98–3). Gerade das leistet aber eine CD oder der Speicher eines Mobilfunkgeräts, das die TK-Verbindungsdaten in mehr oder weniger großem Umfang abrufbar bereithält. Aus diesen Überlegungen folgt zwingend, dass § 110 StPO mit seinen für die Polizei häufig unglücklichen Restriktionen (auch) auf Datenspeicher jeder Art anwendbar ist.

476 Schließlich wollen wir uns noch der Frage widmen, ob die Inbetriebnahme eines PC oder eines Mobilfunkgeräts zur Sicherung der Daten von §§ 94 ff. StPO gedeckt ist. § 94 StPO erlaubt eine Sicherstellung (Absatz 1) sowie eine Beschlagnahme (Absatz 2). Bei einer Sicherstellung wird ein Gegenstand entweder in Verwahrung, also in Besitz genommen oder auf sonstige Weise vor dem Zugriff von Seiten eines anderen gesichert. Das öffentlich-rechtliche Verwahrungsverhältnis lebt indessen nicht im Augenblick seiner Anordnung auf, sondern erst mit dessen Vollzug durch einen Realakt (König, DNP 1993, 187). Ist die Sicherstellung ein formloser behördlicher Akt, beschreibt die Beschlagnahme die förmliche Sicherstellung eines Gegenstandes aus dem Gewahrsam eines Menschen mit nachfolgender Überführung der Sache in den Gewahrsam der Strafverfolgungsbehörden. Es versteht sich von selbst, dass die Inbetriebnahme eines PC oder eines Mobiltelefons mit dem Ziel, die eventuell gespeicherten Daten für Strafverfolgungszwecke zu sichern, keine Sicherstellung bzw. Beschlagnahme sein kann. Einerseits sind die gespeicherten Daten keine beschlagnahmefähigen Sachen, andererseits dient die Inbetriebnahme des Geräts allein der Feststellung, ob prozessual verwertbare, bedeutsame Daten vorhanden sind. Steht das auf der Grundlage dieses der Durchsuchung zuzurechnenden

Eingriffs ermittelte Ergebnis fest, wissen wir, ob der Durchsuchungszweck (hier Auffinden von Beweismitteln) erreicht wurde. Damit endet die Befugnis zur Vornahme eines Eingriffs auf der Grundlage von §§ 102, 103 StPO. Die darauf aufbauenden Eingriffe sind also unbedingt auf eine andere Rechtsgrundlage zu stützen:

Nimmt die Staatsanwaltschaft den Computer in amtliche Verwahrung, um **477**
abseits der durchsuchten Räume eine Durchsicht der Daten vorzunehmen, hebt sie bereits den Gewahrsam des Betroffenen auf, und es liegt ein der Beschlagnahme ähnlicher Rechtseingriff vor (BGH, Beschl. vom 14. 12. 1998, 2 BJs 82/98–3), der strikt von der Durchsuchung zu trennen ist. Nimmt die Polizei den Computer nach der Grobsichtung in amtliche Verwahrung, um ihn der Staatsanwaltschaft zum Zwecke der „Durchsicht von Papieren" zur Verfügung zu stellen, handelt es sich um eine Beschlagnahme (§§ 94, 98 StPO). Da die Gewinnung der verfahrensrelevanten Daten häufig mit der Gefahr eines Datenverlustes verbunden ist, wenn sie von der Zentraleinheit des Computers getrennt werden, bildet grundsätzlich auch diese einen Gegenstand von potenzieller Beweisbedeutung. Dagegen ist § 110 StPO einschlägig, sobald Staatsanwaltschaft oder Polizei vom Inhalt der Daten in den ihnen gesondert zugebilligten Grenzen Kenntnis nehmen.

I. Online-Durchsuchung

Ein völlig anderer und vom Auslesen von Computerdaten streng zu unter- **477a**
scheidender Eingriff ist die sog. Online-Durchsuchung, bei der die Behörde die auf einem fremden Computer gespeicherten Daten auf den eigenen Rechner übermittelt und kopiert. Damit greift sie massiv in das Recht auf informationelle Selbstbestimmung des Betroffenen ein; denn dieses Recht schützt gegenüber allen Arten der Erhebung personenbezogener Daten durch u.a. Polizei oder Staatsanwaltschaft (BVerfG NJW 2006, 976, 980). Auf §§ 102ff. StPO kann die verdeckte Online-Durchsuchung nicht gestützt werden, weil sie von dem Eingriffsadressaten unbemerkt durchgeführt wird (BGH NJW 2007, 930, 931; Jahn/Kudlich, JR 2007, 57, 59; Harrendorf, StraFO 2007, 149, 151f.). Ebenso wenig können die Befugnisse zur Überwachung der Telekommunikation (§ 100a StPO) oder der Wohnraumüberwachung (§ 100c StPO) als Ermächtigung herangezogen werden: Mit der Erlaubnis, das in Wohnungen nichtöffentlich gesprochene Wort abzuhören und aufzuzeichnen, ist die Online-Durchsuchung nicht einmal entfernt zu vergleichen; die Überwachung der Telekommunikation gestattet es, die Kommunikation zwischen einem Beschuldigten und Dritten zu überwachen, darin liegt aber nicht das Wesen der Online-Durchsuchung.

In Ermangelung einer speziellen Befugnisnorm wäre denkbar, die heimliche **477b**
Online-Durchsuchung auf eine Kombination verschiedener Eingriffsnormen zu stützen. In Betracht kämen als Basis §§ 102ff. StPO, erweitert um die restriktiven Tatbestandsmerkmale aus §§ 100a, 100c StPO. Damit hätten wir als Anlass die Forderung nach Verdacht einer Straftat von erheblicher Bedeutung und überdies gewissenhaft zu fragen, ob nicht weniger einschneidende Eingriffe das gleiche oder ein vergleichbares Ermittlungsergebnis zu Tage fördern (strenge

Verhältnismäßigkeitsprüfung vgl. BGH wistra 2007, 28; Hofmann, NStZ 2005, 121, 124). Auch diesem Konstrukt erteilt die Rechtsordnung eine entschiedene Absage: „Es ist unzulässig, einzelne Elemente von Eingriffsermächtigungen zu kombinieren, um eine Grundlage für eine neue technisch mögliche Ermittlungsmaßnahme zu schaffen. Dies würde dem Grundsatz des Gesetzesvorbehalts für Eingriffe in Grundrechte (Art. 20 III GG) sowie dem Grundsatz der Normenklarheit und Tatbestandsbestimmtheit von strafprozessualen Eingriffsnormen widersprechen" (BGH NJW 2007, 930, 932). Für verdeckt durchgeführte Online-Durchsuchung gibt es keine Rechtsgrundlage (Zöller, GA 2000, 563, 575); lediglich ein Online-Zugriff auf Datenbestände, die ohne besondere Zugangsberechtigung allgemein zugänglich sind, ist ohne besondere Ermächtigung zulässig (BVerfG NJW 2008, 822, 836; Schlegel, HRRS 2008, 23, 28).

Kapitel 5. Sicherstellung und Beschlagnahme

Sicherstellung und Beschlagnahme sind Rechtsinstitute, die es hoheitlich handelnden Subjekten öffentlicher Verwaltung erlauben, das Recht eines Menschen einzuschränken, über „seine" Sachen nach Belieben zu verfügen. Von Sicherstellung sprechen wir, wenn Polizei bzw. Staatsanwaltschaft mit der Maßnahme den Zweck verfolgen, eine Sache in Verwahrung zu nehmen und andere von der Ausübung des Besitzes auszuschließen (VGH Kassel NJW 1995, 2123), ohne damit ein Gewahrsamsverhältnis über die Sache zu beseitigen, sei es dass zu diesem Zeitpunkt keines besteht (z.B. „Fundsache") oder dass der Gewahrsamsinhaber den Gegenstand freiwillig herausgibt. Im Falle der Inverwahrungnahme von Gegenständen, die der Einziehung oder dem Verfall unterliegen, ist eine Differenzierung zwischen Sicherstellung und Beschlagnahme irrelevant (vgl. Rdn 494). **478**

Da die Ermittlungsbeamten im Ermittlungsverfahren nicht enteignen können und eine Enteignung in der Folge einer polizeirechtlichen Sicherstellung ohnehin nicht in Betracht kommt, berühren sowohl die Sicherstellung als auch die Beschlagnahme zwar die Verfügungsbefugnis über eine Sache (Art. 2 I GG), nicht aber das Eigentumsrecht i.S. des Art. 14 GG. **479**

Neben Sicherstellung und Beschlagnahme kennt das Gesetz die sog. Probenahme (z.B. § 43 LFGB, § 23 BtMG, § 12 StrVG). Unter dieser Rechtsbeeinträchtigung, die von Sicherstellung und Beschlagnahme streng zu trennen ist, versteht man die Berechtigung bestimmter Personen, die mit gesetzlich festgelegten Überwachungsaufgaben betraut sind, Proben zu fordern (z.B. Waren aus der Kühltheke, die zum Verkauf angeboten werden) bzw. ggf. zu entnehmen, um zu prüfen, ob der zu Überwachende die ihn betreffenden gesetzlichen Verpflichtungen einhält. **480**

I. Polizeirechtliche Sicherstellung

Grundlage einer präventiven Sicherstellung ist § 25 bbPolG, § 43 nwPolG, § 27 thPAG. Demgemäß kann die Polizei eine Sache u.a. sicherstellen, um eine gegenwärtige Gefahr abzuwehren (Ziffer 1) oder den Eigentümer oder rechtmäßigen Inhaber der tatsächlichen Gewalt vor Verlust oder Beschädigung einer Sache (oder eines Tieres) zu schützen (Ziffer 2) oder wenn sie von einer Person mitgeführt wird, die nach dem Polizeigesetz oder anderen Rechtsvorschriften festgehalten oder angehalten wird und die Sache verwendet werden kann, um sich zu töten oder zu verletzen, Leben oder Gesundheit anderer zu schädigen, fremde Sachen zu beschädigen oder die Flucht zu ermöglichen oder zu erleichtern (Ziffer 3). **481**

1. Abwehr einer Gefahr

482 Im Falle der Generalklausel des § 25 Ziff. 1 bbPolG, § 43 Ziff. 1 nwPolG, § 27 Ziff. 1 thPAG bedarf es einer Situation, in der ein Schadenseintritt unmittelbar bevorsteht (Riegel § 21 Rdn 3). Dabei kommt es weder auf besondere zeitliche Dringlichkeit noch darauf an, dass ein besonders hochwertiges Rechtsgut Schaden zu nehmen droht.

Beispiel: Ein Bürger benachrichtigt die Polizei, weil ein großer Hund herrenlos herumlaufe. Das Tier renne ständig auf die Fahrbahn einer stark befahrenen Stadtstraße und belästige Fußgänger. Offensichtlich sei der Hund nicht gefährlich, doch hätten die meisten Menschen Angst. Die eingesetzten Polizeibeamten fangen den Hund ein, der eine Steuermarke trägt und mit an Sicherheit grenzender Wahrscheinlichkeit „ausgerissen" ist. Sie bringen ihn ins örtliche Tierheim.

483 Unbestreitbar geht von dem Hund eine Gefahr für das Sicherheitsgut „Leichtigkeit des Verkehrs" aus. Auch die Ängste der Passanten vor dem großen Hund stellen eine Beeinträchtigung des körperlichen Wohlbefindens dar. Insoweit liegen die Voraussetzungen für eine Sicherstellung auf der Grundlage der Generalklausel vor. Das Verbringen des Hundes ins Tierheim stellt die wohl zweckmäßigste Art der Verwahrung i.S. des § 26 I bbPolG, § 44 I nwPolG, § 28 thPAG dar.

2. Eigentumssicherung

484 Keine konkrete, sondern eine abstrakte Gefahr verlangt die Befugnis zur Sicherstellung einer Sache auf Grund § 25 Ziff. 2 bbPolG, § 43 Ziff. 2 nwPolG, § 27 Ziff. 2 thPAG. Die generelle Gefährlichkeit einer Sache oder die Gefahr für eine Sache in einer bestimmten Situation ist demnach geeignet, die Rechtsfolge auszulösen. Eine alltägliche Sicherstellung auf dieser Grundlage erfolgt z.B. nach dem Auffinden gestohlener und irgendwo abgestellter Fahrzeuge. Sie werden sichergestellt, damit sie, bis sie vom Eigentümer abgeholt werden, nicht durch einen anderen unterschlagen werden.

3. Sicherstellung von Sachen Festgehaltener

485 Festgehalten sind Personen, denen auf der Grundlage des Polizeigesetzes, der Strafprozessordnung oder anderer Gesetze zulässigerweise die Freiheit entzogen worden ist, wobei es irrelevant ist, ob diese Freiheitsentziehung originärer Natur oder eine implizierte Befugnis ist. Der Sicherstellung unterliegen nur Gegenstände, die geeignet sind, Suizid zu begehen, andere zu töten oder zu verletzen, Sachen zu beschädigen oder die als Fluchtmittel verwendet werden können. Eine derartige Prognoseentscheidung verlangt sachgerechte Prüfung der relevanten Umstände, die auch die Person des Festgehaltenen, seine Psyche und sein sonstiges Verhalten einbeziehen muss.

4. Sonderfälle der Sicherstellung

486 Zunehmende Bedeutung hat die Durchsuchung von Personen, die Fußballspiele besuchen wollen, mit anschließender Sicherstellung der unterschiedlichs-

ten Gegenstände, die diese Personen mit sich führen. Soweit es sich bei den in amtlichen Gewahrsam genommenen Sachen um Waffen i.S. der §§ 1, 42 WaffG handelt, greift selbstredend nicht das Polizeigesetz, sondern einschlägig ist dann – weil der Besitz solcher Sachen eine Straftat darstellt (§ 52 III Ziff. 9 WaffG) – die Strafprozessordnung.

So einfach liegt die Rechtslage jedoch nicht bei der Sicherstellung anderer Gegenstände, wie z.B. von Schirmen, Stöcken, Flaschen. Sollen solche Sachen am Eingang zum Stadion sichergestellt werden, lässt sich dieser Eingriff nur damit begründen, er diene zur Abwehr einer gegenwärtigen Gefahr, soweit die Umstände des Einzelfalls auf das Bestehen der konkreten Gefahr i.S. des § 25 Ziff. 1 bbPolG, § 43 Ziff. 1 nwPolG, § 27 Ziff. 1 thPAG hindeuten. Welche Umstände zu berücksichtigen sind, muss der Polizeibeamte eigenverantwortlich vor Ort entscheiden. **487**

Diese öffentlich-rechtlich untermauerte flankiert eine zivilrechtliche Argumentation. Der Veranstalter, regelmäßig der Fußballverein, hat **Hausrecht** im Stadion und kann autonom bestimmen, wen er als Zuschauer akzeptiert. Will er bestimmte Interessenten abweisen, muss er das jedoch frühzeitig (regelmäßig vor Erwerb der Eintrittskarte) ankündigen und durchsetzen. Dass der Hausrechtsinhaber dem Gast nach Ende der Veranstaltung die sichergestellten Gegenstände in einer Form wieder aushändigt, die für den Adressaten des Eingriffs zumutbar ist, wollen wir an dieser Stelle nur festhalten. **488**

Bei Demonstrationen und vergleichbaren Einsätzen stellt sich häufig die Frage, wie sich Polizeibeamte verhalten sollen, die von Teilnehmern der Veranstaltung oder von Pressefotografen fotografiert werden. Ist es erlaubt, den belichteten Film sicherzustellen, oder müssen die Beamten dies erdulden? Eine Veröffentlichung des Bildes ist ohne Einwilligung des Beamten zulässig, wenn das Informationsinteresse der Allgemeinheit das Individualinteresse überwiegt (OLG Karlsruhe NJW 1980, 1708), also wenn der Polizeibeamte relative Person der Zeitgeschichte oder die Fotografie Bildnis der Zeitgeschichte ist (vgl. dazu Rdn 166 ff.). **489**

Werden von einzelnen Beamten sog. Portraitaufnahmen gefertigt, ist § 23 KUG nicht einschlägig. Dennoch wird dieses Tun nicht automatisch strafbar i.S. des § 33 KUG, weil der Vergehenstatbestand erst greift, wenn das Bildnis verbreitet oder öffentlich zur Schau gestellt wird. Wegen des strafrechtlichen Analogieverbots darf der gesetzliche Tatbestand nicht auf das Herstellen, also das Fotografieren, ausgedehnt werden (VG Köln NJW 1988, 367, 368). Eine strafrechtliche Sicherstellung des Filmes ist somit nicht zu begründen. **490**

Um eine gefahrenabwehrende Sicherstellung der Filme in Betracht ziehen zu können, müsste eine gegenwärtige Gefahr bestehen. Diese Gefahr liegt nicht vor, wenn der Abgebildete eine relative Person der Zeitgeschichte ist. Erfüllt der fotografierte Beamte diese Qualität nicht, etwa weil die Mitarbeiter der Presse den Vorgang, in dessen Zusammenhang der Beamte fotografiert wird, aus eigensüchtigen Motiven in die Öffentlichkeit hineintragen, oder werden Portraitaufnahmen gemacht, besteht eine Gefahr für das Persönlichkeitsrecht des Beamten und damit für die öffentliche Sicherheit oder Ordnung (OLG Karlsruhe NJW 1980, 1708, 1709). Die Veröffentlichung derartiger Fotos von Beamten ist mangels jeden zeitgeschichtlichen Bezugs nicht durch §§ 22, 23 KUG gedeckt (Rebmann, AfP 1982, 193; Jarass, JZ 1983, 283). **491**

492 Als ein Sonderfall der Sicherstellung/Beschlagnahme gilt die Regelung des § 21 I SGB X-VwVf. Sie sieht vor, dass sich die Behörde der Beweismittel, die sie nach pflichtgemäßem Ermessen zur Ermittlung des Sachverhalts für erforderlich hält, bedienen kann. Zu diesem Zwecke darf sie u.a. auch Urkunden und Akten beiziehen (§ 21 I Ziff. 3 SGB X-VwVf). Mit „Beiziehen" ist ggf. auch die Sicherstellung bzw. Beschlagnahme gemeint. Jedoch endet die Zulässigkeit einer solchen Beschlagnahme an den Grenzen ihrer spezialgesetzlichen Rechtmäßigkeit. Insbesondere dürfen sich die Sozialbehörden nicht über Beschlagnahmeverbote, wie sie sich z.B. aus § 97 I Ziff. 3 StPO ergeben, hinwegsetzen (Jessnitzer, S. 190 m.w.N.).

II. Überblick über repressive Normen

493 Die Strafprozessordnung kennt unterschiedliche Verfahren der Beschlagnahme, und zwar die verfahrenssichernde von Beweismitteln (§§ 94ff. StPO), die vollstreckungssichernde von Gegenständen, die dem Verfall oder der Einziehung unterliegen (§§ 111bff. StPO), und die Beschlagnahme von Führerscheinen (§ 94 III StPO). Weiterhin wird in diesem Abschnitt eine spezielle Form angesprochen, nämlich die Postbeschlagnahme (§§ 99f. StPO).

494 Wir differenzieren auf Grund der Intensität des Rechtseingriffs zwischen Inverwahrungnahme und Sicherstellung einerseits und Beschlagnahme andererseits. Inverwahrungnahme und Sicherstellung nach § 94 I StPO stellen noch keinen Grundrechtseingriff dar, weil der Gewahrsamsinhaber entweder mit der Maßnahme einverstanden ist oder die Sache in keines Menschen Gewahrsam steht. Dagegen erfolgt die Beschlagnahme, wenn der Gegenstand sich im Gewahrsam einer Person befindet und nicht freiwillig herausgegeben wird (§ 94 II StPO) oder – im Falle des § 111b StPO – wenn der Gegenstand dem Verfall bzw. der Einziehung unterliegt (vgl. auch Rdn 575).

495 Von den Beschlagnahmevorschriften außerhalb der Strafprozessordnung sollen hier § 7 II UZwG Bw, § 16 WDO angesprochen werden. Nach § 16 WDO dürfen Gegenstände eines Soldaten beschlagnahmt werden, die sich in seinem Eigentum, Besitz oder Gewahrsam befinden, sofern ihnen Beweisfunktion zukommt. Da die Eigentumsverhältnisse unbedeutend sind, kann die Beschlagnahmeanordnung gegenüber jedem beliebigen Soldaten erfolgen, vorausgesetzt das Beweismittel befindet sich bei ihm. Dienstlich gelieferte Sachen werden allerdings nicht förmlich beschlagnahmt, sondern formlos in dienstlichen Gewahrsam genommen. Findet bei einem Soldaten eine Durchsuchung gem. § 16 I WDO statt und werden dabei Gegenstände gefunden, die den Verdacht weiterer Rechtsverstöße begründen (u.U. sogar von Straftaten), darf der durchsuchende Soldat diese nicht beschlagnahmen (etwa als „Zufallsfunde"). Er hat jedoch Sorge dafür zu tragen, dass diese Beweismittel nicht beiseite geschafft werden (Jess/Mann § 16 Rdn 21). Die Beschlagnahmevorschrift des § 7 II UZwGBw lehnt sich eng an die der Strafprozessordnung an; daher treffen auch hier die Ausführungen zu Sicherstellung (vgl. Rdn 478), Beschlagnahme (vgl. Rdn 494), Tatprodukt (vgl. Rdn 607), Tatwerkzeug (vgl. Rdn 608) und Beweismittel (vgl. Rdn 519) zu. Neben den ausführlich zu behandelnden Beschlagnahmevorschriften kennt die Strafprozessordnung spezielle Normen, von denen

wir hier kurz die Beschlagnahme von Druckwerken, die Vermögensbeschlagnahme und die Beschlagnahme bei Sicherheitsleistungen ansprechen wollen.

1. Beschlagnahme eines Druckwerkes

Die Freiheit der Presse unterliegt allein den Beschränkungen, die das Grund- **496**
gesetz unmittelbar und in seinem Rahmen das Pressegesetz zulässt (§ 1 II S. 1 bbPG, § 1 II nwPresseG; § 1 II S. 1 TPG). Sondermaßnahmen jeder Art, die die Freiheit der Presse beeinträchtigen, sind verboten (§ 1 II Satz 2 bbPG, § 1 III nwPresseG; § 1 II S. 2 TPG). In dieser Norm kommt der Grundsatz der „Polizeifestigkeit des Presserechts" (OVG Brandenburg NJW 1997, 1387) deutlich zum Ausdruck, der Maßnahmen der Gefahrenabwehr ausschließt, die sich gegen den Inhalt eines Presseerzeugnisses richten (Götz § 8 Rdn 62).

Ermächtigungen zur Durchführung von Sicherstellungen aus Gründen der **497**
Gefahrenabwehr sieht aber das Pressegesetz nicht vor. Dennoch hindert diese fehlende Möglichkeit die Staatsorgane keineswegs, präventive Rechtseingriffe vorzunehmen, beispielsweise gegen jugendgefährdende Schriften wirkungsvoll vorzugehen. Dazu allerdings müssen die Voraussetzungen der §§ 111m, 111n StPO vorliegen.

Die unterschiedlichen Verfahrensziele bestimmen die strafprozessuale Rechts- **498**
grundlage für eine Beschlagnahme von Druckwerken. Ist das Druckwerk Beweismittel (z.B. Kleben von Plakaten verbotener Vereinigungen (§ 20 I Ziff. 4 VereinsG), erfolgt seine Beschlagnahme auf der Grundlage von §§ 94, 98 StPO. Daneben kann ein Druck-Erzeugnis Einziehungsgegenstand sein. In Abweichung von § 74 StGB, den allgemeinen Voraussetzungen der Einziehung, legt der Gesetzgeber für den weitreichenden Eingriff in Art. 5 GG spezielle Tatbestandsmerkmale fest. Nach § 74d I StGB kommt eine Schrift (dazu vgl. § 11 III StGB) als Einziehungsgegenstand in Betracht, wenn sie einen Inhalt hat, dessen vorsätzliche Verbreitung den Tatbestand eines Strafgesetzes (insoweit genügt die fahrlässig begangene rechtswidrige Tat, BayObLG MDR 1987, 870) verwirklichen würde. Zudem muss mindestens ein Stück durch eine rechtswidrige Tat verbreitet oder zur Verbreitung bestimmt worden sein (Vorbereitungshandlung).

„Verbreiten" bedeutet, die Schrift einem größeren, vom Täter nicht kontrol- **499**
lierbaren Personenkreis zugänglich zu machen (Laufhütte, in: LK § 184 Rdn 33). Selbst bei der Weitergabe an eine Einzelperson nehmen wir Verbreiten an, wenn mit Kenntnisnahme des Inhalts durch weitere Personen gerechnet werden kann. Dem Verbreiten stellt § 74d IV StGB jede Form des öffentlichen Zugänglichmachens gleich (vgl. dazu LG Duisburg NStZ 1987, 367).

Grundlage der Strafbarkeit ist der Inhalt der Schrift, nicht dagegen die Ver- **500**
letzung von Ordnungsvorschriften. Welche Strafvorschriften verletzt werden, ist völlig irrelevant. Der Katalog der in Betracht kommenden Tatbestände ist nicht eingrenzbar. So können z.B. Darstellungen sog. harter Pornografie (§ 184a StGB) eine Beschlagnahme von Schriften ebenso auslösen wie die Verbreitung staatsgefährdender Propagandamittel (§ 86 StGB), die Verunglimpfung des Staates und seiner Symbole (§ 90a StGB) oder bestimmte Beleidigungstatbestände, etwa üble Nachrede und Verleumdung gegen Personen des politischen Lebens (§ 188 StGB).

501 Im Gegensatz zu § 111b StPO, der für die Beschlagnahme von Einziehungsgegenständen lediglich eine „einfache" Prognose fordert, ist im Falle einer Beschlagnahme von Druck-Erzeugnissen der Prüfung der Verhältnismäßigkeit besondere Aufmerksamkeit zuzulegen. Das bedeutet, § 111b I StPO ist besonders restriktiv zu interpretieren, und zwar im Sinne einer teleologischen Begrenzung der abgesenkten Verdachtsschwelle sowie einer sorgfältigen Abwägung der betroffenen Grundrechte. Entgegen dem Wortlaut wird das zumeist auch bezüglich des Verdachtsgrades zu erhöhten Anforderungen führen (Achenbach, NStZ 2000, 123, 127). Somit geben entfernte Indizien für ein Presse-Inhaltsdelikt auch in der Zukunft keinen zureichenden Grund für die Anordnung einer pressespezifischen Beschlagnahme.

502 Zur Anordnung der Beschlagnahme ist allein der Richter befugt (§ 111n I Satz 1 StPO). Er darf die Anordnung nicht erteilen, wenn der mit dem Eingriff verfolgte Zweck geringer wiegt als das Interesse der Allgemeinheit an unverzögerter Verbreitung der Schrift oder die nachteiligen Folgen der Beschlagnahme außer Verhältnis zur Bedeutung der Sache stehen (§ 111 m I StPO). Dieser gerade für einen Eingriff in Art. 5 GG wichtige Grundsatz der Güterabwägung findet eine weitere Ausformung in der gesetzlichen Verpflichtung, eine Schrift – wenn möglich – nicht ganz zu beschlagnahmen, sondern nur die Teile, die den strafbaren Inhalt haben (§ 111 m II Satz 1 StPO).

503 Zu dem Thema „Beschlagnahme von Druckwerken" gehört auch § 97 V StPO, der die Beschlagnahme von Schriftstücken, Ton-, Bild- und Datenträgern, Abbildungen und anderen Darstellungen, die sich im Gewahrsam von zeugnisverweigerungsberechtigten Personen i.S. des § 53 I Ziff. 5 StPO oder der Redaktion, des Verlegers, der Druckerei oder der Rundfunkanstalt befinden, grundsätzlich verbietet. Damit gewährleistet der Gesetzgeber nicht nur die Freiheit der Berichterstattung; das Beschlagnahmeverbot sichert zudem den Informanten. Wie weitreichend dieses Verbot ist, zeigt die Tatsache, dass selbst Leserbriefe als Beiträge des redaktionellen Teils eines Druckwerkes von der Beschlagnahme ausgenommen sind (KG JR 1983, 382).

2. Vermögensbeschlagnahme

504 Bei der Vermögensbeschlagnahme müssen wir zwischen ihren verschiedenen Möglichkeiten differenzieren, und zwar der nach §§ 290 ff. StPO, der nach § 443 StPO und der nach § 111p StPO. Sie alle dienen unterschiedlichen Verfahrenszielen, die wir hier nur summarisch darstellen wollen.

505 Gegen einen Abwesenden ist Vermögensbeschlagnahme zulässig, wenn öffentliche Klage erhoben ist und Verdachtsgründe vorliegen, die den Erlass eines Haftbefehls rechtfertigen (§ 290 I StPO). Auf ihn soll folglich Druck mit dem Ziel ausgeübt werden, zur Hauptverhandlung persönlich zu erscheinen (Erbs § 290 Anm. I), sofern die Verhandlung bei seiner Abwesenheit nicht durchgeführt werden kann. Steht jedoch fest, dass auch eine Beschlagnahme den Angeklagten nicht dazu bewegen wird, sich dem Verfahren zu stellen, ist sie unzulässig (Joecks § 290 Rdn 3).

506 Im Gegensatz zu § 290 StPO sucht die Vermögensbeschlagnahme nach § 443 StPO einen Verfügungsentzug über das Vermögen herbeizuführen (Meyer-Goßner Vor § 430 Rdn 12), um den Angeschuldigten daran zu hindern, sein

Vermögen zur Verfolgung staatsfeindlicher Ziele zu gebrauchen oder es anderen für diese Zwecke zu überlassen (Peters § 48 IV).

Die Möglichkeiten, eine Vermögensstrafe zu verhängen, ergänzt § 111p StPO. **507**
Er erlaubt den Strafverfolgungsorganen, das gesamte Vermögen des Beschuldigten durch eine einzige Entscheidung zu beschlagnahmen. Dieser weitreichende Eingriff ist zulässig, wenn dringende Gründe für die Annahme vorhanden sind, dass die Voraussetzungen für die Verhängung einer Vermögensstrafe vorliegen (§ 111o I StPO) und deren Vollstreckung durch Verhängen eines dinglichen Arrests nach pflichtgemäßer Würdigung nicht gesichert erscheint.

Zulässig ist dieser Eingriff, wenn dringender Tatverdacht hinsichtlich eines **508**
schweren Delikts, das mit an Sicherheit grenzender Wahrscheinlichkeit eine lebenslange Freiheitsstrafe oder eine Freiheitsstrafe von mehr als zwei Jahren nach sich ziehen wird (§ 43a StGB), gegen den Betroffenen besteht. In Anbetracht des Umfangs dieses Rechtseingriffs bedarf es einer besonders gewissenhaften Prognoseentscheidung auf Seiten der Strafverfolgungsorgane. Schließlich sollte man – vor allem aus Gründen der Verhältnismäßigkeit – ins Auge fassen, nur einzelne Vermögensbestandteile des Beschuldigten zu beschlagnahmen, wenn dies nach der Höhe der zu erwartenden Vermögensstrafe ausreicht, deren Vollstreckung zu gewährleisten.

Die Anordnung der Vermögensstrafe zieht das Verbot für den Beschuldigten **509**
nach sich, über sein Vermögen unter Lebenden (Verfügungen von Todes wegen bleiben unberührt) zu verfügen, und wirkt gegen jedermann als absolutes Veräußerungsverbot. Selbst die eigene Verwaltung seines Vermögens ist dem von der Vermögensbeschlagnahme Betroffenen untersagt und wird einem außerhalb der Staatsanwaltschaft stehenden Vermögensverwalter (Pfleger) übertragen (§ 292 II StPO). Die Kompetenz zur Anordnung der Vermögensbeschlagnahme hat grundsätzlich der Richter, bei Gefahr im Verzuge geht sie auf die Staatsanwaltschaft über. Polizeibeamte haben diesbezüglich keinerlei Befugnisse.

3. Beschlagnahme bei Sicherheitsleistung

Wird die nach § 132 I StPO geforderte Sicherheitsleistung nicht gestellt, er- **510**
laubt § 132 III StPO die Beschlagnahme von Beförderungsmitteln und anderen Sachen, die der Beschuldigte mit sich führt und die ihm gehören. Über Umfang und Grenzen dieser Beschlagnahmemöglichkeiten vgl. Rdn 859 ff.

III. Sicherstellung und Beschlagnahme von Beweismitteln

Die Beschlagnahmevorschriften, die den Ermittlungsbehörden gesetzlich zu- **511**
gestanden werden, wollen wir zunächst spezifizieren. Ganz allgemein kennen wir die Beschlagnahme beliebiger körperlicher Gegenstände, ausgenommen Postsendungen und Telegramme im Gewahrsam der Post- und Telekommunikationsunternehmen nach §§ 94 ff. StPO. Daneben stehen spezielle Beschlagnahmevorschriften, und zwar einmal die von Postsendungen und Telegrammen im Gewahrsam von Post- und Telekommunikationsunternehmen sowie die Erkenntnisgewinnung aus der Überwachung der Telekommunikation nach § 100a StPO. Da diese Vorschrift eine eigenständige verfassungsrechtliche Anbindung

hat und keine Beschlagnahmenorm im eigentlichen Sinne darstellt, wird sie in Kapitel 10 dieses Buches bearbeitet.

512 Nach § 94 StPO sind Gegenstände, die als Beweismittel für die Untersuchung von Bedeutung sein können, sicherzustellen (Sicherstellung). Befinden sie sich im Gewahrsam einer Person und werden sie nicht freiwillig herausgegeben, bedarf es der Beschlagnahme. Der Zweck des Eingriffs in die verfassungsmäßig geschützten Rechte aus Art. 2 I GG liegt darin, das Strafverfahren zu sichern und Beweisverlust zu verhindern. Dies macht es für die Ermittlungsbehörden erforderlich, auch im Falle einer Sicherstellung dieses Rechtsinstitut aktenkundig zu machen, damit dem Eigentümer bzw. Berechtigten die Verfügungsmöglichkeit über den Gegenstand entzogen bleiben kann (Schulz/Händel § 94 Rdn 7).

513 Bei einer Sicherstellung wird ein Gegenstand entweder in Verwahrung, also in Besitz genommen oder auf sonstige Weise gegen den Zugriff durch einen anderen gesichert, folglich ein öffentlich-rechtliches Verwahrungsverhältnis durch Anordnung der Sicherstellung und deren Vollzug durch Realakt hergestellt (König, DNP 1993, 187).

Beispiel: Täter T wirft das Mordwerkzeug (Messer) auf der Flucht fort. Der Polizeibeamte P beobachtet das, findet das Messer, hebt es auf und nimmt es an sich. Die Sicherstellungsanordnung bleibt unausgesprochen, ist nichtsdestoweniger jedoch notwendig und existent. Der Realakt ist das Ansichnehmen, wodurch gleichzeitig das öffentlich-rechtliche Verwahrungsverhältnis hergestellt wird.

514 Den Begriff „Verwahrung" dürfen wir nicht im Sinne eines zivilrechtlichen Vertrages nach § 688 ff. BGB missverstehen; denn insoweit liegen gravierende Unterschiede auf der Hand. Der bürgerlich-rechtliche Vertrag gestattet es dem Verwahrer grundsätzlich nicht, die in Obhut gegebene Sache zu gebrauchen, also für sich zu nutzen (Sprau, in: Palandt, Einf. vor § 668 Rdn 2). Das ist im Falle der Beschlagnahme völlig anders: Die Behörde hat ein Gebrauchsrecht in einem dem Vorverfahren angemessenen Umfang, was letztlich sogar die Vernichtung der beschlagnahmten Sache einschließt (z.B. von nicht autorisierter Markenware).

515 „Beschlagnahme" beschreibt die förmliche Sicherstellung eines Gegenstandes aus dem Gewahrsam eines Menschen mit nachfolgender Überführung in den Gewahrsam der Strafverfolgungsorgane, so dass auch Behördenakten beschlagnahmefähige Gegenstände i.S. des § 94 II StPO sind (KG NStZ 1989, 541; LG Marburg StV 1989, 426), vor allem wenn die Erfüllung einer Amtshilfepflicht abgelehnt wird, Ablehnung sicher zu erwarten oder Vernichtung von Beweismitteln zu erwarten ist (OLG Oldenburg wistra 1990, 76). Die Förmlichkeit drückt sich darin aus, dass das Entfernen der Sache aus dem Gewahrsam gegen den Willen des Adressaten geschieht, die Beschlagnahme sich quasi als Zwangsmaßnahme darstellt.

516 Die Gegenstände, die beschlagnahmt werden sollen, müssen in der Beschlagnahmeanordnung bzw. dem Beschlagnahmebeschluss so exakt bezeichnet werden, wie dies der Stand des Verfahrens zulässt. Es dürfen folglich keine Zweifel darüber entstehen, auf welche Sachen sich der hoheitliche Rechtseingriff bezieht (BVerfG NJW 1992, 551; OVG Lüneburg NVwZ-RR 2009, 473, 474) und auf Grund welcher Umstände sie ggf. als Beweismittel in Betracht kommen (OLG Düsseldorf StV 1983, 407). Damit ist einer pauschalen Anordnung, etwa der Beschlagnahme „aller aufgefundenen Gegenstände als Beweismittel", eine Absage erteilt, weil ein derartiges Vorgehen mit den Prinzipien eines Rechtsstaates nicht vereinbar ist (BVerfG NStZ 1992, 91).

Der Beschlagnahme geht regelmäßig eine Durchsuchung voraus. Ist die **517** Durchsuchung rechtswidrig, soll dies auf die darauf fußende Beschlagnahme grundsätzlich nicht durchschlagen, es sei denn, der Verstoß gegen die gesetzlichen Bestimmungen ist so schwerwiegend, dass bei Abwägung der Umstände des Einzelfalls das öffentliche Interesse an Aufklärung der Straftat zurückzutreten hat (KG StV 1985, 404). Dieser Anerkennung von Verwertbarkeit rechtswidrig erlangter Beweismittel stehen grundsätzliche rechtsstaatliche Überlegungen entgegen. Ein Folgeeingriff kann nicht rechtmäßig sein, wenn der vorausgehende, diesen vorbereitende und ihn erst ermöglichende Eingriff rechtswidrig war.

1. Verdacht einer Straftat

Obwohl das Gesetz dieses Tatbestandsmerkmal expressis verbis nicht voraus- **518** setzt, verlangen Sicherstellung und Beschlagnahme wie alle anderen Eingriffe einen Anlass, und zwar den Verdacht einer Straftat (vgl. dazu Rdn 71 ff.).

2. Beweismittel

Als Beschlagnahmeobjekte kommen einzig Beweismittel in Betracht, also **519** Gegenstände, die Verfahrensbedeutung vor allem deswegen haben, weil sie Rückschlüsse auf den Täter oder die Tat zulassen bzw. die Tatzusammenhänge aufklären können. Nach Ansicht der Rechtsprechung (BVerfG NJW 2005, 1917 ff.) sind auch Datenträger und die darauf gespeicherten Daten beschlagnahmefähige Beweismittel. Diese Auffassung hält einer gewissenhaften Überprüfung indessen nicht stand. Daten sind elektromagnetische, also eindeutig unkörperliche, sinnlich nicht wahrnehmbare Speicherungen auf einem speziellen Träger, die ohne diesen Datenträger gar nicht „existieren" können (Kemper, NStZ 2005, 538, 541 mwN). Unter den für §§ 94 ff. StPO zwingend geforderten Begriff „Beweismittel" fallen allenfalls die Datenträger. Darüber hinaus werden dem Eingriffsadressaten die Daten nicht „weggenommen" (die Gewahrsamnahme der beschlagnahmten Sache ist regelmäßig Voraussetzung für die Wirksamkeit des Eingriffs, vgl. Rdn 535 ff.), sondern die Behörde fertigt eine dem Original-Datenbestand identische Kopie, die dem Betroffenen nach Beendigung des Verfahrens bzw. nach Beseitigung des Beweiswerts nicht zurückgegeben, sondern gelöscht wird (vgl. § 98b III StPO). Diese Argumente sprechen eindeutig gegen die Auffassung, Daten auf Datenträgern als beschlagnahmefähige Gegenstände anzusehen. Ihre Beschlagnahme zuzulassen, bedürfte es unbedingt spezieller gesetzlicher Ermächtigungen.

Die Besonderheit des § 94 StPO besteht darin, dass die Ermittlungsbeamten **520** ein Ermessen eingeräumt bekommen festzustellen, ob eine Sache als Beweismittel Bedeutung gewinnen könnte. Haben sie sich insoweit festgelegt, sind sie gesetzlich gehalten, die entsprechenden Sachen zu beschlagnahmen. Dabei ist irrelevant, ob bereits Beweismittel für das Verfahren vorhanden sind.

Beispiel: Bei der Durchsuchung der Wohnung eines Verdächtigen wird ein ganzes Warenlager von Bekleidungsartikeln gefunden. Sie wurden offensichtlich gestohlen; denn die Preisschildchen sind noch aufgeklebt. Jedes einzelne Stück könnte als Beweismittel Verfahrensbedeutung erlangen. Deshalb ist das gesamte Diebesgut zu beschlagnahmen.

a) Krankenunterlagen in Arztpraxen

521 Ärztliche Unterlagen sowie Patientenkarteien und Krankenscheine in einer Arzt- oder Zahnarztpraxis sind beschlagnahmefähig, wenn sie für ein Strafverfahren (z.B. wegen Betruges eines Mediziners z. N. der Krankenkassen) beweiserheblich sind (BGH NJW 1992, 763, 765; LG Koblenz NJW 1983, 2100; LG Bochum NJW 1988, 1533). Diese Karteien sind durch § 97 I StPO nicht von der Beschlagnahme ausgenommen; denn das gesetzlich verfügte Beschlagnahmeverbot für bestimmte Aufzeichnungen anvertrauter Mitteilungen oder über andere Umstände und für andere Gegenstände bestimmter Art sichert allein das Vertrauensverhältnis zwischen Arzt und Patienten.

522 Weder die Patientenkartei noch die Krankenscheine zählen zu diesem privaten Bereich, so dass deren Schutz hinter dem Allgemeininteresse an der Aufklärung der Straftat zurückzutreten hat (LG Marburg StV 1989, 426, 427; vgl. auch § 97 II Satz 3 StPO), wenn der Arzt selbst Beschuldigter ist, die Wahrheitsermittlung im Strafverfahren die privaten Geheimhaltungsinteressen der Patienten überwiegt und der Einblick in die Patientenkartei zur Aufklärung der Tat erforderlich und verhältnismäßig ist (BVerfGE 32, 373, 381). Das gilt jedoch nicht, wenn die Unterlagen zugleich Straftaten der Patienten offenbaren würden, an denen der Arzt nicht beteiligt ist (AG Landau StV 1989, 536).

523 Die Beschlagnahme ärztlicher Abrechnungsunterlagen bei den Krankenkassen ist gem. § 76 I SGB X unter den näheren Voraussetzungen der §§ 94, 97 StPO, § 69 I Ziff. 1 SGB X zulässig (Seibert, NStZ 1987, 398 f.).

b) Insolvenzsachen

524 Zu den Beweismitteln i.S. des § 94 I StPO zählen auch die sich im Besitz eines Insolvenzverwalters befindenden Geschäftsunterlagen eines zahlungsunfähigen Schuldners (LG Stuttgart Justiz 1984, 62; Schäfer, wistra 1985, 209, 210) sowie die Buchführungsunterlagen, die sich im Gewahrsam eines Freiberuflers i.S. von § 53 I Ziff. 3 StPO befinden. Die zuletzt genannten Unterlagen dürfen die Strafverfolgungsorgane jedoch nur beschlagnahmen, wenn ein Ausnahmetatbestand des § 97 II Satz 3 StPO gegeben oder die Entbindung von der Schweigepflicht erfolgt ist (Bauwens, wistra 1985, 179, 182).

c) Rasterfahndung

525 Werden personenbezogene Daten zum Zwecke ihrer elektronischen Datenverarbeitung erhoben und gespeichert, stehen sie jederzeit in Sekundenschnelle den Behörden zur Verfügung, können mit anderen Datensammlungen kombiniert bzw. zusammengefasst werden mit der Folge einer vielfältigen Nutzungemöglichkeit. Die Befugnis des § 31 PolG NRW bezieht sich auf personenbezogene Daten von unterschiedlichem Gewicht. Selbst wenn man berücksichtigt, dass die expressis verbis genannten Daten (Name, Anschrift, Tag und Ort der Geburt) in behördlichen Datensammlungen bereits gespeichert und jederzeit abrufbar sind, geben sie in Kombination mit anderen Daten (ggf. z.B. Religionszugehörigkeit, Studienfachrichtung) einen weitaus tiefer gehenden und von den Behörden zielgerichtet angestrebten Einblick in die Persönlichkeitssphäre des Betroffenen. Auf diese Weise beabsichtigt die Polizei, Aufschluss über Verhaltensweisen und damit Verdachtsmomente in Bezug auf die von einer gewissen Person ausgehenden Gefahren zu erhalten. Dass wir es insoweit mit einer Beeinträchtigung des Rechts auf informationelle Selbstbestimmung zu tun haben, liegt auf der Hand (BVerfGE 100, 313, 366). Eingriffe in das Grundrecht auf informationelle Selbstbestimmung derjenigen Adressaten, auf die sich die übermittelten Daten „vermutlich" beziehen, ermächtigt die Eingriffsnorm „Rasterfahndung". Entsprechend ihrem Sinn und Zweck erfasst die Rasterfahndung einen weiten Kreis von Betroffenen („vermutlich" enthält insoweit keine Begrenzungsfunktion, da es einzig auf die Betrachtensweise der Behörde ankommt), der nach Abgleich mit weiteren Rastern mehr und mehr eingegrenzt wird. Wegen der zunächst unübersehbare Zahl von Eingriffsadressaten gewinnt der Grundsatz der Verhältnismäßigkeit (vgl. dazu grundsätzlich Rdn 4) außerordentliche Bedeutung.

Die Berechtigung zur Vornahme einer präventiven Rasterfahndung ergibt **526** sich aus § 46 bbPolG, § 31 nwPolG, § 44 thPAG. Voraussetzung ist, dass die Maßnahme zur Abwehr einer gegenwärtigen Gefahr für fest umrissene Straftaten erforderlich ist. Zum Begriff der gegenwärtigen Gefahr vgl. Rdn 57 f. Da es sich bei dem Kanon der Straftaten durchweg um solche von hohem verfassungsrechtlichen Gewicht handelt, müssen an die Wahrscheinlichkeit des Schadenseintritts keine besonderen Anforderungen gestellt werden (BVerwGE 62, 36, 39). Erforderlich ist die Rasterfahndung, wenn die Übermittlung der Daten und der Datenabgleich geeignet ist, zur Abwehr der Gefahr zumindest beizutragen (Geeignetheit), und wenn insbesondere der Datenabgleich für die datenmäßig erfasste Person möglichst wenig Nachteile nach sich zieht (Erforderlichkeit im engeren Sinne). Ob die Rasterfahndung geeignet ist, das polizeiliche Ziel zu erreichen, entscheidet der Beamte nach pflichtgemäßem Ermessen. Die Nachteile, die der Adressat in Bezug auf seine informationelle Selbstbestimmung erfährt, versucht der Gesetzgeber durch die Vorschriften insbesondere des § 46 II, III bbPolG, § 31 II, III nwPolG, § 44 II, III thPAG so gering wie möglich zu halten. Allerdings bestimmt auch in diesem Zusammenhang der Polizeibeamte, welche Daten im Einzelfall zur Prävention benötigt werden.

Das Gewicht des Eingriffs in das Recht auf informationelle Selbstbestim- **527** mung hängt insbesondere davon ab, welchen Grad an Persönlichkeitsrelevanz die betroffenen Informationen isoliert betrachtet sowie in ihrer Verknüpfung mit anderen Informationen aufweisen, und auf welchem Wege sie der Behörde zur Kenntnis gelangen (BVerfGE 107, 299, 319 f.). Besonders hoch ist die Eingriffsintensität, sobald Informationen betroffen sind, zu deren Erlangung Vertraulichkeitserwartungen verletzt werden, vor allem solche, die unter besonderem Grundrechtsschutz stehen (z.B. Art. 10, 13 GG). Mit Blick auf den Inhalt sowohl der übermittelten als auch derjenigen Daten, mit denen die übermittelten abgeglichen werden sollen, kommt der Ermächtigung zur Rasterfahndung grundsätzlich ein großes Gewicht zu. Das gilt auch und vor allem für die weiter reichenden Erkenntnisse, die die Behörden aus dem Datenabgleich wie auch der Datenzusammenführung gewinnen, denkt man insbesondere daran, dass (vor allem im Falle der Gefahr vor terroristischen Anschlägen und der Suche nach sog. „Schläfern") auf Ersuchen Angaben zu Staats- und Religionsangehörigkeit, Studienfachrichtung, Studienort oder Familienstand in den Datenabgleich einbezogen werden. Dies sind personenbezogene Daten, die sich polizeilicher Kenntnisnahme regelmäßig entziehen, an deren Privatheit der Eingriffsadressat üblicherweise großes Interesse hat und von deren vertraulicher Behandlung er ausgeht (a. A. Haas, NJW 2006, 1949). Das Gewicht von Eingriffen in das Recht auf informationelle Selbstbestimmung wird des weiteren danach beurteilt, welche Nachteile dem Adressaten auf Grund des Eingriffs drohen oder von ihm real zu befürchten sind. So kann die Übermittlung und Verwendung von Daten für den Betroffenen das Risiko bergen, Objekt staatlicher Ermittlungsmaßnahmen zu werden, die über das allgemeine Risiko hinausgehen, einem unberechtigten Verdacht ausgesetzt zu werden (BVerfG NJW 2003, 1787). Weiterhin können informationsbezogene Ermittlungsmaßnahmen den Adressaten stigmatisieren und mittelbar ihn der Gefahr aussetzen, im Alltag oder gar im Berufsleben diskriminiert zu werden. Schließlich sehen sich Personen, in deren Grundrechte mittels Rasterfahndung eingegriffen worden ist, häufig weitergehenden Ermittlungshandlungen ausgesetzt (BVerfG NJW 2006, 1939, 1943). Wie begründet diese Betrachtensweise ist, dokumentieren sehr eindrucksvoll die Aktivitäten der Sicherheits- und Ermittlungsbehörden nach den Terroranschlägen von New York, London und Madrid, sowie versuchten terroristischen Anschlägen in der Bundesrepublik Deutschland höchst eindrucksvoll.

527a Beeinflusst wird die Eingriffsintensität ferner von der Frage nach der gesetzlich festgelegten Benachrichtigungspflicht sowie der „Streubreite" des Grundrechtseingriffs. Die Heimlichkeit staatlicher Rechtseingriffe führt naturgemäß zur Erhöhung ihrer Intensität (BVerfG NJW 2006, 976, 981). Das gilt ebenso für deren Streubreite, weil sie das Risiko des Missbrauchs in sich birgt und in der Bevölkerung ein Gefühl des Unwohlseins entstehen lässt. Eine weitere (und schwerwiegende) Besonderheit der Rasterfahndung liegt in der Tatsache, dass sie Personen in das behördliche Verfahren einbindet, gegen die keinerlei Erkenntnisse dahingehend vorliegen, von ihnen könnte eine Gefahr im Sinne des Gesetzes ausgehen (sog. verdachtsloser Eingriff). Die Norm erfasst somit Personen, die die Rasterkriterien erfüllen, ohne allerdings für eine Gefahrensituation verantwortlich zu sein. Selbst die nach den einzelnen Rasterungen jeweils verbleibenden Personen trifft nicht unbedingt ein konkreter Störervorwurf (bzw. Tatverdacht). Ob die betreffenden Personen als Störer oder Tatverdächtige in Betracht zu ziehen sind, will die Behörde gerade durch diesen Rechtseignriff herausfinden, sei es durch Rasterung nach Einbeziehung weiterer Datensätze, sei es durch „traditionelle" Ermittlungsmethoden, die sich auf Erkenntnisse aus der Rasterfahndung stützen. Wir können die Rasterfahndung somit als „Verdächtigengewinnungseingriff" bezeichnen (Gusy, KritV 2002, 474, 483).

527b Die polizeirechtliche Rasterfahndung ist nur angemessen, wenn der Gesetzgeber rechtsstaatliche Anforderungen wahrt, ihre Zulässigkeit also an hinreichend konkrete Gefahren für die bedrohten Rechtsgüter bindet (BVerfG NJW 2006, 1939, 1945). Im Vorfeld der Gefahrenabwehr scheidet dieser Grundrechtseingriff aus. Weil auch die Dauergefahr eine Form der konkreten Gefahr darstellt (vgl. zu konkreter Gefahr Rdn 41 ff.), bedarf es für deren Annahme, auch wenn sie von sog. „Schläfern" möglicherweise ausgeht, gleichfalls fundierter objektiv nachvollziehbarer Tatsachen. Internationale Spannungslagen, von Terrorgruppen zum Anlass für Anschläge missbraucht, sind politisch „an der Tagesordnung", und deren Wirkung dauert in der Regel über längere Zeiträume an. Dass die Terroristen Anschläge auch in Deutschland verüben oder vorbereiten, lässt sich zwar nicht ausschließen, doch reichen derartige allgemeine Bedrohungslagen (wie z.B. seit dem 11. Sept. 2001 praktisch ununterbrochen anzuerkennen) zur Annahme einer konkreten Gefahr und damit zur Anordnung einer Rasterfahndung nicht aus. Vielmehr verlangt ein auf der Grundlage von § 31 I nwPolG vollzogener Eingriff in das Recht auf informationelle Selbstbestimmung Anerkennung weiterer Tatsachen, aus denen sich die konkrete Gefahr herleiten lässt, etwa weil tatsächliche Anhaltspunkte für die Vorbereitung terroristischer Anschläge sprechen oder dass sich in Deutschland Personen bereithalten, die in absehbarer Zeit im Inland oder im Ausland Terroranschläge verüben wollen. Würde man im Gegensatz dazu die allgemeine Terrorismusgefahr bereits als konkrete Gefahr ansehen (so aber Haas, NJW 2006, 1949, 1950), wäre eine grenzenlose Eingriffsermächtigung geschaffen, der es an jeglichen Ansatzpunkten zur Prüfung der Frage mangeln würde, ob die zu erhebenden Daten für den Einzelfall tatsächlich benötigt werden. Solche Eingriffsbefugnis laufen dem verfassungsrechtlich statuierten Bestimmtheitsgebnot zuwider (BVerfG NJW 2006, 1939, 1948).

Die mit der Rasterfahndung verbundenen Eingriffe in das Recht auf informationelle Selbstbestimmung gegenüber Personen, die keinerlei konkreten Verdachtsmomenten ausgesetzt sind, darf die Polizei erst anordnen und durchführen, wenn konkrete Tatsachen eine Gefahrenprognose stützen, und darüber hinaus anzunehmen ist, auf der Grundlage der Ermittlung von Daten eines bestimmten Personenkreises könnten Maßnehmen zur Abwehr dieser Gefahr getroffen werden. Fehlen konkrete Anzeichen für Terroranschläge in Deutschland, besteht vielmehr allein die bloße Möglichkeit solcher Anschläge, dann würde – im Falle ihrer Vollstreckung – die Rasterfahndung im Vorfeld der Gefahrenabwehr durchgeführt, keineswegs aber zwecks Abwehr einer konkreten Gefahr. Diese Absenkung der Wahrscheinlichkeitsschwelle auf die bloße Möglichkeit terroristischer Anschläge ist von Verfassungs wegen abzulehnen (BVerfG NJW 2006, 1939, 1949). **527c**

Die Zulässigkeit der Rasterfahndung aus Gründen der Repression lässt § 98a StPO zu, wenn tatsächliche Anhaltspunkte dafür vorliegen, dass eine dem Katalog entsprechende Straftat von erheblicher Bedeutung begangen worden ist und wenn auf den Täter vermutlich zutreffende Prüfungsmerkmale gegeben sind, die man mit anderen Daten abgleichen kann, um Nichtverdächtige auszuschließen oder Personen festzustellen, die weitere für die Ermittlungen bedeutsame Prüfungsmerkmale erfüllen. Viele der Straftaten aus dem Katalog sind Verbrechen und insoweit selbstredend Straftaten von erheblicher Bedeutung. Die Vergehenstatbestände erfüllen diese Anforderung nur, wenn sie über die reine Tatbestandsverwirklichung hinaus die Merkmale aus § 10 III bbPolG, § 8 III nwPolG erfüllen. **528**

Den Schwachpunkt der Ermächtigung bildet die gesetzliche Formulierung, dass die für den Datenabgleich vorgesehenen Prüfungsmerkmale auf den Täter *vermutlich* zutreffen müssen. Ob dies der Fall ist, unterliegt somit dem Beurtei- **529** lungsspielraum des Beamten, ist folglich einer gerichtlichen Nachprüfung nur in krassen Ausnahmefällen zugänglich.

530 Des Weiteren darf die Rasterfahndung nur angeordnet werden, wenn die Erforschung des Sachverhalts oder die Ermittlung des Aufenthaltsortes des Täters auf andere Weise erheblich weniger erfolgversprechend oder wesentlich erschwert wäre (§ 98a I Satz 2 StPO). Diese Standardformulierung moderner Eingriffsermächtigungen verlangt als Erstes eine Prognose im Hinblick auf den Misserfolg, der bei Anwendung traditioneller Ermittlungsmethoden zu erwarten wäre. Allerdings genügt nicht die schlichte Feststellung, andere Maßnahmen zögen größere Schwierigkeiten in Bezug auf die Ermittlungen nach sich; denn die hat ein Ermittlungsbeamter zu überwinden, weil er damit rechnen muss. Maßgebend ist einzig die Erkenntnis, dass ohne Rasterfahndung die Aufklärung der Straftat und Feststellen des Täters sowie die Durchführung des Strafverfahrens einen unvertretbar größeren personellen und materiellen Aufwand erfordert, ohne dass damit der ermittlungsbehördliche Erfolg sicherzustellen wäre. Unter Berücksichtigung der Tatsache, dass wir es hier mit Schwerkriminalität (organisierte bzw. bandenmäßige Kriminalität) zu tun haben, hat die Allgemeinheit einen verfassungsmäßig verbürgten Anspruch auf schnelle und wirksame Strafverfolgung. Ist aus diesem Blickwinkel die Rasterfahndung eine Maßnahme, die die Ermittlungsorgane der Aufklärung der Straftat ein großes Stück näher bringt, darf der Datenabgleich mit polizeifremden Daten erfolgen.

531 Die Befugnis zur Anordnung der Rasterfahndung liegt in den Händen des zuständigen Richters. Bei Gefahr im Verzuge geht diese Kompetenz auf den Staatsanwalt über. Trifft dieser die Anordnung, bedarf er einer unverzüglich, spätestens binnen drei Tagen einzuholenden richterlichen Bestätigung der Maßnahme, ansonsten tritt die Anordnung außer Kraft. Die Anordnung bedarf der Schriftform (§ 98b I StPO).

3. Untersuchung

532 Das Beweismittel muss für die „Untersuchung" von Bedeutung sein. Dieser Begriff umreißt das gesamte Strafverfahren, ausgehend vom Ermittlungsverfahren bis hin zur Beendigung des Verfahrens. Darüber hinaus gehören sowohl das Sicherungsverfahren (§§ 413 ff. StPO) als auch das Verfahren bei Einziehungen und Vermögensbeschlagnahmen (§§ 440 ff. StPO) dazu. Auf welche Art und Weise das Verfahren beendet wird, ist im Sinne der §§ 94 ff. StPO irrelevant. Da der Verlauf eines Strafverfahrens im Augenblick des sog. Ersten Angriffs nicht prognostiziert werden kann, ist nicht entscheidend, ob der sichergestellte oder beschlagnahmte Gegenstand tatsächlich in irgendeinem Stadium des Strafverfahrens relevant ist. Bereits bei potenzieller Beweisbedeutung greift das Legalitätsprinzip, und die Sache ist sicherzustellen.

533 Ist die Straftat ein Privatklagedelikt, findet grundsätzlich kein vorbereitendes Verfahren (§§ 158 ff. StPO) statt. Daher ist auch eine Beschlagnahme so lange unzulässig, wie der Privatkläger noch keine Privatklage erhoben hat. Leitet allerdings die Staatsanwaltschaft die Ermittlungen mit dem Ziel festzustellen, ob öffentliches Interesse an der Klageerhebung besteht, kann sie eine Beschlagnahme anordnen und durchführen, denn auch diese Prüfung gehört zum Begriff „Untersuchung" i.S. des § 94 StPO.

Beispiel: I bezeichnet ihre Freundin A in einem Brief an eine Bekannte (B) als „unglaublich blöde Schlampe“. B, die mit A ebenfalls bekannt ist, erzählt ihr von der Äußerung bei nächster Gelegenheit. A will diese „Unverschämtheit“ gerichtlich verfolgen lassen.

Beleidigung (§ 185 StGB) ist Privatklagedelikt, vgl. § 374 I Nr. 2 StPO. Der Verletzte wird diese Tat selbst verfolgen müssen. Die Staatsanwaltschaft ist nach § 376 StPO zur Erhebung der öffentlichen Klage nur berechtigt, wenn öffentliches Interesse an der Strafverfolgung besteht. Um dieses öffentliche Interesse feststellen zu können (vgl. dazu Nr. 86 II RiStBV), müsste die Staatsanwaltschaft möglicherweise den Brief in die Hände bekommen. **534**

4. Gewahrsam

Beweismittel werden beschlagnahmt, wenn sie sich u.a. im Gewahrsam einer Person befinden. Gewahrsam beschreibt eine enge und von der sozialen Anschauung gebilligte Beziehung zwischen einer Person und einer Sache. Ob sie anerkannt werden kann, entscheidet sich nicht anhand der Eigentumsfragen, ausschlaggebend sind allein Anschauungen des täglichen Lebens. Daher ist es auch irrelevant, ob der von dem Grundrechtseingriff Betroffene Tatverdächtiger ist oder nicht. **535**

Der Gewahrsamsbegriff hebt ausschließlich auf eine normative Beziehung ab. Insofern spielt es keine Rolle, ob der Betroffene Kenntnis von der Tatsache hat, dass er eine beschlagnahmefähige Sache in seinem Gewahrsam hat. Eine Beschlagnahme wird selbst dann durchgeführt, wenn der Adressat glaubwürdig darlegt, von seinem Gewahrsam über das Beweismittel nichts zu wissen. **536**

Beispiel: Taschendieb L hat einer Kundin (K) im Kaufhaus die Geldbörse aus der Handtasche „gefingert“. Als er von dem Warenhausdetektiven deshalb zur Rede gestellt wird, gelingt es ihm, das ihn belastende Beweismittel dem neben ihm stehenden Z in die Manteltasche zu stecken. Diesen Vorfall beobachtet S, der seine Feststellungen erst bei Eintreffen der Polizei offenbart.

Eine Durchsuchung nach der Geldbörse der K erübrigt sich bei L, denn die Börse befindet sich in der Tasche des Z, der wiederum keine Kenntnis davon hat. Trotzdem hat er Gewahrsam über die Börse, so dass er Adressat der Beschlagnahme würde (sein Widerspruch unterstellt). Die Beschlagnahme setzt ein bestehendes Gewahrsamsverhältnis voraus. Ist dies nicht anzuerkennen, führen die Behörden lediglich eine Sicherstellung durch, und zwar ohne Rücksicht darauf, ob die Beseitigung der normativen Beziehung gegen den Willen des letzten Gewahrsamsinhabers geschieht. **537**

Beispiel: T wird nach Ausführung eines „Handtaschenraubes“ verfolgt. Um schneller flüchten zu können, wirft er die Tasche in einen Vorgarten. Einer der Hausbewohner (Z), der das Geschehen zufällig bemerkt, nimmt die Tasche an sich und will gerade ins Haus gehen, als die Polizei ihn anspricht.

5. Herausgabe

Allgemein gilt im Eingriffsrecht der Grundsatz, dass demjenigen, der in seine Rechtsbeeinträchtigung einwilligt, kein Unrecht geschieht. Dieser Gedanke **538**

„volenti non fit iniuria" hat regelmäßig zur Folge, dass ein Rechtseingriff im eigentlichen Sinne (von Ausnahmen abgesehen) nicht stattfindet. Übertragen auf die Beschlagnahme würde das bedeuten, dass sie nicht in Betracht zu ziehen wäre, wenn der aktuelle Gewahrsamsinhaber den fraglichen Gegenstand herausgibt.

539 Doch lassen sich die eingangs erwähnten Grundgedanken über die freiwillige Herausgabe nicht auf §§ 94ff. StPO übertragen. Vielmehr ist zu untersuchen, auf Grund welcher Motivation der Gewahrsamsinhaber den Gegenstand herausgibt: Tut er es unaufgefordert oder verlangt z.B. ein Polizeibeamter die Herausgabe.

Beispiel: Fall des Taschendiebes: Hier sind tatsächlich zwei grundlegend unterschiedliche „Lösungen" denkbar: Einerseits greift Z in seine Tasche, zieht die Geldbörse heraus und reicht sie dem Beamten. Auf der anderen Seite fordert dieser den Z nach entsprechender Erläuterung des Sachverhalts und der Folgen der Weigerung auf, die Geldbörse herauszugeben. In dem ersten Fall ist eine freiwillige Herausgabe evident. Dagegen kann man im zweiten Fall freiwillige Herausgabe nicht unterstellen.

6. Wirkung des Herausgabeverlangens

540 Die freiwillige Herausgabe beschlagnahmefähiger Gegenstände befreit die Ermittlungsbeamten nicht vom Beachten der §§ 94ff. StPO. Freiwilligkeit verlangt neben einem autonomen Entschluss (Malorny, JA 1974, 131, 135) die Kenntnis des Betroffenen, dass er einer entsprechenden Verpflichtung nicht unterliegt (insofern gehen die Bedenken des LG Bonn NStZ 1983, 327 fehl). Gerade diese Herausgabeverpflichtung legt § 95 I StPO fest, der dem augenblicklichen Gewahrsamsinhaber auferlegt, den beschlagnahmefähigen Gegenstand herauszugeben, sofern die zuständige Behörde eine entsprechende Forderung erhebt.

541 Ein derartiges Herausgabeverlangen kommt grundsätzlich nur in Betracht, wenn die Ermittlungsbeamten Gewissheit darüber haben, dass sich der Beweisgegenstand im Gewahrsam des Betroffenen befindet, dieser Adressat einer (Mitwirkungs-)Pflicht zur Vorlage und Aushändigung des Gegenstandes unterworfen sein kann und es nicht auf einen überraschenden Zugriff ankommt (Kurth, NStZ 1983, 327). Beispiele für solche Herausgabeverlangen wären z.B. die Kontounterlagen eines Geldinstituts in einem gegen den Kontoinhaber geführten Strafverfahren (LG Hamburg NJW 1978, 958; vgl. aber LG Bonn NStZ 1983, 327) oder die Schadensmeldungen, die bei einer Versicherungsgesellschaft verwahrt werden. In diesen Fällen können die Ermittlungsbeamten davon ausgehen, dass der Aufgeforderte tatsächlich Gewahrsam über die Sachen hat (Feisenberger § 95 Anm. 2).

542 Fordern Ermittlungsbeamte z.B. die Herausgabe eines Beweismittels oder Führerscheins (Einziehungsgegenstände fallen nicht unter § 95 StPO, vgl. Meyer-Goßner § 95 Rdn 5), ändert Freiwilligkeit nichts daran, dass sie zu beschlagnahmen sind. Haben die Beamten eine Forderung nach Herausgabe gegen den Gewahrsamsinhaber noch nicht erhoben, gibt dieser sie aber ohne Aufforderung heraus, eröffnen sich zwei Möglichkeiten: Ist dem Beamten die Tatsache, dass der Betroffene Gewahrsam hat, nicht bekannt, erfolgt die Herausgabe freiwillig, und eine Beschlagnahme entfällt. Kennt der Beamte die Gewahrsamsverhältnisse, und kommt der Betroffene der entsprechenden Aufforderung nur zuvor, müssen die §§ 94 ff. StPO beachtet werden.

Prinzipiell trifft die Herausgabepflicht jeden Gewahrsamsinhaber, selbst den, der ein Zeugnisverweigerungsrecht besitzt. Doch kann der Zeugnisverweigerungsberechtigte die Herausgabe verweigern, ohne dass ihn die in § 95 II StPO angedrohten Folgen treffen können (§ 95 II Satz 2 StPO). Aus übergeordneten verfassungsrechtlichen Gesichtspunkten ist auch der Beschuldigte nicht zur Herausgabe von Beweismitteln verpflichtet. Er muss an seiner Überführung nicht tätig mitwirken, braucht also Sachen, die die Gefahr in sich bergen, dass ihm eine Straftat schlüssig nachgewiesen wird, nicht herauszugeben (Beulke § 95 Rdn 247). **543**

7. Beschlagnahmefreie Gegenstände, § 97 StPO

Wenn unsere Rechtsordnung in § 97 StPO Gegenstände der prozessualen Verwertbarkeit entzieht, offenbart dies einen Konflikt zwischen dem Interesse der Allgemeinheit an rascher und effektiver Aufklärung von Straftaten und dem des Individuums am Schutz seiner Privatsphäre und vor allem des Vertrauensverhältnisses zwischen dem Beschuldigten/Verdächtigen und dem im Gesetz genannten Personenkreis. Das bleibt indes unberührt, wenn der gesuchte Gegenstand allein die Qualität eines objektiven Beweismittels hat, ohne Bezug zu dem persönlichen Verhältnis zwischen den Parteien (LG Verden NStZ 2005, 527, 528). Daneben soll § 97 StPO die Umgehung und Aushöhlung des Zeugnisverweigerungsrechts der in §§ 52, 53, 53a StPO genannten Personen verhindern; denn ansonsten wären Strafverfolgungsorgane bestrebt, das, was die zeugnisverweigerungsberechtigten Personen verschweigen dürfen, aus deren Unterlagen herauszuholen. Diese Besorgnis dokumentiert, wie eng § 97 StPO mit dem Zeugnisverweigerungsrecht verknüpft ist (BGH NJW 1992, 763, 764). **544**

Zwar enthält § 97 StPO eine katalogmäßige Aufzählung beschlagnahmefreier Gegenstände, was prima vista dafür spricht, nur in diesen Fällen ein Beschlagnahmeverbot anzuerkennen. Dennoch ist es keineswegs ausgeschlossen, Gegenstände, die als Beweismittel in Betracht kommen können, als nicht beschlagnahmefähig zu qualifizieren, wenn die gebotene Abwägung zwischen dem allgemeinen Persönlichkeitsrecht einerseits und den Belangen der Strafrechtspflege andererseits gegen eine Verwertbarkeit spricht (BGH NJW 1994, 1970). In dieser Abwägung werden die Grundrechtsbelange dessen, der beschuldigt ist, mit denen desjenigen verglichen, der durch die Tat verletzt wurde. Spricht diese Gegenüberstellung gegen eine Auswertung des „Beweismittels" durch die Strafverfolgungsorgane und seine Einführung in das Strafverfahren gegen den Eigentümer bzw. Gewahrsamsinhaber wegen schwerwiegender verfassungsrechtlicher Bedenken, greift § 97 StPO. Diese Beschlagnahmefreiheit erstreckt sich z.B. auf Tagebücher (BGH a.a.O.), Testamente (LG Arnsberg wistra 1993, 199), Ehegatten-Tagebücher (LG Saarbrücken NStZ 1988, 424) oder Krankenunterlagen Dritter (LAG Hamburg NJW 1990, 780), erfasst allerdings nicht Unterlagen einer Bank bezüglich ihrer Kunden (LG Krefeld WM 1994, 1073). **545**

Nach dem Wortlaut des Gesetzes erstreckt sich das Beschlagnahmeverbot des § 97 StPO auf bestimmte Gegenstände im Gewahrsam zeugnisverweigerungs- **546** berechtigter Personen (§ 97 II S. 1 StPO). „Gewahrsam" bedeutet das Gleiche wie in § 94 II StPO. Besteht Mitgewahrsam einer nicht zur Verweigerung des Zeugnisses berechtigten Person, greift § 97 StPO nicht.

547 Das Beschlagnahmeverbot gilt nur, solange sich die betreffenden Gegenstände im Gewahrsam des Zeugnisverweigerungsberechtigten befinden. Sind die Personen Zahnärzte, Apotheker oder Hebammen, ist das Beweismittel auch beschlagnahmefrei, wenn es sich im Gewahrsam einer Krankenanstalt befindet; bei Angehörigen anerkannter Beratungsstellen nach § 219 II StGB gilt das Beschlagnahmeverbot auch, wenn die Beweismittel im Gewahrsam der Beratungsstelle sind.

548 Ein rechtsstaatlichen Anforderungen genügender Strafprozess setzt voraus, den (mündlichen wie auch schriftlichen) Verkehr zwischen Anwalt und Mandant von staatlicher Überwachung grundsätzlich frei zu halten. Damit wird Beschuldigten die Möglichkeit einer geordneten und effektiven Verteidigung durch das gesetzliche Verbot der Beschlagnahme von Unterlagen, die sie offenkundig zu ihrer Verteidigung in dem gegen ihn laufenden Strafverfahren angefertigt haben, eingeräumt. Dieses Verbot greift unabhängig davon, ob ein Verteidigungsverhältnis mit einem bestimmten Rechtsanwalt zurzeit der Anfertigung des Schriftstücks besteht oder im Augenblick der ins Auge gefassten Beschlagnahme zustande gekommen ist (OLG München StV 2005, 118 ff.). Eine Gleichstellung mit den in § 97 II Satz 2 StPO genannten Berufen ergibt sich insoweit zwingend (LG Mainz NStZ 1986, 473), denn ansonsten wäre der Schutz der Vertraulichkeit der Beziehung zwischen Verteidiger und Mandant durchbrochen. Die Ermittlungsbehörden brauchten nämlich mit ihrem Zugriff nur zu warten, bis der Rechtsanwalt seinem Mandanten Verteidigungsunterlagen überlässt, um ihrer habhaft zu werden und die Verteidigungsstrategie kennen zu lernen. Ist ein als Strafverteidiger tätiger Rechtsanwalt Adressat einer Beschlagnahme und der darauf zielgerichteten Durchsuchung, verlangt die herausgehobene Bedeutung seiner Berufsausübung für die Rechtspflege und für die Wahrung der Rechte der Mandanten die besonders sorgsame Beachtung sowohl der Eingriffsvoraussetzungen als auch des Grundsatzes der Verhältnismäßigkeit. Generell ausgeschlossen ist ein solcher Eingriff durch § 97 StPO gegenüber einem Rechtsanwalt, der selbst Beschuldigter in einem gegen ihn gerichteten Strafverfahren ist, nicht (BVerfG JuS 2009, 71; BGH wistra 2009, 318, 319).

549 § 11 III StGB bestimmt, dass lesbare Computerdaten den Schriftstücken gleich gestellt sind, so dass diese ebenfalls der Beschlagnahmefreiheit anheim fallen können. Allerdings kann sich ein Beschuldigter auf dieses Recht nicht allein mit der Behauptung stützen, die gespeicherten Computerdaten enthielten ausnahmslos Verteidigerunterlagen oder seien damit vermischt. Entscheidend im Sinne des § 97 StPO ist es, ob ein Beschuldigter die Aufzeichnungen erkennbar, also für einen Außenstehenden nachvollziehbar, zum Zwecke seiner Verteidigung angefertigt hat (BGH NStZ 1998, 309). Lässt es sich nicht sofort feststellen, ob die gefundenen Aufzeichnungen der Verteidigung dienen, dürfen die Ermittlungsbehörden sie *vorläufig* sicherstellen. Eine Pflicht zu sofortiger Herausgabe, ohne die Aufzeichnungen gelesen zu haben, besteht nur, wenn die Eigenschaft als Verteidigerunterlage offensichtlich ist. Andernfalls erfordern bereits rein tatsächliche Umstände eine Durchsicht (BVerfG NJW 2002, 1410).

Eine Beschlagnahmemöglichkeit von Schriftstücken zwischen Verteidiger und Mandant eröffnet § 148 II StPO, wenn der schriftliche Verkehr des inhaftierten Beschuldigten mit seinem Verteidiger zu überwachen ist. Schriftstücke, die der Kontrollrichter im Zusammenhang mit einer Strafanzeige nach § 148a I StPO vorläufig in Verwahrung genommen hat, können als Beweismittel in einem Ermittlungsverfahren beschlagnahmt werden (BGH NStZ 1990, 93). **550**

Aus dem rechtsstaatlichen Gebot einer geordneten und effektiven Verteidigung einerseits und dem nemo-tenetur-Prinzip andererseits (Rolf Schmidt, StV 1989, 421, 422) müssen Aufzeichnungen, die ein Beschuldigter zum Zwecke seiner Verteidigung gemacht hat, von der Beschlagnahme ausgeschlossen sein. Dazu gehören neben Verteidigungsunterlagen im engeren Sinne Notizen mit Hinweisen auf Örtlichkeiten oder Namen von Personen, die als Entlastungszeugen bezeichnet sind (BGH StV 1988, 468). Ohne Bedeutung für die Anerkennung eines Beschlagnahmeverbots ist es, ob ein Verteidigungsverhältnis mit einem bestimmten Rechtsanwalt bei Anfertigung der Schriftstücke real bestanden hat und selbst zur Zeit der Beschlagnahme noch nicht zustande gekommen ist OLG München StV 2005, 118 ff.). Das gilt jedoch nicht, wenn sich Akten und Unterlagen von Mandanten im Besitz eines Rechtsanwalts befinden, gegen den ein Ermittlungsverfahren geführt wird (LG Berlin NStZ 1993, 146). **551**

Das Verbot aus § 97 StPO darf sich auch nicht – soll es wirklich effektiv sein – allein auf die Beschlagnahme beschränken, sondern muss Ermittlungshandlungen einschließen, die diesen Eingriff vorbereiten, also vor allem die Durchsuchung. Die Festlegung der beschlagnahmefreien Beweismittel ist zwar für die Strafprozessordnung abschließend geregelt, doch bestimmt unsere Rechtsordnung weitere Beschlagnahmeverbote, wie z.B. im Bereich der Exterritorialen oder gegenüber Bundestagsabgeordneten. **552**

a) Schriftliche Mitteilung

Auf Grund § 97 I Ziff. 1 StPO unterliegen schriftliche Mitteilungen zwischen dem Beschuldigten und Personen, die das Zeugnis verweigern dürfen (§§ 52, 53 I Satz 1 Ziff. 1 bis 3b StPO), nicht der Beschlagnahme. Der Begriff „Mitteilung" erfasst sämtliche Gedankenäußerungen, die der Absender dem Empfänger zur Kenntnisnahme übermittelt (Krause/Nehring § 97 Rdn 2). Irrelevant ist der beabsichtigte Erfolg des Nachrichtengebers, also der Inhalt der Mitteilung, solange der Mitteilende nicht die Schwelle zur eigenen Strafbarkeit überschreitet. Es kommt objektiv nur auf die Feststellung an, dass die Korrespondenz zwischen Tatverdächtigen und Zeugnisverweigerungsberechtigten stattfindet. **553**

Zwar verlangt der Gesetzgeber Schriftlichkeit, dennoch dürfen wir das nicht in buchstäblichem Sinne einengend auslegen. Vielmehr gehört jegliche Form der Gedankenübermittlung hierher, die sich einer stofflichen Grundlage bedient, so dass neben Briefen oder Telegrammen auch Karikaturen oder Zeichnungen, ja selbst Kurzinformationen auf Bierdeckeln, Tonbändern, Schallplatten (Gercke, in: HK § 97 Rdn 15 f.) oder sonstigen Informationsträgern dazuzählen. **554**

b) Aufzeichnungen

555 Dem Beschlagnahmeverbot unterliegen Aufzeichnungen, die zeugnisverweigerungsberechtigte Personen (§ 53 I Satz 1 Ziff. 1 bis 3b StPO) über die ihnen vom Beschuldigten anvertrauten Mitteilungen oder über andere Umstände gemacht haben, auf die sich das Zeugnisverweigerungsrecht erstreckt (§ 97 I Ziff. 2 StPO). Dieses Beschlagnahmeverbot erfasst nicht nur die vom Beschuldigten in Erfahrung gebrachten Umstände, sondern alle, auf die sich das Zeugnisverweigerungsrecht bezieht (OLG Köln NStZ 1991, 452).

556 Weil dieses gesetzliche Verbot weit auszulegen ist, gehören zu den Aufzeichnungen neben schriftlichen Notizen (z.B. eines Verteidigers oder Geistlichen) alle anderen Formen und technischen Möglichkeiten der Konservierung von Gedanken. Der verkörperte Gedanke muss jedoch von der zeugnisverweigerungsberechtigten Person stammen (Creifelds, GA 1960, 65, 68), ohne dass sie selbst diese Aufzeichnung vorgenommen haben muss. Bedeutung hat § 97 I Nr. 2 StPO in erster Linie für Personen, die aus beruflichen Gründen zur Verweigerung des Zeugnisses berechtigt sind (vgl. § 53 I Ziff. 1 bis 3a StPO).

c) Andere Gegenstände

557 Andere Gegenstände i.S. des § 97 I Ziff. 3 StPO sind Sachen, auf die sich das Zeugnisverweigerungsrecht (§ 53 I Satz 1 Ziff. 1 bis 3b StPO) erstreckt, die aber weder schriftliche Mitteilungen noch Aufzeichnungen sind. Dazu gehören z.B. Ergebnisse medizinisch-technischer Untersuchungen (z.B. Röntgenaufnahmen oder Blutbefunde) ebenso wie aus dem Körper des Beschuldigten entfernte Gegenstände, die auf Begehung einer Straftat hindeuten könnten. Auch im Verhältnis Verteidiger – Mandant kann § 97 I Nr. 3 StPO Bedeutung gewinnen, wenn es sich z.B. um Urkunden handelt, die dem Anwalt übergeben werden.

d) Sperrerklärung (vgl. auch Rdn 1495 ff.)

558 Ein besonderes Beschlagnahmeverbot ergibt sich aus § 96 StPO. Vorlegen oder Auslieferung von Akten oder anderen in amtlicher Verwahrung befindlichen Schriftstücken durch Behörden und öffentliche Beamte darf das Gericht nicht fordern, wenn deren oberste Dienstbehörde (der Innenminister, BGH NStZ 1995, 604 f.) erklärt, dass das Bekanntwerden des Inhalts dem Wohl des Bundes oder eines Landes Nachteile bereiten würde. Wirksam ist eine Sperrerklärung nur, wenn die oberste Dienstbehörde den Justizbehörden die Gründe ihrer Weigerung verständlich macht, die Justiz also in die Lage versetzt zu prüfen, ob die Weigerung aus rechtsstaatlichen Gründen hinzunehmen ist. Dem genügt es nicht, wenn die oberste Dienstbehörde ihre Sperrerklärung überhaupt nicht begründet, zur Begründung lediglich formelhafte Wendungen benutzt oder die Herausgabe offensichtlich willkürlich verweigert (LG Potsdam wistra 2007, 193, 194; KG NStZ 1989, 541). Rechtmäßig ist daher eine Sperrerklärung erst, wenn die zuständige oberste Dienstbehörde Gründe geltend macht und im Rahmen des Möglichen belegt, dass die Weigerung, dem Strafgericht beispielsweise eine Vertrauensperson als Zeuge zur Verfügung zu stellen, aus einem in § 96 StPO aufgeführten Hinderungsgrund unumgänglich ist, z.B.

die Offenbarung ihrer Anonymität sie in Leibes- oder Lebensgefahr bringt oder ihre weitere Verwendung gefährdet (BGH NStZ-RR 2009, 4).

Dieses Beschlagnahmeverbot macht den Widerstreit zwischen den Interessen einer Behörde an Geheimhaltung ihrer Informationsbeschaffung und denen eines Betroffenen an einem fairen Verfahren deutlich. Zwar gebietet die Rechtsordnung, sowohl den hohen Rang gerichtlicher Wahrheitsfindung für die Sicherung der Gerechtigkeit als auch das Gewicht des Freiheitsanspruchs des Beschuldigten zu berücksichtigen und ihnen genügendes Gewicht zu verleihen. Doch würde die Wahrnehmung verfassungsmäßiger staatlicher Aufgaben, die zu ihrer Erfüllung der Geheimhaltung bedürfen, erheblich erschwert oder in weiten Teilen unmöglich gemacht, wenn Aufdeckung geheimhaltungsbedürftiger Vorgänge im Strafverfahren ausnahmslos geboten wäre (BVerfGE 57, 250, 284). **559**

Daher kommt es für die Rechtmäßigkeit einer Sperrerklärung darauf an, Gründe geltend zu machen und im Rahmen des Möglichen zu belegen, die die Feststellung zulassen, dass die Verweigerung der Aktenvorlage aus einem in § 96 StPO aufgeführten Grund unumgänglich ist. Dazu ist erforderlich, dass die oberste Dienstbehörde ihre Wertung der Tatsachen als geheimhaltungsbedürftig einleuchtend darlegt, um dem Gericht die Möglichkeit zu eröffnen, diese Wertung unter Berücksichtigung rechtsstaatlicher Belange als triftig anzuerkennen (BVerfG NJW 1987, 202, 203). **560**

Sperrerklärungen sind infolgedessen nur rechtmäßig, wenn die Oberste Dienstbehörde ihre Wertung von Tatsachen als geheimhaltungspflichtig nicht nur leerformelhaft, sondern eindeutig darlegt (BVerwG JZ 1986, 634, 636; LG Frankfurt NJW 1991, 120). Insoweit sind Behördenakten nicht allein deshalb schutzwürdig, weil sie beispielsweise vom Verfassungsschutz stammen (BVerwG NJW 1987, 202). Schließlich verbietet es eine Sperrerklärung, die das Gericht für nicht gerechtfertigt hält, keineswegs, den Beamten, der den Informanten vernommen hat, über dessen Angaben als Zeugen zu vernehmen (BGH NJW 1989, 3291). **561**

Hat die Oberste Dienstbehörde gegenüber dem Strafgericht eine Erklärung abgegeben, die den Anforderungen des § 96 StPO nicht genügt, und ist in Folge dieser Erklärung die Vorlage der angefochtenen Akten unterblieben, ist das Recht des Beschuldigten auf ein rechtsstaatliches, faires Verfahren selbst dann verletzt, wenn die Oberste Dienstbehörde andere Gründe hätte geltend machen und die Aktenvorlage rechtmäßig verweigern können (BVerfG NJW 1987, 202, 205). **562**

Ob ein Widerstreit zwischen dem öffentlichen Interesse an Wahrnehmung der mit der Geheimhaltung verbundenen Aufgaben einerseits und dem strafprozessualen Aufklärungs- und Verteidigungsinteresse vorliegt, ist eine Frage des Einzelfalles. Sie lässt sich nur anhand einer Abwägung aller konkurrierenden Rechtsgüter und Interessen beantworten. Besonders bedeutsam werden dabei regelmäßig die Schwere der Straftat, das Ausmaß der dem Angeklagten drohenden Nachteile, das Gewicht der einer bestmöglichen Aufklärung entgegenstehenden Umstände und der Stellenwert der sachnäheren Beweismittel in Anbetracht der gesamten Beweislage sein (OLG Celle NStZ 1983, 570). Daher kann es im Einzelfall durchaus zulässig sein, eine Auskunft über die Personalien einer V-Person zu verweigern (OLG Hamburg NJW 1982, 297, 298; OLG **563**

Frankfurt StV 1983, 53, 54), insbesondere weil die Preisgabe ihrer Identität eine Schwächung der polizeilichen Ermittlungstätigkeiten im Bereich der schweren Kriminalität bedeutet (OLG Stuttgart NJW 1991, 1071).

e) Beschlagnahme bei Pressemitarbeitern

564 Die Beschlagnahme von Schriftstücken, Ton-, Bild- und Datenträgern, Abbildungen und anderen Darstellungen ist bei Personen untersagt, die bei der Vorbereitung, Herstellung oder Verbreitung von Druckwerken, Rundfunksendungen, Filmberichten oder der Unterrichtung oder Meinungsbildung dienenden Informations- und Kommunikationsdiensten berufsmäßig mitwirken oder mitgewirkt haben. Das Beschlagnahmeverbot erstreckt sich auf Unterlagen, die sich im Gewahrsam dieser Personen, der Redaktion, des Verlages, der Druckerei oder der Rundfunkanstalt befinden (§§ 97 V i. V. mit 53 I Nr. 5 StPO).

565 Als Druckwerk bezeichnen wir alle Erzeugnisse, die in ständiger, u.U. auch unregelmäßiger Folge erscheinen. Damit ist der Bereich der in Frage kommenden Druckwerke quasi uferlos ausgeweitet. Die Vorbereitung eines Druckwerkes spricht insbesondere die Informationsbeschaffung an; Herstellung ist die gesamte Gestaltung, die sich sowohl auf den Inhalt als auch die äußere Form bezieht. Dagegen enthält Verbreitung alle Tätigkeiten, die durchgeführt werden, um das Druckwerk öffentlich zugänglich zu machen.

566 Zu dem zeugnisverweigerungsberechtigten Personenkreis gehören alle in Redaktion, Technik und kaufmännischem Betrieb Beschäftigten, soweit sie bei den geschützten Tätigkeiten berufsmäßig mitwirken, also auch die freien journalistischen Mitarbeiter (BGH NJW 1999, 2051). Der Schutz des § 97 V StPO beschränkt sich nicht auf die Dauer der Redaktionszugehörigkeit, sondern gilt auch nach dem Ausscheiden aus dem Betrieb.

567 Die Tatsache, dass eine Beschlagnahme in Presse- bzw. Redaktionsräumen ein rechtlich brisantes Thema darstellt, unterstreicht § 98 I S. 2 StPO. Dieser besondere Richtervorbehalt, der selbst bei Gefahr im Verzuge eine Notfallkompetenz der Staatsanwaltschaft ausschließt, gilt entsprechend für die Durchsuchung derartiger Räume. Zu diesen besonders geschützten Räumen gehört indes nicht das gegenüber der Redaktion räumlich und sachlich getrennte Büro eines freien journalistischen Mitarbeiters (BGH NJW 1999, 2051). Diesbezüglich besteht also bei Gefahr im Verzuge die allgemeine Notfallkompetenz der Staatsanwaltschaft sowie ihrer Ermittlungsbeamten.

f) Beschlagnahme bei Abgeordneten

568 Auf Grund Art. 47 Satz 1 GG steht den Abgeordneten des Deutschen Bundestages (für Landtagsabgeordnete vgl. Art. 59 LVerfBB, Art. 49 LVerfNW) ein Zeugnisverweigerungsrecht zu. Dieses Recht erstreckt sich darauf, über Personen, die ihnen in ihrer Eigenschaft als Abgeordnete oder denen sie in dieser Eigenschaft Tatsachen anvertraut haben, oder über diese Tatsachen selbst die Aussage zu verweigern. Soweit dieses Zeugnisverweigerungsrecht reicht, ist gemäß Art. 47 Satz 2 GG auch die Beschlagnahme von Schriftstücken unzulässig. Dem Beschlagnahmeverbot unterliegen nur Schriftstücke mit Angaben über Personen oder Tatsachen, über die dem Abgeordneten ein Zeugnisverweigerungsrecht zusteht (Peters § 48 III 2c). Andere Gegenstände in seinem unmittelbaren

Herrschaftsbereich können dagegen als Beweismittel beschlagnahmt werden. Die Pflicht zur Duldung dieses Grundrechtseingriffs widerspricht auch nicht Art. 46 III GG (vgl. auch Art. 58 LVerfBB, Art. 48 III LVerfNW), der den Ermittlungsbehörden u.a. untersagt, die persönliche Freiheit des Abgeordneten ohne Genehmigung des Deutschen Bundestages aufzuheben.

Die unmittelbare Herrschaftsmacht des Bundestagsabgeordneten erstreckt **569**
sich auf sämtliche, seinem Direktionsrecht unterliegenden Schriftstücke in den Räumen des Bundestages, gleichgültig ob es sich um Räume für den Abgeordneten oder für seine Mitarbeiter handelt. Dort liegende Schriftstücke dürfen nicht beschlagnahmt werden. Soweit sich Schriftstücke außerhalb der Räume des Bundestages bei einem Mitarbeiter des Abgeordneten befinden, ist die rechtliche und tatsächliche Beherrschungsmöglichkeit des Abgeordneten so weitgehend gelockert, dass der Schutzbereich des Art. 47 GG nicht mehr greift (BVerfG, Urt. vom 30. 7. 2003, 2 BvR 508/01).

Erfordert die sachgerechte Durchführung eines Ermittlungsverfahrens eine **570**
Beschlagnahme bei einem Abgeordneten, der selbst Beschuldigter ist, darf er der Strafverfolgung nur mit Genehmigung des Parlaments ausgesetzt werden. Eine solche generelle Genehmigung liegt für Rechtseingriffe vor, die keinen freiheitsbeschränkenden Charakter haben. Die Sicherstellung von Beweismitteln ist folglich auch gegenüber Abgeordneten möglich, die einer Straftat verdächtigt werden (Nack, in: KK Vor § 94 Rdn 9). Das gilt indes nicht für die Suche nach diesen Beweismitteln, weil dies zwangsläufig eine Beschränkung der Freiheit des Abgeordneten impliziert. Die vom Parlament erteilte allgemeine Genehmigung zur Strafverfolgung (soweit es sich nicht um Beleidigungen, §§ 185, 186, 188 StGB, politischen Charakters handelt) umfasst nämlich keine freiheitsentziehenden und freiheitsbeschränkenden Maßnahmen in Ermittlungsverfahren (vgl. Nr. 192 I und II RiStBV).

Darüber hinaus macht Art. 40 II Satz 2 GG, Art. 69 IV Satz 3 LVerfBB, **571**
Art. 39 II Satz 3 LVerfNW die Sonderstellung des Parlamentspräsidenten hinsichtlich der Strafverfolgung deutlich. Eine Beschlagnahme darf im Parlament nur mit Genehmigung des Präsidenten durchgeführt werden.

g) Beschlagnahme bei Exterritorialen

Ein Beschlagnahmeverbot besonderer Art ergibt sich gegenüber Personen, **572**
die der deutschen Gerichtsbarkeit entzogen sind. Dazu gehören gemäß §§ 18 ff. GVG die Mitglieder der diplomatischen und konsularischen Vertretungen. Befindet sich ein zu beschlagnahmender Gegenstand im Gewahrsam einer exterritorialen Person, darf er weder gesucht noch beschlagnahmt werden. Darüber hinaus verbietet Art. 22 III WÜK u.a. Beschlagnahmen in Räumlichkeiten der Mission oder ihren Einrichtungen, sonstigen Gegenständen und den Beförderungsmitteln.

Eine Ausnahme stellt die Beschlagnahme des Führerscheins dar. Die Verfol- **573**
gung einer Zuwiderhandlung gegen gesetzliche Vorschriften (z.B. die StVO), die ein Konsulatsangehöriger bei einer Privatfahrt mit einem Kfz begeht, ist durch das WÜK keineswegs eingeschränkt. Selbst bei dienstlicher Veranlassung stellt die Fahrt mit einem Kfz nicht in jedem Falle eine konsulardienstliche Tätigkeit dar (OLG Düsseldorf VRS 92, 18). Begeht also ein Angehöriger eines

Konsulats Verkehrsverstöße, die es rechtfertigen, die Eintragung in dem ausländischen Führerschein vorzunehmen, dass es dem Inhaber verboten ist, befristet in Deutschland fahrerlaubnispflichtige Kfz zu führen, hat der Polizeibeamte ermessensfehlerfrei zu prüfen, ob die Beschlagnahme des Führerscheins (vgl. Rdn 646ff.) zulässig ist.

IV. Vollstreckungssichernde Beschlagnahme

574 Gegenstände und andere Vermögensvorteile können gemäß § 111b StPO sichergestellt werden, wenn Gründe für die Annahme vorhanden sind, dass die Voraussetzungen für ihren Verfall oder ihre Einziehung vorliegen. Die gegen das Recht auf Eigentum gerichteten Sanktionen des Verfalls, der Einziehung und der Unbrauchbarmachung sind laut § 11 I Nr. 8 StGB Maßnahmen. Im Gegensatz zu der Vermögenssanktion der Geldstrafe (§§ 40ff. StGB), die der Verurteilte aus einem beliebigen Teil seines Eigentums bzw. Vermögens bestreiten kann, zielen Einziehung und Verfall auf bestimmte, in irgendeiner Weise mit der Tat zusammenhängende Gegenstände oder Vermögensvorteile ab. Weil der Verfall die Vorteile, die aus der abgeurteilten Tat erlangt worden sind, bei Vorliegen seiner Voraussetzungen zwingend vorgeschrieben ist, hat er Vorrang vor der Verhängung einer Vermögensstrafe (BGH NStZ-RR 1997, 302).

575 In der Tat greifen Verfall (§ 73d StGB) und Einziehung (§ 74c StGB) im Falle ihrer gerichtlichen Anordnung weitgehend in das Recht auf Eigentum des Adressaten ein. Die Einziehung ist infolge dessen nur zulässig, wenn sie in einem angemessenen Verhältnis zum Unrechtsgehalt der Tat und zu dem den Täter treffenden Schuldvorwurf steht (OLG Karlsruhe NJW 2001, 2488). Insoweit fordert der Verhältnismäßigkeitsgrundsatz nicht lediglich die Vermutung, dass es sich um strafrechtlich erlangtes Vermögen handelt, sondern es bedarf einer intensiven und umfassenden Prüfung der Eingriffsvoraussetzungen und einer schlüssigen Erläuterung der tatsächlichen und rechtlichen Erwägungen (BVerfG StraFo 2005, 338f.).

575a Als Nebenstrafe ist die Einziehung nach § 74 II Ziff. 1 StGB Teil der Strafzumessung; daher erfordert ihre Anordnung eine Gesamtbetrachtung, die ohne Erörterung der Höhe der (Gesamtgeld-)Strafe nicht möglich ist (OLG Celle wistra 2009, 35f.). Das gilt insbesondere mit Blick auf die Zulässigkeit des sog. erweiterten Verfalls (§ 73d StGB), der erweiterten Einziehung (§ 74a StGB) oder auch des Verfalls/der Einziehung des Wertersatzes (§§ 73a, 74c StGB). Wenn der Verfall bzw. die Einziehung nicht mehr möglich ist (Gründe nennen die Normen), kommt Verfall bzw. Einziehung eines Geldbetrages, der dem Wert des Erlangten entspricht, in Betracht. Das gilt bezüglich des Verfalls auch, wenn die erlangte Sache verschenkt worden ist (BGH NStZ-RR 1997, 270). Die Beschlagnahme als vorbereitende Maßnahme greift das Eigentum selbst noch nicht an, wohl aber die freie Verfügungsgewalt über die Gegenstände. Das dadurch verletzte Rechtsgut ergibt sich aus Art. 2 I GG.

1. Allgemeines

Bevor wir uns mit den Tatbestandsmerkmalen der §§ 111b ff. StPO beschäftigen, wollen wir uns neben der Darstellung der gesetzlichen Systematik mit den einschlägigen Begriffen kurz vertraut machen. Daher folgt im Anschluss die Definition von „Verfall“, „Einziehung“ und „Unbrauchbarmachung“ auf der Basis der strafgesetzlichen Rechtsnormen. **576**

a) Verfall, §§ 73 ff. StGB

Auf Grund § 73 I StGB ordnet das Gericht den Verfall von Vorteilen an, die der Täter oder Teilnehmer für die Begehung einer rechtswidrigen Tat oder aus ihr erlangt hat. Anknüpfungstat ist die rechtswidrige Tat i.S. von § 11 I Ziff. 5 StGB. Da schuldhaftes Handeln nicht gefordert wird, ist die Anordnung des Verfalls auch bei Schuldunfähigkeit und selbst bei unvermeidbarem Verbotsirrtum (§ 17 StGB) zulässig. Als Gegenstand des Verfalls kommt nach § 73 I StGB ein Vorteil, nach § 73 II StGB eine Nutzung, ein Tatentgelt oder ein Gewinn in Betracht. Der Verfall kann sich gegen verschiedene Personen wenden, und zwar gegen den Tatbeteiligten (§ 73 I StGB), gegen den Drittbegünstigten (§ 73 III StGB) oder gegen den Dritteigentümer (§ 73 IV StGB). **577**

Beispiel: Drogenhändler D „verkauft“ an den Konsumenten K mehrere Gramm Haschisch. Den „Kaufpreis“ erhält er sofort und steckt ihn ein. Drogenfahnder greifen zu und beschlagnahmen das Geld als Verfallsgegenstand.

Sowohl der „Vertrag“ zwischen D und K als auch die auf dessen Grundlage erfolgte Übereignung des „Kaufpreises“ ist nichtig (BGH NJW 1983, 636); denn Handeltreiben mit Betäubungsmitteln ist dem D verboten (§ 3 BtMG). Das Gericht kann nun das Geld ohne Beurteilung der Eigentumsfragen als Verfallsgegenstand behandeln, weil der Betäubungsmittelkäufer (K) dieses ihm gehörende Geld dem Betäubungsmittelverkäufer (D) i.S. des § 73 IV StGB für die Tat gewährt hat. Es wird daher so behandelt („Dritteigentümer“), als sei der D Eigentümer geworden (Eberbach, NStZ 1985, 289, 297). **578**

Die Anordnung des Verfalls gegen einen Nebenbeteiligten nach § 73 III StGB setzt voraus, dass keine vorrangigen Ersatzansprüche des Verletzten bestehen. Diese Restriktion folgt aus der Bezugnahmeklausel in der Norm, die auf die Tatbestandsvoraussetzungen von § 73 I und II StGB verweist. Auch nach seinem Sinngehalt erstreckt sich der Ausschlusstatbestand nach § 73 I Satz 2 StGB ebenso auf die Verfallsanordnung gegen einen Dritten. Insoweit gilt nämlich gleichermaßen der Schutzgedanke des § 73 I Satz 2 StGB, wonach eine Verfallsanordnung bei Ersatzansprüchen des Verletzten ausscheiden muss, um durch die Abschöpfung von Vermögenswerten die Erfüllung der Ansprüche des Verletzten nicht zu gefährden und andererseits eine doppelte Inanspruchnahme des Ersatzpflichtigen zu vermeiden (BGH NStZ-RR 2007, 109, 110). Im Falle des Drittbegünstigten (§ 73 III StGB) kommt es hinsichtlich der Frage einer Anwendbarkeit der Verfallsregeln auf die gesetzlichen Merkmale „für einen anderen“ und „dadurch“ an. Wer „für einen anderen“ handelt, muss den anderen nicht unbedingt offen, nach außen erkennbar, vertreten. Allerdings hat er bei oder im Zusammenhang mit der rechtswidrigen Tat auch, und sei es nur faktisch, im Interesse des Dritten zu handeln. „Dadurch“ verlangt zumindest einen **579**

Bereicherungszusammenhang zwischen der Tat und dem Eintritt des Vorteils bei dem Dritten, es muss also nicht ein und dieselbe Handlung sein. Die wichtigsten Fälle sind (aa) Vertretungsfälle im weitesten Sinne, (bb) Verschiebungsfälle und (cc) Erfüllungsfälle.

aa) Vertretungsfälle

580 Als Vertretungsfälle im engeren Sinne betrachtet man jedes Handeln eines Organs, Vertreters oder Beauftragten (§ 14 StGB). Überdies erfasst dieser Begriff die Tätigkeit eines Menschen im Interesse einer sonstigen (also nicht von § 14 StGB angesprochenen) Organisation. Im Falle betrieblicher Organisation wäre das z.B. ein Angestellter, bei kriminellen Organisationen könnte das eine beliebige Person sein, sofern sie nicht an der Tat beteiligte ist.

Beispiel: Buchhalter B manipuliert die Bücher des Unternehmers U derart, dass dem U Steuer-„Ersparnisse" von mehreren tausend EURO entstehen. Von dem eigenmächtigen Handeln des B war dem U nichts bekannt.

581 Der Täter hat in dem Beispiel zweifelsohne für den Unternehmer gehandelt. Dadurch erlangte dieser einen erheblichen finanziellen Vorteil. Somit hat B faktisch in dessen Interesse gehandelt. Der Bereicherungszusammenhang entsteht durch das betriebliche Zurechnungsverhältnis.

bb) Verschiebungsfälle

582 Beim Verschiebungsfall lässt der Täter dem Dritten die Vorteile der Tat unentgeltlich oder auf Grund eines makelbehafteten Rechtsgeschäfts unmittelbar zukommen, um sie dem Zugriff des Gläubigers zu entziehen oder um die Tat zu verschleiern. Der Dritte gerät somit in die Nähe der Tatbeteiligung.

Beispiel: Mitarbeiter (M) bei der Stadt vereinbart mit Architekt (A), er werde dafür sorgen, dass zukünftige lukrative öffentliche Bauaufträge nur noch an ihn vergeben werden. Aus Gesprächen mit seinem Amtsleiter weiß er, dass dieser größtes Interesse an derartigen „Geschäften" hat, sie allerdings nicht persönlich in die Wege zu leiten wagt. Für seine „Dienste" zugunsten des A indes erwartet M einen festgelegten Teil des Architektenhonorars zu erhalten. So geschieht es. Vom ersten großen Auftrag mit einem Volumen von 1,2 Mio. EURO „zweigt" A 300 000 EURO für den M ab. Dieser wiederum überweist dem Amtsleiter von der Summe ohne weitere Erklärungen 100 000 EURO.

583 „Handeln für einen anderen" liegt vor, wenn die rechtswidrige Tat bewirkt, dass einem anderen unmittelbar ein Vermögensvorteil zufließt, und wenn der Handelnde dies im Interesse des Empfängers will. Dazu reicht es aus, wenn der Tatbeteiligte rein tatsächlich auch im Interesse des Dritten gehandelt hat, mag das nach außen auch nicht erkennbar geworden sein (BGH NJW 1991, 367, 371 mwN). Diese Merkmale erfüllt der M in unserem Beispiel, so dass bezogen auf die 100 000 EURO, die der Amtsleiter erhält, ein Verschiebungsfall gegeben ist.

cc) Erfüllungsfall

584 Merkmal des Erfüllungsfalls ist, dass der Täter oder Teilnehmer einer rechtswidrigen Tat einem gutgläubigen Dritten Tatvorteile zuwendet, um eine nicht bemakelte entgeltliche Forderung zu erfüllen, deren Inhalt und Entstehung in keinerlei Zusammenhang mit der Tat stehen. In solchen Fällen empfängt der Dritte zwar einen Vorteil, doch weil dieser ihm auf der Grundlage eines Rechtsgeschäfts zusteht, kann der Verfall nach § 73 III StGB nicht angeordnet werden (BGH NJW 2000, 297).

Beispiel: B hat gegenüber seiner Bank (G) eine Bürgschaftserklärung über 20 000 EURO zugunsten seines Sohnes S abgegeben (§ 765 BGB). Da S trotz mehrmaliger Aufforderung, den Kredit zurückzuzahlen, untätig bleibt und seine Zahlungsunfähigkeit erklärt, wendet sich G an B und fordert ihn auf, seiner Verpflichtung aus der Bürgschaft zu entsprechen. Da B das Geld gleichfalls nicht zur Verfügung hat und Zwangsvollstreckung fürchtet, fingiert er einen Einbruchsdiebstahl mit einem Schaden von nahezu 30 000 EURO. Von der Versicherungssumme zahlt er an G die Bürgschaftssumme in Höhe von 20 000 EURO.

Die Übernahme der Bürgschaft lag zeitlich vor dem Versicherungsmiss- **585**
brauch (§ 265 StGB). Zwar leistet B die Bürgschaftssumme aus dem betrügerisch Erworbenen, ja er hat die Tat nur aus diesem Grunde begangen. Doch liegt die Ursache für die Zahlungsverpflichtung in dem Vertrag, der zeitlich dem Versicherungsmissbrauch vorangeht, und der Zahlungsempfänger ist ohne Zweifel gutgläubig. Daher kann gegenüber der G der Verfall nach § 73 III StGB nicht angeordnet werden (vgl. BGH NJW 2000, 297 ff.). Allerdings sind in der Praxis Fälle denkbar, bei denen das Gericht nicht mit hinreichender Sicherheit feststellen kann, in welcher Form und in welcher genauen Höhe Gewinne angefallen sind. Darauf ist § 73b StGB mit Erlaubnis zur Schätzung zugeschnitten. Dies bedeutet indessen nicht, dass das Gericht willkürlich und ohne ein Mindestmaß an zureichenden Anhaltspunkten vorgehen dürfte. Vielmehr hat es die notwendigen Einzelheiten bis zur Gewinnung einer sicheren Grundlage zu klären (BGH NStZ-RR 2001, 327). Da jede Schätzung mit großen Risiken und Unsicherheitsfaktoren behaftet ist, muss der Zweifelssatz angewendet werden (BGH wistra 1989, 223), also darf das Gericht nicht zum Nachteil des Betroffenen großzügig schätzen.

b) Einziehung, §§ 74 ff. StGB

Gegenstände, die durch die Begehung einer vorsätzlichen Straftat hervorge- **586**
bracht wurden oder die zu ihrer Begehung oder Vorbereitung gebraucht worden oder bestimmt gewesen sind, können eingezogen werden. Im Gegensatz zur Anordnung des Verfalls, die obligatorisch ist, steht die der Einziehung im Ermessen des Gerichts. Sie kann indessen auf Grund besonderer Normen bindend vorgeschrieben werden (§ 74 IV StGB). Solche Fälle kennt das Strafgesetzbuch z.B. in §§ 150, 282 II Satz 2, 286 II Satz 1 StGB.

Einziehungsvorschriften enthält aber nicht allein das Strafgesetzbuch, sie fin- **587**
den sich in vielen Gesetzen. Interessant ist in diesem Zusammenhang, dass auch in den strafrechtlichen Nebengesetzen die Einziehung einmal eine Ermessensentscheidung, ab und zu aber auch zwingend ist. An dieser Stelle wollen wir auf einige Normen hinweisen, z.B. § 40 BJagdG, § 62 KrW-/AbfG, § 54 II WaffG, § 43 SprengG, § 30 VersammlG, § 24 I Satz 1 KrWafG, § 19 TierSchG, § 67 BNatSchG (als Beispiele für fakultative Einziehungsvorschriften) und § 54 I WaffG, § 24 I Satz 3 KrWafG, § 3 I StVG (als Beispiele für obligatorische Einziehungsvorschriften).

588 Die Einziehung kann nach der allgemeinen Vorschrift des § 74 StGB nur bei vorsätzlicher Straftat verfügt werden, ausgenommen sind die Fälle des § 74 II Ziff. 2 und III StGB. Diese Beschränkung der Einziehung hat zur Folge, dass §§ 111b ff. StPO bei fahrlässigen Taten nicht anwendbar sind.

589 Bei der Einziehung müssen wir zwischen verschiedenen Formen unterscheiden. Die praktisch bedeutsamste ist die tätergerichtete nach § 74 I i.V.m. II Ziff. 1 StGB. Sie richtet sich gegen die im Eigentum des Täters stehenden Tatwerkzeuge oder Tatprodukte. Daneben steht die sicherungsbedingte Einziehung nach § 74 I i.V.m. II Ziff. 2 StGB. Sie ermöglicht eine Einziehung auch nach Begehung einer rechtswidrigen Tat (§ 74 III StGB), selbst wenn der Täter nicht Eigentümer des Gegenstandes ist. Noch weiter geht die Einziehung, die § 74a StGB zulässt. Dadurch kann das Gericht auch Sachen einziehen, die dem Täter nicht gehören, sofern der Dritte schuldhaft gehandelt hat.

590 Auch bei der sog. Dritteinziehung sind zwei unterschiedliche Fälle zu beurteilen: Die Beihilfeklausel nach § 74a Ziff. 1 StGB setzt voraus, dass der Dritte durch grob sorgfaltswidrigen Umgang mit der Sache oder dem Recht die Durchführung der Anknüpfungstat gefördert hat. Dagegen muss im Falle des § 74a Ziff. 2 StGB der Dritte den Gegenstand in verwerflicher Art und Weise, d.h. in Kenntnis der Umstände, die die Einziehung zum Nachteil des Täters zugelassen hätten nach der Tat erworben haben (Erwerbsklausel). Dabei bedeutet „Erwerb" das Erlangen des Eigentums oder einer quasi-dinglichen Rechtsposition.

c) Unbrauchbarmachung

591 Neben oder anstelle der Einziehung gibt es im Strafgesetzbuch Rechtsfolgen, die dem gesetzlichen Gebot der Verhältnismäßigkeit insoweit entsprechen, als damit nicht der totale Eigentumsverlust verbunden ist. In erster Linie kommt die Unbrauchbarmachung in Betracht, die sowohl eine allgemeine (§ 74b II Ziff. 1 StGB) als auch eine besondere Folge (Einziehung von Druckvorrichtungen, § 74d I Satz 2 StGB) sein kann. Als milderes Mittel gegenüber der Einziehung sieht § 74b II Ziffern 2 und 3 StGB die Beseitigung bestimmter Einrichtungen oder Kennzeichen hinsichtlich der Einziehungsgegenstände oder deren sonstige Änderung vor. Darüber hinaus können Verfügungsauflagen gemacht werden.

2. Voraussetzungen der Beschlagnahme

592 Die Beschlagnahme von Gegenständen, die dem Verfall oder der Einziehung unterliegen, ist nur zulässig, wenn Gründe für die Annahme sprechen, das Gericht werde diese Rechtsfolge der Tat anordnen. Diese Gründe müssen sich zum einen auf die Begehung der Tat, zum anderen auf das Vorliegen der Verfalls- oder Einziehungsvoraussetzungen beziehen. Infolgedessen kommt die Beschlagnahme eines im Besitz eines Drogenkonsumenten befindlichen größeren Geldbetrag durchaus in Betracht, wenn der Verdacht besteht, dass der Beschuldigte mit Betäubungsmitteln handelt (AG Bremerhaven StV 1991, 411); denn bestimmendes Element der Eingriffsvoraussetzungen ist die Annahme, also das Ergebnis einer subjektiven Bewertung rational nachvollziehbarer Argumente.

Nicht erforderlich ist dagegen, dass sie sich gegen eine bestimmte schuldfähige Person richten. Verfall und Einziehung können nämlich sowohl im Sicherungsverfahren nach §§ 413 ff. StPO als auch – wenn ein bestimmter Täter nicht verfolgt werden kann – auf Grund einer selbstständigen Anordnung (§ 76a StGB) in einem selbstständigen Einziehungsverfahren nach §§ 440, 442 StPO angeordnet werden.

a) Verfallsgegenstand

Der Verfall ist keine Strafe und auch keine strafähnliche, sondern eine Maß- **593**
nahme eigener Art, die den Gedanken verfolgt, dass niemand Vermögensbestandteile, die er aus verbotenen Geschäften erlangt hat, behalten darf (BGH NStZ 2001, 312). Die Höhe des Verfalls richtet sich nach dem Bruttoprinzip, womit klargestellt ist, dass nicht allein der Gewinn, sondern grundsätzlich alles, was der Täter für die Tat oder aus ihr erlangt hat, für verfallen zu erklären ist.

Nach § 73 I Satz 1 StGB ordnet das Gericht den Verfall an, wenn der Täter **594**
für die Begehung einer rechtswidrigen Tat oder aus ihr etwas erlangt hat. „Erlangt“ ist „etwas“, wenn dem Täter aus der Tat oder für deren Begehung in irgendeiner Phase des Tatablaufs auf irgendeine Weise unmittelbar etwas wirtschaftlich messbar zugute kommt (BGHSt 51, 65, 68), er also die faktische Verfügungsgewalt darüber erworben hat (BGH StraFo 2009, 342). Dies erfasst jede Art von Vorteil in Bezug auf Gegenstände, Leistungen, Nutzungen oder Vergünstigungen, die ein Täter **unmittelbar** als „Frucht“ aus der rechtswidrigen Tat bezieht und denen ein wirtschaftlicher Wert zukommt (BGHSt 11, 345, 348; 19, 27 ff.). Die Bestimmung des Erlangten geschieht in zwei Stufen. Zunächst gilt es zu ermitteln, welchen Vermögenswert der Täter aus oder für die Tat unmittelbar erhalten hat. In dem zweiten Schritt ist dessen Wert zu bemessen (Lohse, JR 2009, 188, 189). Das geschieht auf der Grundlage des sog. „Bruttoprinzips“ (BGH NStZ 2002, 3339, 3340; Jescheck/Weigend, S. 791). Das bedeutet: Der gesamte Verkaufserlös ohne Abzug eigener Aufwendungen für die Begehung der Tat (z.B. Einkaufpreis, Transportkosten, Kurierlohn usw.) ist für verfallen zu erklären (BGHSt 50, 299, 309 f.; BGH NStZ 1994, 123; BGH NStZ 2000, 480), alles, was der Täter für die Tat oder aus ihr erlangt hat. Es gilt also zu ermitteln, was dem Betroffenen gerade durch die Straftat zugeflossen ist oder was er durch sie an Aufwendungen erspart hat. Ist der Gewinn nicht exakt zu bestimmen, wird er geschätzt (§ 73b StGB).

Auch bei Anwendung des Bruttoprinzips ist der Verfall nicht als Strafe oder **595**
als strafähnliche Maßnahme zu qualifizieren; er ist vielmehr eine Maßnahme eigener Art. Ziel der Abschöpfung des über den Nettogewinn hinaus Erlangten ist primär Prävention. Die vom Gesetz angestrebte Folge, Aufwendungen als nutzlos hinzustellen, die eine Vorteilerzielung erst ermöglicht haben, soll gerade der Begehung gewinnorientierter Delikte entgegenwirken. Für den jeweiligen Fall ist somit zu prüfen, ob die Bereicherung dem strafbaren Handeln zuzurechnen oder auf eine andere Ursache zurückzuführen ist. So gelten beispielsweise nach der Einschleusung von Ausländern die Einnahmen aus deren anschließender illegaler Beschäftigung oder aus (erzwungener) Prostitution als nicht unmittelbar „erlangt“ (Lohse, JR 2009, 188, 189). Die Bestimmung des „Erlangten“ vollzieht sich in zwei Schritten: Erstens ist festzustellen, welchen Vermögens-

wert der Täter aus der Tat oder für die Tat unmittelbar erhalten hat. Zweitens ist dessen Wert auf der Grundlage des sog. „Bruttoprinzips" zu bemessen (BGHSt 50, 299, 310). Würde die Rechtsordnung allein den aus der Tat gezogenen reinen Gewinn abschöpfen (Nettoprinzip), wären die bewusst oder gar zielgerichtet aus finanziellen Interessen begangenen Taten aus wirtschaftlicher Sicht risikolos, könnte vielmehr als Tatanreiz für ähnliche Straftaten missverstanden werden (BGH, Urt. vom 21. Aug. 2002 – 1 StR 115/02). Folglich kann sich auch der Betroffene nicht auf unbillige Härte (§ 73 I StGB), wenn seine Aufwendungen für ein rechtswidriges Geschäft bei Anwendung des Bruttoprinzips unberücksichtigt bleiben (BGH wistra 2009, 391, 392).

596 Die Forderung, das Erlangte müsse unmittelbar aus der rechtswidrigen Tat stammen, macht die Anordnung des Verfalls nicht von der Untersuchung abhängig, ob der Beschuldigte seine objektiv vorhandenen Vermögenswerte aus der Tat erworben hat oder ob er damit andere Aufwendungen getätigt und mit den dadurch eingesparten Mitteln das aktuell vorhandene Vermögen gebildet hat. Eine derart weitreichende Abgrenzung müsste zu unüberwindbaren Schwierigkeiten führen und hätte die Unanwendbarkeit der Verfallsregeln zur Folge (BGH NStZ 2000, 480, 481). Entscheidend kommt es darauf an, ob die Bereicherung dem strafbaren Handeln zuzurechnen ist oder eine andere Ursache hat. Dann ist der wirtschaftliche Wert zu bestimmen, den der Täter als Vorteil aus der Tat erzielen konnte. Da dessen Abschöpfung spiegelbildlich dem Vermögensvorteil zu entsprechen hat, verlangt dies eine unmittelbare (als quasi ungeschriebenes Tatbestandsmerkmal, BGHSt 47, 260, 269) kausale Beziehung zwischen Tat und Vorteil. Ohne große rechtliche Bedeutung ist die gesetzliche Unterscheidung zwischen dem eigentlichen „Etwas" (das aus der Tat direkt erlangt ist) und den mittelbaren Vorteilen (Nutzungen, Surrogate), die gem. § 73 II StGB gleichfalls dem Verfall unterliegen.

Beispiel: Drogendealer D, der offiziell seinen Lebensunterhalt aus einer Tätigkeit als selbstständiger Kaufmann bestreitet, investiert sein „Drogengeld" in den Kauf eines 4-Familien-Hauses (Wert ca. 290 000 EURO). In Bezug auf den Verfall ist der Verkehrswert des Hauses zu ermitteln.

597 Neben Sachleistungen jeglicher Art zählen zu den Vorteilen kostenlose Nutzungen, Dienstleistungen, Zinsvergünstigungen. Allerdings scheiden immaterielle Gunsterweise aus, die nicht mit finanziellen Vorteilen verbunden sind.

Beispiel: Heiratsschwindler M gelingt es, unter Vorspiegelung ernster Absichten bei der Witwe W fast 50 000 EURO zu erschwindeln. Dieser Betrag ist ein Vorteil, den M aus der Begehung des Betruges (§ 263 StGB) als rechtswidriger Tat erlangt hat.
Aber:
Zuhälter B spricht die „Ausreißerin" (A) an und bietet ihr Obdach und „Arbeit". Als A sich in seiner Wohnung befindet, zwingt B sie unter Drohungen und Schlägen zum Geschlechtsverkehr (§ 177 II StGB). Dieser Geschlechtsverkehr wird als Folge der Straftaten gewährt. Als immaterieller Vorteil fällt er nicht unter die Vorschrift des § 73 StGB. Problematisch wird das in den Fällen, in denen eine Prostituierte den Verkehr gewährt. Zwar bleibt das eine immaterielle sexuelle Hingabe, doch ist damit für den Freier erkennbar ein unmittelbarer finanzieller Vorteil verbunden.

598 Die Regeln des Verfalls schließt § 73 I Satz 2 StGB aus, sofern dem Verletzten ein Anspruch gegen den Täter erwachsen ist, dessen Erfüllung den aus der

Tat erlangten Vorteil beseitigen oder mindern würde. Für die Frage, ob ein solcher Anspruch des Verletzten der Verfallsanordnung entgegensteht, ist allein dessen rechtliche Existenz und nicht entscheidend, ob er auch geltend gemacht wird (BGH NStZ 1996, 332; Beschl. vom 14. März 2002, 3 StR 9/02). Auch gegen einen Nebenbeteiligten nach § 73 III StGB setzt die Anordnung des Verfalls voraus, dass keine vorrangigen Ersatzansprüche des Verletzten bestehen. Insoweit gilt der Schutzgedanke des § 73 I StGB gleichermaßen (BGH NStZ-RR 2007, 109, 110). Diese den Verfall ausschließende Regelung erfasst gleichfalls die in § 73 II S. 2 StGB erwähnten, an die Stelle der unmittelbar erlangten Vorteile tretenden Surrogate, also auch (und insbesondere) die durch einen Weiterverkauf erzielten Erlöse.

Beim Wertersatzverfall gem. § 73a StGB ordnet das Gericht den Verfall eines **599**
genau definierten Geldbetrages an. Dieser tritt an die Stelle des Verfalls, wenn der Verfall eines bestimmten Gegenstandes nicht möglich ist, weil das aus oder für die Tat erlangte „Etwas" nicht (mehr) vorhanden ist, weil es seine Beschaffenheit nicht zulässt oder aus einem anderen Grunde von dem Verfall abgesehen wird. So unterliegt das von den Ermittlungsbehörden für den Kauf von Betäubungsmitteln eingesetzte Kaufgeld dem Wertersatzverfall nach § 73a Satz 1 StGB, wenn es nicht sichergestellt worden ist (BGH JZ 2009, 1124). Deckt das für verfallen erklärte Vermögen die gerichtlich festgelegte Höhe ab, ist die gesetzliche Forderung beglichen. Nur soweit der Verfallsbetrag durch das vorhandene Vermögen des Adressaten nicht auszugleichen ist und der Wert des deliktisch Erworbenen nicht mehr vorhanden ist, kommt eine Ermessensentscheidung auf der Grundlage von § 73c I S. 2 StGB in Betracht.

Diese Ausschlussregel verfolgt unterschiedliche Ziele: Zum einen verhindert **600**
sie, dass der Täter sowohl vom Staat als auch vom Geschädigten in Anspruch genommen wird, zum anderen räumt der Staat dem Geschädigten einen Vorrang zur Befriedigung seiner Ansprüche vor der Abschöpfung des rechtswidrig Erlangten durch den Fiskus ein. Diesen zivilrechtlichen Anspruch auf Rückgabe des vom Täter deliktisch Erworbenen hat der Geschädigte selbst wenn der Täter die Deliktsbeute veräußert haben sollte. Dann tritt an die Stelle des Anspruchs auf die Herausgabe der auf den Erlös (OLG Karlsruhe NJW 1982, 456, 457).

Beispiel: L hat bei einem Einbruch „reiche Beute" gemacht. Als er ermittelt wird, findet die Kriminalpolizei in seiner Wohnung einen großen Teil der gestohlenen Gegenstände.

Die Diebesbeute ist zwar Vorteil bei L, der ihm aus der Begehung des Dieb- **601**
stahls erwachsen ist. Doch steht der Eigentümer der Sachen fest. Würde der Verfall verfügt, bekäme der sein Eigentum nicht wieder zurück. Erfüllt man den Anspruch des Eigentümers, des Bestohlenen also, ist der Vorteil bei dem Täter beseitigt, weil der Anspruch auf der einen und der Vorteil auf der anderen Seite gleich hoch sind. Hätte L in der Zwischenzeit einen Teil seiner Beute an einen Hehler „verkauft", träte an die Stelle der gestohlenen Sachen der Anspruch des Verletzten auf den Gewinn aus dem „Verkauf".

Der Vorteil muss für die Tat oder aus ihr erlangt sein. Das ist der Fall, wenn **602**
er dem Täter in wirtschaftlicher Form zufließt. Es reicht nicht aus, dass er lediglich versprochen, angeboten oder gar gefordert wird, er muss tatsächlich entge-

gengenommen worden sein. Insofern kommt es darauf an, dass die Sache übereignet, die tatsächliche Verfügungsgewalt übergeben, die Forderung abgetreten worden ist. „Aus der Tat" ist ein Vermögenswert erlangt, der dem Täter unmittelbar aus der Verwirklichung des Tatbestandes selbst in irgendeiner Phase des Tatgeschehens zufließt. „Für die Tat" sind Vermögenswerte dagegen erlangt, die dem Täter als Gegenleistung für seine rechtswidrige Handlung gewährt werden, aber – wie etwa ein Lohn für die Tatbegehung – nicht auf der Tatbestandsverwirklichung selbst beruhen (BGHSt 50, 299, 309f.; OLG Düsseldorf NJW 1979, 992), wenn also der Vorteil das kausale Äquivalent zur Tat darstellt (vgl. Beispiel mit dem gedungenen Mörder). Damit scheiden mittelbare Gewinne als Gegenstände des Verfalls aus, wie z.B. auch Geld, das durch verbotenes Glücksspiel, vgl. § 285 StGB, erworben wird (BGH NStZ 1996, 332). Dann greift ggf. die Spezialbestimmung des § 286 I StGB.

603 Übergibt der Täter die Tatbeute oder Teile davon einem Dritten, dann sind diese Sachen nur Verfallsgegenstände, wenn sie ohne rechtfertigenden Grund mit dem Ziel übergeben werden, wenigstens diese Vorteile zu sichern bzw. zu verhindern, dass der Eigentümer die Beuteteile zurückbekommt (OLG Düsseldorf a.a.O.).

604 Nach § 73 II Satz 1 StGB erstreckt sich der Verfall auch auf Nutzungen, die der Täter aus der Begehung einer rechtswidrigen Tat zieht. Dazu gehört z.B. die Einnahme aus der Vermietung einer betrügerisch erlangten Sache (BGH bei Holtz, MDR 1981, 630). Während das Gesetz in diesen Fällen eine bindende Verfallserklärung festschreibt, dehnt es nach § 73 II Satz 2 StGB den Verfall auf Surrogate des ursprünglich erlangten Vorteils aus. Als verfallsfähiger Ersatz sind anzusehen

– der Veräußerungserlös,
– der Ersatz für Zerstörung, Beschädigung, Entziehung des Originalobjekts,
– die auf Grund eines erlangten Rechts erworbenen Gegenstände.

605 Auch Vorteile (Gewinne), die deliktisch erworben und im Ausland abgesetzt werden, unterliegen ggf. dem Verfall. Voraussetzung dafür ist, dass der ausländische Staat dem Übereinkommen über Geldwäsche sowie Ermittlung, Beschlagnahme und Einziehung von Erträgen aus Straftaten (EuGeldwäscheÜbK) beigetreten ist. Mit diesem Übereinkommen wollen die beteiligten Staaten Erträge aus Straftaten transnational abschöpfen, und zwar in Bezug auf Straftaten aller Art. Der hier verwendete Begriff „Einziehung" steht dem im deutschen Recht gebrauchten Begriff „Verfall" gleich (BGH NStZ 2000, 483).

b) Einziehungsgegenstand

606 § 74 I StGB erlaubt die Einziehung von Gegenständen, die aus der vorsätzlichen Begehung einer Straftat hervorgebracht (Tatprodukte) oder zu ihrer Begehung oder Vorbereitung gebraucht wurden oder bestimmt gewesen sind (Tatwerkzeuge oder Tatmittel). Im Gegensatz zu § 73 StGB ist die Anknüpfungstat in Bezug auf die Einziehung eine vorsätzliche Straftat.

607 Tatprodukte (producta sceleris) sind Gegenstände, die ihre derzeitige physische Existenz auf die Begehung einer Straftat zurückführen. Wie dies geschieht, ist irrelevant. In Betracht käme z.B. die chemische Umarbeitung von Rohstoffen zu Drogen (beim Verkauf der Drogen entsteht dann ein Gewinn, der seinerseits wieder dem Verfall unterliegt, vgl. § 33 BtMG) oder die physikalische Bearbeitung eines Metalls zur Herstellung falscher Münzen. Selbst Beschreiben eines Papiers, um eine unechte Urkunde herzustellen, macht § 74 I StGB anwendbar. Dagegen ist die Tatbeute niemals Einziehungsgegenstand.

Tatmittel (instrumenta sceleris) sind Gegenstände, die zur Begehung oder Vorbereitung einer vorsätzlichen Straftat gebraucht worden oder bestimmt gewesen sind. Dies können im Einzelfall auch Tiere sein, da sie unbeschadet des § 90a BGB dem strafrechtlichen Sachenbegriff zuzuordnen sind (OLG Karlsruhe NJW 2001, 2488). „Gebrauchen" verlangt die tatsächliche Verwendung der Sache, wohingegen Gegenstände, die zur Tat bestimmt gewesen sind, zwar nicht benutzt, aber für den Eventualfall bereitgestellt worden sein müssen (BGHSt 8, 205, 213). In diesem Falle muss die Tat bis zum strafbaren Versuch gediehen sein (RGSt 49, 208, 211). Als Tatmittel kommt z.B. auch Geld in Betracht. Allerdings muss in solchen Fällen der konkrete Geldbetrag zur Durchführung einer Straftat (wie z.B. Betäubungsmittelgeschäft) bestimmt gewesen und dieses Geschäft wiederum Gegenstand des betreffenden Verfahrens sein (BGH NStZ-RR 1997, 318). **608**

An den Voraussetzungen fehlt es, wenn die Sache weder Werkzeug noch Produkt der Tat, sondern unabdingbar notwendiger Gegenstand für ihre Begehung ist (sog. Beziehungsgegenstand). Daher sind keine Einziehungsgegenstände i.S. des § 74 I StGB (spezielle Einziehungsvorschriften bleiben hier unberücksichtigt) z.B. die zum Zwecke des Versicherungsmissbrauchs versteckten Sachen (BGH bei Holtz, MDR 1984, 441), der unbefugt im Besitz einer Person befindliche Sprengstoff oder auch die unbefugt geführte Waffen (OLG Hamm NJW 1954, 1169), das Kfz beim Fahren ohne Fahrerlaubnis (BGHSt 10, 28) oder mit einem nicht zugelassenen Kfz (OLG Karlsruhe VRS 9, 459). Bei einem Verstoß gegen § 142 StGB ist das zur Flucht benutzte Kfz sehr wohl Tatmittel, da es über das reine Fahren hinaus zur Erfüllung weiterer Straftaten eingesetzt wird (BGHSt 10, 337; VRS 23, 286, 289). **609**

In den Fällen, in denen der angesprochene Gegenstand notwendiges Tatmittel oder Beziehungsgegenstand ist, ist zwar eine Einziehung nach § 74 StGB nicht zulässig, doch ist stets zu prüfen, ob nicht Spezialnormen wie § 54 WaffG, § 43 SprengG, § 30 VersammlG oder § 21 StVG die Einziehung ermöglichen (die gerade mit dieser Zielrichtung geschaffen worden sind). **610**

Die Einziehung ist nach § 74 II StGB nur zulässig, wenn **611**

- der Gegenstand zum Zeitpunkt der Entscheidung (das ist das Urteil) dem Täter oder Teilnehmer gehört oder zusteht,
- der Gegenstand die Allgemeinheit gefährdet oder
- der Gegenstand zur Begehung weiterer rechtswidriger Taten dienen könnte.

„Gehören" setzt Alleineigentum an dem Gegenstand voraus. Bei Miteigentum kommt Einziehung nur in Betracht, wenn alle Miteigentümer Täter oder Tatbeteiligte sind (Eser, in: Sch-Sch § 74 Rdn 22). Wer Eigentümer ist, bestimmt sich nach den Regeln des Bürgerlichen Rechts. Ob das Eigentum auf rechtsgeschäftlicher (z.B. Kauf, Tausch, Schenkung) oder gesetzlicher Grundlage (z.B. §§ 947 ff. BGB) basiert, ist irrelevant. Allgemein gefährlich ist ein Gegenstand, wenn er auf Grund seiner Beschaffenheit (z.B. Sprengstoff oder Gift) oder wegen der Art seiner jeweiligen Verwendung durch den Täter eine Gefahrenquelle ist bzw. werden kann. Diese Grundlage für eine Einziehung ver- **612** langt indessen konkrete Anhaltspunkte, die auf eine in der Zukunft liegende rechtswidrige Verwendung der bei der Begehung der Anlasstat eingesetzten Sache hindeuten (OLG Karlsruhe NJW 2001, 2488). Ohne weiteres ist solche Gefahr rechtswidrigen Gebrauchs bei Gegenständen anzuerkennen, die gar nicht anders als strafrechtlich relevant verwendet werden können (z.B. Falschgeld) oder die gezielt für kriminelle Zwecke hergerichtet worden sind (z.B. Wildererfallen).

613 Problematisch ist die Behandlung von Gegenständen, die der Täter zur Begehung einer vorsätzlichen Straftat gebraucht hat und an denen er lediglich ein Anwartschaftsrecht geltend machen kann, weil er sie unter Vereinbarung eines Eigentumsvorbehalts gekauft hat.

Beispiel: V hat einen Pkw unter Eigentumsvorbehalt gekauft (§§ 433, 449 BGB). Unter Einsatz dieses Kfz begeht er eine Vergewaltigung (§ 177 II StGB). Nachdem er als Tatverdächtiger ermittelt worden ist, beschlagnahmt die Polizei u.a. den Pkw als Einziehungsgegenstand. Dem widerspricht der Anwalt von V mit dem Argument, der Pkw sei gar nicht Eigentum seines Mandanten und dürfe somit nicht beschlagnahmt werden (§ 74 II Ziff. 1 StGB).

614 Die Rechtsprechung sieht in § 74 II Ziff. 1 StGB tatsächlich ein Argument, die Beschlagnahme einer unter Eigentumsvorbehalt stehenden Sache zu verneinen. Nach dieser Norm dürfte nur die Anwartschaft des Täters auf den Erwerb des Gegenstandes, nicht aber die Sache selbst beschlagnahmt/eingezogen werden (BGH NStZ-RR 1999, 11). Dies hätte zur Folge, dass der Staat anstelle des Tatverdächtigen aufschiebend bedingter Eigentümer des Tatwerkzeugs wird.

615 Dieser nicht unbedingt logischen Argumentation muss man entgegenhalten, dass es im obigen Beispiel gerade nicht um die formale Eigentumsposition geht. Im Vordergrund steht vielmehr die wirtschaftliche Zugehörigkeit des Tatwerkzeugs, und die besteht zunächst auf Seiten des Tatverdächtigen. Es geht also um die Frage, wer – materiell betrachtet – über den Gegenstand Verfügungsgewalt besitzt (h.M. in der Lit., vgl. Sch-Sch § 74 Rdn 22f.; Fischer § 74 Rdn 12).

c) Gründe für Verfall oder Einziehung

616 Die Beurteilung der Zulässigkeit einer Beschlagnahme nach § 111b I StPO verlangt Gründe, die für die Annahme sprechen, dass die Voraussetzungen für den Verfall des Vorteils oder die Einziehung der Gegenstände vorliegen. Gründe für die Annahme erfordern einen hinreichenden, d.h. auf Grund objektiv nachvollziehbarer Gründe bestehenden Grad der Wahrscheinlichkeit, dass der Vorteil dem Verfall unterliegt oder die rechtlichen Voraussetzungen für die Einziehung des Tatwerkzeugs oder des Tatprodukts gegeben sind (Gercke, in: HK § 111b Rdn 8) und die entsprechende Anordnung seitens des Gerichts getroffen wird (Krause/Nehring § 111b Rdn 2). Bestimmendes Element ist die „Annahme", und dieser Begriff stellt primär auf das subjektive Empfinden dessen ab, der diese Beurteilung durchzuführen hat. Dass die Annahme auch eine Basis haben muss, ändert die – kritische – Feststellung nicht, dass man vor einem Tatbestandsmerkmal steht, das sich einer ernsthaften Nachprüfung durch Dritte nahezu vollkommen entzieht.

Ob ein Vorteil dem Verfall unterliegt oder ob die Voraussetzungen der Einziehung vorliegen, ist anhand der Tatbestandsmerkmale zu ermitteln. Kommen die Ermittlungsorgane auf Grund einer Prüfung zu dem Ergebnis, die Bestimmungen der §§ 73 bzw. 74 StGB sind gegeben, wären Gründe für die Annahme zu bejahen. Dagegen ist die Frage, ob das Gericht den Verfall oder die Einziehung auch aussprechen wird, wesentlich schwieriger zu beantworten. Sofern es sich um Verfallsgegenstände handelt, ist es sicher wichtig zu wissen, dass die Verfallserklärung obligatorisch ist. Wenn zureichende Gründe dafür vorliegen, dass ein Vorteil dem Verfall unterliegt, sind auch Gründe gegeben, dass der Verfall ausgesprochen wird. **617**

Die Einziehung hingegen ist in einigen Fällen zwingend anzuordnen (z.B. gem. §§ 150, 282 II Satz 2, 286 II StGB, § 54 I WaffG, § 47 II BNatSchG), während sie nach § 74 I StGB und speziellen Einziehungsbestimmungen sowohl des Strafgesetzbuchs als auch anderer Gesetze (z.B. § 33 BtMG, § 40 BJagdG, § 21 III StVG, § 54 II WaffG, § 30 VersammlG, § 67 BNatSchG) in das Ermessen des Gerichts gestellt ist. Hinreichende Gründe, dass die Einziehung verfügt wird, sind demnach ohne Prüfung des Einzelfalls nur in den Fällen der zwingenden Einziehung anzunehmen. **618**

Beispiel: F fällt am Bankschalter auf, als er einige „Blüten" einzutauschen versucht. Da § 150 II StGB die Einziehung von Falschgeld zwingend vorschreibt, bestehen hinsichtlich der dringenden Gründe für die Einziehung nicht die geringsten Bedenken.

Steht die Einziehung des Tatprodukts oder des Tatmittels im Ermessen des Gerichts, müssen die Ermittlungsbeamten prüfen, ob die Einziehung tatsächlich mit einer gewissen Wahrscheinlichkeit ausgesprochen wird. Ergeben sich dafür selbst bei großzügiger Auslegung keine Gründe, etwa weil es sich bei dem Tatwerkzeug um eine völlig bedeutungslose Sache handelt, liegen Gründe für die Annahme, die Sache werde eingezogen, nicht vor. Dann verbietet sich auch die Beschlagnahme nach §§ 111b ff. StPO. Im Übrigen verlangt das Gesetz expressis verbis Beachtung der Verhältnismäßigkeit (§ 74b I StPO). **619**

Beispiel: Mit einem Ziegelstein schlägt L das Schaufenster des Juweliers J ein, um wertvollen Schmuck zu entwenden. Er benötigt dringend Geld, weil er durch seinen Neubau in finanzielle Schwierigkeiten geraten ist.

Aber:

R betritt mit einer Spielzeugpistole, die er soeben für 4,95 EURO gekauft hat, eine Bank und begeht eine räuberische Erpressung.

Im ersten Beispiel wird man die Wahrscheinlichkeit der Einziehung verneinen müssen, im zweiten entstehen diesbezüglich einige Fragen. Sicher ist der Wert des Tatmittels unbedeutend. Andererseits besteht eine psychologische Verpflichtung, die Tat-„Waffe" einzuziehen. Zu welchem Ergebnis man hier neigt, ist mehr denn je Begründungsfrage. **620**

Auf keinen Fall darf die fakultative Einziehung unverhältnismäßig sein (§ 74b I StGB). Diesem Gedanken folgt auch § 74b II StGB, der dem Gericht zwingend auferlegt zu prüfen, ob anstelle der Einziehung auch weniger einschneidende Maßnahmen angezeigt sind, wenn dadurch der Zweck des Eingriffs erreicht wird. Beispielhaft nennt der Gesetzgeber Austauschmaßnahmen, die tatsächlich aber nur in Ausnahmefällen eingesetzt werden. **621**

d) Form der Sicherstellung

622 Nach §§ 111b I Satz 1, 111c I StPO wird die Sicherstellung von Gegenständen, die dem Verfall oder der Einziehung unterliegen, durch Beschlagnahme bewirkt. Wirksam wird die Beschlagnahme somit erst, wenn der Gegenstand in Gewahrsam genommen oder die Beschlagnahme durch Siegel oder in anderer Weise kenntlich gemacht wird. Bewegliche Sachen sind in Verwahrung zu nehmen. Die bloße Erklärung, die Sache sei beschlagnahmt, reicht somit nicht. Vielmehr muss die Behörde die tatsächliche Gewalt darüber erlangen.

623 Alternativ zur Inverwahrungnahme kommt als Form der Beschlagnahme die Kenntlichmachung durch Siegel oder auf andere Weise in Frage. Sie wird durchgeführt, wenn eine Inverwahrungnahme wegen der Art und Größe der Sache nicht möglich ist oder aus Zweckmäßigkeitserwägungen nicht in Betracht gezogen werden kann.

Beispiel: Ein Hehler ist überführt worden. Im Haus entdecken die ermittelnden Polizeibeamten ein riesiges Warenlager ausnahmslos gestohlener Sachen. Der Transport des gesamten Diebesguts wäre zwar möglich, aber untunlich. Hier böte sich eine Kenntlichmachung durch Siegel an.

624 Spezielle Beschlagnahmeformen nennt das Gesetz in § 111c II, III, IV StPO. Die Beschlagnahme eines Grundstücks oder Rechts, das den Vorschriften über die Zwangsvollstreckung in das unbewegliche Vermögen unterliegt, wird durch einen Vermerk im Grundbuch bewirkt (§ 111c II StPO). Den Vorschriften über die Zwangsvollstreckung in das unbewegliche Vermögen unterliegt nicht nur das Grundstück selbst, sondern z.B. auch ein Erbbaurecht, Wohnungseigentum oder landesrechtlich geregelte Jagd- und Fischereirechte.

625 Eine besondere Position nimmt § 111c IV StPO ein: Prinzipiell wird die Beschlagnahme von Schiffen, Schiffsbauwerken und Luftfahrzeugen dadurch bewirkt, dass die Sache in Gewahrsam genommen oder die Beschlagnahme durch Siegel bzw. in anderer Weise kenntlich gemacht wird. Sind diese Sachen jedoch in einem Register eingetragen, wird zur Bekräftigung der Beschlagnahme ein entsprechender Vermerk im Register vorgenommen. Die Beschlagnahme von Forderungen und anderen Vermögensrechten, die nicht den Vorschriften über die Zwangsvollstreckung unterliegen, wird durch Pfändung (§§ 829ff. ZPO) bewirkt (§ 111c III StPO).

626 Eine Abwägung zwischen den Interessen des Eigentümers und denen der Gesellschaft beinhaltet § 111c VI StPO. Danach kann dem Betroffenen eine beschlagnahmte bewegliche Sache belassen oder zurückgegeben werden, wenn ein entsprechender Wert hinterlegt wird (Ziff. 1) oder bestimmte Auflagen erfüllt werden (Ziff. 2). Diese Rückgabe gegen Hinterlegung des Wertes käme z.B. in Betracht, wenn es sich um leicht verderbliche Waren handelt, keinesfalls dagegen bei Geld, Wertpapieren, Schmuck oder sonstigen hochwertigen Gegenständen (Schäfer, in: L-R § 111c Rdn 17). Auch bei Sachen, die zugleich als Beweismittel beschlagnahmt werden können, scheidet die Rückgabe naturgemäß aus (Krause/Nehring § 111c Rdn 10), es sei denn, die Beweisführung ist auf andere Weise gesichert. Ob die Sache förmlich auch als Beweismittel beschlagnahmt worden ist, spielt dabei keine Rolle.

e) Dinglicher Arrest

Die regelmäßige Form der Beschlagnahme ist – wie dargestellt – die Inverwahrungnahme. In Einzelfällen kann sie aber unmöglich sein, etwa wegen der Beschaffenheit des erlangten Vorteils (z.B. Ersparnis eigener Aufwendungen) oder wegen des Verbrauchs der Sache. Dann sehen §§ 73a bzw. 74c StGB den Verfall oder die Einziehung des Wertersatzes vor. Zur Sicherung dieser Ansprüche erlaubt § 111d StPO die Anordnung eines dinglichen Arrests. Darüber hinaus kann dinglicher Arrest zur Sicherstellung einer künftigen Geldstrafe (somit als Ergänzung der §§ 459 bis 459h StPO) und auch der Verfahrenskosten, die der Beschuldigte voraussichtlich zu zahlen haben wird, angeordnet werden. Allerdings verlangt die Anordnung des dinglichen Arrests nach § 111b II, V StPO eine Abwägung des Eigentumsrechts des Beschuldigten mit dem Sicherungsbedürfnis des Geschädigten (OLG Oldenburg NStR-RR 2008, 116). **627**

3. Wirkung der Beschlagnahme

Die Beschlagnahme nach §§ 111b, 111c StPO hat nicht nur die Entstehung eines unter § 136 StGB fallenden öffentlich-rechtlichen Verwahrungsverhältnisses zur Folge, sondern auch – bei Inverwahrungnahme beweglicher Sachen – ein relatives Veräußerungsverbot gemäß § 136 BGB (vgl. § 111c V StPO), sofern die Sache zum Zeitpunkt der Anordnung dem Betroffenen zusteht. Dieses Verbot, den beschlagnahmten Gegenstand zu veräußern, wirkt sowohl zu Gunsten des Staates als auch des Verletzten (§ 111g III, V StPO) und greift mit Wirksamwerden der Beschlagnahme schon durch die Polizei (BVerfG NJW 2007, 3352, 3353; LG Frankfurt/M NJW 1982, 897) und endet bei Herausgabe der Sache oder mit Rechtskraft des Urteils, wenn die Anordnung des Verfalls oder der Einziehung nicht ergeht (OLG Düsseldorf NJW 1995, 2239). **628**

Verfügungen über den beschlagnahmten Gegenstand, die nach Eintritt des Veräußerungsverbots vorgenommen werden, sind unwirksam, wenn sie die Wahrnehmung der staatlichen Rechte an dem Verfalls- oder Einziehungsgegenstand hindern würden. Den Verfügungen im engeren Sinne stehen gemäß § 111c V Halbsatz 2 StPO auch Verhaltensweisen gleich, die etwa zu einer Wertminderung führen. **629**

4. Mehrere Beschlagnahmegründe

Häufig ist ein Gegenstand sowohl Beweismittel als auch Verfalls- oder Einziehungsgegenstand. In diesen Fällen müssen prinzipiell beide Beschlagnahmeformen geprüft und begründet werden (also sowohl die nach § 94 StPO als auch die nach §§ 111b ff. StPO). Das ist die Folge der unterschiedlichen Voraussetzungen und prozessualen Ziele, unter denen die jeweilige Beschlagnahme stattzufinden hat (Achenbach, NJW 1976, 1068, 1070). **630**

Diese zweifache Begründung ist erforderlich, wenn die Beschlagnahme tatsächlich beiden Zwecken dienen soll. Überwiegt hingegen eine der Beschlagnahmeformen ganz eindeutig, genügt deren Begründung. **631**

Beispiel: Mit einer Pistole begeht M ein Tötungsdelikt. Bei seiner Durchsuchung finden Polizeibeamte die Schusswaffe. Diese Waffe dient der Beweisführung, ist aber gleichrangig ein Einziehungsgegenstand.

Aber:

I wird bei einem Diebstahl beobachtet. Die Durchsuchung fördert die angegebenen Dinge zutage. I behauptet, die Gegenstände gekauft zu haben. Im Vordergrund steht die Beschlagnahme zur Beweisführung und nicht die nach §§ 111bff. StPO.

5. Rückgewinnungshilfe

632 Nach § 111b V StPO gelten die Absätze 1 bis 4 entsprechend für Vorteile, die nur deshalb nicht dem Verfall unterliegen, weil sie durch die Erfüllung des Anspruchs beseitigt oder gemindert würden, der dem Verletzten aus der Tat erwachsen ist (§ 73 I Satz 2 StGB). Sinn dieses Instituts der Rückgewinnungshilfe ist ausschließlich der Opferschutz, indem man dem Geschädigten durch die Ermöglichung der Beschlagnahme, die ohne diese Norm nicht zulässig wäre, die Möglichkeit schafft, den ihm zugefügten Schaden kompensieret zu bekommen (BGH NStZ 2008, 579; Meyer-Goßner § 111b Rdn 5). Verletzter i.S. des § 73 I S. 2 StGB ist derjenige, dessen Individualinteresse durch das vom Täter übertretene Strafgesetz geschützt werden soll (BGH NStZ 1999, 560). Zu unterscheiden ist zwischen zwei Arten der Anspruchssicherung. Verfügt der Täter weiterhin über das aus der Tat Erlangte und kommt bei Nichtbestehen eines zivilrechtlichen Ersatzanspruchs die Anordnung des Verfalls in Betracht, ordnet das Gericht die Beschlagnahme des Erlangten gem. § 111c I StPO an. Weil der Zugriff allein auf das illegal erworbene Gut des Täters, das dem Geschädigten zusteht, erfolgt, räumt das Gesetz dem aus der Tat Verletzten ein Vorrecht vor den sonstigen Gläubigern des Täters ein (§ 111g StPO). Ist das Erlangte nicht mehr im Gewahrsam des Täters, greift die Regelung über den Verfall von Wertersatz (§ 73a StPO), und § 111d StPO wird einschlägig, auf dessen Grundlage darf eine Sach- oder Forderungspfändung vorgenommen werden. Damit kann der Staat nicht nur auf das illegal erworbene, sondern auch auf das legal gewonnene Vermögen des Täters zugreifen. Infolgedessen sieht das Gesetz keinen Vorrang für den Geschädigten in Bezug auf die Vollstreckungsmöglichkeiten in das gesicherte Vermögen vor (Köper, NJW 2004, 2485). Allerdings darf man nicht die Tatsache aus den Augen verlieren, dass der fragliche Gegenstand ggf. auch als Beweismittel beschlagnahmt werden könnte.

633 Nach Beendigung des Verfahrens werden die als Beweismittel beschlagnahmten Gegenstände dem Berechtigten zurückgegeben (vgl. § 111k StPO). Davon zu unterscheiden ist § 111b III StPO, der die Rückgabe beschlagnahmter Sachen für den Fall vorschreibt, dass sie weder als Beweismittel noch als Verfallsgegenstand in Betracht zu ziehen sind. Eine Besonderheit gilt indes bezüglich der Bankguthaben, die im Wege der Rückgewinnungshilfe beschlagnahmt worden sind. Darauf können die Verletzten, die durch die Tat im prozessualen Sinne geschädigt worden sind, durch einen Antrag auf Zulassung der Zwangsvollstreckung Zugriff nehmen (OLG Hamm NStZ 1999, 583).

6. Rückgabe beschlagnahmter Sachen

Gegenstände, die für das Verfahren als Beweismittel nicht mehr benötigt werden und die weder für verfallen erklärt noch eingezogen werden, sind an den Berechtigten zurückzugeben. Verantwortlich dafür im Ermittlungsverfahren ist die Staatsanwaltschaft. Streitig ist, ob es ausreicht, den Betroffenen aufzufordern, den Gegenstand abzuholen (Holschuld) oder ob die Behörde verpflichtet ist, die sichergestellten Sachen zurückzubringen (Bringschuld). Nicht allein wegen der Feststellung, dass die Beschlagnahme ein öffentlich-rechtliches Verwahrungsverhältnis darstellt (vgl. Rdn 513f.), sondern auch wegen der evidenten Schwierigkeiten, die mit einer Bringschuld verbunden sind, ist es sinnvoll, das Problem der Rückgabe entsprechend den Regeln der §§ 688ff. BGB zu behandeln (Sprau, in: Palandt § 688 Rdn 13). Daher wird nach Wegfall der Voraussetzungen für die Beschlagnahme der Betroffene aufgefordert, den Gegenstand abzuholen (BGH StV 2005, 486; Schäfer, wistra 1984, 136, 137; a.A. Amelung, in: AK StPO § 94 Rdn 34). Die Rückgabe der nach §§ 94 oder 111c I StPO beschlagnahmten beweglichen Sachen ist zulässig, wenn **634**

- der Verletzte, dem die Sachen durch die Straftat entzogen wurden, bekannt ist;
- Ansprüche Dritter der Herausgabe nicht entgegenstehen. Als Herrin des Ermittlungsverfahrens ist die Staatsanwaltschaft für die Rückgabe zuständig (LG Berlin NStZ 1994, 400; LG Kaiserslautern wistra 1995, 241); denn § 111k StPO ist auch anzuwenden, wenn es nicht zu einer Verurteilung kommt (KG JR 1988, 390). Die Polizei darf die Rückgabe nur in Absprache mit der Staatsanwaltschaft und mit Zustimmung des letzten Gewahrsamsinhabers – i.d.R. des Tatverdächtigen – durchführen, es sei denn, die Ansprüche des Verletzten auf Rückgabe sind unzweifelhaft festgestellt (KMR § 111k Rdn 5). Dagegen kommt eine Rückgabe nicht in Betracht, solange Ungewissheit in Bezug auf den Berechtigten besteht (OLG Stuttgart NStZ 1987, 243). Ist das Eigentumsrecht an der beschlagnahmten Sache umstritten, setzt das Gericht dem letzten Gewahrsaminhaber eine Frist, seine zivilrechtlichen Ansprüche geltend zu machen. Nach deren fruchtlosem Ablauf erhält der durch die Tat Verletzte die Sache zurück (OLG Stuttgart NStZ 1989, 39);
- die Sachen für Zwecke des Strafverfahrens nicht mehr benötigt werden, also wenn die Beweise anderweitig hinreichend gesichert sind oder das Verfahren mangels Tatverdachts eingestellt wird.

Wird die Beschlagnahme aufgehoben, so ist der bewegliche Gegenstand **635**
grundsätzlich an den letzten Gewahrsamsinhaber herauszugeben. Ansprüche Dritter auf den verwahrten Gegenstand, die der letzte Gewahrsamsinhaber nicht anerkennt und über die gerichtlich noch nicht entschieden ist, stehen der Rückgabe an diesen nicht entgegen (OLG Düsseldorf NStZ 1990, 202). Ist dagegen zweifelhaft, wem die einzelnen Gegenstände gehören, kommt eine Herausgabe durch das Strafgericht nicht in Betracht; darüber muss das Zivilgericht entscheiden (OLG Koblenz MDR 1984, 774). Die Entscheidung des Zivilgerichts geht auf eine Initiative der Staatsanwaltschaft zurück, die dem Dritten unter Bestimmung einer Frist Gelegenheit gibt, seine Ansprüche zu belegen und entsprechend Klage zu erheben (OLG Stuttgart NStZ 1989, 39). Ver-

streicht diese Frist fruchtlos, wird die Herausgabe an den anderen Beteiligten angeordnet (OLG Frankfurt GA 1972, 212, 213).

636 Die Rückgabe des nach § 94 III StPO beschlagnahmten Führerscheins hat nach § 111a V StPO zu erfolgen, wenn

a) der Richter die vorläufige Entziehung der Fahrerlaubnis wegen Fehlens der Voraussetzungen des § 111a I StPO ablehnt oder
b) der Richter die vorläufige Entziehung der Fahrerlaubnis aufhebt oder
c) das Gericht im Urteil die Fahrerlaubnis nicht entzieht.

Unterlagen, die im Rahmen eines Strafverfahrens wegen eines Insolvenzdelikts (z.B. §§ 283ff. StGB) beschlagnahmt worden sind, werden gem. § 111k StPO an den zwischenzeitlich bestellten Insolvenzverwalter (Bestellung vgl. §§ 56ff. InsO) herausgegeben. Der nimmt die Sachen allerdings auf der Grundlage des § 148 InsO in Besitz, und zwar in den Grenzen, die §§ 80 und 1 InsO aufzeigen (LG Mannheim NStZ-RR 1998, 113).

7. Notveräußerung

637 Besteht die Gefahr, dass die beschlagnahmten Sachen verderben, ihnen eine erhebliche Wertminderung droht oder ihre Pflege oder Erhaltung unverhältnismäßig hohe Kosten verursacht, dürfen sie vor Eintritt der Rechtskraft des Urteils veräußert werden (§ 111l StPO). An die Stelle des veräußerten Gegenstandes tritt dann der erzielte Erlös. Zwar wird der Eigentümer der Sache nicht automatisch Eigentümer des Erlöses, doch kann er dessen Auszahlung verlangen, wenn die ehedem beschlagnahmten Gegenstände weder für verfallen erklärt noch eingezogen werden.

V. Postbeschlagnahme

638 Art. 10 I GG schützt das Brief-, Post- und Fernmeldegeheimnis (die Frage, ob Art. 10 GG auf die Post als Privatunternehmen anwendbar ist, klammern wir aus). Beschränkungen dürfen gemäß Art. 10 II GG nur auf Grund eines Gesetzes vorgenommen werden. Ein solches Gesetz ist u.a. § 99 StPO. Diese Norm lässt die Beschlagnahme von an den Beschuldigten gerichteten Postsendungen und Telegrammen zu, sofern sie sich im Gewahrsam von Personen oder Unternehmen befinden, die geschäftsmäßig Post- oder Telekommunikationsdienste erbringen oder daran mitwirken (§ 99 1. Halbsatz StPO). Ebenso ist die Beschlagnahme von Briefen, Sendungen oder Telegramme an den bezeichneten Orten zulässig, wenn Tatsachen vorliegen, aus denen zu schließen ist, dass sie von dem Beschuldigten herrühren oder für ihn bestimmt sind und ihr Inhalt für die Untersuchung von Bedeutung ist (§ 99 2. Halbsatz StPO).

639 Diese Norm stellt sich als Beschränkung der allgemeinen Beschlagnahmevorschriften aus §§ 94ff. StPO dar und ist ihnen gegenüber lex specialis. Eine gesonderte Behandlung ist angezeigt, weil die Postbeschlagnahme nicht nur in die durch die Beschlagnahme allgemein beeinträchtigten Individualrechte eingreift, sondern darüber hinaus noch eine Verletzung des Postgeheimnisses bedingt. Aus diesem Grunde muss das Postunternehmen die Sendungen, die auf Grund der in der Anordnung mitgeteilten Suchkriterien mit einer gewissen

Wahrscheinlichkeit auf die relevante Bestimmung oder Herkunft hindeuten, herauszusuchen und diese Sendungen dem anordnenden Richter bzw. bei Gefahr im Verzuge dem anordnenden Staatsanwalt ungeöffnet überstellen. In dieser Phase der Postbeschlagnahme ist eine Mitwirkung der Ermittlungsbeamten oder auch des Richters grds. ausgeschlossen, um die Vertraulichkeit des übrigen Postverkehrs nicht zu gefährden (BGH StV 2008, 225).

Dem besonderen Schutz unterliegen Briefe allgemein, andere Sendungen und Telegramme nur, soweit sie sich im Gewahrsam bestimmter Personen oder Unternehmen befinden. Damit ist der Zeitraum zwischen Einlieferung (z.B. Einwurf in den Postkasten) und Zustellung beim Empfänger erfasst. Außerhalb der Beförderungsphase gelten auch für die von § 99 StPO geschützten Objekte die allgemeinen Beschlagnahmevorschriften der §§ 94 ff. StPO. **639a**

Beispiel: Bankräuber I bemerkt, dass er beschattet wird. Um seinen Komplizen K noch warnen zu können, setzt er am Postamt ein Telegramm an ihn ab. Hier käme eine Beschlagnahme des Telegramms über § 99 StPO in Betracht, da ein Warten auf die Beschlagnahme nach § 94 StPO unzweckmäßig ist; denn dann hätte K bereits Kenntnis von der Warnung.

Beschlagnahmeobjekte sind die Verkörperungen eines Tätergedankens, bei denen ein Bezug zu einer Straftat erkennbar ist. Insoweit gehören sämtliche Arten von Postsendungen dazu, also Briefe, Postkarten, Pakete, Telegramme, Zahlkarten, Postanweisungen, Zeitungen u.a. Eine differenzierte Betrachtung erfordert die Behandlung von E-Mails in diesem Zusammenhang. Einerseits „transportiert" man auf dem Telekommunikationsweg menschliche Gedanken, was für die Anwendung von § 100a StPO spricht; andererseits legt der Absender seine Gedanken schriftlich nieder, und der Empfänger nimmt die derart niedergelegten Gedanken in Schriftform zur Kenntnis – das spricht für die Beschlagnahmevorschriften als einschlägige Eingriffsermächtigung. Die Rechtsprechung favorisiert § 99 StPO mit dem Argument, die bei einem E-Mail-Provider bis zum ersten oder einem weiteren Abruf gespeicherten Mitteilungen sind unter Berücksichtigung heutigen Kommunikationsverhaltens ohne weitere vergleichbar mit der Beschlagnahme der Gedankenträger, die sich zumindest vorübergehend bei einem Post- oder TK-Dienstanbieter befinden und die ebenso auf einem Telekommunikationsweg dorthin übermittelt wurde. Daher können die bei einem E-Mail-Provider gespeicherten, eingegangenen oder zwischengespeicherten E-Mails unter den Voraussetzungen des § 99 StPO beschlagnahmt werden (BGH StV 2009, 623, 624 mwN). In diesem für die heutige Praxis elementar wichtigen Kommunikationsbereich sind damit Rechtseingriffe ohne Beachtung des (wenn auch permanent ausgeweiteten, vgl. Eckhardt, CR 2007, 336, 337) Straftatenkatalogs aus § 100a StPO zulässig (Gercke, StV 2009, 624, 626). Ob die Forderung nach besonderer Beachtung der Verhältnismäßigkeit (BVerfG NJW 2006, 976, 982) diese Ausdehnung der Befugnisse zur Gewinnung und Auswertung von Erkenntnissen aus der EDV kompensieren kann, erscheint zumindest fraglich. **640**

Die Sendungen müssen an den Beschuldigten gerichtet sein oder es müssen Tatsachen vorliegen, aus denen zu schließen ist, dass sie von dem Beschuldigten herrühren oder für ihn bestimmt sind. An den Beschuldigten sind Sendungen gerichtet, die seine Adresse tragen. Bestimmt für ihn sind Sendungen, die zwar **641** nicht an ihn adressiert sind, die er aber nach objektiven Erkenntnissen erhalten soll.

Beispiel: I erhält verabredungsgemäß von seinem Komplizen K Nachricht über die Unterbringung der Beute aus der letzten Tat. Der Brief ist postlagernd an I unter dessen Falschnamen adressiert. Dieser Falschname ist den Ermittlungsbehörden bekannt. Aus objektiven Erkenntnissen ist daher zu schließen, dass der postlagernde Brief für I bestimmt ist.

642 Bei der Zuordnung der Sendung tauchen keine Probleme auf, wenn sie die Anschrift des Beschuldigten oder einen Künstler- oder Firmennamen tragen (Schäfer, in: L-R § 99 Rdn 26). Problematisch wird es bei Deckadressen, hinter denen sich der wahre Empfänger oder Absender verbirgt. Es werden zwar Tatsachen gefordert, aus denen zu schließen ist, dass die zu beschlagnahmende Postsendung für den Beschuldigten bestimmt ist oder von ihm herrührt, doch sind damit keineswegs „Fehlgriffe" ausgeschlossen. Deshalb bleibt zu untersuchen, ob die Anknüpfungstatsache nach dem gegenwärtigen Stand der Ermittlungen als gegeben angesehen werden konnte und nicht ausschließlich auf Vermutungen beruhte (Welp, S. 76). Sicherlich lässt sich die Grenze von Vermutungen zu Tatsachen nicht exakt bestimmen, doch ist dies gerade Ausdruck jeglicher strafprozessualer Eingriffsnormen, die nahezu ausschließlich auf Verdachtstatbeständen basieren.

643 Weiterhin fordert der Gesetzgeber, dass die beschlagnahmte Sendung für das Verfahren Bedeutung hat. Ob diese Forderung im Einzelfall erfüllt ist, muss gleichfalls anhand von Tatsachen entschieden werden. Hinsichtlich dieser Untersuchungsrelevanz wird ein Problem offenkundig: Muss sich der Nachweis auf ein speziell zu beschlagnahmendes Stück beziehen oder reichen Tatsachen dafür aus, dass ein für die Untersuchung wesentliches Teil in einer Vielheit von Poststücken ist.

Beispiel: Exporteur E verkauft „Nobelfahrzeuge" in arabische Länder. Die Ermittlungsbehörden wissen, dass er auch gestohlene und „frisierte" Fahrzeuge verschiebt. Eines Tages gelingt es den Behörden, eine auf Kfz spezialisierte Bande auszuheben, die mit E zusammenarbeitet. Es besteht der dringende Verdacht, dass der Chef dieser Bande (A) eine Nachricht an E abgesetzt hat. Darf in diesem Falle die gesamte Post an den E beschlagnahmt werden oder nur der Brief, der erkennbar von A stammt?

644 Würde man der zweiten – restriktiven – Auffassung den Vorzug geben, wäre die Postbeschlagnahme rechtswidrig, wenn unter der Gesamtheit der zur Beschlagnahme anstehenden Sendungen auch nur eine einzige ist, die keine Untersuchungsrelevanz hat. Damit wäre § 99 StPO ein völlig unwirksames Mittel in den Händen der Ermittlungsbehörden. Überdies gehört es wesensmäßig zu allen strafprozessualen Zugriffsmöglichkeiten auf verkörperte Gedankenerklärungen, auch irrelevante Stücke zu beschlagnahmen, wenn eine Selektion vorher nicht stattfinden konnte (Welp, S. 88). Dies spricht für die Anerkennung rechtmäßigen Handelns der Ermittlungsorgane, wenn bei der Beschlagnahme Tatsachen bekannt sind, dass in den an den Beschuldigten gerichteten Postsendungen wenigstens eine mit Bedeutung für das Strafverfahren ist (v. Schwarze § 99 Anm. 9; Lucas/Dürr, S. 136). Steht aber auf Grund anderer Umstände sicher fest, dass dem Brief keine Beweisbedeutung zukommt, darf er auf keinen Fall beschlagnahmt werden (Kramer Rdn 197a).

Im Zusammenhang mit der Postbeschlagnahme spricht § 101 StPO die Verpflichtung aus, den von dem Eingriff Betroffenen zu benachrichtigen, sobald dies ohne Gefährdung des Untersuchungszweckes geschehen kann. Weil die Postbeschlagnahme vor allem aus Gründen der Effizienz verdeckt, also ohne dass es die Betroffenen bemerken, durchgeführt wird, ist diese Offenbarungspflicht rechtsstaatlich geboten. Schließlich muss dem Adressaten eines heimlich durchgeführten schwerwiegenden Rechtseingriffs möglich sein, Rechtmäßigkeit und Zulässigkeit der Maßnahme in diesem Falle im Wege eines Fortsetzungsfeststellungsklage überprüfen zu lassen. **645**

VI. Beschlagnahme eines Führerscheins

Nach § 94 III StPO gelten die Absätze 1 und 2 auch für Führerscheine, die der Einziehung unterliegen. Anknüpfungspunkt für die Zulässigkeit der Beschlagnahme des Führerscheins sind dringende Gründe für die Annahme, dem Kraftfahrzeugführer werde auf Grund der Ungeeignetheit die Fahrerlaubnis entzogen (§ 111a StPO). Inwieweit ein Kfz-Führer ungeeignet ist, beurteilt sich danach, ob er bei oder im Zusammenhang mit dem Führen eines Kfz oder unter Verletzung der Pflichten eines Kraftfahrzeugführers eine rechtswidrige Tat begangen hat. **646**

Die Entziehung der Fahrerlaubnis setzt zunächst voraus, dass der Betroffene ein Kfz geführt hat. Bei einer Trunkenheitsfahrt mit einem Fahrrad kann folglich die Fahrerlaubnis strafprozessual nicht entzogen werden, weil die Tat (ggf. Straftat nach § 316 StGB) nicht bei oder im Zusammenhang mit dem Führen eines Kfz begangen wurde (BVerwG DNP 1995, 563; LG Mainz DAR 1985, 390). Dagegen verlangt die gefahrenabwehrende Entziehung der Fahrerlaubnis auf der Grundlage des § 3 I StVG keine unmittelbare Beziehung zum Führen eines Kfz. Ausschlaggebend ist allein, dass sich der Betroffene als ungeeignet zum Führen von Kfz erweist. Das kann er durchaus auch als Fußgänger oder Fahrradfahrer, wenn die gemessene Blutalkoholkonzentration auf eine überdurchschnittliche, normabweichende Alkoholgewöhnung hindeutet (BVerwG a.a.O.; OVG Brandenburg NJ 2007, 519). Bestehen aber berechtigte Zweifel an der Kraftfahreignung eines Menschen, ist die Verwaltungsbehörde berechtigt, auf verwaltungsrechtlichem Wege die Fahrerlaubnis zu entziehen. **647**

Der Begriff „Kraftfahrzeug" geht weit. Er umfasst sämtliche durch Maschinenkraft angetriebene, nicht an Bahngleise gebundene Landfahrzeuge i.S. der §§ 1 II StVG, so dass auch selbstfahrende Arbeitsmaschinen dazu zu rechnen sind, wie z.B. Bagger (OLG Düsseldorf DAR 1983, 232). Allerdings kann man beim Führen eines führerscheinfreien Kfz in fahruntüchtigem Zustand nicht ohne weiteres auf Ungeeignetheit zum Führen anderer Kfz schließen (LG Oldenburg DAR 1990, 72). **648**

Im Gegensatz zu den Verkehrsstraftaten, die nur im öffentlichen Straßenverkehr begangen werden können, verlangt die Entziehung der Fahrerlaubnis nicht unbedingt eine Verkehrsfläche, die für jedermann zugänglich ist. Sie kann vielmehr auch angeordnet werden, wenn die rechtswidrige Tat außerhalb des öffentlichen Verkehrs begangen worden ist (OLG Oldenburg NdsRpfl. 1978, 114); denn das Gesetz knüpft nur an das Führen eines Kfz, also die Eigenschaft **649** als Kraftfahrzeugführer an. Hat sich die Trunkenheitsfahrt allerdings im privaten Bereich ereignet und trifft die Entziehung der Fahrerlaubnis den Beschuldigten wirtschaftlich außergewöhnlich schwer, erscheint es bei Hinzutreten weiterer Umstände zu verantworten, Ausnahmen von der Entziehung zu machen, z.B. für Fahrten im Rahmen eines Arbeitsverhältnisses mit Kfz des Arbeitgebers (LG Bielefeld DAR 1990, 274).

1. Beim Führen eines Kfz

650 Die Anerkennung einer rechtswidrigen Tat „bei oder im Zusammenhang mit dem Führen eines Kfz" verlangt zwingend einen funktionalen Zusammenhang zwischen der Tatbestandsverwirklichung und dem Führen eines Kfz. Für dessen Annahme kommt es nicht darauf an, ob die Fahrt vor, während oder nach der Tat unternommen wird. Wesentlich ist vielmehr, dass das Führen des Kfz dem Täter für Vorbereitung oder Durchführung der Straftat oder anschließend für ihre Ausnutzung oder Verdeckung dienlich sein soll (BGH NStZ 2001, 477).

651 Beim Führen eines Kfz begeht der Täter eine rechtswidrige Tat, wenn er seine verbrecherischen Ziele über die im Verkehr gebotene Sorgfalt und Rücksichtnahme stellt. In erster Linie kommen zwar Verkehrsdelikte in Betracht, doch können dies sehr wohl auch verkehrsfremde Tatbestände sein (Guelde, S. 14). Ob zum Führen des Kfz eine Fahrerlaubnis erforderlich ist, ist für § 69 StGB irrelevant (Himmelreich/Hentschel Bd. I, Rdn 15). Entscheidend ist allein, dass das Kfz ohne Inanspruchnahme fremder Hilfe bewegt wird (Ziehen, Schieben); denn die Sicherheit anderer Verkehrsteilnehmer kann ganz erheblich gefährdet sein, wenn man ein Kfz auf abschüssiger Straße rollen lässt.

Beispiel: Bei einer allgemeinen Verkehrskontrolle wird L angehalten. Da er den von ihm gelenkten Pkw gerade gestohlen hat, beschließt L, die Kontrollstelle zu durchbrechen. Er rast auf den Anhalteposten zu. Dabei ist es ihm gleichgültig, ob der Beamte möglicherweise getötet wird.

Unstrittig begeht der im Beispielsfall Handelnde eine rechtswidrige Tat i.S. des § 69 I StGB, nämlich Mordversuch. Ebenso eindeutig ist die Tatsache, dass der Kfz-Führer seinen verbrecherischen Zielen höchste Priorität einräumt, also eine rechtswidrige Tat beim Führen eines Kfz begeht.

2. Im Zusammenhang mit dem Führen eines Kfz

652 Rechtswidrige Taten werden im Zusammenhang mit dem Führen eines Kfz begangen, wenn das Kraftfahrzeug zu deren Vorbereitung oder Begehung benutzt wird (Guelde, S. 14). Der Begriff der Zusammenhangstat ist grundsätzlich weit gefasst. Seiner Definition hebt nicht entscheidend darauf ab, ob die Fahrt vor, während oder nach dem Delikt aus der allgemeinen Kriminalität unternommen wird. Wesentlich ist vielmehr die Überzeugung, dass das Führen des Kfz dem Täter für die Vorbereitung oder Ausführung der Straftat oder auch für ihre Ausnutzung oder Verdeckung dienlich sein soll (OLG Karlsruhe NStZ-RR 2006, 57). Solch ein Fall könnte durchaus gegeben sein, wenn ein Täter z.B. das Kfz einsetzt, um einen Tatort ohne nahezu zwangsläufig Verdacht zu erwecken auskundschaften zu können oder wenn er es benötigt, um nach der Tat die Beute wegzuschaffen (OLG Düsseldorf VRS 67, 255). Doch versteht es sich keineswegs von selbst, dass ein Täter, der durch die Begehung schwerwiegender oder wiederholter Straftaten ohne Zweifel charakterliche Mängel offenbart, in jedem Falle eine Gefahr für die Verkehrssicherheit darstellt. Dieser quasi „Automatismus" liegt etwa bei der bloßen Nutzung eines Kfz zur Suche nach Tatopfern oder -objekten ebenso wenig nahe wie in den sog. Kurierfällen, die gleichfalls Belange der Verkehrssicherheit nicht zwingend berühren. Ein allgemeiner Grundsatz, dass Transporteure von Rauschgift im Falle einer Verkehrskontrolle zu riskanter Fahrweise entschlossen sind, ist empirisch keineswegs belegt (BGH NStZ 2003, 311). Das gilt jedenfalls dann, wenn der Beschuldigte besondere Vorkehrungen gegen ein Entdecken der Betäubungsmittel (gleiches gilt für z.B. Diebesgut oder Diebeswerkzeug) getroffen hat (BGH JZ 2006, 101 mit zust. Anm. Duttge a.a.O., 102ff.). Folgerichtig lässt sich ein Tatzusammenhang nicht schon daraus herleiten, dass der Täter **nach** der Tat mit seinem Kfz flüchtet. Zwar kann in derartig gelagerten Fällen die Benutzung des Fahrzeugs der begangenen Straftat dienen und deshalb mit ihr in Zusammenhang stehen, allerdings nur wenn der Täter im Vorhinein das Fahrzeug zur Flucht nach der Tatbegehung eingeplant hat (BGH NZV 1995, 156).

Dabei dürfen die Strafverfolgungsorgane den Rahmen jedoch nicht zu weit **653**
spannen. Wird ein Kfz nur bei Gelegenheit einer Tat gebraucht, ohne dass die Tat vom Führen des Kfz oder das Führen des Kfz von der Begehung einer Tat abhängt (OLG Stuttgart NJW 1973, 2213, 2214) bzw. ohne dass der Täter eine konkrete Situation in entsprechender Absicht ausnutzt (BGH NJW 1969, 1125, 1126), ist der geforderte Zusammenhang mit dem Führen eines Kfz nicht gegeben.

Beispiel: L fährt mit seinem Motorrad langsam von hinten an Fußgängerinnen heran, zieht ihnen blitzschnell die Handtaschen aus der Hand und fährt mit hohem Tempo davon.

Oder:

Wegen kurzer Unachtsamkeit fährt A an einer Kreuzung auf den Pkw des Z auf. Z steigt aus und betrachtet sich den Schaden an seinem neuen Fahrzeug. Er gerät wegen der leichten Beschädigungen dermaßen in Wut, dass er den verdutzten A zusammenschlägt.

In beiden Fällen haben die Täter rechtswidrige Taten begangen, nämlich Raub (bzw. Diebstahl) und Körperverletzung, und der Zusammenhang mit dem Führen eines Kfz ist im ersten Fall evident, im zweiten dagegen nicht ganz so offenkundig. Dennoch können wir auch dort eine unmittelbare Beziehung zwischen dem Führen eines Kfz und der Körperverletzung anerkennen, wenn wir bedenken, dass die Beeinträchtigung der körperlichen Integrität des A nicht eingetreten wäre, wenn er nicht den Pkw des Z beschädigt hätte (OLG Karlsruhe MDR 1980, 246). Allerdings ist fraglich, ob das die Rechtsfolgen des § 69 StGB auszulösen vermag.

Beispiel: W sieht eine Anhalterin am Fahrbahnrand stehen. Er nimmt sie in der Absicht einer Vergewaltigung mit. In einem Waldstück fährt er in einen Seitenweg, hält der Frau eine Pistole vor und vergewaltigt sie.

Aber:
R nimmt eine Anhalterin mit. Als sie durch eine menschenleere Gegend fahren, „streikt" der Wagen; eine Weiterfahrt ist nicht möglich. Die günstige Gelegenheit benutzt R, sich der Frau mit eindeutigen Absichten zu nähern.

654 Diese Fälle unterscheiden sich in Bezug auf Anerkennen der kausalen Verbindung zwischen Führen eines Kfz und Begehen der Straftat ganz erheblich. Im ersten setzt der Täter das Kfz offensichtlich zur Ermöglichung der Vergewaltigung ein. Hätte er dagegen sein Opfer unter Anwendung von List zu diesem abgelegenen Ort verbracht, würde er sich allein dadurch noch nicht als ungeeignet zum Führen eines Kfz erwiesen haben (BGH StV 2005, 604). Dagegen begeht der Täter im zweiten Beispiel die Tat nur bei Gelegenheit des Führens eines Kfz. Infolgedessen kommt § 69 I StGB allein im ersten Fall in Betracht.

655 Ziel der weiten Auslegung des § 69 I StGB ist die Verhinderung eines Missbrauchs von Kfz, und zwar ohne Rücksicht darauf, ob der Kfz-Führer durch seine Teilnahme am öffentlichen Straßenverkehr die Verkehrssicherheit oder ein anderes – verkehrsrechtlich ausgerichtetes – Rechtsgut beeinträchtigt. Infolgedessen fehlt der geforderte Zusammenhang vor allem, wenn die rechtswidrige Tat das Führen eines Kfz erst ermöglicht. Daher kann § 69 I StGB keine Anwendung finden, wenn ein Kfz Diebstahlsobjekt ist.

3. Verletzung der Pflichten eines Kfz-Führers

656 Unter Verletzung der Pflichten eines Kfz-Führers begeht der Täter eine rechtswidrige Tat, sobald er ihm besonders übertragene verkehrsrechtliche Pflichten missachtet, die sich jedoch nicht auf das Führen des Kfz unmittelbar beziehen dürfen. In Betracht kommt neben der Verpflichtung zur Sicherung haltender (§ 17 IV StVO) oder liegen gebliebener Fahrzeuge (§ 15 StVO) auch die Sicherung der Ladung (§ 22 StVO).

4. Ungeeignetheit zum Führen eines Kfz

657 Aus der Begehung der rechtswidrigen Tat müssen die Ermittlungsbeamten auf *Ungeeignetheit* des Täters *zum Führen von Kfz* schließen. Diese festzustellen verlangt grundsätzlich Anerkennung einer von ihm ausgehenden, zum Zeitpunkt der Entscheidung bestehenden Gefahr für die Sicherheit des Verkehrs, die sich „aus der Tat" ergibt. Also müssen konkrete Umstände der Tatausführung im Zusammenhang mit einer Gesamtwürdigung von Tat und Täterpersönlichkeit Anhaltspunkte dafür liefern, dass der Täter bereit ist, zum Erreichen seiner – auch nicht kriminellen – Ziele die Sicherheit des Verkehrs zu beeinträchtigen. Hierfür ist nicht unbedingt die Feststellung bei der Tat begangener konkreter Gefährdungen erforderlich; denn sonst könnte sich aus einer (nur) „im Zusammenhang" mit dem Führen eines Kfz begangenen Tat die Ungeeignetheit allein ergeben, wenn zugleich eine Pflichtverletzung vorliegt. Dies entspricht aber gerade nicht der ratio legis der §§ 94 III, 111a StPO. Vielmehr soll dieser Rechtseingriff vollziehbar sein, sobald eindeutig zu belegen ist, dass der Täter im Zusammenhang mit der „Tat" eine verkehrsgefährdende Verwendung seines Kfz geplant oder bewusst in Kauf genommen hat (BGH NStZ 2004, 144, 147). Ein derartiger Zusammenhang lässt sich vor allem begründen, sobald der

Täter nach Tatbegehung mit alsbaldiger Verfolgung zu rechnen hat und er sein Kfz dafür zu nutzen beabsichtigt, nicht aber wenn er das Fahrzeug zum Transport von z.B. Drogen einsetzt, sofern er mit einem präparierten Versteck besondere Vorkehrungen gegen die Entdeckung des Rauschgifts getroffen hat (BGH StV 2006, 186). Da maßgebende Beurteilungsgrundlage allein die anstehende Tat ist, bleiben Charaktermängel, die nach der Tat offenbar werden, aber in der Tat selbst keinen Ausdruck gefunden haben, außer Betracht (OLG Frankfurt NStZ-RR 1996, 235).

Diese kausale Verknüpfung von Tatbestandsverwirklichung und fehlender Eignung zum Führen von Kfz kann verschiedene Ursachen haben. In Betracht kommen körperliche, geistige oder charakterliche Mängel. Auf die körperlichen (z.B. Übermüdung, Arm- oder Beinbruch) und geistigen Mängel (z.B. Trunkenheit, Drogenkonsum) geht in erster Linie § 69 II StGB ein. In Bezug auf die „geistigen Mängel" gilt es zu unterscheiden: Während nach Alkoholgenuss die Entziehung der Fahrerlaubnis und damit die Beschlagnahme des Führerscheins an „absolute Grenzwerte" gekoppelt ist, kennen wir diesen „Automatismus" bei dem sicherlich ebenso häufig zu bemerkenden Drogenkonsum nicht. Dennoch spielt auch dort die Konzentration eine nicht zu unterschätzende Rolle. Führt z.B. ein Cannabiskonsument ein Kfz mit einer THC-Konzentration von 2ng/ml im Blut, lässt dies Rückschlüsse auf eine Einschränkung seiner für Teilnahme am öffentlichen Straßenverkehr bedeutsamen Fähigkeiten zu; denn der Betreffende kann nicht gewährleisten, dass eine Beschränkung seiner verkehrswichtigen Eigenschaften trotz Einnahme der Droge unbedingt ausgeschlossen ist (VGH Mannheim Blutalkohol 2005, 187). Zwar liefert auch der hier in Rede stehende Grenzwert keine Grundlage für Anerkennung einer „absoluten Fahruntüchtigkeit", doch sollte die Polizei bei offensichtlich unter Drogeneinfluss stehenden Kfz-Führern entsprechende Berichte fertigen, die Grundlage für eine verwaltungsbehördlich determinierte Entziehung der Fahrerlaubnis werden können (VGH Mannheim NJW 2006, 935, 936). Demgegenüber stellt § 69 I StGB auf charakterliche Mängel eines Fahrzeugführers ab, die sich prima facie aus der Tatbestandsverwirklichung allein herleiten. Ungeeignet zum Führen eines Kfz ist der Täter eines von § 69 I StGB erfassten Deliktes jedoch nur, wenn dieses Verhalten eine besondere Indizwirkung im Hinblick auf mangelnde charakterliche Eignung zulässt (BGH NStZ-RR 1997, 197). Dies anzuerkennen verlangt einen funktionalen Bezug zwischen Tat und fehlender Eignung. Die Tat muss in ihrer konkreten Ausgestaltung einen Schluss auf die in Frage stehende Eignung ermöglichen. Der Begriff der Eignung ist auslegungsfähig und fordert die persönliche Gewähr für die regelgerechte Ausübung der Erlaubnis, also primär naturgemäß Beachtung der Vorschriften des Straßenverkehrsrechts. Darüber hinaus hat ein Erlaubnisinhaber Gewähr für eine im umfassenden Sinne verstandene Zuverlässigkeit zu bieten. Er darf die Erlaubnis auch nicht zur Begehung allgemeiner rechtswidriger Taten ausnutzen (BGH NStZ 2003, 658, 659). Charakterliche Ungeeignetheit ist nur anzuerkennen, wenn die Anlasstat stichhaltige Argumente für die Überlegung liefert, der Täter sei bereit, die Sicherheit des Straßenverkehrs seinen eigenen kriminellen Zielen unterzuordnen. Entsprechende Begründungen liefern etwa die unter Benutzung eines Kfz begangenen Fälle von (schwerer) Nötigung oder des gefährlichen Eingriffs in den Straßenverkehr, u.U. auch räuberischer Angriff auf Kfz- 658

Führer, sofern der Fahrzeugführer den Angriff während der Fahrt gegen das mitfahrende Opfer verübt (§§ 240, 315b, 316a StGB). Im Falle anderer Zusammenhangstaten bedarf es zur Anerkennung charakterlicher Ungeeignetheit besonderer, die Umstände des Einzelfalls berücksichtigender Erkenntnisse, insbesondere aus dem Vorleben des Täters, aus der Tat unter Berücksichtigung der Täterpersönlichkeit oder der Art der Tatvorbereitung (BGH NJW 2005, 1957, 1959).

659 Lässt das Täterverhalten keinen eindeutigen Schluss zu, können die Behörden auch die Persönlichkeit des Täters, seine bisherige Lebensführung und sonstige Umstände in die Beurteilung seiner charakterlichen Eignung einfließen lassen (Himmelreich/Hentschel Bd. I Rdn 40; Guelde, S. 17, 18; BGH DAR 1954, 280, 282). Werden dabei Mängel evident, die die Tat beeinflusst haben könnten, wie z.B. einschlägige Vorstrafen oder Erkenntnisse aus bekannter Fahrweise, dürfen wir im Einzelfall durchaus auf Ungeeignetheit erkennen (Mittelbach, S. 32).

660 Völlig anders ist die Intention des § 69 II StGB. Liegt eine der dort genannten rechtswidrigen Taten vor, geht man prima facie von der Ungeeignetheit des Täters aus (Mittelbach, S. 24), weil sie auf eine bedenkliche Charakterschwäche hindeuten. Auf eine Entziehung der Fahrerlaubnis könnte indes verzichtet werden, wenn der Schluss auf die Gefahr weiterer Verkehrsstraftaten aus der Tatbestandserfüllung nicht gezogen werden könnte, es sich bei der Tatbestandserfüllung also offenkundig um eine Ausnahme handelt (LG Potsdam NZV 2001, 360; OLG Köln DAR 1991, 191; Fischer § 69 Rdn 10). Das wäre z.B. der Fall, wenn der Täter trotz Erfüllung des Tatbestandes aus § 316 StGB das Fahrzeug nur ein kurzes Stück bewegt hat, um einen verkehrswidrigen Zustand zu beseitigen (OLG Düsseldorf NZV 1988, 23; OLG Stuttgart NJW 1987, 142). Jedoch hat der Tatrichter eine intensive Begründungspflicht, wenn er im Falle einer Tat nach § 69 II StGB vom Regelfall des Fahrerlaubnisentzugs abweicht (OLG Koblenz VRS 71, 278).

661 Tatbestände, die in der Regel die Ungeeignetheit des Kfz-Führers bedingen, sind:

a) Gefährdung des Straßenverkehrs (§ 315c StGB). Einen solchen Fall können wir bei fahrlässiger Gefährdung des Straßenverkehrs durch Einschlafen am Steuer anerkennen, das den Täter in der Regel als ungeeignet zum Führen von Kfz erscheinen lässt (LG Ingolstadt DAR 1989, 354).
b) Trunkenheit im Verkehr (§ 316 StGB).
c) Unerlaubtes Entfernen vom Unfallort (§ 142 StGB), obwohl der Täter weiß oder wissen kann, dass bei dem Unfall ein Mensch getötet oder nicht unerheblich verletzt worden oder an fremden Sachen bedeutender Schaden entstanden ist. Der bedeutende Schaden bemisst sich nach wirtschaftlichen Kriterien und beurteilt sich nach der Höhe des Betrages, um den das Vermögen des Geschädigten als direkte Folge des Unfalls gemindert wird. Bei Beschädigung eines Kfz sind daher nicht nur die Reparatur-, Abschlepp- und Bergungskosten einschließlich Mehrwertsteuer und der merkantile Minderwert zu berücksichtigen. Grundsätzlich sind auch die Kosten des Sachverständigen zu erstatten, soweit sie zu einer zweckentsprechenden Rechtsverfolgung erforderlich sind (LG Berlin NStZ-RR 2007, 281; OLG Schleswig VRS 54, 33, 35). Die effektive Höhe ist

nur richtungsweisend anzugeben und dürfte heute bei mehr als 650 EURO liegen (OLG Köln VRS 82, 335 noch für 1 250 Mark). Andere Summen widerlegen diese grundsätzliche Aussage nicht, sondern zeigen nur, dass dieser Betrag ständigen Wandlungen unterworfen ist.

d) Vollrausch (§ 323a StGB), der sich auf eine der Taten nach Buchstabe a–c bezieht.

Daneben erweist sich auch ein Kfz-Halter, der einem wegen Trunkenheit **662** absolut Fahruntüchtigen seinen Pkw überlässt und damit eine wesentliche Ursache für eine Trunkenheitsfahrt setzt, als charakterlich ungeeignet zum Führen eines Kfz. Daher kann auch seine Fahrerlaubnis vorläufig entzogen werden (OLG Koblenz NJW 1988, 152).

Im Gegensatz zu Alkohol ist in Bezug auf Drogen ein Grenzwert, bei dessen **663** Erreichen bzw. Überschreiten absolute Fahruntüchtigkeit vorliegt, bisher nicht festgestellt. Von daher kann eine Verurteilung nach § 316 StGB nur auf relative Fahruntüchtigkeit gestützt werden. Darauf ist zu erkennen, wenn sich Umstände zeigen, die über die allgemeine Drogenwirkung hinaus den sicheren Schluss zulassen, der Konsument sei in der konkreten Verkehrssituation fahrunsicher gewesen. Dabei müssen die verkehrsspezifischen Untauglichkeitsindizien nicht nur eine allgemeine Drogenenthemmung offenbaren, sie müssen sich vielmehr unmittelbar auf die Beeinträchtigung der Fahreignung erstrecken (OLG Zweibrücken NStZ-RR 2004, 19).

5. Durchführung und Wirkung der Beschlagnahme

Grundsätzlich vollzieht die Polizei die Beschlagnahme des Führerscheins ge- **664** mäß § 94 III StPO, § 69 StGB, indem sie das „Papier" amtlich in Verwahrung nimmt. Sofern der Betroffene dagegen Widerspruch erhebt, ist eine vorläufige Entziehung der Fahrerlaubnis durch richterlichen Beschluss auszusprechen (§ 111a I StPO) oder der Führerschein zurückzugeben. Die vorläufige Entziehung der Fahrerlaubnis wirkt zugleich als Anordnung bzw. Bestätigung der Beschlagnahme des Führerscheins. Daher entfällt die Anwendung des § 98 II StPO (§ 111a III StPO).

Der Einziehung unterliegen grundsätzlich nur die von einer deutschen Be- **665** hörde erteilten Führerscheine (§ 69 III S. 2 StGB). Doch werden die Fahrerlaubnisse, die von einer Behörde eines Staates der Europäischen Union ausgestellt worden sind, den deutschen Fahrerlaubnissen gleichgestellt, sofern der ausländische Fahrerlaubnisinhaber seinen ordentlichen Wohnsitz in der Bundesrepublik Deutschland hat (§ 69b II S. 1 StGB). Damit darf auch ein außerdeutscher Führerschein als Einziehungsgegenstand beschlagnahmt werden, wenn dessen Inhaber berechtigterweise die Fahrerlaubnis entzogen wird.

Diese weitergehenden Ermächtigungen zur Vornahme dieses Rechtseingriffs **666** sind nur gegen Kfz-Führer erlaubt, die von einem Mitgliedsstaat der Europäischen Union (EU) oder einem anderen Vertragsstaat des Abkommens über den Europäischen Wirtschaftsraum ausgestellte Fahrerlaubnis besitzen. Darüber hinaus muss der Inhaber seinen ordentlichen Wohnsitz (vgl. dazu § 7 FahrerlaubnisVO) in Deutschland haben. Fehlt eine dieser zwingenden Voraussetzungen, ist die Behörde lediglich berechtigt, die Entziehung der Fahrerlaubnis und die verhängte Sperre im Führerschein zu vermerken (§ 69b II S. 2 StGB).

667 Zum Zwecke dieser Eintragung dürfen Polizeibeamte auch ausländische Führerscheine gemäß §§ 94 I, II, 98 I StPO beschlagnahmen (§ 463b II StPO). Ist die Eintragung vorgenommen, wird dem außerdeutschen Kfz-Führer nach § 69b I Satz 2 StGB untersagt, im Inland fahrerlaubnispflichtige Kfz zu führen, also von einer vorhandenen ausländischen Fahrerlaubnis in Deutschland Gebrauch zu machen (OLG Hamm NJW 1978, 1757). Wird eine ausländische Fahrerlaubnis vorläufig entzogen und kann das auf oder an dem ausländischen Führerschein aus technischen Gründen nicht hinreichend sicher vermerkt werden, so darf der Führerschein für die Dauer der vorläufigen Entziehung der Fahrerlaubnis beschlagnahmt bleiben (AG Homburg ZfS 1995, 352).

6. Vorläufige Entziehung der Fahrerlaubnis, § 111a StPO

668 Für die vorläufige Entziehung der Fahrerlaubnis sind nach § 111a StPO dringende Gründe für die Annahme erforderlich, dass die Fahrerlaubnis nach § 69 StGB im Urteil entzogen wird. Die Erwartung eines Fahrverbots nach § 44 StGB, das die Fahrerlaubnis nicht berührt und keine Sperrfrist für die Neuerteilung einer Fahrerlaubnis vorsieht, sondern lediglich die Teilnahme am Straßenverkehr als Führer eines Kfz für einen begrenzten Zeitraum untersagt, löst diese Rechtsfolge nicht aus. Die Annahme, dass die Fahrerlaubnis nach § 69 StGB entzogen wird, muss sich auf „dringende Gründe" stützen. „Genügender Anlass" (für die öffentliche Klage erforderlich, § 170 I StPO) oder „hinreichender Verdacht" (zur Eröffnung der Hauptverhandlung notwendig, § 203 StPO) reicht nicht (Himmelreich/Hentschel, Bd. I Rdn 221). Vielmehr ist die Formulierung „dringende Gründe" gleich bedeutend mit „dringendem Tatverdacht" als Voraussetzung für die vorläufige Festnahme nach § 112 StPO (Mittelbach, S. 65; Jagow/Burmann/Heß § 111a Rdn 4); denn man kann von „dringendem Tatverdacht" im Zusammenhang mit § 111a StPO nicht sprechen, weil die Anordnung der vorläufigen Entziehung einer Fahrerlaubnis auch gegen Schuldunfähige möglich sein muss (Kühne Rdn 467).

669 Dringende Gründe sind bei hoher, fast an Gewissheit grenzender Wahrscheinlichkeit anzunehmen, dass die Fahrerlaubnis im Urteil eingezogen wird (Müller, in: KMR § 111a Rdn 8; Schäfer, in: Xanke § 111a Rdn 9). Weil es auf den gegenwärtigen Ermittlungsstand ankommt, ist eine Entscheidung häufig erst möglich, wenn die Polizei den Sachverhalt genügend aufgeklärt hat. Das ist im Falle des § 69 I StGB aber nicht so ganz einfach; denn ob ein Kfz-Führer bei oder im Zusammenhang mit dem Führen eines Kfz oder unter Verletzung der Pflichten eines Kraftfahrzeugführers eine rechtswidrige Tat begangen hat, lässt sich im Rahmen des ersten polizeilichen Zugriffs nur selten feststellen.

670 Einfacher ist es bei den Regelungeeignetheitsfällen des § 69 II StGB. Verwirklicht ein Täter einen dieser Tatbestände, spricht prima vista alles dafür, dass ihm die Fahrerlaubnis entzogen wird. Das gilt selbst dann, wenn die Ermittlungsbeamten ihren Antrag auf vorläufige Entziehung der Fahrerlaubnis allein auf das zu erwartende Gutachten des gerichtsmedizinischen Instituts über die Höhe der BAK stützen können (vgl. aber Himmelreich/Hentschel Bd. I Rdn 221 f.).

671 Liegt zwischen der Tatbestandserfüllung und der Entscheidung über die vorläufige Entziehung der Fahrerlaubnis ein längerer Zeitraum, in dem der Beschuldigte mit einem Kfz unbeanstandet am Straßenverkehr teilgenommen hat, könnte man u.U. dringende Gründe für die Annahme der Entziehung der Fahrerlaubnis ablehnen (vgl. LG Wuppertal NJW 1986, 1769); denn bis zur gerichtlichen Entscheidung ist eine Ungeeignetheit zum Führen von Kfz nicht mehr erkennbar. Zur Begründung einer solch positiven Prognoseentscheidung bedarf es jedoch besonderer Merkmale (Müller, in: KMR § 111a Rdn 15), die sich nicht allein darauf stützen dürfen, dass sich der „Verkehrssünder" für die Dauer des gegen ihn laufenden Verfahrens besonders gesetzestreu verhält (OLG Köln VRS 31, 263, 264; OLG Düsseldorf VRS 92, 18). Ganz im Gegenteil: Diese Gesetzestreue erwartet jedermann von einem Beschuldigten sowohl für die Dauer des Verfahrens als auch – unter Blick auf den Strafzweck – nach dessen Abschluss.

Die vorläufige Entziehung der Fahrerlaubnis ist nicht obligatorisch, sondern **672**
steht im Ermessen des Gerichts. Ordnet es diesen Eingriff in das Individualrecht an, muss er zum Schutz der Allgemeinheit erforderlich sein. Insoweit ist das öffentliche Interesse an der vorläufigen Entziehung der Fahrerlaubnis in Ansehung der Person zu prüfen. Die Feststellung der Ungeeignetheit des Beschuldigten zum Führen von Kfz muss daher zwingend eine Aussage im Hinblick auf potentielle Gefährdung anderer Verkehrsteilnehmer enthalten.

Nach § 111a I Satz 2 StPO kann der Richter durch Beschluss von der vor- **673**
läufigen Entziehung der Fahrerlaubnis bestimmte Arten von Kfz ausnehmen, wenn besondere Umstände die Annahme rechtfertigen, der Zweck der Maßnahme werde dadurch nicht gefährdet. Nach dem Willen des Gesetzgebers kann also jemand, dessen Ungeeignetheit zum Führen von Kfz vorläufig festgestellt ist, partiell zum Führen bestimmter Arten fahrerlaubnispflichtiger Kfz geeignet sein. Ob dies der Fall ist, erfordert eine genaue Prüfung. Insoweit steht § 111a StPO im Gegensatz zur Entziehung der Fahrerlaubnis: Von der Entziehung der Fahrerlaubnis darf das Gericht keinerlei Arten von Kfz ausschließen, d.h., die Fahrerlaubnis ist nur insgesamt und ohne Ausnahmen zu entziehen (BGH NJW 1983, 1744, 1745; OLG Karlsruhe Justiz 1982, 336, 337). Lediglich bei der Festsetzung der Sperre für die Neuerteilung einer Fahrerlaubnis können gem. § 69a II StGB bestimmte Fahrzeugarten ausgenommen werden (Krumme-Hürxthal § 111a Rdn 5). Die Ausnahmemöglichkeiten sind indessen auf „bestimmte Arten von Kfz" beschränkt. Der Begriff „Kfz-Art" ist nicht identisch mit der jeweiligen Fahrerlaubnisklasse. Verschiedene Kfz-Arten sind z.B. auch Pkw und Lkw, obwohl es sich dabei um Fahrzeuge handelt, die (zumindest teilweise) mit ein und derselben Fahrerlaubnisklasse geführt werden dürfen. Insofern wäre eine Ausnahme von der Sperre beschränkt auf Pkw (alt. Lkw) ebenso denkbar wie die Erteilung (Hentschel, in: Berz/Burmann, Bd. 2 Rdn 16/167) der Erlaubnis, alle Fahrzeuge einer bestimmten Fahrerlaubnisklasse weiterhin führen zu dürfen.

Beispiel: Landwirt A hat den Tatbestand der Gefährdung des Straßenverkehrs (§ 315c StGB) erfüllt. Die vorläufige Entziehung der Fahrerlaubnis wurde auf Grund § 111a StPO verfügt. Ausgenommen wird der Traktor des A, für den er eine Fahrerlaubnis der Klasse „T" oder „L" benötigt (§ 6 FeV).

Das Aufrechterhalten einer partiellen Fahrerlaubnis verlangt einen besonde- **674**
ren Grund für die Annahme, der Zweck der Maßnahme sei dadurch nicht ge-

fährdet. Selbst wenn der Beschuldigte große wirtschaftliche Einbußen durch den vollkommenen Entzug der Fahrerlaubnis erleidet, wäre ihm eine Ausnahme zu versagen, sofern er beim Führen anderer Kfz immer noch eine Gefahr für die öffentliche Sicherheit bedeuten könnte (OLG Hamm NJW 1971, 1618, 1619). Hier wird also in hervorragender Weise das gefahrenabwehrende und erzieherische System des Grundrechtseingriffs deutlich. Zeigen dagegen das Verhalten des Täters bei der Tatbestandsverwirklichung, Zeit und Ursache der Trunkenheitsfahrt und ein umfangreiches Persönlichkeitsbild des Täters, dass die Straftat ein einmaliges Versagen war, ist die Ausnahme einzelner Fahrzeugarten (z.B. Lkw) von der vorläufigen Entziehung der Fahrerlaubnis möglich (LG Nürnberg DAR 1982, 26; AG Dortmund DAR 1987, 30).

7. Beschlagnahme nach Fahrverbot

675 Eine weitere Möglichkeit, einen Führerschein zu beschlagnahmen, der von einer deutschen Behörde oder von einer Behörde eines Mitgliedsstaates der EU oder eines anderen Vertragsstaates des Abkommens über den Europäischen Wirtschaftsraum ausgestellt worden ist, bietet § 463b II StPO, sofern der Inhaber seinen ordentlichen Wohnsitz in Deutschland hat (§ 44 II S. 2 und 3 StGB). Zwar gestattet diese Eingriffsnorm die Beschlagnahme zur Sicherung der amtlichen Verwahrung (§ 44 II S. 2 StGB), expressis verbis lässt sich daraus indes kein Recht zur Vorbereitung bzw. Ermöglichung dieser Beschlagnahme herleiten.

676 Einer Personendurchsuchung steht rechtlich im Grunde kein Hindernis entgegen, insbesondere weil der Beamte davon ausgehen muss, dass der Adressat den Führerschein z.B. im Falle seines Antreffens als Kfz-Führer bei sich hat (vgl. § 4 II S. 2 FeV). Doch auch wenn der Betroffene als Fußgänger angetroffen wird, wäre die Durchsuchung seiner Person (Kleidung) nach dem Führerschein zulässig, weil ein Kfz-Führer seine „Fahrzeug-Papiere" üblicherweise nicht zur Seite legt, wenn er sich zu Fuß auf den Weg macht.

677 Eine Wohnungsdurchsuchung hat dagegen eine andere rechtliche Dimension und unterliegt besonders strengen Maßstäben in Bezug auf das Übermaßverbot. Natürlich ist es wünschenswert, die vermeintlichen „Täter" schwerwiegender Verkehrsordnungswidrigkeiten zu überführen und die Nebenstrafe des Fahrverbots wirksam durchzusetzen. Allerdings darf sich die Behörde dazu nicht aller Eingriffsmöglichkeiten bedienen, die das Gesetz kennt. Mit Blick auf die Bedeutung des Grundrechts der Unverletzlichkeit der Wohnung einerseits und Durchsetzung eines Fahrverbots andererseits ist die Wohnungsdurchsuchung offenkundig als unverhältnismäßig abzulehnen (vgl. dazu auch LG Zweibrücken NZV 1999, 222).

Kapitel 6. Die Freiheitsentziehung

Unbestreitbar gehört der Eingriff in die Freiheit der Person zu den sensibelsten Bereichen staatlicher Zwangsausübung. Ursache dafür sind die leidvollen Erfahrungen der Menschen mit antidemokratischen Herrschaftssystemen. Jede Diktatur sieht in massiven Beeinträchtigungen der persönlichen Freiheit eine wesentliche Stütze ihres politischen Systems. Dabei beobachten wir heute mannigfaltige Arten des willkürlichen Umgangs mit elementaren grundgesetzlich garantierten Rechten. **678**

Das verfassungsmäßig garantierte und zureichend gesicherte (vgl. Art. 2 II Satz 2, 104 GG) Recht auf Freiheit der Person steht – wie fast alle Grundrechte – unter einem Gesetzesvorbehalt, d.h., die mit hoheitlichen Rechten ausgestatteten Subjekte öffentlicher Verwaltung dürfen auf Grund eines Gesetzes in die Freiheit eines Menschen eingreifen (Art. 2 II Satz 3 GG). Dies ist natürlich kein Widerspruch; denn ohne Möglichkeiten, in besonderen Fällen die persönliche Freiheit beeinträchtigen zu können, kommt auch ein demokratischer Rechtsstaat nicht aus. **679**

Von den zahlreichen Möglichkeiten der Freiheitsbeschränkung bzw. -entziehung behandeln wir die gefahrenabwehrende und die strafverfolgende. Repressive Freiheitsentziehungen kennen wir insbesondere aus § 127 II StPO, § 6 UZwGBw, § 183 GVG (Begehen einer Straftat während einer Gerichtsverhandlung) oder § 402 AO (Verfolgen einer Steuerstraftat). Gefahrenabwehrende Freiheitsentziehungen können die zuständigen Behörden auf der Grundlage des § 23 OBG BB; § 24 OBG NW, § 39 BGSG, § 30 IfSG, §§ 10 ff. PsychKG NW und der §§ 17 ff. bbPolG; §§ 35 ff. nwPolG, §§ 19 ff. thPAG, § 58 AuslG anordnen. Eine besondere gefahrenabwehrende Ermächtigung zur Freiheitsentziehung stellt § 17 WDO dar, und zwar mit dem Ziel, die Disziplin innerhalb der Bundeswehr zu gewährleisten. Zwar spricht das Gesetz von „vorläufiger Festnahme", doch soll dieser Rechtseingriff einen Soldaten daran hindern, sein Dienstvergehen fortzusetzen oder quasi sofort weitere Dienstvergehen selbst zu begehen oder andere Soldaten dazu zu bewegen (Dau § 17 Rdn 7; Lingens, S. 39). Die vorläufige Festnahme verlangt somit eine bereits eingetretene bzw. eine unmittelbar bevorstehende Störung der Disziplin der Truppe und ist somit präventiver Natur. **680**

Die Rechtsgarantien aus Art. 104 GG beziehen sich – wie übrigens auch § 17 I bbPolG; § 35 I nwPolG – auf Freiheitsentziehungen und greifen nicht, wenn der Adressat staatlicher Machtausübung „lediglich" eine Freiheitsbeschränkung zu erdulden hat. **681**

A. Freiheitsentziehung

Der Begriff „Freiheitsentziehung" ist in § 415 II FamFG grundsätzlich definiert als Unterbringung einer Person gegen ihren Willen oder im Zustand der Willenlosigkeit in einer Justizvollzugsanstalt, einem Haftraum, einer abgeschlos- **682** senen Verwahranstalt, einer abgeschlossenen Anstalt der Fürsorge, einer abgeschlossenen Krankenanstalt oder einem abgeschlossenen Teil einer Krankenanstalt. Diese Legaldefinition engt den Begriff der Freiheitsentziehung nicht auf die Unterbringung eines Menschen in einem der genannten Räume ein, sondern hat den Charakter einer Indizwirkung. Sämtliche Einschränkungen der körperlichen Bewegungsfreiheit auf Grund eines behördlichen Verbots, einen räumlich eng begrenzten Aufenthaltsort zu verlassen, sowie jede, wenn auch nur vorübergehende in ihrer Wirkung vollständige Aufhebung der etwa auf Aufenthaltsveränderung gerichteten Willensbetätigung stellen folgerichtig Freiheitsentziehungen dar (BGHSt 32, 183, 188; Bleckmann, S. 628; Azzola, in: AK GG Art. 104 Rdn 21; Hesselberger, S. 336). Freiheitsentziehung verlangt also nicht unbedingt das Verbringen in einen Arrestraum (OVG Bremen DÖV 1987, 253, 254), vielmehr genügt, dass die Polizei eine Person in einer zweckentsprechenden Weise verwahrt, sie also daran hindert, sich nach eigenem Willen fortzubewegen (OVG Münster NJW 1980, 138, 139). Der Tatbestand einer Freiheitsentziehung kommt also nur in Betracht, wenn die tatsächlich und rechtlich gegebene körperliche Bewegungsfreiheit nach jeder Richtung hin aufgehoben wird (BVerfGE 94, 166, 198; Hömig Art. 104 Rdn 7).

683 Infolgedessen müssen wir auch Beschneidungen des Gebrauchs der persönlichen Freiheit, wie sie strafprozessual z.B. mit einer Identitätsfeststellung auf der Polizeiwache (§ 163b I Satz 2 StPO), einer Blutprobenentnahme sowohl auf der Wache als auch im Krankenhaus (§ 81a StPO) oder einer Festnahme bei Störung einer Amtshandlung (§ 164 StPO) bzw. polizeirechtlich mit einer Ingewahrsamnahme (§ 17 bbPolG, § 35 nwPolG, § 19 thPAG) verbunden sind, als Freiheitsentziehung qualifizieren, nicht dagegen völlig belanglose Beeinträchtigungen der persönlichen Freiheit, also das bloße Anhalten eines Menschen. Über Zulässigkeit und Fortdauer einer jeden Freiheitsentziehung darf gemäß Art. 104 II Satz 1 GG nur ein Richter entscheiden. Ordnen Polizei oder Staatsanwaltschaft eine Freiheitsentziehung an, haben sie unverzüglich eine richterliche Entscheidung herbeizuführen (Art. 104 II Satz 2 GG; § 18 bbPolG, § 36 nwPolG, § 20 thPAG, § 128 StPO). Diese Forderung verlangt von Polizei und Staatsanwaltschaft, die richterliche Entscheidung ohne jede nicht aus sachlichen Gründen zu rechtfertigende Verzögerung einzuholen. Unvermeidbar sind beispielsweise Verzögerungen, die sich aus der Länge des Weges, Schwierigkeiten beim Transport, die notwendige Registrierung und Protokollierung, renitentes Verhalten des Betroffenen sowie aus dessen Umfeld oder vergleichbare Umstände ergeben (BVerfG NVwZ 2009, 1033).

B. Freiheitsbeschränkung

684 Für Freiheitsbeschränkungen gilt das Erfordernis der gesetzlichen Eingriffsermächtigung ebenso wie die Bindung an die im Gesetz vorgesehenen Formen. Bei Freiheitsbeschränkungen wird jemand gegen seinen Willen durch die öffentliche Gewalt daran gehindert, einen bestimmten, an sich rechtlich und tatsächlich zugänglichen Ort aufzusuchen und sich dort aufzuhalten (Dürig, in: M-D-H Art. 104 Rdn 12; Hamann/Lenz Art. 104 B 1b; Hesselberger, S. 336). Im Gegensatz zur Freiheitsentziehung beschränken Hoheitsträger in diesem

Falle die Freiheit eines Menschen nur partiell. Freiheitsbeschränkungen sind einerseits Verbote, bestimmte Orte aufzusuchen, wie sie sich z.B. aus § 4 JuSchG (Verbot für Jugendliche, Gaststätten aufzusuchen), § 3 LFoG NW (Betretungsverbote für bestimmte Waldgebiete), § 28 IfSG (Verbot bestimmte Örtlichkeiten, z.B. Badeanstalten aufzusuchen) oder § 16 bbPolG, § 34 nwPolG, § 18 thPAG (Platzverweis) ergeben. Andererseits gehört auch das Anhalten eines Menschen zum Zwecke der Personalienfeststellung gemäß § 163b I S. 1 StPO bzw. § 12 II Satz 3 bbPolG; § 12 II Satz 3 nwPolG, § 14 thPAG in diesen Rahmen.

Eine Freiheitsbeschränkung ganz besonderer Art ergibt sich aus § 16 Ver- **685**
sammlG i. V. mit den Bannmeilengesetzen des Bundes und der Länder, wonach öffentliche Versammlungen unter freiem Himmel und Aufzüge innerhalb des befriedeten Bannkreises der Gesetzgebungsorgane des Bundes und der Länder sowie des Bundesverfassungsgerichts verboten sind. Dieses Verbot erstreckt sich auch auf Spontanversammlungen und -demonstrationen (Dietel/Gintzel § 16 VersammlG Rdn 1) sowohl auf öffentlichen Verkehrsflächen als auch Privatgrundstücken (Dietel/Gintzel § 16 VersammlG Rdn 6).

Weiterreichende und im Einzelnen gar nicht bestimmbare Freiheitsbeschrän- **686**
kungen sind auf der Grundlage des § 2 UZwGBw zulässig. Entsprechend dieser Norm können die zuständigen Stellen der Bundeswehr das Betreten militärischer Sicherheitsbereiche oder von Örtlichkeiten, die der Bundesminister für Verteidigung oder eine von ihm bestimmte Stelle vorübergehend gesperrt hat, verbieten.

Diese Sperrungen, soweit es sich nicht um festgelegte militärische Bereiche **687**
(§ 2 I UZwGBw) handelt, müssen aus Gründen der militärischen Sicherheit erforderlich und zur Erfüllung dienstlicher Interessen der Bundeswehr unerlässlich sein. Somit wäre z.B. das Sperren einer Absturzstelle eines Flugzeugs ebenso begründbar und zulässig wie eines in einem Wald anlässlich einer militärischen Übung errichteten Gefechtsstandes (Jess/Mann § 2 Rdn 26; Lingens, S. 8 f.).

C. Gefahrenabwehrende Freiheitsentziehung

Die polizeirechtliche Freiheitsentziehung regelt der Gesetzgeber in § 17 bb- **688**
PolG, § 35 nwPolG, § 19 thPAG. Danach kann die Polizei eine Person in Gewahrsam nehmen, wenn das zum Schutz der Person gegen eine Gefahr für Leib oder Leben erforderlich ist, insbesondere weil die Person sich erkennbar in einem die freie Willensbestimmung ausschließenden Zustand oder in sonst hilfloser Lage befindet (Absatz 1 Ziffer 1), das unerlässlich ist, um die unmittelbar bevorstehende Begehung oder Fortsetzung einer Straftat oder einer Ordnungswidrigkeit, die hinsichtlich ihrer Art und Dauer geeignet ist, den Rechtsfrieden nachhaltig zu beeinträchtigen, zu verhindern, das unerlässlich ist, um einen Platzverweis oder ein Aufenthaltsverbot (so Abs. 1 Ziff. 3 bbPolG sowie thPAG) oder eine Wohnungsverweisung oder ein Rückkehrverbot (so Abs. 1 Ziff. 4 nwPolG durchzusetzen, das unerlässlich ist, um private Rechte zu schützen, und das Gesetz eine Festnahme und Vorführung der Person nach §§ 229, 230 III BGB (persönlicher Arrest) gestattet. Überdies kann die Polizei „abgängige“

Minderjährige oder entwichene Gefangene in Gewahrsam nehmen, um sie den Sorgeberechtigten oder dem Jugendamt zuzuführen.

689 Im Polizeigesetz spricht der Gesetzgeber von „Gewahrsam" und nicht – wie in repressiven Vorschriften – von Festnahme. Gewahrsam ist aber nicht anders als Freiheitsentzug zu qualifizieren und beschreibt ein mit hoheitlicher Gewalt hergestelltes Rechtsverhältnis, kraft dessen einer Person die Freiheit dergestalt entzogen wird, dass sie von der Polizei in einer dem polizeilichen Zwecke entsprechenden Weise daran gehindert wird, sich fortzubewegen (OVG Münster NJW 1980, 138f.; VG Bremen NVwZ 1986, 862). Essentielles Merkmal des polizeirechtlichen Gewahrsams ist somit die hoheitliche „Verwahrung" einer Person. Damit steht fest, dass das Aufgreifen eines Menschen, um ihm zwangsweise an einem anderen Ort (ggf. in unbewohntem Gebiet) wieder abzusetzen (Verbringungsgewahrsam, vgl. unten Ziff. 3), nicht als Ingewahrsamnahme qualifiziert werden kann (LG Hamburg NVwZ-RR 1997, 537, 538).

1. Abwehr besonderer Gefahren/Schutzgewahrsam

690 Die Ingewahrsamnahme ist zulässig, wenn sie **erforderlich** ist zum Schutz der Person gegen eine Gefahr für Leben oder Gesundheit, insbesondere weil sich die Person erkennbar in einem die freie Willensbestimmung ausschließenden Zustand oder sonst in hilfloser Lage befindet (Absatz 1 Ziffer 1). Zielrichtung des Gesetzes ist der Schutz des Individuums vor Gefährdungen der wichtigsten Rechtsgüter, wobei im Falle der Gesundheitsgefahr die konkret zu erwartende Beeinträchtigung ganz erheblich sein und nahe an Lebensgefahr heranreichen muss.

691 Adressaten können alle Menschen sein, ohne Rücksicht auf Alter, Geschlecht oder Gesundheitszustand, so dass auch psychisch Kranke, Kinder oder Jugendliche in Gewahrsam genommen werden können, sofern ein Grund aus § 17 I Ziff. 1 bbPolG, § 35 I Ziff. 1 nwPolG, § 19 I Ziff. 1 thPAG vorliegt. Dabei kommt es beim Schutzgewahrsam nicht darauf an, ob sich der Gefährdete selbst in die Gefahr begeben hat. Die Gefahr kann auch von Dritten ausgehen oder durch Naturereignisse oder sonstige Fälle höherer Gewalt verursacht sein. Droht den Kindern oder Jugendlichen die Gefahr für die Gesundheit jedoch, weil sie sich an jugendgefährdeten Orten aufhalten, verdrängt § 8 Ziff. 2 JuSchG die Norm des Polizeirechts als lex specialis. Eine solche Konstellation wird aber wegen des geforderten Umfangs der Gesundheitsgefahr die Ausnahme sein.

692 Schließlich gilt es festzustellen, dass die hier evidenten Gefahren in erster Linie nicht dadurch zu beseitigen sind, dass die Personen in polizeiliches Gewahrsam genommen werden; denn der Rechtseingriff muss erforderlich sein, das Ziel zu erreichen, also objektiv notwendig sein. Da die Prüfung der Verhältnismäßigkeit unverzichtbarer Bestandteil der Rechtmäßigkeit jeden polizeilichen Handelns ist, bedürfte es einer solchen Formulierung eigentlich nicht. Wenn „Erforderlichkeit" dennoch in den Tatbestand aufgenommen wird, dokumentiert das die Bedeutung, die der Gesetzgeber diesem Element beilegt. Folglich ist in jedem Einzelfall zu prüfen, ob es nicht andere, mildere Mittel gibt, dieser Gefahr wirksam zu begegnen.

693 Die Ursache für diese Gesundheits- oder Lebensgefahr ist irrelevant, was durch „insbesondere" deutlich gemacht wird. Freilich stellt in der Praxis der

die freie Willensbestimmung ausschließende Zustand oder die hilflose Lage den Hauptanwendungsbereich dar, vor allem weil es nicht darauf ankommt, ob dieser Zustand vorübergehend oder dauerhaft, verschuldet oder unverschuldet ist. Hilflosigkeit liegt insbesondere vor, wenn bei einer Person tiefgreifende Störungen des Bewusstseins, der Orientierung, der Wahrnehmung, der Auffassung oder auch des Denkens einzeln, in Kombination oder gar kumulativ auftreten (VVPolG NRW zu § 35 Ziff. 35.11 S. 4). In Betracht kommen insoweit Kinder, Verunglückte sowie gebrechliche oder alte Menschen. Daneben werden Volltrunkene, Drogen- oder Medikamentenabhängige vornehmlich Adressaten dieser Freiheitsentziehung sein. Aber auch die Ingewahrsamnahme eines Suizidenten gehört nach h.M. in diesen Bereich, weil der Selbsttötungsversuch regelmäßig eine Gefahr für die öffentliche Sicherheit beinhaltet (Hansen Rdn 203).

2. Vorbeugegewahrsam/Unterbindungsgewahrsam

Nach § 17 I Ziff. 2 bbPolG, § 35 I Ziff. 2 nwPolG, § 19 I Ziff. 2 thPAG ist die Ingewahrsamnahme einer Person zulässig, wenn das **unerlässlich** ist, die unmittelbar bevorstehende Begehung oder Fortsetzung einer Straftat oder Ordnungswidrigkeit von erheblicher Bedeutung bzw. einer solchen zu verhindern, die hinsichtlich ihrer Dauer geeignet ist, den Rechtsfrieden nachhaltig zu beeinträchtigen. Erforderlich ist demzufolge eine unmittelbar bevorstehende Gefahr sowohl für die Rechtsordnung insgesamt als auch die Sicherheitsgüter des Einzelnen. Gegen diese Einbeziehung von Ordnungswidrigkeiten werden teilweise Bedenken vorgetragen mit der Begründung, sie verstoße gegen höherrangiges Recht (vgl. Jahn, DVBl. 1989, 1043). In der Tat lässt § 5 I Buchst. c MRK die vorbeugende Freiheitsentziehung expressis verbis nur zur Verhinderung einer „strafbaren Handlung" zu. Und da die Konvention zum Schutz der Menschenrechte und Grundfreiheiten als geltendes Bundesrecht (vgl. BGBl. II, 1952, S. 685) dem Landesgesetz vorgeht, könnte man prima vista diese Auffassung teilen. Doch ist der Begriff „strafbare Handlung" in § 5 MRK dahingehend zu interpretieren, dass er alle Verhaltensweisen anspricht, die der Repression unterliegen (vgl. VG Schleswig NJW 2000, 970f.). **694**

Der Begriff „Straftat" ist allgemein gefasst und erstreckt sich neben den schuldhaft begangenen auch auf rechtswidrige Taten (vgl. z.B. § 12 II Satz 2 thPAG) des Strafgesetzbuches und der strafrechtlichen Nebengesetze, wie z.B. Waffen-, Betäubungsmittel-, Versammlungs-, Ausländer- oder Asylverfahrensgesetz. Ordnungswidrigkeiten bzw. mit Geldbuße bedrohte Handlungen (vgl. § 1 OWiG) eignen sich nur dann zur Begründung einer Ingewahrsamnahme, wenn sie von erheblicher Bedeutung für die Allgemeinheit sind. **695**

Von erheblicher Bedeutung sind Ordnungswidrigkeiten grundsätzlich, wenn ihre Begehung über den Lebenskreis der unmittelbar Beteiligten hinaus Wirkung erzeugt oder ein Verhalten beinhaltet, das nach den herrschenden Anschauungen wesentliche Rechtsgüter des Einzelnen oder der Allgemeinheit tangiert. Ob und wann diese Voraussetzungen vorliegen, bedarf einer gewissenhaften Prüfung im Einzelfall. **696**

Beispiel: Laufenlassen eines Radios im Garten mit erheblicher Lautstärke einerseits an einem herrlichen Sommertag, andererseits im Spätherbst oder Winter.

Oder:

Straßenstrich im Sperrbezirk, einerseits am Abend in einem und um einen Park, andererseits im reinen Wohngebiet.

697 Die Ingewahrsamnahme muss **unerlässlich** sein, die Gefahr abzuwehren. Dieser Begriff geht zwar auf die Erforderlichkeit zurück (insoweit gilt das oben Gesagte), verlangt aber eine noch intensivere Notwendigkeit dieses Rechtseingriffs (Wagner, in: AK PolG NW § 13 Rdn 20). Erst wenn nach pflichtgemäß durchgeführter Prüfung aller sonstigen gesetzlich zugelassenen Mittel eine Verhinderung der in Aussicht stehenden Tat oder deren Fortsetzung nicht in Betracht kommt, darf die Polizei den Vorbeugegewahrsam (oder auch Abwehrgewahrsam bzw. Verhinderungsgewahrsam, vgl. Göddeke, Die Polizei 1997, 167) durchführen. Somit ist die Freiheitsentziehung die ultima ratio zur Gefahrenabwehr. Ist aber auf Grund der spezifischen Situation sowohl der zu verhindernden Straftat als auch der zeitlichen Begrenzung des Freiheitsentzugs offensichtlich, dass die Delinquenz nicht vermindert oder gar beseitigt, sondern nur in zeitlicher, örtlicher und persönlicher Hinsicht verlagert wird, wäre der Rechtseingriff ineffizient und daher unzulässig.

698 Ist die Annahme begründet, dass die Straftat oder Ordnungswidrigkeit aus einer Mehrheit von Personen heraus begangen werden soll, lässt sich daraus nicht unbedingt auf jedes Mitglied dieser Gruppe als potentiellen Täter dieser strafbaren Handlungen schließen. Um das anzunehmen, müssen konkrete Hinweise auf die Person, die in Gewahrsam genommen werden soll, sowie deren bevorstehende Täterschaft hindeuten.

699 Offen ist noch die Frage, auf welchem Weg die Polizei von der bevorstehenden Begehung der Straftat oder Ordnungswidrigkeit oder von deren Fortsetzung Kenntnis erhält. Einerseits kommen hierzu die polizeilichen Erkenntniswege in Betracht (Fahndung, V-Personen), andererseits können Täter/Tätergruppen sie auch ankündigen. Jedenfalls kommt Vorbeugegewahrsam nur in Betracht, wenn mit an Sicherheit grenzender Wahrscheinlichkeit feststeht, dass der Adressat der Freiheitsentziehung potentieller Täter der Straftat oder gewichtigen Ordnungswidrigkeit ist. Dabei sind die Grundsätze der Verhältnismäßigkeit und des Übermaßverbots zu beachten (BVerfG NJW 1973, 1363).

700 Vorbeugegewahrsam kommt auch in Betracht, wenn die Person, der die Freiheit entzogen werden soll, in der Vergangenheit bereits aus vergleichbarem Anlass bei der Begehung von Straftaten oder Ordnungswidrigkeiten von erheblicher Bedeutung als Störer betroffen worden ist und nach den Umständen eine Wiederholung dieser Verhaltensweise zu erwarten ist (§ 17 I Ziff. 2c bbPolG, § 19 I Ziff. 2c thPAG). Diese Prognose in Bezug auf die Annahme einer erneuten Delinquenz zeigt eindeutig Parallelen zur repressiven Wiederholungsgefahr (§ 112a StPO). Wenn wir der polizeirechtlichen Norm ihre sprachlichen Besonderheiten nehmen („Störer", „Verhaltensweisen") und durch Fachausdrücke der Repression ersetzen („Täter" bzw. „Verdächtiger", „Straftat"), liegt die weitgehende rechtliche Übereinstimmung zwischen dem polizeirechtlichen und dem strafprozessualen Vorbeugegewahrsam offen zutage.

701 Der präventive Vorbeugegewahrsam unterscheidet sich von der repressiven Wiederholungsgefahr (repressiver Vorbeugegewahrsam) dadurch, dass die Polizei ihr gefahrenabwehrendes Handeln mit hinreichenden Kenntnissen bezüglich unmittelbar bevorstehender Straftaten begründet. Diese Prognose stützt sich im Wesentlichen auf behördliche Erfahrungen bei vergleichbaren Anlässen. Einer Beziehung zwischen bestimmten Personen und bestimmten Straftaten bedarf es nicht. Dieser Bezug zu zurückliegenden (gleichartigen) Straftaten ist indes Voraussetzung für die Durchführung des repressiven Vorbeugegewahrsams: Dazu benötigt die Polizei tatsächliche Anhaltspunkte, die dafür sprechen, dass eine (Katalog-)Straftat begangen worden ist, sowie die Gefahr, dass der Tatverdächtige weitere Taten begehen wird. Diese Prognose muss lediglich begründet sein, ohne dass diese Tatbestandsverwirklichung unmittelbar bevorstehen müsste.

Auf eine Besonderheit wollen wir noch hinweisen: Die polizeirechtliche **702**
Freiheitsentziehung kann sich durchaus auch auf wiederholte oder fortgesetzte Begehung von Ordnungswidrigkeiten beziehen. Eine repressive Freiheitsentziehung zum Zwecke der Verfolgung von Ordnungswidrigkeiten lässt § 46 OWiG i.V.m. §§ 112ff. StPO jedoch nicht zu.

3. Verbringungs-/Rückführungsgewahrsam

Bei dem Rückführungsgewahrsam werden Personen (z.B. Hooligans) in Ge- **703**
wahrsam genommen und in ihre Heimatstadt (den Ausgangspunkt ihrer „Reise“) zurück gebracht. Der Rücktransport geschieht lageangepasst entweder im Streifenwagen oder in einem Sammeltransport. Im Falle des Verbringungsgewahrsams nimmt die Polizei einen Störer an dem Ort, an dem er sich aufhalten möchte, in Gewahrsam, um ihn an einen mehr oder weniger willkürlich ausgesuchten Ort, an dem er nicht mehr stören kann, zu transportieren und zusetzt ihn dort aus . Es geht den Beamten darum, eine Gefahr für die öffentliche Sicherheit zu beseitigen. Der Verbringungsort wird regelmäßig so gewählt, dass der Anlass für die Störung bei der wahrscheinlichen Rückkehr des „Ausgesetzten“ entfallen ist (Berner/Köhler Art. 17 Rdn 12; Lisken/Denninger Rdn F 281).

Beispiel: B bettelt in der Fußgängerzone etwas aufdringlich. Der Polizeibeamte P fordert ihn auf, die Fußgängerzone bis zum Ende der Ladenöffnungszeit zu verlassen, weil vorhergehende Verfügungen, das Betteln zu unterlassen, unbeachtet geblieben sind. Als B kurz darauf wieder bettelt, transportiert ihn P ins „Niemandsland“ und setzt ihn dort aus. Für den Rückweg benötigt B unter normalen Bedingungen gut 3 Stunden.

Der Eingriff in die Rechte des B wird teilweise als Durchsetzung eines zuläs- **704**
sigen Platzverweises angesehen, weil die Verbringung an einen Ort, an dem der Adressat gar nicht sein möchte, ein Minus gegenüber seiner Ingewahrsamnahme ist (so BayObLG NVwZ 1990, 194, 197; OVG Bremen NVwZ 1987, 235, 237; Greiner, Die Polizei 1979, 92, 94). Diese Auffassung unterstellt, dass die „Verbringung“ als eine Maßnahme der Freiheitsentziehung und damit auf § 35 I Ziff. 3 nwPolG gestützt werden könne. Das aber hält einer genaueren Überprüfung nicht Stand: Ziel des polizeilichen Handelns beim Verbringungs-„Gewahrsam“ ist das zwangsweise Verbringen eines Menschen an einen von der Polizei mehr oder weniger willkürlich festgelegten Ort. Demgegenüber liegt das Wesen des Platzverweises darin, einen ganz bestimmten Ort zu verlas-

sen bzw. nicht zu betreten, keinesfalls also darin, einen bestimmten Ort aufzusuchen (Lisken/Denninger Rdn F 269; Tegtmeyer § 34 Rdn 5).

705 Daher ist es konsequent, den Verbringungs-„Gewahrsam" als Rechtseingriff eigener Art zu bezeichnen (Friauf, in: von Münch, S. 150; Lisken/Denninger Rdn F 446 ff.; Maass, NVwZ 1985, 151, 157; Schenke, in: Steiner, S. 220; Chemnitz, S. 191), für den § 35 nwPolG, § 19 thPAG als Ermächtigung nicht in Betracht kommt (LG Hamburg NVwZ-RR 1997, 537, 538). Der zwingend notwendige Transport im Streifenwagen zu dem Ort, an dem der Betroffene ausgesetzt wird, stellt sich polizeirechtlich als Freiheitsentzug dar (VG Bremen NVwZ 1986, 862, 864), der – auch wenn es sich dabei um eine notwendige Begleithandlung zum Verbringen handelt – einer Ermächtigung bedarf.

706 Das Verbringen (ebenso das Rückführen) als (typischer) Eingriff sui generis lässt sich, da es an einer Spezialermächtigung fehlt, möglicherweise auf die polizeirechtliche Generalklausel stützen (LG Mainz MDR 1983, 1044; Schenke Rdn 139 f.; Kay/Böcking Rdn 242). Dies gilt indes nicht für die Freiheitsentziehung; denn die Generalklausel ermächtigt nur dann zur Durchführung von Rechtseingriffen, wenn es an einer Spezialermächtigung mangelt (Gusy Rdn 313). Da aber das Polizeigesetz die Voraussetzungen, unter denen eine Ingewahrsamnahme von Störern erfolgen darf, abschließend regelt, den Verbringungs- bzw. Rückführungsgewahrsam aber nicht nennt, hat diese polizeiliche Maßnahme keine Rechtsgrundlage (Pieroth/Schlink/Kniesel § 17 Rdn 4 f.).

707 Sieht man dennoch in dem Verbringungsgewahrsam einen zulässigen Rechtseingriff, müssen die Grundsätze der Verhältnismäßigkeit beachtet werden, und zwar sowohl die der Verhältnismäßigkeit im weiteren als auch der im engeren Sinne. Erforderlich ist diese Maßnahme, wenn die Behörde den angestrebten Zweck mit anderen Mitteln, die den Einzelnen weniger beeinträchtigen, nicht erreichen kann (gelindestes Mittel). Dies bedeutet, dass die Polizei den Verbringungsgewahrsam nur einsetzen darf, wenn eine gleichfalls zulässige Ingewahrsamnahme auf der Grundlage des § 17 bbPolG, § 35 nwPolG, § 19 thPAG den Adressaten tiefergehend in seinem Freiheitsrecht beeinträchtigen (BayObLG NVwZ 1990, 194, 196 f.; Tegtmeyer § 35 Rdn 20), also länger andauern würde (über die Probleme der Dauer einer Ingewahrsamnahme vgl. Rdn 696). Dies zu ermitteln, zählt beim Verbringungsgewahrsam nicht allein die Zeit des Festhaltens im Streifenwagen. Vielmehr wirkt dieser unmittelbare Eingriff in die Bewegungsfreiheit auch nach dem „Aussetzen" fort; denn der Betroffene will an diesem Ort nicht sein. Notwendig ist es also, im Rahmen der Erforderlichkeit des Eingriffs auch die Zeit zu berücksichtigen, die der Eingriffsadressat benötigt, um an seinen gewöhnlichen Aufenthaltsort zu gelangen.

4. Durchsetzung von Platzverweis/Wohnungsverweisung/Aufenthaltsverbot

708 Die Polizei kann eine Person in Gewahrsam nehmen, wenn das zur Durchsetzung eines Platzverweises (Durchsetzungsgewahrsam, § 17 I Ziff. 3b bbPolG, § 35 I Ziff. 3 nwPolG, § 19 I Ziff. 3 thPAG), einer Wohnungsverweisung (§ 35 I Ziff. 4 nwPolG) oder eines Aufenthaltsverbots unerlässlich ist. Da die Freiheitsentziehung **unerlässlich** sein muss (vgl. dazu Rdn 697), bedeutet das auch hier, dass dieser Rechtseingriff als wirklich letztes Mittel angewandt wird, weil alle milderen zu keinem hinnehmbaren Ergebnis geführt haben oder führen werden.

709 Da mit der Freiheitsentziehung ein Platzverweis, eine Wohnungsverweisung oder ein Aufenthaltsverbot durchgesetzt werden soll, ist ein Zusammenhang zwischen den jeweiligen Rechtseingriffen erforderlich, der dem Adressat auch offenbar werden muss. Das polizeirechtliche Verhältnis der verschiedenen Rechtseingriffe ist vergleichbar dem strafprozessualen Verhältnis von Platzverweisung zu Freiheitsentziehung, nur dass sich dort beides aus § 164 StPO ergibt.

710 Weitgehend ungeregelt ist die Dauer des Durchsetzungsgewahrsams. Das Gesetz legt bezüglich eines Aufenthaltsverbots wie auch der Wohnungsverweisung (drei Monate bzw. zehn Tage) lediglich die absolute zeitliche Obergrenze fest, stellt die tatsächliche Dauer ansonsten dem pflichtgemäßen Ermessen der Behörde anheim (Näheres zur Ingewahrsamnahme zwecks Durchsetzung einer Wohnungsverweisung vgl. oben Rdn 188). Nur wenn der Rechtseingriff im Zusammenhang mit einem zeitlich begrenzten Ereignis steht, ist er für dessen Dauer auszusprechen.

Beispiel: V hat die Versammlung unter freiem Himmel gröblich gestört und wird von der Polizei ausgeschlossen (§ 18 III VersammlG). Als er weiterhin stört, erteilt der Einsatzleiter „für die Dauer der Versammlung‘ einen Platzverweis. In diesem Fall ist die Platzverweisung rechtlich nicht zu beanstanden. Da V begründet von der Versammlung ausgeschlossen wurde, kann gegen ihn der Platzverweis verfügt und wenn nötig mit einer Ingewahrsamnahme durchgesetzt werden (BVerfG NVwZ 2005, 80 ff.).

711 So einfach ist die zeitliche Komponente des Platzverweises bei Störungen mit unbegrenzter Dauerwirkung nicht, z.B. im Falle der offenen Drogenszene. In diesen Fällen hat eine Platzverweisung nur vorübergehende Wirkung. Deren Adressat ist also berechtigt, nach Ablauf mehrerer Stunden (in Hamburg sechs, vgl. LG Hamburg NVwZ-RR 1997, 537, 539) an den Antreffort zurückzukehren. Damit aber ist der Platzverweis – was der Polizei bekannt ist – ein untaugliches Mittel; denn der Störer wird nach seiner Rückkehr das störende Verhalten fortsetzen. Rechtseingriffe sind aber nur rechtmäßig, wenn sie erforderlich und geeignet sind, die Störung (zumindest aus der Sicht des Polizeibeamten) zu beseitigen.

5. Schutz privater Rechte

712 Die Polizei kann eine Person in Gewahrsam nehmen, wenn das zum Schutz privater Rechte unerlässlich ist. Grundlage dieser Freiheitsentziehung ist ein zivilrechtlicher Anspruch, den die Polizei für den Gläubiger sichert, weil dieser selbst nicht in der Lage ist, sein Selbsthilferecht (§ 229 BGB) anzuwenden, insbesondere den Schuldner unverzüglich dem nächsten Amtsgericht vorzuführen (§ 230 III BGB).

713 Die Ingewahrsamnahme des Schuldners durch die Polizei muss **unerlässlich** (vgl. dazu Rdn 697) und geeignet sein, die Gefahr für die Rechte des Gläubigers abzuwehren. Dabei ist zu bedenken, dass in der Zeit, in der die Polizei mit dem Schuldner befasst ist, der Gläubiger die Möglichkeit hat, den persönlichen Sicherheitsarrest zu beantragen. Liegt ein dahingehender gerichtlicher Beschluss vor, ist für eine polizeiliche Freiheitsentziehung kein Raum mehr.

Beispiel: Aus Freude über den Sieg „seiner" Mannschaft schwenkt A mit viel Schwung die riesige Vereinsfahne. Dabei zerschlägt er eine Scheibe (Isolierverglasung) am Hause des H. Als H den A zur Rede stellt, kümmert das den A nicht, und er geht ohne anzuhalten weiter. Äußerlich betrachtet, erscheint der A dem H körperlich weit überlegen, so dass H polizeiliche Hilfe anfordert.

Zwar begeht A keine Sachbeschädigung, da er die Scheibe nicht vorsätzlich zerstört. Das hindert indes nicht die Anerkennung eines fahrlässig (§ 276 II BGB) herbeigeführten Schadens, auf den H einen Schadensersatzanspruch zurückführen kann (§ 823 BGB). Zwecks Durchsetzung dieses Anspruchs könnte H sich ggf. auf das Selbsthilferecht berufen, er könnte jedoch auch die Polizei hinzuziehen, die ihrerseits zur Sicherung dieses zivilrechtlichen Anspruchs tätig würde, u.U. sogar mit Freiheitsentziehung.

714 Sieht das Gesetz (wie z.B. das thPAG) eine spezialgesetzliche Regelung hinsichtlich Freiheitsentzug nicht vor, ist der Gläubiger auf zivilrechtliche Normen zwecks Sicherung und ggf. Durchsetzung seines Anspruchs angewiesen. Zieht der Gläubiger Polizeibeamte hinzu, sind zwar sachlich zuständig (§ 2 II thPAG), doch haben auch sie keine gesetzliche Grundlage für eine Freiheitsentziehung ist zur Durchsetzung dieses Anspruchs; denn die Spezialnorm des § 19 thPAG lässt den polizeilich angeordneten und vollstreckten Freiheitsentzug zur Sicherung zivilrechtlicher Ansprüche eben nicht zu. Ein Rückgriff auf die Generalklausel ist aber immer unzulässig, wenn eine Spezialnorm existiert.

6. Ingewahrsamnahme Minderjähriger

715 Minderjährige, die sich der Obhut der Sorgeberechtigten entzogen haben, können in Gewahrsam genommen werden, um sie den Sorgeberechtigten oder dem zuständigen Organ der Jugendhilfe zuzuführen (§ 17 II bbPolG, § 35 II nwPolG). Minderjährig ist, wer das 18. Lebensjahr noch nicht vollendet hat (§ 2 BGB).

716 Problematisch ist, ob auch Betreute unter diese Norm fallen; denn grundsätzlich ist ein Betreuter nicht minderjährig und wäre somit kein Adressat i.S. dieser Vorschrift. Bezieht der Umfang der Betreuung jedoch das Aufenthaltsbestimmungsrecht (§§ 1896ff., 1631 BGB) ein, ist die Vorschrift über die Ingewahrsamnahme auf den Betreuten anwendbar. Indiz dafür ist § 19 II Satz 4 bbPolG, § 37 II Satz 4 nwPolG, nach dem im Falle des Festhaltens Betreuter unverzüglich der Betreuer zu benachrichtigen ist.

717 Das Recht zur Ingewahrsamnahme Minderjähriger ist Ausfluss des elterlichen Sorgerechts, das u.a. die Personensorge (§ 1626 BGB) erfasst. Zur Personensorge gehört das Aufenthaltsbestimmungsrecht (§ 1631 I BGB) mit dem Recht und der Pflicht, Wohnort und Wohnung zu bestimmen. Zur Ermittlung des Aufenthalts kann jeder Elternteil ebenso behördliche Hilfe beanspruchen wie zum Zurückbringen eines entlaufenen Minderjährigen.

718 Das Personensorgerecht ist unter Beachtung eines zunehmenden Bedürfnisses nach Selbstständigkeit des älter werdenden Kindes zu interpretieren. Selbst wenn wir eine partnerschaftliche Erziehung anstreben, gibt letztlich der Wille der Eltern den Ausschlag (Diederichsen, in: Palandt § 1626 Rdn 23). Über eventuelle Streitigkeiten zwischen Eltern und Kind in Bezug auf das Personensorgerecht entscheidet das Familiengericht (§ 1632 III BGB); der Polizei steht diesbezüglich keinerlei Kompetenz zu. Die Aufgabe der Polizei erschöpft sich darin, vorläufige Maßnahmen zu treffen, um die erforderliche Entscheidung des Gerichtes über das Jugendamt herbeizuführen.

Eine gefahrenabwehrende Tätigkeit der Polizei ist erst vonnöten, wenn ein konkretes Bedürfnis des Minderjährigen nach Schutz seiner Rechte unabweisbar ist oder wenn ein unmittelbar bevorstehender Wechsel des Aufenthaltsortes dem Gericht die Möglichkeit nehmen bzw. es ihm wesentlich erschweren würde, eine ggf. zu treffende Entscheidung durchzusetzen. In diesen Fällen besteht ein objektives (also nicht aus der Sicht des Minderjährigen) Bedürfnis nach Schutz des Jugendlichen, wobei diese Gefahrenprognose alle relevanten Umstände des Einzelfalls zu berücksichtigen hat. **719**

Ein Minderjähriger hat sich der Obhut des Sorgeberechtigten entzogen, wenn er sich gegen dessen erklärten oder unterstellten Willen oder ohne dessen Wissen an einem Ort aufhält, den die Sorgeberechtigten nicht kennen oder den sie zwar kennen, aber als Aufenthalt für den Minderjährigen nicht tolerieren. **720**

Beispiel: Die 16-jährige M zieht ohne Wissen ihrer Eltern in die Wohnung ihres 19-jährigen Freundes F. Nach drei Tagen erhalten die Eltern Kenntnis vom Aufenthaltsort der M und fordern die Polizei auf, das Mädchen aus der Wohnung zu holen und ihnen zu überstellen.

Ohne Zweifel hat die Minderjährige sich der Obhut ihrer Eltern entzogen. die Voraussetzungen für ein Zurückführen sind gegeben. Selbst unter Berücksichtigung der Auffassung, man habe Jugendlichen mit zunehmendem Alter wachsende Selbstständigkeit ihres Handelns zuzubilligen, bleibt ist es den Eltern unbenommen, einem 16-jährigen Mädchen zu verbieten, über Nacht von zu Hause fortzubleiben. **721**

Ein weiteres Problem im Hinblick auf das Aufenthaltsbestimmungsrecht liegt im Streit geschiedener Eltern über den Verbleib des Kindes. Gem. § 1632 III BGB entscheidet das Familiengericht im Falle des Herausgabeverlangens eines Elternteils. Liegt eine solche gerichtliche Entscheidung vor, sind zu deren Durchsetzung die zivilen Vollstreckungsorgane (Gerichtsvollzieher) zuständig, keinesfalls die Polizei. **722**

7. Ingewahrsamnahme Entwichener

Die Polizei kann Personen, die aus Einrichtungen entwichen sind, in die sie zwangsweise eingewiesen worden sind, in Gewahrsam nehmen und in die Einrichtung zurückbringen. Die Art der Freiheitsentziehung, die in diesem Zusammenhang in Betracht kommt, benennt das Gesetz konkret. Es sind dies Untersuchungshaft, Freiheitsstrafe, freiheitsentziehende Maßregeln der Besserung und Sicherung (§ 35 III nwPolG, § 19 III thPAG) und schließlich Abschiebungshaft (§ 17 III bbPolG). Auch wenn eine derartige Aufzählung anderen Gesetzen fremd ist, können wir sie auf vergleichbare Normen übertragen. **723**

Grundsätzlich ist zwischen der Freiheitsentziehung auf Grund eines Ersuchens einer Justizvollzugsanstalt, also mit Ausschreibung zur Fahndung, und einer solchen ohne Ersuchen zu unterscheiden. Liegt ein Ersuchen vor, scheidet die Anwendung des § 17 III bbPolG, § 35 III nwPolG, § 19 III thPAG aus. Dann leistet die Polizei Amtshilfe (§ 4 VwVfG) und unterstützt eine Amtshandlung **724** der Justizvollzugsanstalt (Kopp § 4 Rdn 5; Clausen, in: Knack Rdn 24 ff.), die auch die Verantwortung für deren Rechtmäßigkeit übernimmt.

725 Die Grundlage der „zwangsweisen Einweisung“ nach dem Polizeigesetz liegt vor, wenn eine Person aus dem Vollzug der Untersuchungshaft, einer Freiheitsstrafe oder einer freiheitsentziehenden Maßregel (§§ 63 ff. StGB) bzw. der Abschiebungshaft entwichen ist oder sich sonst unerlaubt außerhalb der Anstalt aufhält (z.B. Hafturlaub, § 35 StrVollzG). Ein Häftling entweicht, wenn er den amtlichen Gewahrsam selbstständig oder mit fremder Hilfe ohne Erlaubnis beseitigt. Dem ist es i.S. der Polizeigesetze gleichgestellt, wenn er nach Ablauf des Hafturlaubs nicht unverzüglich in die Justizvollzugsanstalt zurückkehrt.

D. Strafprozessuale Freiheitsentziehung

726 Im Rahmen der strafprozessualen Freiheitsentziehung beschäftigen wir uns mit der vorläufigen Festnahme bzw. dem Ausstellen eines Haftbefehls (§§ 112 ff. StPO), die der Sicherung eines zukünftigen Strafverfahrens dienen (Hennerkes, 3 f.). Keine Berücksichtigung findet Freiheitsstrafe (§§ 38, 39 StGB), weil darauf nur in einem rechtskräftigen Urteil erkannt werden kann.

727 Keineswegs basieren vorläufige Festnahme und Erlass eines Haftbefehls stets auf einer einheitlichen Rechtsgrundlage. Wegen der unterschiedlichen Verfahrensziele gilt es, zwischen verschiedenen Haftbefehlen zu unterscheiden, wie z.B.

- gegen den Beschuldigten auf Grund § 114 StPO in Verbindung mit §§ 112, 112a, 113 StPO,
- gegen den Angeklagten auf Grund §§ 230 II, 329 IV, 236 StPO,
- gegen den Verurteilten auf Grund § 457 StPO,
- gegen den Ausgelieferten oder Ausgewiesenen, der zurückkehrt, gem. § 456a StPO
- gegen Jugendliche gemäß § 72 JGG,
- gegen einen Ausländer zur Vorbereitung der Ausweisung, § 62 AufenthG max. 6 Wochen (zu deren Voraussetzungen vgl. §§ 57 ff. AufenthG).
- gegen einen Ausländer zur Sicherung der Abschiebung bis zu 6 Monaten gemäß § 62 III S. 1 AufenthG (Sicherungshaft). Deren alleiniger Zweck ist, die beabsichtigte Abschiebung des Ausländers zu ermöglichen. Sie darf nicht als Beugehaft mit repressivem Charakter angeordnet werden (OLG Saarbrücken NVwZ-RR 1997, 3).

728 Neben den Voraussetzungen für eine vorläufige Festnahme beschäftigen wir uns mit der Sicherheitsleistung (§§ 127a, 132 StPO), der Festnahme bei Störung einer Amtshandlung (§ 164 StPO), der einstweiligen Unterbringung (§ 126a StPO), der Vorführung und der Vollstreckung von Haftbefehlen. In diesem Zusammenhang erscheint ein Hinweis auf § 6 UZwGBw notwendig. Danach kann bei Gefahr im Verzuge vom Wachvorgesetzten, vom Leiter der Dienststelle oder von dessen Beauftragtem eine Person, die im dringenden Verdacht steht, eine Straftat gegen die Bundeswehr begangen zu haben (und deshalb ggf. bereits festgehalten wird, § 5 UZwGBw), vorläufig festgenommen werden, wenn die Voraussetzungen eines Haft- oder Unterbringungsbefehls nach der Strafprozessordnung vorliegen. Zur Erläuterung der Tatbestandsmerkmale für

diesen Eingriff in das Recht auf Bewegungsfreiheit vgl. Rdn 732ff. Die durch dieses Gesetz ermächtigten Personen werden nicht auf der Ebene der Justizbehörden tätig. Daher obliegt ihnen die Pflicht, den vorläufig Festgenommenen unverzüglich der zuständigen Polizeibehörde zu überstellen. Die Polizei ihrerseits ist nicht an die Beurteilung der Rechtslage seitens der Bundeswehr gebunden. Sie ist vielmehr verpflichtet zu prüfen, ob sie die Voraussetzungen für die Freiheitsentziehung ebenfalls anerkennt, wobei für sie die §§ 127 II, 112ff. StPO einschlägig sind (so auch Jess/Mann § 6 Rdn 25).

Bedeutsam ist das Problem, ob ein richterlich ausgestellter Haftbefehl die Anordnung zur Durchsuchung (ggf. zur Nachtzeit) der Wohnung beinhaltet, um den zu Verhaftenden aufzufinden. Im Allgemeinen gilt der Grundsatz, dass sich richterliche Anordnungen im Falle notwendiger Eingriffe in unterschiedliche Rechtsgüter auf jede offensichtlich vorzunehmende Rechtsbeeinträchtigung zu erstrecken haben. Folgt man dieser aus der Verfassung herzuleitenden Meinung, wäre eine Durchsuchung der Wohnung, um des Festzunehmenden habhaft zu werden, ohne die den Haftbefehl ergänzende richterliche Anordnung unzulässig (Wohlers, in: SK StPO § 105 Rdn 10; Benfer, NJW 1980, 1611, 1612). Dagegen sieht die h.M. in der Anordnung zur Freiheitsentziehung eine gegenüber dem Eingriff in das Hausrecht stärkere Rechtsbeeinträchtigung, so dass der Haftbefehl die Einschränkung des Rechts aus Art. 13 GG enthalte (Meyer-Goßner § 105 Rdn 6; Pfeiffer § 114 Rdn 10; Schäfer, in: L-R § 105 Rdn 7; OLG Düsseldorf NJW 1981, 2133f.). Soll (oder muss) der Haftbefehl zur Nachtzeit (§ 104 StPO) vollstreckt werden, bedarf es indessen einer schriftlichen richterlichen Anordnung (vergleichbar der Vollstreckung des gegenüber dem Haftbefehl „milderen" Vorführungsbefehls, vgl. Hofmann, NStZ 2002, 568f. m.w.N.). **729**

I. Vorläufige Festnahme

Auf Grund §§ 127 II StPO i.V.m. 112ff. StPO sind Staatsanwaltschaft und Polizei bei Gefahr im Verzuge zur Anordnung einer Freiheitsentziehung befugt, wenn die Voraussetzungen eines Haftbefehls vorliegen. Die vorläufige Festnahme beeinträchtigt die Lebens- und Freiheitsinteressen des Beschuldigten in erheblichem Umfang. Daher bedarf ihre Anordnung bestimmter, eng umgrenzter Voraussetzungen, deren Einhaltung erkennbar zu machen und streng zu überwachen ist. Das gilt insbesondere, weil die Vollstreckung jeder Freiheitsentziehung seelische Belastungen mit sich bringt, die der Wirkung der Strafhaft kaum nachstehen (Dahs, NJW 1959, 505, 507; Schmidt-Leichner, NJW 1966, 425, 426). Darüber hinaus ist eine genaue Prüfung der Tatbestandsmerkmale geboten, weil sich Richter, Staatsanwälte und Polizeibeamte der Gefahr strafrechtlicher Verfolgung aussetzen, sofern sie eine Freiheitsentziehung anordnen oder durchführen, ohne die gesetzlich geforderten Voraussetzungen anerkennen zu können. **730**

Die Voraussetzungen der Untersuchungshaft ergeben sich aus § 112 StPO. Danach darf die Freiheitsentziehung gegen den Beschuldigten angeordnet werden, wenn er der Tat dringend verdächtig ist und ein Haftgrund besteht. Sie darf nicht angeordnet werden, wenn sie zur Bedeutung der Sache und der zu **731** erwartenden Strafe oder Maßregel der Besserung und Sicherung außer Verhältnis steht. Damit stehen die Tatbestandsmerkmale fest. Zunächst müssen die Ermittlungsbeamten den Verdacht haben, dass eine Straftat begangen worden ist (Anlass) und eine bestimmte Person diese Straftat begangen hat (Adressat). Des Weiteren muss ein Haftgrund bestehen. Die Forderung nach Beachtung der Verhältnismäßigkeit unterstreicht dieses verfassungsmäßig festgelegte Prinzip.

1. Dringender Tatverdacht

732 Ermittlungsbeamte dürfen eine vorläufige Festnahme nur bei dringendem Verdacht (vgl. dazu Rdn 94 ff.) der Begehung einer Straftat in Erwägung ziehen. Zu dem Begriff „Straftat" vgl. grundsätzlich die Ausführungen in Rdn 71 ff. Einer besonderen Erörterung bedarf in diesem Zusammenhang die Frage, wie bezüglich der vorläufigen Festnahme zu verfahren ist, wenn Jugendliche oder Kinder (vgl. dazu § 1 II JGG) strafrechtlich relevante Handlungen begangen haben. Bei einem Jugendlichen ist die vorläufige Festnahme ultima ratio, also erst zulässig, wenn erzieherische Maßnahmen anderer Art nicht (hinreichend) geeignet erscheinen, eine in der Tatbestandsverwirklichung sich offenbarende Gefahr für seine Entwicklung zu beseitigen (§§ 72, 71 JGG). Solch alternative erzieherische Maßnahmen sind beispielsweise Jugendarbeit oder Jugendsozialarbeit (vgl. §§ 11, 13 SGB VIII). Diese Rechtsvorschriften lassen sich indessen nicht auf Kinder, die den Tatbestand eines Strafgesetzes verwirklicht haben, übertragen. Sie können das Tatbestandsmerkmal „Begehen einer Straftat" nicht erfüllen, womit eine vorläufige Festnahme ausscheidet. Offen für die Polizei allemal bleibt der Weg über das Polizeigesetz (vgl. Rdn 697 ff.).

733 Bei Straftaten, zu deren Verfolgung ein Strafantrag nötig ist, erlaubt § 127 III StPO die vorläufige Festnahme ohne Rücksicht auf das Vorliegen des Strafantrags. Der Antragsberechtigte ist jedoch unverzüglich von der vorläufigen Festnahme in Kenntnis zu setzen, und ihm ist zu eröffnen, dass die Freiheitsentziehung aufgehoben wird, wenn er nicht innerhalb einer angemessenen Frist den erforderlichen Strafantrag stellt (§ 130 StPO).

734 In diesem Zusammenhang ist unbedingt zu unterscheiden zwischen absoluten und relativen Antragsdelikten. Absolute Antragsdelikte sind ausnahmslos mit Strafantrag verfolgbar, wohingegen relative Antragsdelikte unter gesetzlich bestimmten Voraussetzungen auch ex officio verfolgt werden können. Diese Entscheidung steht indes allein der Staatsanwaltschaft zu.

735 Ist Gegenstand der Ermittlungen ein absolutes Antragsdelikt und lehnt der Antragsberechtigte sogleich einen Strafantrag ab, darf ein Polizeibeamter eine vorläufige Festnahme nicht anordnen, wenn er Kenntnis von diesem Prozesshindernis hat. Ist die vorläufige Festnahme vollzogen und erfahren die Ermittlungsorgane im Nachhinein, dass ein Strafantrag endgültig nicht gestellt wird, haben sie den Beschuldigten sofort zu entlassen.

736 Bei relativen Antragsdelikten kommt es nicht allein auf die Entscheidung des Antragsberechtigten an. Sein Strafantrag als vorläufiges Sicherungsinstrument ist nicht erforderlich, wenn die Staatsanwaltschaft öffentliches Interesse an der Strafverfolgung bejaht. Um der Staatsanwaltschaft aber eine qualifizierte Entscheidung zu ermöglichen, ist ggf. auch eine vorläufige Festnahme bei relativen Antragsdelikten zulässig (Geerds, GA 1982, 237, 248).

Die meisten Antragsdelikte sind zugleich Privatklagedelikte; dies ändert bezüglich der vorläufigen Festnahme nichts. Sind Privatklagedelikte nicht zugleich Antragsdelikte, muss die Staatsanwaltschaft in die Prüfung der Frage eintreten, ob ein (besonderes) öffentliches Interesse an einer Strafverfolgung von Amts wegen besteht. Insoweit wäre auch hier eine Freiheitsentziehung durchaus statthaft. 737

Können die Ermittlungsbeamten auf Grund besonderer Umstände zu Beginn des Ermittlungsverfahrens davon ausgehen, dass der Strafantrag nicht gestellt werden wird, dürfen sie die Freiheitsentziehung nicht anordnen. Ein solch mehr oder weniger offensichtliches Verfahrenshindernis kommt z.B. im Falle des Haus- und Familiendiebstahls (§ 247 StGB) in Betracht. 738

Diese Grundsätze gelten im Übrigen auch für Straftaten, die nur mit Ermächtigung (§§ 77e, 353a II, 194 IV StGB) oder auf Strafverlangen (§§ 77e, 104a StGB) verfolgt werden. 739

2. Haftgründe

Die Rechtmäßigkeit einer vorläufigen Festnahme durch Staatsanwaltschaft oder Polizei erfordert weiterhin das Vorliegen eines Haftgrundes. Die in jedem Falle einem Verfahrenszweck dienenden Haftgründe sind in der Strafprozessordnung abschließend aufgezählt: Flucht (§ 112 II Nr. 1 StPO), Fluchtgefahr (§ 112 II Nr. 2 StPO), Verdunkelungsgefahr (§ 112 II Nr. 3 StPO), Wiederholungsgefahr (§ 112a StPO), der unbenannte Haftgrund aus § 112 III StPO und „Hauptverhandlungshaft" aus § 127b StPO. 740

Flucht und Fluchtgefahr stellen sicher, dass der Beschuldigte im späteren Verfahren anwesend ist, weil nach deutschem Strafprozessrecht grundsätzlich nicht gegen Abwesende verhandelt wird (§ 230 StPO). Der Haftgrund „Verdunkelungsgefahr" sichert die Beweise und gewährleistet ihre objektive Aussagefähigkeit in der Hauptverhandlung. Die Haftgründe dürfen somit einzig zur Sicherung des Verfahrenszwecks angewendet und nicht für Sanktionen missbraucht werden (OLG Oldenburg StV 2005, 394) 741

Als Grundlage für die Annahme eines Haftgrundes aus § 112 II StPO oder § 112a StPO fordert der Gesetzgeber bestimmte Tatsachen, also objektive Erkenntnisse aus der äußeren oder inneren Geschehenswelt des Tatverdächtigen. Als „Tatsachen" kommen sie nur in Betracht, wenn sich aus der Sachlage unmittelbar, nach Kausalitätsgesichtspunkten, auf Grund Lebenserfahrung oder kriminalistische Erkenntnisse (Meyer-Goßner § 112 Rdn 7) eindeutige Schlüsse ziehen lassen. Weder die Vortaten noch die Lebensumstände des Beschuldigten, die in der Tat objektive, leicht erkennbare und auswertbare Tatsachen sind, ergeben für sich betrachtet einen Hinweis. Der Begriff „bestimmte Tatsache" geht weiter und verlangt Auswertung jedes einzelnen Indizes hinsichtlich seiner Aussagekraft für den in Betracht zu ziehenden Haftgrund. 742

Beispiel: Nach einem Raub (§ 249 StGB) stellt die Polizei einen Verdächtigen in der Nähe des Tatortes. Die Identitätsfeststellung ergibt, dass es sich um den 27-jährigen O handelt, wohnhaft in A-Stadt, Bahnhofstraße 18. O ist geschieden, seinen Beruf als Bäcker hat er aufgegeben, weil er so früh aufstehen musste. Augenblicklich schult er auf Elektrotechniker um. Weitere Ermittlungen ergeben, dass er vor wenigen Wochen als Drogenkonsument aufgefallen ist.

743 Dieses Beispiel enthält eine Fülle von Tatsachen, deren Auswertung eine Antwort auf die Frage geben kann, ob ein Haftgrund anzuerkennen ist. In Betracht zu ziehen wäre das Alter, der feste Wohnsitz des O und die Erkenntnis, dass er Drogen konsumiert. Tatsache ist aber auch, dass O geschieden ist, aus nichtigem Anlass seinen Beruf aufgegeben hat und augenblicklich umschult. Eine Wertung dieser einzelnen Tatsachen soll an dieser Stelle noch nicht erfolgen.

a) Flucht

744 Ein Haftgrund besteht, wenn auf Grund bestimmter Tatsachen festgestellt wird, dass der Beschuldigte flüchtig ist oder sich verborgen hält (§ 112 II Ziff. 1 StPO). Flüchtig ist der Täter, der sich nach der Tatbestandsverwirklichung auf Grund eines von seinem Willen getragenen Handelns (also nicht zwangsweise, z.B. Abschiebung eines Ausländers, AG Bremerhaven NStZ 1995, 21 f.) mit dem Ziel absetzt, für das zu erwartende Strafverfahren nicht zur Verfügung zu stehen. Dabei braucht dieser Erfolg keineswegs das Endziel, muss in jedem Falle aber notwendiges Zwischenziel sein, um das Sichentziehen zu erreichen (Graf, in: KK § 112 Rdn 11).

745 Für Annahme der Flucht sprechen Handlungen, die der Täter in unmittelbarem Anschluss an die Tatbegehung vornimmt, in Einzelfällen auch ein Verhalten, das vor der Tatbestandsverwirklichung liegt, wenn der Beschuldigte weiß, dass er wegen eines von seinem Willen abhängigen zukünftigen strafrechtlich relevanten Verhaltens Strafverfolgung zu erwarten hat. In diesem Falle ist er flüchtig, sofern er sich in Kenntnis dieser Umstände ins Ausland absetzt (OLG Koblenz NStZ 1985, 88). Allerdings ist die Tatsache, dass ein ausländischer Beschuldigter sich zu seinem im Ausland gelegenen Wohnsitz begibt und dort verbleibt, kein Indiz, dass er sich willentlich dem Verfahren zu entziehen gedenkt (OLG Brandenburg StV. 1996, 381; OLG Frankfurt/M. StV. 1994, 581). Selbst bloßes Untätigbleiben im Ausland oder der Wille, nicht freiwillig nach Deutschland für Zwecke des Verfahrens zurückzukehren, sprechen isoliert betrachtet nicht für Anerkennung der Fluchtgefahr (BGH StV. 1990, 309; OLG Köln StV. 2003, 510).

746 Flüchtig ist der Verdächtige, der seine Wohnung verlassen hat, ohne eine neue zu beziehen oder wenigstens eine Anschrift zu hinterlassen, unter der er sicher postalisch zu erreichen ist (Hilger, in: L-R § 112 Rdn 32). Das gilt auch, sofern der Beschuldigte ständig seinen Aufenthalt wechselt, selbst wenn er sich stets ordnungsgemäß mit seinem richtigen Namen in dem neuen Quartier anmeldet.

747 Als subjektive Komponente muss der Wille des Verdächtigen hinzutreten, für die Behörden unerreichbar zu sein (Wankel, in: KMR § 112 Rdn 6). Dies verlangt zu untersuchen, warum der Beschuldigte nicht festgenommen werden kann, ob der Unerreichbarkeit u.U. eine sachliche Notwendigkeit zugrunde liegt. So scheidet etwa bei berufs- oder studienbedingtem Auslandsaufenthalt die Annahme einer Flucht ebenso aus wie bei Personen, deren ausgeübter Beruf einen ständigen Wechsel des Aufenthaltsortes verlangt (z.B. Schausteller, Handelsvertreter), wenn jemand eine auswärtige Arbeitsstelle annimmt (OLG Frankfurt a. M. bei Paeffgen, NStZ 1998, 72) oder bei Antritt einer längeren Reise.

Ein Tatverdächtiger hält sich verborgen, wenn er unangemeldet oder an einem unbekannten Ort oder unter falschem Namen in der Absicht lebt, sich dem behördlichen Zugriff zu entziehen (Dünnebier, S. 135). Auch in diesem Falle muss sich die Unerreichbarkeit nicht unbedingt auf das anhängige Ermittlungsverfahren beziehen. Der Verdächtige erfüllt den Tatbestand auch, wenn er sich aus anderen Gründen vor den Behörden verbirgt. **748**

b) Fluchtgefahr

Besteht auf Grund bestimmter Tatsachen bei Würdigung der Umstände des Einzelfalls die Gefahr, der Beschuldigte werde sich dem Strafverfahren entziehen, sprechen wir von Fluchtgefahr (§ 112 II Ziff. 2 StPO). Diese Legaldefinition des Haftgrundes fordert von den Ermittlungsorganen die Beachtung einer Fülle von Tatbestandsmerkmalen. **749**

Zunächst haben sie „Umstände des Einzelfalls" zu würdigen. Welche Umstände das sind bzw. sein sollen, stellt der Gesetzgeber Rechtsprechung und Rechtslehre anheim. Allerdings müssen sich diese Umstände aus „bestimmten" Tatsachen ergeben. Auf Grund dieser Würdigung muss die Gefahr deutlich werden, dass der Beschuldigte sich dem Strafverfahren entziehen wird. Derartige Prognoseentscheidungen müssen Ermittlungsbeamte ohne Rücksicht auf die in anderen Strafverfahren angeordneten freiheitsentziehenden Maßnahmen lediglich aus Sicht des anhängigen Verfahrens und der darin für und gegen Flucht sprechenden Merkmale treffen (OLG Düsseldorf JMBlNRW 1982, 19). **750**

Die Behörden fällen ihre Prognoseentscheidung auf der Grundlage objektiver Gegebenheiten nach pflichtgemäßem Ermessen. Es kommt also vordergründig nicht auf den Willen des Beschuldigten an, sich ggf. dem Verfahren zu entziehen. Die in die Beurteilung einfließenden Umstände müssen ihn allerdings in den Stand versetzen, ohne erhebliche Einbußen an Lebensqualität unterzutauchen. Insoweit unterscheidet sich Fluchtgefahr ganz erheblich von Flucht. **751**

Der Beschuldigte entzieht sich dem Verfahren, wenn er oder mit seiner Billigung eine andere Person ein Verhalten zeigt, das den von dem Tatverdächtigen beabsichtigten, erkannten oder in Kauf genommenen Erfolg hat, den Fortgang des Verfahrens dauernd oder vorübergehend zu verhindern, und zwar durch Aufheben der Bereitschaft, für Ladungen, Vollzugs- oder Vollstreckungsmaßnahmen zur Verfügung zu stehen (BGHSt 23, 380, 384). Hat ein Beschuldigter seinem Verteidiger erklärt, sich der Hauptverhandlung zu stellen und hat er diesen ermächtigt, Ladungen für ihn entgegenzunehmen, liegen auch bei unbekanntem Aufenthalt weder Flucht noch Fluchtgefahr vor (OLG Dresden StV 2009, 587). Ergreift ein Tatverdächtiger beim Erscheinen der Polizei die Flucht, um unerkannt zu bleiben, haben wir allenfalls ein Indiz für Sichentziehen. Denn dieser Umstand kann nichts darüber aussagen, wie er sich verhalten wird, wenn er als Täter überführt ist und/oder die Tat gestanden hat (OLG Zweibrücken StV. 1984, 339). **752**

Sichentziehen liegt nach h.M. auch darin, dass sich der Beschuldigte durch Einwirkungen auf seinen Körper verhandlungsunfähig macht (OLG Oldenburg StV. 1990, 165 mit zustimmender Anm. Wendisch; Graf, in: KK § 112 Rdn 17). Diese Interpretation widerspricht Sinn und Zweck dieses Haftgrun- **753** des aus § 112 StPO, weil „Flucht" oder „Fluchtgefahr" Herstellen einer räumlichen Veränderung verlangt. Daran fehlt es offenkundig, wenn der Beschuldigte sich nur verhandlungsunfähig macht (Peters § 47 II 2b; Paeffgen, S. 100; kritisch auch Oswald, StV 1990, 500). Des weiteren muss ein Beschuldigter an Herstellung oder Aufrechterhalten der Verhandlungsfähigkeit nicht aktiv mitwirken. Unterlässt er lediglich die Einnahme der für seine Gesundheit unverzichtbaren Medikamente, entzieht sich dem Verfahren nicht (Lammer, in: Krekeler/Löffelmann § 112 Rdn 16). Konsumiert ein alkohol-, drogen- oder medikamentenabhängiger Beschuldigter sein Suchtmittel, nimmt er zwar die Verhandlungsunfähigkeit in Kauf, doch liegt in diesem Verhalten kein prozessual relevantes Ziel. Insoweit kommt Fluchtgefahr nicht in Betracht.

Beispiel: B trinkt vor der Verhandlung Unmengen Alkohol und kann dem Gang der Verhandlung geistig nicht folgen (ähnliche Mittel sind Drogen oder Pharmaka). In derartigen Fällen ist daran zu denken, dass § 231a StPO die Durchführung der Hauptverhandlung in Abwesenheit des Angeklagten zulässt. Ist die Verhandlungsunfähigkeit abgeklungen, nimmt er teil, ggf. wird er vorgeführt.

754 Bloßer Ungehorsam in Bezug auf Nichtbefolgen einer ersten Ladung zur Hauptverhandlung in einem früheren Verfahren begründet isoliert gesehen nicht zwingend die Gefahr, der Beschuldigte werde sich dem aktuell anhängigen Verfahren wiederum entziehen (so aber Hartenbach, ZRP 1997, 227). Vor allem weil er die Folgen des früheren Verhaltens (ggf. Vorführung) in unangenehmer Erinnerung haben wird, spricht zurückliegender Ungehorsam keineswegs eo ipso für ein erneutes Ausbleiben (Hellmann, NJW 1997, 2145, 2147). Gleiches gilt, wenn der Beschuldigte im Ausland seinen Wohnsitz hat und dort postalisch erreichbar ist. Dann dürfen jedoch keine Umstände dafür sprechen, dass er sich wegen des zu erwartenden Verfahrens ins Ausland abgesetzt hat (LG Verden StV. 1986, 256).

755 Begibt sich ein Tatverdächtiger ins Ausland, ist Fluchtgefahr solange nicht gegeben, wie dies ohne konkreten Fluchtwillen geschieht und die Erreichbarkeit möglich erscheint. Etwas anderes gilt nur, wenn der Beschuldigte glaubhaft erklärt, er werde sich dem Strafverfahren nicht stellen (OLG Hamm StV 2005, 35; OLG Celle StraFo 2009, 204). Bei einer Person, die sich im Ausland aufhält, ohne flüchtig zu sein oder sich dort verborgen hält (selbst trotz einer im Falle der Verurteilung zu erwartenden hohen Strafe) oder die sich an ihrem ausländischen Wohnsitz den Strafverfolgungsbehörden gegenüber lediglich passiv verhält (Grau, NStZ 2007, 10 ff.) ist der Haftgrund „Fluchtgefahr" nicht gegeben, wenn sie – durch konkrete Tatsachen belegt – ernsthaft bereit ist, an der Hauptverhandlung teilzunehmen und Ladungen Folge zu leisten. Auch ein allgemeine Besorgnis, die Person werde sich im Falle ihrer künftigen Verurteilung der Strafvollstreckung entziehen, trägt die Annahme von Fluchtgefahr nicht (OLG Karlsruhe StV 2005, 33 ff.; OLG Dresden StV 2005, 224 f.).

756 Die begründete Annahme eines bevorstehenden Suizids oder gar ein erfolgloser Suizidversuch soll ein Indiz für Fluchtgefahr sein, weil der Beschuldigte ungefestigt ist und sich dem Strafverfahren entziehen will (HansOLG Hamburg NStZ 1995, 21; a.A. noch OLG Oldenburg NJW 1961, 1984). Suizid sei eine Hilfstatsache für eine die Fluchtgefahr mitbegründende labilitätsbedingte Neigung zu Kurzschlussreaktionen. Diese Auffassung kann nicht unwidersprochen bleiben. Sicherlich steht der Beschuldigte nach einem Suizid nicht mehr zur Verfügung der Ermittlungsorgane bzw. des Gerichts. Doch da gegen einen Toten kein Verfahren stattfindet, läuft die Argumentation der Rechtsprechung auf einen Haftgrund „drohende Kurzschlussreaktion" bzw. „mentale Ungefestigtheit" hinaus, den das Gesetz nicht kennt (Paeffgen, NStZ 1995, 21). Zudem gehört es nicht zu den Pflichten eines Staatsbürgers, sich zum Zwecke der Strafverfolgung gegen sich selbst gesund geschweige denn am Leben zu halten (BVerfGE 89, 120, 130). Auf den im Gesetz genannten Haftgrund der Fluchtgefahr hat der Suizidversuch streng dogmatisch gesehen keine Auswirkung (so auch ohne substanzielle Begründung OLG Köln, bei Paeffgen, NStZ 1999, 71 f.).

Der Gesetzgeber gibt keine Auskunft über die im Einzelfall zu würdigenden **757** Umstände und welches Gewicht ihnen namentlich im Hinblick auf Beurteilung der Frage beizulegen ist, ob mehr dafür spricht, dass der Beschuldigte sich dem Verfahren entziehen wird oder dafür, dass er sich ihm stellen wird. Die Faktoren, die zur Prüfung der Fluchtgefahr im Wesentlichen herangezogen werden, erstrecken sich auf die Umstände der Tatbegehung, die Person des Täters, seine persönlichen und/oder wirtschaftlichen Verhältnisse, sein Vorleben, sein Verhalten vor und nach der Tat; in die Beurteilung fließt ggf. weiterhin ein, ob der Beschuldigte den angerichteten Schaden wieder gutgemacht, ob er ein Geständnis abgelegt hat, ob gegen ihn weitere Strafverfahren anhängig sind und ob er u.U. einen falschen Namen verwendet hat (vgl. Huber, JuS 2009, 994; Kleinknecht/Janischowsky Rdn 27). Um dem gesetzlichen Auftrag der Prüfung nachzukommen, sind alle auf der Grundlage einer Identitätsfeststellung bekannt gewordenen Fakten zu werten, die die durchzuführende Prognoseentscheidung absichern. Vermeidbare Aufklärungslücken, z.B. das Unterlassen, Feststellungen zu den Lebensumständen des Beschuldigten zu treffen, hindern die Anerkennung des Haftgrundes Fluchtgefahr (OLG Koblenz StV 2004, 491).

aa) Tatbegehung

Wollen die Ermittlungsbeamten aus den Umständen der Tatbegehung auf **758** Fluchtgefahr schließen, entscheidet nicht die Schwere der begangenen Straftat; denn die findet hinreichende Berücksichtigung in § 112 III StPO. Sie müssen ihre Entscheidung vielmehr auf die Art und Weise der Ausführung der Tat, die Motivation des Täters oder dessen mögliche Einbindung in kriminelle Strukturen stützen. Ergeben sich die einzigen Anhaltspunkte aus der Art der Tatbestandsverwirklichung, kann die Behörde eine tragfähige Entscheidung über die Freiheitsentziehung nur in extremen Situationen treffen.

Beispiel: Bei einer Verkehrskontrolle wird ein 35-jähriger Mann (M) mit großen Mengen verschiedener Drogen angetroffen. M könnte eine Straftat nach §§ 29 i.V.m. 3 BtMG begangen haben; denn die Menge der aufgefundenen Betäubungsmittel deutet eindeutig auf Handeltreiben hin.

Eine Besonderheit kriminellen Verhaltens stellen das „organisierte Verbre- **759** chen" wie auch der Terrorismus dar. Zur organisierten Kriminalität zählt neben der Rauschgiftkriminalität z.B. das Zuhälterwesen, Menschenhandel, Waffenschieberei, Kunst- und Antiquitätendiebstahl oder Kraftfahrzeugdiebstahl. Straftaten aus dem zuletzt genannten Bereich deuten auf organisiertes Verbrechen indes nur hin, wenn sie sich auf besondere Kfz beziehen, in großem Stil entwendet und „verschoben“ werden (Steinke, Kriminalistik 1982, 78, 80).

bb) Persönliche und wirtschaftliche Verhältnisse

760 Grundlagen zur Beantwortung der Frage, ob eine Person vorläufig festgenommen wird, liefern Angaben über seine persönlichen und wirtschaftlichen Verhältnisse. Gerade damit erhalten Staatsanwaltschaft und Polizei dezidierte Entscheidungshilfen. Die in diesem Zusammenhang abzuwägenden Verhältnisse beim Beschuldigten sind insbesondere der Familienstand, seine Wohnsituation, familiäre oder andere menschliche Bindungen, sein Arbeitsverhältnis und seine Vermögenslage. Ganz wichtig ist es anzuerkennen, dass alle diese Gesichtspunkte weder pauschal für noch gegen Fluchtgefahr sprechen. Vielmehr ist jedes einzelne Merkmal gesondert zu werten und auf seine Aussagekraft hin zu prüfen, bevor der Beamte in einer Gesamtwürdigung seine Entscheidung fällt. Ist zur Ermittlung der persönlichen oder wirtschaftlichen Verhältnisse des Beschuldigten eine Durchsuchung notwendig, unterliegt dieser Eingriff besonders strengen Maßstäben. Eine solche Durchsuchung kann nur dann erforderlich sein, wenn anhand der zur Verfügung stehenden Beweismittel eine Schätzung (vgl. § 40 III StGB) der wirtschaftlichen Verhältnisse nicht möglich ist (OLG Dresden StraFo 2007, 329). Grundsätzlich ist eine Durchsuchung aus solchen Gründen unzulässig.

761 Bei Beurteilung der persönlichen Verhältnisse eines Menschen geht es primär um die Kenntnis menschlicher Bindungen, soweit diese überhaupt Polizei bzw. Staatsanwaltschaft zugänglich sind. Grundsätzlich ist dazu anzumerken, dass die Kenntnis menschlicher Bindungen eines Tatverdächtigen den Ermittlungsbeamten wenig darüber sagen kann, ob Fluchtgefahr vorliegt. So bedeutet „ledig“ nur, dass die Person im Rechtssinne nicht verheiratet ist, gibt aber keine Auskunft über das Bestehen tiefer menschlicher Beziehungen, die den Verdächtigen an einer Flucht hindern. Auf der anderen Seite spricht eine Ehe zunächst gegen Fluchtgefahr, obwohl weitergehende Ermittlungen in der Tat auch ein gegenteiliges Ergebnis stützen können (Kleinknecht/Janischowsky Rdn 34 m.w.N. aus der Rspr).

762 Andere menschlich-persönliche Verbindungen werden einer Ehe in rechtlichen Belangen immer häufiger gleichgestellt. So gewährt man den homosexuellen Beziehungen heute sogar einen spezifisch familienrechtlichen Status. Dazu bedarf es indessen besonderer Umstände, etwa eine ungewöhnliche Dauer der gleichgeschlechtlichen Partnerschaft, gemeinsame geschäftliche Unternehmungen, gemeinschaftlich gebildetes Vermögen oder eine gegenseitige Erbeinsetzung. Darin zeigen sich deutliche Indizien, die wiederum gegen die Annahme der Fluchtgefahr sprechen (OLG Hamburg NStZ 1987, 571).

763 Ein wichtiger Hinweis auf Fluchtgefahr ist der fehlende feste Wohnsitz. Die Begründung eines „festen Wohnsitzes“ (§ 7 I BGB) setzt einen längeren Aufenthalt (quasi Niederlassung als objektive Komponente) und einen Domizilwillen voraus. Der Betroffene muss also den rechtsgeschäftlichen Willen (subjektive Komponente) haben, nicht nur vorübergehend zu bleiben und den Ort zum Mittelpunkt oder räumlichen Schwerpunkt seiner individuellen Lebensgestaltung zu machen (BGH NStZ-RR 2009, 84; NJW-RR 1995, 507; Heinrichs, in: Palandt § 7 Rdn 6; Gitter, in: MK BGB § 7 Rdn 13). Obwohl die Begründung des Wohnsitzes prinzipiell durch Realakt erfolgt, erkennen ihn die Ermittlungsorgane nur an, wenn der Beschuldigte ihn durch behördliche Anmeldung nachweist (vgl. § 12 MeldeG BB, § 13 MeldeG NW). Gibt ein Ausländer seinen Wohnsitz in der Bundesrepublik auf, um in seine Heimat zurückzukehren, und lässt er sich im Ausland an seinem (schon ursprünglichen) Wohnsitz nieder, können wir auf Fluchtgefahr nur erkennen, wenn der Beschuldigte eindeutig zum Ausdruck bringt, dass er nicht beabsichtigt, sich dem zu erwartenden Strafverfahren in der Bundesrepublik Deutschland zu stellen (OLG Stuttgart Justiz 1983, 311; OLG Bremen StV. 1997, 533; OLG Naumburg, bei Paeffgen, NStZ 1998, 72).

Selbstverständlich nimmt auch die Vermögenslage, also eine Betrachtung der **764**
wirtschaftlichen Verhältnisse des Beschuldigten, Einfluss auf die Entscheidung, ob er zur Sicherung des Strafverfahrens vorläufig festgenommen werden muss. Einerseits ist der Fluchtanreiz äußerst schwach, wenn die wirtschaftliche Bindung besonders intensiv ist. Andererseits ist zu bedenken, dass nach Verurteilung zu einer Freiheitsstrafe häufig auch der bis dahin „feste" Arbeitsplatz verloren geht. Schließlich deutet die Tatsache, dass ein Tatverdächtiger durch unselbstständige Arbeit lediglich das Existenzminimum verdient, auf keine besonders starke berufliche Bindung hin (AG Leipzig NStZ-RR 1997, 305). Zwischen diesen Eckpfeilern eine fundierte Entscheidung zu fällen, ist die schwierige Aufgabe der Ermittlungsbeamten.

Erkennen die Ermittlungsbeamten, dass der Tatverdächtige intensive finan- **765**
zielle Transaktionen, z.B. Vermögensanlagen in großem Umfang, ins Ausland vorgenommen hat, spricht viel dafür, dass er sich insbesondere dann dem Verfahren entziehen wird, wenn er eine spürbare Freiheitsstrafe zu erwarten hat (Schulz/Händel § 112 Rdn 2). Das gilt umso mehr, als feststeht, dass die deutschen Strafverfolgungsbehörden keine Möglichkeit des Zugriffs auf dieses Kapital haben.

cc) Person des Tatverdächtigen

Den Ermittlungsorganen ist es nur in seltensten Fällen möglich, von denr **766**
persönlichen Verhältnissen des Verdächtigen auf Vorliegen des Haftgrundes „Fluchtgefahr" zu schließen. Tatsachen aus dem privaten Bereich des Betroffenen sind nämlich neutral und weder für noch gegen das Bestehen der Fluchtgefahr auszuwerten. Alter, Mobilität oder Gesundheitszustand können jedoch zur Beurteilung eines Haftgrundes herangezogen werden, wenn sie eindeutige Rückschlüsse zulassen. Eine derartige Eindeutigkeit spricht jedoch regelmäßig gegen die Fluchtgefahr.

Es gibt keine von Verfassungs wegen gebotene absolute Altersgrenze für die **767**
Durchführung eines strafrechtlichen Erkenntnisverfahrens und eine seiner Sicherung dienende Freiheitsentziehung. Denn auch ein hohes Lebensalter schließt bei gegebener Verhandlungsfähigkeit die strafrechtliche Verantwortlichkeit nicht aus (VerfGH Berlin NJW 1994, 436). Steht die Haft- und Verhandlungsunfähigkeit hingegen fest, kommt eine verfahrenssichernde Freiheitsentziehung selbstredend nicht in Betracht (OLG Düsseldorf NStZ 1993, 554).

Ausnahmsweise können aus dem Persönlichkeitsbereich des Verdächtigen **768**
stammende Erkenntnisse für Fluchtgefahr sprechen. Das soll der Fall sein, wenn bekannt ist, dass es sich um einen psychisch labilen, drogenabhängigen

oder zu folgenschwerer Kurzschlussreaktion neigenden Täter handelt (Kleinknecht/Janischowsky Rdn 31). Diese Argumentation ist aber nur schlüssig, sofern man den Begriff „Sichentziehen" darauf ausdehnt, dass der Beschuldigte sich verhandlungsunfähig macht bzw. Suizid verübt (vgl. Kritik daran oben Rdn 693ff.).

769 Zu den aus der Person des Beschuldigten herzuleitenden Umständen in Bezug auf die prognostische Beurteilung der Fluchtgefahr gehört auch die Feststellung, dass noch weitere Strafverfahren gegen ihn anhängig sind. Drohen dem dringend Tatverdächtigen dort weitere Freiheitsstrafen, können wir von einem wesentlich verstärkten Fluchtanreiz ausgehen, den nur besonders intensive Bindungen anderer Art nennenswert mindern können (OLG Düsseldorf MDR 1993, 371).

dd) Straferwartung

770 In der Praxis begründen die Ermittlungsbeamten „Fluchtgefahr" häufig mit der Argumentation, der Beschuldigte habe wegen der tatbestandsmäßigen Handlung eine hohe Strafe zu erwarten. Damit stehen wir vor der Frage, ob die Straferwartung überhaupt geeignet ist, als einziges Argument die Fluchtgefahr zu belegen. Billigen wir der Höhe der zu erwartenden Strafe die ihr von der Praxis beigelegte Bedeutung zu, handelt es sich um einen quasi „absoluten" Haftgrund.

771 Dies wäre rechtlich nicht haltbar: Zunächst kennen wir in § 112 III StPO den unbenannten Haftgrund, der bei Delikten mit extrem hoher Straferwartung (abgesehen von § 129a StGB) eine Ausnahme von dem Begründungszwang eines Haftgrundes nach § 112 II StPO macht. Ginge es dem Gesetzgeber allein darum, dem zweifellos größeren Fluchtanreiz bei besonders hoher Straferwartung zu begegnen, müsste er den Katalog der Straftaten in § 112 III StPO entsprechend erweitern.

772 Darüber hinaus ist zu fragen, was mit dem Begriff „Straferwartung" gemeint ist. Einmal kann er sich auf die Strafandrohung des jeweiligen Strafgesetzes beziehen, er kann aber auch von der (Freiheits-)Strafe abhängen, die erfahrungsgemäß deutsche Gerichte für entsprechende Delikte verhängen. Die abstrakte Strafandrohung aus dem Gesetz scheidet als Anknüpfungspunkt wegen des Grundsatzes der schuldabhängige Strafe (§ 46 StGB) aus (KG StV. 1986, 107). Über die Schuld des Täters kann ein Ermittlungsbeamter am Tatort oder beim Ergreifen des Täters regelmäßig keine Aussage machen (zur Kritik vgl. auch Fröhlich, NStZ 1999, 331ff.).

Beispiel: Polizeimeister P kann den „Autoknacker" A kurz nach einem Pkw-Diebstahl stellen. A weist sich mit einem gültigen Personalausweis aus, dennoch nimmt P ihn mit zur Wache, um – wie er begründet – die Identität des A zu ermitteln. Anhand der polizeilichen Dateien stellt P fest, dass A mehrfach wegen gleicher Delikte in Erscheinung getreten und zweimal rechtskräftig zu mehrmonatigen Freiheitsstrafen verurteilt worden ist. Daher ordnet P die vorläufige Festnahme des A an.

773 Unbestritten hat A einen besonders schweren Fall des Diebstahls (§ 243 StGB) begangen. Die Tatsache der einschlägigen Vorstrafen macht deutlich, dass sich A über diese Warnungen hinwegsetzt (BGH JR 1972, 470). Ein solcher de-facto-Rückfall ist ein Indiz für ein hohes Maß an Schuld (vgl. § 46 II StGB), so dass der Täter mit einer deutlich erhöhten Freiheitsstrafe (mindestens sechs Monate) zu rechnen hat. Diesen Umstand kannte der Beamte zum Zeitpunkt der Mitnahme von A zur Wache nicht, deshalb konnte er diese erste Freiheitsentziehung nicht auf §§ 112 ff. StPO stützen. Allerdings sind auf Grund der „neuen" Erkenntnisse bei P die Tatbestandsmerkmale der Wiederholungsgefahr einschlägig, und damit ist ein Haftgrund gegeben (dieses Beispiel verdeutlicht das Zusammenspiel von Personalien- und Identitätsfeststellung).

Die Höhe der zu erwartenden Strafe kann folglich nur ein Indiz für Flucht- **774**
gefahr sein, wenn die gerichtliche Spruchpraxis für das in Frage stehende Delikt spürbare und lange Freiheitsstrafen verhängt. Bei Prüfung dieses Problemkreises sind wiederum zwei Gesichtspunkte zu bedenken.

Die erste Frage bezieht sich auf die Tat des Beschuldigten. Häufig ergibt sich **775**
am Ende des Strafverfahrens ein völlig anderes Bild der Straftat, als der Ermittlungsbeamte es gehabt hat. Diese Erkenntnis sollte den Praktiker dazu veranlassen, etwas zurückhaltender mit dem Begriff der Straferwartung umzugehen.

Zum Zweiten beklagen gerade Polizeibeamte die Milde der Gerichte hin- **776**
sichtlich der Festsetzung von Freiheitsstrafen. Wissen Ermittlungsbeamte aber, dass längere Freiheitsstrafen die Ausnahme sind, ist es ein Widerspruch, wenn sie andererseits recht „locker" mit der Höhe der zu erwartenden Strafe umgehen, um Fluchtgefahr abzusichern.

Der Straferwartung kommt insoweit Bedeutung zu (BVerfG NStZ 1982, 37, **777**
38) als eine besonders hohe zu erwartende Strafe bei dem Beschuldigten durchaus einen Anreiz zur Flucht auslösen könnte, insbesondere wenn seine persönlichen Umstände dies erlauben oder sogar nahe legen. Doch lässt sich allein auf die Höhe der zu erwartenden Strafe Fluchtgefahr nicht stützen (OLG Hamm StV. 1985, 114, und bei Paeffgen, NStZ 2002, 79; OLG Bremen StV. 1995, 85; OLG Köln StV 2006, 313; Schlüchter Rdn 211.2; Peters § 47 A II 2b; Hilger, in: L-R § 112 Rdn 38), insbesondere wenn schwerwiegende Argumente gegen Annahme einer Flucht sprechen (vgl. KG StV. 1986, 107, 108). Sie ist allerdings ein gewichtiges zusätzliches Indiz für Fluchtgefahr (Diemer-Nicolaus, NJW 1972, 1692, 1693; diff. OLG Karlsruhe NJW 1978, 333; OLG Koblenz bei Paeffgen, NStZ 2002, 80), vor allem wenn auch sonst ungünstige Verhältnisse in der Person des Beschuldigten vorliegen (OLG Bremen StV. 1995, 85; OLG Koblenz, Beschluss vom 23. 8. 2001 – Ws 994/01, bei Paeffgen, NStZ 2002, 80), die den Schluss rechtfertigen, der Beschuldigte werde dem in der hohen Straferwartung liegenden Anreiz zu fliehen nachgeben (OLG Hamm, bei Paeffgen, NStZ 2000, 75; KG bei Paeffgen, NStZ 1999, 72; OLG Köln ebenda, 71 f.). Im Zusammenwirken mit anderen Umständen trägt sie ggf. zur Begründung von Fluchtgefahr bei (Dahs, NJW 1959, 505, 521); denn zwischen der Höhe einer zu erwartenden Freiheitsstrafe auf der einen und der Bereitschaft zur Flucht auf der anderen Seite besteht ein empirisch zu belegender Zusammenhang.

Daraus lässt sich schließen, dass die für Fluchtgefahr sprechenden Indizien **778**
entsprechend geringer sein können, je höher die zu erwartende Freiheitsstrafe sein wird (vgl. auch Graf, in: KK § 112 Rdn 19). Andererseits kann auch bei einer sehr hohen Straferwartung die indizierte Fluchtgefahr bei Feststellen fluchthemmender Bindungen und Umstände im Einzelfall widerlegt werden (OLG Karlsruhe StraFo 2006, 107; OLG Hamm StV. 2005, 672). Aus diesem Grunde

ist die Anordnung einer vorläufigen Festnahme, die sich ausschließlich auf den Haftgrund „hohe Straferwartung" stützt, a priori rechtswidrig, sofern nicht weitere Umstände für die Freiheitsentziehung sprechen (LG München StV 2005, 38).

ee) Abwägung

779 Nach dem Willen des Gesetzgebers muss eine Abwägung aller für Fluchtgefahr sprechenden Umstände mit den dagegen sprechenden stattfinden. „Abwägung" bedeutet Gewichtung, also Feststellen der Qualität der Tatsachen. Damit soll eine pauschale, unreflektierte Betrachtung vermieden und eine Auseinandersetzung mit der Problematik des Einzelfalls erreicht werden (OLG Bamberg StV. 1991, 167).

780 Naturgemäß fließen auch allgemeine und unabweisbare Erkenntnisse in die Abwägung ein. Verurteilungen zu Freiheitsstrafen haben in der Regel neben dem vorübergehenden Verlust der persönlichen Freiheit den Bruch sozialer und manchmal persönlicher Bindungen zur Folge. Insbesondere die Erkenntnis, dass ein zu Freiheitsstrafe Verurteilter wirtschaftlich ruiniert ist, sofern er nicht durch das soziale Netz seiner Familie oder eigenes Vermögen aufgefangen wird, müssen die Ermittlungsbeamten berücksichtigen.

781 Andererseits fällt es nicht jedem Straftäter leicht, in Kreisen der Kriminellen unterzutauchen und Zeit seines Lebens das Schicksal eines Flüchtigen und Verfolgten auf sich zu nehmen. Darüber hinaus vermindert das moderne Strafrecht die Angst vor der Strafe, insbesondere weil die verhängten Freiheits- und Geldstrafen die Resozialisation des Verurteilten fördern und seine Wiedereingliederung in die Gesellschaft ermöglichen sollen (vgl. oben dd).

c) Verdunkelungsgefahr

782 Der Haftgrund „Verdunkelungsgefahr" hat in der Praxis der Ermittlungsorgane nicht die Bedeutung des Haftgrundes „Fluchtgefahr". Gemäß § 112 II Ziff. 3 StPO liegt Verdunkelungsgefahr vor, wenn auf Grund bestimmter Tatsachen das Verhalten des Beschuldigten den dringenden Verdacht begründet, er werde

a) Beweismittel vernichten, verändern, beiseite schaffen, unterdrücken oder fälschen oder
b) auf Mitbeschuldigte, Zeugen oder Sachverständige in unlauterer Weise einwirken oder
c) andere zu diesem Verhalten veranlassen

und wenn dadurch die Gefahr droht, dass die Ermittlung der Wahrheit erschwert wird. Die Anerkennung dieses Haftgrundes hängt von objektiven Tatbestandsmerkmalen ab, und bestimmte Tatsachen müssen darauf hindeuten, dass der Beschuldigte eine der bezeichneten Handlungen vornimmt (Diemer-Nicolaus, NJW 1972, 1962, 1963).

783 Weil der Gesetzgeber „bestimmte Tatsachen" fordert, kann Verdunkelungsgefahr nur auf Grund feststehender Fakten und nicht wegen bloßer Kollusionsvermutung angenommen werden (Franzheim, GA 1966, 47, 48). Die Tatsachen müssen zum entscheidungserheblichen Zeitpunkt die Verdunkelungsabsicht in klaren Umrissen aufzeigen und nicht nur den Schluss auf einen mehr oder we-

niger starken Verdacht, eine Wahrscheinlichkeit oder eine Gefahr offenbaren (Lammer, in: Krekeler/Löffelmann § 112 Rdn 18). Die Auffassung, die „bestimmten Tatsachen“ seien bereits bei hoher Wahrscheinlichkeit für ihr Vorhandensein gegeben (Meyer-Goßner § 112 Rdn 28), widerspricht dem eindeutigen Wortlaut des Gesetzes, der die an Sicherheit grenzende Wahrscheinlichkeit fordert. Auf offensichtliche und täterbezogen nahe liegende Möglichkeiten zur Vornahme von Verdunkelungshandlungen kann daher ein Haftbefehl ebenso wenig gestützt werden (OLG Bremen, bei Paeffgen, NStZ 1999, 72) wie auf den Umstand, dass die Ermittlungen noch nicht abgeschlossen sind (OLG München 1996, 941; OLG Hamm StV. 1985, 114) oder dass der Beschuldigte sich weigert, Mittäter zu benennen (OLG Köln bei Paeffgen, NStZ 2000, 76) oder das Versteck der Tatbeute preiszugeben (OLG Frankfurt/M StV 2009, 652).

Aus diesem Grunde darf ein Ermittlungsbeamter Verdunkelungsgefahr niemals aus der bei nahezu jeder Straftat möglichen Vermutung ableiten, der Beschuldigte beabsichtige, die Wahrheitsfindung zu erschweren (OLG Köln NJW 1959, 544) und werde sich bietende Gelegenheiten sich der Beweismittel gegen ihn zu entledigen (was tatsächlich mit den gesetzlich normierten Verdunkelungshandlungen übereinstimmt) auch wahrnehmen (LG Oldenburg StV 1983, 248, 249). Vielmehr muss der Verdächtige mittels geeigneter Handlungen (Hilger, in: L-R § 112 Rdn 45), die sich aus seinem persönlichen Verhalten ergeben oder die seiner Beziehung zur Tat bzw. zu Tatbeteiligten zuzurechnen sind, die wahren Zielvorstellungen deutlich zum Ausdruck bringen (Philipp, DRiZ 1965, 83, 85). Diese können sich daneben aus bereits vorgenommenen Verdunkelungshandlungen herleiten, regelmäßig ein deutliches Beweisanzeichen für weiterhin bestehende Verdunkelungsgefahr (Graf, in: KK § 112 Rdn 33ff.). **784**

Die Mittel, derer sich der Verdächtige im Einzelfall bedient, sind mannigfaltig. Fehlt dem Beschuldigten jedoch die Verdunkelungsabsicht und können wir sie auch nicht unwiderlegbar nachweisen, ist § 112 II Ziff. 3 StPO nicht zu begründen. Insoweit liegt keine Verdunkelungsgefahr vor, wenn **785**

- der Beschuldigte die Aussage verweigert,
- der Beschuldigte einer Ladung der Polizei keine Folge leistet,
- der Beschuldigte die Entnahme einer Blutprobe verweigert.
- einer von mehreren Tätern entkommt,
- der Beschuldigte zu fliehen versucht,
- die Tatbeute nicht aufgefunden werden kann;
- unkontrollierte Kontakte aufgenommen werden, die nicht unbedingt zu Beweismanipulation dienen müssen (KG StraFo 2009, 21);
- auch frühere Verurteilungen wegen Aussagedelikten (z.B. §§ 153ff. StGB) führen nicht unbesehen zur Annahme der Verdunkelungsgefahr (Eb. Schmidt, Nachträge, § 112 Rdn 23).

Eine vollkommen andere Beurteilung soll die Lebensführung des Verdächtigen zulassen, sofern sie insgesamt auf Verheimlichen, Verdecken, Täuschen, Drohen oder Gewaltanwendung ausgerichtet ist. Tatbestände, aus denen diese Erkenntnis ableiten ließe, wären z.B. Bestechung, Hehlerei oder Zuhälterei; dazu sollen darüber hinaus Straftaten gehören, die eindeutig in einen Zusammenhang mit dem organisierten Verbrechen oder Terrorismus zu stellen sind (so auch Graf, in: KK § 112 Rdn 32; Joachimski, S. 57). Zuzustimmen ist diesen **786**

Überlegungen insoweit, als Verdunkelungshandlungen bei diesen Delikts- und Tätertypen weitaus häufiger zu beobachten sind als bei „normalen" Straftaten. Doch sind die Ermittlungsorgane auch in diesen Fällen in der Pflicht, die „bestimmten Tatsachen" im konkreten Einzelfall offen zu legen (OLG Hamm StV 2002, 205); denn ansonsten wäre die Begründung für den Freiheitsentzug einzig die Tatsache der Begehung einer bestimmten Straftat.

787 Der Beschuldigte muss mit seiner Verdunkelungshandlung einen in der Zukunft liegenden Zweck verfolgen. Infolgedessen ist eine vorläufige Festnahme unzulässig, wenn er bereits eine Verdunkelungshandlung vorgenommen hat (z.B. um nicht als Täter erkannt werden zu können) und keine Tatsachen darauf hindeuten, dass er ähnliche Handlungen auch nach seiner Entdeckung durchführen wird (Dünnebier, S. 137). Selbst wenn ein Beschuldigter Zeugen beeinflusst hat, darf die vorläufige Festnahme weder angeordnet noch aufrecht erhalten werden, sobald künftige Verdunkelungshandlungen nicht mehr zu erwarten sind. Gleiches gilt im Falle eines Fortwirkens früherer Verdunkelungshandlungen, weil die vorläufige Festnahme nicht den Charakter einer Sanktion hat (OLG Oldenburg StV 2005, 394).

aa) Verdunkelungshandlungen

788 Die Verdunkelungshandlungen sind im Gesetz genau beschrieben und abschließend aufgezählt. Nach § 112 II Ziff. 3a StPO gehört das Vernichten, Verändern, Beiseiteschaffen, Unterdrücken oder Fälschen von Beweismitteln (grundsätzlich zu diesem Begriff Rdn 359 ff.) dazu. Beweismittel in diesem Sinne sind Dinge, die Gegenstand des Augenscheins sein können, ohne Rücksicht darauf, ob sie der Polizei, der Staatsanwaltschaft oder dem Gericht bekannt sind. Entscheidend ist allein die objektive Eignung zum Beweismittel (Schulz/Berke-Müller § 112 Rdn 11), so dass auch die Frage, ob der Beschuldigte berechtigt über den Gegenstand verfügt, bedeutungslos ist. Die Handlung des Verdächtigen muss darauf gerichtet sein, das Beweismittel selbst für alle Verfahrensbeteiligten unbrauchbar oder unerreichbar zu machen oder seine physische Existenz aufzuheben.

Beispiel: M steht im Verdacht, einen Konkurrenten um den örtlichen Drogenmarkt erschossen zu haben. Als er erfährt, dass eine Hausdurchsuchung unmittelbar bevorsteht, bohrt er eilig den Lauf seiner Pistole nach.

789 Die Pistole existiert zwar noch, allerdings ist sie als Beweismittel tatsächlich vernichtet. Der Beweis, dass damit das Tötungsdelikt begangen wurde, kann nämlich nur durch eine wissenschaftliche Auswertung der Projektile und des Laufs der Waffe im ursprünglichen Zustand geführt werden. Für diesen Zweck steht der Teil der Pistole, der als Einziger als Beweismittel in Betracht kommt, nicht mehr zur Verfügung. Zwar ist dieses Beweismittel weder beiseite geschafft noch ist seine physische Existenz aufgehoben, dennoch gilt das Beweismittel als vernichtet.

790 Der Beschuldigte hat Beweismittel vernichtet, wenn er deren Beweiskraft vollkommen und unwiederbringlich beseitigt oder ihre physische Existenz aufhebt.

Beispiel: Erpresser P löscht das Tonband, auf das er seine Gespräche mit dem Erpressten aufgenommen hat.

Ein Beweismittel ist verändert, wenn ihm ein anderer als der ursprüngliche Beweiswert beigelegt wird. Gefälscht ist es, sofern es eigens zu Täuschungszwecken angefertigt wurde, aber den Anschein erweckt, als sei es vor der tatsächlichen Anfertigung entstanden. Das Gleiche gilt, wenn es durch Manipulation eine andere als die ursprüngliche Beweisrichtung erhält (Wendisch, in: L-R § 112 Rdn 47). 791

Beiseite geschafft ist das Beweismittel, wenn es weder den Ermittlungsorganen noch dem Gericht zur Verfügung steht, weil der Beschuldigte es dem Zugriff durch die Organe der Rechtspflege entzieht. Davon kann keine Rede sein, wenn das Beweismittel bisher werde Polizei noch Staatsanwaltschaft zur Verfügung gestanden hat, weil es z.B. noch nicht sichergestellt werden konnte. Beiseiteschaffen kommt somit nur in Betracht, wenn der Betroffene bewirkt, dass das Beweismittel nicht jederzeit und unverändert den Strafverfolgungsbehörden zur Verfügung steht. Im Gegensatz zum Vernichten bleibt beim Beiseiteschaffen das Beweismittel physisch erhalten, es schließt aber ein Unbrauchbarmachen ein, sofern darin nicht schon ein Vernichten erkannt wird. 792

Die Merkmale aus § 112 II Ziff. 3a StPO erfordern eine aktive Einwirkung durch den Beschuldigten. Nutzt er dagegen einen von seinem Willen unabhängigen biologischen oder chemischen Vorgang, können wir eine Verdunkelungshandlung nicht begründen. Diese Feststellung ist bedeutsam, wenn die Blutalkoholkonzentration wesentliches Beweismittel ist. Entzieht sich der Beschuldigte vorübergehend einer Blutentnahme, so nutzt er nur den biologisch bedingten Alkoholabbau im Blut. Im Gegensatz dazu steht jedoch der Nachtrunk. Er stellt eine Veränderung eines Beweismittels durch aktives Tun dar. 793

Die zweite Alternative der Verdunkelungshandlungen ist das unlautere Einwirken auf verschiedene Personen. Der Beschuldigte wirkt auf einen Mitbeschuldigten oder Zeugen ein, wenn er ihn zu beeinflussen trachtet. Zwar muss die Einflussnahme verfahrensrelevant sein, sie braucht aber den Willen des zu Beeinflussenden nicht zu überwinden oder gar zu beugen (KMR § 112 Rdn 10). 794

Nur die unlautere Einwirkung auf einen Zeugen oder eine sonstige Person kann eine Verdunkelungshandlung sein. Unlauter ist allein das rechtlich verpönte und prozessual nicht tolerierbare Verhalten des Beschuldigten, das als Tatsachengrundlage verwendet werden und als Indiz für Verdunkelungsgefahr dienen kann (OLG Hamm StV. 1985, 114). Eine Besprechung des Beschuldigten mit anderen Verfahrensbeteiligten ist so lange nicht unlauter, wie sich ihr Inhalt darauf beschränkt, z.B. ein gewisses Tatgeschehen aufzuhellen oder Zeugen danach zu befragen, ob sie sich an einen ganz bestimmten wichtigen Vorgang erinnern. Auch die Aufforderung des Beschuldigten an einen Mittäter, ein Geständnis vor der Polizei zu widerrufen, oder der Hinweis auf Aussage- oder Auskunftsverweigerungsrechte ist nicht unlauter, solange damit keine Drohung oder Nötigung verbunden wird. 795

Beispiel: K wird bei einem Diebstahl in einem Supermarkt ertappt. Er soll einige Dosen aus dem Regal genommen und in die Tasche gesteckt haben. Er selbst behauptet, die Dosen wieder in das Regal zurückgestellt zu haben, nachdem er sie begutachtet hatte. Er bittet einen Zeugen zu bestätigen, dass er zweimal in das Regal gegriffen habe.

796 Die Aufforderung, etwas zu bestätigen, was der Beschuldigte als Tatsache in den Raum stellt, ist zwar eine Einwirkung auf den Zeugen, sie ist aber noch nicht unlauter. Drängt K aber den Zeugen zu Angaben wie: Er habe doch ganz gewiss gesehen, dass er die Dosen wieder zurückgestellt habe, könnte die Grenze zur Unlauterkeit überschritten werden, weil der Zeuge zu Angaben verleitet werden soll, die er tatsächlich gar nicht wahrgenommen hat bzw. haben kann. Doch grundsätzlich gilt, dass selbst die Beeinflussung eines Zeugen die Annahme von Verdunkelungsgefahr nicht rechtfertigt, sofern künftige Verdunkelungshandlungen nicht mehr zu befürchten sind, selbst wenn die frühere Verdunkelungshandlung noch fortwirkt (OLG Oldenburg StV 2005, 394).

797 Die dritte Alternative erfasst Vorgänge, bei denen der Beschuldigte andere anhält, eine der dargestellten Verdunkelungshandlungen (und zwar in seinem Sinne) vorzunehmen, wobei es irrelevant ist, ob der andere das wahre Ziel der Handlung kennt. Es kommt nur darauf an, dass der Beschuldigte eine Verdunkelungshandlung durch den anderen begehen lassen will (Hilger, in: L-R § 112 Rdn 49).

bb) Gefahr für Wahrheitsermittlung

798 Sind den Ermittlungsbeamten hinreichende Tatsachen für die Vornahme einer Verdunkelungshandlung bekannt, ergibt sich daraus eine Berechtigung zur Freiheitsentziehung erst, wenn Polizei und Staatsanwaltschaft festgestellt haben, dass die Verdunkelungshandlung eine Gefahr für die Ermittlung der Wahrheit verursacht. Daran fehlt es einmal, wenn dier Beschuldigte durch seine Handlung die Wahrheitsermittlung lediglich erschwert, oder wenn trotz seines Verhaltens die Beweisführung gesichert ist und die Wahrheitsermittlung weder verhindert noch erschwert werden kann (OLG Karlsruhe NJW 1993, 1148; Dahs, NJW 1965, 889, 891).

Beispiel: Zeitschriftenwerber Z hat durch Täuschung vieler Personen eine große Anzahl von Bestellungen erschwindelt. Als seine „Masche" auffällt und die Polizei auf ihn aufmerksam wird, versucht er, die Verträge zu verbrennen. In der Tat wäre die Handlung des Z „Vernichten eines Beweismittels". Doch ist die Beweisführung durch die bei den geprellten Kunden vorhandenen Durchschriften der Bestellungen so umfassend gesichert, dass es der Originalunterlagen, die sich bei dem Z befunden haben, tatsächlich gar nicht bedarf.

d) Festnahme im beschleunigten Verfahren

799 Wird ein Täter auf frischer Tat betroffen oder verfolgt, dürfen ihn Staatsanwaltschaft oder Polizei vorläufig festnehmen, wenn eine unverzügliche Entscheidung im beschleunigten Verfahren wahrscheinlich und auf Grund bestimmter Tatsachen zu befürchten ist, dass der Festgenommene der Hauptverhandlung fernbleiben wird (§ 127b I StPO). Um Strafverfahren, denen man eine besonders große Eilbedürftigkeit zuerkennt, auch zeitgerecht durchführen zu können, hat der Gesetzgeber die Strafprozessordnung um den Haftgrund „Hauptverhandlungshaft" ergänzt.

800 Die mit § 127b StPO begründete vorläufige Festnahme bezieht sich auf Straftaten, die im beschleunigten Verfahren abgeurteilt werden können, also solche, bei denen der Sachverhalt einfach oder die Beweislage klar und daher eine sofortige Verhandlung möglich ist (§ 417 StPO). Die geforderte „klare Be-

weislage" kann sich durch das Geständnis des Beschuldigten ebenso ergeben wie das Vorhandensein genügend sicherer Beweismittel. Gegen Jugendliche schließt § 79 II JGG das beschleunigte Verfahren aus, allerdings nicht gegen Heranwachsende. Die Anwendung des beschleunigten Verfahrens kommt insbesondere in Betracht, wenn der Beschuldigte geständig ist oder andere Beweismittel zur Verfügung stehen. Besteht dagegen Anlass, die Person des Beschuldigten und sein Vorleben zu erforschen, oder könnte der Beschuldigte durch die Anwendung des beschleunigten Verfahrens in seiner Verteidigung beeinträchtigt werden, ist dieses Verfahren nicht anzuwenden (Ziff. 146 RiStBV).

Grundvoraussetzung ist, den Verdächtigen auf frischer Tat bei Begehung eines „einfachen Sachverhalts" zu betreffen oder zu verfolgen. Da § 127b StPO einzig für Ermittlungsbeamte anwendbar ist, müssen wir „Betreffen bzw. Verfolgen auf frischer Tat" restriktiv interpretieren, und zwar dahingehend, dass dringender Tatverdacht gegeben sein muss. Der Ermittlungsbeamte darf somit an der Täterschaft dessen, den er festnehmen möchte, keine Zweifel haben. Auf einen einfachen Sachverhalt ist zu erkennen, wenn die Tat für alle am Verfahren Beteiligten leicht zu überschauen ist; selbst eine Mehrzahl begangener Delikte schließt die Annahme eines einfachen Sachverhalts nicht aus (Meyer-Goßner § 417 Rdn 15). Sind indessen schwierige Fragen in Bezug auf den Tatbestand zu klären, scheidet die Annahme eines einfachen Sachverhalts ebenso aus wie in den Fällen, dass mit großer Wahrscheinlichkeit Rechtsmittel gegen die erstinstanzliche Entscheidung eingelegt werden (Loos/Radtke, NStZ 1995, 569, 572). **801**

Weiterhin müssen bestimmte Tatsachen befürchten lassen, der Beschuldigte werde der Hauptverhandlung fernbleiben. Diese Festnahmevoraussetzung verlangt eine Prognoseentscheidung, die durch objektive Erkenntnisse zu untermauert ist. Dafür reicht ein geringer Grad der Wahrscheinlichkeit, der unterhalb der überwiegenden Wahrscheinlichkeit liegt und der bereits anzunehmen ist, wenn die bloße Möglichkeit besteht, der Verdächtige werde sich dem Verfahren entziehen, und nicht erst, wenn dies ernsthaft in Betracht kommt (Hellmann, NJW 1997, 2145, 2147; kritisch insbes. Hartenbach, ZRP 1997, 227). **802**

Der Haftbefehl, der auf der Grundlage des § 127b I StPO von einem Richter ausgestellt werden muss, darf nur ergehen, wenn die Hauptverhandlung binnen einer Woche nach der Festnahme zu erwarten ist (§ 127b II StPO). Mit dem Erlass eines Haftbefehls betraut § 127b III StPO wegen der einer großen Eilbedürftigkeit immanenten prozessualen Probleme einerseits, indessen unterstellten Sachnähe andererseits (BT-Drucks. 12/6853, S. 33) grundsätzlich den Richter, der für die Durchführung der Hauptverhandlung zuständig ist. **803**

Tatsächlich ist eine Nähe des Haftgrundes aus § 127b StPO zu dem der Fluchtgefahr evident. Der wesentliche Unterschied liegt darin, dass § 127b II StPO lediglich die subjektiv geprägte Erwartung verlangt und nicht die objektiv begründbare Gefahr, der Beschuldigte werde der Hauptverhandlung fernbleiben. Diese Norm erlaubt also die Freiheitsentziehung, obwohl der Beschuldigte gerade nicht aktiv auf den Verfahrensablauf einwirkt, sondern lediglich ein Unterlassen von seiner Seite zu erwarten ist, nämlich zur Hauptverhandlung nicht zu erscheinen (vgl. auch Rdn 754). Der Tatbestand des § 127b StPO erweitert folglich die Voraussetzungen für die Untersuchungshaft bzw. für die vorläufige Festnahme ganz erheblich (Hellmann, NJW 1997, 2145, 2147). **804**

e) Wiederholungsgefahr

805 Der Haftgrund der Wiederholungsgefahr besteht nach § 112a StPO, wenn der Beschuldigte bestimmter Straftaten dringend verdächtig ist und bestimmte Tatsachen die Gefahr begründen, er werde vor rechtskräftiger Aburteilung weitere erhebliche Straftaten gleicher Art begehen oder die Straftat fortsetzen. Auch wenn man in der Ermächtigung aus § 112a StPO die Reaktion sieht auf die empirisch gewonnene Erkenntnis, nach der sich manch ein Täter selbst durch ein gegen ihn eingeleitetes Ermittlungsverfahren nicht davon abhalten lässt, weitere Straftaten zu begehen, räumt dies keineswegs die Bedenken beiseite, hier sei die Unschuldsvermutung in zweifacher Hinsicht missachtet: Weder ist dem Beschuldigten die ihm vorgeworfenen Anlasstat nachgewiesen, noch liegt in Bezug auf die zukünftig zu erwartende Tat mehr als ein pure Vermutung vor. Auch hat der vorläufig Festgenommene keine Möglichkeit, seine nunmehrige Gesetzestreue unter Beweis zu stellen. Es ist ein sicherlich anerkennenswertes (und zweifellos kontrovers diskutiertes) Ziel staatlicher Machtkompetenz, sowohl die erneute Begehung schwerer oder schwerster Straftaten zu verhindern als auch zum Schutz der Bevölkerung dem Betroffenen die Freiheit zu entziehen (BVerfGE 19, 342, 349 f.). Allerdings hat dieser Rechtseingriff, der sich durchaus als Präventivhaft bezeichnen ließe, keinen wirklichen Bezug zum Strafverfahrensrecht. Im Übrigen ist nach der Sinnhaftigkeit des Gesetzes zu fragen, das für die aktuelle Freiheitsentziehung neben Anerkennung bestimmter Tatsachen, die für die Begehung künftiger schwerer Straftaten spricht, auch noch „dringenden Verdacht" hinsichtlich der dem Betroffenen vorgeworfenen vergangenen Straftat verlangt (Weigend, in: FS für Egon Müller, 739, 742). Zur Abgrenzung der Wiederholungsgefahr zum präventiven Vorbeugegewahrsam vgl. Rdn 694 ff.

806 Unterstellt man die Richtigkeit der Prämisse, vorläufige Festnahme und Untersuchungshaft hätten einzig die Sicherung des Strafverfahrens sicherzustellen, dann ist die Vorbeugehaft ein Fremdkörper in der Strafprozessordnung; denn der Haftgrund aus § 112a StPO dient keineswegs der Verfahrenssicherung, sondern verfolgt präventive Ziele (so nun auch die Rspr., vgl. OLG Bremen, Beschluss vom 25. 8. 2000 – Qs 74/00, bei Paeffgen, NStZ 2002, 80). Insoweit kann man ihn als eine Art Sicherungshaft bezeichnen (Dünnebier, S. 138; Schmidt, JZ 1965, 193, 195). Die Vereinbarkeit dieses Normzweckes mit strafprozessualen Grundsätzen lässt sich allenfalls aus der Überlegung herleiten, die Strafprozessordnung dürfe sich nicht allein auf wirksame Strafverfolgung beschränken, sondern habe den Schutz der Allgemeinheit vor weiterer Tatbegehung soweit möglich einzuschließen (BVerfGE 35, 185, 191; kritisch dazu Hohmann/Matt, NStZ 1989, 210).

806a Die Wiederholungsgefahr nach § 112a StPO erfordert die Begründung bestimmter Tatsachen, die eine starke Neigung des Beschuldigten belegen, er werde bis zu seiner rechtskräftigen Verurteilung weitere gleichartige Taten wie die Anlasstat begehen. Eine derartige Gefahrenprognose verlangt konkrete Hinweise auf die hohe Wahrscheinlichkeit der Fortsetzung seines strafrechtlich relevanten Verhaltens. Insoweit können die Ermittlungsbehörden auch auf Indiztatsachen zurückgreifen, wie z.B. die Vorstrafen des Beschuldigten, die zeitlichen Abstände zwischen ihnen sowie Persönlichkeitsstruktur und Lebensumstände des Beschuldigten (HansOLG Bremen StraFo 2008, 72, 73), sein soziales Umfeld, die ggf. serienmäßige Begehung von Straftaten oder die Verübung weiterer Straftaten in Kenntnis eines eingeleiteten Ermittlungsverfahrens.

aa) Wiederholungsgefahr nach § 112a I Ziff. 1 StPO

Der Haftgrund der Wiederholungsgefahr nach § 112a I Ziff. 1 StPO ist bei **807**
speziell genannten Straftaten gegen die sexuelle Selbstbestimmung sowie die erfolgsqualifizierten Tatbestände der Nachstellung (§ 238 II, III StGB) anwendbar. Zu dem Verdacht, eine entsprechende Straftat begangen zu haben, müssen bestimmte Tatsachen treten, die die Gefahr begründen, der Beschuldigte werde vor seiner Aburteilung ein weiteres Delikt gleicher Art begehen. Überdies muss die Freiheitsentziehung zur Abwehr dieser Gefahr erforderlich sein.

Bestimmte Tatsachen für die Gefahr der Wiederholung muss die Behörde **808**
hinreichend belegen (vgl. dazu oben Rdn 806a). Gründet sich diese Prognoseentscheidung auf einen in der Anlasstat zum Ausdruck kommenden Persönlichkeitsdefekt (z.B. übersteigerte Eifersucht, unzeitgemäßes „Besitzdenken" oder Ehrgefühl im Falle des § 238 StGB), ergeben sich keine besonderen Schwierigkeiten (Wankel, in: KMR § 112a Rdn 3). Bezüglich der genannten Sexualdelikte soll bei einem Erwachsenen bereits eine einmalige Begehung auf einen schweren Persönlichkeitsdefekt hindeuten, der weitere Taten ähnlicher Art befürchten lässt (OLG Bremen, Beschluss vom 25. 8. 2000 – Qs 74/00, bei Paeffgen, NStZ 2002, 80). Selbst wenn man dieser bedenklichen Interpretation der Wiederholungsgefahr folgt, bleiben Tatbestandsverwirklichungen denkbar, bei denen dieser Schluss auf Wiederholung des kriminellen Verhaltens versagt. Ist die Straftat nämlich (was durchaus nicht selten vorkommt) Ausdruck eines aktuellen psychischen Versagens oder gar situationsbedingt, kann Wiederholungsgefahr nicht anerkannt werden.

Beispiel: A nimmt an einer Party teil, bei der es bald hoch her geht. Nach Pfänderspielen befinden sich A und die attraktive F allein in einem Raum, beide nur noch mit einem Schlüpfer bekleidet. Plötzlich verliert A die Beherrschung, stürzt sich auf F und vergewaltigt sie. Die Vergewaltigung ist kein Ausdruck eines Persönlichkeitsdefekts, sondern Folge der besonderen Situation, in der sich die Beteiligten befunden haben. Wiederholungsgefahr lässt sich daher nicht begründen.

Aber:

E spricht Kinder an, die in einer einsamen Gegend an der Schulbus-Haltestelle stehen. Er hat ein Mädchen in seinen Wagen gelockt, sucht mit ihm ein abseits gelegenes Waldstück auf und vergeht sich an dem Kind. Weil dieses Verhalten des E u.U. auf eine abnorme Persönlichkeitsstruktur zurückzuführen ist, besteht durchaus Wiederholungsgefahr.

Wird eine Straftat gegen die sexuelle Selbstbestimmung unter Einwirkung al- **809**
koholischer Getränke begangen, hat das keinen Einfluss auf den Haftgrund. Ziel des § 112a I Ziff. 1 StPO ist Schutz der Allgemeinheit vor Hangtätern. Wollte man daraus die Fälle ausscheiden, in denen dem Täter wegen Alkoholgenusses Unzurechnungsfähigkeit zugebilligt wird, wäre dieser Schutz höchst unvollkommen; denn gerade diese Delikte werden häufig im Zustand alkoholischer Beeinflussung verwirklicht (OLG Frankfurt NJW 1965, 1728; Schlüchter Rdn 217).

Die Einfügung des § 238 II, III StGB in den Kanon der Bestimmungen, die **809a**
den Haftgrund der Wiederholungsgefahr begründen lassen (sog. Deeskalations-

haft), war keineswegs unumstritten (vgl. Vander, KritVjSchr 2006, 81, 92; Gazeas, KritJ 2006, 247, 265). Bei nüchterner Betrachtung jedoch ist diese Gesetzesänderung bzw. -erweiterung zu begrüßen. Eines des schweren Falles der Nachstellung Verdächtiger rastet nämlich – wie die Erfahrung lehrt – keineswegs selten aus und weitere, in vielen Fällen auch schwere Straftaten, z.B. Körperverletzungs- oder gar Tötungsdelikte (Mitsch, NJW 2007, 1237, 1241 f.).

bb) Wiederholungsgefahr nach § 112a I Ziff. 2 StPO

810 Die Annahme von Wiederholungsgefahr i.S. d. § 112a I Ziff. 2 StPO setzt voraus, dass der Beschuldigte dringend verdächtig ist, Katalogtaten gleicher Art in Tatmehrheit oder als fortgesetzte Tat begangen zu haben (OLG Frankfurt StV 1984, 159). Dazu ist erforderlich, dass die Taten, deren wiederholter oder fortgesetzter Begehung der Beschuldigte dringend verdächtig sein muss, Gegenstand desselben Ermittlungsverfahrens sind (OLG Frankfurt/M StV 2008, 364). Denn das Gesetz fordert dringenden Tatverdacht bezogen auf Anlasstaten und die bestimmten Tatsachen zur Begründung der Wiederholungsgefahr nebeneinander. Vorverurteilungen können diesen Haftgrund somit nicht begründen. Diese Auffassung findet ihre Untermauerung im gesetzestechnischen Aufbau des § 112a I StPO: Hätte nach dem Willen des Gesetzgebers eine einzelne Anlasstat für die Annahme des Haftgrundes bereits ausgereicht, wäre es nicht notwendig gewesen, zwischen den Ziffern 1 und 2 zu unterscheiden. Anlasstat kann auch eine Tat sein, die zwar nicht Gegenstand des anhängigen Ermittlungs- oder Strafverfahrens ist, in dieses aber einbezogen werden kann (OLG Schleswig MDR 1978, 952). Ist eine von mehreren der wiederholt begangenen Straftaten bereits rechtskräftig abgeurteilt und betrifft das weitere Strafverfahren nur noch eine dieser wiederholt begangenen Straftaten, kann Wiederholungsgefahr angenommen werden (OLG Schleswig NStZ 2002, 276 f.).

811 Über die Tatbestandsmerkmale der Wiederholungsgefahr nach § 112a I Ziff. 1 StPO hinausgehend verlangt § 112a I Ziff. 2 StPO, dass der Beschuldigte dringend verdächtig ist, wiederholt oder fortgesetzt eine die Rechtsordnung schwerwiegend beeinträchtigende Straftat der bezeichneten Art begangen zu haben. ***„Wiederholte Tatbegehung“*** verlangt dringenden Verdacht in Bezug auf wenigstens zwei dem Beschuldigten durch verschiedene Taten vorwerfbare Katalogdelikte, von denen indes eine als Anlass für die Entscheidung zur vorläufigen Festnahme ausreicht (h.M. vgl. ThürOLG StraFo 2009, 21f.; OLG Stuttgart NStZ 1988, 326). Auch die Aburteilung einer dieser Taten hindert im Falle einer erneuten Katalogtat die Anerkennung wiederholter Tatbegehung nicht. Dass wiederholte Tatbegehung zwingend die Verurteilung des Beschuldigten wegen einer weiteren Straftat gleicher Art verlangt (so OLG Karlsruhe, Beschl. vom 21. 4. 2006, 1 Ws 79/06), ist weder aus dem Wortlaut des Gesetzes noch aus der ratio legis herzuleiten. Eine Gefährlichkeitsprognose kann sich mit Blick auf den Gesetzeszweck, Schutz der Allgemeinheit vor besonders gefährlichen Tätern, keineswegs allein auf die Feststellung stützen, ein erneut straffällig werdender Beschuldigter wurde wegen einer gleichartigen Tat bereits (rechtskräftig) verurteilt. Diese Forderung würde polizeibekannte „Initiativtäter“ privilegieren, die – obwohl gegen sie bereits Strafverfahren wegen schwerwiegender Katalogtaten anhängig sind – immer wieder als Gewalttäter in Erscheinung treten.

Diese Auffassung findet eine Stütze in der Betrachtung der Entwicklung des Gesetzeswortlauts von § 112a I Ziff. 2 StPO: Eine einschlägige Vorstrafe, die dieser Haftgrund bis 1994 – allerdings lediglich grundsätzlich – forderte, sieht die heute geltende Fassung des Haftgrundes aus guten (kriminalpolitisch begrüßenswerten) Gründen nicht mehr vor. Daher kann es bei Beurteilung des Haftgrundes „Wiederholungsgefahr" nicht darauf ankommen, ob der Beschuldigte wegen eines gleichartigen Delikts bereits verurteilt worden ist. Vielmehr ist der Haftgrund anzuerkennen, wenn (bei Vorliegen aller weitern Tatbestandsmerkmale) **811a**

a) dringender Tatverdacht bezüglich wenigstens zweier gleichartiger Straftaten gegeben ist, auch wenn die erste der Taten noch nicht abgeurteilt ist oder
b) dringender Tatverdacht in Bezug auf eine Katalogtat gegeben ist und der Beschuldigte wegen einer gleichartigen Tat bereits verurteilt worden ist. Liegt die Verurteilung sehr weit zurück (als Richtwert mag insoweit der gesetzlich bis zum 1. 12. 1994 geltende Wert von fünf Jahren dienen) und hat der Beschuldigte sich zwischen diesen Taten auf freiem Fuß befunden, entfaltet sie keine indizielle Wirkung in Bezug auf eine von dem Beschuldigten ausgehende Wiederholungsgefahr (LG Bremen StV 2005, 618).

Beispiel: E ist mehrfach wegen Diebstahls (§ 242 StGB) in Erscheinung getreten. Heute wird er erneut beobachtet, wie er nach einem Verkehrsunfall aus einem Unfallfahrzeug eine Tasche entwendet (§ 243 I Ziff. 6 StGB). Zwar fällt das neue Delikt in den Anwendungsbereich der Wiederholungsgefahr, doch ist E insoweit erstmals in Erscheinung getreten, weil die Diebstähle nach § 242 StGB von § 112a I Ziff. 2 StPO nicht erfasst werden. Folglich kann Wiederholungsgefahr nicht anerkannt werden.

Bei einer Fortsetzungstat werden mehrere strafrechtlich relevante Handlungseinheiten zu einer juristischen Handlungseinheit zusammengefasst und als eine Straftat behandelt (RGSt 68, 298, 299; Schmidt, ZStW 75, 43, 58 ff.). Die äußere Tatseite verlangt außer Gleichartigkeit des verletzten Rechtsguts und gleichartige Tatbegehung einen engen räumlichen und zeitlichen Zusammenhang zwischen den einzelnen Teilakten (so auch Schirmeyer, S. 71). Der zur inneren Tatseite erforderliche Gesamtvorsatz muss sämtliche Teile der geplanten Handlungsreihe in den wesentlichen Grundzügen ihrer zukünftigen Gestaltung umfassen. Er muss auf einen Gesamterfolg gerichtet sein und den späteren Verlauf der Teilakte mindestens insoweit vorweg begreifen, als das verletzte Rechtsgut, seine Träger, ferner Ort, Zeit und ungefähre Art der Tatbegehung weitgehend feststehen. Der allgemeine Entschluss, fortan eine Reihe gleichartiger Straftaten begehen zu wollen, genügt dazu nicht (BGHSt 37, 45, 47; BGH NStZ 1992, 436). **812**

Beispiel: P beabsichtigt, seine Modelleisenbahn groß auszubauen. Da er nicht über das nötige Bargeld verfügt, will er die gewünschten Sachen in dem örtlichen Kaufhaus, das dieses Spielzeug führt, stehlen. Da er sich davor fürchtet aufzufallen, beschließt er, die Diebstähle im dichten Weihnachtsgedränge nach und nach auszuführen.

P fasst den Vorsatz, der sämtliche Teilakte einschließt, vor dem ersten Einzelakt. Infolgedessen handelt es sich nach h.M. um einen Diebstahl, der in Fortsetzungstat begangen worden ist.

Aber:

P stiehlt im Kaufhaus eine Modelleisenbahn-Lokomotive. Als er Wochen später erneut in diesem Haus ist, findet er die Gelegenheit günstig und greift wieder zu. Hier ist die zweite Tat Ergebnis eines neuen Tatentschlusses. Folglich können wir keine Fortsetzungstat, wohl aber wiederholte Tatbegehung anerkennen.

813 Als Straftaten, die eine Freiheitsentziehung wegen Wiederholungsgefahr nach § 112a I Ziff. 2 StPO zulassen, kommen nur Delikte in Frage, die die ***Rechtsordnung schwerwiegend beeinträchtigen***. Ob dies der Fall ist, beurteilt sich maßgeblich nach dem Unrechtsgehalt der Straftat (BVerfGE 35, 185, 191) und danach, ob diese in ihrer konkreten Ausgestaltung die Rechtsordnung schwerwiegend beeinträchtigt hat. In Betracht kommen nur Taten überdurchschnittlichen Schweregrades und Unrechtsgehalts bzw. solche, die mindestens der oberen Hälfte der mittelschweren Kriminalität zuzurechnen sind (OLG Jena NStZ-RR 2009, 143). Dies orientiert sich nicht nur an dem Gesichtspunkt der Schuldschwere oder an dem verhängten oder mutmaßlich zu erwartenden Strafmaß, sondern bezieht ebenso die Opferperspektive ein (OLG Karlsruhe NStZ-RR 2006, 210). Bei fortgesetzten Handlungen, nicht aber bei wiederholter Tatbegehung, kann man die Höhe des Gesamtschadens in die Überlegungen einbeziehen (OLG Frankfurt/M StV 2000, 209; Hilger, in: L-R § 112a Rdn 34) oder dem Umfang der Schuld des Täters. Da dieses Tatbestandsmerkmal den gemeingefährlichen Täter treffen soll, ist Voraussetzung, dass das Vertrauen der Bevölkerung in die Funktion der Rechtspflege erschüttert (BGHSt 24, 40, 46) und ihr Gefühl der Geborgenheit im Recht beeinträchtigt wird (Kleinknecht/Janischowsky Rdn 79).

Beispiel: A steht auf dem Fußballplatz und schaut sich ein Spiel „seiner" Mannschaft an. Als gegen Ende der Begegnung die gegnerische Mannschaft in Führung geht, „dreht A durch". Einem jubelnden Fan der anderen Mannschaft schlägt er einen selbst gefertigten „Totschläger" über den Kopf. Die Art und Weise der Tatbestandserfüllung und auch der sie auslösende Anlass lassen keinen Zweifel an der Feststellung, dass es sich im vorliegenden Fall um eine schwerwiegende Straftat (§ 224 StGB) handelt.

Aber:

In der Stammtischrunde im Lokal „Goldener Hirsch" geraten sich die Stammtisch-Brüder R und S über eine politische Entscheidung „in die Haare". Als R die Argumente ausgehen und S triumphierend in die Runde schaut, schlägt R unvermittelt mit dem Bierkrug zu. Diese Tatbestandserfüllung geschieht sozusagen „unter Ausschluss der Öffentlichkeit", kann also der Allgemeinheit nicht das Gefühl vermitteln, schutzlos brutalen Rechtsbrechern ausgesetzt zu sein.

814 Der Haftgrund aus § 112a I Ziff. 2 StPO erfordert weiterhin bestimmte Tatsachen, die die Gefahr der Wiederholung gleichartiger Straftaten offenbaren (vgl. dazu oben Rdn 806a). Die Ermittlungsbeamten können diese Tatsachen allein aus objektiven Gesichtspunkten ableiten. Sie liegen nur vor, wenn sie den Schluss zulassen, der Beschuldigte werde vor rechtskräftiger Verurteilung seiner starken kriminellen Neigung erneut erliegen. Diese Annahme ließe sich z.B. dadurch stützen, dass der Täter wegen eines Delikts gleicher Art früher bereits auffällig geworden ist, oder bei Begehung von Serienstraftaten (Wankel, in: KMR § 112a Rdn 10).

815 Die Gefahr muss auf die Begehung erheblicher Straftaten gleicher Art hin deuten. Der Begriff „erheblich" korrespondiert mit dem der „schwerwiegenden" Straftat, ist aber nicht damit identisch. Er deckt den gesamten Bereich der Schwerkriminalität bzw. der mittleren Kriminalität ab und schließt den der leichten Kriminalität aus (Wankel, in: KMR a.a.O.). Zwar müssen nicht alle Straftaten oder Einzelakte einer Fortsetzungstat von gleicher krimineller Intensität aber wenigstens der mittleren Kriminalität zuzurechnen sein.

Zudem verlangt der Gesetzgeber die Verwirklichung von Delikten gleicher Art. Gleichartigkeit ist nicht Gleichheit, doch muss es sich bei dem strafbaren Verhalten um rechtsethisch und psychologisch vergleichbare Tatbestände handeln (Kleinknecht/Janischowsky Rdn 88). Zur Ermittlung dessen, was vergleichbar ist, teilt man die Bestimmungen des § 112a I StPO in Deliktsgruppen ein. Nur innerhalb deren Grenzen können wir Gleichartigkeit bei der Tatbestandserfüllung annehmen. Anhaltspunkt für die Aufgliederung ist der Wortlaut selbst. Der Gesetzgeber gliedert den Katalog zunächst einmal in die Ziffern 1 und 2 und verwendet in der Ziffer 2 nach Aufzählung gewisser Bestimmungen jeweils das Wörtchen „nach". Folgt man diesem Hinweis, werden die einzelnen Gruppen gleichartiger Delikte deutlich: 816

- Tatbestände aus der Ziffer 1,
- § 89a StGB, Vorbereitung einer schweren staatsgefährdenden Gewalttat
- § 125a StGB, besonders schwerer Fall des Landfriedensbruchs,
- §§ 224 bis 227 StGB, also Körperverletzungsdelikte,
- §§ 243, 244, 249, 250, 251, 252, 253, 255, 260 StGB, Diebstahlsdelikte, Raub- und Erpressungstatbestände, gewerbsmäßige Hehlerei.
- § 263 StGB, Betrug,
- §§ 306 bis 306c, 316a StGB, Katalog gemeingefährlicher Straftaten,
- §§ 29 I Ziff. 1, 4, 10 oder Absatz 3; 29a I; 30 I; 30a I BtMG, Katalog von Straftaten gegen das Betäubungsmittelgesetz.

Nur wenn der Straftäter sich bei wiederholter oder fortgesetzter Tatbegehung innerhalb der aufgezeigten Deliktsgruppen bewegt, können wir § 112a I Ziff. 2 StPO bejahen. 817

Beispiel: W hat einen Raub begangen. Die polizeilichen Ermittlungen ergeben, dass er erst vor wenigen Wochen wegen Diebstahls mit Waffen in Erscheinung getreten ist.

Beide Straftaten gehören einer Deliktsgruppe an, und Gleichartigkeit der Taten ist gegeben. Wäre W dagegen nicht wegen § 244 StGB, sondern als Beteiligter an einer Schlägerei (§ 231 StGB) polizeilich bekannt, könnten die Ermittlungsbehörden Wiederholungsgefahr nicht begründen. 818

Wiederholungsgefahr nach § 112a I Ziff. 2 StPO verlangt schließlich eine bestimmte Straferwartung, nämlich eine Freiheitsstrafe von mehr als einem Jahr. Da es nur auf die tatsächlich zu erwartende Strafe ankommt, ist die gesetzliche Strafandrohung nicht ausschlaggebend. Hier gilt es zu bedenken, dass Freiheitsstrafen von über einem Jahr nicht sehr häufig verhängt werden. Sollten Zweifel auftreten, insbesondere weil viele der katalogmäßig erfassten Tatbestände Vergehen sind, ist Rücksprache mit der Staatsanwaltschaft zu empfehlen. 819

cc) Erforderlichkeit der Haft

Sinn des § 112a StPO ist der Schutz der Allgemeinheit (im Falle der qualifizierten Nachstellung der Opferschutz, vgl. Mitsch, NJW 2007, 1241) vor einem Wiederholungstäter. Daher kann die Freiheitsentziehung nur das letzte Mittel, 820 quasi die ultima ratio sein. Stehen andere, ebenso effektive Möglichkeiten zur Verfügung, dieses Ziel zu erreichen, ist denen der Vorzug zu geben. Diese Feststellung folgt aus der Tatsache, dass § 112a StPO den Freiheitsentzug nur erlaubt, wenn die Haft zur Abwendung der Gefahr erforderlich ist. Für den Ermittlungsbeamten wird sich jedoch bestenfalls ausnahmsweise eine außerhalb der Anordnung einer Freiheitsentziehung liegende Lösung anbieten, die die Gefahr einer erneuten Straffälligkeit ausschließt.

dd) Subsidiarität

821 Wiederholungsgefahr ist subsidiär gegenüber einem Haftgrund aus § 112 II StPO (vgl. § 112a II StPO).

f) Unbenannter Haftgrund

822 Ein Beschuldigter darf nach § 112 III StPO vorläufig festgenommen werden, wenn er eines besonderen Deliktes dringend verdächtig ist. In den Fällen der §§ 129a I, II (auch in Verbindung mit § 129b I), 211, 212, 226, 306b, 306c StGB oder, soweit durch die Tat Leib oder Leben eines anderen gefährdet worden ist, des § 308 I bis III StGB bedarf es eines Haftgrundes nach § 112 II StPO nicht. Voraussetzung für eine Freiheitsentziehung soll dann allein die Begehung einer der abschließend aufgezählten Straftaten sein. In Fällen der Tatbestandserfüllung, die § 112 III StPO nennt, wird ein Haftgrund gleichsam fingiert. Um der dadurch möglichen Gefahr einer „automatischen" Verhaftung jedoch zu begegnen, ist im Einzelfall zu prüfen, ob – ausnahmsweise – Umstände vorliegen, die der „Fiktion" dieser Vorschrift entgegenstehen (OLG Düsseldorf StV. 1982, 585).

823 Dieser Haftgrund weicht von den anderen insofern ab, als es eines besonderen Grundes für die Freiheitsentziehung nicht bedarf. Die Schwere des Verbrechens soll allein ausreichende Begründung für die auf Freiheitsentziehung lautende Entscheidung sein (Philipp, DRiZ 1965, 83, 85; Oppe, NJW 1966, 93, 94). Doch weckt die Auslegung, bei dringendem Verdacht eines der bezeichneten Verbrechen dürfe ohne weitere Voraussetzungen die Untersuchungshaft verhängt werden, rechtsstaatliche Bedenken. Eine derartig extensive Gesetzesinterpretation ist mit dem Grundgesetz nicht vereinbar; denn die Ermittlungsorgane dürfen auch bei schwersten kriminellen Delikten den Zweck der vorläufigen Festnahme niemals aus dem Auge verlieren (vgl. Amendt, S. 13).

824 Die vorläufige Festnahme einzig von der Tatbestandserfüllung abhängig zu machen, entbehrt einer verfassungsrechtlichen Grundlage. Legt daneben die hohe Straferwartung in Verbindung mit weiteren Umständen des Einzelfalls die Überlegung nahe, der Beschuldigte werde sich absetzen, dann lässt sich der Haftgrund „Fluchtgefahr" unschwer begründen. Gibt es indessen keinerlei Anhaltspunkte dafür, der Beschuldigte werde sich dem Verfahren entziehen oder Verdunkelungshandlungen vornehmen, dann ist das Verfahren auch ohne Freiheitsentziehung hinreichend gesichert und für den Vollzug eines Haftbefehls kein Raum. Auch der Hinweis auf den „Volkszorn" ist nicht stichhaltig: Steht zu befürchten, dass dem Beschuldigten von Seiten der Allgemeinheit Gefahr für Gesundheit oder gar Leben droht, geht die Störung nicht von ihm, sondern von denjenigen aus, die versuchen Selbstjustiz zu üben. Dann aber sind diese Personen Störer, gegen die sich die polizeilichen Maßnahmen zu richten hätten.

Beispiel: Um die Familienehre „mit Blut wieder reinzuwaschen und die Schande zu rächen", hat T zusammen mit ihren erwachsenen Kindern den Ehemann und Vater erstochen. Der hatte in der Vergangenheit seine Tochter immer wieder vergewaltigt.

Oder:

Ein 18-jähriger hat seinen schlafenden Vater erschossen. Der Mann hatte sich niedergelegt und seiner Frau angekündigt, er werde sie verprügeln, wenn er wieder aufstehe. Da es in der Vergangenheit wiederholt zu schweren Misshandlungen seiner Mutter gekommen war, was der Junge genau wusste, griff er zur Waffe und tötete seinen Vater.

Beide Fälle enthalten Tötungsdelikte nach §§ 212, 211 StGB. Die Sachver- 825
halte zeigen aber auch, dass man die in § 112 III StPO aufgeführten Delikte nicht undifferenziert behandeln darf. Weder die Schwere des Verbrechens wider das Leben noch die Schwere der zum Zeitpunkt der Freiheitsentziehung nicht einmal festgestellten Schuld rechtfertigen für sich allein eine Verhaftung. Noch weniger kann eine mehr oder minder deutliche Erregung in der Öffentlichkeit, die es unerträglich findet, dass ein Mörder oder Terrorist frei herumläuft, als Begründung für einen weitreichenden Rechtseingriff gelten (Dahs, NJW 1965, 81, 83 und 1966, 761, 763; Schmidt-Leichner, NJW 1966, 425, 427 f.).

Daher müssen auch in den Fällen des § 112 III StPO Erkenntnisse vorliegen, 826
die die Aufklärung und Ahndung der Tat ohne Festnahme des Beschuldigten gefährdet sehen. Dazu bedarf es nicht mit bestimmten Tatsachen belegbarer Umstände des Einzelfalls. Der bei Tötungsdelikten (aber auch bei den anderen aufgeführten Delikten) meist nicht auszuschließende Flucht- oder Verdunkelungsverdacht kann u.U. schon ausreichen (BVerfGE 19, 342, 350; 36, 264, 277).

§ 112 III StPO steht in engem Zusammenhang mit § 112 II StPO. Mit Rück- 827
sicht auf die Schwere der Tat werden die strengen Voraussetzungen der Haftgründe aus dem Absatz 2 gelockert. Damit begegnet der Gesetzgeber der Gefahr, dass sich gerade die gefährlichsten Täter der Bestrafung entziehen (BVerfG NJW 1966, 243, 244). Dennoch bleiben die Ermittlungsorgane verpflichtet, den Grund für ihre auf Freiheitsentziehung lautende Entscheidung offen zu legen. Während § 112 II StPO grundsätzlich ein Verbot der Freiheitsentziehung enthält und diese nur zulässt, wenn ganz bestimmte Umstände dafür sprechen, liegen die Verhältnisse in § 112 III StPO umgekehrt: Hier sprechen zunächst alle Umstände für die Freiheitsentziehung. Sollten jedoch konkrete und unwiderlegbare Tatsachen gegen die Annahme von Flucht- oder Verdunkelungsverdacht sprechen, darf selbst auf der Basis von § 112 III StPO eine Festnahme nicht erfolgen.

3. Verhältnismäßigkeit

Die vorläufige Festnahme greift in das Grundrecht der persönlichen Freiheit 828
des Beschuldigten aus Art. 2 II Satz 2 GG ein und stellt eine schwerwiegende Rechtsgutsbeeinträchtigung dar. Ihre Anordnung ist daher nur unter Beachtung des Verhältnismäßigkeitsgrundsatzes zulässig (Hennerkes, S. 18; Jescheck, GA 1962, 65, 67). Dieser Forderung entspricht der § 112 I StPO insoweit, als die

Freiheitsentziehung weder zu der Bedeutung der Sache noch zu der zu erwartenden Strafe oder Maßregel der Besserung und Sicherung außer Verhältnis stehen darf. Nehmen die Ermittlungsbeamten diesen Grundsatz ernst, dürften sie eine vorläufige Festnahme lediglich im Ausnahmefall anordnen, also nur, wenn es unbedingt notwendig ist (Hilger, in: L-R § 112 Rdn 60).

829 Der Eingriff in die Freiheit der Person ist auch bei Begründung ihrer Tatbestandsmerkmale erst zulässig, wenn und soweit der legitime Anspruch der Gesellschaft auf vollständige Aufklärung der Straftat und rasche Bestrafung des Täters nicht anders als durch Haft gesichert werden kann (BVerfGE 32, 87, 93). Dies begrenzt den Anwendungsbereich der vorläufigen Festnahme – unabhängig von der Schwere des verfolgten Delikts – auf die Fälle, in denen die Straftat noch nicht aufgeklärt ist und deshalb der Erhebung der öffentlichen Klage erhebliche Hindernisse entgegenstehen. Auf der anderen Seite verhindert dieser Gedanke keineswegs eine Festnahme zur Verfolgung der Bagatellkriminalität, wenn nur mittels vorläufiger Festnahme eine wirksame Strafverfolgung möglich ist (Wagner, NJW 1978, 2002, 2004).

830 Offen bleibt die Frage nach Zulässigkeit der vorläufigen Festnahme, wenn den Beschuldigten lediglich eine Geldstrafe erwartet. Geld- und Freiheitsstrafe stehen als Rechtsfolgen der Tat gleichberechtigt nebeneinander. Aufgabe des Verhältnismäßigkeitsgrundsatzes ist es, einen vertretbaren Kompromiss zwischen dem Recht des Einzelnen auf Beachtung seiner persönlichen Freiheit und dem Bedürfnis der Gesellschaft nach effektiver Strafverfolgung zu finden. So gesehen kann man dem Individualinteresse nicht den Vorrang einräumen und die Durchführung einer Freiheitsentziehung verbieten, weil der Beschuldigte allenfalls eine Geldstrafe zu erwarten hat (OLG Frankfurt a. M. StV 1988, 392, 393; Seetzen, NJW 1973, 2001; Schlüchter Rdn 220.1).

831 Erreicht die Dauer von Festnahme und Untersuchungshaft (kumulativ oder alternativ) die Dauer der zu erwartenden Strafe oder übersteigt sie diese gar, ist der Freiheitsentzug unverhältnismäßig. Auch wenn klar erkennbar ist, dass der Haftbefehl vor der Verurteilung des Beschuldigten/Angeklagten aufgehoben werden muss, verbietet sich die Anordnung der Untersuchungshaft. Dann nämlich erfüllt sie den Zweck der Verfahrenssicherung nicht und läuft auf einen gesetzwidrigen Sofortvollzug oder auch Vorabvollzug der Strafe hinaus (vgl. dazu LG Hamburg StV 1987, 399, 400; OLG Düsseldorf StV 1988, 390; Paeffgen, NStZ 1989, 417, 418).

832 Hinsichtlich der Hauptverhandlungshaft nach § 127b StPO besteht grundsätzlich keine Gefahr, sie könne unverhältnismäßig sein; denn die auf eine Woche limitierte Untersuchungshaft übersteigt die ggf. zu erwartende Geldstrafe in ihrem gesetzlichen Mindestmaß (fünf Tagessätze, § 40 I Satz 2 StGB) nur geringfügig. Unverhältnismäßig kann der Rechtseingriff jedoch werden, wenn er erkennbar Auswirkungen im sozialen Umfeld des Beschuldigten hat, insbesondere auf seine berufliche Stellung, seine wirtschaftliche Existenz, seinen Gesundheitszustand oder sein soziales Ansehen (Deckers, in: AK StPO § 112 Rdn 32f.).

833 Wird das Urteil auf Geldstrafe lauten und liegt ein Haftgrund vor, weil der Beschuldigte z.B. keinen festen Wohnsitz hat, dann wäre dem Staat u.U. die Möglichkeit genommen, den Betreffenden zu bestrafen, wenn die Polizeibeamten die vorläufige Festnahme unterließen. Es gibt aber keinen sachlichen Grund, den Tatverdächtigen, der eine Freiheitsstrafe zu erwarten hat, anders zu behandeln als den, dem lediglich eine Geldstrafe „winkt" (Wagner, NJW 1978, 2002, 2004). Der Grundsatz der Verhältnismäßigkeit steht somit der Anordnung einer vorläufigen Festnahme nicht entgegen, wenn sog. Bagatellkriminalität verfolgt wird. Allerdings begrenzt er den Einsatz dieses wichtigen Mittels der Strafverfolgung doch ganz erheblich.

4. Festnahme bei leichten Vergehen, §§ 112, 113 StPO

Der § 12 StGB (Zweiteilung der Straftaten) unterscheidet zwischen Verbrechen und Vergehen. Innerhalb der Vergehen macht § 113 StPO einen Unterschied zwischen „leichten" und anderen. Die Rechtsfolge des leichten Vergehens ist festgelegt und umfasst Freiheitsstrafe bis zu sechs Monate oder Geldstrafe bis zu 180 Tagessätzen allein oder nebeneinander. Die so genannten leichten Vergehen stellen im Recht eine Ausnahme dar. Das Strafgesetzbuch enthält einige, z.B. in den §§ 107b, 160 I 2. Alt., 285, vereinzelt findet sich ein solches Delikt auch n anderen Gesetzen, z.B. in § 25 VersammlG, § 66 IV BNatSchG, § 38 II BJagdG. Entscheidend ist in diesem Zusammenhang die gesetzliche Strafandrohung und nicht die im Einzelfall zu erwartende Strafe. „Freiheitsstrafe" i.S. des § 113 StPO ist auch der Strafarrest nach §§ 9, 13 WStG, nicht aber der Jugendarrest nach § 16 JGG, der als Zuchtmittel eingestuft wird (§ 13 II Ziff. 3 JGG). **834**

Eine Freiheitsentziehung wegen Verdunkelungsgefahr schließt § 113 StPO aus, so dass als Haftgrund einzig Fluchtgefahr in Betracht kommt. Da der Gesetzgeber in § 113 StPO deutlich Bezug auf § 112 II StPO nimmt, müssen die Beamten auch bei der Verfolgung leichter Vergehen zwecks Begründung der Fluchtgefahr eine Würdigung der Umstände des Einzelfalls vornehmen, wobei weitgehende Restriktionen zu beachten sind: Zur Untermauerung des Haftgrundes dürfen nur die in § 113 II StPO abschließend aufgeführten Tatsachen herangezogen werden. Zuzugeben ist, dass in den dort genannten Fällen regelmäßig Fluchtgefahr vorliegen wird. **835**

Eine eigenständige Ermächtigung zur Durchführung der vorläufigen Festnahme stellt § 113 StPO nicht dar; denn auch zur Verfolgung eines Bagatelldelikts müssen die Beamten die Bestimmungen des § 112 StPO prüfen. Allerdings treten bei Beurteilung der Frage, ob der Haftgrund „Fluchtgefahr" angewendet werden kann, die der Schwere des Delikts angemessenen Restriktionen des § 113 StPO hinzu (Wankel, in: KMR § 113 Rdn 2). Schließlich folgt auch aus dem Gedanken der Angemessenheit keineswegs, dass der Erlass eines Haftbefehls nach diesen geringfügigen Delikten stets unverhältnismäßig ist (Graf, in: KK § 113 Rdn 1). **836**

a) Entziehen oder Anstalten zur Flucht

Nach § 113 II Ziff. 1 StPO darf eine Freiheitsentziehung angeordnet werden, wenn der Beschuldigte sich dem Verfahren bereits einmal entzogen oder Anstalten zur Flucht getroffen hat. Die Voraussetzungen der ersten Alternative liegen vor, wenn die Ermittlungsbeamten auf Grund bestimmter Tatsachen feststellen, dass der Beschuldigte mit dem Willen flüchtig ist oder sich verborgen **837** hält, in dem anhängigen Ermittlungsverfahren für sie nicht ansprechbar zu sein. Erkenntnisse dieser Art aus früheren Verfahren sind irrelevant.

838 Anstalten zur Flucht trifft ein Beschuldigter erst im Augenblick der Vorbereitung eines Ortswechsels, um wegen des anhängigen Delikts nicht belangt werden zu können. Vorbereitungen in diesem Sinne sind nur Tatsachen, die den entsprechenden Schluss nahe legen. Dazu zählen übliche Reisevorbereitungen nicht; denn sie enthalten gerade keinen Willen, sich der strafrechtlichen Verantwortung auf Dauer zu entziehen.

839 Beide Alternativen sind in Anbetracht der zu erwartenden Strafe äußerst restriktiv auszulegen. Die Lebenserfahrung legt es nahe anzunehmen, dass ein Tatverdächtiger wohl kaum menschliche und soziale Bindungen abschneidet, um einer geringfügigen Bestrafung zu entgehen.

b) Fester Wohnsitz oder Aufenthalt

840 Auf Grund § 113 II Ziff. 2 StPO dürfen die Ermittlungsbeamten hinsichtlich Fluchtgefahr auch würdigen, ob der Beschuldigte im Geltungsbereich der Strafprozessordnung einen festen Wohnsitz oder Aufenthalt hat. Diese Ziffer enthält zwei gleichberechtigte Merkmale, nämlich Wohnsitz (vgl. dazu Rdn 763) oder Aufenthalt. „Aufenthalt" beschreibt den Ort, an dem eine Person sich tatsächlich aufhält. Dazu ist notwendig aber auch ausreichend ein gewisse Dauer umfassendes oder ein regelmäßiges Verweilen. Daher scheidet kurzfristige Anwesenheit, z.B. bei Besuchen, aus (Heinrichs, in: Palandt § 7 Rdn 2). Allerdings stellt § 113 II Ziff. 2 StPO nicht auf den Aufenthalt schlechthin ab, sondern spricht den „festen" Aufenthalt an. „Fest" ist der Aufenthalt, wenn der Verdächtige aus rechtlichen oder tatsächlichen Gründen an einem bestimmten Ort für längere Zeit Wohnung nimmt, ohne einen Wohnsitz zu begründen (Westermann, in: Ermann § 7 Rdn 5). Über die Dauer lassen sich zwar keine allgemein verbindlichen Aussagen machen, doch sollte die Anwesenheit zumindest vier Wochen umfassen. Besondere Regeln gelten für Wohnsitze von Soldaten (§ 9 BGB).

841 Allgemein verbirgt sich hinter dem Begriff „Aufenthalt" das Verlangen der Erreichbarkeit eines Beschuldigten. Insoweit sind Bedenken programmiert bei sog. Nichtsesshaften, die sich teilweise an stets derselben, nicht selten jedoch an wechselnden Örtlichkeiten aufhalten. Diese Personen haben zwar keinen „festen" Aufenthalt im Sinne dieser Norm, doch verfügen sie häufig über Kontakte zu einer konkret bezeichneten Drogenberatungsstelle oder auch zu Streetworkern, über die sie erreichbar sind. Gerade zu Nichtsesshaften kann man häufig bei solchen Anlaufstellen (wie auch Übernachtungsmöglichkeiten) Kontakt herstellten, der die weitere Strafverfolgung gewährleistet (LG Zweibrücken NJW 2004, 1679 f.).

c) Kann sich nicht ausweisen

842 Die Ermittlungsbeamten dürfen nach § 113 II Ziff. 3 StPO eine vorläufige Festnahme ggf. anordnen, wenn der Beschuldigte sich nicht über seine Person ausweisen kann. Diese Alternative ist indes kein Fall des § 113 StPO mehr; denn wenn sich ein Tatverdächtiger nicht ausweisen kann, ist die Feststellung seiner Identität nicht möglich (vgl. Rdn 257ff), und die Behörden haben das Recht, die Person zum Zwecke der Identitätsfeststellung z.B. nach Personalpapieren oder anderen Hinweisen auf ihre Identität zu durchsuchen. Führt auch das nicht zum Ziel, dürfen Polizei und Staatsanwaltschaft die Freiheit des Verdächtigen bis zu 12 Stunden einschränken, um in dieser Zeit seine Identität festzustellen. Erst das Ergebnis der Identitätsfeststellung gibt Aufschluss darüber, ob Fluchtgefahr begründet werden kann. Dann nämlich stehen die erforderlichen Tatsachen zur Verfügung, die für oder gegen die Annahme des Haftgrundes abgewogen werden müssen. In diesem Rahmen ist § 113 II Ziff. 3 StPO somit nicht mehr anwendbar.

II. Verfahren nach Durchführung der Freiheitsentziehung

In Bezug auf Beurteilung des Verfahrens nach Durchführung einer Freiheits- **843**
entziehung müssen wir unterscheiden zwischen Verhaftung und vorläufiger Festnahme einerseits bzw. Ingewahrsamnahme andererseits. Ist ein Haftbefehl ausgestellt, finden die §§ 115 ff. StPO Berücksichtigung, dagegen ist bei der vorläufigen Festnahme neben § 128 StPO der Art. 104 II S. 1 GG einschlägig. Auf Grund der verfassungsrechtlichen Freiheitsgarantien unterliegt jede Freiheitsentziehung einem richterlichen Vorbehalt, der nicht zur Disposition steht. Alle staatlichen Organe sind verpflichtet, dafür Sorge zu tragen, dass der Richtervorbehalt als Grundrechtssicherung praktisch wirksam wird (BVerfGE 103, 142, 151 ff.). Daraus folgt für den Staat die verfassungsrechtliche Verpflichtung, die Erreichbarkeit eines zuständigen Richters – zumindest für die Tageszeit – zu gewährleisten und ihm insoweit eine sachangemessene Wahrnehmung seiner richterlichen Aufgaben zu ermöglichen.

Sollte in Einzelfällen der verfassungsrechtlich zulässige Zweck, den Polizei **844**
oder Staatsanwaltschaft mit einer Freiheitsentziehung verfolgen, nicht zu erreichen sein, sofern dem Eingriff eine richterliche Entscheidung vorausgeht, dann greift Art. 104 II S. 2 GG, der von den Behörden unverzügliches Einholen einer richterlichen Entscheidung verlangt. Diese grundgesetzliche Forderung flankiert § 128 StPO, der Polizei und Staatsanwaltschaft verpflichtet, den Betroffenen, sofern er nicht wieder in Freiheit gesetzt wird, unverzüglich, spätestens am Tage nach der Freiheitsentziehung, dem Richter bei dem Amtsgericht vorzuführen, in dessen Bezirk die Person festgehalten wird. „Unverzüglich" handeln die Beamten nur, wenn sie die richterliche Entscheidung ohne eine sachlich gerechtfertigte Verzögerung einholen (BVerwGE 45, 51, 63; Dürig, in: M-D-H Art. 104 Rdn 38). Unvermeidbar wären z.B. Verzögerungen, die sich aus der Länge des Weges, erhebliche Schwierigkeiten beim Transport, eine notwendige Registrierung und Protokollierung des Vorfalls, renitentes Verhalten des Eingriffsadressaten oder ähnliche Umstände herleiten. Die fehlende Möglichkeit, einen Richter zu erreichen, kann angesichts der verfassungsrechtlichen Verpflichtung des Staates, der Bedeutung des Richtervorbehalts durch geeignete organisatorische Maßnahmen Rechnung zu tragen, nicht ohne weiteres als unvermeidbares Hindernis für die unverzügliche Nachholung der richterlichen Entscheidung angesehen werden (BVerfGE 103, 142, 151 ff.). Für Polizei und Staatsanwaltschaft bedeutet dies, die Person dann entweder sobald wie möglich vorzuführen oder freizulassen.

845 Auch im Falle der präventiv durchgeführten Freiheitsentziehung gelten Verfahrensgrundsätze, die die Polizei unbedingt zu beachten hat, und zwar das unverzügliche Einholen einer richterlichen Entscheidung wie auch das Veranlassen einer richterlichen Anhörung. Als Besonderheit tritt indes hinzu die Verpflichtung, polizeirechtlich in Gewahrsam genommene Personen von Straf- und Untersuchungsgefangenen zu trennen, wenn dienstliche Gründe dem nicht entgegenstehen (vgl. § 19 III bbPolG, § 37 III nwPolG).

1. Vorführung/Freilassen

846 Die Vorführung des vorläufig Festgenommenen vor den Richter muss unverzüglich erfolgen, spätestens am Tage nach der Festnahme (Art. 104 III GG). Damit ist der letzte Termin genannt, der auch mit Einwilligung des Beschuldigten nicht überschritten werden darf. Kann der Festgenommene nicht vorgeführt werden (weil er z.B. im Krankenhaus liegt), müssen die Akten unter Wahrung der Fristen aus § 128 StPO dem zuständigen Richter überstellt werden, wobei auch der Grund mitzuteilen ist, der der persönlichen Vorführung entgegensteht, sog. symbolische Vorführung (Kraus, in: AK StPO § 128 Rdn 4).

847 Nach der Vorstellung des Gesetzes erfolgt die Vorführung eines Beschuldigten grundsätzlich durch die Staatsanwaltschaft (Schluss aus § 128 II Satz 2 StPO). Lehnt es der zuständige Staatsanwalt auf Grund seiner Beurteilung der Rechts- und Sachlage ab, einen Antrag auf Erlass eines Haftbefehls zu stellen, und macht er dies der Polizei gegenüber deutlich, ist der Beschuldigte zu entlassen.

848 Ist der Staatsanwalt auch im Zeitalter umfangreichster Kommunikationsmöglichkeiten ausnahmsweise einmal nicht zu erreichen (was indes kaum denkbar ist, vgl. Lemke, in: HK § 128 Rdn 9 ff.), setzt sich der ermittelnde Polizeibeamte unmittelbar mit dem zuständigen Richter auf der Grundlage des § 128 I StPO in Verbindung. Lehnt der Richter es ab zu entscheiden, also erlässt er weder den Haftbefehl noch verfügt er die Freilassung des Beschuldigten, obwohl die Entscheidungsunterlagen (z.B. polizeiliche Vernehmung, Beweismittel, vgl. Schultheis, in: KK § 128 Rdn 9) eine fundierte Entscheidung zulassen, ist entsprechend § 128 II Satz 1 StPO zu verfahren: Der Beschuldigte ist freizulassen. In derartigen Fällen empfiehlt es sich, einmal diese Tatsache als solche aktenkundig zu machen, und – sofern sie erkennbar sind – die Gründe aufzuführen, die diese richterliche Entscheidung bestimmt haben.

849 Wird der Beschuldigte nicht vorgeführt, muss er in Freiheit gesetzt werden. Der Polizei steht dieses Recht nur so lange zu, wie der Verdächtige sich in ihrem Gewahrsam befindet und die Staatsanwaltschaft das Verfahren noch nicht übernommen hat.

850 Der Staatsanwalt hat hinsichtlich der Freilassung weitergehende Befugnisse, und zwar auf Grund § 120 III StPO. Er kann den Beschuldigten in jedem Stadium des Ermittlungsverfahrens freilassen, selbst wenn der Richter einen Haftbefehl erlassen hat. Polizeirechtlich in Gewahrsam genommene Personen sind zu entlassen, sobald der Grund für die Maßnahme der Polizei weggefallen ist (§ 20 I Ziff. 1 bbPolG, § 38 I Ziff. 1 nwPolG, § 22 thPAG). Diese Norm ist eine rechtsstaatliche Selbstverständlichkeit.

851 Da bei Durchführung jeder Freiheitsentziehung der Primat richterlicher Entscheidung greift, muss die festgehaltene Person in Freiheit gesetzt werden,

wenn die Freiheitsentziehung durch richterliche Entscheidung für unzulässig erklärt wird (§ 20 I Ziff. 2 bbPolG, § 38 I Ziff. 2 nwPolG, § 22 Ziff. 2 thPAG). Ordnet hingegen ein Richter auf Grund des Polizeigesetzes oder eines anderen Gesetzes die Fortdauer der Freiheitsentziehung an, darf der Betroffene auch über das Ende des Tages nach dem Ergreifen festgehalten werden (§ 20 I Ziff. 3 bbPolG, § 38 I Ziff. 3 nwPolG, § 22 Ziff. 3 thPAG).

Soll die Freiheitsentziehung über die grundsätzlich höchstzulässige Dauer, **852** also über das Ende des auf das Ergreifen folgenden Tages hinaus ausgedehnt werden, bedarf es ausnahmslos einer richterlichen Entscheidung. Darin ist die Dauer des Freiheitsentzuges anzugeben. Allerdings gilt auch für den Freiheitsentzug auf Grund richterlichen Entscheids eine absolute Höchstgrenze, die indes je nach Bundesland unterschiedlich ist: Vgl. § 20 I Ziff. 3 letzter Halbsatz bbPolG = 4 Tage; § 22 Ziff. 3 letzter Halbsatz thPAG = 10 Tage. Das nwPolG schreibt insoweit keine zeitliche Grenze vor.

Bei Anordnung dieser längeren Freiheitsentziehung (Vorbeugegewahrsam) **853** ist auch der Richter an Beachtung gesetzlicher Tatbestandsmerkmale gebunden. Es müssen Anhaltspunkte dafür vorliegen, dass der Betroffene bestimmte Straftaten (vor allem Demonstrationsdelikte) begehen oder sich daran beteiligen oder dass er eine genannte Ordnungswidrigkeit begehen wird. Dies bedeutet, dass sich dem Richter gewisse Verdachtsmomente eröffnen, die ihm die geforderte Prognoseentscheidung ermöglichen.

2. Mitteilungs- und Benachrichtigungspflicht

In der polizeilichen wie auch der staatsanwaltschaftlichen Praxis stellt sich **854** immer wieder die Frage, ob die Behörde der Person, der sie die Freiheit entzogen hat, erlauben muss, Angehörige, einen Rechtsanwalt oder sonstige Personen von der Freiheitsentziehung in Kenntnis zu setzen. Tatsächlich gebietet der rechtsstaatliche Grundsatz des fairen Verfahrens („fair trial") auch eine gewisse Transparenz, was ohne Zweifel für eine Benachrichtigungspflicht spricht.
Grundlage der Benachrichtigungsregelung ist Art. 104 IV GG. Dementspre- **855** chend ist von jeder richterlichen Entscheidung über die Anordnung oder Fortdauer einer Freiheitsentziehung ein Angehöriger des Festgehaltenen oder eine Person seines Vertrauens zu benachrichtigen. Diese essentielle Bestimmung findet ihre Ausformung in den verschiedenen Gesetzen, die Freiheitsentziehungen zulassen oder die das Verfahren bei Freiheitsentziehungen regeln, wie z.B. § 114b StPO, § 19 II bbPolG, § 37 II nwPolG, § 21 II thPAG, § 432 FamFG.

Nach § 127 IV StPO gelten für die vorläufige Festnahme (ebenso wie im be- **856** schleunigten Verfahren, § 127b I Satz 2 StPO) durch Staatsanwaltschaft oder Polizei die §§ 114a bis 114c StPO entsprechend. Einem der deutschen Sprache nicht hinreichend mächtigen Beschuldigten ist gemäß § 114a StPO unverzüglich in einer für ihn verständlichen Sprache mitzuteilen, welche Beschuldigung gegen ihn erhoben und warum ihm die Freiheit entzogen wird. Ist die Übersetzung zeitnah nicht möglich, muss sie unverzüglich nachgeholt werden. Dass einem Beschuldigten der Tatvorwurf zu machen ist, folgt elementarsten rechtsstaatlichen Gesichtspunkten (vgl. oben Rdn 219). Effizient ist diese Forderung nur, wenn der Adressat des Rechtseingriffs sowohl eindeutig Kenntnis erhält, wessen ihn die Ermittlungsbehörden verdächtigen als auch – vor allem – welche Folgen der Tat ihm oktroyiert werden. Dies verlangt. dem Betroffenen in einer für ihn „verständlichen Sprache“ über die Rechtsfolgen zu informieren. Die für ihn „verständliche Sprache“ kann einmal die Muttersprache sein; alternativ kommt eine Fremdsprache in Betracht, derer der Beschuldigte indes hinreichend mächtig sein muss. Daraus folgt die durchaus einmal schwierig zu bewältigende Aufgabe zu ermitteln, welche Sprache für die Bekanntgabe tatsächlich heranzuziehen ist. Da zu erwarten ist, dass ein vorläufig Festgenommener zum Ausdruck bringt, er verstehe die „gängigen Weltsprachen“ nicht, öffnet § 114a StPO den Weg zum unverzüglichen Nachholen der Mitteilung an den Adressaten. „Unverzüglich“ bedeutet zwar so schnell wie möglich, aber selbstredend sind die Besonderheiten des Falles zu berücksichtigen, die sich darin offenbaren, einen Dolmetscher finden zu müssen, der sich in dem Sprachspektrum, dessen sich der Beschuldigte bedient, ausreichend auskennt. Die Forderung lautet also, sich sobald wie möglich um eine Person zu bemühen, die in der Lage ist, sich mit dem Beschuldigten zu unterhalten, ihm seine Rechtssituation zu erklären und den Inhalt des Haftbefehls oder der Festnahmeanzeige zu übersetzen. Bis das geschehen ist, bleibt der Eingriffsadressat in amtlichem Gewahrsam.

857 Daneben ist der vorläufig festgenommene Beschuldigte unverzüglich und schriftlich in einer für ihn verständlichen Sprache über seine Rechte zu belehren. Ist die schriftliche Belehrung nicht möglich oder offenkundig nicht ausreichend, hat eine (ergänzende) mündliche Belehrung zu erfolgen (§ 114b I StPO). Was auf den ersten Blick unverständlich erscheint, erschließt sich einem bei näherer Betrachtung, wenn man daran denkt, dass ein Beschuldigter in Bezug auf den Tatvorwurf, die angeführten Gründe für die Freiheitsentziehung oder die ihm eingeräumten Rechte Fragen haben kann, die von den Beamten bzw. den Übersetzern beantwortet werden müssen. Der Betroffene soll die Belehrung schriftlich bestätigen. Er unterliegt insoweit keinem Zwang; verweigert er seine Unterschrift, ist dies zu dokumentieren (§ 114b I Satz 4 StPO). Der Katalog, über den der Beschuldigte zu belehren ist (vgl. § 114b II StPO), weist im Großen und Ganzen die Inhalte auf, die für jedermann gelten: Nach seiner Ergreifung ist der Betroffene unverzüglich dem Haftrichter vorzuführen; er hat das Recht, zu den Anschuldigungen zu schweigen oder sich dazu zu äußern; er darf jederzeit einen Verteidiger konsultieren; er hat das Recht Beweiserhebungsanträge zu stellen; er darf die konsularische Vertretung seines Heimatlandes verständigen sowie eine Person seines Vertrauens über die vorläufige Festnahme unterrichten; er hat das Recht, im Verfahren einen Dolmetscher unentgeltlich hinzuzuziehen; schließlich kann er verlangen, einen Mediziner seiner Wahl mit der Vornahme erforderlicher Untersuchungen zu beauftragen.

858 Ist ein Beschuldigter schriftlich darüber zu belehren, dass er einen Angehörigen oder eine Person seines Vertrauens über die Freiheitsentziehung benachrichtigen kann, soweit dadurch der Untersuchungszweck nicht gefährdet wird (§ 114b II Ziff. 6 StPO), ist es quasi eine Selbstverständlichkeit, ihm dies unverzüglich zu ermöglichen. Wen der Verhaftete benachrichtigt, steht zwar grundsätzlich in seinem Belieben (BVerfG NJW 1985, 339), es sei denn, die Benachrichtigung speziell dieser Person beeinflusst den Ablauf des Ermittlungsverfahrens negativ. Wollen die Ermittlungsbeamten die Benachrichtigung der von dem vorläufig Festgenommenen benannten Person ablehnen, bedarf es dafür stichhaltiger Argumente. Vor allem darf das Recht der Benachrichtigung einer Vertrauensperson nicht dazu missbraucht werden, in einer Polizei oder Staatsanwaltschaft nicht verständlichen Sprache Nachrichten weiterzuleiten. Daher müsste die Benachrichtigung in Anwesenheit eines Dolmetschers erfolgen. Sollte selbst in dessen Beisein das Gespräch in eine von diesem nicht verständliche Sprache abgleiten, ist es sofort zu unterbrechen oder zu beenden.

III. Die Sicherheitsleistung

Hat der Beschuldigte im Geltungsbereich der Strafprozessordnung keinen festen Wohnsitz oder festen Aufenthalt, liegt regelmäßig Fluchtgefahr vor. Ist ein Haftgrund gegeben, sind zumeist auch die Voraussetzungen eines Haftbefehls erfüllt (§ 127a StPO), es sei denn die vorläufige Festnahme ist im Einzelfall unverhältnismäßig. **859**

Um auf die vorläufige Festnahme als Mittel zur Sicherung der Strafverfolgung (Amandt, S. 30) weitgehend verzichten zu können, wenn als Rechtsfolge der Tat lediglich eine Geldstrafe zu erwarten ist, sieht § 127a StPO die Leistung einer angemessenen Sicherheit vor. Zwar kann in diesem Falle die Zahlung der Sicherheitsleistung weder durch einen Richter noch durch Ermittlungsbeamte angeordnet werden, wie dies im Übrigen § 132 StPO zulässt, aber es wirkt in der Tat erheblicher psychischer Druck auf den Beschuldigten, da er im Falle einer Zahlungsverweigerung festgenommen werden müsste. **860**

Hat der Beschuldigte im Geltungsbereich der Strafprozessordnung keinen festen Wohnsitz oder Aufenthalt und liegen die Voraussetzungen eines Haftbefehls nur wegen Fluchtgefahr vor, so kann davon abgesehen werden, seine Festnahme anzuordnen oder aufrechtzuerhalten, wenn nicht damit zu rechnen ist, dass wegen der Tat eine Freiheitsstrafe verhängt oder eine freiheitsentziehende Maßregel der Besserung und Sicherung angeordnet wird und der Beschuldigte eine angemessene Sicherheit für die zu erwartende Geldstrafe und die Kosten des Verfahrens leistet (§ 127a StPO). Während in § 127a StPO die Voraussetzungen eines Haftbefehls vorliegen müssen, setzt § 132 I StPO voraus, dass trotz fehlenden Wohnsitzes oder Aufenthaltes die Voraussetzungen eines Haftbefehls nicht anzunehmen sind. **861**

Die Sicherheit, die der Beschuldigte zu gewähren hat, ist durch Hinterlegung in barem Geld, in Wertpapieren, durch Pfandbestellung oder durch Bürgschaft geeigneter Personen zu leisten (§ 127a II StPO i.V.m. § 116a I StPO; § 132 I Satz 2 StPO i.V.m. § 116a I StPO). Überdies ist der Beschuldigte, der die Aussetzung des Vollzugs des Haftbefehls gegen Sicherheitsleistung beantragt, verpflichtet, eine im Bezirk des zuständigen Gerichts wohnende Person zum Empfang von Zustellungen zu bevollmächtigen (§ 127a II StPO i.V.m. § 116a III StPO; § 132 I Ziff. 2 StPO). **862**

Obwohl §§ 127a und 132 StPO von unterschiedlichen Prämissen hinsichtlich der Voraussetzungen eines Haftbefehls ausgehen, sind die Tatbestandsmerkmale weitgehend identisch. Sofern dies der Fall ist, werden sie bei den folgenden Erläuterungen zusammen abgehandelt. Gibt es im Einzelfall Unterschiede, wird darauf hingewiesen. **863**

a) Strafart

864 Rechtsfolge der in Rede stehenden Straftat darf nicht Freiheitsstrafe, sondern nur Geldstrafe sein (§§ 127a I Ziff. 2, 132 I Ziff. 1 StPO). Ob dies der Fall ist, entscheidet der Ermittlungsbeamte anhand seiner Kenntnisse der Gerichtspraxis, so dass die gesetzliche Strafandrohung unbeachtlich ist.

b) Sicherheit

865 Der Beschuldigte hat eine angemessene Sicherheit für die zu erwartende Geldstrafe und die Kosten des Verfahrens zu leisten (§§ 127a I Ziff. 2, 132 I Ziff. 1 StPO). Er muss die Sicherheit nicht unbedingt selbst leisten, vielmehr erfüllt er seine Verpflichtung auch durch Bürgschaft geeigneter Personen (§§ 127a II, 132 I Satz 2 i.V.m. 116a I StPO). Geeignete Personen sind neben natürlichen Personen auch juristische Personen, wie z.B. Banken, Gewerkschaften, Automobilclubs, Versicherungen oder Konsulate ausländischer Staaten in der Bundesrepublik Deutschland.

866 Die Sicherheit muss neben der Höhe der zu erwartenden Geldstrafe die Verfahrenskosten decken. Kosten des Verfahrens sind nach § 464a I StPO die Gebühren und Auslagen der Staatskasse. Da insbesondere Polizeibeamte zu einer genauen Schätzung dieser Positionen kaum in der Lage sein werden, empfiehlt sich eine Rücksprache mit der Staatsanwaltschaft (Wankel, in: KMR § 127a Rdn 9). Die Art und Weise der Leistung steht im Belieben des Beschuldigten.

c) Zustellungsbevollmächtigter

867 Weil der Beschuldigte im Inland keinen festen Wohnsitz oder Aufenthalt hat, ist er verpflichtet, eine im Bezirk des zuständigen Gerichts wohnende Person zum Empfang von Zustellungen zu bevollmächtigen (§§ 127a II i.V.m. 116a III, 132 I Ziff. 2 StPO). Zustellungsbevollmächtigte werden in erster Linie Rechtsanwälte sein, die der Beschuldigte bevollmächtigt haben muss. Macht der Beschuldigte andere Personen namhaft, etwa deutsche Staatsangehörige als Verwandte, müssen Ermittlungsbeamte diese anerkennen, solange nicht gewichtige Argumente dagegen sprechen.

868 Kann der Beschuldigte keinen Deutschen als Zustellungsbevollmächtigten benennen und kann er auch keinen Rechtsanwalt aus eigener Kenntnis beauftragen, sollte ihm schon der Polizeibeamte die Auswahl erleichtern, indem er dem Betroffenen einige zur Übernahme solcher Mandate bereite Rechtsanwälte namhaft macht. In diesen Fällen erhöhen sich die Verfahrenskosten um das dem Anwalt zustehende Honorar.

d) Beschlagnahme

869 Erfüllt der Beschuldigte die vorstehenden Verpflichtungen, entfällt die Anordnung weiterer Rechtseingriffe, andernfalls wird er – im Falle des § 127a StPO – vorläufig festgenommen. Da § 132 StPO die Festnahme ausschließt, erlaubt diese Norm ersatzweise die Beschlagnahme von Beförderungsmitteln und anderen Sachen, die der Beschuldigte mit sich führt und die in seinem Eigentum stehen (§ 132 III StPO). Diese unterschiedliche Behandlung zahlungsunwilliger Beschuldigter ist die Konsequenz der Ausgangssituation. Während in § 127a StPO

die Voraussetzungen eines Haftbefehls vorliegen müssen, darf dies im Falle des § 132 StPO gerade nicht sein. Folgerichtig wird der Beschuldigte, der seiner gesetzlich auferlegten Pflicht aus § 127a StPO nicht nachkommt, festgenommen.

Beschlagnahmefähig sind alle Sachen im Gewahrsam des Beschuldigten. **870** Grundsätzlich muss zwar dessen Alleineigentum feststehen (LG Krefeld DAR 1966, 192, 193), doch können die Ermittlungsorgane im Regelfall davon ausgehen, dass die vom Beschuldigten mitgeführten Sachen auch sein Eigentum sind. Ergibt sich später das Gegenteil, müssen die Sachen wieder zurückgegeben werden. Die Ermittlungsbeamten dürfen so viel beschlagnahmen, wie notwendig ist, die zu erwartende Geldstrafe und die Verfahrenskosten durch Versteigerung zu erlösen. Es gelten auch in diesem Falle die Grundsätze der Verhältnismäßigkeit: Gegenstände, die für die Weiterfahrt oder den weiteren Aufenthalt dringend benötigt werden, dürfen nicht beschlagnahmt werden (Meyer-Goßner § 132 Rdn 19).

Beispiel: Familie A aus Amsterdam benutzt für ihre Fahrt in den Urlaub nach Italien die deutsche Bundesautobahn. An einer Tankstelle tankt Herr A für 46,85 EURO. Da er auf Grund des großen Andrangs die Situation günstig findet, fährt er ohne Bezahlung fort. Wenige Kilometer weiter wird er von der Polizei gestellt.

Wegen des Betruges (beachte § 263 IV StGB) erwartet A auf Grund der **871** deutschen Rechtsprechungspraxis allenfalls eine Geldstrafe. Er wird daher angehalten, eine angemessene Sicherheit zu leisten. Da A angibt, nicht genügend Bargeld zur Verfügung zu haben, ohne den Urlaub zu gefährden, kann es nicht beschlagnahmt werden. Die Beschlagnahme des Pkw entfällt eo ipso, die von Kleidungsstücken ebenfalls, weil diese für einen Urlaub unumgänglich notwendig sind. Die Beamten könnten jedoch Kamera, Radio oder ähnliche Gegenstände durchaus in Erwägung ziehen (Schultheis, in: KK § 132 Rdn 12).

Der Grundsatz der Verhältnismäßigkeit verbietet die Beschlagnahme von Sa- **872** chen, an denen das Interesse des Beschuldigten wesentlich schwerer wiegt als der bei einer Versteigerung zu erzielende Erlös (Hilger, in: L-R § 132 Rdn 16). Entspricht der Beschuldigte nachträglich seiner Pflicht aus § 132 StPO, ist die Beschlagnahme unverzüglich aufzuheben.

IV. Festnahme bei Stören einer Amtshandlung

Der § 164 StPO gibt Ermittlungsorganen die Befugnis, Personen, die ihre **873** amtliche Tätigkeit vorsätzlich stören oder sich den innerhalb ihrer Zuständigkeit getroffenen Anordnungen widersetzen, festzunehmen und bis zur Beendigung der Amtverrichtung, jedoch nicht über den nächstfolgenden Tag hinaus festzuhalten. Damit haben Staatsanwaltschaft und Polizei ein Instrument, mit dem sie wirksam Störungen abwehren können (Erb, in: L-R § 164 Rdn 1).

Polizeibeamte können sich in diesen Fällen durchaus eines polizeirechtlichen **874** Mittels bedienen. Da § 164 StPO die Sicherung von Amtshandlungen bezweckt (Schulz/Händel § 164 Rdn 6), liegt bei deren Störung eine Gefahr für die öffentliche Sicherheit vor, und die Polizei könnte ggf. auf das polizeirechtliche Mittel des Platzverweises zurückgreifen, um die Störung der amtlichen Tätigkeit zu unterbinden (Tegtmeyer § 34 Rdn 9).

875 Keine Anwendung findet § 164 StPO bei Störungen im Gerichtssaal. Hier ergeben sich die sitzungspolizeilichen Rechte des Gerichts aus §§ 176ff. GVG. So werden dem Gericht bzw. dem Vorsitzenden durch § 177 GVG ähnliche Befugnisse gegen Störer, die die Ordnung im Sitzungszimmer stören, eingeräumt, wie sie Polizei und Staatsanwaltschaft auf Grund § 164 StPO haben.

1. Amtshandlung

876 Unter dem Begriff „Amtshandlung" fassen wir alle strafprozessual zulässigen Grundrechtseingriffe zusammen, nicht jedoch die polizeirechtlichen (Bay ObLGSt 1962, 316, 319). Der Grundrechtseingriff muss rechtmäßig sein, also dem Adressaten eine Duldungspflicht auferlegen.

877 Umstritten ist der Geltungsbereich des § 164 StPO. Ist er nur außerhalb oder sowohl außerhalb als auch innerhalb der Diensträume anzuwenden? Eine früher verbreitete Meinung stellte sich auf den Standpunkt, die Anwendung von § 164 StPO sei bei Störungen innerhalb von Diensträumen entbehrlich, weil der Behördenleiter bzw. sein Vertreter Hausrecht und damit ein zureichendes Mittel in der Hand habe, die Störungen zu beseitigen (Puls, NJW 1969, 1016f.).

878 Diese Auffassung deckt den Problembereich nicht umfassend ab. Das Hausrecht gibt dem Berechtigten nur die Befugnis, jemanden am widerrechtlichen Eindringen zu hindern oder einen ohne Befugnis in den Amtsräumen Verweilenden hinauszuweisen. Soweit sich die Fälle der Störung von Amtshandlungen auf solche Verhaltensweisen beschränken, ist die Anwendung des Hausrechts ein durchaus brauchbares Rechtsinstitut. Allerdings gehen die Befugnisse des § 164 StPO deutlich über das Hausrecht hinaus, indem sie eine Freiheitsentziehung erlauben (Eb. Schmidt, NJW 1969, 393, 394). Schließlich versagt das Hausrecht vollkommen, wenn die Störung außerhalb der Diensträume vorgenommen wird, ihre Auswirkungen sich aber innerhalb bemerkbar machen.

Beispiel: Im Verlaufe einer Demonstration wird einer der Teilnehmer, A, festgenommen und ins Polizeigewahrsam eingeliefert. Einige seiner Gesinnungsgenossen marschieren daraufhin zur Polizeidienststelle und grölen und brüllen dermaßen, dass ein geordneter Dienstbetrieb auf der Wache völlig unmöglich ist.

879 Da die Störungen im Augenblick des Vollzugs der Freiheitsentziehung nicht erfolgen und die Mittel des Hausrechts in vorstehendem Sachverhalt versagen, käme eine Beseitigung der Störung über dieses Rechtsinstitut kaum in Betracht. Das zeigt, wie wichtig es ist, den Begriff „an Ort und Stelle" zu modifizieren. Wir glauben, mit dem von der h.M. getragenen Kompromiss zwischen der Anwendung des § 164 StPO und dem Berufen auf das Hausrecht gut leben zu können. Ist das Hausrecht unwirksam, darf sich der Beamte auch in Diensträumen auf § 164 StPO berufen, um eine Störung notwendiger Amtshandlungen zu unterbinden (Achenbach, in: AK StPO § 164 Rdn 5; Erb, in: L-R § 164 Rdn 4). Genügt dagegen das schwächere Mittel des Hausrechts, die Störung zu beseitigen, gebietet schon der Grundsatz der Verhältnismäßigkeit seine Anwendung. Schließlich ist auch nicht einzusehen, warum der Schutz gegen Störungen von Amtshandlungen in Diensträumen schwächer sein soll als außerhalb (Griesbaum, in: KK § 164 Rdn 3).

2. Störung oder Widersetzlichkeit

§ 164 StPO enthält zwei unterschiedliche Tathandlungen, und zwar die Störung von amtlichen Tätigkeiten (1. Alt.) und die Widersetzlichkeit gegenüber dienstlichen Anordnungen (2. Alt.). Gegen den unmittelbar von der Amtshandlung Betroffenen dürfen die Ermittlungsbeamten gemäß § 164 StPO vorgehen, wenn die Störung oder Widersetzlichkeit über die bloße Weigerung hinausgeht, die von ihm verlangte Maßnahme oder Handlung zu dulden oder selbst vorzunehmen. Beschränkt sich das Verhalten des Adressaten der behördlichen Forderung allein auf Weigerung, dann ist der Eingriff mit unmittelbarem Zwang und die verlangte Handlung z.B. mit Ersatzvornahme durchzusetzen (Erb, in: L-R § 164 Rdn 7 ff.). Das wäre z.B. der Fall beim Verschließen einer Tür. Die Aufforderung der Beamten zu öffnen ließe sich bei einer Weigerung mittels Zwang (Ersatzvornahme) durchsetzen. **880**

„Störung" bedeutet aktives Tun, das die ordnungsgemäße Durchführung einer strafprozessualen Amtshandlung behindert, erschwert oder gar unmöglich macht (Eb. Schmidt, NJW 1969, 393, 394). Sie muss auf Grund ihrer Intensität jedoch geeignet sein, den reibungslosen Ablauf der dienstlichen Tätigkeit nachhaltig zu beeinträchtigen (Geerds, Festschrift, S. 521). **881**

Beispiel: B ist vor wenigen Tagen durch Radarmessung überführt worden, als er eine Geschwindigkeitsbegrenzung missachtete. Um anderen Kraftfahrern ein ähnliches Schicksal zu ersparen, behindert er permanent die heutigen Messungen in der X-Straße. Hinweise auf die Rechtslage und Ermahnungen seitens der Besatzung der eingesetzten Beamten ignoriert B ebenso wie die Androhung, notfalls Zwangsmittel anzuwenden. Als sich die Beamten schließlich entscheiden, eine andere Messstelle aufzusuchen, folgt ihnen B, und das gleiche „Spiel" beginnt von vorn.

Hier werden Ordnungswidrigkeiten (§ 3 StVO) verfolgt. Um dies zu gewährleisten, legt § 46 II OWiG fest, dass die Verfolgungsbehörde im Bußgeldverfahren die gleichen Rechte und Pflichten hat wie die Staatsanwaltschaft bei der Verfolgung von Straftaten. Insoweit kann eine Festnahme gemäß § 46 II OWiG i.V.m. § 164 StPO angeordnet werden, da B derart massiv rechtmäßige Vollstreckungsmaßnahmen stört, dass deren beweissichere Durchführung unmöglich ist. **882**

Aber:
Als bekannt wurde, dass die Polizei eine Kleingartenanlage nach einem flüchtigen Straftäter durchsucht, verschließt Kleingärtner das Tor zu seinem Schrebergarten, der von einem ca. 60cm hohen Zaun eingefriedet ist. Dieses Verschließen stellt tatsächlich keine wirksame Beeinträchtigung der Durchsuchung dar. Insoweit kommt eine Festnahme wegen Störens einer Amtshandlung nicht in Betracht.

Die Störung muss vorsätzlich erfolgen. Grundsätzlich können Polizeibeamte davon ausgehen, dass der Störer die Durchführung der Amtshandlung bewusst und gewollt beeinträchtigt. Es sind aber Fälle denkbar, bei denen zwar der objektive Tatbestand erfüllt wird, der Vorsatz im Hinblick auf die Störung indes fehlt. **883**

Beispiel: Geschäfts- und Lagerräume der Firma E werden durchsucht, weil der Inhaber im Verdacht steht, Straftaten i.S. der §§ 259, 260 StGB zu begehen. Als zwei Kriminalbeamte gerade den Keller des Hauses durchsuchen, erscheint der ahnungslose Angestellte A. Der wundert sich flüchtig, dass am frühen Morgen schon die Kellertüre offen steht, und verschließt sie sorgsam. Das Klopfen und Rufen der Beamten bleibt lange ungehört.

884 „Widersetzlichkeit" spricht die Beeinträchtigung von Amtshandlungen durch Unterlassen einer gebotenen Handlung an (Geerds, Festschrift, S. 522). Gemeint ist jedes passive Verhalten eines Menschen, das der Amtsträger nur unter Aufbietung physischer Kraft überwinden kann. Führt der Einsatz dieser Kraft zur endgültigen Beseitigung der Widersetzlichkeit, darf der Beamte den Störer natürlich nicht mehr festnehmen.

Beispiel: Bei der Durchsuchung einer Wohnung will der Beamte P auch in eine große Truhe schauen. Da der Beschuldigte (B) darauf sitzt, fordert P ihn auf, von der Truhe aufzustehen. Als B sich weigert, zieht P ihn herunter und öffnet den Deckel der Truhe.

885 Die Kraftentfaltung hat die Widersetzlichkeit endgültig beseitigt. Daher kann eine Festnahme des B nicht in Betracht gezogen werden. Anders wäre es, wenn es sich bei dem Durchsuchungsobjekt um ein Lager mit einer Vielzahl von Kisten und Truhen handelt und B von jeder zur Durchsuchung anstehenden Truhe heruntergezogen werden müsste.

3. Festnahme/Festhalten

886 Wie dargelegt, kann eine Freiheitsentziehung nur letztes Mittel sein, eine Störung oder Widersetzlichkeit zu beseitigen. Führen andere Mittel zum Erfolg, müssen die Beamten darauf zurückgreifen. Die Dauer der Freiheitsentziehung ist genau festgelegt: Sie darf längstens bis zur Beendigung der Maßnahme aufrechterhalten werden. Spätester Zeitpunkt ist der Ablauf des auf die Festnahme folgenden Tages. Zieht sich eine Amtshandlung über mehrere Tage hin und wird sie ständig unterbrochen, ist der Festgenommene selbst dann mit Beginn der Unterbrechung freizulassen, wenn bei Fortsetzung der Amtshandlung mit erneuten Störungen gerechnet werden muss (Meyer-Goßner § 164 Rdn 5).

887 Den Ort der Festnahme schreibt der Gesetzgeber nicht vor. Der Betroffene kann im Polizeigewahrsam untergebracht werden, wenn dies nicht unverhältnismäßig ist. Je nach durchzuführender Maßnahme bieten sich auch andere Räumlichkeiten (z.B. einzelne Zimmer oder auch Kellerräume) oder gar ein Streifenwagen an. Welchen Raum der Beamte im Einzelfall wählt, ist insbesondere von der voraussichtlichen Dauer des Rechtseingriffs abhängig.

4. Anordnung

888 Zur Anordnung der Festnahme ist der leitende Beamte befugt. Weil der Begriff „leitender Beamter" nicht klar umreißt, wer zur Anordnung des Grundrechtseingriffs berechtigt ist, ist zu differenzieren und zu fragen, in welchem Verfahrensstadium die Festnahme erfolgen soll. Stört der Betroffene die Durchführung einer hoheitlichen Maßnahme im Ermittlungsverfahren, dann ist – seine Anwesenheit unterstellt – der Staatsanwalt immer leitender Beamter. Das gilt auch dann, wenn im Einzelfall einmal ein Richter bei Durchführung eines

Grundrechtseingriffs anwesend sein sollte (Kuhlmann, DRiZ 1976, 265; Peters, Kriminalistik 1970, 425, 426).

Beispiel: Vor der Durchsuchung der Räume eines bekannten Boulevard-Blattes in F-Stadt hat der Ermittlungsrichter einen Durchsuchungsbefehl auf Antrag der Staatsanwaltschaft ausgestellt. An der Durchsuchung nimmt er neben einigen Staatsanwälten teil. Findet die Durchsuchung im Ermittlungsverfahren statt – und davon ist hier auszugehen –, ist der Staatsanwalt als Herr des Ermittlungsverfahrens der leitende Beamte i.S. des § 164 StPO. Ist das Hauptverfahren bereits anhängig und die Durchsuchung Teil dieser Hauptverhandlung, geht deren Leitung auf den Richter über.

Sind weder Richter noch Staatsanwalt anwesend, übernimmt die Leitung der **889** ranghöchste bzw. der dienstälteste Beamte. Es bedarf nicht der Eigenschaft eines Ermittlungsbeamten der Staatsanwaltschaft.

V. Einstweilige Unterbringung, § 126a StPO

Die Ermächtigung zur einstweiligen Unterbringung erlaubt dem Gericht, **890** einen Täter, bei dem dringende Gründe dafür sprechen, dass er im Zustand der Schuldunfähigkeit (§ 20 StGB) oder verminderten Schuldfähigkeit (§ 21 StGB) eine rechtswidrige Tat begangen hat, und dessen Unterbringung in einem psychiatrischen Krankenhaus, einer Entziehungsanstalt oder einer sozialtherapeutischen Anstalt zu erwarten ist, vor einer gerichtlichen Entscheidung vorläufig in eine dieser Anstalten durch Unterbringungsbefehl einzuweisen. Die „einstweilige Unterbringung" dient nicht der Verfahrenssicherung, auch wenn sie letztlich diesen Zweck mit erfüllt, weil sie den Vollzug einer möglicherweise folgenden freiheitsentziehenden Maßnahme sichert. Primäre Aufgabe dieser Norm ist vielmehr, die Öffentlichkeit vor weiteren rechtswidrigen Taten eines Schuldunfähigen oder vermindert Schuldfähigen zu schützen. Insoweit ergänzt § 126a StPO die Vorschriften über die vorläufige Festnahme (Schlüchter Rdn 287). Dieser Gedanke der Prävention greift indessen nur, wenn bedeutende Rechtsgüter gefährdet sind. Belästigungen, Beschimpfungen oder auch leichte körperliche Beeinträchtigungen rechtfertigen eine einstweilige Unterbringung nicht. Darüber hinaus ist ernsthaft zu prüfen, ob die Gefahr für die öffentliche Sicherheit nicht mit weniger einschneidenden Mitteln zu gewährleisten ist (Saage/Göppinger, S. 287).

1. Voraussetzungen

Um eine einstweilige Unterbringung gem. § 126a StPO rechtfertigen zu **891** können, müssen dringende Gründe für die Annahme sprechen, dass jemand in schuldunfähigem oder in vermindert schuldfähigem Zustand eine rechtswidrige Tat i.S. des § 11 I Ziff. 5 StGB begangen hat. Weiterhin muss eine Prognoseentscheidung darauf hindeuten, dass der Betreffende in ein psychiatrisches Krankenhaus (§ 63 I StGB) eingewiesen oder in einer Entziehungsanstalt (§ 64 I StGB) oder einer sozialtherapeutischen Anstalt (§§ 65 I bis III, 63 II StGB) untergebracht werden wird.

a) Dringende Gründe

892 Diese Formulierung entspricht dem dringenden Tatverdacht i.S. des § 112 StPO (Eb. Schmidt § 126a Rdn 3). Doch sehen wir bei § 126a StPO von der Prüfung der Schuld ab. Wenn dringende Gründe dafür sprechen müssen, dass der Betreffende wegen der ihm zur Last gelegten Tat nach §§ 63 I, 64 I StGB endgültig untergebracht werden wird, bedeutet das für den Richter, dass er schon beim Erlass des Unterbringungsbefehls die jeweiligen Voraussetzungen des Strafgesetzbuches zu prüfen hat (Baumann, Unterbringungsrecht, S. 103).

b) Gefahr für die öffentliche Sicherheit

893 Weiterhin verlangt § 126a StPO die Notwendigkeit einer Unterbringung, um die öffentliche Sicherheit zu gewährleisten. Die öffentliche Sicherheit ist gefährdet, wenn der Täter durch sein Verhalten eine Gefahr für die Rechtsgüter des Einzelnen oder der Gemeinschaft hervorruft. Dagegen darf der Richter einen Unterbringungsbefehl weder bei einer Selbstgefährdung noch bei einer gewissen Lästigkeit gegenüber Dritten ausstellen.

894 Um diese Voraussetzungen beurteilen zu können, muss das Gericht die rechtswidrige Tat, die Anlass für das Verfahren ist, die Gesamtpersönlichkeit des Täters, dessen Erkrankung und Vorleben sowie seine Lebensverhältnisse prüfen (Hilger, in: L-R § 126a Rdn 7; BGH NJW 1951, 450). Zeigt die Prüfung aller Kriterien, dass der Täter infolge seines Zustandes weitere erhebliche Taten begehen wird, und bestehen deshalb Gefahren für die Allgemeinheit, ist seine einstweilige Unterbringung notwendig, und der Richter darf sie verfügen.

c) Unterbringungsbefehl

895 Die Anordnung, einen Beschuldigten gem. § 126a StPO einstweilig z.B. in einer Anstalt unterzubringen, trifft das Gericht in einem Unterbringungsbefehl. Auf dessen Vollzug finden gem. § 126a II StPO die Vorschriften u.a. der §§ 114 bis 115a sowie 116 III und IV StPO entsprechende Anwendung. Dabei sind folgende Unterschiede zu berücksichtigen:

- An die Stelle der „Tat“ in § 114 II Ziff. 2 StPO tritt bei § 126a StPO die rechtswidrige Tat.
- An die Stelle des „dringenden Tatverdachts“ aus § 114 II Ziff. 2 StPO treten bei § 126a StPO dringende Gründe für die Annahme einer rechtswidrigen Tat.
- An die Stelle des „Haftbefehls“ in § 116 III und IV StPO tritt der Begriff „Unterbringungsbefehl

896 An die Stelle der Haftgründe aus § 114 II Ziff. 1–3 StPO treten in § 126a StPO die Gründe, die die Annahme rechtfertigen, die öffentliche Sicherheit erfordere die einstweilige Unterbringung. Im Unterbringungsbefehl muss der Richter die dafür sprechenden Tatsachen belegen. Solange aber die Verminderung der Einsichtsfähigkeit nicht das Fehlen der Einsicht ausgelöst und dadurch zu Straftaten geführt hat, ist auch die Sicherung der Allgemeinheit durch Unterbringung in einem psychiatrischen Krankenhaus nicht veranlasst. Allein auf

die Feststellung einer erheblich verminderten Einsichtsfähigkeit lässt sich eine Unterbringung nach § 63 StGB nicht stützen (BGH Beschl. vom 22. 11. 2006 – 2StR 430/06).

2. Rechtsfolgen

a) Zulässige Eingriffe in die Freiheit

Zwar formuliert § 126a StPO, das Gericht könne die Einweisung vornehmen, doch muss man auf Grund der Gefahr für die öffentliche Sicherheit, die von dem Betroffenen ausgeht, auf obligatorische Einweisung erkennen (Baumann, Unterbringungsrecht, S. 104). Kommt das Gericht nämlich zu der Überzeugung, der schuldunfähig oder vermindert schuldfähig handelnde Täter werde weitere Taten begehen, kann es nicht Wille des Gesetzgebers sein, von einer einstweiligen Unterbringung abzusehen. Der Unterbringungsbefehl selbst umfasst die damit notwendig verbundenen Arten der Freiheitsentziehung, also sowohl das Verbringen in die vom Gericht bezeichnete Anstalt als auch das Festhalten des Betroffenen. **897**

b) Behandlung von Krankheiten

Die Frage, ob Eingriffe in die körperliche Integrität, sei es durch zwangsweise vorgenommene Untersuchungen oder andere ärztliche Eingriffe, die während der Unterbringung vorgenommen werden, durch das Gesetz gedeckt sind, beantwortet § 126a StPO nicht. Anhaltspunkte einer Regelung kann man allenfalls aus der Verweisung auf § 119 StPO ableiten, der den Vollzug der Untersuchungshaft regelt und in seinem Absatz 3 festlegt, dass die Kriterien der Sicherung des Unterbringungszweckes und der Aufrechterhaltung der Ordnung innerhalb der Anstalt die Grenzen einer zulässigen Behandlung bestimmen (Baumann, Unterbringungsrecht, S. 105). **898**

Zulässig sind demnach neben der Aufnahmeuntersuchung, den notwendigen Untersuchungen zur Kontrolle des Gesundheitszustandes und der Geisteskrankheit, wegen der der Betroffene untergebracht worden ist, alle unentbehrlichen Sicherungsmaßnahmen, die das Entweichen aus der Anstalt verhindern oder die Gefährlichkeit des Untergebrachten innerhalb der Anstalt beheben. Hierbei ist das am wenigsten einschneidende Mittel anzuwenden. Dagegen ist es untersagt, Krankheiten gegen den Willen des Untergebrachten zu behandeln, wenn sie ohne Gefahr für ihn sind. Das folgt allein aus dem vorläufigen Charakter einer einstweiligen Unterbringung. **899**

3. Unterbringungsprüfung

Auf Grund des einstweiligen Charakters der Unterbringung nach § 126a StPO muss das Gericht ständig prüfen, ob die Voraussetzungen für die Freiheitsentziehung noch gegeben sind (§§ 126a II i.V.m. 117 StPO). Die Prüfung muss insbesondere Tatsachen einbeziehen, die die Annahme rechtfertigen, **900**

- dass der Untergebrachte die rechtswidrige Tat wirklich begangen hat,
- dass der Untergebrachte weitere erhebliche rechtswidrige Taten begehen wird,

– dass eine Gefahr für die öffentliche Sicherheit vorliegt (Hilger, in: L-R § 126a Rdn 12).

901 Diese Unterbringungsprüfung ist angezeigt, wenn eine stete Veränderung des Krankheitsbildes solch fortlaufende Prüfung erforderlich macht. Ist das aber der Fall, ist ein Sachverständiger durch das Gericht hinzuzuziehen.

4. Aufhebung des Unterbringungsbefehls

902 Gemäß § 126a III StPO ist der Unterbringungsbefehl aufzuheben, wenn die Voraussetzungen für eine einstweilige Unterbringung nicht mehr vorliegen oder wenn das Gericht im Urteil die Unterbringung nicht verfügt.

VI. Die Vorführung

903 Das Vorführungsrecht unterscheidet zwischen einer gefahrenabwehrenden und einer repressiven Vorführung. Während das präventive Institut relativ wenig Befugnisse enthält, stoßen wir bei dem strafprozessualen auf eine Vielzahl von Ermächtigungen. Welche Norm im Einzelfall anzuwenden ist, entscheidet sich einmal nach demjenigen, der die Vorführung anordnet, zum anderen nach dem Adressaten der Anordnung.

1. Präventive Vorführung

904 Eine gefahrenabwehrende Vorführung steht nur im Zusammenhang mit der Durchsetzung einer Vorladung. Die Polizei kann eine Person vorladen, um sie auf der Grundlage des § 11 bbPolG, § 9 nwPolG, § 13 thPAG zu befragen oder sie zu gefahrenabwehrenden Zwecken erkennungsdienstlich zu behandeln. Damit ist die Verpflichtung des Adressaten, der Vorladung Folge zu leisten, untrennbar an die Zulässigkeit einer Befragung, einer präventiven erkennungsdienstlichen Behandlung bzw. einer gefahrenabwehrend durchzuführenden Entnahme von Körperzellen zur Feststellung des DNA-Identifizierungsmusters (§ 81g I StPO) gekoppelt (vgl. dazu kritisch unten Rdn 1025 ff.).

905 Leistet der Adressat der Vorladung keine Folge, ohne dass ihn höherwertige oder zumindest gleichrangige Interessen davon abhielten (hinreichender Grund), kann die Polizei die Vorladung mit Zwang durchsetzen. Allerdings ist das außer im Falle der Durchführung erkennungsdienstlicher Behandlungen nur erlaubt, wenn die Angaben, die der Vorgeladene nach pflichtgemäßer Beurteilung der Situation machen kann und soll, zur Abwehr einer Gefahr für Leben, Gesundheit oder Freiheit einer Person erforderlich sind.

906 Für die Anordnung der zwangsweisen Vorführung ist grundsätzlich der Richter zuständig. Ist er nicht rechtzeitig zu erreichen, kann die Anordnung jeder Polizeibeamte geben (§ 10 III nwPolG). Eine zwangsweise Vorführung darf die Polizei aber nicht anordnen, um repressive Ziele zu verfolgen; denn die Strafprozessordnung gibt der Polizei diesbezüglich keine Zwangsbefugnisse (Schenke, JR 1970, 48, 49; Tegtmeyer § 10 Rdn 2).

2. Strafprozessuale Vorführung

Das strafprozessuale Institut der Vorführung berührt das Spannungsverhältnis zwischen dem in Art. 2 II GG garantierten Recht auf persönliche Freiheit und den aus der staatlichen Pflicht zur Strafverfolgung resultierenden Belangen der Gesellschaft (Eb. Schmidt, JZ 1968, 354, 355). Die Vorführung unterscheidet sich von der Freiheitsentziehung sowohl durch den mit ihr verfolgten Zweck als auch durch ihre Dauer. Sie zielt weder auf ein bloßes Einsperren noch auf ein Festhalten auf Dauer ab wie die in § 415 II FamFG aufgeführten Freiheitsentziehungen. Die mit einer Vorführung verbundene Freiheitsbeschränkung endet mit Abschluss der vorgesehenen Maßnahme. Dies wiegt jedoch nicht so schwer, dass die Vorführung durch richterliche Kontrolle gesichert werden müsste (BGH NJW 1982, 753, 755). **907**

Im Bereich der Vorführung unterscheiden wir zwischen einer im weiteren und einer im engeren Sinne. Die Vorführung im weiteren Sinne erfasst die obligatorische Zuführung einer Person zu einer Behörde. Sie ist u.a. in den zwingenden Vorführungsgeboten der §§ 115, 115a, 128 StPO geregelt. Dagegen besteht das Wesen der Vorführung im engeren Sinne in einer zwangsweisen Vorladung mittels eines durchsetzbaren Vorführungsbefehls (Roxin § 31 Rdn 22). Dazu gehören aus der Strafprozessordnung die Fälle der §§ 51, 133, 161a II, 163a III, 230 II, 236, 329 IV, 387 III, 412 StPO. Andere Vorführungsrechte ergeben sich z.B. aus § 44 II WPflG oder § 18 GeschlKrG. Eine Unterscheidung anderer Art schaut auf die Person, die zum Erlass des Vorführungsbefehls berechtigt ist. In Betracht kommen Richter, Staatsanwalt und Polizei. **908**

a) Richterliches Vorführungsrecht

Die Befugnis, einen Vorführungsbefehl zur zwangsweisen Durchsetzung einer Vorladung zu erlassen, ergibt sich für die Gerichte aus § 51 StPO hinsichtlich der Vorführung von Zeugen, §§ 133, 134, 230 II, 236, 329 IV StPO hinsichtlich der Vorführung von Beschuldigten in den verschiedenen Verfahrensstadien und aus §§ 387 III und 412 StPO bezüglich der Vorführung von Personen in den Fällen der Privatklage und des Verfahrens bei Strafbefehlen. **909**

aa) Zeuge

Die Pflicht, als Zeuge vor Gericht zu erscheinen, trifft grundsätzlich jede der deutschen Gerichtsbarkeit unterliegende Person, sofern diese zeugenfähig, also auf Grund ihrer Intelligenz in der Lage ist, einen verständlichen Bericht über die dem Sachverhalt angepassten Beweistatsachen zu geben bzw. zu verstehen. Eine Befreiung kommt nur mit genügender Entschuldigung in Betracht. **910**

Da auch Ausländer oder Staatenlose der deutschen Gerichtsbarkeit so lange unterliegen, wie sie sich in der Bundesrepublik aufhalten, trifft auch sie die Zeugenpflicht aus der Strafprozessordnung. Ausgenommen sind nur Personen, die gem. §§ 18 und 19 GVG von der Zeugnispflicht befreit sind, also die Mitglieder diplomatischer und konsularischer Vertretungen. **911**

bb) Beschuldigte

912 Der Beschuldigte ist zur Vernehmung schriftlich zu laden. Die Ladung kann unter der Androhung geschehen, ihn im Falle des Ausbleibens vorzuführen. Zum Begriff des Beschuldigten vgl. Rdn 93f. Die Vorführung nach § 133 I StPO bezieht sich auch auf den Angeschuldigten, der gemäß § 201 I StPO vor der Eröffnung der Hauptverhandlung vernommen werden soll (Gleß, in: L-R § 133 Rdn 2).

913 Bei der Vorführung eines Beschuldigten ist zu unterscheiden zwischen der nach Ladung mit Vorführungsandrohung (§ 133 II StPO) und der sofortigen (§ 134 StPO). Für eine Ladung schreibt der Gesetzgeber Schriftlichkeit vor (§ 133 I StPO). Sie muss zum Ausdruck bringen, dass der Geladene als Beschuldigter vernommen werden soll (Meyer-Goßner § 133 Rdn 4). Weiterhin muss eine genaue Bezeichnung des Termins und des Ortes der richterlichen Vernehmung ersichtlich sein. Die sofortige Vorführung des Beschuldigten ist gemäß § 134 I StPO zulässig, wenn die Gründe für den Erlass eines Haftbefehls vorliegen. Dabei ist der Begriff „sofortige" Vorführung irreführend; denn gemeint ist die Vorführung ohne vorausgehende Ladung mit Vorführungsandrohung (Lesch, in: KMR § 134 Rdn 1).

cc) Angeklagte

914 Gemäß § 230 II StPO ist der unentschuldigt ausgebliebene Angeklagte zur Hauptverhandlung vorzuführen. Die Anwesenheit des Angeklagten in der Hauptverhandlung ist zwar keine Prozessvoraussetzung, dennoch trifft den Angeklagten eine öffentlich-rechtliche Pflicht, an der Hauptverhandlung teilzunehmen. Das gilt vor allem deshalb, weil die mündliche Verhandlung die optimale Form rechtlichen Gehörs darstellt (Lampe, MDR 1974, 535, 539). Selbst wenn die Strafprozessordnung in den §§ 231 II, 233 StPO die Möglichkeit eröffnet, das Verfahren auch ohne den Angeklagten durchzuführen, so schließt das keineswegs die Erzwingung der Anwesenheit des Angeklagten unter besonderer Berücksichtigung des Grundsatzes der Verhältnismäßigkeit aus (RGSt 69, 18, 20). Gemäß § 329 IV StPO kann der auf Grund §§ 323 I i.V.m. 216 StPO unter Androhung der Vorführung geladene Angeklagte zur Berufungsverhandlung vorgeführt werden, sofern er unentschuldigt ferngeblieben ist oder nicht zulässig vertreten wird.

915 Praktische Bedeutung erhält diese Möglichkeit einer Vorführung allein in den Fällen der staatsanwaltschaftlichen Berufung. Hat dagegen der Angeklagte selbst Berufung eingelegt, führt sein unentschuldigtes Fernbleiben nach § 329 I StPO in der Regel zu einem Verwerfungsurteil. Mit seinem Ausbleiben gibt der Angeklagte nämlich zu verstehen, dass er seine Berufung nicht weiter zu verfolgen gedenkt. Da § 329 IV StPO die Vorführung in das Ermessen des Gerichts stellt, ist im Einzelfall genau zu prüfen, ob der Eingriff in die Freiheit des Angeklagten notwendig ist, verfahrensrechtlich bedeutsame Umstände aufzuklären (OLG Zweibrücken NJW 1973, 2120; H. W. Schmidt, NJW 1957, 1389, 1390).

dd) Privatklage/Strafbefehlsverfahren

Für die Vorführung des Angeklagten im Privatklageverfahren (§ 387 III StPO) gelten gemäß § 384 I StPO die Prinzipien der §§ 230 ff. StPO, und zwar in der ersten und zweiten Instanz. Für den Fall, dass der Angeklagte selbst in die Berufung geht, greift § 329 StPO. Im Verfahren nach Strafbefehl sind hinsichtlich einer Vorführung die Regeln des § 329 I und IV StPO entsprechend anzuwenden. **916**

ee) Vollstreckung

Die Vollstreckung eines richterlichen Vorführungsbefehls ist gemäß § 36 II StPO Aufgabe der Staatsanwaltschaft. Diese wird sich ihrerseits entsprechend § 161 S. 2 StPO bei seiner Durchführung der Hilfe der Polizei bedienen. Vollstreckt die Polizei einen richterlichen Vorführungsbefehl, gelten für sie die Grundsätze, die jedes polizeiliche Einschreiten bestimmen. Maßgebend ist insofern das Polizeigesetz. Dabei gilt Folgendes: Das angewendete Mittel muss angemessen sein, das erstrebte Ziel zu erreichen. Es dürfen zudem nur die Mittel eingesetzt werden, die zur Durchführung der richterlichen Vorführung geboten sind. Soweit erforderlich, dürfen die Polizeibeamten auch unmittelbaren Zwang einsetzen. Eine ggf. notwendige Durchsuchung der Wohnung bedarf einer eigenständigen Anordnung, weil dieser Rechtseingriff ein völlig anderes Rechtsgut als die Vorführung beeinträchtigt. **917**

b) Staatsanwaltschaftliches Vorführungsrecht

Die Staatsanwaltschaft ist berechtigt, gemäß § 161a II StPO Zeugen und gemäß § 163a III Satz 2 StPO Beschuldigte durch eigenen Vorführungsbefehl vorführen zu lassen. Voraussetzung für die Vorführung ist jedoch, dass ein Zeuge bzw. Beschuldigter einer ordnungsgemäß ergangenen Ladung der Staatsanwaltschaft keine Folge geleistet hat. **918**

aa) Zeugen

Bei der Vorführung von Zeugen gelten die Vorschriften des § 51 StPO entsprechend (§ 161a II StPO). Zunächst hat eine ordnungsgemäße Ladung des Zeugen zu erfolgen, die nicht notwendigerweise mit der Androhung der Vorführung verbunden sein muss. Hält die Staatsanwaltschaft die Anwesenheit des Zeugen zu dem festgesetzten Termin für unabdingbar, muss sie die Person unter Androhung der Vorführung laden. Fehlt die Androhung, darf sie den Zeugen nicht zwangsweise vorführen oder vorführen lassen (Zöller, in: HK § 161a Rdn 108). **919**

bb) Beschuldigte

Hinsichtlich der Vorführung von Beschuldigten auf Grund einer staatsanwaltschaftlichen Vorführungsanordnung gelten die Bestimmungen der §§ 133 f. StPO entsprechend (§ 163a III Satz 2 StPO). Die Form der Ladung ist gemäß § 163a III Satz 2 StPO i.V.m. § 133 I StPO von der Einzelfallentscheidung der Staatsanwaltschaft über Notwendigkeit und Wahrscheinlichkeit des persönlichen Erscheinens des Beschuldigten abhängig. Unterstellt sie die Notwendigkeit einer Vorführung, ist der Beschuldigte grundsätzlich schriftlich zu laden, **920** und zwar mit Vorführungsandrohung. Unterbleibt diese Androhung, darf die Staatsanwaltschaft die Person nur vorführen (lassen), wenn die Voraussetzungen eines Haftbefehls (§ 112 StPO) vorliegen. Dann aber ist die Staatsanwaltschaft bei entsprechender Anwendung von § 134 I StPO zur sofortigen Vorführung des Beschuldigten berechtigt (Plöd, in: KMR § 163a Rdn 17).

c) Polizeiliches Vorführungsrecht

921 Zur Beurteilung der Frage, ob der Polizei ein Vorführungsrecht zusteht, ist auf § 163 I StPO zurückzugreifen. Danach haben die Behörden und Beamten des Polizeidienstes Straftaten zu erforschen und alle keinen Aufschub gestattenden Anordnungen zu treffen, um die Verdunkelung der Sache zu verhüten. Darüber hinaus gestattet das Gesetz der Polizei, Ermittlungen jeder Art vorzunehmen, soweit nicht andere gesetzliche Vorschriften ihre Befugnisse besonders regeln (§ 163 I S. 2 StPO). Dies ist keineswegs als strafprozessuale Generalklausel zu interpretieren (vgl. oben Rdn 161 ff.), lediglich solche Befugnisse, die die verfassungsmäßig verbürgten Rechte allenfalls marginal beeinträchtigen, lassen sich auf diese Norm stützen (h.M. vgl. Meyer-Goßner § 163 Rdn 1; Hilgers, NStZ 2000, 561, 564; Hoffmann, DVBl. 1967, 751, 753). Tiefer reichende Grundrechtsverletzungen bedürfen in jedem Falle einer gesetzlichen Grundlage (BGH NJW 1962, 1020, 1021).

922 Eine Befugnis zur zwangsweisen Vorführung eines Beschuldigten oder Zeugen mit dem Ziel, eine repressive polizeiliche Vorladung durchzusetzen, sieht die Strafprozessordnung nicht vor. Sicherlich verbietet das Gesetz der Polizei nicht, einen Beschuldigten oder Zeugen vorzuladen, doch ist dies allenfalls als Bitte um Erscheinen bei der Polizei anzusehen. Diese Auslegung folgt aus § 163a IV StPO (Vernehmung des Beschuldigten) und § 163a V StPO (Vernehmung eines Zeugen). Zwar lässt sich das Recht auf Vernehmung und damit auch auf Vorladung zur Vernehmung für die Polizei aus § 163a StPO ableiten, aber daraus folgt für die Betroffenen weder eine Erscheinungs- noch gar eine Aussageverpflichtung. Auch Vorladungen mit dem Ziel der Durchführung anderer Ermittlungshandlungen, z.B. Gegenüberstellung oder erkennungsdienstliche Behandlung, darf die Polizei nicht mit der Vorführung erzwingen (Hust, NJW 1969, 21, 22). Eine Übertragung der präventiven Berechtigungen zur repressiv begründeten zwangsweisen Vorführung ist gleichfalls unzulässig.

923 Eines zwangsweisen repressiven Vorführungsrechts gegenüber Beschuldigten oder Zeugen bedarf es im Übrigen gar nicht. Die Polizei genießt im Rahmen der Strafverfolgung keine eigenständige Stellung. Sie steht zur Staatsanwaltschaft, der Herrin des Ermittlungsverfahrens (§ 160 StPO), in einem gesetzlich begründeten Abhängigkeitsverhältnis (§§ 161 Satz 2, 163 II StPO). Ignoriert ein vorgeladener Beschuldigter oder Zeuge die Vorladung ohne Angabe von Gründen, könnte die Polizei eine staatsanwaltschaftliche oder gar richterliche Vernehmung beantragen. Staatsanwalt oder Vernehmungsrichter dürften die Vorführung androhen und ggf. anordnen, wenn der Betroffene auch ihrer Vorladung keine Folge leistet (vgl. dazu Ziff. 1 und 2).

VII. Vollstreckung von Haftbefehlen

Haftbefehle sollen zukünftige Strafverfahren sichern. Dies kann geschehen, indem man einen Beschuldigten in Untersuchungshaft (§ 114 StPO) nimmt oder einen Beschuldigten (§ 131 StPO) oder einen Verurteilten (§ 457 II StPO), der flüchtig ist oder sich verborgen hält, mittels Steckbriefs sucht. Es ist auch denkbar, zur Vollstreckung einer Freiheitsstrafe einen Haftbefehl zu erlassen, wenn der Verurteilte sich auf die an ihn ergangene Ladung zum Strafantritt nicht gestellt hat oder der Flucht verdächtig ist (§ 457 I StPO). **924**

Ein praktisch wichtiger Haftbefehl ist der Sicherungshaftbefehl nach § 453c StPO, den die Behörde bei Aussetzung einer Freiheitsstrafe zur Bewährung (§ 56 StGB) erlassen kann, wenn hinreichende Gründe für die Annahme vorhanden sind, dass die Aussetzung widerrufen wird. Das Gericht kann in den Fällen der §§ 56, 57 III StGB bis zur Rechtskraft des Widerrufsbeschlusses vorläufige Maßnahmen treffen, um sich der Person des Verurteilten zu vergewissern, insbesondere einen Haftbefehl erlassen bei Fluchtgefahr oder wenn der Verurteilte flüchtig ist oder sich verborgen hält. **925**

Neben den genannten gibt es noch den Haftbefehl, der erlassen wird, wenn ein Strafgefangener entweicht oder sich sonst dem Strafvollzug entzieht (§ 457 II Satz 2 StPO). Kein Haftbefehl, ihm aber durchaus vergleichbar ist das Festnahmeersuchen auf der Basis des § 87 StVollzG, wonach ein Gefangener, der entwichen ist oder sich sonst ohne Erlaubnis außerhalb der Anstalt aufhält, durch die Vollzugsbehörde oder auf ihre Veranlassung hin festgenommen und in die Anstalt zurückgebracht werden darf bzw. muss. **926**

Die hier angesprochenen Haftbefehle ergehen im Ermittlungs- oder im Vollstreckungsverfahren. Das Ermittlungsverfahren dient der Sammlung von be- und entlastendem Material. Das Vollstreckungsverfahren schließt sich an die rechtskräftige Sachentscheidung des Gerichts an (Meyer-Goßner Einl. Rdn 65) und umfasst alle Maßnahmen zum Vollzug des rechtskräftigen Urteils, z.B. auch die Ladung zum Strafantritt. **927**

Herr des Ermittlungs- und auch des Vollstreckungsverfahrens ist die Staatsanwaltschaft (§§ 160, 161, 451 StPO). Vollstreckt sie einen der genannten Haftbefehle, nimmt sie eine ihr kraft Gesetzes übertragene Aufgabe wahr. Wird die Polizei in diesen Verfahren tätig, ist zu differenzieren: Im Ermittlungsverfahren ist die Polizei „Hilfsorgan" der Staatsanwaltschaft (§ 161 StPO) und verpflichtet, staatsanwaltschaftlichen Ersuchen und Aufträgen zu genügen. **928**

Das Vollstreckungsverfahren (§§ 449 ff. StPO) sieht eine vergleichbare Hilfsfunktion der Polizei nicht vor, und § 152 GVG bestimmt, dass Ermittlungspersonen der Staatsanwaltschaft in dieser Eigenschaft generell verpflichtet sind, Anordnungen der Staatsanwaltschaft ihres Bezirks zu folgen. Wird die Polizei aber auf dem Gebiet der Strafrechtspflege tätig, arbeitet sie als Strafverfolgungsbehörde und somit als Ermittlungsorgan der Staatsanwaltschaft. Übergibt die Staatsanwaltschaft im Ermittlungs- oder Vollstreckungsverfahren einen Haftbefehl der Polizei zum Vollzug, ist das ein interner Akt von organisationsrechtlicher Bedeutung. Es ist eine Anordnung, die sich ausschließlich an eine nachgeordnete, weisungsabhängige Behörde wendet, und bindet als Weisung sowohl **929** die Behörde als auch den im Einzelfall konkret verpflichteten Amtsträger (Schweickhardt, S. 75).

930 Eine andere Qualität kommt hingegen dem Festnahmeersuchen der Vollzugsbehörde auf Grund des § 87 StVollzG zu. Hier spricht der Gesetzgeber ausdrücklich von einem Ersuchen um Festnahme einer Person, die sich ohne Erlaubnis außerhalb der Anstalt aufhält. Entspricht die Polizei diesem Ersuchen, leistet sie Amtshilfe (§ 4 I VwVfG); denn diese Hilfeleistung gehört zur Verwaltungstätigkeit der Polizeibehörde und spielt im Rahmen polizeilicher Gesamttätigkeit rechtlich gesehen eine nur untergeordnete Rolle (Meyer/Borgs § 4 Rdn 11).

931 Handeln Polizeibeamte auch rechtmäßig, wenn sie eine Person aufgreifen und festnehmen, die laut Datenabfrage einsitzen müsste, die aber beteuert, ordnungsgemäß aus der Haftanstalt entlassen worden zu sein, ohne den Entlassungsschein vorweisen zu können? Grundsätzlich darf die Polizei entwichene Gefangene nur auf besonderes Ersuchen der Vollstreckungsbehörde oder – wenn sich der Gefangene schon lange dem Vollzug entzogen hat (Callies/Müller-Dietz § 87 Rdn 2) – auf Grund eines Vollstreckungshaftbefehls festnehmen (Schwindt/Böhm § 87 Rdn 5). Da die Vollzugsanstalt das Wiederergreifungsrecht in Anspruch nehmen kann, aber nicht muss (Spittler, in: AK StVollzG § 87 Rdn 3), würde die Polizei das Handeln der Vollzugsbehörde unzulässig präjudizieren, wenn sie ohne besonderen Haftbefehl den entwichenen Gefangenen festnehmen dürfte.

932 Die datenmäßige Auskunft, eine Person müsse in der Justizvollzugsanstalt einsitzen, stellt kein Ersuchen um Festnahme dar. Auch § 17 III bbPolG, § 35 III nwPolG greift nicht, der es erlaubt, eine Person in Gewahrsam zu nehmen, die aus dem Vollzug der Untersuchungshaft entwichen ist oder sich sonst ohne Erlaubnis außerhalb der Justizvollzugsanstalt aufhält. Sicherlich bedarf es zur Durchführung einer solchen gefahrenabwehrenden Freiheitsentziehung weder eines Vollstreckungshaftbefehls noch eines Ersuchens der Vollzugsanstalt. Ist aber jemand ordnungsgemäß aus der Haft entlassen worden, liegen die Tatbestandsmerkmale des Polizeigesetzes nicht vor. In solchen Fällen empfiehlt es sich, die entsprechende Justizvollzugsanstalt anzurufen und den Sachverhalt zu erfragen.

Kapitel 7. Körperliche Eingriffe

Zu dem selbstverständlichen Ziel eines Ermittlungsverfahrens gehört die Feststellung und Überführung des potenziellen Täters. Dass sich die Behörden zu diesem Zweck zunehmend der Hilfe der Naturwissenschaften bedienen (müssen), ist zwischenzeitlich vor allem hinsichtlich der Aufklärung besonderer Straftaten Standard. Vorläufiger Höhepunkt dieser durch die Naturwissenschaften fremdbestimmten Beweisführung im Strafprozess ist die Ermittlung des DNA-Identifizierungsmusters bei verdächtigen Personen, zu dessen Feststellung u.U. Körpersekrete, Haare oder Blut notwendig sind. Des Weiteren kommt im Strafprozess der Beurteilung der Schuldfähigkeit, die durch den Genuss von Alkohol, Medikamenten, Drogen oder anderen berauschenden Mitteln eingeschränkt oder aufgehoben sein kann, erhebliche Bedeutung zu. 933

Dies im Einzelfall beweiskräftig zu machen, lassen §§ 81a ff. StPO Grundrechtseinschränkungen zu. Auf Grund dieser Normen dürfen die Ermittlungsorgane in die verfassungsmäßig geschützten Rechte aus Art. 2 II GG (körperliche Unversehrtheit) und Art. 2 I GG (Recht auf Anonymität und Privatsphäre) eingreifen. Die nachfolgenden Ausführungen beschäftigen sich mit den Rechtsfragen, die im Zusammenhang mit körperlichen Eingriffen bei Beschuldigten und anderen Personen auftreten. Als atypisch treten die Tatbestände der molekulargenetischen Untersuchung sowie der erkennungsdienstlichen Behandlung hinzu, die keine Beeinträchtigung der körperlichen Unversehrtheit enthalten. Weil damit auch eine sachverständige (Zeugen-)Aussage verbunden ist, rechtfertigt sich die Einbindung der Erläuterungen zu §§ 81b, 81e ff. StPO in den Zusammenhang der körperlichen Eingriffe. 934

Die Erlaubnis, körperliche Untersuchungen bzw. körperliche Eingriffe anzuordnen, kennt jedoch nicht allein die Strafprozessordnung. Untersuchungen zur Feststellung der Abstammung sind z.B. gemäß § 372a ZPO erlaubt. Wenn es zu dem genannten Zweck erforderlich ist, hat jede Person Untersuchungen, insbesondere die Entnahme von Blutproben zu dulden. 935

Gefahrenabwehrende Untersuchungsvorschriften finden wir z.B. in § 29 II Satz 1 IfSG, der Menschen, die an bestimmten ansteckenden Krankheiten leiden, verpflichtet, bestimmte Untersuchungen zuzulassen. Daneben kann das Gesundheitsamt auf Grund § 4 GeschlKrG in begründeten Fällen die Untersuchung von Personen in der Beratungsstelle oder bei bestimmten Ärzten anordnen, sofern diese Person dringend verdächtig ist, geschlechtskrank zu sein und Geschlechtskrankheiten weiterzuverbreiten. Bei unklarem Untersuchungsbefund oder Gefahr der Verbreitung kann sogar die Beobachtung in einem Krankenhaus befristet angeordnet werden (§ 4 II GeschlKrG). 936

I. Körperliche Untersuchung des Beschuldigten

Zur Feststellung von Tatsachen, die für das Verfahren von Bedeutung sind, gestattet § 81a StPO die Anordnung einer körperlichen Untersuchung des Be- 937 schuldigten. Zu diesem Zwecke sind Entnahmen von Blutproben und andere körperliche Eingriffe, die von einem Arzt nach den Regeln der ärztlichen Kunst zu Untersuchungszwecken vorgenommen werden, ohne Einwilligung des Beschuldigten zulässig, wenn kein Nachteil für seine Gesundheit zu befürchten ist. Als Prozesshandlung ist die von einem Richter, bei Gefahr im Verzuge einem Polizeibeamten angeordnete Blutprobe sofort vollziehbar und zu ihrer Durchsetzung die vorübergehende Freiheitsentziehung des Beschuldigten (als verfassungsrechtlich bedenkliche, aber nach h.M. zulässige implizierte Befugnis) und erforderlichenfalls die Anwendung unmittelbaren Zwangs zulässig (OLG Koblenz VRS 54, 357; OLG Düsseldorf StV 1989, 193).

938 Die Ergebnisse, die der körperliche Eingriff hervorgebracht hat, dürfen ausschließlich in dem Verfahren, in dessen Verlauf der Eingriff angeordnet und durchgeführt wurde, bzw. in einem anderen gegen den Eingriffsadressaten laufenden Verfahren verwendet werden (§ 81a III StPO). Die Frage nach der Zulässigkeit weitergehender, für ein anhängiges Verfahren irrelevanter Untersuchungen (z.B. HIV-Untersuchung, vgl. Rdn 940) und die Verwertbarkeit der dadurch gewonnenen Erkenntnisse stellt sich somit grundsätzlich nicht.

939 Die Schwäche dieser Ermächtigung besteht in ihrer Forderung nach einem Beschuldigten als Eingriffsadressaten. Sie tritt vor allem zutage, wenn das Eingriffsziel darin besteht, Tatbestandsmerkmale einer Eingriffsnorm zu sichern. In diesen nicht einmal seltenen Fällen kann der Betroffene zum Zeitpunkt der Durchführung eines körperlichen Eingriffs niemals Beschuldigter sein, weil gar nicht feststeht, ob gegen ihn ein Strafverfahren betrieben wird. Zum Begriff Beschuldigter vgl. Rdn 97 ff. An diesen kritischen Bemerkungen zu der gesetzlichen Forderung nach einem Beschuldigten als Adressat ändert auch die Auslegung des Beschuldigtenbegriffs durch das Bundesverfassungsgericht (vgl. Rdn 100) nichts. Zwar setzt dieser Beschluss den Beschuldigten mit dem Tatverdächtigen gleich, aber wenn in den hier aufgezeigten Fällen zum Zeitpunkt des Rechtseingriffs überhaupt nicht feststeht, ob eine Straftat begangen worden ist, kann man gerade noch nicht von einem Tatverdächtigen sprechen.

Beispiel: Ob ein alkoholisierter Kfz-Führer tatsächlich den Tatbestand des § 316 StGB verwirklicht hat, ergibt der Wert der BAK. Bleibt dieser unter der Grenze der absoluten ggf. relativen Fahruntüchtigkeit, wird der Adressat des Eingriffs weder Beschuldigter noch Verdächtiger.

940 Im Gegensatz zur Beschlagnahme von Beweismitteln nach § 94 StPO, deren Verfahrensbedeutung nur möglicherweise vorliegen muss, verlangt der Gesetzgeber vor der Anordnung eines körperlichen Eingriffs dessen objektiv erkennbare Relevanz für das anhängige Strafverfahren. Daher müssen die Tatsachen zumindest mittelbar die Straftat, die Täterschaft oder die Schuld des Betroffenen zu beweisen geeignet sein. Darüber hinaus müssen die Tatsachen zumindest mittelbar die Straftat, die Täterschaft oder die Schuld des Betroffenen zu beweisen geeignet sein.

1. Körperliche Untersuchung/körperlicher Eingriff

941 Der Oberbegriff des § 81a I Satz 1 StPO ist die körperliche Untersuchung. Zum Zwecke dieser Untersuchung sind Blutprobenentnahmen und andere körperliche Eingriffe zugelassen. Der Gesetzgeber unterscheidet somit zwischen der „einfachen" und der „qualifizierten" Untersuchung, dem ärztlichen Eingriff (Dzendzalowski, S. 15). Diese differenzierte Betrachtung ist bedeutsam, weil der körperliche Eingriff nur von einem Arzt, die Untersuchung jedoch in einfach gelagerten Fällen auch von Ermittlungsbeamten vorgenommen werden darf. Ein körperlicher Eingriff ist anzuerkennen, sobald es zu einer selbst geringfügigen Verletzung des Körpers kommt (Senge, in: KK § 81a Rdn 6). Die Benutzung von Instrumenten macht daher die Untersuchung nicht unbedingt zu einem körperlichen Eingriff (Wassermann, in AK StPO § 81a Rdn 3), dann nämlich nicht, wenn es zu keiner untersuchungsbedingten Verletzung kommt.

a) Körperliche Untersuchung

Das Wesen der einfachen Untersuchung liegt in der Beurteilung der Beschaffenheit und/oder Funktionsfähigkeit des Körpers schlechthin. Dazu gehört in erster Linie die Feststellung evtl. vorhandener Tatspuren am Körper des Beschuldigten (Klaus, S. 27). **942**

Beispiel: Zeuge Z behauptet gegenüber einem Polizeibeamten, zwei junge Männer hätten ihn mit Messern bedroht und Geld verlangt. Er habe daraufhin seine Pistole gezogen, auf einen der beiden geschossen und ihn sicher am Oberschenkel getroffen. Das angegebene Gelände wird durchsucht. Zwei Männer fallen auf, von denen der eine starke Gehbeschwerden offenbArt. Z behauptet, dies seien die Täter der räuberischen Erpressung (Versuch).

Oder:

Frau F erscheint bei der Polizei und erstattet Anzeige gegen M wegen Vergewaltigung. Sie will dem Verdächtigen auf dem Rücken Kratzwunden beigebracht haben.

In beiden Fällen dient eine Inaugenscheinseinnahme der Verdächtigen dazu, die zeugenschaftlich behaupteten Spuren festzustellen. Hat der eine Verdächtige die Schusswunde im Oberschenkel und der andere Kratzspuren auf dem Rücken, spricht viel für die behauptete Täterschaft. Die weitergehende Auswertung, z.B. Vergleich des Projektils mit anderen Tatprojektilen oder Vergleich der Haut des M mit Hautresten unter den Fingernägeln der F bleibt dem Sachverständigen vorbehalten und ist nicht § 81a StPO zuzuordnen.

Körperliche Untersuchung ist daneben die Untersuchung von Körperbestandteilen, wie beispielsweise Blut, Mageninhalt oder Urin, zwecks Feststellung von Fremdkörpern auf Grund sinnlicher Wahrnehmung. Deren Ziel ist in jedem Fall, den Körper als solchen, wie er sich objektiv und unabhängig von der subjektiven Willensentschließung darstellt, in Augenschein nehmen zu können (Eb. Schmidt, NJW 1962, 664). Zu den Untersuchungen gehört daneben die Beurteilung des psychischen Zustandes, wie z.B. die Ermittlung innerer Erregungen oder Gemütsbewegungen. **943**

Schwierigkeiten bereitet die Begründung der Veränderung des äußeren Erscheinungsbildes eines Beschuldigten, z.B. durch zwangsweise Veränderung der Haar- oder Barttracht. Ob dieser Eingriff zum Zwecke der Identifizierung des Täters oder dazu dient, seine mutmaßliche Täterschaft aufzuklären, ist grundsätzlich ohne Belang. Die Auffassung, in beiden Fällen handele es sich um einen Eingriff zur Feststellung von Tatsachen, die für das Verfahren von Bedeutung sind (Eingriffsziel i.S. des § 81a StPO), ist zwar vertretbar (BVerfG NJW 1978, **944**

1149, 1150 und ihm folgend die h.M., vgl. Wassermann, in: AK StPO § 81a Rdn 3; Senge, in: KK § 81a Rdn 6; a.A. Grünwald, JZ 1981, 423, 426). Sie degradiert den Beschuldigten auch keineswegs zum bloßen Objekt und ist von ihm hinzunehmen (BVerfGE 44, 353, 374). Dennoch ist diese Argumentation nicht ohne Reiz, weil sie die Grenzen der Anwendbarkeit des § 81a StPO berührt.

945 In Bezug auf die Ermächtigung zur Identifizierung bzw. Überführung eines Täters sind nämlich die §§ 163b und 81b StPO Spezialgesetze gegenüber § 81a StPO, weil dessen Aufgabe gerade nicht in der Täteridentifikation oder Aufklärung der Täterschaft liegt. Er soll vielmehr verfahrensrelevante Tatsachen anderer Art liefern. Und diese Tatsachen beziehen sich auf Feststellungen bezüglich der Schuldfähigkeit oder von Tatbestandsmerkmalen, soweit Letztgenannte überhaupt durch körperliche Eingriffe nachgewiesen werden können, z.B. bei Verkehrsstraftaten (relative oder absolute Fahruntüchtigkeit). An dieser Feststellung ändert auch die Tatsache nichts, dass § 81e StPO eine molekulargenetische Untersuchung zulässt, und zwar anhand von auswertbarem Material, welches auf der Grundlage von § 81a StPO gewonnen wurde. Auf die ratio legis des § 81a StPO hat § 81e StPO also keinen Einfluss. Streng dogmatisch betrachtet kann das Entfernen der Haar- oder Barttracht eines Beschuldigten aus § 81a StPO somit nicht abgeleitet werden (so auch Odenthal, NStZ 1985, 433, 434f.).

b) Abgrenzung Durchsuchung – Untersuchung

946 Immer wieder tauchen Fragen nach Abgrenzung von körperlicher Untersuchung zur Durchsuchung einer Person auf. Eine erste Antwort liefert die Betrachtung des Eingriffsziels. Auf Durchsuchung nach § 102 StPO ist zu erkennen, wenn Ermittlungsbeamte bestimmte verfahrensrechtlich relevante Gegenstände finden wollen, die der Verdächtige am Körper, in der Kleidung oder in natürlichen Körperhöhlen verborgen hat, und die Suche erkennbar nur in einem Umfang vorgenommen wird, der den Einsatz von medizinischen Hilfsmitteln a priori ausschließt (OLG Celle NJW 1997, 2464; Amelung, in: AK StPO § 102 Rdn 34). Dagegen ist das Ziel der Untersuchung, durch die Beobachtung menschlichen Verhaltens oder durch Betrachten des unbekleideten menschlichen Körpers einen Schluss auf die Tatbestandserfüllung oder die Schuldfähigkeit des Beschuldigten ziehen zu können (Rüping, S. 79; Wassermann, in: AK StPO § 81a Rdn 2). Dieses Abgrenzungskriterium versagt indes, wenn körperliche Eingriffe vorgenommen werden, um *im Körper* verborgene Gegenstände zutage zu fördern, die als Beweismittel in einem Strafverfahren verwendet werden sollen. Solche Fragen stellen sich insbesondere beim Magenausheben.

947 Der Beschuldigte hat zwar die Untersuchung über sich ergehen zu lassen, ist aber nicht verpflichtet, aktiv mitzuwirken, abgesehen davon, dass er sich zur Verfügung stellen, sich z.B. ggf. entkleiden muss (LG Düsseldorf NJW 1973, 1931), dabei dürfen indessen seine intimsten Lebensbereiche nicht um jeden Preis ausgeforscht werden (BVerfGE 80, 367 ff.).. Deshalb braucht er sich weder dem Atemalkoholtest zu unterwerfen noch Schrift-, Sprech- oder Gehörproben zu machen (OLG Hamm NJW 1967, 1524). Wirkt der Beschuldigte an diesen Untersuchungshandlungen mit, tut er dies freiwillig (BGH NJW 1996, 2940, 2943).

c) Körperlicher Eingriff

Von einem Eingriff spricht man allgemein, wenn Ermittlungsorgane in das haut- oder muskelumschlossene Körperinnere eingreifen bzw. eingreifen lassen oder natürliche Körperbestandteile, wie etwa Blut, Urin, Liquor oder Samen dem Körper entnehmen bzw. entnehmen lassen (Dzendzalowski, S. 15). Mit diesem Eingriff muss allerdings eine nahe liegende Gefahr für die körperliche Integrität verbunden sein (Bosch, in: KMR § 81a Rdn 7). Während bei der zweiten Alternative ein Eingriff ohne große Schwierigkeiten anzuerkennen ist, tauchen nicht zu übersehende Probleme bei der Deutung der ersten Alternative auf. 948

Beispiel: Frau I lässt sich in einem Juweliergeschäft eine Auswahl wertvoller Ringe vorlegen. In einem günstig erscheinenden Augenblick greift sie einen Ring und verlässt das Geschäft. Der Eigentümer kann I stellen. Da die Frau keinen anderen Ausweg sieht, versteckt sie den Ring im Mund, ohne ihn zu verschlucken.

Fasst man in den Mund eines Beschuldigten, um einen dort versteckten Gegenstand zu suchen, greift man nicht in das muskel- oder hautumschlossene Innere seines Körpers ein. Ohne Zweifel bedarf es zum gewaltsamen Öffnen des Mundes weit reichender anatomischer Kenntnisse, und dieser Grundrechtseingriff verursacht, wenn er zwangsweise durchgeführt wird, selbst bei sachgemäßer Ausführung erhebliche Schmerzen. Schmerzzufügung ist zwar ein Indiz, aber ebenso wenig entscheidendes Kriterium für die Annahme eines körperlichen Eingriffs (Bosch, in:KMR § 81a Rdn 7) wie die Benutzung ärztlicher Hilfsinstrumente (Meyer-Goßner § 81a Rdn 15). Doch sollte man die Grenze zum körperlichen Eingriff dort ziehen, wo die vorzunehmende Handlung, insbesondere von einem Laien vorgenommen, eine gesundheitliche Gefährdung des Beschuldigten bedeutet. Damit wird die Nachschau in natürlichen Körperhöhlen keineswegs in jedem Fall zu einem Eingriff, sondern in den relativ wenigen, in denen wegen des zu überwindenden Widerstandes gegen die Durchführung des Grundrechtseingriffs eine akute Verletzungsgefahr besteht. 949

Beispiel: Die der Polizei als Drogensüchtige und kleine Dealerin bekannte N wird bei der Weitergabe von Betäubungsmitteln gestellt. Es besteht auf Grund konkreter Hinweise der dringende Verdacht, dass N noch mehr Drogen bei sich hat. Eine eingehende Durchsuchung durch eine Kriminalbeamtin bestätigt den Verdacht. N transportiert in einem Luftballon 25g Heroin in ihrer Scheide. Mittels einer Pinzette zieht die Beamtin den „Stoff" aus dem Körper der N.

Hier ist kein Eingriff anzunehmen, denn es wird weder in das muskelumschlossene Körperinnere eingegriffen noch besteht eine akute Verletzungsgefahr – selbst bei unsachgemäßer Durchführung.

d) In Betracht kommende körperliche Eingriffe

Der § 81a StPO lässt die in Betracht kommenden Eingriffe offen. Er erklärt lediglich die Berechtigung zur Vornahme von Blutproben und anderen körperlichen Eingriffen. Mit der Blutprobe ist der häufigste Eingriff benannt. Wenn 950 der Gesetzgeber daneben „andere körperliche Eingriffe" anspricht, gestattet er den Strafverfolgungsbehörden, alle die Eingriffe anzuordnen, die dem jeweiligen Stand der Wissenschaft entsprechen und das von § 81a StPO angestrebte Ziel erreichen helfen.

aa) Blutprobe/Haarprobe

951 Der hauptsächliche Anwendungsfall des § 81a StPO ist unbestritten die Entnahme einer Blutprobe. Den Ermittlungsorganen dient sie zur Verfolgung unterschiedlicher Ziele. Ihr gutachtliches Ergebnis kann sowohl die Erfüllung von Tatbestandsmerkmalen (z.B. §§ 315c, 316 StGB) als auch verminderte Schuldfähigkeit (§ 21 StGB) des Täters beweisen. Als leichter Eingriff (arg. aus § 46 IV OWiG) darf sie auch zur Verfolgung „leichter" Taten eingesetzt werden (OLG Köln NStZ 1986, 234).

952 In Einzelfällen ist es darüber hinaus möglich, das Ergebnis einer Blutprobe zu anderen Beweiszwecken heranzuziehen, z.B. im Alimenteprozess gegen den Beschuldigten, der bestreitet, in der Empfängniszeit mit der Mutter des Kindes Geschlechtsverkehr gehabt zu haben. Schließlich lassen sich durch Untersuchung des durch eine Blutprobe gewonnenen Blutes neben der Feststellung der Alkoholkonzentration andere, viel weitergehende Untersuchungsergebnisse erlangen, beispielsweise die Feststellung von HIV-Antikörpern oder der Baustein der DNA. Wird das in einer rechtmäßig angeordneten und lege artis durchgeführten Blutprobe gewonnene Blut ohne Wissen des Eingriffsadressaten zur Durchführung weitergehender Untersuchungen verwendet, liegt darin keine strafbare Körperverletzung, selbst wenn diese besondere Testabsicht zum Zeitpunkt der Blutentnahme bestanden hat (Janker, NJW 1987, 2897, 2901 m.w.N.). § 81a StPO erlaubt nämlich bei Beachtung bestimmter Tatbestandsmerkmale Eingriffe in das Recht auf körperliche Integrität. Diese Rechtsverletzung geschieht durch die Blutentnahme (also den Einstich) und nicht durch die davon völlig isoliert zu betrachtende Laboruntersuchung des Blutes (so im Ergebnis auch Michel, JuS 1988, 8, 13).

953 Ausgegliederte Körperbestandteile (hier das Blut des Beschuldigten) verlieren mit der Entnahme aus dem Körper ihre Zuordnung zum Schutzgut des Betroffenen, wenn sie nicht dazu bestimmt sind, wieder in den Körper eingegliedert zu werden. Damit sind sie der rechtlichen Verfügungsbefugnis des Rechtsgutsträgers entzogen (BGH NJW 1994, 127, 128). Wird solches Blut – auch – auf HIV-Antikörper untersucht, bedarf es folglich nicht der Einwilligung (ggf. mutmaßlichen Einwilligung) des Beschuldigten (StA beim KG NJW 1987, 1495, 1497), soweit das Ergebnis dieser Untersuchung (auch) für das Verfahren bedeutsam ist, in dem die Blutprobe angeordnet worden ist (vgl. § 81a III StPO). Unter den Voraussetzungen des § 81e StPO darf das auf der Grundlage von § 81a StPO gewonnene Material (z.B. Blut, Urin, Speichel) auch molekulargenetisch untersucht werden (zur molekulargenetischen Untersuchung vgl. im Einzelnen Rdn 963 ff.).

954 Ist eine Blutprobe aus medizinischen Gründen durchgeführt und ein Teil des so gewonnenen Blutes den Strafverfolgungsbehörden zur Feststellung der BAK des Patienten übergeben worden, ohne dass ein Ermittlungsbeamter oder gar ein Richter den Rechtseingriff gem. § 81a StPO angeordnet hätte, bleibt der Alkoholbefund im Strafverfahren gegen den Patienten verwertbar, sofern bei

Entnahme des Blutes die Voraussetzungen des § 81a StPO vorgelegen haben (OLG Celle NStZ 1989, 385). Diese auf den ersten Blick rechtsstaatlich bedenkliche Argumentation wird klarer, wenn man berücksichtigt, dass eigentlich nur ein formaler Akt in Form der Anordnung des Rechtseingriffs durch einen Ermittlungsbeamten hätte ergehen müssen, um den so auf Grund medizinischer Indikation vorgenommenen Eingriff auch prozessual auf eine sichere Basis zu stellen (so auch OLG Zweibrücken NJW 1994, 810).

Unter den gleichen Voraussetzungen wie die Blutprobe darf die Entnahme **955**
einer Haarprobe angeordnet werden.

bb) Urinprobe

Eine Urinprobe kann im Einzelfall erforderlich werden, um den Nachweis **956**
der Schuldfähigkeit oder der Tatbestandserfüllung (vgl. Blutprobe) führen zu können. Dazu müssen konkrete Anhaltspunkte auf den Konsum von Drogen oder Pharmaka hindeuten. Ein weiterer Anwendungsbereich für die Urinprobe liegt in der Behauptung des Beschuldigten, ganz bestimmte Medikamente eingenommen zu haben, die im Zusammenwirken mit Alkohol dessen Wirkung erheblich steigern. Da sich Giftstoffe im menschlichen Körper nicht immer im Blut nachweisen lassen, müsste in diesen Fällen eine Urinprobe genommen werden. Die gegen den Willen des Beschuldigten entnommene Urinprobe ist ein schwerwiegender, schmerzhafter Grundrechtseingriff und darf nur bei Verdacht besonders schwerer Straftaten angeordnet werden, sofern die Feststellung dieser Tatsache für das Verfahren von wesentlicher Bedeutung ist (Bosch, in: KMR § 81a Rdn 10).

cc) Magen ausheben

In Einzelfällen kann über die Feststellung des Mageninhalts beim Beschul- **957**
digten die Beweisführung im Strafprozess voran getrieben werden. Daran wäre zu denken, wenn z.B. ein Drogendealer im Angesicht der Polizei die portionierten in Stanniol verpackten Drogen verschluckt. Eine Lösung läge darin, auf die Ausscheidung des betreffenden Gegenstandes auf natürlichem Wege zu warten. Dazu müsste dem Betroffenen auf unbestimmte Zeit die Freiheit entzogen werden, womit die Frage nach der Zulässigkeit dieses Eingriffs im Raum steht. Weil ein körperlicher Eingriff gerade nicht vorgenommen werden soll, kommt als Rechtsgrundlage § 81a StPO (implizierte Befugnis) eo ipso nicht in Betracht. Ebenso scheidet die vorläufige Festnahme auf Grund von Verdunkelungsgefahr aus, denn der Beschuldigte begeht im entscheidungserheblichen Zeitpunkt keine Verdunkelungshandlung, und es deuten auch keinerlei Tatsachen darauf hin, dass er solche zukünftig begehen wird (vgl. zu dem Haftgrund Rdn 782ff.; a.A. Binder/Seemann, NStZ 2002, 232, 237, die den Haftgrund „Verdunkelungsgefahr" annehmen). Andererseits kann man durch ärztlichen Eingriff den Magen des Beschuldigten entleeren, z.B. durch Verabreichen sog. Brechreiz fördernder oder Vomitivmittel. In dem zuletzt genannten Eingriff sieht der Europäische Gerichtshof für Menschenrechte (EGMR NJW 2006, 3117, 3123ff.; und ihm folgend OLG Frankfurt a. M. NJW 1997, 1647; sowie ein breites Spektrum in der Lit., vgl. bspw. Mushoff, KritVjSchr 2005, 83, 85; Weßlau, StV 1997, 341, 342 jeweils m.w.N.) eine Verletzung der Menschenwürde, womit zwangsläufig die Rechtswidrigkeit der Maßnahme ausgedrückt

ist. Die Alternative an das Beweismittel zu kommen, liegt im Warten auf die natürliche Ausscheidung. Ob man darin aber tatsächlich eine Maßnahme ohne Verletzung der Menschenwürde sehen kann, ist durchaus strittig. Damit verbunden ist eine u.U. mehrtägige Freiheitsentziehung, während der der Beschuldigte nicht ein einziges Mal unbeobachtet die Toilette aufsuchen kann. Auf der einen Seite steht kurzzeitiges Erdulden von Übelkeit und Erbrechen (ggf. zwangsweises Einführen des Vomitivmittels), wodurch der Beschuldigte nicht unbedingt „in ein Wesen verwandelt (wird), das in Ekel erregender Weise unfähig ist, seine Körperfunktionen zu beherrschen" (Amelung/Wirth, StV 2002, 161, 167). Auf der anderen Seite steht ein mehrtägiger Freiheitsentzug mit weit reichender Beeinträchtigung der Intimität. Beides sind massive Übel, die eine objektive Entscheidung zwischen ihnen quasi unmöglich machen (Schuhr, NJW 2006, 3538, 3539). Insofern erscheint es unangebracht, jedwede Eingabe eines Brechreiz auslösenden Mittel als einen Eingriff zu qualifizieren, der gegen Art. 3 EMRK verstoße, wohingegen die Inhaftierung des Beschuldigten mit ständiger Kontrolle bei Toilettengängen dieser Norm entsprechen solle. Das sieht der EGMR (NJW 2006, 3117, 3121) vollkommen anders. Die notwendige Überwachung beinhalte zwar auch einen Eingriff in die Privatsphäre, der beziehe sich aber auf eine natürliche Körperfunktion und tangiere die physische und psychische Unversehrtheit des Beschuldigten in geringerem Maße. Nach Ansicht des Bundesverfassungsgerichts (StV 2000, 1) ergeben sich keine gewichtigen verfassungsrechtlichen Bedenken hinsichtlich der Vomitivmitteleingabe. Gegenüber einer mehrtägigen Freiheitsentziehung mit Warten auf die natürliche Ausscheidung der verschluckten Drogen erscheint es als das mildere Mittel (OLG Bremen NStZ-RR 2000, 270; Senge, in: KK § 81a Rdn 6 und 14; Rogall, NStZ 1988, 68). Allerdings sind einige wichtige Gesichtspunkte zu beachten: Die Notwendigkeit des zwangsweise vorgenommenen medizinischen Eingriffs zur Erlangung von Beweisen, die möglichen Gesundheitsgefahren für den Verdächtigen, die Art der Durchführung des Eingriffs, die dadurch zu erwartenden physischen und psychischen Leiden und inwieweit ärztliche Überwachung gesichert ist (EGMR NJW 2006, 3117, 3120). Man darf jedoch nicht übersehen, dass im Körper des Beschuldigten vor der Ausscheidung der Abbau des Beweismittels als ein natürlicher Vorgang beginnt, der die Beweisführung erheblich erschwert oder gar unmöglich macht (KG JR 2001, 162f.; Grüner, JuS 1999, 122ff.). Parallel dazu geht eine konkrete Gefahr für Leben oder Gesundheit des Eingriffsadressaten einher (Benfer, JR 1998, 53ff.; vgl. auch WAZ vom 29. März 2000, „Kokain vergiftet Schmuggler").

958 Die Ausführungen des EGMR machen unmissverständlich klar, dass das Verabreichen Brechreiz erzeugender Mittel nach dessen Auffassung nicht zugelassen sein kann; denn § 81a StPO verbietet körperliche Eingriffe gleich welcher Intensität, sofern bei dem Adressaten gesundheitliche Nachteile *„zu befürchten"* sind. Diese dem Grundsatz verhältnismäßigen Handelns zuzurechnende Beschränkung stellt an die aus anderer Sicht prinzipiell zulässige Vomitivmittelgabe bei einem sich wehrenden Beschuldigten (KG JR 2001, 162 mit abl. Anm. Hackethal) besonders strenge Anforderungen vor allem wenn er von mehreren Polizeibeamten zwecks Durchführung des Eingriffs fixiert werden muss. Ist der Beschuldigte nicht kooperationsbereit und setzt er sich trotz Fixierung des Körpers gegen den Eingriff massiv zur Wehr, scheidet diese Ermittlungshandlung wegen extremer Verletzungsgefahr (Krause, in L-R § 81a Rdn 52; Binder/Seemann, NStZ 2002, 234, 236) und damit aus Verhältnismäßigkeitsgesichtspunkten (Mushoff, KritVjSchr 2005, 85, 89) aus. Dann haben die Ermittlungsbehörden tatsächlich keine Möglichkeit, an die Beweismittel zu gelangen (es sei denn, sie haben konkrete Hinweise auf eine Lebens- oder erhebliche Gesundheitsgefahr).

Das Magenausheben über Verabreichen Brechreiz erzeugender Mittel dient **959**
(sofern nicht präventiv begründet z.B. bei bestehender Lebensgefahr) sowohl der Feststellung eines strafrechtlichen Tatbestandes (regelmäßig nach dem BtMG) als auch der entsprechenden Beweisführung. In der Tat gewinnt die Ermittlungsbehörde durch das Verabreichen solcher Mittel das gewünschte Beweismittel (z.B. „Kokainbömbchen"). Diese „Zweidimensionalität" des § 81a StPO ist keineswegs ungewöhnlich; denn auch im Falle der „schlichten" Blutprobe z. N. eines betrunkenen Kfz-Führers begegnet man dieser Besonderheit: Das Blut bzw. die wissenschaftliche Auswertung des Blutes liefert gleichzeitig das Tatbestandsmerkmal der Strafrechtsnorm und ist parallel dazu das unverzichtbare Beweismittel. Insoweit bewegt sich der Eingriff durchaus im Rahmen der ratio legis des § 81a StPO.

Beispiel: Dealer D fällt Polizeibeamten auf, wie er an K Drogen verkauft. Als die Beamten ihn stellen, verschluckt er die weiteren in Stanniol eingewickelten Portionen. Daraufhin veranlassen die Beamten, dass D unter ärztlicher Aufsicht ein Brechreiz erzeugendes Mittel über eine Nasensonde verabreicht wird.

Die Entscheidung des EGMR (NJW 2006, 3117ff.), nach der ein Einsatz **960**
von Brechreiz erzeugenden Mitteln in jedem Falle unzulässig ist, weil der Körper des Beschuldigten durch Auslösen pathologischer Reaktionen nicht instrumentalisiert werden darf, strahlt auch auf andere Einriffe im Rahmen des § 81a StPO aus. So ist die Entnahme von Urin mittels eines Katheders oder das Auspumpen des Magens (ohne Brechreiz auslösende Mittel) auf Herbeiführen eines nicht natürlichen Körpervorgangs gerichtet und somit ein vergleichbar schwerwiegender Eingriff, den die Strafprozessordnung nicht gestattet (Renzikowski, FS Amelung, 669, 685).

ee) Weitere Eingriffe

Während die dargestellten körperlichen Eingriffe teils hervorragende, jeden- **961**
falls aber erkennbare Bedeutung im Ermittlungsverfahren haben, sollen nachfolgend Eingriffe nur noch genannt werden, die Verfahrensrelevanz haben können, aber nicht zum Standardrepertoire der Ermittlungsbehörden gerechnet werden dürfen oder deren diagnostischer Wert umstritten ist. Überdies sind diese Eingriffe zeitlich wohl niemals so dringend, dass ohne richterliche Anordnung (OLG Schleswig NJW 1981, 2526) oder gar über Gefahr im Verzuge eine Eilzuständigkeit für die Anordnung begründet werden könnte.

Zu diesen Eingriffen zählen das Röntgen, weil der Körper des Beschuldigten **962**
Gefahren durch Strahlung ausgesetzt wird (OLG Schleswig NStZ 1982, 81). Aus den gleichen Gründen müssen auch Kernspin- und Computertomographie Eingriffsqualität zugesprochen bekommen. Zweifellos Eingriffe von erheblichem Gewicht sind zudem Liquorentnahme, Szintigraphie, Pneumoencephalographie und Phallometrie. Der diagnostische Wert des letztgenannten

Eingriffs ist höchst zweifelhaft, und er wird von der h.M. als unzulässig abgelehnt (OLG Düsseldorf NJW 1973, 2255f.; Gundlach, in: AK StPO § 136a Rdn 61; a.A. bei Einwilligung des Adressaten LG Hannover NJW 1977, 1110).

e) Molekulargenetische Untersuchung, §§ 81e, 81g StPO

963 Nach § 81e I StPO dürfen an dem durch Maßnahmen nach § 81a I StPO erlangten Material auch molekulargenetische Untersuchungen (mgU) durchgeführt werden, soweit sie zur Feststellung der Abstammung oder der Tatsache, ob aufgefundenes Spurenmaterial von dem Beschuldigten oder dem Verletzten stammt, erforderlich sind. Ergänzend erlaubt die Vorschrift des § 81g I StPO die Entnahme von Körperzellen und deren mgU zur Feststellung des DNA-Identifizierungsmusters sowie des Geschlechts, bei Beschuldigten, die verdächtig sind, eine Straftat von erheblicher Bedeutung oder einer Straftat gegen die sexuelle Selbstbestimmung begangen zu haben, wenn wegen der Ausführung der Tat, der Persönlichkeit des Beschuldigten oder sonstiger Erkenntnisse Grund zu der Annahme besteht, dass gegen ihn künftig Strafverfahren wegen einer Straftat von erheblicher Bedeutung zu führen sind und mittels der mgU diese Tat aufgeklärt oder der Aufklärung näher gebracht werden kann. Die Wahrscheinlichkeit erneuter Straffälligkeit des Betroffenen muss tendenziell eine vertretbare Größe aufweisen. Geht sie gegen Null, verbietet sich der Rechtseingriff (LG Bremen StraFo 2007, 58). Gegen einen vom Vorwurf der Vergewaltigung Freigesprochenen darf die Entnahme einer Speichelprobe zur DNA-Identifizierung nach § 81g StPO auch dann nicht angeordnet werden, wenn der Freispruch wegen Mangels an Beweisen ergangen ist und ein Tatverdacht fortbesteht. Der Freigesprochene ist in dem entsprechenden Verfahren kein Beschuldigter i.S. des § 81g I StPO mehr; denn durch den rechtskräftigen Freispruch ist die Strafklage verbraucht und es fehlt insoweit an einer verfolgbaren Straftat (OLG Oldenburg StraFo 2008, 376f.). Fällt bei der prognostizierten Straftat deliktstypisch kein für eine mgU auswertbares Material an, besitzt ein DNA-Aufklärungsmuster nicht die erforderliche potenzielle Aufklärungsrelevanz, weshalb die Anordnung unzulässig ist (so bspw. im Falle der Urkundenfälschung, vgl. LG Aachen StraFo 2009, 18f.).

964 Die Genanalyse enthält zwar keinen eigenständigen Rechtseingriff, gibt der Behörde jedoch den Schlüssel zum Kern der Persönlichkeit des Betroffenen in die Hand. Folglich muss man der Aussage, die DNA-Identitätsfeststellung sei ein geringfügiger, den Betroffenen wenig belastender Eingriff, der für außen stehende Dritte nicht erkennbar sei (LG Hannover NStZ 2000, 221; ähnlich auch LG Göttingen NStZ 2000, 751) entgegentreten. Diese Einstufung des Begriffs „Eingriff" stellt die Auswirkungen des behördlichen Vorgehens in den Vordergrund der Überlegungen, die der Adressat körperlich spürt oder ein Dritter gar sinnlich wahrnimmt, und berücksichtigt nicht – wie es rechtsdogmatisch geboten wäre –, in welchem Ausmaß verfassungsmäßig geschützte Rechte beeinträchtigt sind. Aus diesem Blickwinkel ergibt sich ein völlig anderes Bild. Auf der Grundlage des DNA-Identifizierungsmusters dringt die Behörde unvergleichlich tiefer in das Recht auf Anonymität bzw. informationelle Selbstbestimmung ein als durch nahezu alle anderen gesetzlichen Erlaubnisse auf der Grundlage des § 81a StPO. Insofern muss man die Vornahme einer mgU als weit reichenden oder schwerwiegenden Eingriff in das durch Art. 2 I i. V. mit Art. 1 GG verbürgte Recht bezeichnen (BVerfG NJW 2001, 2320; NStZ 2001, 328).

aa) Zielrichtung der Eingriffsnorm

Die mgU auf der Grundlage des § 81e StPO dient dazu, in einem anhängi- 965
gen Strafverfahren die Täterschaft einer bestimmten Person zumindest indiziell zu belegen. Da diese Norm auf Maßnahmen nach § 81a StPO zurückgreift, erweitert sie dessen Zielrichtung auf Täterermittlung, eine der Ermächtigung zur körperlichen Untersuchung bzw. zum körperlichen Eingriff bisher nicht immanente Aufgabe (Meyer-Goßner § 81a Rdn 6; Krause, in: L-R § 81a Rdn 4f.; Ranft, S. 147). Dieses Ziel zu verfolgen oblag aus dem Kanon der §§ 81 ff. StPO der Ermächtigung zur erkennungsdienstlichen Behandlung gemäß § 81b StPO (Bosch, in: KMR § 81b Rdn 1; Senge, in: KK § 81b Rdn 1); und auch der allgemeine Sprachgebrauch, der das DNA-Identifizierungsmuster als „genetischen Fingerabdruck" bezeichnet, weist in diese Richtung. Doch die Tatsache, dass § 81b StPO Eingriffe in die Körpersubstanz im Allgemeinen und körperliche Eingriffe insbesondere untersagt, erlaubt eine mgU auf dessen Grundlage nicht. Da aber die Verbindung zwischen der mgU zu § 81b StPO (wie noch zu zeigen sein wird) evident ist, wäre diese Ermächtigung aus Gründen der Gesetzessystematik besser dort eingefügt worden.

Über die Befugnisse des § 81e StPO hinausgehend gibt § 81g StPO der Straf- 966
verfolgungsbehörde Möglichkeiten zu Aufklärung einer Straftat von erheblicher Bedeutung oder einer Straftat gegen die sexuelle Selbstbestimmung in die Hand, die ein wegen der genannten Delikte verdächtiger Straftäter wahrscheinlich (begründete Prognose) zukünftig begehen wird, sofern der „genetische Fingerabdruck" eine wirksame Aufklärungshilfe sein kann (zum Rechtscharakter vgl. Volk, NStZ 1999, 165, 166ff. mwN). Eine solche Maßnahme ist daher nur zulässig, wenn von einem DNA-Identifizierungsmuster im Rahmen eines künftig gegen den Beschuldigten zu führenden Strafverfahrens ein Aufklärungserfolg zu erwarten ist. Zur Absicherung dieser Prognoseentscheidung bedarf es somit schlüssiger, verwertbarer und in der Entscheidung nachvollziehbar dokumentierter Tatsachen, auf deren Grundlage die polizeiliche Annahme der Wahrscheinlichkeit zukünftig zu begehender Straftaten von erheblicher Bedeutung belegt wird, für die das DNA-Identifizierungsmuster ein Aufklärungsansatz durch einen (zukünftigen) Spurenvergleich sein kann (BVerfGE 103, 21; LG Leipzig StraFo 2007, 464). Da § 81g StPO weder entsprechend seinem Wortlaut noch seinem Zweck, künftige Straftaten zu verhindern, geeignet ist (Prävention), dient diese Norm einzig zur Beweisführung in einem Strafverfahren und ist folgerichtig dem (sog. „genuinen", vgl. BVerfG NJW 2001, 879, 880; Paeffgen, StV 1999, 625, 626) Strafprozessrecht zuzuordnen (BVerfGE 103, 21, 31).

Ohne Zweifel darf eine Anordnung auf der Grundlage von §§ 81g, 81f StPO 966a
erfolgen, wenn sich aus der Persönlichkeit des Täters bzw. seinem Tatverhalten ergibt, dass sich die Anlasstat i.S. der Fortschreibung typischerweise zu einer Straftat von erheblicher Bedeutung, wie sie in § 81g IV, V StPO genannt ist, ausweitet oder sich zu einer Straftat gegen die sexuelle Selbstbestimmung entwickelt. Dann lässt die Speicherung des DNA-Musters die Aufklärung zukünf-

tiger Straftaten zu. Allerdings müssen derartige Anhaltspunkte sich unmittelbar aus der konkreten Anlasstat ergeben. Bei einer Verurteilung z.B. wegen Besitzes kinderpornografischer Schriften (in heutiger Zeit ein viel diskutiertes Rechtsproblem) kann die Speicherung des DNA-Musters eines überführten Internetnutzers keinen Beitrag zur Aufklärung gleich gelagerter Taten leisten. Das gilt vor allem, wenn die Verurteilung auf Besitz in Form der Speicherung auf einem PC oder einem sonstigen Medium beruht (LG Traunstein StV 2007, 521).

bb) Verfahrensrechtliche Bedeutung

967 Die mgU versetzt die Behörde in die Lage, das DNA-Identifizierungsmuster eines Menschen zu bestimmen. Dazu muss z.B. am Tatopfer oder am Tatort untersuchungsfähiges Material gesichert werden, anhand dessen die DNA des mutmaßlichen Täters festgestellt werden kann (bspw. Blut, Speichel, Hautteilchen, Sperma). Das Ergebnis einer solchen DNA-Analyse hat bei einem statistisch errechenbaren Häufigkeitswert von 1:256 Billiarden Beweiskraft, wenn die Berechnungsgrundlage den von der Rechtsprechung des Bundesgerichtshofs aufgestellten Anforderungen entspricht (BGH wistra 2009, 201). Vor allem bei ihrer die meisten anderen Beweismittel überragenden Indizwirkung in Bezug auf die Täterschaft einer bestimmten Person (Kramer Rdn 259ff. mwN) kann sie auch entlastend wirken. Dies ist insbesondere relevant, wenn ein Beschuldigter auf anderem Wege seine Unschuld nicht zu beweisen in der Lage ist (BGH NStZ 1991, 399). Daher sind die Ermittlungsbehörden regelmäßig gehalten, dem Antrag eines Beschuldigten auf Durchführung einer mgU zu entsprechen (BGH NJW 1990, 2328; Amelung/Wirth, StV 2002, 161,165; Bickel, Verw Arch. 1996, 169, 181).

cc) Tatbestandsmerkmale der Ermächtigung

968 Die Berechtigung zur Vornahme einer mgU nach § 81e I StPO geht auf die Zulässigkeit eines körperlichen Eingriffs zurück. Daneben bindet § 81e II StPO den genetischen Fingerabdruck an die Sicherstellung bzw. Beschlagnahme eines molekulargenetisch auswertbaren Gegenstandes. Es ist also zu fragen, ob die jeweiligen Tatbestandsmerkmale für die Durchführung eines körperlichen Eingriffs bzw. einer Sicherstellung oder Beschlagnahme gegeben sind.

969 Zwingende Voraussetzung für die Durchführung einer mgU ist die Einleitung eines strafrechtlichen Ermittlungsverfahrens. Zwar verfolgen die Behörden daneben das Ziel eines Täterausschlusses, also einer frühzeitigen Kanalisierung der Ermittlungen (BT-Drucks. 13/667, S. 6f.) zur Bündelung der personellen und sächlichen Möglichkeiten. Dennoch muss spätestens mit Anordnung einer Blutentnahme nach §§ 81a, 81c StPO ein Ermittlungsverfahren eingeleitet werden (LG Mainz NStZ 2001, 499, 500). Diese Auffassung verdeutlicht zwei Grundprinzipien: In Bezug auf einen Toten kommt die Durchführung einer mgU nicht in Betracht, etwa um festzustellen, ob er zu seinen Lebzeiten Straftaten begangen hat. Einerseits wird gegen ihn kein Ermittlungsverfahren betrieben, andererseits ist die Sicherung seines Blutes zum Zwecke der mgU keine Blutentnahme nach § 81a StPO, sondern eine „schlichte" Sicherstellung/Beschlagnahme nach §§ 94ff. StPO.

970 Zum Zweiten ergibt sich ein Problem aus der Tatsache, dass das Ergebnis der mgU allein darüber entscheidet, ob gegen den Adressaten des Eingriffs nach

§ 81a StPO ein Verfahren eingeleitet wird. Schließt solch wissenschaftlich fundiertes Ergebnis den Betreffenden als potentiellen Täter aus, darf gegen ihn kein Ermittlungsverfahren betrieben werden, weil er zu keiner Zeit den Status eines Beschuldigten erreichen kann, so dass die Eingriffe sowohl nach § 81a StPO als auch nach §§ 81e ff. StPO unzulässig wären (vgl. auch Rdn 986).

Schwierig gestaltet sich die Beantwortung der Frage, ob der Adressat des **971**
Eingriffs in die körperliche Unversehrtheit mit dem Ziel, sein DNA-Identifizierungsmuster festzustellen, zum Zeitpunkt der Vornahme dieses Eingriffs Beschuldigter ist. Dies ist insbesondere vor dem Hintergrund zu prüfen, dass die mgU der Überführung eines Straftäters dient. Hat die Behörde bereits konkrete Hinweise auf eine Person als potentiellen Täter, und dient der „genetische Fingerabdruck" einzig dazu, die Beweiskette sozusagen zu schließen, ist der Eingriffsadressat durchaus als Beschuldigter anzusehen.

Ganz anders liegen die Probleme bei den sog. ***Reihenuntersuchungen***. Dabei **972**
hat die mgU ausschließlich die Aufgabe, aus der Vielzahl der Eingriffsadressaten den einen herauszufinden, gegen den als wahrscheinlicher Täter das Strafverfahren zu führen sein wird. Rechtsgrundlage für die Reihenuntersuchungen ist § 81h StPO. Belegen bestimmte Tatsachen den Verdacht, dass ein Verbrechen gegen das Leben, die körperliche Unversehrtheit, die persönliche Freiheit oder die sexuelle Selbstbestimmung begangen worden ist, dürfen Personen, die bestimmte, auf den Täter vermutlich zutreffende Prüfungsmerkmale erfüllen, mit ihrer **schriftlichen Einwilligung** Körperzellen entnommen, diese zur Feststellung des DNA-Identifizierungsmusters und des Geschlechts molekulargenetisch untersucht und die festgestellten DNA-Identifizierungsmuster mit den DNA-Identifizierungsmustern von Spurenmaterial automatisiert abgeglichen werden, soweit dies zur Feststellung erforderlich ist, ob das Spurenmaterial von diesen Personen stammt, und die Maßnahme insbesondere im Hinblick auf die Anzahl der von ihr betroffenen Personen nicht außer Verhältnis zur Schwere der Tat steht. Die Anordnung der Entnahme von Körperzellen richtet sich gegen Personen, auf die bestimmte gruppenspezifische Merkmale zutreffen. Zu diesen gruppenspezifischen Merkmalen zählen z.B. Alter, Geschlecht (auch in Kombination miteinander), Wohnort, spezielle körperliche Fähigkeiten oder Halter eines Kfz einer bestimmten Marke (Volk, NStZ 2002, 561, 563). Wegen des Gewichts des Eingriffs z. N. nahezu ausschließlich Unbeteiligter muss die Behörde die im Einzelfall maßgebenden gruppenspezifischen Merkmale offen legen; denn allein dann sind sie als „bestimmt" zu betrachten. Daneben ist darzulegen, auf welcher Basis die Prognose hinsichtlich des erwarteten Aufklärungserfolgs ruht. Weigert sich eine Person aus dem Kreis derjenigen, auf die die gruppenspezifischen Merkmals zutreffen, die Einwilligung zu geben, kann sich die Berechtigung zur Entnahme von molekulargenetisch auswertbarem Material aus § 81e I Satz 2 i.V.m. § 81c I Satz 2 StPO ergeben (Pommer, JA 2007, 621, 627).

Wegen seiner besonderen Intensität muss der Eingriff erforderlich und ver- **972a**
hältnismäßig sein. Ergeben außerordentlich umfangreiche mehrmonatige Ermittlungstätigkeiten keinerlei Hinweise, die auf andere Art und Weise zur Aufklärung des Delikts führen sollten, ist die Reihenuntersuchung regelmäßig erforderlich und auch verhältnismäßig (LG Dortmund NStZ 2008, 175 f.). Die Reihenuntersuchung kann in jedem Falle nur die ultima ratio der Ermittlungs-

behörden sein, und dies ist gegenüber dem allein zu der ausschließlich schriftlichen Anordnung berechtigten Richter (§ 81h II StPO) zu belegen. Die dem Reihentest unterworfenen Personen sind vor Durchführung des Eingriffs darüber schriftlich zu belehren, dass die Maßnahme ausnahmslos mit ihrer (schriftlich zu gebenden) Einwilligung vorgenommen werden darf. Daneben sind sie über den Zweck der Verwendung ihrer Daten und auch darüber ins Bild zu setzen, dass die entnommenen Körperzellen ausschließlich in dem gesetzlich genannten Fall verwendet und unverzüglich vernichtet werden, wenn sie hierfür nicht mehr benötigt werden (§ 81h IV StPO).

973 An dem durch Maßnahmen nach § 81e I StPO erlangten Material dürfen mgU zur Feststellung der Abstammung oder der Tatsache vorgenommen werden, ob das aufgefundene Spurenmaterial von dem Beschuldigten oder dem Verletzten stammt; daneben darf auch das Geschlecht der Person bestimmt werden (§ 81e I Satz 1 zweiter Halbsatz StPO). Das Untersuchungsziel ist somit begrenzt, und bekräftigend stellt § 81e I S. 3 StPO heraus, dass Feststellungen über diesen Rahmen hinaus nicht erfolgen dürfen.

974 Nach § 81e II StPO dürfen mgU auch an aufgefundenem, sichergestelltem oder beschlagnahmtem Spurenmaterial vorgenommen werden. Wie im Falle des § 81e I StPO ist Zielrichtung behördlichen Handelns die Täteridentifikation, also Beweisführung. In solchem Falle ist das „Spurenmaterial" Beweismittel; denn es lässt Rückschlüsse auf den Täter einer Straftat zu (vgl. oben Rdn 359). Beweismittel, in diesem Falle der Spurenträger, werden aber stets sichergestellt i.S. des § 94 I StPO oder beschlagnahmt (§ 94 II StPO). Insofern bedarf es der gesetzlichen Formulierung eines „aufgefundenen" Gegenstandes nicht.

975 Ob der Spurenträger die Qualität eines Beweismittels hat, entscheidet der Ermittlungsbeamte nach pflichtgemäßem Ermessen: Bejaht er diese Eigenschaft, ist er gebunden, dann muss er die Sache sicherstellen oder beschlagnahmen. Allerdings stellt sich die Rechtslage in Bezug auf die mgU nach § 81e II StPO keineswegs so einfach dar, wie der erste Blick glauben macht. Zwar hat die Behörde untersuchungsfähiges Material zur Verfügung, das am Tatort oder an einer beliebigen anderen Örtlichkeit sichergestellt bzw. beschlagnahmt worden ist. Es fehlt aber an untersuchungsfähigem Vergleichsmaterial, das unabdingbare Voraussetzung dafür ist, einen gesicherten Beweis über das genetische Identifizierungsmuster führen zu können.

976 Einen Eingriff in die Körpersubstanz, um Vergleichsmaterial zu bekommen, sieht § 81e II StPO nicht vor. Dazu bedürfte es wiederum eines Rückgriffs auf § 81a StPO, was den Ermittlungsbeamten vor das Problem stellt zu beurteilen, ob der ins Auge gefasste Eingriffsadressat tatsächlich schon als Beschuldigter anzusehen ist.

dd) Molekulargenetische Untersuchung nach § 81g StPO

977 Eine Alternative zu § 81a StPO, um molekulargenetisch untersuchungsfähiges Material zu bekommen, könnte § 81g StPO sein. Danach dürfen zum Zwecke der Identitätsfeststellung in **künftigen Strafverfahren** dem Beschuldigten, der einer Straftat von erheblicher Bedeutung oder einer Straftat gegen die sexuelle Selbstbestimmung verdächtig ist, Körperzellen entnommen und zur Feststellung des DNA-Identifizierungsmusters molekulargenetisch untersucht werden, wenn Grund zu der Annahme besteht, dass gegen ihn künftig **erneut** Strafverfahren wegen einer der vorgenannten Straftaten zu führen sind. Diese Rechtsgrundlage gestattet es den Behörden, eine Datenbank einzurichten (ähnlich der Fingerabdruck-Datei), mit deren Hilfe zukünftige Straftaten möglicherweise aufgeklärt werden. Dieser um die beispielhaften Erläuterungen zur „Straftat von erheblicher Bedeutung" oder zu den „Gründen für die Annahme" reduzierte Wortlaut des § 81g StPO zeigt, dass er als Rechtsgrundlage für die Entnahme von Körperzellen, die als Vergleichsmaterial i.S. des § 81e StPO benötigt werden, nur ausnahmsweise in Betracht kommt. Zwingende Voraussetzung ist, dass gegen den Eingriffsadressaten künftig erneut wegen einer schwerwiegenden Straftat oder eines Sexualdelikts ein Strafverfahren zu führen sein wird, und das Gericht nach Abschluss des Strafverfahrens zu der Überzeugung gelangt, der Angeklagte sei der Täterschaft überführt. Fehlt dagegen die letzte Überzeugung an der Täterschaft, ist die Anordnung einer DNA-Analyse ungeachtet eines nach wie vor bestehenden Tatverdachts unzulässig (Frister, FS Amelung, 603, 608).

Die Besonderheit der gesetzlichen Forderung nach einer Prognose (§ 81g **978**
StPO) liegt darin, dass die bei der Anlasstat gelegten Spuren nicht in dem aktuellen Verfahren genutzt werden. Das DNA-Material soll vielmehr künftig bei der Verfolgung von Taten, auf die sich die Prognose bezieht, zur Aufklärung beitragen. Eine dahin gehende Entscheidung verlangt weitreichende Sachaufklärungen, z.B. durch Beiziehung der verfügbaren Straf- und Vollzugsakten, des Bewährungshelfers und zeitnaher Auskünfte aus dem Bundeszentralregister. Nur auf deren Grundlage lassen sich für die Entscheidung bedeutsame Umstände gewissenhaft abwägen, wobei stets daran zu denken ist, dass es auch dann kaum möglich ist zu prognostizieren, wegen welcher genau zu benennender Straftatbestände der Beschuldigte zukünftig in Erscheinung treten wird (Markwardt/Brodersen, NJW 2000, 693, 695). Einen Erfahrungssatz, wonach jemand stets in gleicher Wiese straffällig wird und vor allem, dass dann auch Material für eine mgU zur Verfügung steht, gibt es nämlich nicht. Um diesem Problem aus dem Wege zu gehen, hat der Gesetzgeber dem § 81g I StPO einen Satz 2 angefügt, nach dem die wiederholte Tatbegehung sonstiger Straftaten im Unrechtsgehalt einer Straftat von erheblicher Bedeutung gleichsteht. Damit sind Fälle erfasst, in denen zwar nicht jede einzelne Tat der „kleinen Kriminalität" wohl aber deren mehrfache Verwirklichung in ihrer Gesamtheit die Hürde zur Erheblichkeit überschreiten (Pommer, JA 2007, 621, 625). Da die Taten jede für sich gesehen allenfalls der mittleren Kriminalität zuzuordnen sind und keine Auswirkungen auf den Rechtsfrieden und das Sicherheitsgefühl der Bevölkerung haben, der Rechtseingriff dagegen tief greifend ist, bedarf es unbedingt einer restriktiven Interpretation des § 81g I Satz 2 StPO. Keineswegs darf diese Norm dazu dienen, kleine und mittlere Kriminalität weitläufig zu erfassen (Senge, NJW 2005, 3028, 3031).

Selbstredend lässt die Rechtsordnung Ausnahmen hinsichtlich der Anlasstat **979**
zu. So können psychische Erkrankungen, kurzfristige, schwerwiegende Veränderungen der Lebenssituation ganz wesentlich zur Tatbestandserfüllung vor allem in Bezug auf Straftaten gegen die sexuelle Selbstbestimmung durchaus auch bezüglich einer Straftat von erheblicher Bedeutung beigetragen haben. Will man nach deren Kenntnisnahme eine Ausnahme vom Regelfall des § 81g StPO

herleiten, bedarf es einer dahin gehenden besonderen Begründung. Allerdings verlangen auch Negativprognosen als tragfähige Grundlage die Berücksichtigung fallbezogener Besonderheiten. Dazu zählt z.B. die Tatsache, dass die Strafe zur Bewährung ausgesetzt ist, ein evtl. Straferlass nach Tatbegehung, das Tatmotiv, der Zeitablauf nach Tatbegehung, das Verhalten nach der Tat, die Veränderung in der Lebensführung (bspw. „Ausstieg" aus der Drogenszene) sowie Änderung der Lebensverhältnisse. Stützen diese Indizien eine günstige Prognose, ist für die Anwendung von § 81g StPO kein Raum, also die Speicherung/Aufbewahrung des DNA-Identifizierungsmusters des Beschuldigten nicht zulässig (BVerfG, Beschl. vom 15. 3. 2001, 2 BvR 1841/00).

980 Aus gegenteiliger Sicht lässt sich eine sichere Prognose ebenso wenig herleiten. Das Verhalten eines Beschuldigten während der Bewährungszeit rechtfertigt isoliert betrachtet nicht unbedingt eine sichere Zukunftsprognose. So belegt die Kriminalstatistik, dass sogar nach einem Straferlass in einer bemerkenswert hohen Zahl von Fällen neue Straftaten begangen werden. Daraus leitet die Rechtsprechung die Folgerung ab, an die gemäß § 81g StPO zu treffende Prognoseentscheidung sollte man angesichts des Normzwecks als einer präventiven, auf künftige Strafverfolgung zielenden erkennungsdienstlichen Maßnahme keine allzu hohen Anforderungen stellen (LG Hannover NStZ 2000, 220; LG Göttingen NStZ 2000, 751). Dieser Beschluss ist aus verschiedenen Gründen außerordentlich interessant.

981 Zunächst ordnet das Gericht die mgU auf der Grundlage des § 81g StPO dem Polizeirecht zu („präventive" Norm). Unbestritten liegt die Kompetenz zur Gesetzgebung im Bereich des materiellen Polizeirechts in den Händen der Länder (M-D-H Art. 70 Rdn 36; Katz § 20 Rdn 429). Dies führt dem kritischen Leser die Problematik vor Augen, die sich daran knüpft, dass der Landesgesetzgeber die „vorbeugende Bekämpfung von Straftaten" der Gefahrenabwehr zuordnet. Bekämpfung von Straftaten ist stets Repression; und auch das Vorhalten von Möglichkeiten effektiver Strafverfolgung kann niemals der Prävention zugerechnet werden. Schließlich verhindert das Vorhalten z.B. der Ergebnisse einer mgU keineswegs – selbst nach den Vorstellungen der Behörde – die Begehung von Straftaten. Und allenfalls dies ließe sich mit gutem Gewissen als Prävention bezeichnen. Erfolgt der Eingriff nach § 81g StPO, um mit dessen Ergebnissen später zu erwartende (befürchtete, prognostizierte) Straftaten vielleicht (auch das ist unsichere Prognose) aufklären zu können, ist er unbestritten repressiver Natur.

982 Zum anderen argumentiert das LG Hannover weiter (NStZ 2000, 221), „an den Grad der Wahrscheinlichkeit weiterer Straftatverübungen sind ... geringere Anforderungen als bei der Entscheidung über die Strafaussetzung zur Bewährung zu stellen." Offensichtlich meint das Gericht, die Gefahrenprognose von der Sozialprognose im Rahmen der Bewährung unterscheiden zu müssen (OLG Celle NStZ 2006, 717, 718). Aus diesem Blickwinkel betrachtet schließt die Strafaussetzung zur Bewährung die Anordnung einer DNA-Analyse keineswegs aus, denn beide Rechtsinstitute verfolgen unterschiedliche Zwecke und unterliegen infolgedessen unterschiedlichen Prüfungsmaßstäben. Zu bedenken ist jedoch, dass im Rahmen der Gefahrenprognose (§ 81g StPO) Umstände in die Abwägung einzubeziehen sind, die gleichermaßen bei einer Sozialprognose für Bewährungsstrafe oder einer Gefahrenprognose bei Verhängung einer Maßregel bestimmend sein können, z.B. Zeitablauf seit der früheren Tatausführung oder Rückfallgeschwindigkeit (BVerfG NStZ 2001, 328, 330 mit Anm. Senge, 331, 332). Des weiteren könnte entsprechend dieser Rechtsauffassung das Gericht einen Verurteilten wegen positiver Prognose zu einer Bewährungsstrafe verurteilen (§§ 56 I, 57 I StGB), gleichzeitig die Ermittlungsbehörde eine gegenteilige Prognose treffen. Tatsächlich sind beide Prognoseentscheidungen äußerst eng miteinander verwoben. Gerade die gerichtliche Aussage über die zukünftige „kriminelle Karriere" des Betroffenen müsste zur Grundlage der Anwendbarkeit von § 81g StPO herangezogen werden. Wollte man auf dieses Zusammenwirken der Justizbehörden verzichten, müsste dies – wie im Falle des LG Hannover – zu unauflösbaren Widersprüchen führen (vgl. auch Kauffmann/Ureta, NStZ 2000, 221 f.). Dieser rechtsstaatlich bedenklichen Kontroverse begegnet man am ehesten, wenn man für eine Prognose in Bezug auf die Gefahr einer Wiederholung schlüssige, verwertbare und nachvollziehbar dokumentierte Tatsachen verlangt, auf deren Grundlage sich die Annahme der Wahrscheinlichkeit künftiger Straftaten von erheblicher Bedeutung hinreichend sicher belegen lässt (BVerfG NJW 2001, 879, 881).

Des Weiteren muss der Täter bei der Anlasstat in der Regel Körperzellen ab- **983**
sondern, die zur Identitätsfeststellung durch das DNA-Identifizierungsmuster geeignet sind (LG Berlin NJW 2000, 752; ähnlich auch LG Koblenz StV 1999, 141). Mit dieser Forderung nach Eignung zur DNA-Auswertung grenzt der Gesetzgeber die in Betracht kommenden Delikte erheblich ein.

Erforderlich ist weiterhin die Prognose (wie schon angedeutet), derjenige, **984**
dem molekulargenetisch auswertbare Körperzellen entnommen werden sollen, werde **erneut** in ein Strafverfahren eingebunden. Dazu muss der Behörde bei Anordnung dieses Eingriffs bekannt sein, dass der Adressat einschlägig vorbelastet ist. Von „einschlägiger Vorbelastung" ist keineswegs erst bei rechtskräftiger Verurteilung auszugehen, sondern bereits dann, wenn der Eingriffsadressat wegen erwiesener oder nicht auszuschließender Schuldunfähigkeit, auf Geisteskrankheit beruhender Verhandlungsunfähigkeit oder fehlender oder nicht auszuschließender fehlender Verantwortlichkeit (§ 3 JGG) nicht verurteilt worden ist und die entsprechende Eintragung im Bundeszentralregister oder Erziehungsregister noch nicht getilgt ist (vgl. § 81g IV StPO). Die Prognose bei Vorliegen der gesetzlich geforderten Anlasstat lässt sich auch damit begründen, dass die Art und Weise der Tatbegehung, die Persönlichkeit des Täters sowie sonstige Umstände, etwa weitere Eintragungen im Bundeszentralregister, greifbare Anhaltspunkte für die Bewertung liefern, es habe sich bei der Tat keineswegs um eine auf besondere Lebensumstände zurückzuführende einmalige Entgleisung gehandelt (LG Göttingen NStZ 2000, 164; LG Freiburg NStZ 2000, 162, 163).

Eine Gefahr der Wiederholung bei jugendlichen Ersttätern im pubertären **985**
Alter verlangt über die Einbeziehung von Erkenntnissen der Kriminologie über jugendtypische Delikte hinaus, Berücksichtigung der in der Jugendlichkeit des Täters liegenden Umstände der Tat, des Verhaltens nach der Tat sowie der möglichen Auswirkungen einer Erfassung und Speicherung von Genmerkmalen auf die weitere Entwicklung des Jugendlichen (BVerfG NJW 2008, 281 ff.). Aus diesem Grunde ist Wiederholungsgefahr nicht zwingend anzuerkennen, wenn sich die bisherige, u.U. auch erhebliche Straffälligkeit (insbes. in Bezug auf Se-

xualdelikte) als Ausfluss von Krisen in der Pubertätszeit darstellen (LG Freiburg NStZ-RR 2001, 336). Wurde der Eingriffsadressat in der Vergangenheit indessen wegen Straftaten nach dem BtMG in Form des unerlaubten (gewerbsmäßigen) Handeltreibens mit Drogen verurteilt und tritt er zukünftig wegen einer solchen Straftaten erneut in Erscheinung, steht einer negativen Prognose selbst gegen einen pubertierenden Jugendlichen kein Hindernis entgegen (LG Bautzen NStZ 2000, 127).

2. Verfahrensrelevante Tatsache

986 Eine körperliche Untersuchung oder ein körperlicher Eingriff darf zur Feststellung von Tatsachen vorgenommen werden, die für das Verfahren von Bedeutung sind. Für das Verfahren bedeutsame Zwecke sind z.B. Feststellungen hinsichtlich der Schuld-, der Reise- oder der Verhandlungsfähigkeit (OLG Düsseldorf StV 1989, 193) oder der Täterschaft (BVerfGE 27, 211, 219). Die auf wissenschaftlicher Basis beruhenden Gutachten stellen objektive Erkenntnisse, also Tatsachen dar und geben dem Gericht Auskunft, z.B. über den ermittelten Wert der Blutalkoholkonzentration oder den Umstand, dass im Urin des Beschuldigten eine bestimmte Menge chemischer Substanzen nachgewiesen werden konnte, die aus dem Genuss bestimmter Drogen oder der Einnahme bestimmter Pharmaka herrühren.

987 Verfahrensrelevant ist eine Tatsache, wenn sie unmittelbar für die Anwendung einer in Betracht kommenden Norm maßgebend oder indirekt die dazu getroffenen Feststellungen zu beeinflussen geeignet oder für die Rechtsfolgenfestlegung bestimmend sein kann (Paulus, in: KMR § 244 Rdn 112). Die erste Alternative bezieht sich auf die Tatbestandsermittlung (z.B. durch Feststellung der Blutalkoholkonzentration oder das Auffinden der BtM-Beutel nach dem Entleeren des Magens). Das Ergebnis des Gutachtens (mindestens 1,1 BAK) beweist den Tatbestand des § 316 StGB, die ausgeschiedenen Rauschgiftportionen belegen die Straftaten nach §§ 29 ff. BtMG.

988 In der zweiten Alternative geht es um die Frage, ob nicht mittels eines Gutachtens auf eine bestimmte Täterabsicht geschlossen werden kann (BGH bei Holtz, MDR 1978, 988).

Beispiel: A spricht bei Dunkelheit in einem Parkgelände den S an. Er hält ihm ein Stilett vor und fordert die Herausgabe des Geldes. Als S sich wehrt, sticht A zu. Er trifft sein Opfer knapp neben dem Herzen. In der Verhandlung lässt sich A dahin gehend ein, er habe S lediglich einschüchtern, allenfalls verletzen wollen. Durch ein medizinisches Gutachten könnte in einem derart gelagerten Fall der Vorsatz hinsichtlich Tötung nachgewiesen werden.

989 Die dritte Alternative schließlich stellt darauf ab, dass die ermittelte Tatsache Auswirkungen auf die Rechtsfolgenfestlegung hat, z.B. wenn Zweifel an der Schuldfähigkeit des Verdächtigen angebracht sind oder die Möglichkeit besteht, dass er im Zustand verminderter Schuldfähigkeit gehandelt hat. Dies abzuklären, könnten psychiatrische Gutachten notwendig werden, ggf. kämen sowohl Blut- als auch Urinproben in Frage.

990 Insbesondere bei der Blutprobe hat nicht jeder Alkoholgenuss Auswirkungen auf die Schuldfähigkeit. Beweiserheblich ist die BAK nur bei Hinweisen darauf, dass der Tatverdächtige unter Einwirkung berauschender Mittel steht und insoweit nicht mehr Herr seiner Sinne gewesen sein könnte. Zeigt das Gesamtverhalten einschließlich der Tatbestandserfüllung „normales" Verhalten bei dem Verdächtigen, scheidet die Entnahme einer Blutprobe mit dem Ziel, die Schuldfähigkeit zu prüfen, aus.

Beispiel: O wartet in einer Parkanlage auf „lohnende Objekte". Da es kalt ist, „wärmt er sich innerlich" mit zwei oder drei Schnäpschen auf. Als der Kaufmann A auftaucht, tritt O plötzlich auf den Weg, hält ihm eine Pistole vor und fordert ihn auf, ruhig zu bleiben. Blitzschnell greift er in die Tasche des A, zieht die Brieftasche heraus und verschwindet.

Das Gesamtverhalten, insbesondere Art und Weise der Tatbestandserfüllung, **991** beweisen die Schuldfähigkeit des O. Der Tatsache des Alkoholgenusses kommt insofern keine Verfahrensbedeutung zu, als es zur Feststellung der Schuldfähigkeit weiterer Erkenntnisse nicht bedarf. Wenn die Gerichte heute dennoch auf Durchführung einer Blutprobe bestehen, folgen sie dem Diktat des Zeitdrucks.

Aber:
R steht auf dem Fußballplatz und schaut dem Spiel „seines" F. C. zu. Mit den Entscheidungen des Schiedsrichters ist er nicht einverstanden, und seiner Meinung nach ist nur er schuld, dass es beim F. C. „nicht läuft". Als dann zu allem Unglück die gegnerische Mannschaft kurz vor Ende des Spiels in Führung geht, verliert R die Beherrschung. Mit seinem Stockschirm schlägt er auf den Kopf eines vor ihm stehenden Anhängers der Gastmannschaft. R hatte während des Spiels einige Flaschen Bier genossen.

Zwar wird R nicht schuldunfähig gewesen sein, denn dann wäre er nicht **992** mehr zu einer gezielten Reaktion fähig, doch könnte er auf Grund seiner psychischen Erregung im Zusammenwirken mit dem Alkohol vermindert schuldfähig gewesen sein. Dies festzustellen, wäre Aufgabe eines Gutachtens. Dann stellt sich aber die Frage, ob bei diesem recht einfach gelagerten Tatbestand des § 224 StGB solcher Aufwand getrieben werden muss.

3. Arzt

Körperliche Eingriffe dürfen nach § 81a StPO nur von einem approbierten **993** Arzt, wohingegen Untersuchungen auch durch andere Personen vorgenommen werden können, sofern die erforderliche Sachkunde gegeben ist (Schlüchter Rdn 167). Arzt in diesem Sinne sind alle Humanmediziner, also auch die Fachärzte. Diese Eingrenzung des berechtigten Personenkreises schützt die Menschenwürde des Beschuldigten und verhindert, dass der Eingriff unsachgemäß durchgeführt und somit möglicherweise die Wahrheitsfindung beeinträchtigt wird (Eb. Schmidt, MDR 1970, 461, 464). Allerdings schmälert es den Beweiswert der Blutprobe nicht, wenn das Blut durch eine andere – diesbezüglich erfahrene – Person entnommen worden ist. Der zulässigen Verwertung einer solchen gegen den Wortlaut des Gesetzes entnommenen Blutprobe steht dann nichts im Wege, wenn die vorgenannten Grundsätze beachtet werden (OLG Zweibrücken NJW 1994, 810).

Schließlich bleibt die Frage zu beantworten, ob ein Arzt berechtigt ist, die **994** Vornahme eines körperlichen Eingriffs abzulehnen. Bedenkenlos ist dies zu bejahen, wenn es sich um schwerwiegende Eingriffe handelt und der Arzt seine

Weigerung medizinisch begründet. Verweigert ein Arzt die Entnahme einer Blutprobe, können die Ermittlungsbeamten ihre Durchführung nicht erzwingen. Frei praktizierende Ärzte und Krankenhausärzte sind insoweit in ihrer Entscheidung frei. Amts- oder Vertragsärzte müssen zwar ihre eingegangenen Verpflichtungen erfüllen, können aber im Falle einer Weigerung nicht zur Blutentnahme gezwungen werden (Händel, Blutalkohol 1977, 193, 195 ff.).

995 Der zur Durchführung einer Blutentnahme und körperlichen Untersuchung von der Polizei nach § 81a StPO herangezogene Arzt wird als Sachverständiger tätig (OLG Saarbrücken DNP 1995, 563). Als solcher kann er von der Staatsanwaltschaft oder dem Gericht berufen werden (vgl. §§ 73, 75, 161a StPO). Die Bestellung erfolgt ggf. telefonisch oder sogar durch die Polizei als Übermittler. Weigert sich der Arzt in dieser Verfahrensstellung, eine Blutprobe zu entnehmen, kann gegen ihn sogar ein Ordnungsgeld verhängt werden (LG Trier NJW 1987, 722).

4. Ärztliche Kunst

996 Ein körperlicher Eingriff muss von einem Arzt unter Beachtung der Regeln der ärztlichen Kunst vorgenommen werden. Er hat Untersuchungszwecken zu dienen und darf nicht gegen die guten Sitten verstoßen (BGHSt 8, 144, 148). Prinzipiell wird der Ermittlungsbeamte die Beachtung der ärztlichen Kunst bei der Tätigkeit eines Arztes unterstellen können, es sei denn, die Art und Weise des Vorgehens stellt sich selbst für einen medizinischen Laien als standeswidrig dar. Weiterhin kann diese Forderung ergeben, ggf. einen Facharzt mit der Durchführung des körperlichen Eingriffs zu beauftragen, wenn die Art des Eingriffs das angezeigt erscheinen lässt (Schlüchter Rdn 175).

997 Der Beschuldigte darf durch den körperlichen Eingriff keine Gesundheitsnachteile erleiden. Dazu gehören negative körperliche Beeinträchtigungen nur, wenn sie über die mit der Durchführung des Eingriffs ohnehin verbundenen hinausgehen und nicht völlig unbedeutend sind.

Beispiel: Ist eine Blutprobe angeordnet, stellt der kurze Schmerz beim Einstich oder Übelkeit des Betroffenen keinen Gesundheitsnachteil dar. Das gilt dagegen nicht mehr, wenn eine schmerzhafte Schwellung in der Armbeuge auftritt, die ein Indiz für einen ärztlichen Kunstfehler darstellt.

998 Ob ein derartiger Nachteil im Einzelfall zu befürchten ist, soll der Ermittlungsbeamte anhand der aktuellen körperlichen Verfassung des Beschuldigten entscheiden (Löffler, NJW 1951, 821, 822). Gegen diese Übertragung der Verantwortung sprechen tiefgehende Bedenken, nicht nur weil sie pauschal für alle Eingriffe gelten soll. Ein Ermittlungsbeamter kann nicht einmal bei einer Blutprobe begründet entscheiden, ob sie nachteilige Folgen für die Gesundheit des Verdächtigen haben kann. Das gilt erst recht bei Vornahme schwererer Eingriffe.

II. Körperliche Untersuchung anderer Personen

Nach § 81c I StPO dürfen andere Personen als Beschuldigte, wenn sie als Zeugen in Betracht kommen, ohne ihre Einwilligung untersucht werden, soweit zur Erforschung der Wahrheit festgestellt werden muss, ob sich an ihrem Körper eine bestimmte Spur oder Folge einer Straftat befindet. Diese Vorschrift regelt in Ergänzung zu § 81a StPO die Duldungspflichten des Nichtbeschuldigten. Die gleiche Aufgabe erfüllt auch § 81c II StPO, der Untersuchungen zur Feststellung der Abstammung und die Entnahme von Blutproben ohne Einwilligung des zu Untersuchenden erlaubt, wenn kein Gesundheitsnachteil zu befürchten und die Maßnahme zur Erforschung der Wahrheit unerlässlich ist. Auch bezüglich der körperlichen Untersuchung von Zeugen gilt der Grundsatz, dass die Auswertung des Eingriffs auf das anhängige Strafverfahren beschränkt ist (§ 81c V Satz 2 StPO). 999

1. Einwilligung

Große Bedeutung misst das Gesetz der Einwilligung durch den Betroffenen zu. Sie ist bei der Suche nach Tatfolgen oder Tatspuren (Absatz 1) bzw. wenn eine Abstammungsuntersuchung erforderlich werden sollte (Absatz 2) entbehrlich. Die darüber hinausgehenden Eingriffe bedürfen indes stets der Einwilligung durch den Adressaten der hoheitlichen Maßnahme. Sie gilt als wirksam erteilt, wenn sie auf einer autonomen Entscheidung beruht, in Kenntnis des Umfangs der Untersuchung bzw. des Eingriffs gegeben wird und dem Einwilligenden bewusst ist, dass ihm ein Weigerungsrecht zusteht (BGH NJW 1964, 1177 f.; Schlüchter Rdn 189). Die Einwilligung ist jederzeit mit der Folge widerruflich, dass die Untersuchung bzw. der Eingriff beendet werden muss (Panhuysen, S. 85). Bis zum Widerruf gewonnene Untersuchungsergebnisse sind prozessual verwertbar (Bosch, in: KMR § 81c Rdn 5), da sie auf rechtlich zulässige Weise gewonnen worden sind. 1000

Beispiel: Im Ermittlungsverfahren gegen den in der Bundesrepublik lebenden orthodox-islamitischen Z wegen Mordversuchs an dem Freund (F) seiner 17-jährigen Schwester (S) behauptet der Verdächtige, der F habe mit der S geschlechtlich verkehrt und sich geweigert, seine Schwester daraufhin zu heiraten. Zur Wiederherstellung der Familienehre habe er den F deshalb umbringen müssen. F weist diese Behauptung entschieden zurück, weil er – wie er sagt – mit der S niemals Geschlechtsverkehr gehabt habe. Die Aussagen der S sind wenig brauchbar, darüber hinaus verwickelt sie sich in Widersprüche auf Fragen nach dem Umfang ihrer Beziehung zu F. Die Staatsanwaltschaft ordnet daraufhin die psychologische Untersuchung der S an. Weiterhin soll sich das Mädchen einer gynäkologischen Untersuchung stellen. Die Eltern der S willigen zunächst in beide Untersuchungen ein, später widerrufen sie ihre Einwilligung in die gynäkologische Untersuchung der S.

Die bisher gewonnenen Erkenntnisse aus der gynäkologischen Untersuchung dürfen ebenso in dem Verfahren verwertet werden wie die der psychologischen Untersuchung. Darüber hinaus wäre selbst ohne Einwilligung die Beobachtung der Zeugin durch einen Psychiater bei ihrer Vernehmung zulässig, um auf diesem Wege weitere Erkenntnisse über die Zeugnisfähigkeit zu erhalten (BGHSt 1001

23, 1, 2). Ob man auf diese Art tatsächlich ein klares Bild gewinnen kann, wird hier nicht weiter erörtert.

2. Untersuchungsvoraussetzungen

1002 Eine Untersuchung darf nach § 81c I StPO angeordnet werden, wenn eine Person als Zeuge in Betracht kommt und festgestellt werden muss, ob sich an ihrem Körper eine bestimmte Spur oder Folge einer Straftat befindet. Aus dieser – sicher missverständlichen – Formulierung lassen sich zwei unterschiedliche Voraussetzungen für eine Untersuchung ableiten: Entweder kommt eine Person als Zeuge einer Straftat in Frage (Zeugengrundsatz) oder am Körper der zu untersuchenden Person sind Spuren oder Folgen einer Straftat feststellbar (Spurengrundsatz). Zuzugeben ist, dass es häufig zu Überschneidungen zwischen diesen Anwendungsbereichen kommt. Gemeinsam ist beiden die Forderung nach Vorliegen einer Straftat.

a) Zeugengrundsatz

1003 Nach § 81c I StPO dürfen Personen, die einer Straftat nicht verdächtig sind, nur untersucht werden, „wenn sie als Zeugen in Betracht kommen". Als Zeugen bezeichnet man grundsätzlich eine Person, die in einem gegen eine andere Person gerichteten Verfahren Wahrnehmungen über Tatsachen durch Aussagen kundtun kann (RGSt 52, 289). Die zu bekundenden Tatsachen sind regelmäßig vergangene Vorgänge; nur bei Tatfolgen oder sonstigen mit vergangenen in Beziehung stehenden Umständen können auch gegenwärtige Ereignisse Gegenstand einer Zeugenaussage sein.

1004 Im Zusammenhang mit dem Zeugengrundsatz ist aber nicht eine enge, sondern eine an Sachzwängen orientierte Interpretation des Begriffs „Zeuge" erforderlich. Würden wir nämlich streng an der Begriffsdefinition prüfen, ob ein Mensch Zeuge einer Straftat ist, schieden alle Personen aus, die zu einer Kundgabe von Tatsachen objektiv unfähig sind.

Beispiel: Nachbarn beschuldigen das Ehepaar S, ihren acht Monate alten Säugling ständig brutal zu misshandeln. Eine Beweisführung gegen die Eltern macht eine Untersuchung des Kindes auf Tatspuren am Körper erforderlich. Die Tatsache, dass das Kind zu einer Willenskundgabe unfähig ist, hat aber keinen Einfluss auf die Anwendbarkeit des § 81c StPO.

1005 Dieses Beispiel beweist die Ungeeignetheit einer wörtlichen Interpretation. Das gilt umso mehr, als zwar handlungsunfähige Personen als Zeugen ausscheiden, nicht aber solche, deren Aussage darin besteht, in Folge Betäubung, Schlaf oder Ohnmacht nichts festgestellt zu haben (Erbs § 81c Anm. 1; Bosch, in: KMR § 81c Rdn 6).

Beispiel: Frau F steht im Verdacht, einen Mordanschlag auf ihren Mann unternommen zu haben. Als er nach einer ausgedehnten Zechtour nach Hause kam, soll sie versucht haben, ihm im tiefsten Schlaf eine tödliche Injektion zu geben. Auf Grund seiner Trunkenheit und dem ohnmachtähnlichen Schlaf hat M von der Tat keine Kenntnis. Daher kann er auch keinerlei Angaben machen.

Geht man vom Sinn des § 81c I StPO aus, werden sowohl Handlungs- als auch Willensunfähige in den Kreis der zu untersuchenden Personen einbezogen (Kohlhaas, JR 1974, 89, 90; Schlüchter Rdn 191; Kleinknecht, Kriminalistik 1967, 462). Folglich können sowohl Kinder als auch Säuglinge Zeugen sein. Die restriktive Formulierung des § 81c StPO soll nur verhindern, dass die Ermittlungsbeamten zur Aufklärung bestimmter Straftaten die Befugnis erhalten, quasi Reihenuntersuchungen anzuordnen (Dünnebier, GA 1953, 65, 68). **1006**

b) Spurengrundsatz

§ 81c I StPO erlaubt die Untersuchung einer nichtverdächtigen Person, wenn zur Erforschung der Wahrheit festgestellt werden muss, ob sich an ihrem Körper eine *bestimmte Spur oder Tatfolge* befindet. Spuren in diesem Sinne sind durch die Tat verursachte Veränderungen oder Merkmale am Körper des Opfers, aus denen Rückschlüsse auf die Tat, die Art und Weise ihrer Durchführung oder den Täter zu ziehen sind. Diese gesetzliche Formulierung enthält eine abschließende Regelung. Es mangelt somit an einer Rechtsgrundlage dafür, einen Zeugen zu verpflichten, sich dem Amtsarzt vorzustellen und sich von ihm untersuchen zu lassen, wenn diese Untersuchung zwar gewisse Indizien zutage fördern kann, jedoch keine eindeutigen Beweise für die eigentliche Tat zu liefern imstande ist (LG Frankfurta.M.. StraFo 2009, 18). **1007**

Beispiel: Frau F behauptet, ein Mann, den sie sehr genau beschreibt, habe sie vergewaltigen wollen. Auf Grund ihrer heftigen Gegenwehr durch Kratzen und Beißen sei es ihr gelungen, den Kerl in die Flucht zu schlagen. Ihr Körper – so behauptet sie – sei voller Kratzer und Blutspritzer, die zum Teil vom Täter stammen. Die polizeiliche Aufforderung, sich unverzüglich dem Amtsarzt vorzustellen, der die Blutspritzer sichern müsse, lehnt F ab. Da sie Zeugin einer schwerwiegenden Straftat ist, unterliegt sie einer Duldungspflicht in Bezug auf Feststellung der Tatspuren sowie der -folgen.

Tatfolgen dagegen sind objektiv erkennbare Veränderungen am Körper des Opfers, ohne dass sich daraus Hinweise auf Täterschaft einer bestimmten Person ergeben. **1008**

Beispiel: Z behauptet, von zwei Unbekannten niedergeschlagen und beraubt worden zu sein. Als „Beweis" zeigt er einen ausgeschlagenen Zahn und einen blutenden Kiefer.

Die Tatfolge muss nicht notwendig zum gesetzlichen Tatbestand der Straftat gehören (Dzendzalowski, S. 48), auch wenn das z.B. im Bereich der Körperverletzungsdelikte häufig der Fall sein wird.

Beispiel: Der aus den Tropen heimgekehrte T leidet an einer sehr ansteckenden Tropenkrankheit. Er wird ins Krankenhaus eingeliefert und in Quarantäne genommen. Nach einigen Wochen bricht er aus und lässt sich von einem Taxifahrer nach Hause bringen. Den Fahrer steckt T mit seiner Krankheit an. Hier fallen Tatfolge (Gesundheitsbeschädigung) und Verwirklichung des gesetzlichen Tatbestandes zusammen.
Aber:
V vergewaltigt die 16-jährige M, die durch die Tat defloriert wird. Im Falle des § 177 StGB gehört die Defloration nicht zum gesetzlichen Tatbestand. Das ändert jedoch nichts an der Verwirklichung des gesetzlichen Tatbestandes der Vergewaltigung.

Darüber hinaus werden „bestimmte" Spuren oder Tatfolgen gesucht. Dies verlangt eindeutige Anhaltspunkte bzw. Kenntnisse auf Seiten der Ermittlungs- **1009** beamten hinsichtlich der Spuren oder Tatfolgen, nach denen sie suchen. Untersuchungen „aufs Blaue hinein“ oder gar sog. Reihenuntersuchungen sind auf der Grundlage des § 81c StPO nicht zulässig.

c) Am Körper

1010 Die Spur oder Folge der Tat muss sich am Körper des Opfers befinden. Damit schließt der Gesetzgeber alle Untersuchungen aus dem Anwendungsbereich der Norm aus, die körperliche Eingriffe notwendig machen. Können die Beamten im Einzelfall Körperinneres ohne ärztlichen Eingriff sichtbar machen, handelt es sich um eine zugelassene Untersuchung am Körper (Kohlhaas, S. 45f.). So dürfen zwar Nachforschungen auf der Körperoberfläche und in natürlichen Körperhöhlen, je selbst Ultraschalluntersuchungen vorgenommen werden, doch sind z.B. Röntgenaufnahmen oder auch Magenausheben als harmlose Eingriffe nicht zulässig (Meyer-Goßner § 81c Rdn 16).

d) Notwendigkeit der Feststellung

1011 Die Untersuchung des Nichtverdächtigen erfolgt, wenn zur Erforschung der Wahrheit festgestellt werden muss, ob sich an seinem Körper eine bestimmte Spur oder Tatfolge befindet. Aus dieser Argumentation ergibt sich die Zulässigkeit einer körperlichen Untersuchung, sofern andere Beweismittel nicht zur Verfügung stehen (Geerds, GA 1965, 321, 324; Eb. Schmidt, Nachträge § 81c Rdn 20). Ob das zutrifft, ist im Einzelfall zu prüfen. In diesem Zusammenhang soll daran erinnert werden, dass Geständnisse des Täters widerrufen werden können und damit als Beweismittel ausfallen. Daneben ist zu beachten, dass die Aussage eines Zeugen, häufig gleichzeitig Opfer der Straftat, subjektiv gefärbt und daher manchmal ohne besonderen Beweiswert ist. Bestehen Zweifel an der verfahrensmäßigen Bedeutung des alternativen Beweismittels, darf die körperliche Untersuchung des Verletzten angeordnet werden.

3. Abstammungsuntersuchung/Blutprobe

1012 Nach § 81c II StPO sind bei anderen Personen als Beschuldigten Untersuchungen zur Feststellung der Abstammung und die Entnahme von Blutproben ohne Einwilligung des zu Untersuchenden zulässig, wenn kein Nachteil für die Gesundheit zu befürchten und die Maßnahme zur Erforschung der Wahrheit unerlässlich ist. Aus dem Wortlaut ergibt sich die Unterscheidung zwischen Abstammungsuntersuchung (Zeugen- oder Spurengrundsatz) und Blutprobenentnahme (Aufklärungsgrundsatz).

1013 Die Abstammungsuntersuchung wird an einem Kind vorgenommen, um festzustellen, wer der Vater ist.

Beispiel: A ist wegen Verletzung des Unterhalts angeklagt. Er beteuert, nicht der Vater des Kindes zu sein, und behauptet, Beweise dafür zu haben, dass die Kindesmutter in der Empfängniszeit mit verschiedenen Männern Verkehr gehabt hat. Die Mutter des Kindes (M) dagegen hatte bereits in der Vergangenheit unter Eid ausgesagt, nur A habe mit ihr verkehrt und könne der Vater des Kindes sein. Zur Erforschung der Wahrheit ist die Feststellung der Vaterschaft unerlässlich. Damit ist sowohl zu klären, ob A zur Zahlung des Unterhalts verpflichtet werden kann, als auch, ob M einen Meineid geleistet hat.

Grundlage der Abstammungsuntersuchungen sind Blutprobenentnahmen, erbbiologisch-anthropologische (Prokop, S. 529 f.) oder serostatische Gutachten, die ein Ergebnis mit hoher Wahrscheinlichkeit erbringen (OLG Stuttgart NJW 1974, 606 f.). Bleiben nach Durchführung einer Untersuchungsmethode noch Zweifel, kann im Einzelfall eine weitere Untersuchung angebracht sein. **1014**

Zwar dient die Blutprobenentnahme primär Abstammungsuntersuchungen, sie kann jedoch auch zu anderen Beweiszwecken entnommen werden, wenn die Voraussetzungen dafür gegeben sind. **1015**

Beispiel: Fußgänger F wird von einem Pkw-Fahrer angefahren und schwer verletzt. Während der Autofahrer aussagt, F sei plötzlich und für ihn daher nicht vorhersehbar auf die Fahrbahn gelaufen, bekundet der Zeuge Z, der Fußgänger sei torkelnd gelaufen und schon öfter auf die Fahrbahn geraten. Die Atemluft des F riecht tatsächlich nach Alkohol.

In dem Verfahren gegen den Kraftfahrer wegen fahrlässiger Körperverletzung kann der Grad der Trunkenheit des F in der Tat eine wesentliche Rolle spielen, und zwar hinsichtlich der Frage, ob der Kfz-Führer auf verkehrsgerechtes Verhalten des Fußgängers vertrauen durfte.

Untersuchung oder Blutprobe müssen unerlässlich sein und von einem Arzt (vgl. dazu oben I. 3) vorgenommen werden. Unerlässlich ist die Maßnahme, wenn sie zwecks Aufklärung des strittigen Sachverhalts erforderlich ist und gleichwertige andere Beweismittel nicht zur Verfügung stehen bzw. die Auswertung der bisher untersuchten Beweismittel Fragen offen lässt (Bosch, in: KMR § 81c Rdn 18). Insoweit ist die Forderung nach Unerlässlichkeit der Maßnahme eine verschärfte Form des Verhältnismäßigkeitsgrundsatzes (Dzendzalowski, S. 52). **1016**

4. Zumutbarkeit

Maßnahmen der Absätze 1 und 2 sind auf Grund § 81c IV StPO nur zulässig, wenn sie dem Betroffenen bei Würdigung aller Umstände zugemutet werden können. Diese Vorschrift fordert eine Abwägung des allgemeinen Interesses an Aufklärung einer Straftat gegen das Individualinteresse an Beachtung der Grundrechte. Daraus ergibt sich, dass in Bagatellangelegenheiten dem Interesse des Einzelnen der Vorrang einzuräumen ist (Panhuysen, S. 18). Bei der Verfolgung von Verbrechen tritt das Einzelinteresse gegenüber dem Gemeinschaftsinteresse zurück. Dass die Art der Untersuchungshandlung dem Betroffenen zumutbar sein muss, bedarf keiner gesetzlichen Regelung, sondern fließt unmittelbar aus dem Grundsatz der Verhältnismäßigkeit (BVerfGE 16, 194, 202; Kohlhaas, S. 46). **1017**

5. Untersuchungsverweigerungsrecht

Mit § 81c III StPO sollen Konfliktlagen vermieden werden, in die der Betroffene kommen kann, wenn auf Grund seiner Untersuchung Angehörige (§ 52 I StPO) einer Straftat überführt werden. Die Feststellung, ob dies der Fall ist, liegt nicht im Ermessen des zu Untersuchenden, sondern wird anhand objektiver Kriterien entschieden (BGHSt 12, 235, 239 f.; a.A. Eb. Schmidt, **1018**

JR 1959, 369). Im Falle eines solchen Konflikts, tritt das Interesse der Gemeinschaft an Strafverfolgung hinter das des Einzelnen zurück, nicht an der Aufklärung der Straftat eines Angehörigen mitwirken zu müssen. Das Untersuchungsverweigerungsrecht ist entsprechend § 52 StPO auch anzuerkennen, wenn sich das Verfahren gegen mehrere Beschuldigte richtet und nur zu einem von ihnen ein Angehörigenverhältnis besteht, selbst wenn das Verfahren gegen den Angehörigen abgetrennt wird.,

1019 Über das Untersuchungsverweigerungsrecht ist der Betroffene zu unterrichten (BGHSt 13, 394, 399), und zwar vor jeder einzelnen Untersuchungshandlung durch denjenigen, der i.S. des § 81c V StPO die Maßnahme anordnet. Wird ein zeugnisverweigerungsberechtigter Angehöriger eines Beschuldigten durch einen Sachverständigen ausgeforscht, muss dieser zunächst den Zeugen gem. §§ 52 III, 81c III S. 2 StPO über sein Zeugnisverweigerungsrecht belehren (BGH StV 1988, 419). Ist der Betroffene auf Grund seines Alters oder mangelnder Verstandesreife nicht in der Lage, die Tragweite seiner Entscheidung zu überblicken, erfolgt die Belehrung gegenüber dem bzw. den gesetzlichen Vertreter(n). Eine einmal erteilte Einwilligung in die Untersuchung ist jederzeit widerruflich. Die Ergebnisse der mit Einwilligung durchgeführten Untersuchungen bleiben prozessual verwertbar (BGHSt 12, 235, 242).

1020 Obwohl der Gesetzgeber in § 81c III StPO keine Verbindung zum Auskunftsverweigerungsrecht aus § 55 StPO herstellt, müssen wir dem Nichtbeschuldigten das Recht der Untersuchungsverweigerung zuerkennen, sofern er durch die Untersuchung in die Gefahr gerät, selbst wegen einer Straftat verfolgt zu werden (OLG Braunschweig NJW 1954, 1052, 1053; a.A. Bosch, in: KMR § 81c Rdn 28). Wenn wir dem Zeugen die Konfliktlage im Verhältnis zu einem beschuldigten Angehörigen ersparen, gebietet die Gerechtigkeit, den Zeugen gleich zu behandeln, der sich selbst strafrechtlicher Verfolgung aussetzen würde. Die entscheidenden Voraussetzungen des § 81c III StPO sind in diesem Falle nämlich in erheblich stärkerem Maße erfüllt (Krause, JZ 1976, 124, 126).

6. Zwangsanwendung

1021 Verweigert der Betroffene die Durchführung der Untersuchung, gelten die Vorschriften des § 70 StPO (vgl. § 81c VI StPO). Daraus ergibt sich, dass dem Zeugen die ggf. entstandenen Kosten auferlegt werden können; zugleich wird ein Ordnungsgeld durch den Richter festgesetzt (§ 70 I, III StPO). Sollte der Zeuge sich trotz des Ordnungsgeldes weigern, die Untersuchung vornehmen zu lassen, und ist eine Gefährdung des Untersuchungserfolges zu befürchten, kann die Anwendung unmittelbaren Zwanges angeordnet werden (§ 81c VI Satz 3 StPO). Dazu bedarf es jedoch eines besonderen richterlichen Beschlusses (§ 81c VI Satz 2 StPO).

7. Durchführung der Untersuchung

1022 Eingehende Vorschriften über die Durchführung der Untersuchungen kennt die Strafprozessordnung nicht. Gewisse Grundsätze erwähnt § 81d StPO. Dementsprechend muss die körperliche Untersuchung, die das Schamgefühl verletzen kann, von einem Arzt oder einer Ärztin vorgenommen werden. Diese Bestimmung, eigentlich eine Selbstverständlichkeit, schützt die Intimsphäre des Eingriffsadressaten (Mann wie Frau) und ist insofern auch bei Durchsuchungen der Person (§§ 102, 103 StPO) zu beachten (Bosch, in: KMR § 81d Rdn 1). Besteht Gefahr für das Untersuchungsergebnis oder gar erhebliche Gefahr für die Ermittlungsbeamten, ist es ihnen allenfalls in extremen Ausnahmefällen gestattet, die Untersuchung selbst durchzuführen (Dahs, in: L-R § 81d Rdn 2). Dabei dürfen Verletzungen der Intimsphäre nur in dem für den erstrebten Zweck unabdingbaren Umfang vorgenommen werden. Untersuchungen bzw. Durchsuchungen, die trotz der Gefahrenlage unter Beachtung des § 81d StPO durchgeführt werden können, haben im Zusammenhang mit der „Not"-Maßnahme zu unterbleiben.

Als Selbstverständlichkeit sollte auch die Zuziehung eines Angehörigen oder **1023** einer anderen Vertrauensperson angesehen werden, wenn die zu untersuchende Person dieses verlangt (§ 81d I Satz 2 StPO). Eine Verweigerung lässt sich nur begründen, wenn der Zugezogene die Untersuchung stört. Welche Person zugezogen wird, entscheidet der zu Untersuchende (Dzendzalowski, S. 69).

III. Erkennungsdienstliche Behandlung

Erkennungsdienst ist der Inbegriff polizeilicher Maßnahmen, um auf Grund **1024** von Fingerabdrücken, Personenbeschreibungen, Fotos, Messungen und ähnlichen Eingriffen in das allgemeine Persönlichkeitsrecht aus Art. 2 I GG Personen der Täterschaft zu überführen oder sie zu entlasten, ihre zukünftige Wiedererkennung zu ermöglichen oder sie identifizieren zu können. Zudem soll der repressiv erkennungsdienstlich Behandelte durch seine Erfassung davon abgehalten werden, erneut Straftaten zu begehen (Kühne, Rdn 482 f.). Die erkennungsdienstliche Behandlung verfolgt auf der einen Seite also strafverfolgende Ziele, die sich in §§ 81b und 163b StPO finden. Auf der anderen Seite stehen präventive Ziele, die ihren Niederschlag in § 16 thPAG, § 14 nwPolG oder § 86 I StrVollzG finden (beachte im Übrigen Rdn 273 ff.).

1. Präventive erkennungsdienstliche Behandlung

Nach § 14 I nwPolG, § 16 thPAG kann die Polizei erkennungsdienstliche **1025** Maßnahmen vornehmen, wenn eine gefahrenabwehrende Identitätsfeststellung auf andere Weise nicht oder nur unter erheblichen Schwierigkeiten möglich ist (Ziffer 1) oder es zur vorbeugenden Bekämpfung von Straftaten erforderlich ist, weil der Betroffene verdächtig ist, eine Tat begangen zu haben, die mit Strafe bedroht ist und wegen der Art und Ausführung der Tat die Gefahr der Wiederholung besteht (Ziffer 2). Wir wollen an dieser Stelle darauf hinweisen, dass die erkennungsdienstliche Behandlung zum Zwecke einer gefahrenabwehrenden Identitätsfeststellung – auch nach dem Wortlaut des Gesetzes – nur die ultima ratio des polizeilichen Handelns sein kann.

Die andere Alternative der erkennungsdienstlichen Behandlung nach § 14 I **1026** nwPolG, § 16 I thPAG ist gleichfalls nicht unproblematisch. Wenn ein Betroffener „verdächtig ist, eine Tat begangen zu haben, die mit Strafe bedroht ist", dann greift i.d.R. § 81b StPO, und man bewegt sich auf dem Feld der Strafverfolgung (Wagner, in: AK PolG § 10 Rdn 20). Die darüber hinausgehende Argumentation des Gesetzgebers, es müsse die Gefahr der Wiederholung einer Straffälligkeit bestehen, ändert an der Anerkennung des Vorrangs von § 81b StPO nichts. Schließlich zielt dessen zweite Alternative, erkennungsdienstliche Behandlung für Zwecke des Erkennungsdienstes, gerade in diese Richtung (vgl. unten Rdn 1046 ff.).

1027 Somit bleibt für die Anwendung des § 14 I Ziff. 2 nwPolG, § 16 I Ziff. 2 thPAG nicht viel Raum; zumal präventiv gewonnene erkennungsdienstliche Unterlagen späterhin nicht für Zwecke der Strafverfolgung eingesetzt werden dürfen (VGH Kassel NVwZ-RR 1994, 652). Die in § 81b 2. Alt. StPO erfolgte Anknüpfung an den Status „Beschuldigter" soll nach der Rechtsprechung (BVerfG NJW 2006, 1225, 1226) gewährleisten, dass die Anordnung einer erkennungsdienstlichen Behandlung zumindest auch aus dem Ergebnis eines gegen den Beschuldigten geführten Strafverfahrens hergeleitet wird und nicht an beliebige Tatsachen anknüpft und zu einem beliebigen Zeitpunkt ergeht. Aus diesem Blickwinkel betrachtet ist es mit Sinn und Zweck der bundesgesetzlichen Regelung nicht zu vereinbaren, dass der Landesgesetzgeber die gleichen erkennungsdienstlichen Maßnahmen auch ohne ein solches Strafverfahren zulässt. Im Ergebnis sprechen somit allerbeste Gründe dafür, § 81 2. Alt. StPO als abschließende Regelung zu betrachten mit der Folge, dass erkennungsdienstliche Maßnahmen gegen einen bereits Verurteilten auch auf Grund landesrechtlicher Regelungen nicht angeordnet werden dürfen (Frister, FS Amelung, 603,607). Eine auf das Polizeigesetz gestützte erkennungsdienstliche Behandlung kommt somit nur noch in Betracht, wenn der Verdächtige strafunmündig ist (OVG Münster DÖV 1983, 603, 604).

1028 Die gefahrenabwehrende Ermächtigung des § 86 StrVollzG gestattet eine erkennungsdienstliche Behandlung zur Sicherung des Vollzugs. Vor allem wegen der heute üblichen Lockerung des Strafvollzugs durch Urlaub und/oder Außenarbeiten mit den tatsächlichen Gelegenheiten zum Entweichen benötigen die Vollzugsbehörden für etwaige Fahndungszwecke erkennungsdienstliche Unterlagen. Im Gegensatz zu den präventiven oder repressiven Ermächtigungen fehlt es in § 86 StrVollzG an dem gesetzlichen Tatbestandsmerkmal der Erforderlichkeit. Infolgedessen brauchen die Vollzugsbehörden, wenn sie von jemandem im Strafvollzug erkennungsdienstliche Unterlagen anfertigen, im Einzelnen nicht zu belegen, warum sie das tun, doch müssen konkrete Gründe für eine Fluchtgefahr vorliegen, etwa wegen der langen Vollzugsdauer oder der Zugehörigkeit zu einer kriminellen Vereinigung (Callies/Müller-Dietz § 86 Rdn 1). Insoweit verbietet sich eine generelle erkennungsdienstliche Behandlung quasi als integraler Bestandteil eines Aufnahmeverfahrens in eine Justizvollzugsanstalt.

1029 Überdies sind zu Strafhaft Verurteilte durch die Polizei regelmäßig erkennungsdienstlich behandelt. Da der Umfang der Behandlung nach § 86 I StrVollzG gleich dem des § 81b StPO ist und die von den Vollzugsbehörden angefertigten erkennungsdienstlichen Unterlagen auch in kriminalpolizeilichen Sammlungen verwahrt werden können (§ 86 II Satz 2 StrVollzG), erscheint die gesonderte erkennungsdienstliche Behandlung eines Strafgefangenen für die Zwecke der Strafvollzugsbehörde mehr als fragwürdig.

2. Repressive erkennungsdienstliche Behandlung

Eine Norm zur Vornahme repressiver erkennungsdienstlicher Behandlungen findet sich in § 81b StPO. Danach dürfen Lichtbilder und Fingerabdrücke des Beschuldigten auch gegen seinen Willen aufgenommen und Messungen und ähnliche Maßnahmen an ihm vorgenommen werden, soweit das für Zwecke der Durchführung des Strafverfahrens oder für Zwecke des Erkennungsdienstes notwendig ist. Diese Bestimmung lässt eine für die effektive Verbrechensbekämpfung wesentliche Beeinträchtigung des Art. 2 I GG zu. **1030**

Vor allem die Abnahme von Fingerabdrücken versetzt die Ermittlungsbehörden häufig in die Lage, unwiderlegbare Beweise für die Täterschaft einer bestimmten Person vorzulegen. Der Text der Norm unterscheidet zwischen der erkennungsdienstlichen Behandlung für Zwecke des Strafverfahrens und der für Zwecke des Erkennungsdienstes. **1031**

a) Beschuldigter

Wesentliche Voraussetzung des § 81b StPO ist die Tatsache, dass der Adressat des Grundrechtseingriffs Beschuldigter ist (zu diesem Begriff Rdn 97 ff.). Der Eingriffsadressat muss expressis verbis bei Vornahme der zur erkennungsdienstlichen Maßnahme durchgeführten Freiheitsentziehung bereits Beschuldigter sein (LG Arnsberg StV 1990, 541). Doch sollen gerade die Eingriffe im Rahmen des § 81b StPO den zunächst nur bestehenden Verdacht so weit erhärten, dass ein Tatverdächtiger zum Beschuldigten wird. Streng genommen lässt die Norm des § 81b StPO die in der Praxis ständig vorgenommenen Rechtseingriffe nicht zu (vgl. dazu auch Rdn 939). **1032**

Da beide Alternativen des § 81b StPO einen Beschuldigten als Eingriffsadressaten fordern, tauchen in Bezug auf die Zulässigkeit der erkennungsdienstlichen Behandlung nach der zweiten Alternative, die die h.M. der vorbeugenden Bekämpfung von Straftaten, also der Prävention zurechnet, erhebliche Schwierigkeiten auf (vgl. dazu Rdn 1048). Diese Klippen umschifft die Repr., indem sie behauptet, die Verwendung des Begriffs „Beschuldigter" verbiete lediglich, diesen Rechtseingriff an beliebige Tatsachen zu knüpfen oder zu einem beliebigen Zeitpunkt anzuordnen. Stets müsse er sich aus einem konkreten Strafverfahren herleiten lassen, das gegen den Adressaten als den höchstwahrscheinlichen Täter geführt wird. Darüber hinaus habe sich aus den Ergebnissen des Strafverfahrens die vom Gesetzgeber geforderte Notwendigkeit solcher Eingriffe zur Strafverfolgungsvorsorge herzuleiten. Daneben ließen Fälle, in denen das Strafverfahren, das Anlass für die Anordnung einer erkennungsdienstlichen Behandlung nach § 81b 2. Alt. StPO gegeben hatte, zum Zeitpunkt der Vornahme dieses Rechtseingriffs rechtskräftig beendet ist (Verurteilung, Freispruch, Einstellung), die Rechtmäßigkeit einer Maßnahme auf dieser Rechtsgrundlage unberührt (BVerwG JZ 2006, 727, 729; zur Kritik an dieser Betrachtensweise Rdn 1046 ff.). **1032a**

b) Durchführbare Eingriffe

Sowohl der Wortlaut des § 81b StPO als auch der Polizeigesetze spricht verschiedene Eingriffe an, und zwar (neben anderen) die Aufnahme von Lichtbil- **1033** dern und die Herstellung von Fingerabdrücken. Lichtbilder dürfen sowohl als Einzelfotos als auch durch Fotografieren des Beschuldigten mit einem festnehmenden Polizeibeamten (OLG Köln MDR 1976, 67, 68) hergestellt werden, wie es z.B. aus Gründen der Beweisführung bei Festnahmen im Verlaufe von Demonstrationen geschieht. Ob bei der Abnahme von Fingerabdrücken einzelne Fingerabdrücke oder die Abdrücke aller zehn Finger genommen werden, ist irrelevant.

1034 Weitere klassische Mittel der erkennungsdienstlichen Maßnahmen sind die Feststellung äußerlicher körperlicher Merkmale (vgl. dazu § 16 III Ziff. 3 thPAG) sowie Messungen. Darüber hinaus lässt das Gesetz ähnliche Maßnahmen zu. *„Ähnliche Maßnahmen"* greifen wie die expressis verbis genannten in das allgemeine Persönlichkeitsrecht ein und müssen das gleiche Ziel verfolgen, nämlich die Überführung einer (dringend tatverdächtigen) Person. Dieser Zweck legt die Art der Maßnahmen fest, die auf Grund § 81b StPO zugelassen sind. So zählen neben Maßnahmen, die den ganzen Körper oder bestimmte Körperteile oder besondere persönliche Merkmale (Tätowierungen, Piercing u. Ä.) betreffen (OVG Lüneburg NVwZ-RR 2004, 346), z.B. Schriftproben, Handflächen- oder Fußabdrücke ebenso dazu wie die Aufnahme der Verdächtigenstimme auf Tonband (zu Reihenuntersuchungen vgl. Rdn 985), die später für einen Stimmenvergleich durch einen Sachverständigen verwertet werden soll (BGH StV 1985, 397). Diese Berechtigung zur Aufnahme der Stimme eines Verdächtigen auf Tonband auf der Grundlage von § 81b StPO darf nur das Ziel verfolgen, Stimmvergleiche im weiteren Verfahrensablauf zu ermöglichen (BGH NJW 1986, 2261).

1035 Ein besonderer Fall des § 81b StPO ist die Identifizierung eines Verdächtigen mittels *Stimmenvergleich* durch einen *Ohrenzeugen*. Dieser Rechtseingriff ist nach Auffassung der Rechtsprechung beweiskräftig, wenn er nach den Grundsätzen der *Gegenüberstellung* erfolgt (OLG Köln NStZ 1996, 509). Somit muss der Zeuge mit einer Reihe anderer Stimmen, die eine gewisse Klangähnlichkeit aufweisen, konfrontiert werden (BGH NJW 1994, 1807, 1808). Im Falle der Einzelgegenüberstellung ist besonders zu begründen, weshalb trotz des eingeschränkten Beweiswertes Fehler beim Wiedererkennen ausgeschlossen werden (OLG Stuttgart Justiz 1997, 378). Der Stimmenvergleich soll also keineswegs eine verbotene Ermittlungsmethode, sondern eine besondere Form der Identifizierung und Beweisführung gegenüber einem weitläufig Verdächtigen sein, wodurch die Behörden den lockeren Verdacht vertiefen wollen.

1036 Doch kann entgegen der Rspr. § 81b StPO als *Rechtsgrundlage* weder für die Identifizierung durch Stimmenvergleich noch für eine Gegenüberstellung zum Wiedererkennen eines Tatverdächtigen in Betracht gezogen werden. Während § 81b StPO den Beschuldigten als Adressaten verlangt, sollen diese Rechtseingriffe gerade dazu führen, einen Menschen als den möglichen Täter einer Straftat zu identifizieren. Bestenfalls kann jemand auf Grund der Gegenüberstellung oder des Stimmenvergleichs zum Beschuldigten werden. Auch ein Rückgriff auf § 58 II StPO kommt als Rechtsgrundlage für eine Gegenüberstellung nicht in Betracht. Zwar erwähnt diese Norm den Begriff unmittelbar, doch nicht als Fall des Wiedererkennens eines Tatverdächtigen (so aber OLG Karlsruhe NStZ 1983, 377, mit Anm. Odenthal NStZ 1984, 137). Aus verfahrensrechtlich gebotenen Gründen erlaubt es der Gesetzgeber ausnahmsweise, von dem Grundsatz des § 58 I StPO abzuweichen, nach dem Zeugen einzeln zu vernehmen sind.

Im Gegensatz zu der „traditionellen" Gegenüberstellung wird im Falle der *sequenziellen Vorführung zur Wiedererkennung* (sog. sequenzielles Wiedererkennungsverfahren) dem Zeugen einer Straftat eine Gruppe von Auswahlpersonen, in der sich auch der Verdächtige befindet, nicht gleichzeitig sondern nacheinander vorgestellt, und der Zeuge muss seine Entscheidung („ja" oder „nein") sofort und in Unkenntnis der noch folgenden Personen treffen (Mertn/Schwarz/Walser, Kriminalistik 1998, 421). Mittlerweile erkennt die Rechtsprechung auch diese Form der Beweisführung rechtlich an (BGH NStZ-RR 2001, 133). In jedem Falle des Wiedererkennens gilt es zu berücksichtigen, dass der Zeuge den unbekannten Täter während der Tat – meist – nur kurze Zeit gesehen hat. Daher darf sich die Ermittlungsbehörde nicht ohne weiteres auf die Gewissheit des Zeugen beim ersten Wiedererkennen verlassen, sondern muss anhand objektiver Kriterien prüfen, welche Qualität eine solche Aussage hat (OLG Hamm StV 2008, 511, 512). **1037**

Eine Variante des sequenziellen Wiedererkennungsverfahrens ist die *sequenzielle Vorführung von Video-Aufnahmen* zur Wiedererkennung (sog. sequenzielles Video-Wiedererkennungsverfahren). Dabei betrachtet der Zeuge nacheinander eine variable Anzahl gleichartiger Video-Aufzeichnungen von unterschiedlichen Personen und muss sich nach Betrachten des jeweiligen Filmabschnitts zu der Frage äußern, ob er in der gerade gesehenen Person den Täter wiedererkennt. Identifiziert der Zeuge nach Betrachtung des Videos eine der gezeigten Personen als Täter, erfolgt regelmäßig eine persönliche Gegenüberstellung. Diese Konfrontation des Zeugen mit dem von ihm erkannten und so bezeichneten Verdächtigen soll helfen, die (möglicherweise auftretenden) Unzuverlässigkeiten auszuschalten, die beim Wiedererkennen anhand von Bildern auftreten können. Nach der persönlichen Gegenüberstellung ist der Zeuge durchaus berechtigt, sein auf die Betrachtung des Video-Bildes gestütztes Urteil zu korrigieren. **1038**

Für beide Arten des sequenziellen Wiedererkennungsverfahrens sowie für die „klassische" Gegenüberstellung fehlt eine spezielle Rechtsgrundlage (vgl. Rdn 1036). In Bezug auf den Zeugen ist dieses Verfahren Teil seiner Vernehmung und es gelten die entsprechenden einschlägigen Rechtsvorschriften. Ein bereits Beschuldigter (bzw. Tatverdächtiger) unterliegt der aus § 81b StPO folgenden Verpflichtung, die Aufzeichnung von Bildern seiner Person zu dulden. Daraus ergibt sich nach Prinzipien der Logik das weitergehende Recht, ihn auf Video aufzunehmen, und zwar auch mit dem Ziel, diese Bilder einem Zeugen zu Identifizierungszwecken zu zeigen (BVerfG NStZ 1983, 84). Das gilt allerdings nicht in Bezug auf solche Personen, gegen die Tatverdacht auf der Basis der genannten Rechtseingriffe erst begründet werden soll. **1039**

Keineswegs so eindeutig lässt sich die Frage beantworten, auf welchem Wege die Behörde geeignete Vergleichsaufnahmen in die Hände bekommt. Ein Weg wäre, Video-Aufnahmen von Beschuldigten in anderen Strafverfahren auf der Grundlage von § 81b StPO herzustellen, sie aufzubewahren, um sie gezielt in späteren Video-Wiedererkennungsverfahren einsetzen zu können. Will die Behörde indessen zum Zwecke der sequenziellen Wiedererkennung solche Bilder verwenden, bedarf es einer entsprechenden Rechtsgrundlage. Denn wenn sie das Bild eines in dem anhängigen Verfahren Unverdächtigen einem Zeugen als **1040**

Bild eines potenziell Tatverdächtigen präsentiert, greift die Behörde tiefgehend in das allgemeine Persönlichkeitsrecht des Abgebildeten ein.

1041 Denkbar wäre es, in § 81b StPO auch die Ermächtigung dafür zu sehen, Video-Bilder eines Beschuldigten, die von ihm in dem gegen ihn tatsächlich geführten Ermittlungsverfahren aufgezeichnet worden sind, in einem anderen Verfahren, in das er jedoch in keiner Weise eingebunden ist, zu Vergleichszwecken zu verwenden. Schließlich beinhaltet § 81b StPO auch das Recht, so genannte Lichtbildkarteien anzulegen und die darin nach deliktstypischen Tätergruppen geordneten Bilder bei der Suche nach einem unbekannten Täter dem Zeugen vorzulegen. Die Nähe der Lichtbild-Datei zur Video-Aufnahmen-Datei ist zwar evident, doch bei näherer Betrachtung offenbart sich ein großer Unterschied zwischen Lichtbild-Datei einerseits und Video-Bildern von willkürlich aufgenommenen Beschuldigten andererseits. Denn bei Vorlage der Lichtbild-Datei zum Zwecke der Suche nach einem unbekannten Täter kann für den Zeugen offenkundig jede der dort abgebildeten Personen nach kriminalistischen Gesichtspunkten als Täter in Betracht kommen („Verbrechensperseveranz" und „modus operandi" = „deliktstypische" Ordnung). Aus diesem Grunde erscheint es außerordentlich fragwürdig, sich als Rechtsgrundlage für den Rückgriff auf Video-Aufnahmen von Beschuldigten aus anderen Strafverfahren zu Vergleichszwecken auf § 81b StPO zu stützen, wie dies die h.M. tut (Meyer-Goßner § 81b Rdn 8 m.w.N.). Schließlich mangelt es an der deliktstypischen Ordnung bezogen auf die vorgestellten Personen.

1042 Daher muss sowohl für die tradierte Form der Gegenüberstellung im Allgemeinen als auch für das sequenzielle (Video-)Wiedererkennungsverfahren im Besonderen alsbald eine Ermächtigung geschaffen werden. So lange bietet sich – aus verfassungsrechtlicher Sicht – lediglich der Ausweg, entsprechende Video-Aufzeichnungen sowie Dateien auf freiwilliger Basis zu fertigen und zu speichern (Odenthal, NStZ 2001, 580 ff.).

c) Ziel des Eingriffs

1043 Ziel des Eingriffs ist entweder die Verfolgung von Zwecken des Strafverfahrens oder von Zwecken des Erkennungsdienstes. Die h.M. ordnet die erste Alternative dem Strafverfahren zu, wohingegen die zweite gefahrenabwehrender Natur sein soll. Damit steht man vor der Frage, ob die Zuordnung der erkennungsdienstlichen Behandlung für Zwecke des Erkennungsdienstes zur Prävention rechtlich tatsächlich aufrecht erhalten werden kann.

aa) Zwecke des Strafverfahrens (1. Alternative)

1044 Die nach § 81b 1. Alt. StPO zulässigen Maßnahmen des Erkennungsdienstes erlauben strafrechtliche Ermittlungshandlungen im Zusammenhang mit einem anhängigen Strafverfahren. Durch den Eingriff in die Rechte des Adressaten will die Behörde Beweise gewinnen, die auf eine ganz bestimmte Person als Täter hinweisen, also die Straftat aufklären helfen.

Beispiel: Am Tatort eines Diebstahls finden Polizeibeamte Fingerspuren, die mit größter Wahrscheinlichkeit vom Täter stammen. Als Tage später auf Grund gewichtiger Hinweise I als Verdächtiger ermittelt wird, ordnet der Kriminalbeamte die Abnahme von Fingerabdrücken bei dem I an.

Oder:
Nach einem Diebstahl können die Beamten am Tatort Fingerspuren sichern, die mit größter Wahrscheinlichkeit von dem Täter stammen. Nach einem Abgleich mit dem Datenbestand der Behörde stellt sich heraus, dass der mutmaßliche Täter D, ein „alter Bekannter" der Polizei ist.

Die „Tatortfingerspuren" vergleicht der Beamte in dem ersten Beispielsfall **1045** mit den von dem Tatverdächtigen abgenommenen Fingerabdrücken. Zeigen sich die geforderten Übereinstimmungen, steht für die Ermittlungsbehörde die Täterschaft des Betroffenen fest. Im zweiten Beispielsfall greifen die Beamten auf eine polizeiliche Datensammlung zurück, die einen (eindeutigen) Hinweis auf den Tatverdächtigen gibt. Die auf Grund des § 81b 1. Alt. StPO gewonnenen Unterlagen werden zunächst Bestandteil der Ermittlungsakten. Nach Abschluss des Verfahrens werden die personenbezogenen Daten aus dem ersten Beispiel für Zwecke des Erkennungsdienstes verwendet.

bb) Zwecke des Erkennungsdienstes (2. Alternative)

Auf Grund § 81b 2. Alt. StPO dürfen für Zwecke des Erkennungsdienstes die **1046** entsprechenden Grundrechtseingriffe durchgeführt werden. Diese Berechtigung wurde in der Vergangenheit vielfach der Prävention zugerechnet, weil es an einem unmittelbaren Bezug zu einer konkreten Straftat fehle. Folgerichtig soll sich die Zuständigkeit für polizeiliche Maßnahmen nach § 81b 2. Alt. StPO nicht nach der Strafprozessordnung sondern nach dem Polizeigesetz beurteilen (BVerwG NJW 2006, 1225). Überdies weise § 163 StPO der Polizei die vorsorgende Bereitstellung von sächlichen Hilfsmitteln für die Erforschung und Aufklärung von Straftaten bindend zu (BVerwG DÖV 1983, 378, 380; BVerwGE 26, 169, 170; OVG Münster DÖV 1983, 603; VGH Mannheim NJW 1987, 2762; OVG Koblenz, NJW 1994, 2108, 2109; Meyer-Goßner § 81b Rdn 7; Bosch, in: KMR § 81b Rdn 2; Schlüchter Rdn 185; Thomas, BayVerwBl. 1969, 50, 53 ff.). Dementsprechend bemisst sich die Notwendigkeit einer erkennungsdienstlichen Behandlung auf der Grundlage von § 81b 2. Alt. StPO danach, ob der Sachverhalt nach kriminalistischer Erfahrung angesichts aller Umstände des Einzelfalls Anhaltspunkte bietet, dass der Betroffene in den Kreis der Verdächtigen einer noch aufzuklärenden Straftat einbezogen werden könnte und dass die erkennungsdienstlichen Unterlagen die dann zu führenden Ermittlungen (den Betroffenen be- oder entlastend) fördern könnten (BVerwGE 66, 192, 199).

Diese Auffassung kann nicht unwidersprochen bleiben, stellt sie doch allein **1047** darauf ab, dass die erkennungsdienstlichen Unterlagen für Zwecke angefertigt werden, die außerhalb des konkreten Strafverfahrens liegen, in dessen Zusammenhang die Anordnung erfolgte (Schweckendieck, ZRP 1989, 125, 126). Eine Zuordnung dieses Rechtseingriffs zum materiellen Polizeirecht käme nur in Betracht, wenn damit Gefahren unmittelbar verhindert oder beseitigt würden. Keinesfalls genügt der durchaus anzuerkennende erzieherische Effekte, der in der erkennungsdienstlichen Behandlung nach § 81b 2. Alt. StPO liegt (Kramer, JR 1994, 224, 229). Ob wir es mit einem präventiven oder repressiven Rechtseingriff zu tun haben, bestimmt sich also nicht an Hand der zukünftigen Verwendung der Unterlagen, sondern allein nach dem Anlass, der diesen Eingriff ermöglicht hat. Das ist auch bei § 81b 2. Alt. StPO die Begehung einer Straftat.

1048 Heute hat sich die Auffassung durchgesetzt, die erkennungsdienstliche Datensammlung ziele in Richtung Aufklärung zukünftiger Straftaten und sei ein Akt der Strafverfolgungsvorsorge oder antizipierten Strafverfolgung (Schenke Rdn 30; Wassermann, in: AK StPO § 81b Rdn 1; Senge, in: KK § 81b Rdn 1), dem eine präventive Wirkung wenn überhaupt dann allenfalls als Nebeneffekt zukomme (Knemeyer Rdn 75; Krach, JR 2003, 140, 142). Zwar werden weder mit Fingerabdruck- oder Lichtbilddateien noch mit ähnlichen erkennungsdienstlichen Unterlagen Vergehen oder Verbrechen verhindert, aber sie sind geeignet, zukünftige Straftaten möglicherweise aufzuklären. Die Tatsache, dass § 81b 2. Alt. StPO die Nutzung von Daten ohne Anbindung an die Straftat, die Grundlage für die Datenerhebung war, erlaubt (Kniesel/Tegtmeyer, DRiZ 1986, 255; Kniesel, Kriminalist 1989, 5 ff.), lässt sie in der Tat als Akt der Strafverfolgungsvorsorge erscheinen. Als solche stehen sie in enger Verwandtschaft zur Strafverfolgung und sind zwingend der Repression zuzurechnen (BVerfG NStZ 2001, 228 ff.; BVerwG JZ 2006, 727 f.; Senge, NStZ 2001, 331 m.w.N.; Schenke, JZ 2006, 707 ff.) nach dem Grundsatz, dass zur Strafverfolgung gehört, was der Strafverfolgung zu dienen bestimmt ist (Schwan, DVR 1982, 326).

d) Notwendigkeit

1049 Die erkennungsdienstliche Behandlung ist nur zulässig, wenn sie auf Grund kriminalistischer Erfahrungen und Erkenntnisse notwendig ist (BVerwGE 11, 181, 183), also wenn sie zur Überführung in einem laufenden Verfahren beitragen könnte. Ob überhaupt und in welchem Umfang eine erkennungsdienstliche Behandlung notwendig ist, verlangt Antwort zu geben in zwei Richtungen. Zunächst ist zu fragen, ob das gegen den Beschuldigten geführte Strafverfahren Anhaltspunkte für die Annahme liefert, der Adressat werde nach polizeilicher Erfahrung angesichts der Umstände des Einzelfalls u.U. in den Kreis der Verdächtigen einer noch aufzuklärenden Straftat einbezogen und die erkennungsdienstlichen Unterlagen könnten in diesem Falle die dann laufenden Ermittlungen fördern (BVerwGE 66, 192, 199).

1050 Daneben muss mit Blick auf die Erforderlichkeit dieses Eingriffs die Wahrscheinlichkeit begründet werden, der (aktuell) Beschuldigte werde zukünftig nach Begehen einer weiteren Straftat erneut in ein Strafverfahrens eingebunden. Die Person des Täters oder die Art der Tatbegehung z.B. müssen die Befürchtung nähren, der Betroffene könnte in Zukunft wegen anderer Straftaten gesucht werden. Eine derartige Prognoseentscheidung begegnet aber – außer in den Fällen, in denen der Täter als Berufs- oder Gewohnheitsverbrecher anzusehen ist – erheblichen Schwierigkeiten. Allein eine Kombination aus Anlass und dieser (begründeten) Prognose genügt daher dem Erfordernis verhältnismäßigen Behördenhandelns (Eisenberg/Puschke, JZ 2006, 729, 731). Scheitert indessen die Durchführung eines Strafverfahrens, weil z.B. eine Prozessvoraussetzung fehlt oder der Tatverdacht sich im Verfahren auflöst, ist die Durchführung erkennungsdienstlicher Maßnahmen regelmäßig nicht notwendig.

1051 Der Grundsatz der Erforderlichkeit übt zum Zweiten eine Begrenzungsfunktion in Richtung des Umfangs einer erkennungsdienstlichen Behandlung aus. Notwendig ist die Art der Behandlung, die den dargestellten polizeilichen Zweck erfüllen hilft und dazu geeignet ist (Benfer, NJ 2002, 125, 127). Es kann nicht richtig sein, jeden Straftäter, der einer erkennungsdienstlichen Behandlung unterworfen wird, einem schematisierten Verfahren auszusetzen, ohne Rücksicht darauf, ob die gewonnenen Daten überhaupt geeignet sind, als Beweismittel in dem laufenden oder einem zukünftigen Verfahren zu dienen (VG Düsseldorf StraFo 2009, 146).

3. Aufbewahrung der Unterlagen

Unbefriedigend ist die Tatsache, dass die Strafprozessordnung keine Rege- **1052**
lung über die Aufbewahrung erkennungsdienstlicher Unterlagen enthält. Damit steht dieser weit reichende Eingriff in subjektiv-öffentliche Rechte prinzipiell zur Disposition der Ermittlungsbehörden. Die Argumentation, der Aufbewahrung erkennungsdienstlicher Unterlagen stehe nichts im Wege, wenn das aus der Sicht der Ermittlungsbehörden notwendig sei (BVerwGE 26, 169, 170; OVG Münster NJW 1972, 2147, 2148; Holland, JuS 1968, 559, 562), gibt so wenig eine befriedigende Auskunft wie die Aussage, die Aufbewahrung erkennungsdienstlicher Unterlagen erfordere ein ausgewogenes Verhältnis zwischen eingesetztem Mittel, angestrebtem Zweck und Schwere der Beeinträchtigung des Betroffenen (VGH München NVwZ-RR 1998, 496).

Unzulässig ist die Aufbewahrung, wenn der Tatverdacht im Ermittlungsver- **1053**
fahren vollständig ausgeräumt oder der Beschuldigte wegen erwiesener Unschuld freigesprochen wird (Potrykus, Die Polizei 1966, 104, 105). Ansonsten ist eine nach pflichtgemäßem Ermessen an den Grundsätzen der Erforderlichkeit und Verhältnismäßigkeit zu orientierende Entscheidung dahingehend zu fällen, ob Anhaltspunkte vorliegen, dass die erkennungsdienstlich behandelte Person zukünftig strafrechtlich in Erscheinung treten wird und die vorhandenen Unterlagen die Ermittlungen fördern könnten (BVerwG NJW 1983, 772 und 1338).

Daher können erkennungsdienstliche Unterlagen, die auf der Grundlage von **1054**
§ 81b 1. Alt. StPO gewonnen worden sind, trotz Einstellung des strafrechtlichen Anlassverfahrens zum Zwecke des Erkennungsdienstes (§ 81b 2. Alt. StPO) aufbewahrt werden (OVG Koblenz NJW 1994, 2108, 2109). Das gilt insbesondere, wenn nach dem Ergebnis des Verfahrens ein erheblicher Restverdacht gegen den Betroffenen bestehen bleibt (VGH Mannheim NJW 1987, 2762) oder zugleich die Voraussetzungen für Anfertigung und Aufbewahrung erkennungsdienstlicher Unterlagen nach § 81b 2. Alt. StPO vorliegen (BVerwG NJW 1990, 136).

Die Ermittlungsbehörde soll diese täterbezogene Prognoseentscheidung an- **1055**
hand der Würdigung z.B. von Art, Schwere oder Begehensweise der Straftat, der Persönlichkeit des Täters sowie des Zeitraums fällen, während dessen er strafrechtlich nicht mehr in Erscheinung getreten ist (BVerwG NJW 1989, 2640). Dabei kommt es nicht entscheidend darauf an, dass die Delikte, die der Betroffene wirklich oder möglicherweise verübt hat, ein besonders hohes Maß an Gemeinschädlichkeit aufweisen, wesentlich sind vielmehr die kriminalistischen Erkenntnisse und Erfahrungen über den Umfang der Gefahr, dass der erkennungsdienstlich Behandelte erneut straffällig wird und seine Erfassung zum Schutz der Allgemeinheit notwendig ist (BVerwGE 11, 181, 183). Ist die Befürchtung aber begründet, der Beschuldigte werde in der Zukunft Straftaten

begehen, hindert weder eine Verfahrenseinstellung noch ein Freispruch die Behörden, die erkennungsdienstlichen Unterlagen aufzubewahren (BVerwG DÖV 1973, 752; VHG Mannheim NJW 1963, 1664).

1056 Ist die Aufbewahrung erkennungsdienstlicher Unterlagen unzulässig oder fällt der Grund für ihre Aufbewahrung fort, sind sie unverzüglich zu vernichten. Der Betroffene hat aber weder einen Herausgabeanspruch (etwa um selbst zu vernichten) noch ein Recht, der Vernichtung persönlich beizuwohnen (Krause, in: L-R § 81b Rdn 29).

Kapitel 8. Öffentlichkeitsfahndung

Bei der Suche nach bestimmten bekannten oder unbekannten Personen (meist Verdächtigen) schalten Ermittlungsorgane nicht selten die Öffentlichkeit ein, indem sie z.B. ein Bild, manchmal ein Phantombild in Presse, Fernsehen oder anderen elektronischen Medien publizieren oder eine Ausschreibung zur Fahndung publizieren. Eine erfolgreiche Methode der Fahndung durch die Mithilfe der Bevölkerung bietet das Fernsehen z.B. in der Sendung „Aktenzeichen XY – ungelöst". Schließlich ordnet die Behörde zur Ermittlung eines Tatverdächtigen häufig eine Gegenüberstellung an, oder sie konfrontiert den Geschädigten bzw. Zeugen mit Fotos von Personen, die nach dem jeweiligen Stand der Ermittlungen als Verdächtige in Betracht kommen. 1057

Einer gefahrenabwehrenden Öffentlichkeits-„Fahndung" begegnet man beispielsweise in den Fällen der Suche nach Vermissten oder vermissten bzw. abgängigen Kindern, wozu die Behörde Fotos der Betroffenen mit häufig detailgenauen Beschreibungen der Person und/oder der Kleidung publiziert. An einer spezialgesetzlichen Ermächtigung mangelt es im Polizeigesetz. Sind keine objektiv nachvollziehbaren Tatsachen auf ein Verbrechen im kriminalistischen Sinne zum Nachteil dieser Personen erkennbar, ist Verdacht einer Straftat nicht anzuerkennen. Allerdings besteht eine konkrete Gefahr für die Rechtsgüter Gesundheit und Leben (auf die vermisste Person bezogen können durchaus auch andere Verfassungsgüter hinzutreten), so dass die Polizei ihre Maßnahmen auf die Generalklausel (§ 10 bbPolG, § 8 nwPolG, § 12 thPAG) stützt. 1058

A. Ausschreibung zur Fahndung, §§ 131 ff. StPO

Bei Veröffentlichung eines Fahndungsersuchens liegt der Gedanke an eine Verletzung des Art. 2 I GG durchaus nahe. Das Recht auf freie Entfaltung der Persönlichkeit gesteht dem Einzelnen einen autonomen Bereich privater Lebensgestaltung zu, in dem er seine Individualität entwickeln und wahren kann (Podlech, in: AK GG Art. 2 Rdn 44; Fürst/Günther, S. 62). Dieser Bereich der Privatsphäre umfasst vor allem das Recht am eigenen Bild (beachte §§ 22f. KUG) und gilt besonders im Hinblick auf die öffentliche Darstellung einer Person. Grundsätzlich darf jedermann autonom bestimmen, ob und in welchem Umfang anderen gewisse Vorgänge aus seinem Leben kundgetan werden (BVerfGE 35, 202, 220). Demgemäß stellt sowohl die Abbildung eines mutmaßlichen Straftäters als auch die Veröffentlichung seines Namens oder die Bekanntgabe seines als sicher unterstellten Verhaltens eine schwerwiegende Beeinträchtigung des Grundrechts auf freie Entfaltung der Persönlichkeit dar. 1059

Dieses Recht gewährt die Verfassung aber nur, soweit der Abgebildete nicht die Rechte anderer verletzt oder gegen die verfassungsmäßige Ordnung verstoßen hat (Art. 2 I GG). Überdies unterliegt auch der Freiheitsanspruch jedes Menschen einem Gesetzesvorbehalt (Art. 2 II GG). Folglich hat jedermann im Rahmen seiner Gemeinschaftsbezogenheit staatliche Maßnahmen zu dulden, 1060 die im überwiegenden Interesse der Allgemeinheit unter strikter Wahrung des Verhältnismäßigkeitsgrundsatzes erfolgen, und nicht den unantastbaren Bereich privater Lebensgestaltung beeinträchtigen (Leibholz-Rinck Art. 2 Anm. 3; Fürst/Günther, S. 65). Daher dürfen die Strafverfolgungsorgane eine Öffentlichkeitsfahndung in Presse und elektronischen Medien unter Namensnennung des Gesuchten prinzipiell nur veranlassen, wenn einerseits die Inanspruchnahme dieser Fahndungshilfe nicht außer Verhältnis zu der Bedeutung der Sache und den zu erwartenden Rechtsfolgen der Tat steht, andererseits ein durch den Erlass eines richterlichen Haftbefehls oder Unterbringungsbefehls ausgewiesener dringender Tatverdacht wegen einer nach Art und Umfang schwerwiegenden Straftat gegeben ist (OLG Düsseldorf NStZ 1993, 139) bzw. bei öffentlicher Suche nach einem Zeugen die Aufklärung der Straftat auf anderem Wege quasi vereitelt würde. Diesen Grundüberlegungen entspricht die Strafverfolgung als wichtiges Anliegen der Allgemeinheit, und sie beeinträchtigt nicht ohne weiteres die unantastbare private Lebensführung; denn bei Veröffentlichung eines Fahndungsersuchens tut sie nur den Bereich aus dem privaten Leben kund, der zum Erreichen des Verfahrenszwecks unabdingbar offen gelegt werden muss.

1061 Die Notwendigkeit einer öffentlichen Fahndung nach einem Beschuldigten muss sich aus der Schwere des Delikts und daraus ergeben, dass der gleiche Erfolg nicht mit weniger einschneidenden Mitteln herbeigeführt werden kann. Speziell für Abbildungen ergibt sich neben §§ 131 ff., 456a II Satz 3, 457 II StPO eine zusätzliche Ermächtigung aus § 24 KUG. Danach dürfen für Zwecke der Rechtspflege und der öffentlichen Sicherheit Bildnisse durch die Behörden ohne Einwilligung des Berechtigten sowie des Abgebildeten oder seiner Angehörigen vervielfältigt, verbreitet und öffentlich zur Schau gestellt werden. Insoweit erscheinen die Ausschreibungen zur Fahndung mit den Gedanken des Grundgesetzes vereinbar.

1062 §§ 131 ff. StPO regeln die strafprozessualen Möglichkeiten der Öffentlichkeitsfahndung nach Personen, gegen die ein Haft- oder Unterbringungsbefehl vorliegt bzw. erwirkt werden soll, sowie nach Zeugen (§ 131 StPO) und nach Verurteilten, die sich der Aufforderung zum Strafantritt entzogen haben.

1063 Eine weitere ganz wichtige und häufig praktizierte Methode der Öffentlichkeitsfahndung ist die Gegenüberstellung eines Beschuldigten mit dem Geschädigten und/oder dem Zeugen einer Straftat. Dieser Rechtseingriff ist grundsätzlich sehr kritisch zu sehen.

1064 Öffentlichkeitsfahndung unter Namensnennung kann man rechtlich nur akzeptieren, wenn einerseits die Inanspruchnahme dieser Fahndungshilfe nicht außer Verhältnis zur Bedeutung der Sache und den zu erwartenden Rechtsfolgen der Tat steht, andererseits aber auch ein durch den Erlass eines richterlichen Haftbefehls oder Unterbringungsbefehls ausgewiesener dringender Tatverdacht wegen einer nach Art und Umfang schwerwiegenden Straftat gegeben ist (OLG Hamm NStZ 1993, 139). Die hier zum Ausdruck gebrachten Verhältnismäßigkeitsprinzipien beziehen sich zwar unmittelbar auf die strafprozessuale Öffentlichkeitsfahndung, lassen sich jedoch durchaus auf die präventive Öffentlichkeitsfahndung sinngemäß übertragen.

1065 Bei der Fahndung nach einer hilflosen Person besteht in jedem Falle eine Gefahr für das Rechtsgut Leben, zumindest Gesundheit, also ein bedeutendes Rechtsgut. Eine Spezialermächtigung zur Gefahrenabwehr in diesem konkreten Falle enthält das Polizeigesetz nicht. Daher ist der Weg zur Generalklausel eröffnet; denn eine Ermächtigung zur Durchführung eines vergleichbaren, aber weniger einschneidenden Eingriffs kennt das Gesetz ebenfalls nicht. Die öffentliche Bekanntgabe personenbezogener Daten ist aber stets verhältnismäßig, wenn sie dazu dient, schwerste zu erwartende Gesundheitsbeeinträchtigungen oder gar Lebensgefahren abzuwehren.

Völlig anders ist die Rechtslage, wenn abgängige Kinder oder Jugendliche **1066** gesucht werden. In diesem Falle haben wir i.d.R. die Einwilligung der Eltern in die Öffentlichkeitsfahndung, die wiederum ihr Recht aus dem zivilrechtlichen Aufenthaltsbestimmungsrecht (§ 1631 BGB) herleiten.

I. Ausschreibung zur Fahndung bzw. Festnahme, §§ 131 ff. StPO

Die §§ 131 ff. StPO regeln die Fahndung nach Beschuldigten sowie Zeugen, **1067** und zwar auch und gerade unter Einschaltung der Öffentlichkeit. Sie sind streng gegliedert: § 131 StPO behandelt die Fahndung nach Beschuldigten mit dem Ziel der Festnahme; § 131a StPO erlaubt die Ausschreibung zur Aufenthaltsermittlung von Beschuldigten wie auch von Zeugen, § 131b StPO die Ausschreibung zur Identitätsfeststellung von Beschuldigten und Zeugen. Den Spezifika der Eingriffsermächtigungen passen sich die Anordnungsvorschriften an. § 131c StPO bezieht sich auf §§ 131a, 131b StPO, wohingegen § 131 II, III StPO im Falle der Fahndung nach einem Beschuldigten greift. Wichtig erscheint der Hinweis auf die Staatsanwaltschaft und Polizei zugestandene weit reichende Eilkompetenz.

Leider enthalten diese Fahndungsvorschriften keine Norm, die die beliebten **1068** und durchaus erfolgreichen Fernsehsendungen zur Verbrechensaufklärung erfassen. Zwar dienen auch diese Fernsehbeiträge der Fahndung (werden Fotos von bekannten Straftätern veröffentlicht, sind wiederum §§ 131 ff. StPO einschlägig), doch die filmische Darstellung eines mutmaßlichen Geschehens, von Schauspielern nachgestellt, lässt sich nicht auf die neuen Ermächtigungen zurückführen.

Die Bestimmungen über die Fahndung unter Einschaltung der Öffentlich- **1069** keit gelten nicht allein für die Strafverfolgung, sondern in gleichem Umfang für die Strafvollstreckung (vgl. dazu §§ 456a II Satz 3, 457 III StPO).

Bei einer Fahndung unter Einschalten der Medien ist primär zu unterschei- **1070** den zwischen der medienunterstützten Fahndung im weiteren Sinne, also ohne Einschalten der Öffentlichkeit (behördeninterne Fahndung), und der medienunterstützten Öffentlichkeitsfahndung. Innerhalb der medienunterstützten Öffentlichkeitsfahndung gilt es, die einmalige Veröffentlichung in Fernsehen oder periodischen Druckwerken von der andauernden Veröffentlichung in elektronischen Medien sowie der wiederholten Veröffentlichung in Fernsehen oder periodischen Druckwerken zu trennen (vgl. § 131c II StPO).

Die Suche nach Beschuldigten und Zeugen darf ggf. auch mit Hilfe einer **1071** Veröffentlichung von Abbildungen erfolgen. „Abbildungen" sind einerseits Bilder, die den Gesuchten teilweise sehr genau zeichnen, sei es dass es sich um privat hergestellte Fotos handelt, sei es dass die Bilder von Körperschaften des öffentlichen Rechts (z.B. aus polizeilicher Observation) oder des privaten Rechts (z.B. am Bankschalter) gefertigt worden sind. Doch geht der Begriff „Abbildung" darüber hinaus und erfasst auch solche Bilder, die den Gesuchten nur in gewissem Umfang beschreiben, sog. Phantombilder.

1072 Ein Phantombild stellt einen Tatverdächtigen in einem Rahmen dar, der die Person mehr oder weniger genau wiedergibt, abhängig von dem Erinnerungsvermögen des Zeugen. Das Problem des Phantombilds besteht darin, dass es weit überwiegend auf einen größeren Personenkreis übertragbar ist. Andererseits dürfen wir nicht übersehen, dass der Fahndungsaufruf auf der Grundlage eines solchen Bildes keine genaue Bezeichnung des Tatverdächtigen beinhaltet und auch nicht zur Festnahme eines Menschen aufruft. Die Aufforderung an die Öffentlichkeit beschränkt sich vielmehr darauf, Personen zu benennen, die Ähnlichkeit mit dem im Phantombild Dargestellten haben. Auch wenn die Öffentlichkeit das vielleicht anders sieht: Es wird bei Veröffentlichung eines Phantombildes niemandem ein konkreter Tatvorwurf gemacht, so dass wir es auch noch nicht mit einem Beschuldigten im verfahrensrechtlichen Sinne zu tun haben.

1. Ausschreibung zur Festnahme, § 131 StPO

1073 Auf Grund eines Haft- oder Unterbringungsbefehls können die Gerichte oder die Ermittlungsbehörden eine Ausschreibung zur Festnahme veranlassen (Absatz 1). Liegen die Voraussetzungen eines Haft- oder Unterbringungsbefehls vor und kann die Polizei nicht auf dessen Erlass warten, dann darf eine Ausschreibung zur Durchführung einer vorläufigen Festnahme eines Beschuldigten erfolgen (Absatz 2). Die angestrebte Freiheitsentziehung muss sich folglich auf §§ 127 II, 126a StPO stützen. Andere Ermächtigungen zum Eingriff in die Freiheit der Person, die die Strafprozessordnung der Polizei bzw. Staatsanwaltschaft gibt (z.B. §§ 163b, 164 StPO), können somit nicht Grundlage dieses Fahndungsersuchens sein.

1074 Zwar lässt es sich nicht aus dem Wortlaut der Norm herleiten, doch macht ein Blick auf § 131 III StPO deutlich, dass § 131 I StPO eine Fahndung unter Einschalten von Behörden entsprechend Ziff. 40 RiStBV gestattet. Polizei und Staatsanwaltschaft dürfen zur Erfüllung ihres strafverfolgenden Auftrags Auskünften von anderen Behörden fordern, und diese Behörden sind verpflichtet, dem Auskunftsersuchen sowohl der Staatsanwaltschaft als auch der Polizei zu entsprechen (vgl. §§ 161 I, 163 I Satz 2 StPO). Damit ist sichergestellt, dass auch die Polizei auf die umfangreichen Datenbestände anderer Behörden zurückgreifen kann, wenn die tatbestandlichen Voraussetzungen einer behördeninternen Ausschreibung gegeben sind (vgl. auch § 15 BDSG, § 68 SGB X).

1075 Liegt indessen ein Haft- oder Unterbringungsbefehl vor (§ 131 I StPO), für dessen Erlass je nach Verfahrensstadium Richter oder Staatsanwalt zuständig ist, ist die Ausschreibung zur Festnahme eine Vollstreckungshandlung (Wendisch, in: L-R § 131 Rdn 14). Dabei ist der Staatsanwalt verpflichtet, eine Person zur Festnahme auszuschreiben, wenn der Richter ihm die Vollstreckung des Haftbefehls übertragen hat (§ 36 II StPO). Allerdings geht die richterliche Kompetenz nicht so weit, einen Staatsanwalt ohne Erlass eines Haft- oder Unterbringungsbefehls anzuweisen, eine Ausschreibung zur Festnahme zu veranlassen.

2. Öffentlichkeitsfahndung nach Beschuldigten

Die Öffentlichkeitsfahndung ist entsprechend § 131 III StPO nur zulässig, **1076**
wenn eine Straftat mit erheblicher Bedeutung aufzuklären ist und wenn andere Wege zu Ermittlung des Aufenthalts des Beschuldigten erheblich weniger Erfolg versprechen oder den Verfahrensablauf wesentlich erschweren (Straftaten mit erheblicher Bedeutung vgl. Rdn 69).

Die Formulierung, andere Ermittlungswege versprächen erheblich weniger **1077**
Erfolg (dazu vgl. Rdn 530) oder erschwerten den Verfahrensverlauf erheblich, verlangt eine Prognose im Hinblick auf den Misserfolg, der bei Anwendung anderer Ermittlungswege zu erwarten wäre. Insoweit ist einzig die Erkenntnis maßgebend, dass ohne Öffentlichkeitsfahndung die Feststellung des Täters und damit die Durchführung des Strafverfahrens einen erheblich größeren personellen wie auch materiellen Aufwand erfordert, ohne dass damit der Erfolg der ermittlungsbehördlichen Tätigkeit garantiert wäre.

Die Gegenüberstellung der Begriffe „Ausschreibung zur *Festnahme*" (§ 131 I, **1078**
II StPO) als behördeninterne Maßnahme sowie Öffentlichkeitsfahndung zur *Aufenthaltsermittlung*" (§ 131 III StPO) stellt nur scheinbar einen Widerspruch dar. Mit der Öffentlichkeitsfahndung zur Aufenthaltsermittlung wenden sich die Ermittlungsorgane an Private (ggf. auch an Behörden, die nicht auf der Grundlage von § 131 I, II StPO angesprochen worden sind), eine bestimmte Person zu suchen, sie aufzufinden, für die Polizei bzw. Staatsanwaltschaft „greifbar" zu machen. Eine Aufforderung zur Festnahme/Freiheitsentziehung ist damit nicht verbunden (vgl. Hilger , in: L-R § 131 Rdn 8), weil sich ein Recht auf Vornahme einer Freiheitsentziehung für den Privaten nicht aus § 131 III StPO herleiten lässt. Eine derartige Ausschreibung gestattet dem Privaten auch nicht, sich auf § 127 I StPO zu berufen. Er soll lediglich dazu angehalten werden, den Ermittlungsbehörden Hinweise auf den gegenwärtigen Aufenthalt des Gesuchten und ggf. weitere von diesem begangene Straftaten zu geben (Schlüchter, Rdn 225).

3. Inhalt der Ausschreibung

Der Beschuldigte ist in der Ausschreibung möglichst genau zu bezeichnen **1079**
und soweit erforderlich zu beschreiben. Eine Abbildung darf beigefügt werden. Die Tat, derer er verdächtig ist, sowie Ort und Zeit ihrer Begehung können angegeben werden. Gleiches gilt für Umstände, die für die Ergreifung von Bedeutung sein können (§ 131 IV StPO). Aus dieser Erlaubnis folgt nicht nur das Recht, die genauen Personalien öffentlich bekannt zu machen. Darüber hinaus dürfen Hinweise auf besondere Merkmale (z.B. auffällige Narben, Tätowierungen aller Art und an allen möglichen Körperstellen), auffällige Verhaltensweisen, selbst wenn sie die Folge körperlicher Gebrechen oder Leiden sind, besondere, selbst krankhafte Neigungen (z.B. homosexuelle, pädophilie oder masochistische Neigungen) oder stark diskriminierende, die Person betreffende Merkmale, wie z.B. dass der Gesuchte zu Gewalttätigkeiten neigt oder psychisch gestört ist, offenbart werden. Allerdings gilt in Bezug auf die Publikation der Grundsatz der Verhältnismäßigkeit in herausragender Weise: In jedem Fahndungsaufruf, gleich ob behördenintern oder für die Öffentlichkeit bestimmt,

darf die Behörde nur das offenbaren, was der zur Fahndung Aufgerufene tatsächlich an Kenntnissen benötigt, sei es zu seiner eigenen Sicherheit, sei es aus Gründen der Effizienz oder um Verwechslungen möglichst auszuschließen.

4. Ausschreibung zur Aufenthaltsermittlung

1080 Eine Ausschreibung zur Aufenthaltsermittlung darf entsprechend § 131a I StPO gegenüber Beschuldigten sowie Zeugen erfolgen. Voraussetzung für diesen Rechtseingriff ist, dass der aktuelle Aufenthalt (vgl. dazu Rdn 825) den Ermittlungsbehörden nicht bekannt ist. Die Ausschreibung gegenüber einem Zeugen hat zum Ziel, ihn in ein anhängiges, gegen einen anderen gerichtetes Strafverfahren ordnungsgemäß einbinden, also über ihn, sofern der Ablauf des Strafverfahrens es notwendig macht, verfügen zu können. Im Falle der behördeninternen Ausschreibung zur Aufenthaltsermittlung von Beschuldigten oder Zeugen dürfen sich Staatsanwaltschaft und Polizei der Fahndungshilfsmittel (vgl. Ziff. 40 RiStBV) bedienen (§ 131a V StPO).

a) Aufenthaltsermittlung von Beschuldigten

1081 Die Aufenthaltsermittlung gegenüber Beschuldigten folgt primär zwar auch dem Ziel, ihn ausfindig zu machen, um ihn ordnungsgemäß in das gegen ihn eingeleitete Ermittlungsverfahren einbinden zu können. Darüber hinaus kann die Ausschreibung die Vorbereitung bzw. Ermöglichung weitergehender Rechtseingriffe zum Ziel haben, nämlich Sicherstellung des Führerscheins, erkennungsdienstliche Behandlung, Anfertigung einer DNA-Analyse oder Identitätsfeststellung. Selbstredend hat die ausschreibende Behörde die gesetzlich geforderten Voraussetzungen für diesen Anschlusseingriff festzustellen, also § 94 III StPO i.V.m. § 69 StGB für die Beschlagnahme des Führerscheins, § 81b StPO für die erkennungsdienstliche Behandlung, §§ 81e ff. StPO für die DNA-Analyse sowie § 163b StPO für die Identitätsfeststellung.

1082 Selbst wenn man die ausgeschriebene Person als Beschuldigten bezeichnet (vgl. Rdn 97 ff.), sollte in der Ausschreibung vor dem Hintergrund des Gedankens der Unschuldsvermutung zum Ausdruck kommen, dass gegen ihn bisher lediglich gewisse Verdachtsmomente vorliegen, Beweise für seine Täterschaft (noch) nicht erbracht sind. Werden Zeugen einer Straftat zur Aufenthaltsermittlung ausgeschrieben, ist eindeutig herauszustellen, dass die gesuchte Person nicht Beschuldigter (bzw. Tatverdächtiger) ist (§ 131a IV S. 2 StPO).

b) Aufenthaltsermittlung durch Öffentlichkeitsfahndung

1083 Ist eine Straftat von erheblicher Bedeutung (vgl. Rdn 69) begangen worden, darf auf Grund einer Ausschreibung zur Aufenthaltsermittlung gegenüber einem Beschuldigten und Zeugen auch eine Öffentlichkeitsfahndung angeordnet werden (§ 131a III StPO). Im Falle der Ausschreibung eines Beschuldigten muss dieser der Straftat dringend verdächtig und die Aufenthaltsermittlung nach Einschätzung der Behörde auf andere Weise erheblich weniger Erfolg versprechend oder wesentlich erschwert sein.

aa) Suche nach Beschuldigten

Die Argumentation des Gesetzgebers, der Beschuldigte müsse der Straftat dringend verdächtig sein, bedarf einer kurzen Erläuterung. Ausgehend vom tradierten Beschuldigtenbegriff (vgl. Rdn 97ff.) kann diese Formulierung bestenfalls eine Tautologie sein, es sei denn der Gesetzgeber beabsichtigt, angesichts der Intensität des zugelassenen Rechtseingriffs die Forderung nach tiefgehenden und aussagekräftigen Verdachtsmomenten besonders zu betonen. Allerdings könnte dieses Tatbestandsmerkmal Ausfluss des Beschlusses des Bundesverfassungsgerichts (NStZ 1996, 606f.) sein, wonach es für die Annahme einer Beschuldigteneigenschaft keines besonders starken Tatverdachts bedarf. Es gehe lediglich darum, bisher vage Hinweise auf die Täterschaft eines Einzelnen zu erhärten oder aufzuheben (zur Kritik daran vgl. Rdn 101). Setzt man Beschuldigte und „einfach" Tatverdächtige gleich, gebieten grundsätzliche rechtsstaatliche Erwägungen, im Falle der Öffentlichkeitsfahndung, bei der eine relativ genau bezeichnete Person der Begehung einer bestimmten Straftat bezichtigt wird, tiefer gehende verdachtsbegründende Hinweise zu verlangen. **1084**

bb) Suche nach Zeugen

Mit dem Instrument der Öffentlichkeitsfahndung darf die Strafverfolgungsbehörde auch nach einem Zeugen suchen. Allerdings unterliegt diese Aufenthaltsermittlung deutlichen Grenzen. Bilder von dem als Zeuge Gesuchten dürfen prinzipiell nicht publiziert werden; also beschränkt die Fahndung sich insoweit auf Nennen der Personalien und ggf. besonderer individualisierender Merkmale und Daten. Abbildungen (also Fotos, Zeichnungen oder ähnliche das vermutliche Aussehen wiedergebende Bildnisse) dürfen von Zeugen jedoch publiziert werden, wenn die Aufenthaltsermittlung auf andere Weise aussichtslos (vgl. Rdn 1211) oder wesentlich erschwert (vgl. Rdn 530) wäre. **1085**

cc) Verbot der Suche nach Zeugen

Die Öffentlichkeitsfahndung nach einem Zeugen ist untersagt, wenn dem behördlichen Interesse an Einbindung dieser Person in das entsprechende Strafverfahren „überwiegende schutzwürdige" Interessen des Zeugen entgegenstehen. Hier wird – wie auch bei § 163b II StPO – das Grundprinzip jeder rechtsstaatlichen Ordnung deutlich: Ziele der Strafverfolgung genießen nicht unbedingt absolute Priorität (vgl. Rdn 279ff.). Was indes „überwiegende Interesse" des Zeugen sind, sagt das Gesetz nicht, wird es auch angesichts einer denkbaren Vielfalt der in Betracht zu ziehenden Möglichkeiten nicht exakt festlegen können. In erster Linie erkennt man solche Interessen eines Zeugen an, wenn er selbst oder eine ihm nahe stehende Person an Leib oder Leben gefährdet ist, sollten seine Personalien allgemein bekannt gemacht werden. **1086**

5. Veröffentlichung von Abbildungen zu Fahndungszwecken

Die Veröffentlichung der Abbildungen für Fahndungszwecke regelt grundsätzlich § 131b StPO, und zwar sowohl von Beschuldigten (Absatz 1) als auch von Zeugen (Absatz 2). In der Erlaubnis zur „Veröffentlichung von Abbildungen" liegt zweifelsfrei eine besondere Form der Öffentlichkeitsfahndung, die **1087** das Recht auf informationelle Selbstbestimmung, das Recht auf Anonymität und das Recht am eigenen Bild intensivst beeinträchtigt. Dabei ist es irrelevant, ob es sich bei den publizierten Bildern um Fotos oder Phantomzeichnungen handelt oder ob die Veröffentlichung in behördeninternen Fahndungshilfsmitteln oder z.B. auf Handzetteln (in regional eng begrenztem Bereich), in der regionalen oder überregionalen Presse oder gar im Fernsehen geschieht.

a) Voraussetzungen für Veröffentlichung von Abbildungen

1088 Hinsichtlich des Anlasses für den Rechtseingriff ist die Veröffentlichung von Abbildungen eines Beschuldigten sowie eines Zeugen von Anerkennung des Verdachts einer Straftat mit erheblicher Bedeutung (vgl. Ziff. 2) abhängig. Diese Form als ultima ratio der Fahndungsmittel ist indessen nur zugelassen, wenn die Aufklärung der Straftat durch den Einsatz weniger schwerwiegender Ermittlungsmaßnahmen erheblich weniger Erfolg versprechend (bei Zeugen aussichtslos, vgl. Rdn 1211) oder wesentlich erschwert wäre (vgl. Rdn 530). Da das Gesetz als Anlass für diesen Rechtseingriff eine Straftat von erheblicher Bedeutung verlangt, kommt dieses Fahndungsmittel nicht in Betracht zur Täterermittlung nach begangenen Ordnungswidrigkeiten, selbst dann nicht, wenn es sich im Einzelfall um einen schwerwiegenden Verstoß handelt (LG Bonn NStZ 2005, 528).

1089 Diese spezielle (ggf. Verzicht auf bestimmtes Fahndungsmittel) ergänzen wir durch die allgemeine Prüfung verhältnismäßigen Handelns, auf Grund derer die Ermittlungsbehörde den Umfang des Fahndungsersuchens unter Berücksichtigung seiner Erfolgsaussichten zu untersuchen hat. Örtlich begrenzten gebührt der Vorrang vor regionalen oder gar landesweiten Ausschreibungen. Schließlich soll noch der Hinweis folgen, dass die Öffentlichkeitsfahndung einerseits wegen ihres tiefen Eingriffs in die Rechte des Betroffenen, andererseits zur Vermeidung von „Abnutzungserscheinungen" (das gilt auch für die Suche nach Zeugen) äußerst sensibel zu handhaben ist.

b) Einmalige und häufigere Veröffentlichung

1090 Nicht die Tatbestandsmerkmale, sondern die gesetzliche Festlegung spezieller Anordnungserfordernisse weist auf die Abgrenzung zwischen einmaliger sowie wiederholter oder andauernder Veröffentlichung von Abbildungen zu Fahndungszwecken hin. „Wiederholte" Veröffentlichung von Abbildungen erfasst § 131c II StPO, wenn das Bildnis zumindest zweimal in periodischen Druckwerken (vgl. Rdn 565) erscheint. Das ist aber nur anzuerkennen, soweit die Abfolge der Veröffentlichung das besondere Interesse der Strafverfolgungsorgane an der abgebildeten Person deutlich macht, wenn also ein durchschnittlich aufmerksamer Bürger die mehrfache Publikation des Bildnisses als einheitliche Fahndung nach einer ganz bestimmten Person wahrnimmt. Dagegen ist ein mehrfaches Verteilen von Handzetteln mit Fahndungsbildnissen einer bestimmten Person kein Fall des § 131c II StPO.

1091 Eine weitere Form der Öffentlichkeitsfahndung unter Einsatz von Abbildungen des Gesuchten, die der Gesetzgeber als besonders schwerwiegend einstuft, ist die andauernde Veröffentlichung in elektronischen Medien. Damit spricht er die Fahndung mit Bild im Internet an. Obwohl es sich aus dem Wortlaut nicht unmittelbar herleiten lässt, gilt die Berechtigung zur Fahndung allein zur Aufenthaltsermittlung (vgl. § 131c I, II StPO). Mit dieser Publikation macht man einer bestimmten bzw. bestimmbaren Person weltweit den Vorwurf strafrechtlich besonders schwerwiegenden Verhaltens. Daher kommt der Verhältnismäßigkeit eine herausragende Bedeutung mit der Folge zu, dass die Strafverfolgungsbehörden dieses Fahndungsmittel nur in extremen Ausnahmesituationen einsetzen dürfen.

6. Fahndung nach unbekannten Personen

Die Fahndung nach einer unbekannten Person auch ohne Abbildung stützt **1091a**
sich als Minusmaßnahme auf § 131b StPO (Kay/Böcking, S. 384). Dazu ist Voraussetzung, dass eine Straftat von erheblicher Bedeutung begangen worden ist und die Aufklärung der Straftat auf andere Weise erheblich weniger Erfolg versprechend oder wesentlich erschwert ist. Diese Vorschrift eröffnet gleichfalls die Möglichkeit, auf der Grundlage einer sinngemäßen Anwendung der Tatbestandsmerkmals nach unbekannten Zeugen zu „fahnden". In der Suche nach einem unbekannten Zeugen muss deutlich werden, dass die abgebildete Person nicht Beschuldigter ist. In jedem Falle erfolgt die Veröffentlichung unter Hinweis auf das dem Eingriff zugrunde liegende Verfahren.

Die Anordnungsbefugnis zur Ausschreibung einer Maßnahme nach § 131b **1091b**
StPO liegt gemäß § 131c StPO beim Richter, bei Gefahr im Verzuge kann eine solche Maßnahme auch durch die Staatsanwaltschaft und ihre Ermittlungsbeamten angeordnet werden. Gemäß § 131c Abs. 2 StPO tritt die Anordnung der Staatsanwaltschaft und ihrer Ermittlungspersonen in Fällen andauernder Veröffentlichung in elektronischen Medien sowie bei wiederholter Veröffentlichung im Fernsehen oder in periodischen Druckwerken außer Kraft, wenn sie nicht binnen einer Woche von dem Richter bestätigt wird. Im Übrigen treten Fahndungsanordnungen der Ermittlungspersonen außer Kraft, die nicht binnen einer Woche von der Staatsanwaltschaft bestätigt werden.

In der polizeilichen Praxis zielt die Fahndung auf die Suche nach unbekann- **1091c**
ten Straftätern. Ist diese Fahndung zunächst polizeiintern, stützt sie sich auf die Generalklausel zur Strafverfolgung, § 163 StPO. Wird im weiteren Verlauf in begrenztem Umfang die Öffentlichkeit durch die Nutzung öffentlicher Verkehrsmittel eingeschaltet, ergibt sich die Rechtsgrundlage aus § 131b StPO. Da in der behördeninternen Fahndung ein erheblicher zeitlicher Vorlauf liegt, kann in Bezug auf die „begrenzte Öffentlichkeitsfahndung" keinesfalls mit Gefahr im Verzuge operiert werden. so dass es für diese Fahndungsmaßnahme stets einer richterlichen Anordnung bedarf.

Eine gefahrenabwehrende Öffentlichkeitsfahndung kommt beispielsweise in **1091d**
den Fällen der Suche nach Vermissten oder abgängigen Personen vor. Deuten keine nachvollziehbaren Tatsachen auf Begehung eines Verbrechens hin, lässt sich Verdacht einer Straftat nicht begründen; dagegen liegt eine konkrete Gefahr für die Sicherheitsgüter Leben und Gesundheit ist in aller Regel auf der Hand. Mangels einer Spezialermächtigung stützt die Polizei ihre Maßnahmen auf die Generalklausel zur Gefahrenabwehr (z.B. § 8 nwPolG). Dabei ist zu berücksichtigen, dass je nach Intensität der Fahndung in erheblichem Umfange in das Recht auf informationelle Selbstbestimmung von Personen durch Erhe-

bung und Übermittlung von Daten eingegriffen wird. Insoweit sind die §§ 26, 28, 29 I nwPolG zu beachten.

7. Anordnung der Ausschreibung zur Fahndung

1092 Das Gesetz differenziert verbal zwischen der „Anordnung" und der „Veranlassung" eines Eingriffs. Die „einfache" Ausschreibung zur Festnahme eines Beschuldigten sowie die Öffentlichkeitsfahndung zu seiner Festnahme wird von einem Richter oder Staatsanwalt „veranlasst" (§ 131 II, II S. 1 StPO). Auf den ersten Blick ist diese Art der Argumentation verwirrend, doch stellen wir sie dem Begriff „Anordnung" gleich, was durch § 131 III S. 4 StPO zu belegen ist. Die Staatsanwaltschaft und ihre Ermittlungsbeamten genießen dieses Recht bei Gefahr im Verzuge (vgl. dazu § 131 II S. 1, III S. 2 StPO) gleichfalls. Haben Staatsanwaltschaft oder Polizei von ihrer Eilkompetenz Gebrauch gemacht, sind sie verpflichtet, unverzüglich zu handeln. Konnte der richterliche Haftbefehl gegen den Beschuldigten, nach dem behördenintern gefahndet wird, nicht vor der Ausschreibung zur Festnahme erwirkt werden, muss die Entscheidung eines Richters über den Haft- oder Unterbringungsbefehl unverzüglich herbeigeführt werden (§ 131 II S. 2 StPO). „Unverzüglich" bedeutet so schnell wie möglich, wobei gerichtliche Notdienste ebenso in Anspruch zu nehmen sind wie die modernen Kommunikationswege. Handelt die Ermittlungsbehörde nicht unverzüglich, wird die Ausschreibung zur Festnahme rechtswidrig; im Falle zwar unverzüglichen aber zu späten Handelns tritt die Ausschreibung mit Ablauf von sieben Tagen außer Kraft (§ 131 II S. 2 StPO).

1093 Bei einer Ausschreibung zur Aufenthaltsermittlung, sei es behördenintern sei es mittels Öffentlichkeitsfahndung, ggf. auch mit Veröffentlichung von Abbildungen (dabei ist daran zu denken, dass „Phantombilder" keine Abbildungen eines Beschuldigten in diesem Sinne sind, vgl. AG Torgau, NStZ 2003, 112), regelt § 131c I StPO die Kompetenz zur Anordnung. Die Ausschreibung zur Aufenthaltsermittlung eines Beschuldigten oder Zeugen im Wege der Öffentlichkeitsfahndung darf grundsätzlich nur ein Richter anordnen. Besteht Gefahr im Verzuge, überträgt das Gesetz diese Befugnis auf die Staatsanwaltschaft und deren Ermittlungsbeamte (§ 131c I S. 1 StPO).

1094 Erfolgt die Ausschreibung zur Aufenthaltsermittlung eines Beschuldigten oder Zeugen behördenintern, besitzt die Staatsanwaltschaft die originäre Anordnungsbefugnis. Ist Gefahr im Verzuge, geht die Kompetenz auf die Ermittlungsbeamten der Staatsanwaltschaft über (§ 131c I S. 2 StPO). Die Tatsache, dass es um eine Fahndung zur Aufenthaltsermittlung geht, muss selbstredend Auswirkungen auf die Anerkennung von Gefahr im Verzuge haben. Im Regelfall wird man mit der Ausschreibung warten können, bis sie ein Richter oder Staatsanwalt als originär Berechtigter veranlasst. Diese restriktive Handhabung der subsidiären Anordnungsbefugnis ist insbesondere geboten bei der Aufenthaltsermittlung von Zeugen.

1095 Auch die Ausschreibung zur Aufenthaltsermittlung sowohl in Form einer andauernden Veröffentlichung in elektronischen Medien als auch durch wiederholte Veröffentlichung im Fernsehen oder in periodischen Druckwerken kann subsidiär ein Staatsanwalt oder ein Ermittlungsbeamter der Staatsanwaltschaft anordnen. Allerdings bedarf es in diesen Fällen der richterlichen Bestätigung der

Ausschreibung binnen einer Woche, soll sie nicht quasi automatisch außer Kraft treten und in dem elektronischen Medium gelöscht werden müssen (§ 131c II S. 1 StPO). Liegt die originäre Anordnungskompetenz in Händen der Staatsanwaltschaft und hat ein Ermittlungsbeamter der Staatsanwaltschaft die Anordnung gegeben, bedarf es zur Aufrechterhaltung der Ausschreibung der staatsanwaltschaftlichen Bestätigung innerhalb einer Woche (§ 131c II S. 2 StPO).

8. Sendung „Aktenzeichen XY – ungelöst"

Wie bereits erwähnt (Rdn 1068) strahlt z.B. die Sendung „Aktenzeichen XY **1096**
– ungelöst" keineswegs allein Bilder mit mehr oder weniger genauen Hinweisen auf das – mutmaßliche – Aussehen eines Beschuldigten aus oder nennt die Namen von vermeintlichen Straftätern. Vielmehr besteht die Besonderheit dieser Aufforderung an jedermann zur Mitwirkung bei der Aufklärung von Verbrechen darin, dass die Tatausführung in ihren Grundzügen selbst dann dargestellt wird, wenn der bestimmte Geschehensablauf auf Grund von Indizien nur vermutet werden kann. Enthält die Strafprozessordnung einerseits keine eigenständige Ermächtigung für diese Art des Ersuchens um Fahndungsmithilfe, und geht andererseits mit der Veröffentlichung eines Geschehensablaufs wie auch der Darstellung des Verhaltens sowie ggf. der Besonderheiten einer Person eine derart weit reichende Rechtsbeeinträchtigung einher, können wir uns nicht mit dem schlichten Hinweis auf § 163 StPO begnügen, sondern müssen untersuchen, ob nicht andere Normen einschlägig sein könnten.

a) Recht am eigenen Bild

Zwangsläufig wird bei der filmischen Aufbereitung der verfolgten Tat die **1097**
Person des Verdächtigen dargestellt, was auf eine Verletzung des Rechts am eigenen Bild hinausläuft. Dieses Recht konkretisiert § 22 KUG, nach dem Bildnisse grundsätzlich nur mit Einwilligung des Abgebildeten verbreitet werden dürfen. Bildnis i.S. dieser Vorschrift ist jede Wiedergabe der einen Menschen identifizierenden Eigenheiten, durch die dieser einem Betrachter erkennbar wird (Delp, S. 99f.; von Gamm § 22 KUG Rdn 104; Nordemann, in: Fromm § 60 Rdn 2).

Der Umstand, dass in den Filmen der Sendung „Aktenzeichen ..." der Täter **1098**
nicht persönlich mitwirkt, sondern durch einen Schauspieler dargestellt wird, hindert die Anwendbarkeit des § 22 KUG nicht. Denn die Darstellung einer Person durch einen Schauspieler unterliegt dem Recht am eigenen Bild, wenn sich daraus bereits die Erkennbarkeit des Betroffenen z.B. durch Darstellung von Besonderheiten, die ihm eigen sind und ihn individualisieren (Schricker, S. 933), ergibt (Dreier/Schulze § 22 KUG Rdn 4). Demnach wäre auch die Darstellung des Tatverdächtigen durch Schauspieler im Fernsehen ohne Einwilligung des Dargestellten rechtswidrig, sofern nicht eine andere Norm dieses Verhalten der Ermittlungsbehörden aus besonderen Gründen erlaubt.

b) Bildnis der Zeitgeschichte

Nach § 23 I Ziff. 1 KUG bedarf die Verbreitung von Bildnissen aus dem Be- **1099**
reich der Zeitgeschichte nicht der in § 22 KUG geforderten Einwilligung des

Dargestellten. Obwohl es dem Wortlaut des § 23 I Ziff. 1 KUG nicht zu entnehmen ist, legt seine unmittelbare Beziehung zu § 22 KUG die Feststellung nahe, dass „Bildnis" die Darstellung einer Person enthält. Für die Einschränkung des Rechts am eigenen Bild ist expressis verbis weder der Zweck (so OLG Celle NJW 1979, 57, 58) noch die Eigenschaft der dargestellten Person als absolute oder relative Person der Zeitgeschichte entscheidend (so Neumann-Duesberg, JZ 1960, 114ff.), sondern ausschließlich Inhalt und Charakter der Darstellung als zeitgeschichtliches Dokument (Dittmar, NJW 1979, 1311; Franke, NStZ 1982, 208, 209; Müller, NJW 1982, 863).

1100 Zwar verlangt der Begriff „Zeitgeschichte" nicht unbedingt einen geschichtsträchtigen Vorgang; denn er ist im weitesten Sinne zu verstehen. Dazu zählen alle Erscheinungen im Leben der Gegenwart, die von der Öffentlichkeit beachtet werden, bei ihr Aufmerksamkeit finden und Gegenstand der Teilnahme oder Wissbegier weiter Kreise sind (wie Ereignisse aus Sport, Politik, Kultur, Wirtschaft, Soziales). Es kommt nicht darauf an, was Geschmack und Empfinden der Zeit mit sich bringen, und ob das Interesse auf Dauer angelegt oder lediglich kurzlebig ist, spielt gleichfalls keine Rolle (Wenzel/ Burkhardt Kap 6 Rdn 60ff.; Schricker, S. 949). Ob die Voraussetzungen des § 23 I Ziff. 1 KUG im Einzelfall erfüllt sind, hängt somit davon ab, ob das veröffentlichte Bildnis ein Dokument der Zeitgeschichte ist **und** ob in der Öffentlichkeit ein entsprechendes Informationsbedürfnis besteht (Delp, S. 99f.; Dreier/ Schulze § 23 KUG Rdn 8).

1101 Die Sendung „Aktenzeichen XY – ungelöst" (wie auch vergleichbare andere Beiträge im Fernsehen) veröffentlicht ohne Ausnahme schwerwiegende Straftaten, sei es z.B. wegen der Art des Delikts, des besonders brutalen Vorgehens der Täter oder des ungewöhnlich hohen Schadens, den die Täter angerichtet haben. Gerade diese Straftaten berühren nicht nur die Interessensphären der meist zufälligen Opfer, sondern sind prinzipiell ein Anliegen der Gesellschaft. Die bildhafte Darstellung schwerer krimineller Delikte gehört somit zur Kategorie „Bildnis der Zeitgeschichte".

1102 Das Bedürfnis nach Information erfordert sachliche Unterrichtung interessierter Bevölkerungskreise. Ob dies gegeben ist, entscheidet allein die Motivation des Informierenden, nicht die des Betrachters eines Bildnisses. Da die Sendung „Aktenzeichen . . ." zwei gleichberechtigte Ziele verfolgt, nämlich die Aufforderung der Bevölkerung um Mithilfe bei der Fahndung nach Tatverdächtigen und ihre Unterrichtung über Auftreten und Arbeitsweise von Kriminellen, bestehen keinerlei berechtigte Zweifel an der Existenz eines Informationsbedürfnisses.

1103 Darüber hinaus kann ein Straftäter relative Person der Zeitgeschichte sein, also ein Mensch, an dem die Öffentlichkeit z.B. wegen eines spektakulären Geschehnisses ein begründetes Informationsinteresse hat (OLG Karlsruhe NJW 1980, 1701, 1702; NStZ 1982, 123). Dazu kann jemand durch ein zeitgeschichtliches Ereignis werden, mit dem er – sei es absichtlich oder zufällig – in Verbindung gerät. Das gilt selbst dann, wenn sich das vorrangige Informationsinteresse auf das Geschehen richtet (OLG Frankfurt a. M. NJW 1995, 878, 879). Relative Person der Zeitgeschichte kann also auch jemand in Folge eines Verbrechens werden. Kommt eine Person mit hoher Wahrscheinlichkeit als Täter eines Verbrechens in Betracht, kann sein Bildnis zum Zwecke weiterer Verbrechensaufklärung selbst in einer Fernsehsendung gezeigt werden (OLG Frankfurt a. M. NJW 1971, 47; Wenzel/Burkhardt Kap 6 Rdn 60). Ob diese Grundsätze im Einzelfall anzunehmen sind, entscheidet eine Güterabwägung. Reduziert sich das Informationsinteresse auf ein schlaglichtartiges Ereignis, das den Betreffenden zur relativen Person der Zeitgeschichte werden lässt, darf er auch nur im Zusammenhang mit diesem Vorgang dargestellt werden (Rehbinder, Rdn 862). Diese Prinzipien beachtet die Sendung, so dass einer Verbreitung des Bildnisses der mutmaßlichen Täter nichts im Wege steht.

c) Berechtigtes Interesse des Abgebildeten

Sind die Voraussetzungen des § 23 I KUG geprüft und bejaht, muss überdies **1104** untersucht werden, ob das berechtigte Interesse des Betroffenen, nicht abgebildet zu werden (§ 23 II KUG), hinter dem Allgemeininteresse aus § 23 I KUG zurücktritt. Regelmäßig überlagert das Interesse, ein Bildnis der Zeitgeschichte zu veröffentlichen, auf Grund einer im Einzelfall durchaus zu widerlegenden gesetzlichen Vermutung die Belange des Abgebildeten, nicht in die Öffentlichkeit gezerrt zu werden (von Gamm § 23 KUG Rdn 113). Denn wer durch sein Verhalten die Sphäre seiner Mitmenschen zutiefst verletzt, muss Einschränkungen seines Privatbereichs in Kauf nehmen (BVerfGE 35, 202, 220; Neumann-Duesberg, JZ 1971, 305, 307). Dies gilt insbesondere, wenn der Rahmen nicht über das hinausgeht, was der Täter selbst in Bewegung gesetzt hat. Des Weiteren gewährleistet gerade die Sendung „Aktenzeichen XY – ungelöst" ebenso wie die vergleichbaren Sendungen ernste und sachliche Darstellung, so dass § 23 II KUG nicht zu Gunsten des Dargestellten durchschlägt.

II. Ersuchen um Festnahme eines Verurteilten

Die Staatsanwaltschaft als Vollstreckungsbehörde kann zur Vollstreckung **1105** einer Freiheitsstrafe die Ausschreibung zur Festnahme anordnen, wenn der Verurteilte flüchtig ist oder sich verborgen hält. Dieser Aufruf zur Vollstreckung der Haft nach § 457 II StPO hat nichts mit dem Steckbrief nach § 131 StPO zu tun, sondern stellt einen qualifizierten Vollstreckungshaftbefehl dar (Wendisch, in: L-R § 457 Rdn 19). Im Gegensatz zum Steckbrief, über dessen Inhalt § 131 III StPO einige – wenn auch unzulängliche – Angaben macht, enthält § 457 StPO nicht einmal solch spärliche Hinweise. Daher sind wir auf interne Regelungen der Justizverwaltung angewiesen, die wir z.B. in § 34 StrVollstrO finden.

III. Verfahren nach dem Ergreifen

Wird eine Ausschreibung zur Festnahme gem. §§ 131ff. StPO auf Grund **1106** eines Haft- oder Unterbringungsbefehls erlassen und wird der Beschuldigte ergriffen, dann gelten die Vorschriften über den Vollzug eines Haftbefehls (§§ 115, 115a StPO) entsprechend (Meyer-Goßner § 131 Rdn 6). Daraus ergibt sich die Verpflichtung, den Beschuldigten unverzüglich dem zuständigen Richter vorzuführen und spätestens am Tage nach der Vorführung über den Gegenstand der Beschuldigung zu vernehmen. Kann er bis zum Tage nach seinem Ergreifen nicht dem zuständigen Richter, muss er dem Richter des nächstgelegenen Amtsgerichts vorgeführt werden.

1107 Ist der Verurteilte auf Grund einer Ausschreibung zur Festnahme nach seinem Entweichen ergriffen worden, gibt es keinen zuständigen Haftrichter im engeren Sinne, weil das Verfahren mit Eintritt der Rechtskraft des Urteils abgeschlossen ist. Infolge dessen bedeutet die entsprechende Anwendung der §§ 115, 115a StPO, dass der Verurteilte unverzüglich der Haftanstalt zugeführt werden muss, aus der er entwichen ist. Auf sein ausdrückliches Verlangen hin ist er jedoch zwecks Identitätsüberprüfung dem nächsten Amtsrichter vorzuführen.

B. Gegenüberstellung

1108 Die Gegenüberstellung ist ein in der polizeilichen Praxis recht häufiger Vorgang. Dabei ist unbestritten, dass sie im Strafverfahren deutlich mehr Anwendung findet als im Polizeirecht. Dennoch ist eine präventive Gegenüberstellung keineswegs selten (auch wenn sie kaum als solcher Rechtseingriff eingestuft wird).

Beispiel: Zwei 12-jährige Jungen (A und B) bewerfen sich mit Steinen. Einer dieser Steine trifft den Fahrradfahrer F am Kopf. F fällt und erleidet erhebliche Verletzungen an Armen und Beinen. A und B flüchten, können aber ergriffen werden. Z, der alles beobachtet hat, identifiziert auf Bitten der Polizei den B als Werfer des Steins, der den Unfall ausgelöst hat.

A und B werden dem Z gegenübergestellt. Da beide strafunmündig sind, scheidet Strafverfolgung aus. Indes hat F einen zivilrechtlichen Anspruch auf Schadensersatz und Schmerzensgeld (§ 823 BGB), der verloren zu gehen droht, wenn der Verursacher nicht festgestellt wird. Also liegt eine Gefahr für die öffentliche Sicherheit vor. Eine Spezialermächtigung für die präventive Gegenüberstellung kennt das Polizeigesetz nicht. Daher kann dieser Rechtseingriff nur auf die Generalklausel gestützt werden (Chemnitz Rdn 10.1.6).

1109 Allgemein geht man davon aus, dass sich die rechtliche Grundlage für die repressive Gegenüberstellung aus § 58 II StPO ergebe. Danach ist die Gegenüberstellung eines Zeugen mit anderen Zeugen oder mit dem Beschuldigten im Vorverfahren zulässig, wenn es für das weitere Verfahren geboten erscheint. Der Eingriff soll geboten sein, wenn die Aufklärung des strafrechtlich relevanten Sachverhalts vorangetrieben werden kann (Krause/Nehring Rdn 222), entweder (erste Alt.) weil die auf Grund unterschiedlicher Aussagen strittigen Einzelheiten klargestellt werden müssen (darüber denken wir an dieser Stelle nicht nach) oder (zweite Alt.) weil durch die Gegenüberstellung der Täter u.U. ermittelt werden kann. Bezüglich der zweiten Alternative erscheint der Schluss auf die Rechtsgrundlage aus § 58 II StPO logisch. Dennoch bleibt zu hinterfragen, ob § 58 II StPO die Gegenüberstellung zur Identifizierung des Tatverdächtigen gegen seinen Willen vorsieht (bejahend Senge, in: KK § 58 Rdn 8; Kühne, in: AK StPO § 58 Rdn 7; Meyer-Goßner § 58 Rdn 9). Dies geht aus dem Wortlaut der Norm keineswegs hervor, und auch die Rechtsprechung sieht dies durchaus differenziert; denn sie stützt die Gegenüberstellung zur Identifizierung einerseits auf § 81a StPO (BVerfGE 47, 239, 242) andererseits auf § 58 II StPO (OLG Karlsruhe NStZ 1983, 377; KG NStZ 1982, 217 und JR 1979, 347, 348) oder leitet ihre Rechtmäßigkeit, sofern es um eine wie auch immer geartete Beweisführung zwischen Zeugen und Angeklagten im Hauptverfahren geht, aus der Amtsaufklärungspflicht nach § 244 StPO her (BGH StV 1988, 469).

Als Rechtsgrundlage für eine ggf. zwangsweise durchzuführende Gegen- **1110**
überstellung zur Identifizierung scheidet § 58 II StPO aus. Allein die Tatsache, dass diese Norm die Gegenüberstellung der Zeugen untereinander und die der Zeugen mit dem Beschuldigten nebeneinander behandelt, zeigt, dass eine Gegenüberstellung zu Identifizierungszwecken nicht erfasst sein kann (Grünwald, JZ 1981, 423, 424; ders. NStZ 2001, 580, 581). Das Bundesverfassungsgericht stützt die Gegenüberstellung auf §§ 81a, 81b StPO. Wenn das Gesetz in § 81a StPO zu Beweiszwecken körperliche Untersuchungen und sogar körperliche Eingriffe erlaube, so lautet seine Argumentation, erschiene es ausgeschlossen, dass es das im Vergleich dazu weniger belastende Beschauen des Beschuldigten durch Zeugen nicht zulassen solle.

Diese Begründung läuft auf den Gedanken hinaus, dass die Ermittlungsbe- **1111**
amten auch ohne ausdrückliche gesetzliche Basis weniger schwerwiegende Eingriffe vornehmen dürfen, wenn ihnen das Gesetz schwerwiegendere Eingriffe erlaubt. Einem Rechtsstaat sollten derartige Gedanken jedoch fremd sein. Würde man sich der Argumentation des Bundesverfassungsgerichts anschließen, stünde man zunächst vor der nahezu unlösbaren Aufgabe zu entscheiden, was ein „schwerer" und was ein „leichter" Eingriff ist.

Darüber hinaus spricht auch die Anordnungsregelung gegen die Begrün- **1112**
dung der Gegenüberstellung zu Identifizierungszwecken nach §§ 81a, 81b StPO. Während bei körperlichen Eingriffen die Anordnung durch den Richter erfolgen muss und Staatsanwaltschaft und Polizei nur in sog. Eilfällen Anordnungskompetenz haben (§ 81a II StPO), ist nach § 81b StPO zur Anordnung jeder Polizeibeamte originär zuständig. Folgt man der Ansicht des Bundesverfassungsgerichts, stellt sich die Frage, wer die Gegenüberstellung letztlich anzuordnen hat; denn Gefahr im Verzuge dürfte für eine Gegenüberstellung zum Zwecke der Identifizierung eines Verdächtigen kaum einmal zu begründen sein.

Damit ist festgestellt, dass der Eingriff in die Rechte des Beschuldigten, der **1113**
mit der Gegenüberstellung zum Zwecke des Wiedererkennens verbunden ist, streng dogmatisch betrachtet keine Rechtsgrundlage hat. Diese ermittlungsbehördliche Maßnahme wäre folglich nur zulässig, wenn sich der Beschuldigte ihr freiwillig unterwirft (Grünwald, JZ 1981, 423, 426; Odenthal, S. 52 ff.).

Unabhängig davon, dass der Strafprozessordnung eine Ermächtigung für die **1114**
Gegenüberstellung zum Zwecke der Identifizierung fremd ist, legen sowohl die Richtlinien für das Straf- und Bußgeldverfahren als auch die Rechtsprechung deren Durchführung fest. Demzufolge ist dem Zeugen nicht allein der Beschuldigte, sondern eine Reihe anderer Personen gleichen Geschlechts, ähnlichen Alters und ähnlicher Erscheinung gegenüberzustellen, und zwar so, dass nicht ohne weiteres erkennbar ist, wer von den Gegenübergestellten der Beschuldigte ist (Wahlgegenüberstellung, Nr. 18 RiStBV). Das bedeutet, dass alle Auswahlpersonen der von dem Zeugen gegebenen Täterbeschreibung so gut wie eben

möglich entsprechen, insbesondere in Größe, Alter, Art der Kleidung oder sonstigem Habitus. Es ist also alles zu vermeiden, was eine suggestive Wirkung auf den Zeugen dahin haben könnte, der Täter **müsse** sich unter den Auswahlpersonen befinden (OLG Karlsruhe NStZ 1983, 377, 378).

1115 Die Vergleichsbilder, die bei der Ermittlung des Beschuldigten verwendet worden sind, müssen den Akten beigefügt werden. Damit wird das Gericht in die Lage versetzt festzustellen, ob der Beschuldigte mit bestimmten Signalen oder körperlichen Auffälligkeiten ausgestattet ist, durch die er sich von den Vergleichspersonen so weitgehend unterscheidet, dass sein Wieder erkennen durch den Zeugen quasi vorgezeichnet ist (Odenthal, NStZ 1984, 137).

1116 Einzelgegenüberstellungen erfüllen diese Forderungen an Durchführung prozessual einwandfreier Gegenüberstellungen prinzipiell nicht. Daher sind sie nur in begründeten Ausnahmefällen zugelassen; denn der Zeuge wird erheblich psychisch beeinflusst (Peters § 44 II 2cc). Folgerichtig hat diese Form der Gegenüberstellung einen wesentlich geringeren Beweiswert (KG NStZ 1982, 215, 216). Ein bedeutsamer Indikator für die Beurteilung der Zuverlässigkeit eines Wiedererkennens ist darin zu sehen, wenn Opfer/Zeuge besondere individuelle Merkmale, sowohl auf die Person als auch auf Sachen, z.B. Kleidung oder Waffen bezogen, zu benennen in der Lage ist. Einzelheiten der Täterbekleidung, die gewisse Spezifika aufweisen, sind insofern aussagekräftig wie auch unverwechselbare Kennzeichen der Person. Bei Waffen ist indes zu bedenken, dass sich die Aufmerksamkeit des Opfers häufig vollständig auf diese konzentriert (sog. Waffenfokus), so dass Wahrnehmungen der Person oder der Kleidung erheblich eingeschränkt werden (BGH StV 2007, 342, 343). Vor allem wenn ein Zeuge einen ihm unbekannten Täter gelegentlich der Tat nur kurz zu Gesicht bekommen hat, darf man sich nicht auf dessen Behauptung verlassen, er habe den Täter im Rahmen einer Einzelgegenüberstellung wieder erkannt. Vielmehr ist anhand objektiver Kriterien zu prüfen, welcher Beweiswert diesem Wiedererkennen zuzugestehen ist. Eine solche Objektivierung kann z.B. darin liegen, dass der Zeuge den Verdächtigen wiederholt, vor allem in unterschiedlichen Situationen sicher identifiziert (OLG Düsseldorf StV 2007, 347, 348). Die Einzelheiten der Gegenüberstellung, insbesondere die Namen der neben dem Beschuldigten herangezogenen Personen, sind aktenkundig zu machen.

1117 Hin und wieder erfordert die effektive Durchführung einer Gegenüberstellung zu Identifizierungszwecken eine Veränderung des äußeren Erscheinungsbildes des Beschuldigten. Geht man – wie hier dargelegt – von der Unzulässigkeit der Gegenüberstellung zu diesem Zwecke aus, stellt sich auch das Problem der Veränderung der Haar- oder Barttracht nicht. Folgt man indes der gegenteiligen Auffassung, bedarf es der Prüfung der Frage, ob das Gesetz auch diese Eingriffe gestattet (vgl. dazu Rdn 944f.).

C. Wahl-Lichtbildvorlage

1118 Die Vorlage der Lichtbildkartei, um von der Tatgeschädigten (bzw. auch von einem Tatzeugen) einen Hinweis auf den mutmaßlichen Täter einer Straftat zu erhalten, suggeriert dem Betrachter der Bilder, jede der in der Datensammlung enthaltenen Personen komme nach Einschätzung der Strafverfolgungsbehörde als Täter dieser einen konkreten Straftat in Betracht. Auch wenn dem Opfer die Namen der Abgebildeten zumindest zunächst verborgen bleiben, stellt das Tatopfer (bzw. der Tatzeuge) beim Betrachten eines jeden Fotos eine mehr oder weniger intensive gedankliche Verbindung der (unbekannten) Person mit der Tat her. Darin liegt eine Beeinträchtigung des allgemeinen Persönlichkeitsrechts, des Rechts auf informationelle Selbstbestimmung.

Das Recht auf informationelle Selbstbestimmung gesteht dem Einzelnen die Befugnis zu, über Preisgabe und Verwendung seiner persönlichen Daten grundsätzlich autonom zu bestimmen. Somit gewährt es Schutz vor unbegrenzter Verwendung und Weitergabe persönlicher Daten (BVerfGE 65, 1, 43: BVerfG NJW 1984, 2271). Diese Schutzfunktion greift auch im Falle von Beeinträchtigungen des Rechts auf informationelle Selbstbestimmung, die seitens des Betroffenen gar nicht bemerkt werden bzw. bemerkt werden können, wie das z.B. beim Zeigen bzw. Auswerten einer Lichtbildkartei der Fall ist. Dabei wird das persönliche Datum (Aussehen) einem Tatopfer (Tatzeugen) mit der zwar unausgesprochenen, aber doch bei jedem Einzelnen konkludent mitschwingenden und von der Ermittlungsbehörde durchaus geförderten Überzeugung vorgelegt, jeder der Gezeigten könne der Täter sein. **1119**

Die Rechtsordnung gewährleistet das Recht auf informationelle Selbstbestimmung indessen nicht schrankenlos. Ein Recht im Sinne einer absoluten uneingeschränkten Herrschaft über „seine" Daten hat das Individuum somit nicht. Wegen der Gemeinschaftsbezogenheit und Gemeinschaftsgebundenheit der Person muss der Einzelne Einschränkungen seines Rechts auf informationelle Selbstbestimmung im überwiegenden Allgemeininteresse hinnehmen (BVerfG NVwZ 1988, 1119). Das betrifft in besonderem Maße Daten des Einzelnen, die nicht nur den Bereich seiner privaten Lebensgestaltung, sondern sein soziales Verhalten betreffen und die unter diesem Blickwinkel seiner ausschließlichen Verfügungsgewalt entzogen sind (BVerwG NJW 1990, 2761, 2762). **1120**

Jeder in einer polizeilichen Lichtbildkartei Erfasste ist einschlägig polizeilich in Erscheinung getreten, wurde also straffällig oder stand bzw. steht im Verdacht, eine Straftat begangen zu haben. Einem Opfer/Zeugen der zu verfolgenden Straftat werden regelmäßig nur Bilder solcher Personen gezeigt, gegen die der Vorwurf einer rechtlich und sozialethisch vergleichbaren Tat besteht bzw. bestand. Da also die Offenlegung der Kartei auf der Grundlage des zurückliegenden sozialen Fehlverhaltens eines jeden Abgebildeten fußt, ist diesem Personenkreis die Basis für die Forderung nach absolutem Schutz des Rechts auf informationelle Selbstbestimmung entzogen. **1121**

Es fragt sich indes, auf welche Rechtsgrundlage dieser Eingriff zu stützen ist, insbesondere vor dem Hintergrund der Erkenntnis, dass die Strafprozessordnung keine Spezialnorm kennt. In Betracht zu ziehen wäre § 163 I StPO, der als Aufgabenzuweisung nach allgemeiner Auffassung auch die Funktion einer strafprozessualen Generalklausel erfüllen soll (vgl. dazu oben Rdn 162ff.). Allerdings hat das Bundesverfassungsgericht in seiner Entscheidung (E 65, 1ff.) den Gesetzgeber eindringlich aufgefordert, die Grenzen von Ermächtigungen zur Vornahme von Rechtseingriffen auch dann gesetzlich zu fixieren, wenn es sich um Beeinträchtigungen des Rechts auf informationelle Selbstbestimmung handelt, die dem Betroffenen verborgen bleiben. Dieser Pflicht nachzukommen wurde ein zeitlicher Rahmen ohne feste Grenzen gesetzt, der so genannte **1122**

Übergangsbonus (vgl. BGH NStZ 1992, 44f., BVerwG NJW 1990, 2765, 2767). Gerade diese Überlegungen treffen auf die Lichtbildvorlage zu. Sie ist – wie bereits erwähnt – als „sanfter" Rechtseingriff zu bezeichnen. Allerdings erscheint die Zeit des Übergangsbonus verstrichen, ohne dass der Gesetzgeber seiner Verpflichtung entsprochen und eine Ermächtigung geschaffen hätte. Damit wird die Lichtbildvorlage in der polizeilichen Praxis ohne Rechtsgrundlage vorgenommen.

1122a Die vor allem im Rahmen der Bekämpfung mittlerer Kriminalität häufig zur Anwendung kommende Einzel-Lichtbildvorlage und die hierauf gestützte Identifizierung des Täters bedarf einer sorgfältigen Würdigung selbst wenn der Zeuge behauptet, über längere Zeit den Beschuldigten beobachtet zu haben. Dann empfiehlt es sich, den Zeugen vor der Lichtbildvorlage zu vernehmen, um von ihm eine Schilderung zu den Umständen der behaupteten Wahrnehmung wie auch zu den Merkmalen der betreffenden Person zu erhalten, die dann mittels der Lichtbildvorlage verifiziert werden kann (Eisenberg Rdn 1344). Glaubt ein Zeuge, den Beschuldigten bei der Lichtbildvorlage mit 80% oder gar 90% Sicherheit wieder zu erkennen, ist das bestenfalls ein äußerst schwacher Indikator für die tatsächliche Identifizierungssicherheit des Zeugen, besagt aber nichts über die objektive Richtigkeit der Entscheidung (OLG Koblenz NStZ-RR 2008, 81, 82). Die Verlässlichkeit eines erneuten Wiedererkennens ist durchaus fragwürdig, weil es durch das vorausgegangene Wieder erkennen beeinflusst werden kann. In der Regel wird nämlich der beim ersten Wiedererkennen gewonnene Eindruck das ursprüngliche Erinnerungsbild überlagern. So entsteht der Eindruck, der Zeuge vergleiche unbewusst den gegenwärtigen Eindruck mit dem Erinnerungsbild, das auf dem ersten Wieder erkennen beruht. In Wahrheit wird also der Beschuldigte nicht mit dem Täter, sondern mit der bei der Lichtbildvorlage oder der Gegenüberstellung als verdächtig angesehenen Person verglichen.

Kapitel 9. Verdeckte Fahndung

Will man wir in Zukunft nicht nur in Randbereiche der Organisierten Kriminalität oder professionell arbeitender krimineller Banden eindringen, müssen wir die Methoden ihrer präventiven und repressiven Bekämpfung ausweiten und verfeinern (Denninger, JA 1987, 131). Dies ist einerseits unabdingbar im Angesicht des Schadens, den diese Kriminalitätsform verursacht; andererseits ist aber nicht zu leugnen, dass sich über die hier in Rede stehenden Methoden präventiver und repressiver Verbrechensbekämpfung gerade deswegen ein Schleier des Geheimnisvollen legt, weil sie aus verschiedenen Gründen geheim, verdeckt vorgenommen werden müssen. **1123**

Neben der Effizienz müssen Polizei und Staatsanwaltschaft darauf achten, dass die Ermittlungsbeamten nicht erkannt werden, andernfalls sind sie für weitere Einsätze nicht mehr zu gebrauchen und an Leben und Gesundheit gefährdet. Die hier in Rede stehenden Ermittlungsmethoden, die heute sowohl die Strafprozessordnung als auch die Polizeigesetze vorsehen, sind vor allem die Observation und der Einsatz Verdeckter Ermittler. Daneben beschäftigen wir uns mit der Polizeilichen Beobachtung und dem Einsatz sog. V-Personen. **1124**

Um den höchstrichterlichen Anforderungen an den Schutz des Kernbereichs privater Lebensgestaltung bei verdeckten polizeilichen Maßnahmen Rechnung zu tragen, ist mit § 16 nwPolG eine generelle Kernbereichsregelung eingeführt. Diese allgemeine Kernbereichsregelung findet auf die besonderen Mittel der Datenerhebung (§§ 16a bis 20 nwPolG) Anwendung. Nur bei der präventiven Wohnraumüberwachung gemäß § 18 nwPolG sind wegen der besonderen Eingriffsintensität und der erhöhten Gefahr einer Kernbereichsverletzung von der allgemeinen teilweise abweichende spezielle Regelungen in den Absätzen 3 und 4 getroffen worden. **1124a**

Nach der Rechtsprechung des Bundesverfassungsgerichts muss bei allen heimlichen Überwachungsmaßnahmen staatlicher Stellen ein unantastbarer Kernbereich privater Lebensgestaltung gewahrt werden, dessen Schutz sich aus Art. 1 I GG ergibt. Gemäß § 16 I nwPolG ist die Erhebung personenbezogener Daten, die dem Kernbereich privater Lebensgestaltung zuzurechnen sind, unzulässig. Ergeben sich tatsächliche Anhaltspunkte dafür, dass dem Kernbereich privater Lebensgestaltung zuzurechnende Daten erfasst werden, ist die Erhebung unverzüglich zu unterbrechen. Diese Pflicht zur Unterbrechung der Datenerhebung besteht nicht, wenn diese aus informations- oder ermittlungstechnischen Gründen nicht möglich ist. Diese Regelung in § 16 II nwPolG wurde eingefügt, weil z.B. bei verdeckten Maßnahmen außerhalb des Wohnraums auch automatisierte Aufzeichnungen zulässig sind. Bei diesen Aufzeichnungen sind Unterbrechungen nicht immer unmittelbar möglich. Andere ermittlungstechnische Gründe können gegenwärtige Gefahren für Leib oder Leben verdeckt eingesetzter Personen sein. **1124b**

Gespräche mit engsten Vertrauten, die Angaben über Gefahren nach Absatz 1 enthalten, gehören schon ihrem Inhalt nach nicht zu dem unantastbaren **1124c**

Kernbereich privater Lebensgestaltung und zwingen daher nicht zur Unterbrechung. Zwar reicht nicht jede Verknüpfung zwischen einer Gefahr und den Äußerungen der betroffenen Person zur Bejahung des Sozialbezugs aus. Ein hinreichender Sozialbezug besteht aber bei Äußerungen, die sich unmittelbar auf eine konkrete Gefahr beziehen. Wird erkennbar, dass Kernbereichsdaten betroffen sind und bestehen konkrete Anhaltspunkte dafür, dass diese Daten gerade dem Zweck der Herbeiführung eines Erhebungsverbots bzw. einer Unterbrechung dienen sollen, bleibt die Datenerhebung insoweit zulässig. Wenn ausnahmsweise doch Kernbereichsdaten erfasst wurden, dürfen diese gemäß § 16 III nwPolG nicht verwendet werden. Alle Aufzeichnungen hierüber sind unverzüglich zu löschen. Die Tatsache der Erlangung und Löschung ist zu dokumentieren. Gemäß § 16 IV nwPolG umfasst der Kernbereich auch das durch das Berufsgeheimnis geschützte Vertrauensverhältnis zu dem in §§ 53 und 53a StPO genannten Personenkreis.

A. Observation

1125 Polizeitaktisch betrachtet ist die Observation eine aktive, operative Sonderform der polizeilichen Aufklärung, mithin eine Exekutivmaßnahme der Nachrichtengewinnung zur polizeilichen Lagebeurteilung und Beweissicherung (PDV 100 Ziff. 2.1.2). Uns interessiert hier aber weniger die polizeitaktische Seite der Observation als vielmehr ihre rechtliche Grundlage.

Beispiel: Einer Streife der Polizei fällt eine Gruppe Jugendlicher auf, die eine öffentliche Telefonzelle demolieren. Die Beamten folgen den abziehenden Randalierern, um das Eintreffen von Verstärkungskräften abzuwarten.

In der Tat beobachten die Polizeibeamten im dienstlichen Interesse (primär Strafverfolgung, ggf. aber auch Gefahrenabwehr) die Jugendlichen, weil sie wissen wollen, was sie tun und wohin sie sich wenden. Insofern liegt sicherlich aus taktischer Sicht eine Observation vor.

1126 Ein Rechtseingriff ist mit der Observation verbunden, sobald das grundgesetzlich geschützte Recht auf informationelle Selbstbestimmung nicht nur marginal tangiert wird. Auch jede faktische Beeinträchtigung, bei der sich die nachteilige Wirkung nicht aus der hoheitlichen Maßnahme selbst, sondern erst aus deren Folgewirkung ergibt, stellt einen Rechtseingriff dar. Mit der im Beispiel geschilderten Beobachtung gehen die Beamten nicht über das hinaus, was jeder beliebige Private auch hätte tun können. Insofern liegt in diesem behördlichen Verhalten kein Rechtseingriff.

1127 Rechtlich betrachtet, hat die Observation eine ganz andere Qualität: Die Behörden forschen das Privatleben des Beobachteten planmäßig in einem Umfang aus, dass ihnen kaum ein Bereich verborgen bleibt (vgl. Wanner, S. 21). Insbesondere wollen Polizei und Staatsanwaltschaft wissen, wo sich der Beschuldigte aufhält, welchen Tätigkeiten er an bestimmten Orten und zu bestimmten Zeiten nachgeht, mit wem er sich trifft, welchen Besuch er empfängt (in gleicher Weise gehen Privatdetektive vor, die also auch eine Observation durchführen). Die Behörde will also ein facettenreiches Bild vom Verhalten des Adressaten insgesamt gewinnen. Folglich ist das Ausforschen einer einzelnen oder weniger Verhaltensweisen im Regelfall keine Observation.

Unter diesen Voraussetzungen stellt die Observation in der Tat einen weit reichenden Grundrechtseingriff dar, für dessen Durchführung die Ermittlungsbeamten einer gesetzlichen Ermächtigung bedürfen (Pfundt, Taschenbuch für Kriminalisten, Bd. 27, 139, 151 f.; Bauer, GrKrim 1970, 320) und die strafprozessual nur bei erheblichen Straftaten, besonderer Erfolgstauglichkeit und unter strikter Beachtung der Verhältnismäßigkeit zulässig sein kann (folglich ist Observieren durch Privatdetektive im Regelfall ein Eingriff ohne rechtfertigende Norm). 1128

Keine Observation im rechtlichen Sinne ist anzuerkennen bei – auch länger währender – Beobachtung allgemein zugänglicher Räume (z.B. Gaststätten) und von offensichtlichem Verhalten, um gewisse oder auch bestimmte Feststellungen zu treffen, etwa welche Personen an dem beobachteten Platz regelmäßig oder bei Gelegenheit verkehren. Da dieses bloße „Ausschauhalten" nicht zum Ziel hat, möglichst umfassende Informationen über (eine) bestimmte Person(en) zu erhalten, bedarf es dazu keiner speziellen Ermächtigung; sie ist als schlicht-hoheitliches Handeln einzustufen. 1129

Eines bestimmten organisatorischen, personellen sowie sächlichen Aufwandes bedarf es bei der Observation nicht. Daher kann auch durch den zielgerichteten Einsatz eines einzelnen Polizeibeamten observiert werden. 1130

I. Gefahrenabwehrende Observation

Die Polizei kann mit den Mitteln der Observation personenbezogene Daten erheben, wenn dies zur Abwehr einer gegenwärtigen Gefahr für Leib, Leben oder Freiheit einer Person erforderlich ist oder soweit Tatsachen die Annahme rechtfertigen, dass diese Personen Straftaten von erheblicher Bedeutung begehen wollen, sowie über deren Kontakt- oder Begleitpersonen, wenn die Datenerhebung zur vorbeugenden Bekämpfung dieser Straftaten erforderlich ist (§ 32 bbPolG, § 16 nwPolG). Diese Ermächtigung gilt aber nur für längerfristige Observationen, also solche, die durchgehend länger als 24 Stunden oder an mehr als zwei Tagen vorgesehen sind oder tatsächlich durchgeführt werden (§ 32 I bbPolG, § 16 I nwPolG, § 34 I thPAG). Kurzfristige Observationen werden mit § 32 IV bbPolG, § 16 IV nwPolG, § 32 thPAG begründet. 1131

1. Längerfristige und kurzfristige Observation

Die Unterscheidung zwischen der kurzfristigen und der längerfristigen Observation birgt vorhersehbare Schwierigkeiten. 1132

Beispiel: Die Polizei erhält Hinweise, dass die Gewohnheitsverbrecher G und H morgen oder übermorgen einen Bankraub begehen wollen. Der zuständige Kommissariatsleiter K lässt beide an den zwei Tagen während der Öffnungszeiten der Banken observieren. G und H begehen aber an diesen Tagen keine Straftat. Am Abend des zweiten Observationstages teilt V-Mann I dem K mit, er habe sichere Hinweise, dass G und H am nächsten Tag den „Coup landen" würden. Daher lässt K die Verdächtigen auch an diesem Tage observieren.

Dass wir es hier mit einer planmäßig angelegten Beobachtung von Menschen zu tun haben, ist unstrittig. Also handelt es sich um eine Observation im Rechtssinne. Fraglich ist, welche Rechtsnorm in Betracht kommt. Greift § 16a I nwPolG im Falle einer längerfristigen Observation oder § 16 IV nwPolG im Falle einer kurzfristigen.

a) Längerfristige Observation

1133 Den Begriff der längerfristigen Observation bestimmt eine Legaldefinition. Dabei geht das Gesetz von zwei im Grunde diametralen Positionen aus. Einerseits ist dafür der zeitlich vorgesehene Rahmen (erste Alternative), andererseits die tatsächliche Dauer (zweite Alternative) der Ausforschung des Adressaten maßgebend. Längerfristig ist somit eine Observation, wenn sie durchgehend länger als 24 Stunden **vorgesehen** (so § 32 I Ziff. 1 bbPolG) ist oder an mehr als zwei Tagen **vorgesehen** ist oder länger als 24 Stunden **tatsächlich durchgeführt** wird oder an mehr als zwei Tagen **tatsächlich durchgeführt** wird.

1134 Das Tatbestandsmerkmal „durchgehend" bezieht sich allein auf die erste Alternative. Infolgedessen ist auch die Observation längerfristig, die sich planmäßig über mehr als zwei Tage erstrecken wird, wobei die wirkliche Ausforschung des Adressaten täglich aber nur wenige Stunden erfasst. Planmäßig angelegte Beobachtungen eines Menschen, die diese zeitlichen Vorgaben nicht erfüllen, sind sog. kurzfristige Observationen. Daraus folgt, dass auch die planmäßige Beobachtung eines Menschen, die ununterbrochen 24 Stunden erfasst (die Zeit beginnt zu laufen mit dem Einsetzen der Rechtsbeeinträchtigung), als kurzfristige Observation einzustufen ist, die sich auf die Generalklausel für die Datenerhebung stützt.

b) Abgrenzung längerfristige – kurzfristige Observation

1135 Die Abgrenzung zwischen längerfristiger und kurzfristiger Observation ist also einerseits von der Frage abhängig, wie sie geplant, also zeitlich angesetzt ist. Geht die Behörde davon aus, die planmäßige Beobachtung der Zielperson werde sich über mehr als zwei Tage erstrecken, liegt darin auch dann eine längerfristige Observation, wenn die Ausforschung an den einzelnen Tagen nur wenige Stunden erfasst. So erkennen wir auf längerfristige Observation, wenn die Behörde beschließt, einen Menschen über einen Zeitraum eines Monats zu beschatten, um zu erfahren, was er in der Zeit zwischen Arbeitsschluss und Rückkehr in die Wohnung tut. Ebenfalls unter § 32 I bbPolG, § 16 I nwPolG, § 34 thPAG fällt die Beobachtung, wenn sie nach der Planung der Behörde einen Zeitraum von durchgehend mehr als 24 Stunden umfasst.

1136 Da in diesem Rahmen die Planung entscheidendes Abgrenzungsmerkmal zwischen längerfristiger und kurzfristiger Observation ist, wird der Ermittlungsbeamte, der diesen Rechtseingriff durchführen möchte, sicherlich die qualifizierte Anordnungsregelung beachten. Wie lange der Eingriff tatsächlich andauert, ist folglich irrelevant; denn das hat rückwirkend keinen Einfluss auf die Planung.

1137 Daneben entscheidet die tatsächliche Dauer der Observation, ob sie längerfristig oder kurzfristig ist. Läuft die Ausforschung an einem Stück über mehr als 24 Stunden, ist sie ebenso längerfristig wie die zeitlich an einem Tag beliebig lange dauernde, sofern diese täglich befristete Beobachtung sich über mehr als zwei Tage hinzieht. In diesen Fällen spielt die Planung der Behörde also keine Rolle.

So klar diese Grenzen auf den ersten Blick erscheinen, so schwierig ist ihre Überwachung; denn sie können relativ einfach unterlaufen werden. Was die Behörde plant, lässt sich vielfach aus der Aktenlage ableiten. Allerdings kann die Behörde eine gezielte Beobachtung jederzeit unterbrechen, wenn die Gefahr besteht, dass eine kurzfristige in eine längerfristige Observation übergeht. Infolgedessen sind Manipulationen recht einfach möglich. **1138**

Auf unser Beispiel übertragen bedeutet das, dass wir es mit einer längerfristigen Observation zu tun haben. Zwar war sie nur an zwei Tagen vorgesehen und wurde an keinem dieser Tage über 24 Stunden betrieben, doch wurde sie tatsächlich an mehr als zwei Tagen durchgeführt. **1139**

2. Anordnung präventiver Observationen

Fasst die Polizei die längerfristige planmäßige Beobachtung eines Menschen ins Auge, ist das Verfahren unproblematisch; denn der Behördenleiter übernimmt mit der Anordnung die notwendige Rechtskontrolle (§ 16 II nwPolG). Völlig anders stellt sich die Rechtslage in den Fällen einer geplanten kurzfristigen, tatsächlich aber vollzogenen längerfristigen Observation dar. Ist die Beobachtung nur für einen oder zwei Tage geplant, wird der verantwortliche Beamte kaum die Anordnung des Behördenleiters einholen, sondern selbst anordnen. Wird aus der kurzfristigen eine längerfristige Observation, kann der Behördenleiter noch eine Anordnung erteilen, die erstreckt sich aber nur auf die Zeit, die die Beamten zukünftig noch observieren. Da der Gesetzgeber zwingend die Anordnung des Behördenleiters für die längerfristige Observation fordert, können wir dieses Problem nur lösen, wenn wir seiner Anordnung eine ex-post-Wirkung zuerkennen. Im Übrigen ist die Anordnung durch den Behördenleiter auf einen Monat beschränkt. **1140**

Nach § 32 II Satz 4 bbPolG darf nur der Richter die längerfristige Observation anordnen, die über einen Zeitraum von einem Monat hinausgeht. Hier haben wir die gleiche Problematik, die wir schon in Bezug auf die Anordnung beim Übergang von der kurzfristigen zur längerfristigen Observation angedeutet haben. Wegen des Gewichts des Eingriffs in subjektiv-öffentliche Rechte verlangt § 32 II Satz 3 bbPolG; § 34 VI S. 2 thPAG eine schriftliche Begründung der Anordnung. Damit will der Gesetzgeber einen effektiven Rechtsschutz sicherstellen, denn die Begründung kann nur ihre Aufgabe erfüllen, wenn sie Argumente für das Vorliegen der Tatbestandsmerkmale dieser Observation liefert. Der Adressat des Eingriffs wird somit in die Lage versetzt, im Nachhinein zu prüfen, ob sich die Polizei im Sinne des Gesetzes bewegt hat. **1141**

3. Ziel der Observation

Ziel der Datenerhebung muss es sein, eine Gefahr (kurzfristige Observation) oder eine gegenwärtige Gefahr für die Sicherheitsgüter Leben, Gesundheit oder Freiheit (längerfristige Observation) abzuwehren. Vor allem in dem Beispiel der **1142**

Observation wird deutlich, wie eng innerhalb der polizeilichen Arbeit häufig Gefahrenabwehr und Strafverfolgung verzahnt sind.

1143 Vom Vorliegen einer Straftat können wir z.B. im Falle der Vorbereitung von Geiselnahme, erpresserischem Menschenraub, Anschlägen auf Eisenbahnanlagen (Hindernisse auf Gleise legen) oder auch der unerlaubten Einreise in die Bundesrepublik (§§ 239a, 239b, 315 StGB, § 95 Abs. 1 Nr. 3 AufentG) so lange nicht ausgehen, wie es keine Hinweise auf einen Versuch dieser Delikte gibt. Andererseits wäre es fatal, wollten wir die Polizei in solchen Fällen zur Untätigkeit verurteilen und sie verpflichten zu warten, bis zumindest ein strafbarer Versuch dieser Delikte verfolgbar ist. Vielmehr wird die Polizei die Personen, die für die tatbestandsmäßige Erfüllung dieser Delikte in Betracht kommen könnten, überwachen (observieren). Da diese Überwachung bestimmter Personen der Strafverfolgung vorgelagert ist, also ohne konkrete Bezugstat vorgenommen wird, können die Ermittlungsbehörden ihre Ermächtigung nicht aus der Strafprozessordnung nehmen (Denninger, KritJ 1985, 235). Gewinnt die Polizei im Zuge dieser Observation Erkenntnisse über die beobachteten Personen, die sie strafrechtlich verwertet, ändert das an der polizeirechtlichen Grundlage für die Observation nichts.

1144 Selbst Sachverhalte, in denen eine Straftat (z.B. nach §§ 239a, 239b StGB) als Dauerdelikt begangen wird, schließen keineswegs aus, eine Observation gefahrenabwehrend zu begründen. Geht es der Polizei darum, durch den Eingriff in die Rechte der Täter, ihrer Begleit- und Kontaktpersonen Hinweise auf deren Identität und darauf zu bekommen, wie sie die Verhandlungen führen soll, betreibt sie vordringlich Gefahrenabwehr, so dass Repression zurücktreten muss.

1145 In der Tat dienen die Erkenntnisse, die die Ermittlungsorgane durch Observation der Straftäter in die Hände bekommen, sowohl der Strafverfolgung als auch der Gefahrenabwehr. Welchem der beiden Aufträge die Polizei den Primat zuerkennt, bestimmt sie nach pflichtgemäß ausgeübtem Ermessen selbst. Doch wird bei so weit reichenden und ernsthaften Gefahren für Individualrechtsgüter der Schutz von Leben und Gesundheit ohne Bedenken Vorrang haben, so dass wir die Observation auf § 32 bbPolG, § 16 nwPolG, § 34 thPAG stützen. Diese Argumentation entspricht dem Grundgedanken, wonach die polizeiliche Handlungsmaxime bei evidenter Gefährdung bedeutender Rechtsgüter primär der Schadensverhütung zu dienen habe (Grimm, KritVjschr 1986, 38 ff.; Kniesel, ZRP 1987, 377 ff.).

II. Repressive Observation

1146 Im Rahmen der Strafverfolgung darf ein Verdächtiger observiert werden, wenn zureichende tatsächliche Anhaltspunkte (= Verdacht) für die Begehung einer Straftat mit erheblicher Bedeutung (dazu vgl. Rdn 69) sprechen und wenn die Erforschung des Sachverhalts oder die Ermittlung des Aufenthaltsortes des Täters auf andere Weise weniger Erfolg versprechend oder erschwert wäre (§ 163f StPO). Liegen diese Tatbestandsmerkmale vor, erlaubt das Gesetz eine längerfristige Observation, also die planmäßig angelegte Beobachtung eines Beschuldigten, die durchgehend länger als 24 Stunden dauern soll (§ 163f Ziff. 1 StPO) oder an mehr als zwei Tagen stattfinden soll (§ 163f Ziff. 2 StPO). Die erste Alternative verlangt die Absicht einer ununterbrochenen Beschattung des Adressaten von mehr als 24 Stunden, gerechnet ab dem Beginn der Aktion. Ohne Bedeutung ist es, um welche Zeit diese Grenze überschritten wird. Nicht das faktische Geschehen, sondern was von Seiten der Behörde geplant ist, entscheidet hier über die Frage, ob wir es mit einer längerfristigen oder einer kurzfristigen Observation zu tun haben.

Die zweite Alternative geht von der Prämisse aus, dass die Zielperson lediglich wenige Stunden am Tag (oder gar nur wenige Augenblicke) beobachtet wird, diese Beobachtung jedoch an mehr als zwei Tagen, die nicht unbedingt ununterbrochen hintereinander liegen, aber in einem inneren Zusammenhang stehen müssen, erforderlich sein wird. Selbst wenn sich im Laufe einer zunächst kurzfristig angelegten Beobachtung die Notwendigkeit einer Fristüberschreitung ergibt, haben wir es mit einer längerfristigen Observation zu tun (OLG Hamburg NStZ-RR 2008, 144, 145). Führt eine auf längere Frist angelegte Observation wider Erwarten schon am zweiten oder gar am ersten Tag zum gewünschten Erfolg, wäre sie nur dann als längerfristige Observation einzustufen, wenn die Behörde a priori von mehr als zwei Tagen der Beschattung ausgegangen sein sollte (ob das im Einzelfall nachweisbar ist, sei dahingestellt). **1147**

Beispiel: G steht im Verdacht, während seines Freigangs (§ 11 I Ziff. 1 StrVollzG) Banküberfälle zu begehen. Daher beschließt die Behörde auf Anordnung der Staatsanwaltschaft (§ 163f III StPO), den G während seiner Arbeitszeit als Kraftfahrer für die Dauer von einem Monat ((§ 163f IV StPO) zu observieren. Bereits am ersten Tag der Beobachtung sehen die Beamten K und P, wie der G mit Gesichtsmaske und Pistole in der Hand eine Bankfiliale „stürmt".

Raub bzw. räuberische Erpressung ist eine Straftat von erheblicher Bedeutung, also war der Anlass für eine Observation gegeben. Angeordnet war die Beobachtung von lediglich einigen Stunden pro Tag, allerdings vorgesehen für einen ganzen Monat. Dass sich der Erfolg bereits im Verlaufe des ersten Tages einstellte, ändert an der Feststellung, dass die Behörde eine längerfristige Observation zu begründen hat, nichts.

Observationen, die weniger als 24 Stunden durchgehend vorgesehen sind oder nur an einem Tag stattfinden sollen, sind kurzfristige Observationen. Auch sie stellen einen keineswegs nur marginalen Eingriff in verfassungsmäßige Rechte dar, bedürfen somit einer gesetzlichen Grundlage. Als Ermächtigungsnorm wird weitgehend die strafprozessuale Generalklausel des § 163 StPO angesehen. **1148**

Beispiel: Durch einen V-Mann erfährt die Polizei, dass die als „rechte Gewalttäter" bekannten N, P, U und D planen, ein Ausländerwohnheim in Brand zu setzen. Am heutigen Abend wolle man sich in einer Wohnung eines der Beteiligten treffen, um die Einzelheiten des Anschlags zu besprechen. Die Staatsanwaltschaft ordnet auf Antrag der Polizei die Observation der betreffenden Personen sowie die akustische Wohnraumüberwachung der vier in Frage kommenden Wohnungen an.

Die Observation beschränkt sich – wie aus der Anordnung hervorgeht – auf wenige Stunden an einem einzigen Tag, erreicht somit nicht die zeitliche Ausdehnung entsprechend § 163f I StPO. Bei dieser planmäßigen Beobachtung mehrerer Menschen aus Anlass einer bevorstehenden Straftat mit erheblicher Bedeutung handelt es sich also um eine kurzfristige Observation, die die Behörde indes begründen muss. Als Besonderheit kommt in diesem Fall hinzu, dass die Personen nicht nur (visuell) beobachtet, sondern auch deren Gespräche in einer Wohnung mit technischen Mitteln abgehört und aufgezeichnet werden (vgl. dazu Rdn 1162ff.).

1. Anlass für die Observation

1149 Für die Rechtmäßigkeit einer strafprozessualen längerfristigen Observation muss eine Straftat von erheblicher Bedeutung begangen worden sein, zumindest müssen bestimmte Tatsachen auf ihre Begehung hindeuten. Zur Begründung dieses Verdachts reichen abstrakte Überlegungen, Erfahrungssätze oder statistische Wahrscheinlichkeiten nicht (BGH NJW 1970, 1543, 1544). Die Konkretisierung des Verdachts steht auch nicht im Ermessen der Strafverfolgungsorgane; denn als unbestimmter Rechtsbegriff lässt dies nur eine an objektiven Maßstäben ausgerichtete Entscheidung zu (Kniesel, ZRP 1987, 377, 380).

2. Ziele repressiver Observationen

1150 Als Ziele des Rechtseingriffs nennt der Gesetzgeber die Erforschung des Sachverhalts (erste Alt.) bzw. die Ermittlung des Aufenthaltsortes des Täters (zweite Alt.). Die erste Alt. hat nach dem Wortlaut zwar keinen Personenbezug, doch bedarf eine Observation als polizeiliche Ermittlungsmaßnahme zwingend einer zu beobachtenden Person; denn die Anlasstat liegt mit hinreichender Wahrscheinlichkeit fest, und bezogen darauf gibt es regelmäßig kaum eine Notwendigkeit zur Observation. Folglich müssen wir die bekannte Straftat einer im Einzelnen noch nicht bekannten Person aus einer bestimmten oder bestimmbaren Personengruppe zuordnen können.

1151 Unter Berücksichtigung von Regelungsweite und Regelungstiefe der §§ 100c I, 163f StPO legen wir den Verdächtigenbegriff – vor allem mit Blick auf das Volkszählungsurteil (BVerfG NJW 1984, 419ff.) – weit aus und beziehen Personen ein, für die nur eine geringe Wahrscheinlichkeit der Täterschaft spricht. Allerdings entbindet das die Ermittlungsbehörden nicht von der Pflicht, die Beziehung zwischen Zielperson und Tat im konkreten Einzelfall offen zu legen.

1152 Zum Begriff Beschuldigter vgl. Rdn 97ff. Da aber die Observation regelmäßig einen gewissen, vielfach auch nur vagen Verdacht der Täterschaft so weit erhärten soll, dass ein Verfahren gegen eine bestimmte, bestenfalls verdächtige Person eingeleitet oder ein Tatverdacht gar erst begründet werden kann, ergeben sich in Bezug auf dieses Tatbestandsmerkmal vorhersehbare Probleme. Das gilt selbst dann, wenn man für diesen Eingriff auf den „weiten" Beschuldigtenbegriff zurückgreift. Zwar verlangt die rechtmäßige Observation einen gewissen Tatverdacht, doch ist damit weder ein Delikt noch gar eine Person konkret benannt, der man diese Straftat zuordnen kann. Vielmehr liegt der Sinn einer Observation meist darin, sowohl eine mögliche bzw. wahrscheinliche Straftat zu konkretisieren als auch potentielle Täter erkennbar zu machen.

1153 Die Ziele der Observation liegen in der Erforschung des Sachverhalts oder der Ermittlung des Aufenthalts des Täters. Insofern müssen Tatsachen, also rational begründete Anhaltspunkte, für diesen Erfolg sprechen. Überdies darf eine

Observation als ultima ratio nur eingesetzt werden, wenn andere Mittel erheblich weniger Erfolg versprechen oder den Sachverhalt wesentlich erschwert aufklären (vgl. dazu Rdn 530) können.

3. Verwertbarkeit privat hergestellter Bilder

Sucht ein Privater, seine legitimen und bedrohten Interessen durch beispielsweise Videografieren zu sichern, und verletzt dies nicht die unantastbare Intimsphäre des/der Abgebildeten, entsteht ein Konflikt zwischen dem Persönlichkeitsrecht (in Form des Rechts am eigenen Bild) auf der einen und z.B. Sicherung der Beweisführung auf der anderen Seite. Diese Kollision geht nicht unbedingt zugunsten des Rechts am eigenen Bild aus. **1154**

Beispiel: Die Nachbarn N und S liegen in heftigem, lange währendem Streit miteinander. Am ... trifft N vor seinem Anwesen auf S. Da er Schwierigkeiten befürchtet, geht er schnell ins Haus und schaltet die Videokamera ein, die den Bereich seiner Grundstückseinfahrt erfasst. Wie geahnt, kommt es zu Tätlichkeiten, bei denen N erhebliche Verletzungen erleidet. Verständlicherweise möchte N die Bilder als Beweismittel ins Verfahren eingeführt wissen; denn sie belegen seine Aussage, der S habe mit der Prügelei begonnen, während er selbst sich lediglich gewehrt habe.

Eine Straftat von erheblicher Bedeutung stellt diese Körperverletzung nicht dar. Daher scheidet eine Verwendung auch der privat hergestellten Bilder im Strafprozess zwingend aus. Allerdings hat der Verletzte einen Schmerzensgeldanspruch (§ 823 BGB), den er entweder in einem gesonderten Zivilprozess oder im Adhäsionsverfahren (§§ 472a StPO) geltend machen kann. Stehen in dem Verfahren auf Erlangen von Schmerzensgeld andere Beweise nicht zur Verfügung und kann das Geschehen allein durch die Inaugenscheinseinnahme des Films geklärt werden, dann überwiegt das öffentliche Interesse an der Wahrheitsfindung sowie die Möglichkeit der prozessualen Durchsetzung privatrechtlicher Ansprüche das Persönlichkeitsrecht des Abgebildeten. Daher darf das (Zivil-)Gericht den Film prozessual verwerten (OLG Düsseldorf NJW-RR 1998, 241). Damit stehen wir vor einer interessanten Konstellation: Es findet u.U. ein einheitliches Verfahren statt, in dem strafrechtliche wie auch zivilrechtliche Gesichtspunkte behandelt werden. Allerdings darf das Gericht zur Wahrheitsfindung bestimmte Beweismittel, die sowohl in dem einen als auch in dem anderen Verfahrensteil bedeutsam sind, im Strafverfahren nicht verwerten, obwohl es in den Zivilprozess durchaus eingeführt werden darf: Ein wahrhaftiger „Drahtseilakt" für das Gericht. **1155**

4. Subsidiaritätsklausel

Die Subsidiaritätsklausel der §§ 100c, 163f StPO verlangt nicht, dass die Ermittlungsbehörden erst andere strafprozessuale Ermächtigungen anwenden müssten. Zeigt die Art der Tatbestandsverwirklichung ggf. in Verbindung mit dem aufzuklärenden Delikt, dass es sich um eine Straftat handelt, die mit an Sicherheit grenzender Wahrscheinlichkeit mit anderen Ermittlungsmethoden nicht annähernd so effektiv verfolgt werden kann, können Polizei und Staatsanwaltschaft sofort zum Mittel der Observation greifen. Diese Prognoseentscheidung treffen die Beamten nach pflichtgemäßem Ermessen. **1156**

III. Mittel der Observation

1157 Die Polizeigesetze und die Strafprozessordnung nennen abschließend die Mittel, die Polizei und Staatsanwaltschaft gefahrenabwehrend oder strafverfolgend einsetzen dürfen.

1. Polizeirechtliche Observationsmittel

1158 Die polizeirechtlichen Observationsmittel sind gesetzlich geregelt. § 17 nwPolG, § 33 bbPolG befasst sich mit dem verdeckten Einsatz technischer Mittel außerhalb von Wohnungen; § 18 nwPolG, § 33a bbPolG mit dem verdeckten Einsatz technischer Mittel in oder aus Wohnungen. Beide Vorschriften erfassen sowohl die optische als auch die akustische Überwachung. Observationsmittel sind sowohl der verdeckte Einsatz technischer Mittel zur Anfertigung von Bildaufnahmen und Bildaufzeichnungen als auch das Abhören und Aufzeichnen des gesprochenen Wortes. Diese Mittel kann die Polizei nach § 33 bbPolG, § 17 nwPolG zum Zwecke der Abwehr einer gegenwärtigen Gefahr für Leib, Leben oder Freiheit einer Person (Ziffer 1) oder dann einsetzen, wenn Tatsachen die Annahme rechtfertigen, dass jemand Straftaten von erheblicher Bedeutung begehen will und die Datenerhebung zur vorbeugenden Bekämpfung dieser Straftaten erforderlich ist (Ziffer 2).

1159 Ein Eingriff in das Recht am eigenen Bild ist für sich genommen kaum geeignet ist, eine gegenwärtige Gefahr für Leben, Gesundheit oder Freiheit eines Menschen abzuwehren. Daher ist die präventive Ermächtigung nur in Verbindung mit der Observation von Tätern wirklich brauchbar. Allerdings bezieht sich diese Norm allein auf den verdeckten Einsatz der Mittel, bei deren offener Verwendung müssen die Behörden auf §§ 31, 32 bbPolG, §§ 15, 16a nwPolG, §§ 33, 34 I thPAG als Rechtsgrundlage zurückgreifen.

1160 Ob und inwieweit angefertigte Bildaufnahmen oder das hergestellte Bildmaterial zur Bekämpfung schwerwiegender Straftaten beizutragen geeignet sind, soll hier nicht untersucht werden. In Betracht käme allenfalls die Argumentation, dass die Fortsetzung der Straftaten (die ja auf Dauer angelegt sind) unterbunden werden könnte, womit eine Gefahr für die öffentliche Sicherheit oder Ordnung abgewehrt würde (Riegel § 1 Rdn 14). Wir meinen hingegen, dass in diesem polizeilichen Tätigwerden eindeutig der Strafverfolgung der Vorrang einzuräumen ist, so dass für Gefahrenabwehr kaum Raum bleibt.

2. Präventiver Lauschangriff

1161 Ein vielfach mit der Observation verbundener, aber durchaus davon auch unabhängig durchgeführter Eingriff in subjektive Rechte ist das Abhören und Aufzeichnen des nichtöffentlich gesprochenen Wortes durch den verdeckten Einsatz technischer Mittel. Dies erlaubt präventiv § 33 bbPolG, § 17 nwPolG, § 34 III thPAG, wenn es zur Abwehr einer gegenwärtigen Gefahr für Leben, Gesundheit oder Freiheit einer Person bez. einer besonders wichtigen Sache (nur thPAG) erforderlich ist (Ziffer 1) oder soweit Tatsachen die Annahme rechtfertigen, dass von den überwachten Personen Straftaten von erheblicher

Bedeutung begangen werden sollen und die Datenerhebung zur vorbeugenden Bekämpfung dieser Straftaten erforderlich ist (Ziffer 2).

Die Anordnungskompetenz unterscheidet in § 17 nwPolG zwischen optischer und akustischer Erhebung. Bei der optischen Datenerhebung bleibt es bei der bisherigen Anordnungsbefugnis durch den Behördenleiter (§ 17 nwPolG). Dagegen wird die Anordnungsbefugnis bei der akustischen Überwachung wegen des schwerwiegenderen Eingriffs auf den Richter übertragen. Wie bei der Wohnraumüberwachung kann jedoch in Eilfällen die Behördenleitung entscheiden. § 33 bbPolG überträgt dem Behördenleiter die Anordnungskompetenz. § 17 V und VI nwPolG regeln die Verpflichtung, die betroffenen Personen über die Datenerhebung zu unterrichten. Wie bisher gilt als Grundregel gemäß Abs. 5 Satz 1, dass die Unterrichtung zu erfolgen hat, sobald dies ohne Gefährdung des Maßnahmezwecks geschehen kann. 1162

3. Strafprozessuale Observationsmittel/Lauschangriff

Die Mittel, die zum Zwecke einer strafprozessualen Observation eingesetzt werden dürfen, nennt § 100h StPO. Dem gemäß ist es den Ermittlungsbehörden erlaubt, ohne Wissen des Beschuldigten Bildaufzeichnungen herzustellen sowie bestimmte technische Mittel, z.B. Sichthilfen oder Peilsender, zur Erforschung des Sachverhalts oder GPS (BVerfG NJW 2005, 1338ff.) zur Ermittlung des Aufenthalts des Beschuldigten einzusetzen oder zu nutzen (Absatz 1 Ziffer 2). Das außerhalb von Wohnungen nichtöffentlich gesprochene Wort dürfen sie mit technischen Mitteln nur abhören und aufzeichnen, soweit bestimmte Tatsachen den Verdacht begründen, dass eine in § 100a StPO bezeichnete Straftat begangen worden ist , die auch im Einzelfall schwer wiegt (Absatz 2) und die Erforschung des Sachverhalts oder die Ermittlung des Aufenthaltsortes eines Beschuldigten auf andere Weise aussichtslos (vgl. Rdn 1211) oder wesentlich erschwert (vgl. Rdn 530) wäre (§ 100f I „kleiner Lauschangriff"). 1163

Da § 100f StPO den Lauschangriff außerhalb der Wohnung regelt, ist zwingend zu fragen, wie weit wir den Wohnungsbegriff ausdehnen. Ausgehend vom Sinn der Norm ist Wohnung die Stätte der Privatsphäre, des Aufenthalts und Wirkens eines Menschen (M-D-H Art. 13 Rdn 3c), also der Bereich, in dem er sich vor nicht erkennbaren Mithörern sicher fühlen kann. Insoweit ist Wohnung primär der Kernbereich menschlicher Intimität und Privatheit (BGH NJW 1991, 2651, 2652; LG Stendal NStZ 1994, 556 mit zust. Anm. Mahndorf/Döring ebenda). Indes gilt auch hier der verfassungsrechtliche Wohnungsbegriff (vgl. Rdn 372ff.). Dies hat zur Folge, dass das auf umfriedetem Besitztum nichtöffentlich gesprochene Wort weder mit technischen Mitteln abgehört noch aufgezeichnet werden darf (für Vorgärten Erm.-Richter beim BGH NJW 1997, 2189). Für die rechtliche Beurteilung ist es weiterhin irrelevant, dass das technische Mittel zum Abhören außerhalb des Hausrechtsbereichs aufgestellt wird. Entscheidend ist allein, wo das Gespräch, das abgehört werden soll, geführt wird. 1164

Adressat des Eingriffs nach § 100h StPO ist grundsätzlich der Beschuldigte. Nur in Ausnahmefällen dürfen von einer anderen Person Bildaufnahmen hergestellt werden, nämlich wenn die Erforschung des Sachverhalts oder die Er- 1165 mittlung des Aufenthaltsortes des Beschuldigten auf andere Weise erheblich weniger Erfolg versprechend oder wesentlich erschwert wäre (vgl. dazu grds. Rdn 530). Der Einsatz technischer Mittel zu Observationszwecken ist gegenüber nicht beschuldigten Personen nur gestattet, wenn auf Grund bestimmter Tatsachen (vgl. dazu Rdn 783) anzunehmen ist, dass sie mit einem Beschuldigten in Verbindung stehen oder eine solche Verbindung hergestellt wird, dass die Maßnahme zur Erforschung des Sachverhalts oder zur Ermittlung des Aufenthaltsortes eines Beschuldigten führen wird und dies auf andere Weise aussichtslos (vgl. Rdn 1211) oder wesentlich erschwert (vgl. Rdn 530) wäre (Absatz 3). Da eine Beeinträchtigung vollkommen Unbeteiligter durch Maßnahmen nach § 100h StPO niemals auszuschließen ist, erlaubt Absatz 3 den Eingriff selbst dann, wenn andere Personen „unvermeidbar" betroffen werden. Die Ermittlungsbehörden haben daher nachhaltig zu prüfen, ob der Erfolg des Rechtseingriffs auch ohne Beeinträchtigung verfassungsmäßiger Rechte Unbeteiligter möglich oder ob deren Einbeziehung in den Vollzug des Eingriffs unverzichtbar ist.

1166 Die Anordnungskompetenz nach § 100h StPO obliegt der Staatsanwaltschaft und jedem Polizeibeamten. Der „kleine Lauschangriff" darf gemäß § 100f IV i.V.m. § 100b I StPO nur durch das Gericht, bei Gefahr im Verzuge auch durch die Staatsanwaltschaft angeordnet werden. Eine Anordnungskompetenz für die Polizei besteht nicht.

a) Verletzung des Rechts am eigenen Bild

1167 Das Anfertigen von Bildaufnahmen, z.B. Fotos oder Filmen erlaubt § 100h I Ziff. 1StPO wenn die Erforschung des Sachverhalts oder die Ermittlung des Aufenthaltsortes eines Beschuldigten auf andere Weise weniger Erfolg versprechend oder erschwert wäre. Da es nicht auf die Verwirklichung bestimmter Straftaten ankommt, ist allein ausschlaggebend, ob der Einsatz dieser technischen Mittel entsprechend den Bedürfnissen der Ermittlungsorgane bzw. der Öffentlichkeit an Effizienz der Strafverfolgung erforderlich und verhältnismäßig (BGH NStZ 1998, 629f.; mit zust. Anm. Amelung, ebenda 631) ist.

1168 Die Berechtigung zur Anfertigung von Bildaufzeichnungen zu Zwecken der Beobachtung bestimmter Personen gestattet – wie gerade dargestellt – prinzipiell § 100 h I Ziff. 1 StPO. Dies bezieht sich auf z.B. Anfertigen einzelner Bilder oder von Filmen bzw. Videos. Darüber hinaus sieht § 100h I Ziff. 2 StPO den Einsatz sonstiger bestimmter technischer Mittel für Observationszwecke vor, etwa zur Ermittlung des Aufenthaltsorts eines Beschuldigten. In Betracht zu ziehen sind insoweit Peilsender oder Restlichtaufheller (Nachtsichtgeräte). Für all diese Ermittlungsmöglichkeiten bestimmt das Gesetz keinerlei Einschränkungen in Bezug auf die auszuforschende Örtlichkeit. Dies könnte der Ansicht Nahrung geben, die optischen Ermittlungsmaßnahmen von außen in Wohnungen hinein sowie solche innerhalb von Wohnungen seien gleichfalls durch § 100 h I Ziff. 2 StPO gerechtfertigt.

1169 Expressis verbis enthält § 100h StPO keine einschlägige Ermächtigung für die Durchführung optischer Ermittlungsmaßnahmen innerhalb einer Wohnung. Schon die Tatsache, dass bei der akustischen Überwachung Beschuldigter zwischen dem „kleinen" und dem „großen" Lauschangriff von Gesetzes wegen unterschieden wird, verbietet die Einbeziehung der optischen Wohnraumüberwachung in die Ermächtigung aus § 100h StPO. Und die Überlegung, zumindest die optische Wohnraumüberwachung, sofern sie von außerhalb der Wohnung geschieht, ließe sich durchaus auf §§ 161 I, 163 I StPO stützen, scheitert an dem Grundsatz, dass Maßnahmen mit Eingriffscharakter stets einer besonderen gesetzlichen Ermächtigung bedürfen (vgl. oben Rdn 160ff.). Da eine Wohnraumüberwachung ohne Zweifel verfassungsmäßig geschützte Rechte (Art. 13, 2 I GG) tiefgehend verletzt, scheidet ihre Rechtfertigung über die sog. strafprozessuale Generalklausel aus. Diese Auffassung wird flankierend bestätigt durch die evidente Nähe der optischen Wohnraumüberwachung zur Durchsuchung (§§ 102, 103 StPO).

Das Wesen der Wohnraumdurchsuchung liegt in der Offenheit ihrer Vor- **1170**
nahme, und die staatlichen Organe sind körperlich anwesend. Dagegen vollzieht sich die optische Wohnraumüberwachung – gleich ob die Ermittlungsorgane innerhalb oder außerhalb der Wohnung sind – stets im Geheimen, also ohne dass der Adressat dies bemerkt. Neben diesen schwerwiegenden Unterschieden gibt es auch weit reichende Parallelen, nämlich dass beide Eingriffe ziel- und zweckgerichtet vorgenommen werden, um Dinge wahrnehmen zu können, die dem forschenden Auge Außenstehender regelmäßig verborgen sind. Doch heißt dies nicht, dass wir die optische Wohnraumüberwachung als „optische Durchsuchung" bezeichnen können (vergleichbar der sog. „akustischen Durchsuchung", vgl. Krey/Haubrich, JR 1992, 309, 313; Weil, ZRP 1992, 243, 245; Wolter, StV 1989, 358, 264).

Die verschiedenen Fallkonstellationen gilt es strikt zu unterscheiden: Einer- **1171**
seits kann eine optische Wohnraumüberwachung in Betracht kommen, wenn die Einblicknahme ohne jegliche Behinderung stattfinden kann (Fall 1, z.B. geöffnetes Fenster oder beleuchtetes Zimmer, ohne dass am Fenster Vorhänge vorhanden wären); andererseits stehen der Einblicknahme Hindernisse entgegen, die überwunden werden müssen, für deren Überwindung indessen keine besonderen Gerätschaften eingesetzt zu werden brauchen (Fall 2, z.B. kleine Öffnung in Vorhang oder Jalousie), oder wir haben es mit der Situation zu tun, dass zum Zwecke der optischen Wohnraumüberwachung spezielle Gerätschaften eingesetzt werden müssen, die das der Sicht entgegenstehende Hindernis überwinden helfen (Fall 3).

Die schlichte Kenntnisnahme vom Inneren einer Wohnung ohne Inan- **1172**
spruchnahme irgendwelcher Hilfsmittel von außen (Fall 1) gehört grundsätzlich nicht in den Schutzbereich des Art. 13 I GG. Da der Berechtigte von Schutzvorkehrungen gegen die Einblick- und Kenntnisnahme absieht, gibt er willentlich seine Privatsphäre quasi jedermann zumindest partiell preis. Dies gilt indessen nicht mehr, wenn sich der Beobachter einfacher(ster) oder gar qualifizierter Mittel bedienen muss (Fälle 2 und 3), um den Wohnraum optisch überwachen zu können.

Beispiel: Der Kriminalbeamte K kommt auf einem seiner Dienstgänge am Haus des der Hehlerei verdächtigen H vorbei. Das Haus steht an der Fluchtlinie des Gehwegs, und die in Parterre gelegenen Fenster sind ca. 1,3 m hoch angebracht. Da ein Fenster offen steht, „riskiert" K einen intensiven Blick, um sich zumindest einen kleinen Überblick zu verschaffen.

Oder:

Wie vorstehend, nur sind bei dem geöffneten Fenster die Gardinen zugezogen, so dass von außen nichts zu erkennen ist. K zieht diese Gardine vorsichtig ein kleines Stück zur Seite, um einen „kleinen Blick" zu riskieren.

Oder:

Die Wohnung des H liegt im ersten Stock. Da das Haus in Alleinlage steht, trifft der Inhaber in den oben gelegenen Räumen keinerlei sichtbeeinträchtigende Vorkehrungen. Am Abend klettert K auf einen ca. 50 m entfernt stehenden Baum und schaut mit einem Nachtsichtgerät durch das große Dachterrassenfenster in das Wohnzimmer des H.

1173 Im ersten Fall haben wir es mit der Preisgabe der Privatsphäre durch den Hausrechtsinhaber zu tun, so dass der Beamte auch unter Berücksichtigung der Tatsache, dass er dienstlich tätig wird, keiner gesetzlichen Ermächtigung bedarf. Allerdings ist es ihm verwehrt, sich tiefer in die Wohnung hineinzubeugen, um den Raum in toto überprüfen zu können. Beugt er sich z.B. über das Fensterbrett, gilt dies als Durchsuchung, deren Rechtmäßigkeit von Anerkennung der Tatbestandsmerkmale abhängt.

1174 Die beiden weiteren Fallbeispiele sind prinzipiell anders zu beurteilen: Die zugezogene Gardine dokumentiert eindringlich den Willen des Berechtigten, unbeobachtet zu bleiben, und die Alleinlage vermittelt dem Betroffenen das Gefühl, vor neugierigen Blicken eigentlich sicher zu sein. Überwindet ein hoheitlich handelndes Subjekt öffentlicher Verwaltung die einer Einblicknahme entgegenstehenden Hindernisse, dann bedarf der Beamte zwingend einer gesetzlichen Ermächtigung, die die Strafprozessordnung in ihrer augenblicklichen Fassung nicht kennt (vgl. Eisenberg, NStZ 2002, 638 ff.).

1175 Für den Fall der ungehinderten Einblicknahme (Fall 1) gilt aber auch das Verlangen nach einer gesetzlichen Grundlage, wenn die Behörde zwar ohne jegliche Hilfsmittel, aber gezielt und über einen gewissen Zeitraum die Beobachtung durchführt. Selbst wenn man darauf verzichtet, seinen Wohnbereich gegen Einblicknahme von außen zu sichern, bedeutet dies lediglich, dass man kurzfristige, gelegentliche oder zufällige, stets aber auf Momente beschränkte Beobachtung oder Kenntnisnahme hinnimmt. Daher verbietet es sich, aus diesem streng partiellen Einverständnis die Auffassung herzuleiten, der Betroffene sei in diesen Fällen gleichfalls mit gezielter sich über einen längeren Zeitraum erstreckender Wohnraumüberwachung einverstanden (Eisenberg, a.a.O., S. 639).

b) Verletzung der Vertraulichkeit des Wortes

1176 Der Einsatz technischer Mittel zum Abhören und Aufzeichnen des nichtöffentlich gesprochenen Wortes (z.B. Richtmikrofone oder Sender in Fluchtauto) verlangt die Begehung einer Katalogtat aus § 100a II StPO (§ 100f I StPO). Mit diesem Instrumentarium greift die Behörde in ein wichtiges Grundrecht ein, nämlich die Privatsphäre (Art. 2 I GG). Das Grundrecht der Unverletzlichkeit der Wohnung (Art. 13 GG) schützt u.a. das nichtöffentlich gesprochene Wort gegen Abhören sowohl von außen als auch von innen. Will die Behörde die in der Wohnung gesprochenen Worte im Einzelfall durch den Einsatz technischer Möglichkeiten mithören und aufzeichnen, muss als Anlass ein Delikt aus dem Katalog des § 100c II StPO zwingend anzuerkennen sein.

1177 Wesentlich differenzierter ist das Problem der Beeinträchtigung des Art. 2 I GG einzustufen. Dass wir es mit einem Fall des § 100f I StPO zu tun haben, wenn Ermittlungsbeamte als Außenstehende das vertrauliche Gespräch auf der

Straße oder auch im Pkw mittels technischer Einrichtungen mithören und aufzeichnen, ist unstrittig. Entsprechendes gilt, wenn Ermittlungsbeamte quasi als „Lauscher an der Wand" ein nichtöffentlich gesprochenes Wort aus einer Nachbarwohnung auf diese Weise mithören und aufzeichnen. Eine ganz andere tatsächliche Rechtslage steht zur Beurteilung an, wenn ein Polizeibeamter an einem Gespräch persönlich teilnimmt und es unbemerkt aufzeichnet. Das nichtöffentlich gesprochene Wort wird zwar ohne Wissen des Betroffenen aufgezeichnet, nicht aber mit technischen Mitteln abgehört.

In solchen Fällen auf Beachtung der restriktiven Voraussetzungen des § 100f **1178** I StPO zu verzichten, ist mit Blick auf die ratio legis nicht vertretbar. Wenn der Gesetzgeber die Forderung nach einer Ermächtigung daran knüpft, das nichtöffentlich gesprochene Wort müsse mit technischen Mitteln abgehört werden, dann geht er im Grunde davon aus, dass Ermittlungsbeamte üblicherweise ein solches Gespräch bzw. seinen Inhalt nicht mitbekommen. Ist ein Ermittlungsbeamter „offener" Mithörer des Gesprächs, wird dem Betroffenen dieser Umstand regelmäßig unbekannt sein. Würde in solchen Fällen § 100f StPO nicht greifen, wäre der erkennbare legislatorische Sinn der Norm verloren. Daher sind auch in den Fällen, in denen ein Ermittlungsbeamter, der als solcher unerkannt aber offen an dem Gespräch teilnimmt und es unbemerkt aufzeichnet, die Voraussetzungen des § 100f I StPO zu beachten.

In diesem Zusammenhang wird ein weiteres Problem evident, nämlich die **1179** Frage nach der Berechtigung zum Präparieren z.B. eines Pkw, um Gespräche eines Verdächtigen, die er darin führt, mithören und aufzeichnen zu können. Dieser technische Vorgang wird wohl kaum offen auf der Fahrbahn oder gar in der Garage des Betroffenen geschehen. Vielmehr muss die Behörde zur Durchführung des Abhörens vorbereitende Maßnahmen ergreifen, sei es dass sie das Fahrzeug an Ort und Stelle öffnet, um den Sender einzubauen, oder dass sie es an sich nimmt, um es in einer Werkstatt zu präparieren. Mit beiden Handlungen greift die Polizei in andere Rechte als die ein, die zu beeinträchtigen § 100f StPO expressis verbis gestattet. Dabei müssen wir bedenken, dass der Einbau einer Abhörtechnik unumgängliche Voraussetzung für Abhören und Aufzeichnen des nichtöffentlich gesprochenen Wortes ist. Das gilt jedoch nicht für das Ansichnehmen des Kfz, um es entsprechend auszurüsten. Darüber hinaus sind kurzfristiges Öffnen des Pkw an Ort und Stelle und sein heimliches Verbringen in eine Werkstatt zwei Rechtsbeeinträchtigungen von völlig unterschiedlicher Eingriffsintensität.

Lediglich solche Vorbereitungshandlungen, die mit dem Vollzug der Maß- **1180** nahme typischerweise verbunden sind, können wir als zulässig ansehen, wenn und soweit sie nur geringfügig in den Rechtskreis des Betroffenen eingreifen; denn diese Eingriffe sind ihm angesichts des hohen Rangs des staatlichen Strafverfolgungsanspruchs zuzumuten. Der Begriff „geringfügig" ist im Verhältnis der Grundrechtsbeeinträchtigungen durch die Primärmaßnahme zu definieren (BGH NJW 1997, 2189). Damit steht fest, dass der Gesetzgeber mit § 100f StPO die Polizei stillschweigend ermächtigt (implizierte Befugnis), einen Pkw zu öffnen, um eine Abhöreinrichtung anzubringen, ihr aber nicht erlaubt, das Fahrzeug zu diesem Zweck in eine Werkstatt zu schleppen (BGH NStZ 1998, 157; LG Freiburg NJW 1996, 3021; a.A. Janker, NJW 1998, 269, 271; Schneider, NStZ 1999, 388, 390). Im zuletzt genannten Fall ist nämlich das mittelbar verletzte Grundrecht (Verfügungsbefugnis, Eigentum) keinesfalls weniger gewichtig als das unmittelbar verletzte Recht (vgl. Schäfer, in: L-R § 105 Rdn 6).

IV. Rechtsbeeinträchtigung anderer als Verdächtiger

1181 Die Observation von Beschuldigten berührt zwangsläufig die Privatsphäre in der Regel sogar vieler Unbeteiligter. Das gilt vor allem, wenn der beobachtete Verdächtige fotografiert wird, weil die Ermittlungsorgane regelmäßig in Erfahrung bringen wollen, mit wem sich ihre Zielperson getroffen hat (Personalien- oder vielleicht sogar Identitätsfeststellung) und warum dies geschehen ist. Auf diese Problematik gehen §§ 100f II, 163f I S. 3 StPO eingehend ein, wohingegen § 16a I Satz 2 nwPolG festlegt, dass durch eine Observation personenbezogene Daten auch über andere Personen erhoben werden dürfen, wenn dies erforderlich ist, um eine Datenerhebung gegenüber der Zielperson durchführen zu können (ähnlich auch § 34 IV thPAG).

1182 Etwas restriktiver fasst § 32 I Ziff. 3 bbPolG diesen Rechtseingriff gegenüber Nichtverantwortlichen. Danach muss die Beobachtung von Kontakt- und Begleitpersonen unerlässlich sein. Bei der Auslegung des Begriffs „Kontakt- und Begleitperson" (grds. dazu Rdn 102ff.) sind die verfassungsrechtlichen Besonderheiten, die für den Schutz bestimmter Vertrauensverhältnisse von berufsbezogenen Geheimnisträgern gelten, zu beachten (z.B. Arzt – Patient, Anwalt – Mandant). Dieser verfassungsmäßig gewährte Schutz verbietet es, den Begriff „Kontakt- und Begleitperson" auf diese Menschen in ihrer beruflichen Eigenschaft zu übertragen, zumindest solange sie nicht selbst potenzielle Täter zukünftiger Straftaten sind. „Echte" Begleit- und Kontaktpersonen sind also Menschen, gegen die sich der polizeiliche Rechtseingriff nicht final wendet. Sie sind aber auch keinesfalls lediglich „Beiwerk" in Bezug auf Vornahme des entsprechenden Rechtseingriffs. Ihnen gegenüber liegt ohne Zweifel eine Beeinträchtigung der verfassungsmäßig gewährleisteten Rechte vor, deren Intensität nur unwesentlich geringer ist als gegenüber demjenigen, dem dieser Eingriff zielgerichtet gilt. Da diese Datenerhebung zur Gefahrenabwehr nach Ansicht des Gesetzgebers unumgänglich und damit unverzichtbar ist, lässt er sie ohne weitergehende Voraussetzungen zu.

1183 Grundsätzlich dürfen die Behörden eine Observation nur gegen einen Beschuldigten anordnen. Jedoch erlauben ihnen §§ 100f II, 163f I S. 3 StPO, den Eingriff auch gegen andere Personen zu richten, wenn auf Grund bestimmter Tatsachen anzunehmen ist, dass sie mit dem Täter in Verbindung stehen oder eine solche Verbindung hergestellt wird, dass die Maßnahme zur Erforschung des Sachverhalts oder zur Ermittlung des Aufenthaltsortes des Beschuldigten führen wird und dies auf andere Weise erheblich weniger Erfolg versprechend oder wesentlich erschwert wäre. Hier verlangt das Gesetz zwar „bestimmte Tatsachen" in Bezug auf eine Verbindung zwischen Beschuldigtem und Überwachtem, doch entscheidend für die Zulässigkeit des Eingriffs ist die „Annahme", also die rein subjektive Würdigung seitens des Beamten (vgl. dazu Rdn 70).

1184 Der Einsatz sonstiger für Observationszwecke bestimmter technischer Mittel und sogar Abhören und Aufzeichnen des nichtöffentlich gesprochenen Wortes

dürfen gegen andere als beschuldigte Personen zielgerichtet nur angeordnet werden, wenn auf Grund bestimmter Tatsachen anzunehmen ist, dass
– sie mit dem Täter in Verbindung stehen oder eine solche Verbindung hergestellt wird,
– die Maßnahme zur Erforschung des Sachverhalts oder zur Ermittlung des Aufenthaltsortes des Täters führen wird und
– dies auf andere Weise aussichtslos oder wesentlich erschwert wäre (§ 100f II StPO).

Für diese weit reichende Beeinträchtigung anderer als verdächtiger Personen verlangt das Gesetz kumulativ die genannten Voraussetzungen. Die bloße Möglichkeit eines Aufklärungserfolges oder der Herstellung eines Kontakts mit dem Beschuldigten reicht nicht. Vielmehr müssen bestimmte Tatsachen dafür sprechen, dass mit hoher Wahrscheinlichkeit eine Verbindung zwischen Täter und Kontaktperson besteht oder zukünftig bestehen wird und ein Aufklärungserfolg allein auf der Grundlage dieser Rechtseingriffe erwartet werden kann.

Ergeben sich z.B. aus glaubhaften Zeugenaussagen eindeutige Hinweise auf **1185**
eine Straftat mit erheblicher Bedeutung, etwa Straftaten nach § 30 I Ziff. 2 BtMG, §§ 244, 244a StGB (vgl. § 100a StPO), an denen andere Personen in Unkenntnis der wahren Tatsachen teilnehmen (etwa in Form von Kurierdiensten), und observiert die Polizei daraufhin die anderen Personen, muss sie §§ 100f II, III; 163f I StPO beachten. Allerdings ist schon eine anonyme Anzeige als Tatsache zu werten, die eine Ermessensentscheidung der Ermittlungsbehörden dahingehend zulässt, eine unmittelbare Verbindung zwischen der Person des Observierten und der des potenziellen Täters der Katalogtat werde zustande kommen. Würden die Beamten nicht observieren und das nichtöffentlich gesprochene Wort mit technischen Mitteln nicht abhören und aufzeichnen, bestünde mit an Sicherheit grenzender Wahrscheinlichkeit kaum eine erfolgversprechende Möglichkeit, die in der Vergangenheit liegenden Straftaten aufzuklären. Somit ist die Erforschung des strafrechtlich relevanten Sachverhalts ohne Observation wenn nicht aussichtslos, so doch ganz wesentlich erschwert.

Auf rechtlich delikate, bei der Ermittlungstätigkeit insbesondere auf der **1186**
Grundlage der §§ 100f I, 163f StPO aber nahezu zwingend eintretende Situationen geht der Gesetzgeber gleichfalls ein. Er lässt Maßnahmen der Observation auch zu, wenn Dritte unvermeidbar betroffen werden (§§ 100f III, 163f StPO). Ermittlungsbeamte sollen also nicht auf notwendige Maßnahmen zur Aufklärung schwerer Straftaten verzichten müssen, weil durch die Rechtseingriffe, die final Tatverdächtigen gelten, auch Personen betroffen werden, die nicht Zielpersonen der Maßnahme, sondern nur zufällig Betroffene und im Sinne der Strafprozessordnung Unbeteiligte sind.

V. Anordnung der repressiven Observation und des „kleinen Lauschangriffs" (§§ 100d, 163f III StPO)

Die Zuständigkeit für die Anordnung einer Observation nach § 163f StPO **1187**
obliegt gemäß § 163f III StPO nur dem Gericht. Bei Gefahr im Verzuge darf die Maßnahme auch durch die Staatsanwaltschaft und ihre Ermittlungspersonen angeordnet werden. Die Anordnung der Staatsanwaltschaft oder ihrer Er-

mittlungspersonen tritt außer Kraft, wenn sie nicht binnen drei Werktagen von dem Gericht bestätigt wird. Die Anordnung ist gemäß § 100b I Satz 4 und 5 StPO auf höchstens drei Monate zu befristen. Eine Verlängerung um jeweils drei Monate ist zulässig, soweit die Voraussetzungen der Anordnung unter Berücksichtigung der gewonnenen Ermittlungsergebnisse fortbestehen. Die Anordnung des Einsatzes der Mittel zur Herstellung von Bildaufnahmen sowie von besonderen technischen Mitteln für Observationszwecke kann durch die Staatsanwaltschaft und jeden Polizeibeamten erfolgen. Allerdings ist der Einsatz dieser Mittel immer in Verbindung mit einer Observation zu sehen, so dass erhöhte Anordnungserfordernisse auf diesem Weg greifen. Die Anordnung einer längerfristigen Observation bedarf unbedingt einer ausreichenden Begründung, aus der sich die tatsächlichen Umstände und Erkenntnisse ergeben, die die gesetzlichen Voraussetzungen für den Eingriff belegen (OLG Frankfurt/M NStZ-RR 2006, 44; Rieß, in: L-R § 163f Rdn 17). Für die Anordnung des „kleinen Lauschangriffs" gelten gemäß § 100f IV StPO die Vorschriften der §§ 100b I S. 4, § 100d II StPO entsprechend. Danach ist die Maßnahme nur auf Grund richterlicher Anordnung zulässig. Bei Gefahr im Verzuge ist allein die Staatsanwaltschaft anordnungsbefugt. Polizeibeamte habe keine Anordnungsbefugnis. Die Anordnung der Staatsanwaltschaft tritt außer Kraft, wenn sie nicht binnen drei Werktagen von dem Gericht bestätigt wird. Hat das Gericht nicht binnen 3 Werktagen entschieden oder die Anordnung nicht bestätigt, ist der Lauscheingriff einzustellen. Die Anordnung ergeht schriftlich und hat folgende Angaben zu enthalten (§ 100d II StPO):

1. Soweit möglich sind Name und Anschrift des Beschuldigten, gegen den sich die Maßnahme richtet,
2. der Tatvorwurf, auf Grund dessen die Maßnahme angeordnet wird;
3. die zu überwachende Wohnung oder die zu überwachenden Wohnräume;
4. Art, Umfang und Dauer der Maßnahme;
5. die Art der durch die Maßnahme zu erhebenden Informationen und ihre Bedeutung für das Verfahren anzugeben.

1187a Verstöße gegen die Verfahrensvorschriften führen nicht zwingend zu einem Verwertungsverbot. Dieses Problem ist vielmehr anhand der Umstände des einzelnen Falles, insbesondere nach der Art des Verbots und dem Gewicht des Verstoßes unter Abwägung der widerstreitenden Interessen zu entscheiden. Zu bedenken ist dabei, dass Anerkennung eines Verwertungsverbots eines der wesentlichsten Prinzipien des Strafprozessrechts einschränkt, nämlich den Grundsatz, nach dem das Gericht die Wahrheit – wenn auch nicht „um jeden Preis" – zu erforschen und dazu die Beweisaufnahme von Amts wegen auf alle Tatsachen und Beweismittel zu erstrecken hat, die von Bedeutung sind. Daran gemessen bedeutet ein Beweisverwertungsverbot eine Ausnahme, die nur nach ausdrücklicher gesetzlicher Vorschrift oder aus übergeordneten wichtigen Gründen im Einzelfall anzuerkennen ist. Maßgeblich mit beeinflusst wird das Ergebnis der demnach vorzunehmenden Abwägung vom Gewicht des infrage stehenden Verfahrensverstoßes, das seinerseits wesentlich von der Bedeutung der im Einzelfall betroffenen Rechtsgüter bestimmt wird (BVerfG NStZ 2006, 46 f.). Besonders intensiv sind Eingriffe in die hier in Rede stehenden Grundrechte, wenn die Maßnahmen geeignet sind, ein umfassendes Persönlichkeitsbild einer Person zu gewinnen (OLG Hamburg NStZ-RR 2008, 145, 146).

B. Verdeckte Ermittlungen durch Polizeibeamte

In Anbetracht der sich verändernden Begehensweise schwerwiegender Straftaten bleibt den Ermittlungsbehörden keine andere Wahl, als sich den Erscheinungsformen des organisierten Verbrechens durch moderne Methoden ihrer Bekämpfung „anzupassen". Da dies mit den herkömmlichen Eingriffsermächtigungen kaum möglich ist, sind die Ermittlungsbehörden in verstärktem Umfang dazu übergegangen, verdeckt arbeitende Polizeibeamte in die kriminelle Subkultur einzuschleusen (Miebach, ZRP 1984, 81). **1188**

1. Begriffsbestimmungen

Bevor wir die Rechtsfragen beantworten, müssen wir einige Begriffe klären und ermittlungsbehördliche Fachausdrücke erläutern. Im Bereich der nicht offen erfolgenden Ermittlungen kennen wir auf der einen Seite Informanten und Vertrauenspersonen (V-Leute), die als Private den Behörden Erkenntnisse zukommen lassen. Aus den Reihen der Polizei ermitteln verdeckt die sog. Scheinaufkäufer, die qualifizierten Scheinaufkäufer und die eigentlichen Verdeckten Ermittler (VE). **1189**

Informanten sind Privatpersonen, die offen oder nur gegen Zusicherung der Vertraulichkeit bereit sind, der Polizei gelegentlich Informationen zukommen zu lassen (vgl. Röhrich, S. 13). Ihr Einsatz ist nicht geplant, die Informationen gelangen i.d.R. zufällig an die Ermittlungsbehörden. V-Leute stammen aus der Bevölkerung. Ihre Informationsbeschaffung beruht nicht unbedingt auf Zufällen, sondern die Informanten sind bereit, überwiegend gegen Bezahlung den Ermittlungsbehörden über einen längeren Zeitraum vertraulich Nachrichten zukommen zu lassen (Krause, S. 26), wobei diese Informationen nicht immer durch bloßes Zuhören gewonnen sind (Rogall, NStZ 2000, 490, 492). Da die V-Leute nicht selten der kriminellen Szene angehören, muss ihre Identität auch gegenüber dem Gericht weitgehend geheim gehalten werden. Die Regelungen über Verdeckte Ermittler (§§ 110a ff. StPO, § 34 bbPolG, § 20 nwPolG, § 36 thPAG) sind nicht einmal entsprechend auf den Einsatz von Vertrauenspersonen anwendbar (BGH NJW 1995, 2236). **1190**

Scheinaufkäufern begegnen wir vor allem im Zusammenhang mit der Bekämpfung der Drogenkriminalität. Die betreffenden Personen verheimlichen bzw. verschleiern ihre Zugehörigkeit zur Polizei, und sie benutzen während des jeweiligen Einsatzes Tarnnamen. Verfremden sie indessen ihre Identität weitergehend, und zwar in einem Ausmaß, dass ein Unterschied zur Legende nicht mehr eindeutig hervortritt, sprechen wir von qualifizierten Scheinaufkäufern (Schneider, NStZ 2004, 359 ff.). **1191**

Verdeckte Ermittler (VE) sind Beamte des Polizeidienstes, die unter einer ihnen verliehenen, auf Dauer angelegten veränderten Identität (Legende) im Umfeld des Tatverdächtigen und solcher Personen ermitteln, die Erkenntnisse über die Tat oder den Täter haben könnten (§ 110a II StPO, § 35 bbPolG, § 20 I nwPolG, § 34 I Ziff. 3 thPAG). Ihre Aufgabe ist es, an den „Drahtzieher" im Bereich der Organisierten Kriminalität heranzukommen. Zu diesem Zweck dringen sie in das Milieu ein, um die entsprechenden Erkenntnisse zu erhalten, **1192** die sie an die „offen" ermittelnden Beamten weitergeben (BGH NStZ 1984, 36, 37). Die identitätsverändernde Legende dient einerseits dazu, die Aufnahme und die Ausgestaltung der Kontakte mit Zielpersonen plausibel zu machen. Gleichzeitig verschafft sie dem Beamten hinreichende Sicherheit vor massiven Repressalien, die er als Folge ungetarnter Tätigkeit in diesem Milieu zu erwarten hätte. Diese Erkenntnisse bestimmen weitgehend den Umfang der Identitätstäuschung: Sie kann sich erstrecken auf Namen, Anschrift, familiäre Verhältnisse, Beruf, Ausbildung sowie sonstige persönliche Verhältnisse. Daraus ergibt sich, dass die bloße Benutzung eines Tarnnamens (wie beim Scheinaufkäufer) zur Begründung einer Legende untauglich ist (BGH StV 1995, 398).

1192a Werden Polizeibeamte einer ausländischen Behörde als VE eingesetzt, richtet sich deren verdeckter Einsatz, solange es keine gesetzliche Regelung gibt, nicht nach §§ 110a ff. StPO. Eine richterliche Zustimmung zu deren Einsatz ist daher nicht erforderlich. Verdeckt ermittelnde Beamte des ausländischen Polizeidienstes sind deshalb so zu behandeln wie von der Polizei eingesetzte Vertrauenspersonen (BGH StV 2007, 561).

1193 Relevant in Bezug auf Anerkennung eines VE ist einzig der ausforschende Zugriff auf die Privatsphäre des Beschuldigten. Sein Vertrauen in die Richtigkeit des in Wahrheit lediglich falschen Namens ist rechtlich dagegen belanglos (BGH NStZ 1996, 450). Damit stehen wir vor dem Problem der Abgrenzung des – qualifizierten – Scheinaufkäufers von einem VE; denn das Handeln des VE unterliegt festen gesetzlichen Voraussetzungen, das des Scheinaufkäufers soll sich hingegen auf die Ermittlungsgeneralklauseln der §§ 161, 163 StPO stützen (BGH NStZ 1997, 448; Hilger, NStZ 1992, 521, 523). Diese Abgrenzung erfolgt in drei Schritten: Erstens ist zu klären, ob der verdeckt operierende Beamte eine Legende hat, zweitens muss geprüft werden, ob diese Legende auf Dauer angelegt ist (das dürfte regelmäßig der Fall sein), drittens haben wir uns zu fragen, ob der Beamte unter Verwendung dieser Legende ermitteln soll. Hinsichtlich des dritten Schrittes genügt es, wenn der Beamte seine Legende nur ein einziges Mal bei einem Außenkontakt verwendet oder die sie „beweisenden" „Tarnpapiere" in Verwendungsabsicht oder -bereitschaft bei sich führt (Schneider, NStZ 2004, 359, 362).

1194 Die hier skizzierten Unterscheidungskriterien führen dazu, den sog. qualifizierten Scheinaufkäufer sowohl bei länger dauernden Einsätzen als auch bei punktuellem Vorgehen wegen der auf Dauer angelegten Verfremdung seiner Identität rechtlich als VE einzustufen. Dagegen wird der Scheinaufkäufer mit bloßem Decknamen ohne Rücksicht auf die Dauer seiner Tätigkeit gegenüber bestimmten Beschuldigten nicht von § 110a ff. StPO erfasst, da ihm die für VE unverzichtbare Legende gerade fehlt.

2. Präventiver Einsatz von V-Personen

1195 Rechtsgrundlage für den gefahrenabwehrenden Einsatz von V-Leuten ist § 19 I nwPolG, § 34 I Ziff. 5 thPAG, wonach ein besonderes Mittel zur Datenerhebung der Einsatz von Personen ist, deren Zusammenarbeit mit der Polizei Dritten nicht bekannt ist. Durch den Einsatz einer V-Person darf die Polizei personenbezogene Daten erheben, wenn dies zur Abwehr einer gegenwärtigen Gefahr für Leben, Gesundheit oder Freiheit einer Person erforderlich ist (§ 34 I bbPolG, § 19 I nwPolG) oder wenn Tatsachen die Annahme rechtfertigen, dass die überwachte Person Straftaten von erheblicher Bedeutung begehen will, und die Datenerhebung zur vorbeugenden Bekämpfung dieser Straftaten erforderlich ist.

Zunächst einmal gilt der Grundsatz, dass es einer polizeirechtlichen Ermächtigung nur bedarf, wenn V-Leute „eingesetzt", also von der Polizei beauftragt werden, personenbezogene Daten gezielt zu beschaffen, und zwar über eine bestimmte Person oder zu einem bestimmten Sachverhalt (LT-Drucks. NW. 10/3997, S. 38). Bringt ein V-Mann hingegen unaufgefordert oder beiläufig solche Erkenntnisse zur Polizei, ist er nicht eingesetzt, eine Ermächtigung braucht die Polizei dann nicht. **1196**

Das zentrale Problem liegt in der Frage, ob die von V-Leuten zusammengetragenen Daten überhaupt präventiv ausgewertet werden. Gefahrenabwehr steht im Vordergrund, wenn es den Behörden allein auf Schutz der Rechtsgüter ankommt und die (mögliche und gesetzlich sogar vorgeschriebene) Strafverfolgung aus übergeordneten Gesichtspunkten in den Hintergrund tritt. Eine derartige Situation wäre z.B. in den Fällen des erpresserischen Menschenraubes (§ 239a StGB) oder der Geiselnahme (§ 239b StGB) gegeben. Der Einsatz von V-Leuten könnte dann u.a. das Ziel verfolgen, polizeitaktisch verwertbare Erkenntnisse über den oder die Täter zu bekommen. **1197**

Wesentlich problematischer gestaltet sich der präventive Einsatz von V-Leuten mit dem Ziel der vorbeugenden Bekämpfung von schweren Straftaten. Schließlich darf nach dem Wortlaut des Gesetzes eine Straftat noch gar nicht begangen worden sein. Die Polizei darf also ihre V-Leute nicht dazu einsetzen, bereits begangene Verbrechen oder Vergehen aufzuklären. Es geht vielmehr um Erlangen von Erkenntnissen über geplante Straftaten, die zu dem gesetzlich aufgeführten Deliktskanon gehören. **1198**

3. Repressiver Einsatz von V-Personen

Obwohl die eindeutige Nähe des präventiven Einsatzes von V-Personen zur Strafverfolgung evident ist, gibt es strafprozessual keine spezielle Ermächtigung. Sehr kritisch ist die Anwendung der Generalklausel aus § 163 StPO zu betrachten. Eine spezielle Regelung ist so lange verzichtbar, wie eine Vertrauensperson allein solche Erkenntnisse an die Polizei weitergibt, die sie durch pures Zuhören – gleichgültig ob zufällig oder gezielt – aufgenommen hat. Erhält die V-Person ihre Information indessen nicht durch Passivität, sondern durch gezieltes Nachfragen, ist die Rechtslage vollkommen anders. In diesen Fällen bewegt sich die Vertrauensperson im Rahmen des ihr erteilten Auftrags, so dass diese Tätigkeit den Ermittlungsbehörden unmittelbar zugerechnet wird, und es ist zweifelsfrei eine Maßnahme mit Eingriffscharakter, die ohne spezielle Ermächtigungsgrundlage unzulässig ist (BVerfG NStZ 2000, 489, 490; nicht ganz so eindeutig Rogall, NStZ 2000, 491 und 493). **1199**

4. Präventiver Einsatz von VE

Aus präventiver Sicht ist die Rechtsgrundlage für den Einsatz eines VE § 35 bbPolG, § 20 nwPolG, § 34 III thPAG. Er erlaubt der Polizei, personenbezogene **1200**

Daten durch VE zu erheben, wenn dies zur Abwehr einer gegenwärtigen Gefahr für Leben, Gesundheit oder Freiheit einer Person bzw. einer bedeutenden Sache (Letztes nur nach thPAG) erforderlich ist (Ziffer 1) oder Tatsachen die Annahme rechtfertigen, dass Straftaten von erheblicher Bedeutung begangen werden sollen, und dies zur vorbeugenden Bekämpfung dieser Straftaten erforderlich ist (Ziffer 2). Der Wortlaut der Norm entspricht dem des § 34 I bbPolG, § 19 I nwPolG über den Einsatz von V-Leuten. Insofern gelten hier die gleichen Ausführungen und Bedenken. Dagegen ist der Einsatz von V-Leuten auf der Grundlage von § 34 V thPAG wesentlich weiter gefasst; er ist zulässig, soweit dies zur Gefahrenabwehr im weitesten Sinne, insbesondere zur vorbeugenden Bekämpfung von Straftaten von erheblicher Bedeutung oder von Ordnungswidrigkeiten von erheblicher Bedeutung, erforderlich, also objektiv notwendig ist.

1201 Ergänzend zum Einsatz der VE regelt § 35 II, III bbPolG, § 20 II, III nwPolG, § 36 thPAG die Befugnisse sowohl der Behörden als auch des VE in Bezug auf notwendige, die Effizienz des Einsatzes bestimmende tatsächliche Verhaltensweisen. Da der VE unter einer Legende leben muss, bedarf es falscher „Papiere“. Deren Herstellung und Gebrauch durch den als VE arbeitenden Beamten erfüllt strafrechtlich jedoch den Tatbestand der Urkundenfälschung. In § 35 III bbPolG, § 20 II nwPolG, § 36 I thPAG enthält das Gesetz daher einen „behördlichen“ Strafausschließungsgrund.

1202 Da der VE ein Polizeibeamter ist, der – zwar in der kriminellen Szene stehend – stets hoheitlich handelt, bedürfte er einer Ermächtigung, wenn er die Wohnung eines Überwachten betritt. Da dessen Einverständnis zum Betreten auf einer Täuschung beruht, wäre es rechtlich betrachtet unwirksam, so dass der VE § 23 bbPolG, § 41 nwPolG, § 25 thPAG beachten müsste. Folgerichtig regelt der Gesetzgeber in § 35 II bbPolG, § 20 III nwPolG, § 36 II S. 1 thPAG, dass der VE im normalen Falle einer solchen Ermächtigung nicht bedarf.

5. Strafprozessualer Einsatz von VE

1203 Ob in dem Einsatz von VE zur Strafverfolgung ein Eingriff in verfassungsmäßig garantierte Rechte zu sehen ist, bedarf in der Tat einer gewissenhaften Prüfung. Teilweise wird argumentiert, dem VE würden die Erkenntnisse, die er weitergibt, freiwillig als vermeintlichem Mitglied der kriminellen Vereinigung dargeboten, so dass in deren Handeln kein Eingriff zu sehen sei (Krüger, NJW 1982, 855, 856). Diese Auffassung verkennt indes die Grundvoraussetzungen der Freiwilligkeit. Die Weitergabe der Informationen an den VE geschieht bei ernsthafter Betrachtung keineswegs auf einer wirklich autonomen Entscheidung (Amelung, Einwilligung, S. 21), also unbeeinflusst und in Kenntnis aller wesentlichen Umstände.

1203a Es kann also nicht verwundern, wenn die Rspr. in der Erklärung eines Beschuldigten, in dem gegen ihn geführten Ermittlungsverfahren gegenüber Polizei und Staatsanwaltschaft schweigen zu wollen, eine bindende Verpflichtung für die Behörden erblickt, diese Entscheidung für das Schweigen insbesondere aus dem Grundsatz der Selbstbelastungsfreiheit zu respektieren. Mit diesem nemo-tenetur-Grundsatz ist es unvereinbaren, einem Beschuldigten, der sein Schweigerecht in Anspruch genommen hat, in gezielten, vernehmungsähnlichen Befragungen, die auf Initiative der Ermittlungsorgane ohne Aufdeckung der Verfolgungsabsicht (wie z.B. durch VE) durchgeführt werden, selbstbelastende Aussagen zu entlocken (BGH wistra 2007, 428, 430). In solchen Fällen kann ein Beschuldigter gerade nicht mehr autonom entscheiden, ob er in einer polizeilichen Befragung aussagen oder schweigen will; das aber ist wesentliches Merkmal des Gedankens der Freiheit vor Selbstbelastung (EGMR StV 2003, 259).

Staatsanwaltschaft und Polizei benötigen somit für das Einschleusen von VE **1204**
in kriminelle Vereinigungen eine strafprozessuale Ermächtigung, die sich in § 110a StPO findet. Danach dürfen VE zur Aufklärung von Straftaten eingesetzt werden, wenn zureichende tatsächliche Anhaltspunkte dafür vorliegen, dass eine Straftat mit erheblicher Bedeutung auf dem Gebiet des unerlaubten Betäubungsmittelhandels oder Waffenverkehrs, der Geld- oder Wertzeichenfälschung (Ziffer 1), auf dem Gebiet des Staatsschutzes entsprechend den §§ 74a, 120 GVG (Ziff. 2), gewerbs- oder gewohnheitsmäßig (Ziff. 3) oder von einem Bandenmitglied oder in anderer Weise organisiert (Ziff. 4) begangen worden ist. Zur Aufklärung von Verbrechen dürfen VE auch eingesetzt werden, soweit auf Grund bestimmter Tatsachen die Gefahr der Wiederholung besteht (§ 110a I Satz 2 StPO). Allerdings ist der Einsatz von VE nur zulässig, soweit die Aufklärung auf andere Weise aussichtslos oder wesentlich erschwert wäre (§ 110a I Satz 3 StPO). Schließlich dürfen VE zur Aufklärung von Verbrechen auch eingesetzt werden, wenn die besondere Bedeutung der Tat den Einsatz gebietet und andere Maßnahmen aussichtslos wären (§ 110a I Satz 4 StPO). Besonders zu betonen ist es, den Einsatz von VE eindeutig zu begrenzen. Weder das öffentliche Interesse an rechtsstaatlicher Beweisführung noch das Recht des Betroffenen auf ein faires Verfahren ertragen es, Beweise zu nutzen, die auf der Grundlage einer polizeilichen Anstiftung des Beschuldigten gewonnen wurden. Anstiftung durch die Polizei liegt vor, wenn der VE sich nicht darauf beschränkt, strafbares Verhalten zu dokumentieren, er vielmehr denjenigen, auf den er angesetzt ist, mit dem Ziel Beweise gegen ihn in die Hand zu bekommen, beeinflusst eine Straftat zu begehen, die der Betroffene aus eigenem Antrieb nicht begangen hätte (EGMR NJW 2009, 3565, 3566).

a) Straftat mit erheblicher Bedeutung

Der Einsatz von VE verlangt zunächst tatsächliche Anhaltspunkte für die Be- **1205**
gehung einer Straftat mit erheblicher Bedeutung (vgl. dazu Rdn 69 ff.). Den Kanon der erheblichen Straftaten beschränkt § 110a I StPO auf bestimmte Delikte, und zwar nach Ziffer 1 auf die §§ 146 ff. StGB, die man in der Tat als durchweg schwerwiegende Straftaten akzeptieren muss. Hinzu treten die Straftaten nach §§ 29, 30 BtMG und §§ 51, 52 WaffG, die wegen ihrer evidenten Sozialschädlichkeit gleichfalls als schwerwiegend angesehen werden können. Nach § 110a I Ziff. 2 StPO sollen den Einsatz von VE auch solche schwerwiegenden Straftaten rechtfertigen, die in §§ 74a und 120 GVG genannt sind, sofern es sich dabei um Staatsschutzdelikte handelt.

VE dürfen weiterhin eingesetzt werden, wenn Verbrechen, die nicht in den **1206**
besonders aufgezählten Ziffern 1–4 genannt sind, begangen worden sind und bestimmte Tatsachen die Gefahr der Wiederholung (vgl. Rdn 814) begründen

(§ 110a I Satz 2 StPO). Wenn der Gesetzgeber hier „bestimmte Tatsachen" fordert, dann verlangt er unumstößliche Fakten, ganz konkrete Hinweise. Erfahrungen, Vermutungen oder gar Unterstellungen können diese Tatsachen nicht liefern (Graf, in: KK § 112 Rdn 9), wohl aber Erkenntnisse aus der kriminellen Karriere des Täters oder gutachterlich gestützte Erkenntnisse über die kriminellen bzw. abnormen Neigungen eines Täters (Hilger, in: L-R § 112 Rdn 23).

b) Verdachtsgrad

1207 An die Intensität des Verdachts stellt der Gesetzgeber keine besonderen Anforderungen. Es müssen zureichende tatsächliche Anhaltspunkte für die Begehung einer Anlasstat vorliegen. Dieser dem § 152 II StPO nachgebildete Anfangsverdacht verlangt Tatsachen für die begründete Annahme, dass eine Straftat der bezeichneten Art begangen worden ist (Schäfer, in: L-R § 110a Rdn 36). Zwar müssen die Tatsachen nicht feststehen, aber die Wahrscheinlichkeit, dass eine Straftat begangen worden ist, darf nicht völlig fern liegen. Der Gesetzgeber verlangt folglich mehr als Vermutung und auch mehr als die polizeiliche Hypothese (Beulke, in: L-R § 152 Rdn 22).

c) Subsidiaritätsklausel

1208 Der § 110a StPO enthält zwei Subsidiaritätsklauseln. Nach Absatz 1 Satz 3 ist der Einsatz Verdeckter Ermittler nur zulässig, wenn die Aufklärung der Straftaten nach den Sätzen 1 und 2 auf andere Weise aussichtslos oder wesentlich erschwert wäre. Darüber hinaus dürfen VE zur Aufklärung von Verbrechen allgemein (und nicht nur bei Gefahr der Wiederholung) eingesetzt werden, wenn die besondere Bedeutung der Tat den Einsatz gebietet und andere Maßnahmen aussichtslos sind (§ 110a I Satz 4 StPO). Diese strengen Anforderungen aus der Perspektive einer gewissenhaften Prüfung der Verhältnismäßigkeit sollen offenkundig ein Korrektiv zu den weit reichenden Rechtseingriffen darstellen, die mit dem Einsatz der VE verbunden sind.

1209 Ob die Aufklärung der in § 110a I Satz 1 Ziff. 1 bis 4 StPO genannten Straftaten oder der Verbrechen, die wiederholt zu werden drohen (Absatz 1 Satz 2), ohne den Einsatz eines VE aussichtslos oder wesentlich erschwert wäre, ist eine Prognoseentscheidung, die ein Ermittlungsbeamter nur in begründeten Ausnahmefällen treffen kann. Dazu gehören weit reichende Erkenntnisse über die Art und Weise der Tatbegehung, den Tatverdächtigen und insbesondere seine Einbindung in die kriminelle Subkultur bzw. seine Unterstützung durch „Hintermänner". Aber gerade diese Kenntnisse erhalten Staatsanwaltschaft und Polizei in der Regel durch die Anwendung der „traditionellen" Ermittlungsmethoden.

1210 Führt der Einsatz dieser Standardmaßnahmen eindeutig vor Augen, dass sie in einer „Sackgasse" enden, kann damit offenkundig der Verdächtige nicht ergriffen werden. Die Aufklärung der Straftat ist daher wesentlich erschwert, weil sie Kräfte der Ermittlungsbehörden bindet, die zwar bei Ausschöpfen aller Möglichkeiten u.U. auch zum Ziel kommen könnten, aber sinnvollerweise zur Verfolgung anderer Straftaten oder zur Gefahrenabwehr eingesetzt werden sollten.

Noch weiter geht die Forderung nach Aussichtslosigkeit anderer Ermittlungsmethoden. Aussichtslos ist ein anderer Weg der Strafverfolgung nur, wenn sich gleich zu Beginn oder im Verlaufe des Ermittlungsverfahrens herausstellt, dass Polizei und Staatsanwaltschaft unüberwindlichen Aufklärungshindernissen gegenüberstehen, die sich aus der Struktur des Täters und/oder der Tat ergeben (Nack, in: KK § 100a Rdn 23). Das wäre z.B. der Fall bei international arbeitenden Tätern oder Banden. **1211**

Zudem muss die besondere Bedeutung des Verbrechens den Einsatz des VE gebieten. Da Verbrechen i.S. des § 12 StGB durchweg bedeutende Straftaten sind, kann die Beifügung „besonders" nur bedeuten, dass es sich um eine Tat handelt, die ein deutlich höheres Echo in der Öffentlichkeit hervorruft als andere vergleichbare Taten. Das kann z.B. durch die Brutalität des Täters, das von der Tat betroffene Opfer oder durch die Tatsache ausgelöst werden, dass Ausländer in der Bundesrepublik Deutschland ihre politischen Fehden austragen. **1212**

Der Einsatz eines VE muss zudem geboten, also dringend erforderlich sein (vgl. dazu Rdn 279f.). **1213**

6. Anordnungsregelung

Den **präventiven Einsatz** der VE darf der Behördenleiter (§ 35 IV bbPolG, § 20 IV nwPolG) bzw. der Leiter des Landeskriminalamts (§ 34 VI Ziff. 2 thPAG) anordnen. Behördenleiter ist der Polizeipräsident bzw. der Landrat (in NW), der diese gesetzlich zugewiesene Befugnis nicht delegieren kann und darf. **1214**

Der **repressive Einsatz** von VE darf nur mit Zustimmung des Richters erfolgen, wenn er sich gegen einen bestimmten, also namentlich bekannten Beschuldigten richtet oder wenn der VE eine allgemein nicht zugängliche Wohnung betritt (§ 110b II StPO). In allen anderen Fällen der Strafverfolgung durch das Einsatzmittel VE muss die Staatsanwaltschaft zustimmen (§ 110b I StPO). Liegt Gefahr im Verzuge vor, muss die Staatsanwaltschaft dem Einsatz der VE in den qualifizierten Fällen des § 110b II StPO zustimmen. Die Ermittlungsbeamten der Staatsanwaltschaft haben in den Fällen des § 110b I StPO ein subsidiäres und vor allem nur vorläufiges Anordnungsrecht. Sie müssen, wenn die Staatsanwaltschaft nicht vor dem Einsatz eines VE zugestimmt hat, diese Zustimmung unverzüglich einholen. Da ein VE regelmäßig auf Grund gewissenhafter Vorausplanung eingesetzt wird, wird eine derartige Ad-hoc-Entscheidung ggf. erforderlich, wenn die Tätigkeit eines präventiv eingesetzten VE den Verdacht strafrechtlich relevanten Verhaltens nahe legt, wodurch dieser präventive quasi automatisch in den repressiven Einsatz des VE übergeht. Da eine staatsanwaltschaftliche Zustimmung faktisch nicht rechtzeitig eingeholt werden kann, geht das Anordnungsrecht auf die Polizei über. **1215**

Trifft sich die Zielperson einmalig mit zuvor nicht bestimmten Tatbeteiligten, so deckt die Zustimmung des Staatsanwalts oder Richters auch den Einsatz gegen solche Kontaktpersonen ab. Richtet sich der Einsatz des VE jedoch darüber hinaus nicht mehr nur gegen den ursprünglichen Beschuldigten, sondern auch gezielt gegen weitere bestimmte Personen i.S. des § 110b II S. 1 Ziff. 1 StPO, ist es notwendig, eine Zustimmungserklärung auch hinsichtlich des weiteren Beschuldigten einzuholen (BGH NStZ-RR 1999, 340). **1216**

1217 Ist der Einsatz von VE auf Grund einer Eilkompetenz angeordnet, haben die subsidiär anordnenden Beamten binnen drei Tagen die Zustimmung des Richters oder Staatsanwalts einzuholen. Erfolgt dies nicht, tritt die Anordnung sozusagen „automatisch" außer Kraft (§ 110b I Satz 2, II Satz 3 StPO). Hat der Staatsanwalt nach § 100b II Satz 2, 3 StPO dem Einsatz eines VE gegen einen bestimmten Beschuldigten zugestimmt, wird diese Zustimmung nicht ex tunc unwirksam, wenn der Richter die nachträgliche Zustimmung nach § 100b II Satz 4 StPO nicht erteilt (BGH NJW 1995, 2237).

1218 Bemühen sich die Polizeibeamten wegen Gefahr im Verzuge um eine Eilgenehmigung der Staatsanwaltschaft, deckt diese die Rechtmäßigkeit des Einsatzes von VE auch dann für drei Tage ab, wenn während dieser Zeit ein Richter erreichbar gewesen sein sollte. Gerade bei Gefahr im Verzuge genügt drei Tage lang die Zustimmung des Staatsanwalts. Allerdings sind Ermittlungen einzustellen, die über diesen Zeitraum hinausgehen und ohne richterliche Zustimmung durchgeführt werden (BGH 1 StR 685/94).

1219 Grundsätzlich dürfen Richter und Staatsanwalt die Anordnung nur befristet erteilen (§ 110b I Satz 3, II Satz 4 StPO). Solange die Voraussetzungen für den Einsatz von VE vorliegen, dürfen sie die einmal gegebene schriftliche Zustimmung verlängern. Sollte im Einzelfall ein Staatsanwalt seine Zustimmung zum Einsatz von VE nur mündlich erteilt haben, ergibt sich daraus keineswegs ein Verwertungsverbot (BGH StV 1995, 398). Welche Fristen bei Verlängerung der Zustimmung einzuhalten sind, sagt der Gesetzgeber nicht. Aus dem Sinn der Norm, nämlich ständig zu prüfen, ob die Voraussetzungen für derartig massive Rechtseingriffe noch gegeben sind, lässt sich jedoch ableiten, dass die Befristung nicht über drei Monate hinausgehen darf.

7. Flankierende Rechtsvorschriften

1220 Die Effizienz des Einsatzes von VE flankieren die §§ 110a II Satz 2 und 110c StPO. Wenn ein VE unter einer ihm verliehenen Legende lebt und ermittelt, muss sichergestellt sein, dass er in dem Umfeld, in dem er tätig werden soll, rechtlich abgesichert ist. Er darf weder enttarnt noch darf seine Enttarnung dadurch eingeleitet oder gefördert werden, dass er gehindert ist, bestimmte Einzelmaßnahmen vorzunehmen. Daher legt § 110a III StPO fest, dass entsprechende Urkunden hergestellt werden dürfen und der VE berechtigt ist, unter der Legende am Rechtsverkehr teilzunehmen. Die Behörde könnte z.B. falsche Ausweise, Pässe, Führerscheine, aber auch andere Dokumente, die der VE ggf. benötigt (z.B. Zeugnisse, behördliche Schreiben, Anträge, Teilnahmebescheinigungen), anfertigen. Korrespondierend zu dieser Erlaubnis der hinter dem VE stehenden Behörde, Urkunden zu fälschen, ist der VE seinerseits berechtigt, unter der ihm verliehenen Legende am Rechtsverkehr teilzunehmen. Er darf sich folglich in öffentlichen Büchern oder Registern unter dem Namen seiner Legende eintragen lassen. Hat der VE z.B. einen Verkehrsunfall, kann er unter diesem Namen verklagt werden (§ 110a II Satz 2 StPO).

1221 In das Ermessen der Behörde ist es gestellt, ob sie den Namen des VE nach Beendigung des Einsatzes geheim hält (§ 110b III StPO). Zwei Gründe sprechen dafür, von diesem Ermessen Gebrauch zu machen. Einerseits dient es dem Schutz des Beamten auch über den konkreten Einsatz hinaus, andererseits kann es durchaus erforderlich werden, diesen Beamten in einem anderen Fall erneut verdeckt ermitteln zu lassen. Nur Staatsanwalt und Richter, die für die Zustimmung zu dem Einsatz des VE zuständig sind, können verlangen, dass ihnen gegenüber dessen Identität offenbart wird (§ 110b III Satz 2 StPO).

Bestehen Staatsanwalt und/oder Richter auf Preisgabe der Identität des VE, 1222
muss die Behörde diesem Verlangen nachkommen. Diese Vorschrift, so verständlich sie aus der Perspektive der Justiz erscheinen mag, birgt nicht zu übersehende und zu unterschätzende Gefahren für den VE. Da höchst selten ein sachlicher Grund bestehen wird, die Identität des VE zu erfahren, und jeder Mitwisser bezüglich dessen wahrer Identität einer zu viel ist, kann man Staatsanwalt und Richter nur raten, um der Sicherheit von Leben und Gesundheit des VE willen von diesem Recht äußerst zurückhaltend Gebrauch zu machen.

Der VE darf unter Verwendung seiner Legende eine Wohnung mit dem Ein- 1223
verständnis des Berechtigten betreten (§ 110c StPO), obwohl der Hausrechtsinhaber keine wirklich freie Entscheidung getroffen hat, als er dem VE gegenüber auf sein Hausrecht verzichtete; denn dem Einverständnis lag eine rechtsgutsbezogene Täuschung zu Grunde (vgl. Maurach/Zipf § 17 III B 5b). Allerdings stellt der Gesetzgeber klar, dass diese Täuschung des Berechtigten nicht über den Umfang hinausgehen darf, der sich aus der Legende zwangsläufig ergibt. Auch erstreckt sich die Ermächtigung allein auf das Betreten der Wohnung. Weitergehende hoheitliche Befugnisse hat der VE nicht (§ 110c Satz 3 StPO). So darf er z.B. nicht in Abwesenheit des Hausrechtsinhabers eine Wohnung betreten oder diese gar durchsuchen, es sei denn, die dazu nötigen speziellen Ermächtigungen liegen vor.

8. Verwertungsregelung

Personenbezogene Informationen dürfen nur für Zwecke der Strafverfol- 1224
gung oder Strafvollstreckung verwendet werden. In anderen als in dem Strafverfahren, in dem der VE unmittelbar eingesetzt ist, dürfen die Erkenntnisse aus seinem Einsatz zur Beweisführung herangezogen werden, soweit sie zur Aufklärung von Straftaten führen, die in § 110a I StPO genannt sind.

Hat ein VE mittels des Einsatzes technischer Hilfsmittel zum Abhören oder 1225
Aufzeichnen des nichtöffentlich oder gar in Wohnungen gesprochenen Wortes Erkenntnisse gewonnen, die die Behörde in einem Strafverfahren gegen einen anderen Verdächtigen verwerten kann, erlaubt die Rechtordnung eine begrenzte Verwertbarkeit. Ist der Eingriff gegen den (Erst-)Beschuldigten rechtmäßig, dürfen auch die Erkenntnisse über einen weiteren Beschuldigten ausschließlich dann verwertet werden, sofern diese in unmittelbarem Zusammenhang mit dem Einsatz gewonnen worden sind und – unter dem Gesichtspunkt eines hypothetischen Ersatzeingriffs – auch gegen den anderen die Voraussetzungen für eine richterliche Zustimmung zu diesem Eingriff vorliegen (BGH NStZ 1997, 294).

C. Polizeiliche Beobachtung

1226 Eine weitere Methode der verdeckten Ermittlungen ist die Polizeiliche Beobachtung. Auf der Grundlage einer Ausschreibung wird eine Person anlässlich einer anderen polizeilichen Kontrolle erfasst – z.B. Kontrollstelle, § 111 StPO, Kontrollfahndung, § 163d StPO oder Grenzkontrollen nach den Länderpolizeigesetzen – und ihr Antreffen einschließlich der dabei festgestellten für die Aufklärung bedeutsamen Umstände zur Auswertung an die ausschreibende Strafverfolgungsbehörde gemeldet, ohne dass der Betroffene davon unterrichtet wird (BT-Drucks. 12/989, S. 43).

1227 Sie umfasst Maßnahmen und Einrichtungen zur Sammlung von Erkenntnissen mit dem Ziel der Beweisführung im Zuge eines Ermittlungsverfahrens bzw. der Abwehr von Gefahren für die öffentliche Sicherheit und Ordnung. Strafprozessuale oder polizeirechtliche Ermächtigungen weitergehender Natur dürfen die Ermittlungsorgane nicht allein aus der Tatsache herleiten, dass eine Person unter polizeilicher Beobachtung steht (Wolter, in: SK StPO § 163e Rdn 7; Körfer, Kapitel 9, S. 5).

1228 Der Zweck der Polizeilichen Beobachtung liegt einzig darin, über zufällig gewonnene Informationen aus Anlass anderer Kontrollen an einen Datenbestand zu gelangen, der Rückschlüsse auf die Lebensweise des Verdächtigen, seine Anwesenheit in bestimmten Regionen bzw. auf bestimmte Kurierwege ermöglicht. Es werden also keine gezielten Ermittlungen getätigt, sondern ein Persönlichkeitsbild ermittlungstypischer Art erstellt (Krahl, NStZ 1998, 339). Darüber hinaus hofft die Behörde, Zusammenhänge und Querverbindungen zwischen dem Beobachteten und anderen Personen aufdecken zu können, wodurch ein gezieltes Vorgehen z.B. gegen die organisierte Kriminalität möglich wird (Meyer-Goßner § 163e Rdn 2).

1. Präventive Polizeiliche Beobachtung

1229 Gefahrenabwehrend dürfen Personalien einer Person sowie die Kennzeichen der von ihr benutzten Kraftfahrzeuge in einer Datei gespeichert werden, wenn die Gesamtwürdigung der Person und der von ihr begangenen Straftaten erwarten lässt, dass sie auch künftig Straftaten von erheblicher Bedeutung begehen wird, oder Tatsachen die Annahme rechtfertigen, dass die Person Straftaten von erheblicher Bedeutung begehen wird, und die Polizeiliche Beobachtung zur vorbeugenden Bekämpfung dieser Straftaten erforderlich ist (§ 36 I bbPolG, § 21 I nwPolG, § 37 I thPAG).

1230 Absatz 1 Ziffer 1 erfasst die Fälle, in denen bereits einschlägig bekannte Straftäter mit an Sicherheit grenzender Wahrscheinlichkeit wieder Straftaten von erheblicher Bedeutung begehen werden. Diese Prognoseentscheidung bedarf einer konkreten Grundlage. In Ziffer 2 begegnen wir einem „Neueinsteiger“ in die kriminelle Szene. Die Ermittlungsorgane haben zwar keine Erkenntnisse über die betreffende Person, aber rational nachvollziehbare Hinweise, die darauf schließen lassen, dass der zu Beobachtende Straftaten mit erheblicher Bedeutung begehen wird.

Kritisch wird die zu diesen alternativ vorliegenden Tatbestandsmerkmalen hinzutretende Forderung, dass die Datenspeicherung zur vorbeugenden Bekämpfung bzw. Verhütung dieser Straftaten erforderlich sein muss. Sieht man in der Sammlung von Daten zur Verfolgung später begangener Straftaten einen Bestandteil der Gefahrenabwehr, dann ist die Bestimmung des § 36 bbPolG, § 21 nwPolG, § 37 thPAG folgerichtig. Es soll aber nicht verschwiegen werden, dass die in der Polizeilichen Beobachtung gesammelten Daten ausschließlich zu Verfolgungszwecken eingesetzt werden. Die Frage, ob ein Rechtseingriff dem Polizeirecht oder dem Strafprozessrecht zuzuordnen ist, bestimmt sich danach, wozu die Erkenntnisse aus dem Eingriff verwendet werden. Hat eine Gefahrenlage zwar vorgelegen, kann die Behörde mit den Daten diese Gefahr aber nicht wirksam abwehren, wohl aber effektiv Repression betreiben, dienen diese Daten ausschließlich strafverfolgenden Zielen. Dann benötigen die Beamten für die Datenerhebung eine strafprozessuale Ermächtigung. **1231**

Den Umfang der Datensammlung legt § 36 II bbPolG, § 21 II nwPolG, § 37 II thPAG fest. Danach darf die Polizei Erkenntnisse über das Antreffen (also Ort, Zeit, benutztes Fahrzeug), Kontakt- oder Begleitpersonen (Eingriff in die Rechte Unbeteiligter) oder mitgeführte Sachen (soweit diese ohne Durchsuchung, die in dieser Norm nicht enthalten ist, eindeutig feststellbar sind) speichern. **1232**

2. Repressive Polizeiliche Beobachtung

Die strafprozessuale Ermächtigung zur Polizeilichen Beobachtung ergibt sich aus § 163e StPO. Sie kann gegen einen Beschuldigten angeordnet werden, wenn zureichende tatsächliche Anhaltspunkte dafür vorliegen, dass eine Straftat von erheblicher Bedeutung begangen wurde und die Erforschung des Sachverhalts oder die Ermittlung des Aufenthaltsortes des Täters auf andere Weise erheblich weniger Erfolg versprechend oder wesentlich erschwert wäre. Zunächst muss also die Behörde den Verdacht der Begehung einer Straftat von erheblicher Bedeutung haben. Ob und unter welchen Voraussetzungen der Erfolg der Ermittlungen ohne die Polizeiliche Beobachtung erheblich weniger Erfolg versprechend oder wesentlich erschwert wäre, entscheidet die Behörde nach pflichtgemäßem Ermessen. Einer richterlichen Überprüfung ist dies weitgehend entzogen. Liegen die genannten Voraussetzungen vor, darf die Ausschreibung zur Polizeilichen Beobachtung aus Anlass von polizeilichen Kontrollen, die die Feststellung der Personalien zulassen, angeordnet werden. Kontrollen dieser Art sind die Identitätsfeststellung (§ 163b StPO), die Einrichtung von Kontrollstellen (§ 111 StPO) oder die Kontrollfahndung (§ 163d StPO). Neben den Personalien darf auch das Kennzeichen eines Kfz ausgeschrieben werden, das für die ausgeschriebene Person zugelassen ist oder von ihr oder einer namentlich nicht bekannten Person, die einer Straftat von erheblicher Bedeutung verdächtig ist, benutzt wird (§ 163e II StPO). **1233**

Auch gegen andere als beschuldigte Personen ist die Polizeiliche Beobachtung zulässig, wenn auf Grund bestimmter Tatsachen anzunehmen ist, **1234**

- dass sie mit dem Täter in Verbindung steht,
- eine solche Verbindung hergestellt wird oder
- dass die Maßnahme zur Erforschung des Sachverhalts oder zur Ermittlung des Aufenthaltsortes des Täters führen wird.

Diese Ermächtigung lässt weit reichende Rechtseingriffe gegen Nichtverdächtige zu. Die Annahme auf Grund bestimmter Tatsachen verlangt von dem Ermittlungsbeamten nichts weiter als die Würdigung objektiver Erkenntnisse, wozu auch Zeugenaussagen gehören. Ihre Auswertung führt zu der Feststellung, dass die zu beobachtende Person mit dem Täter „in Verbindung steht". Unter Berücksichtigung der Schwere des Eingriffs kann das nur bedeuten, dass es sich um eine recht enge und auf keinen Fall nur flüchtige Beziehung handelt.

1235 Ein besondere Form der Polizeilichen Beobachtung findet sich in § 163e III StPO. Er lässt die Weitergabe personenbezogener Daten von anderen als beschuldigten Personen zu. Allerdings müssen sie sich in Begleitung der ausgeschriebenen Person befinden oder Führer des ausgeschriebenen Kfz sein.

3. Anordnung der Polizeilichen Beobachtung

1236 Das Recht zur Anordnung einer *Polizeilichen Beobachtung zur Gefahrenabwehr* steht allein dem Richter des Amtsgerichts zu, in dessen Bezirk die Polizeibehörde ihren Sitz hat (§ 36 III bbPolG, § 21 III nwPolG), oder dem Leiter einer Polizeidirektion oder des Landeskriminalamts (§§ 37 III, 34 VI thPAG). Im Gegensatz zu den sonstigen Anordnungskompetenzen schreibt der Gesetzgeber sogar das allein zuständige Gericht vor. Die Anordnung ist auf längstens ein Jahr befristet (§ 36 III Satz 3 bbPolG, § 21 III Satz 3 nwPolG), wobei allerdings ein Verlängerungsvorbehalt besteht, und zwar um nicht mehr als ein Jahr, wenn die Voraussetzungen zur Anordnung einer Polizeilichen Beobachtung weiterhin bestehen. Nach Ablauf von spätestens einem halben Jahr hat die ausschreibende Polizeibehörde zu prüfen, ob die Voraussetzungen für die Ausschreibung weiterhin bestehen. Daraus ergibt sich die Pflicht zur permanenten Prüfung der Notwendigkeit dieses Rechtseingriffs, wobei das Ergebnis des Prüfungsvorgangs aktenkundig zu machen ist.

1237 Die *repressive Polizeiliche Beobachtung* darf nach § 163e IV StPO nur durch den Richter angeordnet werden; bei Gefahr im Verzuge ist dazu auch die Staatsanwaltschaft berufen. So weit gleicht die Anordnungsregel den üblichen Gegebenheiten. Auf die Besonderheiten und die Schwere dieses Rechtseingriffs ist das weitere Anordnungsverfahren abgestellt. Eine staatsanwaltschaftliche Anordnung tritt automatisch außer Kraft, wenn sie nicht binnen drei Tagen richterlich bestätigt wird. Eine polizeiliche Anordnungskompetenz gibt es im Falle des § 163e StPO nicht. Die Anordnung einer Polizeilichen Beobachtung ist auf ein Jahr beschränkt, allerdings gibt es die Möglichkeit einer Verlängerung um jeweils drei Monate, soweit der Verdacht bestimmter Straftaten begründet werden kann (§§ 163e IV i.V.m. 100b StPO).

Kapitel 10. Überwachung des nichtöffentlich gesprochenen Wortes und der Telekommunikation

Wegen Verletzung der Vertraulichkeit des Wortes wird bestraft, wer unbefugt das nichtöffentlich gesprochene Wort eines anderen auf einen Tonträger aufnimmt (§ 201 I Ziff. 1 StGB), eine so hergestellte Aufnahme gebraucht oder einem Dritten zugänglich macht (§ 201 I Ziff. 2 StGB) oder das nicht zu seiner Kenntnis bestimmte nichtöffentlich gesprochene Wort eines anderen mit einem Abhörgerät abhört (§ 201 II StGB). Ist der Täter ein Amtsträger, trifft ihn eine höhere Strafandrohung, ohne dass das Delikt seine Qualität als Vergehenstatbestand einbüßen würde (§ 201 III StGB). 1238

Wie die Beeinträchtigung der Privatsphäre begangen wird, ist i.S. des strafrechtlichen Tatbestandes ebenso irrelevant wie die Frage, wo der Verletzte sich zurzeit der Rechtsverletzung befindet. In Bezug auf die Berechtigung für hoheitlich handelnde Subjekte öffentlicher Verwaltung differenziert der Gesetzgeber allerdings sehr weit reichend. Spezielle Ermächtigungen sieht er für das Mithören und Aufzeichnen des nichtöffentlich gesprochenen Wortes im Allgemeinen vor. Reicht der Eingriff in die Wohnung des Adressaten, greifen besondere Normen sowohl des Polizei- als auch des Strafprozessrechts. Der spezielle Eingriff in die Vertraulichkeit einer Telekommunikation erlaubt die Rechtsordnung nur unter Beachtung restriktiver Tatbestandsmerkmale. 1239

Die Tatbestandsverwirklichung kann einen Amtsträger rechtfertigen, indem er sich bei Verletzung der Vertraulichkeit des Wortes auf eine von mehreren gesetzlichen Ermächtigungen beruft. Im Folgenden werden wir die Ermächtigungen, die Polizei und Staatsanwaltschaft berühren, etwas genauer untersuchen. Dagegen begnügen wir uns mit einem Hinweis auf die Berechtigung der Mitarbeiter des Bundesamtes für Verfassungsschutz, das nichtöffentlich gesprochene Wort mit technischen Mitteln heimlich mitzuhören und aufzuzeichnen (vgl. § 8 II BVerfSchG). Ist es im Einzelfall zur Abwehr einer gegenwärtigen gemeinen Gefahr oder einer gegenwärtigen Lebensgefahr für einzelne Personen unerlässlich und ist geeignete polizeiliche Hilfe für das bedrohte Rechtsgut nicht rechtzeitig zu erlangen, darf der Bundesverfassungsschutz selbst das in einer Wohnung nichtöffentlich gesprochene Wort mithören und aufzeichnen (§ 9 II BVerfSchG). 1240

A. Allgemeines

Das Grundrecht der Telekommunikation (TK) schützt die freie Entfaltung der Persönlichkeit durch einen privaten, vor den Augen der Öffentlichkeit verborgenen Austausch von Nachrichten, Gedanken und Meinungen und gewährleistet somit die Würde des denkenden und freiheitlich handelnden Menschen (LG Mannheim, Beschl. vom 30. 11. 2000 – 22 Kls 628 Js 15705/00). Da sich der Schutz auf Kommunikation aller Art bezieht, die jemand unter Benutzung eines TK-Gerätes führt, kommt deren Inhalt für die Anerkennung dieses Frei- 1241 heitsrechts keine Bedeutung zu. Daher ist es irrelevant, ob der Gesprächsinhalt privater, geschäftlicher oder politischer Art ist (BVerfGE 100, 313, 358). Der verfassungsrechtliche Schutz schließt sämtliche Übermittlungen von Informationen mit Hilfe der zur Verfügung stehenden Telekommunikationstechniken ein, und zwar ohne Rücksicht auf die Übermittlungsart (z.B. Kabel, Funk, analoge oder digitale Vermittlung) bzw. auf die Ausdrucksform (z.B. Sprache, Bilder, Töne oder Zeichen).

1242 Im Zentrum des Problems der Überwachung von nichtöffentlich gesprochenen Wörtern steht folgerichtig neben Art. 10 I GG das allgemeine Persönlichkeitsrecht aus Art. 2 I GG, dessen eine spezielle Ausformung gerade das Fernmeldegeheimnis, also das Recht am gesprochenen Wort darstellt. Dieses Recht gewährt jedermann ein Selbstbestimmungsrecht dahingehend, autonom zu entscheiden, wer die Worte mithören und ggf. aufnehmen darf bzw. soll, sowie ob und vor wem die erlaubterweise auf Tonträger aufgenommenen Ausführungen abgespielt werden dürfen (BGH NJW 1983, 1569, 1570). Der Tatbestand stellt folglich auch sicher, dass der sich nichtöffentlich Äußernde letztlich kontrollieren kann, wem seine Äußerungen zu Ohren kommen (Hoyer, in: SK § 201 Rdn 4).

1243 Zunächst gewährt Art. 10 I GG jedermann ein Abwehrrecht gegen die staatliche Kenntnisnahme von Inhalt und näheren Umständen der Telekommunikation, und parallel erteilt diese Verfassungsnorm dem Staat den Auftrag, den Schutz der TK auch auf Zugriffe durch private Dritte auszudehnen. Dieser Schutzauftrag leitet sich aus Art. 87f GG in Verbindung mit § 88 TKG ab, der besondere Pflichten zur Wahrung des Fernmeldegeheimnisses für denjenigen festschreibt, der geschäftsmäßig TK-Dienste erbringt oder daran mitwirkt.

1244 Obwohl das Fernmeldegeheimnis eine spezielle Ausformung des allgemeinen Persönlichkeitsrechts darstellt, besteht ein verfassungsrechtlich zu beurteilendes Verhältnis grundsätzlich nicht bezüglich der Teilnehmer untereinander, denn sie sind nicht Adressaten des Art. 10 I GG. Allerdings endet die Reichweite des Grundrechtsschutzes nicht am so genannten Endgerät der TK-Anlage, weil diese technisch definierte Abgrenzung angesichts der technologischen Entwicklung und insbesondere der dadurch bedingten vielfältigen Konvergenzen der Übertragungswege, Dienste und Endgeräte dem Schutzanliegen der Norm nicht gerecht wird. Moderne Endgeräte bieten nämlich eine Vielzahl von Leistungen, auch solchen, die untrennbar in den Übermittlungsvorgang eingebunden und dem Endteilnehmer häufig gar nicht in den Einzelheiten bekannt sind und von ihm nicht beeinflusst werden können (BVerfG, Beschl. vom 9. Oktober 2002 – 1 BvR 1611/96, 1 BvR 805/98).

1245 Das Mithören eines Gesprächs über einen Zweithörer oder Lautsprecher am Telefon beruht nicht auf einem Eingriff in den vom Netzbetreiber zu gewährleistenden und zu verantwortenden Übermittlungsvorgang. Die Gelegenheit hierzu hat vielmehr der Fernsprechteilnehmer durch einen eigenen (freien) Entschluss geschaffen. Das Fernmeldegeheimnis ist also nicht berührt (BGH NJW 1996, 2940, 2943), selbst dann nicht, wenn ein Hoheitsträger das Gespräch veranlasst hat und es mithört, um eine Straftat aufklären zu können (BGH Urt. vom 20. 12. 1993, 2 StR 400/93). Dennoch kann darin eine Verletzung verfassungsrechtlicher Normen liegen. Neben dem Recht am eigenen Bild kennt das Grundgesetz auch das Recht am gesprochenen Wort, das die

Selbstbestimmung über die Darstellung der eigenen Person in der Kommunikation mit anderen gewährleistet (BVerfGE 54, 148, 155), also ein Entscheidungsrecht zugesteht in Bezug auf Auswahl der Personen, die Kenntnis von dem Gesprächsinhalt erhalten sollen.

Dieses Selbstbestimmungsrecht gestattet es jedem autonom zu entscheiden, **1246**
ob seine Worte auf Tonträger aufgenommen und so u.U. Dritten zugänglich (gemacht) werden (BGHZ 27, 284). Daneben bezieht der Schutz Fälle ein, in denen ein Kommunikationspartner ohne Kenntnis des anderen eine dritte Person als Zuhörer in das Gespräch einbezieht oder die unmittelbare Kommunikationsteilhabe durch den Dritten gestattet. Zwar entsprechen Mithöreinrichtungen normalem technischem Standard und heimliches Mithören mag in gewissen Bereichen weitgehend üblich sein, aber diese Erkenntnisse rechtfertigen es nicht, das heimliche Mithören auf eine mutmaßliche Einwilligung deshalb zu stützen, weil der Gesprächspartner nicht widersprochen habe.

Gegenüber dieser heute wohl als herrschende Meinung (vgl. BVerfG NJW **1247**
2002, 3619) herauszustellende Auffassung gibt es durchaus Einwendungen: Selbst bei jedermann bekannten weil definitiv vorhandenen technischen Möglichkeiten muss man nicht zwingend damit rechnen, dass Dritte ein Telefongespräch mithören. Der Gebrauch solcher Geräte impliziert keine stillschweigende Einwilligung jedes Gesprächspartners in die passive Teilnahme Dritter an dem Gespräch (Schäfer, in: L-R § 100a Rdn 38). Ist der heimlich Mithörende darüber hinaus Vertreter einer Ermittlungsbehörde, und hat das mitgehörte Gespräch die Aufklärung einer Straftat zum Inhalt, berührt das den Grundsatz, niemand müsse sich selbst belasten. Man kann auch nicht behaupten, der Betroffene offenbare sich freiwillig. Das tut er zwar gegenüber seinem Gesprächspartner, nicht jedoch gegenüber dem heimlich Mithörenden.

Beispiel: In einem umfangreichen Verfahren wegen Drogendelikten bittet der Ermittlungsbeamte E den Kleindealer K, seinen Großdealer G von dem eigenen Telefonapparat anzurufen und ein Verkaufsgespräch zu führen. Dieses Gespräch hört E mit und erhält so umfangreiches Beweismaterial gegen G.

Ohne jeden Zweifel handelt es sich im Falle dieses polizeilich veranlassten Gesprächs und der darin enthaltenen Selbstbelastung des Gesprächsteilnehmers nicht um freiwillige Äußerungen gegenüber dem Polizeibeamten. Ob das Mithören zulässig war und die so gewonnenen Erkenntnisse prozessual verwertet werden durften, soll anhand des Gewichts der aufzuklärenden Straftat und der Stärke des Tatverdachts (vgl. BVerfG NJW 1992, 815), also einer umfassenden Güter- und Interessenabwägung entschieden werden. Allein das allgemeine Interesse an einer funktionstüchtigen Strafrechtspflege reicht nicht, um im Rahmen der Abwägung stets von einem gleichen oder gar höheren Gewicht ausgehen zu können, als es dem allgemeinen Persönlichkeitsrecht zukommt. Vielmehr müssen weitere Aspekte hinzutreten, die ergeben, dass das Interesse an der Beweiserhebung trotz der Beeinträchtigung der verfassungsmäßig gewährten Persönlichkeitsrechte schutzbedürftig ist. Im Strafverfahren ist diese Hörfalle erlaubt z.B. zur Aufklärung besonders schwerer Straftaten (BVerfGE 80, 367, 380) oder wenn sich der Beweisführer in einer Notwehrsituation oder einer notwehrähnlichen Lage befindet (z.B. zwecks Festhalten der Stimme eines Erpressers).

1248 Die heutigen Techniken machen es möglich, das nichtöffentlich gesprochene Wort in vielfältigster Weise abzuhören. Seien es z.B. versteckt angebrachte leistungsstarke Miniatursender (sog. „Wanzen"), Richtmikrofone, mit denen Gespräche in Wohnungen oder über große Entfernung im Freien mitgehört werden können, oder Eingriffe in das Fernmeldegeheimnis; stets nimmt der Private oder der Amtsträger für ihn nicht bestimmte Informationen wahr. Da die technischen Hilfsmittel zum Abhören für jeden erreichbar gehandelt werden, ist es dringend geboten, Verletzungen der Privatsphäre bis in den intimsten Lebensbereich hinein einen gesetzlichen Riegel vorzuschieben. Diesem Erfordernis folgt das Gesetz in § 201 StGB.

1249 Bei der Verletzung der Vertraulichkeit des Wortes durch Ermittlungsbeamte ist zunächst zu prüfen, auf welchem Wege sie an die Kenntnis gelangt sind; denn sowohl das Polizeirecht als auch die Strafprozessordnung gehen davon aus, dass es einer Ermächtigung erst bedarf, wenn das Ab- bzw. Mithören des gesprochenen Wortes verdeckt erfolgt. Derjenige, der eine in der Öffentlichkeit geführte Unterhaltung bewusst belauscht, ohne technische Hilfsmittel dafür einzusetzen, benötigt ebenso wenig eine Rechtsnorm wie der viel gescholtene „Lauscher an der Wand". Zeichnen die Behörden jedoch das nichtöffentlich gesprochene Wort auf einen Tonträger auf, bedarf es in jedem Falle einer Ermächtigung, also auch dann, wenn die Aufzeichnung sich auf eine in der Öffentlichkeit geführte Unterhaltung bezieht, wie z.B. in einem Pkw (LG Stendal NStZ 1994, 556; Schäfer, in: L-R § 100c Rdn 37). Lediglich wenn er das nichtöffentlich gesprochene Wort ohne Einsatz technischer Mittel mithört und aufschreibt, bedarf der Polizeibeamte keiner Rechtsgrundlage; denn in § 100c StPO fehlt eine entsprechende Regelung.

B. Überwachung der Telekommunikation

1250 Ein Fall der Verletzung der Vertraulichkeit des Wortes ist die Überwachung der Telekommunikation. Erfasst sind neben dem eigentlichen Telefongespräch auch die unmittelbar mit der Telekommunikation notwendigerweise verbundenen Vorgänge, wie z.B. das Anwählen des Gesprächspartners (BGH NJW 1983, 1569). Im Zeitalter modernster Kommunikationsmethoden gehören in diesen Komplex alle Möglichkeiten der Informationsübermittlung (z.B. Telex, Telefax, Teletex, E-Mails). Der umfassende Schutz des Fernmeldegeheimnisses ist zwingend geboten; denn die Unbefangenheit der nichtöffentlichen Kommunikation wäre empfindlich gestört, müsste der Kommunikationsteilnehmer sich stets des Umstandes bewusst sein, jedes seiner Worte, z.B. unbedachte oder gar unbeherrschte Äußerungen würden unbemerkt mitgehört und u.U. gegen ihn in anderem Zusammenhang verwendet (BVerfGE 34, 238, 246f.). Auf der anderen Seite muss auch ein Rechtsstaat sich die Möglichkeit eröffnen, zur Verhinderung gegenwärtiger Gefahren für überragend wichtige Rechtsgüter oder zur Verfolgung schwerwiegender Straftaten Telekommunikation mitzuhören, deren Inhalte aufzuzeichnen und zum Gegenstand weiterer Ermittlungen zu machen. In jedem Falle aber muss der Zweck, zu dem die Eingriffe in die Telekommunikation vorgenommen werden dürfen, bereichsspezifisch und präzise bestimmt werden, und das erhobene Datenmaterial muss für diesen Zweck geeignet und erforderlich sein. Eine Sammlung nicht anonymisierter Daten auf Vorrat zu unbestimmten oder noch nicht bestimmbaren Zwecken ist mit dem Eingriff in die Telekommunikation nicht zu vereinbaren. Speicherung und Verwendung von erlangten Daten sind daher grundsätzlich an den Zweck gebunden, den das zur Kenntnisnahme ermächtigende Gesetz festlegt (BVerfGE 100, 313, 360), es sei denn das Gesetz erlaubt ausdrücklich die Zweckänderung.

Diesen Aufgaben ist der Gesetzgeber gefolgt, indem er Eingriffsermächti- **1251**
gungen präventiver sowie repressiver Art zur Verletzung des verfassungsmäßig verbürgten Rechts auf Unverletzlichkeit der Telekommunikation geschaffen hat. Polizeigesetzlich ist dieser Eingriff zur Abwehr dringender Gefahren für besonders wichtige Rechtsgüter oder zur Verhinderung schwerwiegender Straftaten zulässig (§§ 33b i.V.m. 33a bbPolG, § 34a thPAG). Strafprozessual ist die Erhebung von Verkehrsdaten allgemein erlaubt wenn bestimmte Tatsachen, den Verdacht begründen, dass jemand eine Straftat von auch im Einzelfall erheblicher Bedeutung, insbesondere eine in § 100a II StPO bezeichnete Straftat begangen, versucht oder durch eine Straftat vorbereitet hat oder eine Straftat mittels Telekommunikation begangen hat. In solchem Fall dürfen auch ohne Wissen des Betroffenen Verkehrsdaten (vgl. dazu § 96 TKG) erhoben werden, wenn dies für die Erforschung des Sachverhalts oder die Ermittlung des Aufenthaltsortes des Beschuldigten erforderlich ist (§ 100g StPO). Verkehrsdaten sind nach § 3 Ziff. 30 TKG Daten, die bei der Erbringung eines Telekommunikationsdienstes erhoben, verarbeitet oder genutzt werden. Welche dieser Daten nach § 100g StPO erhoben werden dürfen, legt das Gesetz mit Verweis auf § 96 TKG fest. Der Begriff „Straftat von auch im Einzelfall erheblicher Bedeutung“ ist näher umschrieben in Rdn 1266 und dahin gehend zu verstehen, dass die Bedeutung nicht nur abstrakt, also an der Regelstrafandrohung, sondern im konkreten Einzelfall gegeben sein muss.

Straftaten, die mittels Telekommunikation begangen werden können, sind **1252**
z.B. Verbreitung, Erwerb und Besitz kinderpornographischer Schriften (§ 184b StGB), Verletzung der Vertraulichkeit des Wortes (§ 201 StGB), die Nachstellung (§ 238 StGB) oder – besonders häufig zu beobachten – unerlaubte Verwertung urheberrechtlich geschützter Werke (§ 106 UrhG). In den Fällen des § 100g I Ziff. 2 StPO verlangt das Gesetz keine „erhebliche Straftat“, so dass in den Fällen der z.B. Nachstellung – wenn mit Telekommunikationsmitteln begangen – die Eingriffsvoraussetzungen gegeben sein können. Dann aber kommt der Subsidiaritätsklausel des Absatz 1 Satz 2 eine besondere Bedeutung zu; denn im Einzelfall ist zu prüfen, ob nicht weniger einschneidende Ermittlungsmaßnahmen eingesetzt werden können. Allerdings wird es bei der Begehung von Straftaten mittels Telekommunikation regelmäßig keine Ermittlungsansätze außer den Verkehrsdaten geben.

Beispiel: F hat sich von ihrem Partner (P) getrennt und eine eigene Wohnung bezogen. Da sich P bei ihrem Auszug aus der gemeinsamen Wohnung dahin gehend geäußert hat, sie werde „zukünftig keine Ruhe vor ihm haben, dafür werde er sorgen“, hat sich F eine „geheime“ Telefonnummer zuteilen lassen. Wenige Wochen nach der Trennung beginnt der Terror, in Form ständig sich wiederholender Telefonanrufe. Bei einem der Anrufe konnte F mit an Sicherheit grenzender Wahrscheinlichkeit die Stimme von P identifizieren. Die anderen Anrufe konnte F nicht entgegennehmen, weil der Anrufer immer nach nur drei- oder viermal die Verbindung abbrach.

Dass der Verdächtige den Tatbestand des § 238 StGB erfüllt hat, steht ebenso außer Zweifel wie die Tatsache der Tatbestanderfüllung mittels Telekommunikation. Nummer oder Kennung der beteiligten Anschlüsse sind Verkehrsdaten (§ 96 I Ziff. 1 TKG). Die Speicherpflicht für diese Daten beträgt nach § 113a II Satz 1 Ziff. 4 TKG sechs Monate, so dass festgestellt werden kann, ob tatsächlich P diesen „Telefonterror" gegenüber der F begangen hat. Mit den „traditionellen" Ermittlungsmaßnahmen lässt sich solche Tat nicht dem Täter nicht nachweisen.

1253 Will man sich ein Bild machen über die Ermächtigungen zum Abhören des TK-Verkehrs, begegnet man einer Besonderheit: Neben den traditionell polizeirechtlichen und strafprozessualen Berechtigungen steht ein spezielles Gesetz, das gezielt behördliche Eingriffe in das Brief-, Post- und Fernmeldegeheimnis zulässt.

I. Gesetz zu Artikel 10 Grundgesetz

1254 Die am weitesten reichende gefahrenabwehrende Vorschrift ist das Gesetz zur Beschränkung des Brief-, Post- und Fernmeldegeheimnisses (Gesetz zu Artikel 10 Grundgesetz), kurz auch „G 10" genannt. Es ermächtigt die Verfassungsschutzbehörden des Bundes und der Länder, den militärischen Abschirmdienst und den Bundesnachrichtendienst u.a. zur Abwehr von drohenden Gefahren für die freiheitlich demokratische Grundordnung oder den Bestand oder die Sicherheit des Bundes oder eines Landes, dem Brief-, Post- oder Fernmeldegeheimnis unterliegende Sendungen zu öffnen und einzusehen sowie den Fernmeldeverkehr zu überwachen (§ 1 I „G 10"). Da sich die Ermächtigung nicht an die Polizei des Bundes oder der Länder richtet, tauchen Konkurrenzfragen nicht auf.

1255 Voraussetzung für die weit reichenden Befugnisse zur Überwachung der Telekommunikation und der Verletzung des Brief- und Postgeheimnisses sind tatsächliche Anhaltspunkte für den Verdacht bestimmter Straftaten, die § 3 „G 10" enumerativ aufzählt. Vornehmlich handelt es sich um die Vergehen und Verbrechen aus dem ersten, dem zweiten und dem fünften Abschnitt des Strafgesetzbuchs, die nach objektiven Erkenntnissen der Behörden in nächster Zeit geplant oder begangen werden sollen bzw. begangen werden. Vorausgesetzt werden tatsächliche Anhaltspunkte, die ggf. in einer Gesamtschau unter Einbeziehung nachrichtendienstlicher oder kriminalistischer Erfahrungen durch konkrete Umstände den Verdacht verfassungsfeindlicher Straftaten rechtfertigen (BVerwG StV 1991, 290). Allerdings sind die Grundrechtsbeeinträchtigungen unzulässig, wenn tatsächliche Anhaltspunkte für die Annahme vorhanden sind, dass durch sie allein Erkenntnisse aus dem Kernbereich privater Lebensgestaltung erfasst würden (§ 3a „G 10").

1256 Atypisch sind dann die Tatbestände des §§ 129a bis 130 StGB bzw. des § 95 I Nr. 87 AufenthG, die in § 3 I Ziff. 7 „G 10" angesprochen werden. Sie sind indes insoweit vergleichbar, als hier Organisationen genannt werden, die verdeckt arbeiten und vor allem politisch motivierte Straftaten zu begehen bereit sind. Ähnlich liegen die Verhältnisse bezüglich des § 20 I Nr. 1 bis 4 VereinsG, der sich auf Ausländervereine bezieht, deren Zweck oder Tätigkeit u.a. darin liegt, die öffentliche Sicherheit oder Ordnung oder sonstige Interessen der

Bundesrepublik Deutschland zu beeinträchtigen oder zu gefährden (§ 14 VereinsG).

Natürlich lässt sich bei der Überwachung des Fernmeldeverkehrs aus den gerade dargestellten Befürchtungen und Besorgnissen nicht ausschließen, dass die Behörden Tatsachen in Erfahrung bringen, die mit Straftaten, die in § 3 „G 10" genannt sind, nichts zu tun haben. Grundsätzlich besteht ein Verbot, diese Kenntnisse und Unterlagen für strafverfolgende Zwecke zu verwerten. Begründen jedoch bestimmte Tatsachen (vgl. dazu Rdn 1340) den Verdacht, jemand plane oder werde in allernächster Zeit eine in §§ 3 I, 7 IV Satz 1 „G 10" genannte Straftat begehen, ist die Datenübermittlung an Staatsanwaltschaft oder Polizei ebenso zulässig wie im Falle der bloßen Strafverfolgung nach Straftaten, die der Katalog des § 3 I „G 10" erfasst (§ 4 IV „G 10"). 1257

Beispiel: Der BND erfährt bei der Telefonüberwachung, dass der Informant I, der von den deutschen Behörden „umgedreht" worden ist, unbedingt liquidiert werden müsse, bevor er größeren Schaden anrichten könne. Hier planen die Agenten einen Mord (§ 211 StGB). Selbstverständlich dürfen die Behörden sowohl gefahrenabwehrend als auch strafprozessual die vom BND erlangten Kenntnisse verwerten.

Gegen diese zulässige repressive Verwertung nachrichtendienstlich gewonnener Erkenntnisse lassen sich kaum ernsthafte Gegenargumente finden. Einerseits nennt § 138 StGB in den Ziffern 1 bis 3 die Delikte, die auch § 3 „G 10" aufführt, andererseits werden international geschützte Rechtsgüter angesprochen (vgl. § 6 StGB) und letztlich haben die Delikte ein Gewicht, das strafverfolgende oder gefahrenabwehrende Tätigkeit notwendig macht. 1258

II. Präventive Überwachung der Telekommunikation

Eine Berechtigung zur präventiven Datenerhebung durch Telekommunikationsüberwachung (TKÜ) gesteht § 34a thPAG der Polizei zu. Danach kann die Polizei von einem Betreiber. der geschäftsmäßig Telekommunikationsdienste erbringt, Auskunft über den Inhalt (...) einschließlich der in Datennetzen abgelegten Inhalte und die näheren Umstände der Telekommunikation einschließlich der Daten über den Standort nicht ortsfester Telekommunikationsanlagen verlangen. Diese Befugnis setzt auf der Tatbestandsseite entweder bestimmte Tatsachen (vgl. dazu Rdn 783) voraus, die die Annahme rechtfertigen, eine Person werde Straftaten aus dem Katalog des § 100a StPO begehen (Ziff. 1) oder eine Gefahr für den Bestand oder die Sicherheit des Bundes oder eines Landes oder für Leben, Gesundheit oder Freiheit einer Person (Ziff. 2) hervorrufen. In jedem Falle muss der Eingriff in das verfassungsmäßig verbürgte Recht erforderlich sein. Mit Blick auf die Eingriffstiefe ist eine eingehende Prüfung der Frage angezeigt, ob nicht eine weniger einschneidende Maßnahme dieses Gefahrenpotential mit vergleichbarer Effizienz beseitigen kann. 1259

Adressat des Eingriffs ist i.S. des § 34a I Ziff. 2 thPAG ist der für die Gefahr Verantwortliche, so dass insoweit die Regeln der §§ 7 ff. thPAG greifen. Im Falle der Annahme (vgl. dazu Rdn 70) einer bevorstehenden Begehung einer Katalogtat aus § 100a StPO zieht das Gesetz den Kreis der Eingriffsadressaten indes 1260 weiter. Erfasst werden auch Kontakt- oder Begleitpersonen (vgl. dazu Rdn 103). Dann aber muss sich die Datenerhebung auf Erkenntnisse mit Hinweisen auf die angenommene Straftat beschränken. Des Weiteren muss der Rechtseingriff gegenüber diesem Personenkreis „zwingend" erforderlich sein. Es geht somit nicht allein um Fragen der objektiven Notwendigkeit, sondern darum, ob wirklich keine andere Möglichkeit unter Beachtung zeitlicher und ggf. räumlicher Aspekte zur Verfügung steht, diese Straftat zu verhindern. Im Ergebnis entspricht die „zwingende" Erforderlichkeit der Forderung nach Gebotenheit i.S. des § 163b StPO (vgl. dazu Rdn 279).

1261 Einen anderen – in gewisser Hinsicht vergleichbaren – Weg bezogen auf Zulässigkeit einer präventiven TKÜ wählt das Land Brandenburg. § 33b bbPolG macht diesen Rechtseingriff von der Begründung bestimmter Tatsachen (vgl. Rdn 783) abhängig, die die Annahme rechtfertigen (vgl. Rdn 70), dadurch Erkenntnisse zu erlangen, die für die Gefahrenabwehr von Bedeutung sind und dies zur Abwehr einer dringenden Gefahr (vgl. Rdn 57) für Leben, Gesundheit oder Freiheit einer Person unerlässlich (vgl. Rdn 188) ist oder auf Grund tatsächlicher Anhaltspunkte (vgl. Rdn 337), insbesondere auf Grund konkreter Informationen über Planungs- oder Vorbereitungshandlungen anzunehmen ist, dass aus dem enumerativ aufgeführten Katalog von Straftaten eine organisiert begangen werden soll, die drohende Rechtsgutsverletzung auch im Einzelfall schwer wiegt und die Datenerhebung zur Abwehr der mit diesen Straftaten verbundenen dringenden Gefahr erforderlich ist. Auch diese nicht unbedingt übersichtlich zu nennende Formulierung gipfelt in der Feststellung, die TKÜ kommt als wirklich allerletztes Mittel zur Abwehr einer dringenden Gefahr bzw. zur Verhinderung einer sowohl allgemein als auch in Einzelfall schwerwiegenden Straftat in Betracht. Das bedeutet nicht, den Kanon der Eingriffsermächtigungen in einer der genannten Gefahrenlagen „durchspielen" zu müssen. Kommt man auf Grund einer pflichtgemäßen Beurteilung der Lage zu der Erkenntnis, nur mit einer TKÜ die dringende Gefahr für die genannten Individualrechtsgüter abwehren oder die Begehung einer mit an Sicherheit grenzender Wahrscheinlichkeit erhebliches öffentliches Aufsehen hervorrufenden Straftat aus dem Katalog verhindern zu können, darf die Polizei sofort zu dieser Maßnahme schreiten.

Beispiel: M kündigt seiner Ehefrau F über Mobiltelefon mit, er werde gleich aus dem Leben scheiden, weil er aus der wirtschaftlichen Katastrophe, in die er sich hineinmanövriert habe, keinen Ausweg finde. F wendet sich um Hilfe an die Polizei, die ihrerseits den Netzbetreiber (N) auffordert, die Funkzelle, in der sich M während des Telefonats befunden hat, bekannt zu geben.

1262 Da es der Polizei darum geht, einen Suizid zu verhindern, will sie zur Beseitigung einer gegenwärtigen Gefahr für das Rechtsgut Leben tätig werden. Eine Berechtigung zur Auskunftserteilung hinsichtlich TK-Verbindungsdaten kennt das Polizeirecht in § 33b bbPolG, § 34a thPAG, wonach der TK-Betreiber Auskunft über den Standort nicht ortsfester TK-Anlagen zu geben hat, um eine Gefahr für Leben, Gesundheit oder Freiheit einer Person abwehren zu können. Da andere polizeiliche Mittel zur Abwehr der hier evidenten Lebensgefahr offensichtlich erfolglos sind, dürfte die Polizei die entsprechenden Angaben verlangen.

In der Tat ist die Mitteilung der Funkzelle, in der sich der M zum Zeitpunkt des Gesprächs mit seiner Frau befunden hat oder in der er sich aktuell befindet, das einzig wirksame Mittel zur Abwehr einer konkreten Lebensgefahr. Insoweit ist die Befugnis zur Befragung des TK-Anbieters unproblematisch. Dem müsste auf Seiten des Befragten eine Pflicht zur Auskunftserteilung gegenüberstehen. Nach § 113 I Satz 2 TKG hat derjenige, der geschäftsmäßig Telekommunikationsdienst erbringt, auf Grund eines Ersuchens der zuständigen Behörde Auskünfte über Daten zu erteilen, mittels derer der Zugriff auf Endgeräte oder in diesen oder im Netz eingesetzte Speichereinrichtungen geschützt wird, wenn dies u.a. zur Abwehr von Gefahren für die öffentliche Sicherheit oder Ordnung dient, zu entsprechen. Da eine polizeiliche Gefahr gegeben ist und die Auskünfte des TK-Dienstanbieters geeignet und dringend erforderlich sind zur Beseitigung dieser Lebensgefahr, ist der Befragte zur Auskunftserteilung verpflichtet. **1262a**

Eine spezialgesetzlichen Regelung zur präventiven Überwachung der Telekommunikation kennt das Polizeigesetz des Landes NRW (noch) nicht. Daher bleibt zu fragen, ob man einen solchen Eingriff auf § 18 nwPolG zu stützen vermag. Eine derartige Rechtskonstruktion lässt sich weder aus dem Wortlaut der Norm (Mann/Müller, ZRP 1995, 180, 181) noch aus rechtssystematischen Überlegungen (Hassemer, ZRP 1991, 121, 123) oder gar aus der ratio legis herleiten (Riegel, ZRP 1991, 286, 2878; Lisken, NJW 1994, 2069). Da die genannte Norm den Sachbereich (Abhören des nichtöffentlich gesprochenen Wortes) inhaltlich konkret regelt, die Überwachung der Telekommunikation als dessen spezielle Form jedoch ausklammert, kommt ein Rückgriff auf die Generalklausel (§ 8 nwPolG) wegen fehlender Bestimmtheit in Bezug auf die Tatbestandsmerkmale, an die der Eingriff gebunden ist, und die von ihr zugelassenen Beschränkungen nicht in Betracht (BVerfGE 65, 1, 44). Schließlich steht auch das Zitiergebot des Art. 19 I Satz 2 GG einer polizeirechtlichen Ermächtigung zur Datenerhebung mittels Überwachung der Telekommunikation entgegen (Mann/Müller, ZRP 1995, 180, 183 m.w.N.). **1263**

III. Repressive Überwachung der Telekommunikation

Nicht nur im Falle gegenwärtiger Gefahren für wichtige Rechtsgüter kann die Einschaltung des TK-Dienstanbieters wertvolle Dienste leisten. Weitaus häufiger und meist erfolgreich setzen Polizei und Staatsanwaltschaft die TKÜ zur Strafverfolgung ein. Spektakuläre Erfolge mittels TKÜ im Kampf gegen die Organisierte Kriminalität stehen auf der einen Seite dieses Einsatzmittels, weniger öffentlichkeitswirksame Anwendungen auf der anderen. Und hin und wieder bewegt sich die TKÜ auf der Grenze zwischen Prävention und Repression. **1264**

Beispiel: B ist das Mobiltelefon gestohlen worden. Da es nicht „gesperrt" ist, kann der Dieb (bzw. ein Dritter) beliebig damit telefonieren. B wendet sich aufgeregt an die Polizei. Sie könne doch die Telefongespräche des Täters mit dem gestohlenen Mobiltelefon überwachen; zumindest könne die Polizei doch den jeweiligen Standort des Täters feststellen, meint er.

Die Ortung gestohlener Mobiltelefone offenbart den gegenwärtigen Aufenthalt eines momentanen Benutzers und verfolgt prinzipiell zwei Ziele. Einmal soll sie die Strafverfolgung sicherstellen (Repression), zum anderen soll sie dem Bestohlenen ermöglichen, seine zivilrechtlichen Ansprüche gegen den (mutmaßlichen) Dieb durchzusetzen (Prävention).

1. Umfang der TKÜ

1265 Man könnte versucht sein, die „elektronische Sachfahndung" auf § 100g StPO zu stützen. Danach dürfen ohne Wissen des Betroffenen Verkehrsdaten erhoben werden, wenn bestimmte Tatsachen (Rdn 783) den Verdacht begründen, dass jemand als Täter eine Straftat von auch im Einzelfall erheblicher Bedeutung, insbesondere eine in § 100a II StPO bezeichnete Straftat, begangen, versucht oder durch eine Straftat vorbereitet (§ 100g I Ziff. 1 StPO) oder eine Straftat mittels Telekommunikation begangen hat (§ 100g I Ziff. 2 StPO). Die Zulässigkeit dieses Rechtseingriffs verlangt daneben, dass er für die Erforschung des Sachverhalts oder die Ermittlung des Aufenthaltsortes des Beschuldigten erforderlich ist (Ziff. 1) oder die Erforschung des Sachverhalts oder die Ermittlung des Aufenthaltsortes des Beschuldigten auf andere Weise aussichtslos wäre und die Datenerhebung verhältnismäßig ist (Ziff. 2). Als verhältnismäßig gilt ein Eingriff, wenn er einen verfassungsmäßig legitimen Zweck verfolgt und dazu erforderlich, geeignet und angemessen ist. Überdies darf er den Adressaten nicht übermäßig belasten, muss ihm also zumutbar sein (BVerfG MDR 1983, 551). Die Erforderlichkeit eines Eingriffs setzt seine Geeignetheit voraus und dass damit möglichst wenig Nachteile für den Adressaten verbunden sind. Den zumindest ungefähren Standort des Diebes kann man tatsächlich mit den Standortdaten feststellen; insofern ist dieser Eingriff geeignet, das angestrebte Ziel zu erreichen. „Aussichtslos" ist die Aufklärung einer Straftat, wenn der Ermittlungsbeamte auf Grund der Lagebeurteilung zu dem Ergebnis gelangt, die Anwendung anderer, weniger tief greifender Rechtseingriffe würden mit an Sicherheit grenzender Wahrscheinlichkeit erfolglos bleiben. Da es sich hierbei um eine Ermessensentscheidung handelt, unterliegt sie richterlicher Kontrolle.

1266 Der Wortlaut des § 100g I Zif. 1 StPO ist in Bezug auf die Straftaten, zu deren Verfolgung die Erhebung von Verkehrsdaten erlaubt sein soll, indifferent; er geht über den festgelegten Katalog aus § 100a II StPO hinaus. Hinzu sollen Straftaten von „auch im Einzelfall erheblicher Bedeutung" treten. Was unter Verkehrsdaten zu verstehen ist, legt § 96 TKG fest; auf einen einfachen Nenner gebracht heißt das, es wird festgehalten wer wann um welche Uhrzeit wie lange mit wem kommuniziert bzw. zu kommunizieren versucht hat und an welchem Standort der Nutzer eines mobilen TK-Gerätes sich zu dieser Zeit befunden hat oder sich gerade befindet. Auf das Beispiel bezogen hätte man mittels der Verkehrs- bzw. Standortdaten feststellen können, wo – ungefähr – der aktuelle Besitzer zu suchen sein würde. Dazu bedürfte es zunächst der Frage, ob der Katalog des § 100g I Ziff. 1 TKG einen Diebstahl als Anlasstaten erfasst, und ob der TK-Dienstanbieter diese von ihm erhobenen und festgehaltenen Daten weitergeben darf. Unstrittig scheidet dieser Diebstahl des Mobiltelefons als Straftat von erheblicher Bedeutung im Einzelfall aus. Selbst wenn man dies z.B. bei erkennbar extremer krimineller Energie bei der Tatausführung ausnahmsweise anerkennen würde, dürfte der TK-Dienstanbieter die Verkehrsdaten den Strafverfolgungsbehörden nicht mitteilen. Diese Daten sind nur dann an die ersuchende Behörde weiterzugeben, wenn die Voraussetzungen der dafür einschlägigen strafprozessualen Bestimmungen gegeben sind (§ 113 Satz 3 TKG).

Ohne Zweifel hat der Beispielsfall auch eine präventive Komponente, weil **1267** eine Gefahr für das Rechtsgut Eigentum des Bestohlenen durch Aufrechterhalten dieses Zustandes fortdauert. Diese Gefahr wird in dem Augenblick beseitigt, in dem die Polizei des Täters habhaft geworden ist und das Diebesgut beschlagnahmen konnte. Wird durch ein und dieselbe hoheitliche Handlung sowohl eine Gefahr abgewehrt als auch Strafverfolgung betrieben, genießt grundsätzlich die Repression Vorrang (vgl. oben Rdn 24 f.). Damit steht fest, dass die strafprozessualen Vorschriften über die TKÜ keine Eingriffsgrundlage bieten können.

Bevor das Thema „strafprozessuale TKÜ" eingehend erläutert wird, gilt es **1268** die „klassische Überwachung" (also die sich in ein laufendes Gespräch einschaltet) von der einer behördlichen Kenntnisnahme in TK-Medien gespeicherter Daten (vgl. dazu näher auch oben Rdn 467 ff.) abzugrenzen. Die in einem Mobiltelefon oder auf einer eingelegten SIM-Karte aus zurückliegenden, abgeschlossenen Gesprächen gespeicherten Daten geben Auskunft über abgegangene, angenommene und wohl empfangene, aber nicht angenommene Anrufe. Festgehalten werden regelmäßig die Zeit des Vorgangs und die Rufnummer des anderen Anschlusses, soweit ihre Übermittlung nicht technisch oder durch eine vom Gegenüber vorgenommene Einstellung ausgeschlossen ist. Die Information ob, wann und wie oft zwischen Fernmeldeanschlüssen Fernmeldeverkehr stattgefunden hat oder versucht worden ist, soll nach Meinung der Rechtsprechung zu den durch Art. 10 I GG gegen staatliche Kenntnisnahme abgeschirmten Kommunikationsumständen gehören; ansonsten wäre der verfassungsrechtliche Schutz unvollständig, weil diesen Verbindungsdaten eine eigene Aussagekraft immanent ist (BVerfG CR 2003, 504). Insoweit dürfe der Staat keine Kenntnis beanspruchen, damit die Nutzung des Kommunikationsmediums insgesamt vertraulich bleibt. Besteht also die Vermutung, dass den Ermittlungen dienliche TK-Verbindungsdaten bei dem Beschuldigten aufgezeichnet oder gespeichert sind, etwa in Einzelverbindungsdaten der Rechnungen des TK-Dienstanbieters oder in elektronischen Speichern der Kommunikationsgeräte, so sei die Beschlagnahme dieser Datenträger, der Rechnungen und Geräte nur unter den Voraussetzungen der § 100b III StPO erlaubt (BVerfG StV 2005, 483 ff.).

Diese Ausweitung des Regelungsinhalts von §§ 100b III StPO ist keineswegs **1269** zwingend. Dies belegt ein Blick auf die ratio legis des Art. 10 I GG, der die Vertraulichkeit individueller Kommunikation in den Fällen schützt, in denen die Gesprächspartner wegen einer räumlichen Distanz auf die Übermittlung ihrer Gedanken auf technische Hilfsmittel angewiesen sind, womit die Möglichkeit eines Zugriffs evident verbunden ist. Das Fernmeldegeheimnis soll gerade dieses Gefahrenmoment bezogen auf die Vertraulichkeit der Kommunikation schützen (BVerfGE 106, 28, 35 f.; Gusy, NStZ 2003, 399 ff.) und die Betroffenen im Grunde so stellen, als fände die Kommunikation zwischen Anwesenden statt. Nach Beendigung dieser fernmeldetechnischen Übermittlung besteht die ihr immanente Gefahrenlage nicht mehr, so dass ein Zugriff auf die beim Kommunikationsteilnehmer gespeicherten Daten die Vertraulichkeit der fernmeldetechnisch übermittelten Gedankeninhalte nicht mehr verletzen kann. Im übrigen ist der Empfänger der Nachrichten unumschränkter Herr über die Daten, die er nach Belieben löschen und so dem Zugriff seitens Dritter entziehen kann (BVerfG CR 2006, 383, 385 und 390; a.A. Störing CR 2006, 392f.).

1270 Zugriffe auf gespeicherte Daten im Herrschaftsbereich des Empfängers, die nicht unmittelbar den vom Netzbetreiber zu gewährleistenden Übermittlungsvorgang betreffen, unterliegen somit nicht dem Schutzbereich des Art. 10 I GG (Bär, MMR 2002, 406, 407f.). Diese Betrachtensweise findet eine Stütze, wenn man das Briefgeheimnis zum Vergleich heranzieht. Zeitlich wirkt das nur solange, wie sich der Brief im Herrschaftsbereich des Beförderers befindet. Geht die Herrschaft auf den Empfänger über (z.B. im Briefkasten), ist nicht mehr Art. 10 I GG einschlägig, vielmehr kommen in Bezug auf behördliche Gewahrsamnahme dann Art. 13, 14 GG zur Anwendung. Auf der gleichen Ebene bewegt sich die Beschlagnahme eines Mobiltelefons mit anschließender Auswertung der auf der SIM-Karte gespeicherten Verbindungsdaten. Das ist also kein Fall von §§ 100b StPO, sondern gehört in den Bereich von §§ 94ff. StPO (Hauschild, NStZ 2005, 399f.).

1271 Die strafprozessuale TKÜ regeln §§ 100a, 100b, 100g, 100i StPO. Überwachung und Aufzeichnung der Telekommunikation dürfen auf der Grundlage von § 100a StPO angeordnet werden, wenn bestimmte Tatsachen den Verdacht begründen, dass jemand als Täter oder Teilnehmer eine der enumerativ aufgezählten schweren Straftaten, die auch im Einzelfall schwer wiegt, begangen oder in den Fällen, in denen der Versuch strafbar ist, zu begehen versucht oder durch eine Straftat vorbereitet hat. Die Erforschung des Sachverhalts oder die Ermittlung des Aufenthaltsortes des Beschuldigten muss auf andere Weise aussichtslos oder wesentlich erschwert sein. Die Anordnung darf sich nur gegen den Beschuldigten oder gegen Personen richten, von denen auf Grund bestimmter Tatsachen anzunehmen ist, dass sie für den Beschuldigten bestimmte oder von ihm herrührende Nachrichten entgegennehmen oder weitergeben oder dass der Beschuldigte ihren Anschluss benutzt. Neben dieser Berechtigung für die Ermittlungsbehörden, selbst und unmittelbar in die Telekommunikation einzugreifen, gesteht die Rechtsordnung ihnen ein Auskunftsrecht zu. Nach § 100b III StPO hat der TK-Betreiber Staatsanwaltschaft und Polizei unverzüglich Auskunft über die TK-Verbindungsdaten zu erteilen, wenn bestimmte Tatsachen den Verdacht belegen, eine Katalogtat aus § 100a II StPO werde versucht, begangen oder durch eine Straftat vorbereitet. Was wir unter TK-Verbindungsdaten zu verstehen haben, ergibt sich aus §§ 100g III, 100i StPO.

1272 Vorschrift des § 100a StPO erlaubt den Strafverfolgungsbehörden einen weit reichenden Einblick in den persönlichen Lebens- und Geheimnisbereich eines Menschen. Der Begriff „Telekommunikation" ist bewusst offen gehalten, so dass er alle Formen der Nachrichtenübermittlung durch technische Einrichtungen, auch von Maschine zu Maschine, einschließt. Seine Auslegung orientiert sich am Begriff „Fernmeldegeheimnis" des Art. 10 I GG, der mit Blick auf die zurzeit bekannten sowie auch die zukünftigen Übertragungsmöglichkeiten dynamisch zu interpretieren ist (BGH NJW 1997, 1935; Jarass/Pieroth Art. 10 Rdn 5). Diese verfassungsmäßige Interpretation findet eine Stütze in der Legaldefinition des Begriffs „Telekommunikation", § 3 Ziff. 22 TKG. Danach ist Telekommunikation „der technische Vorgang des Aussendens, Übermittelns und Empfangens von Signalen mittels Telekommunikationsanlagen", und zwar in jeder Form, also von Zeichen, Sprache, Bildern oder Tönen. Darüber hinaus sind die von einem Funktelefon an die nächstgelegene Funkzelle eines Mobilnetzes übermittelten Standortdaten Gegenstand der Telekommunikation, auch wenn der Benutzer des aussendenden Endgeräts im Einzelfall kein aktuelles Bewusstsein von dem Vorgang hat (Meyer-Goßner § 111a Rdn 6). Von Telekommunikation i.S. des § 100a I StPO sprechen wir folglich immer dann, wenn der von einer Überwachungsanordnung Betroffene ein von ihm benutztes Mobiltelefon zum Aussenden sowie zum Empfang von Nachrichten in Betrieb setzt bzw. gesetzt hat und betriebsbereit hält (BVerfG NJW 2003, 1787, 1788; BGH NJW 2003, 2034, 2035; BGH NStZ 2003, 668, 669).

Der Schutz des Fernmeldegeheimnisses erstreckt sich auch auf die unkörper- **1273** liche Weitergabe von Informationen an beliebige Personen mittels TK-Verkehrs, und zwar auf der Grundlage der jeweils verfügbaren Techniken, also auch auf das Internet (BVerfGE 120, 274, 307). Damit ist die Vertraulichkeit der persönlichen Kommunikation sichergestellt, wenn die Teilnehmer wegen der räumlichen Entfernung zwischen ihnen auf die Übermittlung durch andere angewiesen und daher der Gefahr eines Zugriffs seitens Dritter (vor allem staatlicher Stellen) ausgesetzt sind (Gusy, in: v. Mangoldt/Klein/Starck Art. 10 Rdn 19). Zudem sind nicht nur die Inhalte der TK vor einer Kenntnisnahme geschützt, sondern auch ihre Umstände. Dazu gehören insbesondere ob, wann und wie oft zwischen welchen Personen oder TK-Einrichtungen ein TK-Verkehr stattgefunden hat (BVerfGE 100, 313, 358). Das TK-Geheimnis begegnet in diesem Rahmen sowohl alten als auch neuen Gefährdungen des allgemeinen Persönlichkeitsrechts, die sich aus der gestiegenen Bedeutung der Informationstechnik für jedermann ergeben. Daneben genießt das Wo, das Wie und das Wann der Telekommunikation verfassungsrechtlichen Schutz (Sachs Art. 10 Rdn 14). Die gleichen rechtlichen Grundüberlegungen gelten, wenn Verbindungsdaten, die für ein Ermittlungsverfahren dienlich sein können, etwa Einzelverbindungsnachweise in Rechnungen des TK-Dienstanbieters oder in elektronischen Speichern (z.B. SIM-Karte) der Kommunikationsgeräte beschlagnahmt werden sollen. Auch wenn die auf Art. 10 II GG beruhende Begrenzungsfunktion der §§ 100b ff. StPO den Behörden verbietet, die in diesen Normen geregelten materiellen wie formellen Schranken zu umgehen, indem sie auf eine andere Eingriffsermächtigung zurückgreifen, die so weit reichende Schranken nicht errichtet (BVerfG NJW 2005, 1637, 1640), kann beispielsweise die Beschlagnahme eines Mobiltelefons nach Abschluss des TK-Vorgangs mit §§ 94, 98 StPO begründet werden, wenn es darum geht, die darin festgehaltenen TK-Verbindungsdaten auslesen zu können. Denn der Grundrechtsschutz umfasst nicht mehr die außerhalb eines in Gang befindlichen Kommunikationsvorgangs gespeicherten Inhalte und Umstände der Kommunikation im Herrschaftsbereich des Kommunikationsteilnehmers. Infolge dessen endet der Schutz des Fernmeldegeheimnisses, sobald der Übertragungsvorgang beendet, die Nachricht beim Empfänger angekommen ist (BVerfG CR 2005, 383, 385; Bär, MMR 2005, 523, 524). Schließlich, so die Begründung, könne sich der Nutzer bei den seiner Verfügungsgewalt unterliegenden Geräten gegen unerwünschte Zugriffe seitens Dritter auf mechanischem Wege schützen, sei es durch Verschlüsselungsprogramme, Passwörter oder eine spezielle Software zur Datenlöschung (erhebliche Bedenken gegen diese Ansicht bei Störing, CR 2006, 392, 393).

1274 Wie dargestellt, orientiert sich der von der Rechtsprechung favorisierte Begriff „Telekommunikation/Fernmeldeverkehr" vorrangig an § 3 TKG. Dies ist indessen problembehaftet; denn das Telekommunikationsgesetz verfolgt völlig andere Ziele als die §§ 100a f. StPO. Dies belegt ein Blick auf § 1 TKG, der als Zweck dieses Gesetzes festschreibt, durch technologische Regulierung den Wettbewerb zu fördern ... Dieser rein technisch verfasste Zweck hat nicht einmal im Ansatz einen Bezug zu den Zielen der §§ 100a f. StPO, nämlich nach der Begehung schwerer Straftaten einen repressiv begründeten Eingriff in die Vertraulichkeit des nichtöffentlich gesprochenen Wortes bzw. der nichtöffentlich weitergereichten Mitteilung unter Einbeziehung von TK-Anlagen zu ermöglichen (vgl. Kunig-Löwer, in: von Münch, Art. 10 Rdn 18). Daraus folgt, dass der Begriff „Telekommunikation" i.S. des § 100a StPO eng zu fassen ist. Er verlangt, dass die TK-Verbindung wissentlich hergestellt wird und dass darüber hinaus der Initiator diese Verbindung bewusst zur Übermittlung von Nachrichten einzusetzen gedenkt (Fezer, NStZ 2003, 625, 627).

1275 Die Ausgestaltung des Fernmeldegeheimnisses soll die Gefahren für die Vertraulichkeit der Mitteilungen, die speziell auf das jeweils verwendete TK-Medium zurückzuführen sind, minimieren bzw. ihnen entgegenwirken. Auch ist zu bedenken, dass bei Nutzung von TK-Medien die öffentliche Gewalt deutlich leichteren Zugriff auf die Inhalte der Mitteilungen hat als z.B. bei Gesprächen unter Anwesenden (BVerfGE 100, 313, 363). Im Falle der TKÜ nämlich dringen die Ermittlungsbehörden in den immateriellen Übertragungsweg von insbesondere Schrift und Sprache ein, um an Möglichkeiten effektiver Beweisführung heranzukommen. Technisch betrachtet gehören auch elektronische Postsendungen (E-Mail) zum Bereich der Telekommunikation. Zwischengespeicherte Texte, Sprache, Töne, Bilder oder sonstigen Daten sind Inhalt der Telekommunikation und unterliegen infolge dessen dem Schutz des Art. 10 GG (LG Hanau NJW 1999, 3647).

1276 Sind Nachrichten/Mitteilungen auf dem Server eines Providers gespeichert, befinden sie sich ohne Zweifel außerhalb des Herrschaftsbereichs der Kommunikationsteilnehmer; denn sie werden weder in den Räumen des TK-Nutzers noch in dessen Datenanlagen (bzw. auf dessen Datenträgern) gespeichert. Die Möglichkeit des jederzeitigen Zugriffs auf die im Mailserver gespeicherten Daten haben neben dem Berechtigten im engeren Sinne der Provider und die Ermittlungsbehörden. Auch verlieren die Daten den Anspruch auf Schutz vor Einblicknahme durch Polizei oder Staatsanwaltschaft nicht dadurch, dass deren Inhalt oder (auch nur) deren Eingang beim Provider von dem eigentlichen Adressaten zur Kenntnis genommen worden ist. Schließlich besteht die für E-Mails spezifische Gefährdungslage so lange weiter, wie die Nachricht beim Provider gespeichert bleibt. Daher ist es geboten, den verfassungsrechtlichen Schutz aus Art. 10 I GG unverändert zu gewähren, selbst wenn während der Zeitspanne, in der die E-Mail auf dem Server des Providers „ruht" kein TK-Vorgang in dynamischem Sinne stattfindet (Meyer-Goßner § 100a Rdn 6).

2. Behandlung von E-Mails

1277 Sicherstellung bzw. Beschlagnahme von E-Mails, die auf dem Mail-Server eines Providers gespeichert sind, greift in den Schutzbereich des Fernmeldegeheimnisses ein, und zwar nicht erst bei Kenntnisnahme vom Inhalt des fernmeldetechnisch übermittelten Kommunikationsvorgangs oder im Augenblick der Aufzeichnung, er beginnt vielmehr bereits mit der Anordnung des Zugriffs (BVerfGE 107, 299, 314). Als Ermächtigung zur Vornahme dieses Eingriffs in das Recht aus Art. 10 I GG kommen §§ 94 ff., 99 StPO in Betracht, deren Anwendungsbereich entsprechend dem Wortlaut, der Systematik und dem Zweck keineswegs in spezifischer Weise auf die Reichweite spezieller Grundrechte beschränkt ist (BGH Beschl. vom 31. 3. 2009 – 1 StR 76/09).

In Bezug auf Sicherstellung und Beschlagnahme von auf dem Server des Providers gespeicherten E-Mails genügen §§ 94 ff. StPO rechtsstaatlichen Anforderungen (wie auch bei Beschlagnahme von Datenträgern und den darauf gespeicherten Daten, BVerfGE 115, 166, 191 ff.). Im Falle eines angeordneten und dem Zweck der Ermittlung angemessenen offen durchgeführten Eingriffs, der sich nicht auf einen laufenden Kommunikationsvorgang bezieht, bedarf es für die Zulässigkeit von Sicherstellung und Beschlagnahme nicht zwingend der Anerkennung einer besonders schweren Straftat oder einer schweren Straftat oder einer Straftat mit erheblicher Bedeutung. Es genügt der bei sonstigen strafprozessualen Grundrechtseingriffen erforderliche Anfangsverdacht einer Straftat, wenn die Ermittlungsbehörden mit Kenntnis des Adressaten bzw. Betroffenen außerhalb eines laufenden Kommunikationsvorgangs auf Kommunikationsinhalte zugreifen. Dabei ist unbedingt zu berücksichtigen, dass die repressiven Ermittlungsmaßnahmen streng an dem Ermittlungszweck auszurichten sind; denn einen strafprozessualen Rechtseingriff erlaubt die Rechtsordnung nur unter der Maßgabe seiner Notwendigkeit. Folglich verbietet es sich, den Eingriff zur allgemeinen Ausforschung des Betroffenen zu missbrauchen. **1278**

Zahllosen Menschen bedienen sich elektronischer Kommunikationsmittel, sie sind aus dem Leben heute gar nicht mehr wegzudenken. Die Kehrseite dieser im Grunde segensreichen Errungenschaft ist, dass sie auch zur Begehung verschiedenster Straftaten genutzt werden, deren Folgen häufig sogar tiefer gehend machen. Erkennt und berücksichtigt man dies, ist es nicht angebracht, den Zugriff auf die beim Provider gespeicherten E-Mails von der Anerkennung einer schweren Straftat oder einer Straftat mit erheblicher Bedeutung (vgl. Rdn 69) abhängig zu machen und in Bezug auf den Tatverdacht mehr als den über den Anfangsverdacht (vgl. Rdn 83) hinaus gehenden Verdacht zu verlangen. Wollen die Strafverfolgungsbehörden mit dem technischen Fortschritt Schritt halten, müssen sie vor dem Hintergrund der Verlagerung herkömmlicher Kommunikationsformen hin zu elektronischem Nachrichtenverkehr einschließlich der anschließenden digitalen Verarbeitung und Speicherung von Beweismöglichkeiten das Arsenal ihrer Ermittlungsmethoden über den Rahmen der weiterhin wirkungsvollen herkömmlichen Eingriffsnormen sinnvoll ergänzen. Unter diesen Umständen ist es zur Wahrung der Verhältnismäßigkeit nicht geboten, die Beschlagnahme der beim Betroffenen gespeicherten Verbindungsdaten generell auf Ermittlungen zu begrenzen, die Straftaten von erheblicher Bedeutung betreffen. Dies würde zu einer unangemessenen Beeinträchtigung der Strafverfolgung führen (BVerfGE 115, 166, 193). **1279**

Eine „schwere Straftat“ (nach § 10 III Satz 2 bbPolG identisch mit Straftat mit erheblicher Bedeutung) ist die, die den Tatbestand der in § 100a II StPO genannten Delikte erfüllt. Dass nur zu deren Verfolgung bzw. Aufklärung die TKÜ **1280** eingesetzt werden darf, ist Wille des Gesetzgebers. Sicherstellung und Beschlagnahme der bei einem Provider gespeicherten E-Mails gleichfalls auf diesen Straftatenkatalog (deren Regelstrafrahmen bei fünf Jahren, jedenfalls oberhalb einem Jahr liegt, Bär, MMR 2008, 215, 216) zu beschränken, verbietet sich aus Gründen des allgemeinen Interesses an wirksamer Strafverfolgung. Würde man nämlich sämtliche E-Mails mit Beweisen für Straftaten z.B. nach §§ 184a, 202 oder 240 StGB dem Zugriff auf der Grundlage von §§ 94 ff. StPO generell entziehen, könnten Internet-Nutzer ohne Schwierigkeiten belastende E-Mails durch Auslagerung auf den Server eines Providers dem Zugriff durch die Ermittlungsbehörden entziehen (BVerfG, Beschl. vom 16. 9. 2009, 2 BvR 902/06).

3. Umfang und Grenzen der Auskunftserteilung

1281 Ein repressiv begründetes Ersuchen um Durchführung einer TKÜ basiert auf §§ 100b StPO. Danach hat jeder, der TK-Dienste erbringt oder daran mitwirkt, dem Gericht, der Staatsanwaltschaft und ihren im Polizeidienst tätigen Ermittlungspersonen diesen Eingriff zu ermöglichen und die erforderlichen Auskünfte unverzüglich zu erteilen. Dazu bedarf es bestimmter Tatsachen, die den Verdacht begründen, jemand habe als Täter oder Teilnehmer eine Straftat aus dem Katalog des § 100a II StPO begangen, in den Fällen, in denen der Versuch strafbar ist, zu begehen versucht oder durch eine Straftat vorbereitet. Auf die Begehung der Straftat, des strafbaren Versuchs eines solchen Delikts oder dessen Vorbereitung durch eine eigenständige Straftat (ohne Rücksicht darauf, ob es sich um ein Vergehen oder ein Verbrechen handelt) müssen „bestimmte Tatsachen" hindeuten. Als solche kommen ausnahmslos schwerwiegende Hinweise in Betracht, die nach Ausschöpfen aller Möglichkeiten der Informationsgewinnung keine andere Beurteilung des Täterverhaltens zulassen (Benfer, Die Polizei 1978, 282, 283).

1282 Eine schwere Straftat im Sinne von § 100a StPO kann sozusagen traditionell begangen werden (z.B. tötet die Ehefrau ihren Mann, um die Lebensversicherung „kassieren" zu können) oder sie wird mittels einer Endeinrichtung des TK-Netzes begangen, versucht oder vorbereitet. In dem zuletzt genannten Fall nutzt der dringend Verdächtige z.B. ein Festnetz- oder Mobiltelefon, einen Fax- oder Internetanschluss zur Durchführung der Straftat oder zu ihrer Vorbereitung, wobei im Falle der Vorbereitung diese Handlung eine eigenständige Straftat sein muss.

Beispiel: R und E haben sich der 10-jährigen Tochter des „steinreichen" S bemächtigt, um Lösegeld in Millionenhöhe zu erpressen. Bei den „Verhandlungen" in Bezug auf die Geldübergabe nutzen sie ständig wechselnde TK-Mittel.

Der erpresserische Menschenraub (§ 239a StGB) ist Katalogtat des § 100a StPO, somit Straftat von erheblicher Bedeutung. Als Dauerdelikt wird er „begangen", bis das Opfer seine Freiheit wiedererlangt hat, also auch zum Zeitpunkt der verschiedenen Kontaktaufnahmen seitens der Täter mit dem S.

Oder:

Z streitet mit L über die Vormachtstellung im „Rotlicht-Milieu". Da der L nicht nachgibt, sondern mit Unterstützung einiger „Freunde" offensiv gegen Z vorgeht, beschließt Z, den Nebenbuhler aus dem Weg zu räumen. Über seinen Internet-Anschluss nimmt er Kontakt zu einem Bekannten im nahen Ausland auf, um von diesem eine Maschinenpistole (MP) zu kaufen.

Der Kauf der MP bereitet die Ermordung des L vor. Als „Vorbereitung des Tötens" wäre dies straflos. Allerdings ist die MP eine Kriegswaffe, deren Besitz strafbar ist (§ 22a KrWaffG). Somit hat Z eine Straftat von erheblicher Bedeutung durch eine Straftat vorbereitet.

In den genannten Fällen darf ein Richter (bei Gefahr im Verzuge auch ein Staatsanwalt) auf Antrag der Staatsanwaltschaft anordnen, dass derjenige, der geschäftsmäßig TK-Dienste erbringt oder daran mitwirkt, unverzüglich Auskunft über die TK-Verbindungsdaten (dazu im Einzelnen § 100b II StPO) zu erteilen hat. Geschäftsmäßig erbringt TK-Dienste, wer das nachhaltige Angebot von TK-Diensten einschließlich des Angebots von Übertragungswegen für Dritte mit oder ohne Gewinnerzielungsabsicht bereitstellt (§ 3 Ziff. 10 TKG). Zur Auskunftserteilung sind somit die Netzbetreiber sowie jeder einzelne der Angestellten verpflichtet. Die Auskunft, die Polizei oder Staatsanwaltschaft verlangen, muss, sofern sich das Begehren im Rahmen des § 100b II StPO bewegt, „unverzüglich" gegeben werden. Verzögerungen, die technisch-sachlich begründet sind, hat die Behörde selbstverständlich hinzunehmen. Allerdings kann sich ein TK-Dienstanbieter nicht mehr auf Unzuständigkeit berufen („ich muss erst einmal bei der Zentrale nachhören, ob ich dazu befugt oder gar verpflichtet bin"). 1283

Dem Auskunftsersuchen muss der TK-Dienstanbieter entsprechen, wenn seine Auskunft für den Fortgang des Ermittlungsverfahrens bzw. für die Untersuchung (im Falle der Vorbereitung einer Straftat) „erforderlich" ist. Dies bedeutet selbstredend nicht, dass der Ermittlungsbeamte dem TK-Dienstanbieter Einzelheiten aus dem Verfahren zu offenbaren hätte, aus denen sich die objektive Notwendigkeit auf Erhalt der TK-Verbindungsdaten ablesen lässt. Vielmehr reichen diesbezüglich quasi pauschale Angaben, z.B. Mitteilung des Aktenzeichens oder der Tagebuchnummer, Hinweise auf das Delikt, u.U. – wenn die Medien darüber bereits berichtet haben – mit unbedeutenden Interna, aus denen der TK-Dienstanbieter herauslesen kann, dass mit den Daten kein Missbrauch betrieben wird. 1284

Betroffener der Mitteilung von TK-Verbindungsdaten an die Ermittlungsbehörde ist primär der Beschuldigte (vgl. Rdn 97 ff.). Darüber hinaus kann sich das Auskunftsverlangen auch gegen Personen richten, von denen auf Grund bestimmter Tatsachen anzunehmen ist, dass sie für den Beschuldigten bestimmte oder von ihm herrührende Mitteilungen entgegennehmen oder weitergeben oder dass der Beschuldigte ihren Anschluss benutzt (§§ 100a III i.V.m. 100b III StPO). Geraten andere als Beschuldigte ins Zentrum des Verlangens nach Preisgabe ihrer TK-Verbindungsdaten, gilt es eine Grenze zu demjenigen zu ziehen, der als Teilnehmer an der Straftat eines anderen verdächtig ist (dann gilt § 100b III StPO); denn wer z.B. für den Beschuldigten bestimmte Mitteilungen entgegennimmt, kann dessen Haupttat sehr wohl fördern, womit er Gehilfe i.S. des § 27 StGB wäre und folglich Teilnehmer an der Haupttat. Diese Grenzziehung stellt klar, dass die Eingriffsvorschrift nur gegenüber solchen Personen zum Zuge kommt, die „guten Glaubens" sind, also nicht vorsätzlich Hilfe leisten zur vorsätzlichen Tat eines anderen. 1285

Diese Differenzierung zwischen dem Teilnehmer an der Haupttat und dem „gutgläubigen Helfer" wirft die Frage auf, ob die Voraussetzungen, unter denen die TK-Verbindungsdaten eines Unbeteiligten zu offenbaren sind, tatsächlich 1286 dem verfassungsmäßig abgesicherten Grundsatz entsprechen, dass derjenige, der die Grundlagen für den Rechtseingriff nicht selbst gelegt hat, vor staatlichen Eingriffshandlungen besser geschützt sein muss als der Verursacher des hoheitlichen Handelns. Dahin gehend sind indessen Zweifel angebracht. Die TK-Verbindungsdaten des Unbeteiligten sind zu offenbaren, wenn auf Grund bestimmter Tatsachen eine entsprechende „Annahme" gegeben ist. Bestimmendes Element dieser „Verdachtsschwelle" ist die „Annahme", also eine primär subjektiv determinierte Einschätzung. Dass diese auf eine „bestimmte Tatsache" gegründet sein muss, nimmt diesem Problem lediglich die größte Schärfe; denn schließlich bedarf fast jeder Eingriff einer Tatsachengrundlage (vgl. dazu Rdn 70). Die Beifügung, im Falle der Auskunft über TK-Verbindungsdaten von Nicht-Beschuldigten müssten die Tatsachen, die auf einen Erfolg in Bezug auf das Ermittlungsverfahren hindeuten, bestimmt sein, kann die vorstehende Kritik keineswegs aus der Welt schaffen. Das Auskunftsverlangen der Behörden braucht sich auch nicht auf historische Verbindungsdaten zu beschränken. Vielmehr gestattet das Gesetz die Verpflichtung des TK-Dienstanbieters, zukünftige TK-Verbindungen der betreffenden Person der Behörde mitzuteilen (§ 112 II TKG i.V.m. § 100b StPO). Damit ist der TK-Dienstanbieter gehalten, umgehend Polizei oder Staatsanwaltschaft über TK-Verbindungen des Überwachten im festgelegten Rahmen in Kenntnis zu setzen, ohne dass es zu dieser Datenweitergabe einer speziellen Anordnung bedürfte.

1287 Nach § 100b StPO dürfen indessen nur solche TK-Verbindungsdaten an die Ermittlungsbehörden weitergegeben werden, die den Beschuldigten selbst bzw. den „gutgläubigen Teilnehmer" betreffen. Da der TK-Dienstanbieter aus eigener Verantwortung oder Kenntnis des Ermittlungsstandes kaum in der Lage sein wird, Beschuldigte oder „gutgläubige Teilnehmer" von Unbeteiligten sicher zu scheiden, wird er stets auf entsprechende Informationen seitens der Behörden angewiesen sein. Verbindungsdaten betreffend Personen, die in keiner Beziehung zu der verfolgten Straftat stehen, darf der TK-Dienstanbieter nicht offenbaren.

1288 Anordnung zur Erteilung einer Auskunft über TK-Verbindungsdaten darf ein Richter oder (bei Gefahr im Verzuge) ein Staatsanwalt nur erteilen, wenn die Erforschung des Sachverhalts oder die Ermittlung des Aufenthaltsorts des Beschuldigten auf andere Weise aussichtslos oder wesentlich erschwert wäre (§ 100a I Ziff. 3 StPO). Diese am Grundsatz der Verhältnismäßigkeit orientierte Formulierung belegt, dass der Eingriff in die Privatsphäre als quasi letztes Mittel anzusehen ist. Ob diese gesetzliche Forderung erfüllt ist, legt der Ermittlungsbeamte mittels einer Prognose fest (dazu Rdn 1211 f.). Letztlich liegt die Entscheidung in der Hand des Richters, was den Ermittlungsbeamten die Pflicht auferlegt, ihn zur Vorbereitung seiner Entscheidung umfassend aufzuklären. Schließlich kann er der ihm von Gesetzes wegen übertragenen Verpflichtung, die Chancen der Aufklärung eines Verbrechens abzuwägen, nur dann zureichend entsprechen, wenn sein Urteil sich auf ein festes Fundament gründet.

1289 Liegen tatsächliche Anhaltspunkte für die Annahme vor, dass durch die TKÜ allein Erkenntnisse aus dem Kernbereich privater Lebensgestaltung erlangt würden, ist der Eingriff unzulässig; sind solche Erkenntnisse bereits erlangt, dürfen sie nicht verwertet werden (§ 100a IV StPO). Die Zuordnung von Erkenntnissen zum Kernbereich privater Lebensgestaltung ist von deren Art und der Intensität ihrer sozialen Bedeutung und Beziehung abhängig. Dies lässt sich abstrakt nicht festlegen, sondern ist unter Berücksichtigung der Besonderheiten des Falles zu entscheiden (BVerfG NJW 1980, 2572). Ferner ist die Frage zu beantworten, ob der Sachverhalt nach seinem Inhalt höchstpersönlichen Charakters ist und in welcher Art und Intensität er aus sich heraus die Sphäre anderer oder die Belange der Gemeinschaft berührt (BVerfG NJW 1990, 563, 564).

Der Kernbereich hat eine formale und eine inhaltliche Komponente. Die **1290**
formale ist der Wille des Betroffenen, einen Lebenssachverhalt geheim zu halten. Allein reicht der aber nicht aus, den Sachverhalt dem Kernbereich zuzuordnen. Zusätzlich kommt es darauf an, dass er nach seinem Inhalt höchstpersönlichen Charakter trägt (Amelung, NJW 1990, 1753, 1755) und nicht von dem öffentlichen Interesse an einer wirksamen Strafverfolgung (bzw. einer effektiven Bekämpfung schwerwiegender Gefahrenlagen) überlagert wird. Dies setzt eine verfassungsrechtliche Abwägung der Persönlichkeitssphäre auf der einen gegen das legitime Strafverfolgungsinteresse auf er anderen Seite voraus. Diese Abwägung ist indes nur sachgerecht, wenn bei der praktischen Konkordanz zwischen beiden weder der Wesensgehalt des Grundrechts noch jener des Strukturprinzips kassiert wird (Jahn, NStZ 2000, 383, 385).In Bezug auf die Verfolgung von Straftaten aus dem Katalog des § 100a II StPO steht fest, dass die Aufklärung dieser „schweren Straftaten" dem Geheimhaltungsinteresse des Eingriffsadressaten vorgeht. Ein Verwertungsverbot kommt laut Gesetz nur in Betracht, wenn Informationen erlangt werden, die ausschließlich dem Kernbereich zuzurechnen sind. Diese Begrenzung wird im Normalfall wohl nicht greifen, weil TK nahezu zwangsläufig unterschiedliche Inhalte hat; dennoch hat sie erhebliche Bedeutung: Es besteht zwar kein Beweiserhebungsverbot, aber ein Beweisverwertungsverbot in Bezug auf die dem Kernbereich zuzurechnenden Inhalte. Die müssen unverzüglich gelöscht werden.

4. Ermittlung von Standortdaten in Echtzeit

Bezogen auf Mobiltelefone ist neben § 100g noch § 100i StPO einschlägig. **1291**
Begründen bestimmte Tatsachen den Verdacht, dass jemand eine Straftat von auch im Einzelfall erheblicher Bedeutung, insbesondere eine in § 100a II StPO bezeichnete Straftat begangen oder versucht oder durch eine Straftat vorbereitet hat, so dürfen durch technische Mittel die Gerätenummer eines Mobilfunkendgerätes und die Kartennummer der darin verwendeten Karte sowie der Standort eines Mobilfunkendgerätes ermittelt werden, soweit dies für die Erforschung des Sachverhalts oder die Ermittlung des Aufenthaltsortes des Beschuldigten erforderlich ist. § 100i StPO erlaubt den Ermittlungsbehörden, unbemerkt vom Eingriffsadressaten durch technische Mittel die Kartennummer (IMSI) und die Gerätenummer (IMEI) eines Mobilfunkendgerätes festzustellen. Möglich ist dies, weil eingeschaltete Mobiltelefone selbst wenn nicht kommuniziert wird, Signale aussenden, mit denen sie bei der nächstgelegenen Basisstation ihre Kommunikationsbereitschaft anzeigen. Die Feststellung der Geräte- sowie der Kartennummer ist also unabhängig von stattfindenden oder versuchten Kommunikationsvorgängen von Mensch zu Mensch.

Einsatz des „IMSI-Catchers" kommt infolge dessen nur zum Tragen bei **1292**
Kommunikation technischer Geräte (BVerfG NJW 2007, 351, 353), und zwar

unabhängig von einem konkreten Kommunikationsvorgang oder dem Aufbau einer Kommunikationsverbindung mit personalen Bezügen. Nötig ist der Datenaustausch einzig zur Sicherung der Betriebsbereitschaft ohne jede individuelle oder kommunikative Züge. Allein die technische Eignung eines Gerätes, als Kommunikationsmittel eingesetzt zu werden, sowie die von diesem Gerät ausgehenden technischen Signale zur Sicherstellung der Kommunikationsbereitschaft stellen keine Kommunikation dar. Bedeutung gewinnen diese isoliert ausgesendeten technischen Signale u.a., wenn den Ermittlungsbehörden die Rufnummer des Mobilfunkanschlusses nicht bekannt ist oder der aktuelle Standort einer gesuchten Person ermittelt werden soll (Standortdaten in Echtzeit). Der Einsatz des „IMSI-Catchers" verlangt als Anlasstat entweder eine Straftat aus dem Katalog des § 100a II StPO oder eine Straftat von auch im Einzelfall erheblicher Bedeutung. Die Forderung nach einer auch im Einzelfall schwerwiegenden Straftat scheidet nach einer Einzelfallprüfung alle Delikte aus, bei denen mangels hinreichender Schwere der Eingriff in das TK-Geheimnis nicht zu rechtfertigen ist, auch wenn das Delikt abstrakt betrachtet dem Katalog des § 100a II StPO zuzuordnen ist (Bär, MMR 2008, 215, 217). Damit steht fest, dass Bagatelldelikte die Anwendung dieses Eingriffs nicht rechtfertigen. Mindestens der mittleren Kriminalität muss die Anlasstat zuzurechnen sein. § 100i StPO darf nur zur Verfolgung bestimmter Ziele (Ermittlung von Geräte- oder Kartennummer, des Standorts) eingesetzt werden, und zum Erreichen dieses Zwecks muss der Eingriff erforderlich sein.

5. Bestimmte Tatsachen bezüglich Katalogtat

1293 Bestimmte Tatsachen müssen den Verdacht begründen, der Täter habe eine Katalogtat begangen. Gefordert wird somit „einfacher" Verdacht, der sich allerdings auf Tatsachen gründen muss. „Tatsachen" sind objektive Erkenntnisse in Bezug auf Begehung einer Straftat, die nur begrenzt überprüfbar sind. Die Stärke des Verdachts bestimmt sich nach der Würdigung der verdachtsbegründenden Merkmale durch den die Rechtsnorm anwendenden Ermittlungsbeamten (Kühne, NJW 1979, 617, 622). Wenn diese Tatsachen „bestimmt" sein müssen, scheiden routinemäßige und aus lediglich allgemeiner polizeilicher Erfahrung gewonnene Erkenntnisse für die Anwendung des § 100a StPO aus (Rogall, NStZ 1986, 385, 389). Notwendig sind vielmehr konkrete, sachverhaltsbezogene Feststellungen, die den Schluss nahe legen, dass eine bestimmte Person eine Katalogtat begangen haben könnte (Nack, in: KK § 100a Rdn 34). Zwar muss der Verdacht nicht dringend sondern nur von erheblicher Intensität sein, aber dennoch ist er in gewissem Umfang durch schlüssiges Tatsachenmaterial zu konkretisieren.

1294 Die bestimmten Tatsachen müssen auf eine Katalogtat, den strafbaren Versuch einer Katalogtat oder darauf hindeuten, dass der Täter eine Katalogtat durch eine Straftat vorbereitet hat. Während die beiden ersten Alternativen (Vollendung oder Versuch einer Katalogtat) rechtlich unproblematisch sind, gilt es in der dritten Alternative, mögliche Missverständnisse schon im Ansatz auszuräumen. Der Täter muss zwar eine Katalogtat vorbereiten, dabei kann er jedoch eine beliebige Straftat vollenden. Es geht gerade nicht um eine Vorbereitungshandlung im Rechtssinne, sondern um die Erkenntnis, dass der Täter durch eine Handlung, mit der er eine Katalogtat tatsächlich möglich macht oder zu ermöglichen versucht, eine andere Straftat bereits verwirklicht hat (Schlüchter, NStZ 1984, 373, 375).

Beispiel: A, B und C beabsichtigen, die Tochter des Industriellen I zu entführen, um ein Lösegeld in Millionenhöhe zu erpressen. Zur Vorbereitung der Tat stehlen sie zunächst ein geeignetes Fluchtfahrzeug. Danach „besorgen" sie sich drei Pistolen und eine Maschinenpistole, um potenzielle Verfolger wirksam abwehren zu können.

Die Vorbereitung eines erpresserischen Menschenraubes (§ 239a StGB) ist so lange straflos, wie durch diese Handlungen keine anderen strafrechtlichen Tatbestände verwirklicht werden. Dies ist indes hier der Fall: Einmal begehen die Täter den Diebstahl (§§ 242 ff. StGB) eines Kfz; daneben liegen Straftaten nach §§ 2, 52 WaffG und §§ 2 II, 22a KrWafG vor. Alle Delikte sind Vorbereitungstaten für die Katalogtat nach § 100a II StPO und werden somit von der Berechtigung zur Überwachung der Telekommunikation erfasst (Meyer-Goßner § 100a Rdn 5). Dass darüber hinaus noch die strafbare Verabredung zu einem Verbrechen gegeben ist (§ 30 II StGB), soll hier der Vollständigkeit halber erwähnt sein.

6. Unentbehrlichkeit des Eingriffs

Die Erforschung des Sachverhalts oder die Ermittlung des Aufenthaltsortes **1295**
des Beschuldigten muss ohne die TKÜ aussichtslos oder wesentlich erschwert sein (vgl. dazu Rdn 1208 ff.). Der Katalog der Straftaten macht den Hinweis notwendig, dass auch darüber hinausgehende Merkmale eine maßgebliche Rolle spielen können.

Beispiel: Der Sohn S kann es nicht mehr mit ansehen, wie seine Mutter M/sein Vater V an einer nach heutigen medizinischen Erkenntnissen unheilbaren Krankheit menschenunwürdig – wie er meint – leidet. Da M/V – nach Auskunft des Arztes – täglich sterben kann, „erlöst" S den leidenden M/V, wie er es sagt.

Unbestritten liegt tatbestandsmäßig ein Totschlag (Katalogtat aus § 100a II StPO) vor, und die Schuld des S, also die persönliche Vorwerfbarkeit bezüglich der rechtswidrigen Tatbestandserfüllung, ist offensichtlich gering. In Fällen erkennbar geringer Schuld müssen wir auf die Anwendung des § 100a StPO verzichten (Prittwitz, StV 1984, 302, 304). Sind Eingriffe dieser Art bereits eingeleitet, etwa weil die Ermittlungsbeamten von der geringen Schuld noch keine Kenntnis hatten, und erfahren sie dann den wahren Hintergrund der Tatbestandserfüllung, haben sie die Überwachung der Telekommunikation sofort einzustellen.

Bei der Prüfung des hinreichenden, auf bestimmte Tatsachen gestützten Tat- **1296**
verdachts sowie fehlender alternativer oder vergleichbar effizienter Möglichkeiten der Sachverhaltsklärung räumt das Gesetz Gericht und Staatsanwaltschaft einen Beurteilungsspielraum ein. Auf dessen Grundlage befinden diese Organe über das Vorliegen der durch die unbestimmten Gesetzesbegriffe gekennzeichneten Tatbestandsmerkmale für die Eingriffsvoraussetzungen. Als rechtswidrig stellt sich daher der Eingriff in Art. 10 GG lediglich dar, wenn die Entscheidung diesen Spielraum evident überschreitet und daher nicht mehr vertretbar ist. Die Einhaltung dieser Regeln muss verfahrensrechtlich überprüfbar sein, ist

somit aktenmäßig zu dokumentieren. Der gerichtliche Beschluss, der die TKÜ anordnet oder bestätigt, muss zumindest eine knappe Darlegung der den Tatverdacht begründenden Tatsachen und der Beweislage enthalten, weil nur so die Rechtmäßigkeit der Maßnahme überprüft werden kann (BGH NJW 2003, 368, 369 mwN).

7. Betroffene der Überwachung

1297 Adressaten der TKÜ sind in erster Linie Verdächtige einer Katalogtat (§ 100a Satz 1 StPO). Daneben erfasst die Norm Personen, von denen auf Grund von Tatsachen anzunehmen ist, dass sie für den Beschuldigten bestimmte oder von ihm herrührende Mitteilungen entgegennehmen (Nachrichtenmittler) oder weitergeben oder dass der Beschuldigte ihren Anschluss benutzt (§ 100a III StPO). Aus Gründen der Verhältnismäßigkeit ist die TKÜ gegenüber Nachrichtenmittlern auf Anrufe zwischen ihm und dem Beschuldigten zu beschränken. Bei erkennbaren Telefonkontakten dritter Personen untereinander ist die Überwachung ohne inhaltliche Aufzeichnung sofort abzubrechen. Ergibt sich erst im Verlaufe des Gesprächs, dass ein Bezug zu dem Beschuldigten nicht besteht, ist die weitere Überwachung einzustellen und bis dahin getroffene Aufzeichnungen sind zu löschen, dürfen also nicht verwertet werden (LG Ulm StV 2006, 8 mit Anm. Roggan). Vor einer eingehenden Beschäftigung mit diesen Tatbestandsmerkmalen, gilt es zu bedenken, dass bei der strafprozessualen Überwachung der Telekommunikation zwangsläufig nicht nur die Worte bzw. Äußerungen des Beschuldigten, sondern auch die anderer Personen, denen kein Vorwurf i.S. des § 100a StPO gemacht werden kann, mitgehört, zur Kenntnis genommen und vielfach auch aufgezeichnet werden. Dieser Eingriff in die Privatsphäre völlig unverdächtiger Menschen ist quasi unvermeidlich (BGHSt 29, 23, 24). Daher bestimmt § 100b IV StPO, dass die Unterlagen, die für das Strafverfahren von vornherein nicht von Bedeutung sind bzw. deren prozessuale Untauglichkeit sich herausgestellt hat, unter staatsanwaltschaftlicher Aufsicht zu vernichten sind. Die Protokolle, in denen solche Gespräche festgehalten wurden, sind z.B. aus den Akten zu entfernen, das Band, auf dem das Gespräch aufgenommen worden ist, muss in diesem Teil gelöscht werden (Schnarr, MDR 1987, 1, 3).

1298 Schwierigkeiten bereitet vor allem die Frage, wie man den Verdächtigen vom Nichtverdächtigen i.S. des § 100a StPO abgrenzt. Der gutgläubige Nachrichtenmittler und derjenige, der von der Benutzung seines TK-Anschlusses durch eine Person, der eine Katalogtat aus § 100a StPO vorgeworfen wird, keine Kenntnis hat, ist unbestreitbar Nichtverdächtiger und strafrechtlich völlig anders einzuordnen als derjenige, der Kenntnis von den Taten hat, also bösgläubig ist. Im Sinne des Strafrechts könnte der bösgläubige Nachrichtenmittler einerseits wegen Strafvereitelung strafbar sein, andererseits käme Beihilfe zu einer Katalogtat in Betracht. Da Strafvereitelung keine Katalogtat gemäß § 100a StPO darstellt, ist auch der bösgläubige Nachrichtenmittler im Regelfall „Nichtverdächtiger“ im Sinne dieser Ermächtigung, so dass eine TKÜ nicht zulässig ist. Erkennt man auf Gehilfentätigkeit, ergeben sich erhebliche Schwierigkeiten in Bezug auf Anerkennen des doppelten Gehilfenvorsatzes. Ist der nicht nachzuweisen, ist auch der bösgläubige Nachrichtenmittler Nichtverdächtiger.

Aus den Besonderheiten der TKÜ folgt, dass sozusagen zwangsläufig das am Telefon gesprochene Wort unverdächtiger Personen mitgehört wird. Die Überwachung wird aber nicht unzulässig, weil in Folge des Kommunikationscharakters von Telefonen Personen in die Überwachung einbezogen werden, mit denen der Überwachte in Verbindung steht. Die Pflicht zur Beschränkung der Überwachung auf das notwendige Maß schließt es nicht einmal aus, sie auf dritte Personen auszudehnen, wenn deren Nachrichtenmittel möglicherweise für Zwecke des Verdächtigen benutzt werden (BVerfGE 30, 1, 22), und zwar unabhängig davon, ob der Nachrichtenmittler gutgläubig ist (Welp, S. 76 ff.). Jedoch müssen bestimmte tatsächliche Anhaltspunkte den Schluss nahe legen, die Überwachungsaktion bei dem Unverdächtigen werde den Sachverhalt aufklären oder den Aufenthaltsort des Beschuldigten ermitteln helfen (Nack, in: KK § 100a Rdn 37). Müssen aber bestimmte Tatsachen eine Erfolgsaussicht belegen, verlangt dies eine gezielte Kontrolle und schließt eine dauerhafte TKÜ beim Nichtverdächtigen aus (Joecks, JA 1983, 59, 60). **1299**

Eine besondere Qualität erhält die TKÜ in Bezug auf die Frage, ob z.B. Telekommunikation zwischen dem Beschuldigten und seinem Verteidiger überwacht und aufgezeichnet werden dürfen. Ausgangspunkt der Überlegungen kann insoweit nur § 148 I StPO sein, der das Ziel verfolgt, eine völlig freie Verteidigung (BGHSt 27, 260, 262) zu gewährleisten. Die Rechtsordnung setzt in den Verteidiger als Organ der Rechtspflege das notwendige Vertrauen, dessen es bedarf, eine effektive Verteidigung aufbauen und durchführen zu können (OLG Hamburg NJW 1979, 1724). Auf Grund dieser Überlegungen ist zu unterstellen, dass der TK-Anschluss des Verteidigers gemäß § 100a StPO nicht überwacht werden darf (BGHSt 33, 347, 349; Welp, S. 198 und NStZ 1986, 294, 295). Dieses Verbot gilt nach h.M. selbst dann, wenn der Verteidiger in den Verdacht geraten ist, seinen Mandanten zu begünstigen oder zu dessen Gunsten Strafvereitelung zu begehen. Solange er nicht von der Mitwirkung in dem Verfahren gemäß § 138 I Ziff. 1 StPO ausgeschlossen ist, gilt § 148 StPO, also der „völlig freie" Verkehr zwischen Verteidiger und Mandant (Schäfer, in: L-R § 100a Rdn 26; Meyer-Goßner § 100a Rdn 13; Waldowski, AnwBl. 1975, 106, 107). Ist der Anwalt jedoch Beteiligter an der Katalogtat, wird er zum Beschuldigten, und § 100a StPO lässt auch die Überwachung seines TK-Anschlusses zu (BGH NJW 1986, 1183, 1184; Welp, NStZ 1986, 294, 297). Dann nämlich steht seine Beschuldigteneigenschaft im Vordergrund und verdrängt das Verteidigungsverhältnis (Schlüchter Rdn 354). **1300**

8. Verwertung von Erkenntnissen/Verwertungsverbote

Es liegt in der Natur einer TKÜ, dass die Ermittlungsorgane zwar eine Vielzahl von Informationen gewinnen, aber nur ganz wenige davon tatsächlich Bezüge zu dem Strafverfahren aufweisen, in dessen Zusammenhang der Eingriff angeordnet worden ist. Daher stellt sich gerade hier die Frage, wie die Behörden mit der Menge der auflaufenden Erkenntnisse umzugehen haben. Deutet begründeter Verdacht auf die Verwirklichung einer Katalogtat, dürfen die Erkenntnisse selbst dann verwertet werden, wenn ihre Auswertung zu der Feststellung führt, dass eine Katalogtat nicht mehr zu begründen ist (KMR § 244 Rdn 579). Fehlten indes wesentliche sachliche Voraussetzungen für die Anord- **1301** nung dieses Eingriffs, dürfen die aus einer TKÜ gewonnenen Erkenntnisse nicht verwertet werden (BGHSt 48, 240, 248).

1302 Zur Aufklärung eines Delikts, das in Tateinheit mit der Katalogtat steht, dürfen die auf der Basis des § 100a StPO gewonnenen Erkenntnisse ebenso verwertet werden (Welp, Jura 1981, 472, 477) wie die in Erfahrung gebrachten Taten, die die Mitglieder einer kriminellen oder terroristischen Vereinigung begangen haben, um ihre weitergehenden Ziele zu verfolgen (BGHSt 28, 122, 127; OLG Düsseldorf JMBlNRW 1977, 118). Die Bedürfnisse einer wirksamen Strafverfolgung und das öffentliche Interesse an möglichst vollständiger Ermittlung der Wahrheit sind ein wesentlicher Auftrag an ein rechtsstaatliches Gemeinwesen und lassen ein zu extensives Verwertungsverbot aus tragenden Grundsätzen des Strafverfahrens nicht geboten erscheinen (BVerfG NJW 1988, 1075). Infolge dessen darf das Gericht die Erkenntnisse, die die Ermittlungsorgane aus einer rechtmäßig wegen einer Katalogtat angeordneten TKÜ gewonnen haben, in der Hauptverhandlung gegen einen Zeugen verwenden, wenn er unrichtige Angaben macht (OLG Karlsruhe NStZ 1994, 201).

1303 Ein Problem stellt die Verwertung von Erkenntnissen aus der TKÜ zwischen Verteidiger und Mandant dar. Ermitteln die Behörden gegen den Verteidiger, dürfen die bei der Überwachung gewonnenen Erkenntnisse zwar gegen ihn, grundsätzlich aber nicht gegen seinen Mandanten verwertet werden. Dies verbietet der Gedanke der Aussagefreiheit (BGH NStZ 1986, 294, 297 f.). Nur Erkenntnisse, die auf Teilnahme des Verteidigers an den Katalogtaten seines Mandanten hinweisen, ohne diesen aber zu belasten oder sonst in seiner Verteidigung zu beeinträchtigen, sind prozessual verwertbar. Führt der Verteidiger beispielsweise ein zulässigerweise überwachtes Telefongespräch mit einem Dritten, steht auch § 148 StPO einer Verwertung der Erkenntnisse nicht entgegen, sofern diese sich inhaltlich auf die Katalogtaten beziehen, deren der Mandant des Rechtsanwalts verdächtig ist (BGH NStZ 1988, 562, 563).

1304 Die Frage nach der Bedeutung von Verwertungsverboten verlangt Abwägung aller Umstände des Einzelfalls, insbesondere der Schwere des Grundrechtseingriffs und des Verfahrensverstoßes sowie der Interessen der Allgemeinheit an einer wirksamen Strafverfolgung. Unter Beachtung dieser Grundsätze ergibt sich ein Beweisverwertungsverbot bei Verstößen gegen §§ 100a, 100b StPO, wenn a priori der Verdacht einer Katalogtat nicht zu begründen ist (BGHSt 31, 304, 308). Der generalpräventive Charakter des auf § 100a StPO aufbauenden Verwertungsverbots würde unterlaufen, wenn auf diesem Wege gesetzwidrig erlangte Kenntnisse prozessual verwertet werden dürften (Krier, S. 182). So ist es z.B. mit den Grundsätzen eines rechtsstaatlichen Ansprüchen genügenden Strafverfahrens nicht vereinbar, einen Verdächtigen von einem V-Mann der Polizei mit dessen Billigung und unter dessen Mitwirkung gezielt anzurufen und unter Ausnutzen des bestehenden Vertrauensverhältnisses in ein Gespräch über eine Straftat zu verwickeln, das auf Tonband aufgenommen und später gegen ihn verwendet wird. Diese verdeckt initiierte Selbstbelastung stellt einen entgegen BGHSt GS 42, 139, 153 ff. so schwerwiegenden Eingriff dar, dass den dadurch gewonnenen Erkenntnissen die Verwertbarkeit zu versagen ist. Im Übrigen verletzt jede gesetzlich nicht zugelassene Hörfalle, soweit sie in den Verantwortungsbereich der Exekutive fällt, das auch durch Art. 8 EMRK besonders geschützte Privatleben (Gaede, StV 2004, 46, 49). Die gleiche Rechtslage haben wir, wenn die Anordnungsregelung des § 100b StPO missachtet wird (Schäfer, in: L-R § 100a Rdn 109), insbesondere wenn Polizeibeamte die Anordnung bei Gefahr im Verzuge erteilen (Hassemer, JuS 1983, 809, 811). Unverwertbar sind ebenso Erkenntnisse, die außerhalb der gesetzlich geregelten TKÜ durch Aufzeichnung des nichtöffentlich gesprochenen Wortes gewonnen worden sind. Zu diesen unverwertbaren „Beweismitteln" gehören auch Erkenntnisse aus sog. Raumgesprächen, die mehr oder weniger zufällig mitgehört worden sind (BGHSt 34, 39, 43; Amelung, JR 1984, 256; Kühne, EuGRZ 1986, 493 f.), sofern nicht die Voraussetzungen der §§ 100c ff. StPO vorliegen.

In Bezug auf heimlich hergestellte Gesprächsmitschnitte (Hörfallen) könnte **1305** man ein Beweisverwertungsverbot annehmen, sofern sie einen Verstoß gegen § 201 StGB oder Verletzung des allgemeinen Persönlichkeitsrechts erkennen lassen (BVerfGE 31, 238, 246) und der Verwertung seitens des Betroffenen ausdrücklich widersprochen wird. Doch zieht eine fehlende Zustimmung nicht unbedingt die Unverwertbarkeit der in diesem Dokument enthaltenen verfahrensrelevanten Erkenntnisse nach sich. Vielmehr gilt es zur Beantwortung dieser Frage zu unterscheiden, ob es sich um einen von einem Dritten hergestellten Mitschnitt handelt, der der Polizei übergeben worden ist, oder ob die Polizei diese Tonaufnahme selbst angefertigt hat. Unstrittig ist eine Tonaufnahme unverwertbar, deren Inhalt sich auf den unantastbaren Kern privater Lebensführung bezieht (§ 100a IV StPO); denn dieser Bereich menschlicher Intimität und Würde ist staatlichen Eingriff absolut entzogen (BGHSt 36, 167, 173; BayObLG StV 1995, 65, 66). Von Privaten hergestellte Mitschnitte sind prinzipiell unverwertbar, es sei denn deren Verwertung ist auf Grund eines überwiegenden Interesses der Allgemeinheit und unter strikter Beachtung des Grundsatzes der Verhältnismäßigkeit gerechtfertigt (BayObLG OLGSt, § 261 Nr. 9), vor allem also in Fällen schwerer Kriminalität (Straftaten gegen Leben, körperliche Unversehrtheit oder Rechtsgüter vergleichbaren Ranges). Daneben ist zu prüfen, ob die Auswertung des Tondokuments nach Ausschöpfen aller zur Verfügung stehenden zulässigen Beweismöglichkeiten die einzige Möglichkeit darstellt, den Beschuldigten zu überführen oder zu entlasten (BVerfGE 34, 238, 249).

Die Vorschrift des § 100a StPO bezieht sich ausschließlich auf TK-Wege. **1306** Wer sich im häuslichen oder sonst privaten Bereich unterhält, ohne eine solche Einrichtung zu verwenden, nimmt nicht an der Telekommunikation teil, und die Norm greift unmittelbar nicht. Eine erweiternde Interpretation widerspricht nicht nur dem Wortlaut des Gesetzes, sondern auch und insbesondere seinem grundrechtseinschränkenden Charakter, der sich allein auf Art. 10 GG bezieht. Das gilt prinzipielle auch für Äußerungen gegenüber Privaten, die den Verdächtigen lediglich aushorchen und ihr Wissen Polizei oder Staatsanwaltschaft weiter geben wollen. Einerseits weiß der Beschuldigte, dass er zu einer Aussage nicht verpflichtet ist. Andererseits irrt er über den wahren Sinn und Anlass des mit ihm geführten Gesprächs und erkennt nicht, dass es seinem Gesprächspartner in erster Linie daran gelegen ist, ihn zu selbstbelastenden, in einem Strafverfahren verwertbaren Angaben zu veranlassen. Darin allerdings sind keine Gründe zu erkennen, die Bedenken gegen eine Verwertbarkeit solcher Angaben wecken könnten. Schließlich trägt jedermann das Risiko, auf Grund eigener Aussagen, auch wenn man sie im Vertrauen auf die Verschwiegenheit des Gesprächspartners gemacht hat, im Strafverfahren überführt zu werden, Setzen indessen die Ermittlungsbehörden gezielt Private zum Aushorchen Verdächtiger ein, kommt dies einem Verstoß gegen das nemo-tenetur-Prinzip nahe. Dies führt zwar nicht zwingend zur Unzulässigkeit des Vorgehens der Strafverfolgungsbehörden (BGH NJW 1996, 2940, 2943). Aber die evidente Nähe zu diesem Grundsatz sowie dem sich aus dem Rechtsstaatsprinzip herleitenden Grundsatz des fairen Verfahrens nähren Bedenken gegen ein Verhalten, in dem die Ermittlungsbehörden einen Beschuldigten in der dargestellten Weise zu Äußerungen veranlassen (Duttge, JZ 1996, 556, 562), die sie dann gegen ihn verwenden.

1307 Sprechen tatsächliche Anhaltspunkte dafür, dass die Inhalte einer überwachten Telekommunikation einem Verwertungsverbot unterliegen, ist die laufende Überwachung unverzüglich abzubrechen. Jede Verwertung eines geschützten Gesprächs ist unzulässig. Ein aufgenommener Tonträger darf weder abgespielt noch ein hergestelltes Protokoll verlesen oder eine mit der Durchführung der TKÜ beauftragte Person als Zeuge vernommen werden. Vorhaltungen, die sich auf die Kenntnis des geschützten Wortes stützen, sind nicht zulässig (Welp, NStZ 1986, 294, 299).

9. Zufallserkenntnisse

1308 Die verdeckte TKÜ spielt den Ermittlungsorganen nahezu zwingend Erkenntnisse in die Hand, die auf Verüben anderer als der Straftaten hindeuten, in deren Zusammenhang die Überwachung angeordnet worden ist. Die Frage, ob diese Zufallserkenntnisse strafprozessual verwertet werden dürfen, soll nachfolgend anhand eines Beispielfalls erläutert werden.

Beispiel: Wegen des Verdachts der Bildung einer kriminellen Vereinigung wird die TKÜ gegenüber dem B gerichtlich gem. § 100a II Ziff. 1d StPO angeordnet und durchgeführt. B steht im Verdacht, als Mitglied einer international operierenden Bande in großem Stil Nobel-Pkw zu stehlen, zu „frisieren" und Gewinn bringend abzusetzen. Bei einem der abgehörten und aufgezeichneten Gespräche erfährt die Polizei, dass H von B einen Pkw der Marke ... kauft, obwohl ihm dessen Herkunft bekannt ist. Auf der Grundlage dieser „Zufallserkenntnis" erstattet die Polizei Anzeige gegen H wegen Hehlerei (§ 259 StGB). H wendet ein, die Erkenntnisse aus der TKÜ dürften gegen ihn gar nicht verwendet werden.

Zu keinem Zeitpunkt stand der Beschuldigte im Verdacht, Mitglied der kriminellen Vereinigung, gegen die die TKÜ gerichtet war, gewesen zu sein. Allerdings erlangen die Ermittlungsbehörden durch die TKÜ zwangsläufig Erkenntnisse, die auf Verüben anderer als der Straftaten hindeuten, die Anlass für die Anordnung der Überwachung gewesen sind. Insoweit muss man der Frage nachgehen, ob überhaupt und ggf. in welchem Umfang solche „Zufallserkenntnisse" strafprozessual verwertet werden dürfen.

1309 Auf der Grundlage einer analogen Anwendung des § 108 Satz 1 StPO lässt sich dieses Problem nicht lösen (BGHSt 26, 298, 303; Dalakouras, S. 269; Knauth, NJW 1978, 741, 742). Allein bei Verdacht einer der Katalogtaten aus § 100a StPO tritt das Recht auf Unverletzlichkeit des Telekommunikationsgeheimnisses gegenüber den Interessen der Allgemeinheit an schneller und effektiver Aufklärung und Verfolgung der genannten schweren Straftaten zurück. Bei allen anderen Straftaten gesteht das Gesetz den Primat dem Individualinteresse zu. Eine Katalogtat i.S. des § 100a StPO ist Hehlerei nicht, daher scheidet die Zulässigkeit der TKÜ auf der Grundlage einer unmittelbaren Anwendung des § 100a StPO gegenüber dem Beschuldigten aus.

Gegen einen Beschuldigten darf die Behörde zufällig erlangte Erkenntnisse **1310** verwerten, wenn das damit aufgedeckte Delikt eine Katalogtat ist, wegen der eine TKÜ angeordnet werden dürfte (BGHSt 32, 10, 15; NJW 1983, 2396; NStZ 1998, 426, 427; Schlüchter, NStZ 1984, 373, 375; Hassemer, StV 1999, 221; Kramer, Rdn 225). Eine andere Rechtslage gilt indessen für die Verwertung von Erkenntnissen, die zufällig im Rahmen einer ordnungsgemäß angeordneten Überwachung in Bezug auf Taten gewonnen werden, die nicht im Katalog enthalten sind. Diese Erkenntnisse dürfen zwar nicht unmittelbar als Beweismittel verwendet werden (BGHSt 27, 355, 356), doch steht deren prozessualer Verwendung nichts im Wege, wenn dieses Delikt in enger Beziehung zu der in der Anordnung aufgeführten Katalogtat steht. Dieser Bezug kann entstehen bei einer anderen Begehensform der Katalogtat, selbst wenn die abweichende Begehensform eine Überwachung nicht zulassen würde, oder wenn Tateinheit oder ein solcher Zusammenhang mit der Katalogtat auf der Hand liegt, dass auf Tatidentität i.S. des § 264 StPO zu erkennen wäre (BGH NStZ 1998, 426, 427). Diese Voraussetzungen liegen im Verhältnis der von dem Beschuldigten begangenen Hehlerei zu dem von der Bande verwirklichten schweren Bandendiebstahl gerade nicht vor.

Daher war die unmittelbare Verwertung der Erkenntnisse aus der TKÜ **1311** gegen den Beschuldigten rechtlich nicht zulässig; denn es handelte sich um „Zufallserkenntnisse", die gegen einen von der Telefonüberwachung nicht betroffenen Dritten zu Strafverfolgungszwecken eingesetzt worden waren. Diese Erkenntnisse aus der Telefonüberwachung hätten seitens der Ermittlungsbehörden nur dann unmittelbar verwendet werden dürfen, wenn auch gegen den Beschuldigten als Dritten die Voraussetzungen zur Anordnung einer TKÜ vorgelegen hätten. Da er aber nicht im Verdacht stand, eine Katalogtat gem. § 100a StPO begangen zu haben, kam ein solcher Rechtseingriff gegen ihn nicht in Betracht. Um nicht den gesetzlich postulierten Rechtsschutz ad absurdum zu führen, darf dem Verwertungsverbot keine Fernwirkung zukommen. Wenn man die aus der TKÜ erkennbaren Hinweise mittelbar zur Grundlage von Ermittlungen wegen anderer als der Katalogtaten machen darf (so Nack, in: KK § 100a Rdn 41 ff.), dann weicht das die ansonsten strenge Dogmatik des § 100a StPO unerträglich auf.

Durchaus nicht selten stoßen Ermittlungsbeamte im Zuge einer richterlich **1312** bestätigten TKÜ auf Erkenntnisse, die einen gleichen Eingriff gegenüber weiteren Beschuldigten erlauben. Eine derartige „Kette von Eingriffen" hat u.U. mehrere Glieder, von denen durchaus einmal eines sich als rechtswidriger Eingriff herausstellt. Dann stellt sich die Frage, ob die Behörde die mittelbar auf die rechtswidrige TKÜ zurückzuführenden Erkenntnisse prozessual verwerten darf oder ob der Rechtswidrigkeit des Handelns Fernwirkung zukommt.

Beispiel: Der PP A-Stadt führt gegen D eine richterlich bestätigte TKÜ wegen des Verdachts des unerlaubten Handeltreibens mit Betäubungsmitteln in mindestens 14 Fällen durch. Auf die Spur des D sind die Beamten im Zuge einer ebenfalls richterlich bestätigten TKÜ gegenüber A gestoßen, dem allerdings nur eine Tat nach § 29 I Ziff. 1 BtMG nachgewiesen werden konnte. Dieses Verfahren wiederum stützte sich auf Erkenntnisse, die der PP auf Grund einer TKÜ wegen Verdachts von Verbrechen nach § 29a BtMG (allerdings in „nur" neun Fällen) zum Nachteil des B ausgeführt hatten.

1313 Im Falle dieser „Kette" voneinander abhängiger bzw. aufeinander aufbauender TKÜ, die insbesondere im Ermittlungsverfahren nach Straftaten gegen das Betäubungsmitel- oder auch das Waffengesetz nicht unbedingt selten sind, hätte die Anerkennung einer Fernwirkung des Beweisverwertungsverbots in Folge einer einzelnen rechtswidrigen Maßnahme der TKÜ einen Dominoeffekt zur Folge: Die fehlerhafte Annahme des Verdachts einer Katalogtat bei Anordnung der Ausgangsüberwachung würde alle Erkenntnisse aus ggf. einer Vielzahl nachfolgender TKÜ unverwertbar machen. Dessen eingedenk verbietet das öffentlich Interesse an effizienter und möglichst vollständiger Aufklärung schwerer und schwerster Straftaten (BVerfGE 80, 367, 375) die Anerkennung einer Fernwirkung. Zudem machten es die mit einer möglichen Fernwirkung einhergehenden Prüfungspflichten im Einzelfall unmöglich, alle TKÜ bis hin zur Ausgangsüberwachung einer eingehenden Untersuchung an Hand des Aktenbestandes im jeweiligen Verfahren zu unterziehen. Im übrigen müssen die Ergebnisse aus einer u.U. rechtswidrigen TKÜ sich inhaltlich nicht unbedingt auf die Erkenntnisse aus einer darauf aufbauenden und isoliert betrachtet rechtlich einwandfrei angeordneten Maßnahme der TKÜ auswirken (BGH StraFo 2006, 237 ff.).

IV. Anordnung der Überwachung

1314 Eine TKÜ darf nur auf Antrag der Staatsanwaltschaft durch das Gericht angeordnet werden. Bei Gefahr im Verzuge geht die Kompetenz auf die Staatsanwaltschaft über (§ 100b I StPO). Keine Befugnisse haben die Ermittlungsbeamten der Staatsanwaltschaft. Damit dokumentiert der Gesetzgeber die Bedeutung dieses Eingriffs. Ein weiterer Unterschied zur Anordnung fast aller anderer strafprozessualen Grundrechtseingriffe liegt in ihrer gesetzlich geforderten Schriftform (Absatz 2 Satz 1) und der Festlegung ihres Inhalts (Absatz 2 Satz 2). Dementsprechend muss die Anordnung die dem Beschuldigten zur Last gelegte Tat benennen, den Grund der Überwachung angeben (dazu gehört auch das verfahrensrechtliche Ziel) und die Gründe für die Anerkennung der Unentbehrlichkeit des Eingriffs darlegen (Nack, in: KK § 100b Rdn 2).

1315 Einer richterlichen Anordnung nach § 100b StPO bedarf es nicht, wenn z.B. einer der Teilnehmer an der Telekommunikation einem Ermittlungsbeamten das Mithören bzw. Mitlesen gestattet (OLG Hamm NStZ 1988, 515). Schließlich entscheidet jeder Teilnehmer an einem Telefongespräch völlig autonom, ob und ggf. wen er mithören lässt.

1316 Bei der Prüfung, ob ein auf Tatsachen gestützter Tatverdacht gegeben ist und der Subsidiaritätsgrundsatz nicht entgegensteht, hat derjenige, der eine TKÜ anordnet, einen Beurteilungsspielraum. Dies schränkt die Möglichkeit einer Nachprüfung des Rechtseingriffs sowohl durch den Tatrichter als auch eine etwaige Revision weitgehend ein, denn die Ergebnisse einer TKÜ sind so lange verwertbar, wie der Eingriff in die Privatsphäre rechtlich vertretbar war (BGH NJW 1995, 1974).

V. Dauer der Überwachung

Die Höchstdauer einer Überwachungsperiode beträgt drei Monate (§ 100b I S. 4 StPO). Der Eingriff kann jedoch, sofern die Voraussetzungen weiterhin vorliegen, durch einen Richter erneut angeordnet werden (§ 100b I Satz 5 StPO). Ob die Voraussetzungen noch gegeben sind, muss unabhängig von den Anordnungszeiten ständig überprüft werden. Sind sie entfallen, haben die Ermittlungsbehörden den Rechtseingriff sofort zu beenden. Die Entscheidung über die Beendigung der TKÜ trifft grundsätzlich die Staatsanwaltschaft. Dient der Eingriff jedoch der Ermittlung des Aufenthaltsortes eines Angeklagten, geht die Kompetenz auf das Gericht über (Meyer-Goßner § 100b Rdn 6). **1317**

C. Überwachung des nichtöffentlich gesprochenen Wortes

Dieser Problemkreis beschäftigt sich mit der behördlichen Überwachung und Aufzeichnung des nichtöffentlich gesprochenen Wortes (vgl. auch schon Rdn 1161, 1176ff.), und zwar ohne Berücksichtigung der Telefonüberwachung. Als besondere Form des Eingriffs in die Vertraulichkeit des Wortes erfährt diese Grundrechtsbeeinträchtigung eine gesonderte gesetzliche Regelung (vgl. Rdn 1250ff.). Im Falle der Überwachung des nichtöffentlich gesprochenen Wortes haben wir es ohne Zweifel mit einem Eingriff (zu diesem Begriff näher Rdn 7) zu tun; denn jede Form akustischer Wohnraumüberwachung stellt eine Verletzung subjektiv-öffentlicher Rechte dar. Dabei ist es irrelevant, ob die Rechtsbeeinträchtigung durch technische Mittel erfolgte, die in den geschützten Räumen angebracht oder von außerhalb der Wohnung eingesetzt werden, wie z.B. im Falle der Benutzung eines Richtmikrofons. Dies gilt indessen nur, wenn die Überwachung von außen Vorgänge erfasst, die sich innerhalb der Wohnung abspielen und somit der natürlichen Wahrnehmung von außerhalb entzogen sind. Zwar kann auch die Wahrnehmung der aus einer Wohnung nach außen dringenden und ohne technische Hilfsmittel hörbaren Kommunikation deren Privatheit beeinträchtigen, doch fallen solche Lebensäußerungen nicht in den Schutzbereich des Art. 13 I GG (BVerfG NJW 2004, 999, 1005f.). **1318**

I. Polizeirechtliche Ermächtigung

Die polizeirechtliche Beeinträchtigung der Vertraulichkeit des gesprochenen Wortes regelt grundsätzlich § 33 bbPolG, § 18 nwPolG, § 34 thPAG. Danach darf die Polizei personenbezogene Daten erheben durch den verdeckten Einsatz technischer Mittel zum Abhören und Aufzeichnen des gesprochenen Wortes, wenn dies zur Abwehr einer gegenwärtigen Gefahr für Leben, Gesundheit oder Freiheit einer Person erforderlich ist. In erster Linie sind die Adressaten Verhaltens-. oder Zustandsstörern, gegenüber nicht verantwortlichen Personen darf dieser Rechtseingriff nur unter speziell festgelegten Voraussetzungen (§ 6 nwPolG, § 7 bbPolG) vorgenommen werden. Rechtfertigen Tatsachen die An- **1319** nahme, dass eine bestimmte Person künftig Straftaten von erheblicher Bedeutung begehen wird, dann darf das gesprochene Wort dieser Person sowie von deren Kontakt- oder Begleitpersonen verdeckt abgehört und ggf. aufgezeichnet werden, soweit dies zur vorbeugenden Bekämpfung der Straftaten erforderlich ist. Dieser weiten Fassung der gefahrenabwehrenden verdeckten Datenerhebung legt der Gesetzgeber nicht einmal Zügel an. Allenfalls unter Berücksichtigung der Verhältnismäßigkeit hätten die Ermittlungsbeamten vorab zu prüfen, ob die Verhinderung von Straftaten nicht ebenso wirksam durch „offene" Datenerhebung möglich ist.

1320 Werden die Gespräche in Wohnungen geführt und von der Polizei verdeckt abgehört und aufgezeichnet, soll eine Verletzung der Rechte des/der Abgehörten nur erlaubt sein, wenn dies zur Abwehr einer gegenwärtigen bzw. unmittelbar bevorstehenden (§ 35 I Ziff. 1 thPAG) Gefahr für Leben, Gesundheit oder Freiheit einer Person bzw. besonderer Sachen („erforderlich" thPAG) unerlässlich (§ 33 III Ziff. 1 bbPolG, § 18 II nwPolG), also sog. ultima ratio des polizeilichen Handelns zur Sicherung dieser wichtigen Rechtsgüter ist. Des Weiteren ist der Lauschangriff zulässig, wenn dies die nach pflichtgemäßem Ermessen einzig wirksame Methode ist, enumerativ aufgezählte Straftaten bzw. Straftaten von erheblicher Bedeutung (§ 35 I Ziff. 2 thPAG) zu verhindern (§ 33 III Ziff. 2 bbPolG).

1321 Das verdeckte Abhören des in einer Wohnung nichtöffentlich gesprochenen Wortes muss von außen erfolgen. Die Polizeigesetze erlauben es den Behörden nicht – schon gar nicht als implizierte Befugnis –, zum Zwecke des Anbringens von Abhöranlagen die Wohnung des Eingriffsadressaten zu betreten bzw. zu durchsuchen. Verfassungsrechtlich ist der große Lauschangriff in Art. 13 III, IV, V, VII GG abgesichert.

1322 Der Einsatz eines Abhörgerätes oder eines Richtmikrofons nimmt der Wohnung die Möglichkeit, für ihren Benutzer Freiraum zur individuellen Lebensgestaltung oder Ort der Geborgenheit und Sicherheit zu sein, und ermöglicht dem Staat bzw. seinen Organen, unbemerkt in das Privatleben des Wohnungsinhabers und der anderen Benutzer der Wohnung hineinzuleuchten, und zwar bis in den intimsten Bereich. Da der Überwachte von dem Angriff auf seine Rechte keine Kenntnis hat, wird er sich unbefangen verhalten und den Staatsorganen – unbewusst – sämtliche Lebensäußerungen offenbaren. Damit ist aber nicht nur der Wesensgehalt von Art. 13 I und 2 I GG (Dalakouras, S. 268 f.), sondern auch und vor allem die Würde des Menschen aus Art. 1 GG verletzt.

1323 Für einen kritischen Betrachter stellen sich hinsichtlich der hier diskutierten Ermächtigung einige noch andere Fragen. Der Eingriff in die Vertraulichkeit des Wortes dient der vorbeugenden Verbrechensbekämpfung, einem durchaus anzuerkennenden Anliegen. Doch bei nüchterner Betrachtung muss man ernsthaft fragen und analysieren, ob es sich bei der polizeirechtlichen Ermächtigung zum verdeckten Abhören oder Aufzeichnen des gesprochenen Wortes um eine gefahrenabwehrende Eingriffsnorm handeln kann. Die Behörde will vor der Begehung genau bezeichneter Straftaten Kenntnisse z.B. über Täter, Opfer, Zeit und Ort der Tat bzw. Art der Tatbestandsverwirklichung erhalten. Nutzen die Ermittlungsbeamten diese Erkenntnisse, um die Durchführung der Straftat zu verhindern, steht gefahrenabwehrendes Handeln fest und § 33 III bbPolG, § 18 II nwPolG, § 35 thPAG ist anwendbar.

Ganz so einfach ist die Rechtslage nicht, wenn die Polizei ihre Erkenntnisse nicht dazu einsetzt, das geplante Delikt zu verhindern, sondern es bis zum Versuchsstadium reifen zu lassen, um dann zuzugreifen. Ist der Versuch straflos (dann werden die Tatbestandsmerkmale der Eingriffsnorm kaum vorliegen), ist eine gefahrenabwehrende Tätigkeit anzuerkennen; ist der Versuch strafbar, verwerten die Ermittlungsbehörden die durch verdecktes Abhören des gesprochenen Wortes gewonnenen Erkenntnisse nicht mehr gefahrenabwehrend. Die Tatsache, dass sie die Verwirklichung des ihnen bekannten Delikts erst im Stadium des Versuchs unterbinden, begründet sich in erster Linie mit der Möglichkeit einer effektiveren Beweisführung. Das wiederum hat ausschließlich Bezüge zur Strafverfolgung. Grundsätzlich aber dürfen Erkenntnisse aus einer polizeirechtlichen Wohnraumüberwachung strafprozessual zu Beweiszwecken verwendet werden, allerdings unter der Maßgabe des § 100d V Ziff. 3 StPO. 1324

Enthält das verdeckt mitgehörte Gespräch die Verabredung eines Verbrechens, liegt allein auf der Grundlage des § 30 II StGB eine Straftat vor, die nach den Versuchskriterien des Delikts, das die Gesprächsteilnehmer verabredet haben, strafbar ist. Daher kann man die Verwertung der Erkenntnisse durch Polizeibeamte nicht bedenkenlos der Gefahrenabwehr zuordnen. 1325

Beispiel: A, B und C verabreden, die Industriellentochter I zu entführen, um von den Eltern ein hohes Lösegeld zu erpressen. Als die ersten Hinweise auf die Aktivitäten der drei bei der Polizei eingehen, hören die Beamten die Gespräche der Verdächtigen in der Wohnung des B mit und zeichnen sie auf.

Ohne Zweifel geht es der Polizei darum, die geplante und vorbereitete Entführung zu verhindern. Damit betreibt sie Gefahrenabwehr. Andererseits steht fest, dass die Täter gemeinsam einen erpresserischen Menschenraub (§ 239a StGB), also ein Verbrechen planen und bereits aus § 30 II StGB strafbar sind. Weil die Polizei zum Zwecke der Beweisführung wegen Verabredung zu einem bzw. Vorbereitung eines Verbrechens diesen Rechtseingriff durchführt, betreibt sie neben Prävention Strafverfolgung. Ähnlich sind die Fälle gelagert, in denen das Strafgesetzbuch Vorbereitungshandlungen zu selbständigen Straftaten erhebt. Nutzen die Ermittlungsbeamten durch verdecktes Abhören des nichtöffentlich gesprochenen Wortes gewonnene Kenntnisse, um nach einer strafbaren Vorbereitungshandlung oder im Falle des § 30 II StGB zuzugreifen, verfolgen sie – wie dargestellt – sowohl strafverfolgende als auch präventive Ziele. In einer solchen „Mischlage" kann der Gefahrenabwehr durchaus einmal der Primat zuerkannt werden (OLG Hamm NPA Leitzahl 730, Gefahrenabwehr Blatt 30).

II. Strafprozessuale Ermächtigung

Die strafprozessuale Ermächtigung, das nichtöffentlich gesprochene Wort mit technischen Mitteln abzuhören und aufzuzeichnen, ergibt sich aus, und zwar für das Abhören der Gespräche in Wohnungen im engeren Sinne aus § 100c StPO („Großer Lauschangriff") und für das Abhören in sonstigen Bereichen („Kleiner Lauschangriff") aus § 100f StPO. Als Anlass bedarf es des auf bestimmten Tatsachen beruhenden Verdachts einer Katalogtat entweder aus § 100c StPO („großer Lauschangriff") oder aus § 100f StPO („kleiner Lausch- 1326 angriff"). Wegen der Intensität der Rechtsbeeinträchtigung kommt dieses Mittel als quasi ultima ratio in Betracht. Das drückt das Gesetz durch die Formulierung aus, der kleine und der große Lauschangriff sei nur zulässig, wenn die Erforschung des Sachverhalts oder die Ermittlung des Aufenthaltsorts eines Mitbeschuldigten auf andere Weise aussichtslos oder unverhältnismäßig erschwert (§ 100c I Ziff. 4 StPO) bzw. wesentlich erschwert (§ 100f I StPO) wäre.

1327 Ob „wesentlich" erschwert („Kleiner Lauschangriff") oder „unverhältnismäßig" erschwert („Großer Lauschangriff") ist lediglich ein verbaler, aber kein gradueller Unterschied; denn die Prüfung der Verhältnismäßigkeit eines Eingriffs ist die unbedingte Pflicht jedes hoheitlich handelnden Subjekts öffentlicher Verwaltung, und zwar vor jedem Eingriff. Und bei der Frage, ob ein Großer Lauschangriff durchgeführt werden muss, geht es in erster Linie nicht um die Verhältnismäßigkeit, sondern darum, ob das prozessuale Ziel, nämlich Erforschung des Sachverhalts oder Ermittlung des Aufenthaltsortes des Beschuldigten oder eines Mitbeschuldigten auch mit anderen, weniger einschneidenden Rechtseingriffen zu erreichen ist. Dies aber ist ein Problem der Erforderlichkeit, und das drückt sich ebenso deutlich aus in dem Tatbestandsmerkmal „wesentlich erschwert", das für den „Kleinen Lauschangriff" normiert ist.

1328 Wegen der Intensität des Rechtseingriffs sind die Anforderungen an dessen Zulässigkeit umso strenger, je größer die Wahrscheinlichkeit, damit Gespräche höchstpersönlichen Inhalts zu erfassen. Darauf nimmt § 100c V StPO Bezug, der den sofortigen Abbruch der Abhör- sowie der Aufzeichnungsmaßnahme für den Fall bestimmt, dass Äußerungen, die dem Kernbereich privater Lebensgestaltung zuzurechnen sind, erfasst werden. Diese Wahrscheinlichkeit ist aber geradezu typisch bei Gesprächen im engsten Familienkreis, zwischen sonstigen engsten Verwandten oder mit Trägern von Berufsgeheimnissen. In diesen Fällen darf die Behörde zum „Lauschangriff" greifen, soweit sie konkrete Anhaltspunkte dafür hat, dass die Gesprächsinhalte zwischen dem Beschuldigten und diesen Personen keinen absoluten Schutz erfordern, namentlich im Falle konkreter Hinweise auf eine Tatbeteiligung des Gesprächsteilnehmers und wenn die Behörde zum Zeitpunkt der Anordnung dieses Eingriffs einen konkreten Verdacht bezüglich solcher Gesprächsinhalte zu begründen in der Lage ist. Daraus folgert keineswegs ein absolutes Überwachungsverbot in Situationen, in denen eine Wahrscheinlichkeit dafür spricht, dass mit der Abhörmaßnahme absolut geschützte Gespräche erfasst werden. Vielmehr unterstreicht es den Grundsatz, dass ein Eingriff, der nur zu unverwertbaren Erkenntnissen führt, unzulässig ist (BVerfG NJW 2004, 999, 1006). Beherzigt man diesen Grundsatz, käme bei strikter Auslegung von § 100c V, VI StPO ein „Lauschangriff" nur noch ausnahmsweise in Betracht, weil Gespräche in der Regel durch eine Gemengelage unterschiedlichster Inhalte geprägt sind.

1329 Bezogen auf die Behandlung einer zeugnisverweigerungsberechtigten Person ist anzumerken, dass ihrn gegenüber der große Lauschangriff zulässig ist, wenn bestimmte Tatsachen (vgl. Rdn 783) den Verdacht begründen, dass sie an der Tat oder an einer Begünstigung, Strafvereitelung oder Hehlerei beteiligt ist (§§ 100c VI Satz3, 160a IV StPO).

III. Großer Lauschangriff

Den großen Lauschangriff (oder akustische Wohnraumüberwachung) zum Zwecke der Repression erlaubt § 100c StPO, wenn bestimmte Tatsachen (dazu vgl. Rdn 783) den Verdacht begründen, dass jemand eine der in Absatz 2 enumerativ aufgezählten besonders schweren Straftaten begangen hat, die Tat auch im Einzelfall besonders schwer wiegt, auf Grund tatsächlicher Anhaltspunkte anzunehmen ist, dass der Eingriff Äußerungen des Beschuldigten zur Kenntnis bringt, die für die Erforschung des Sachverhalts oder die Ermittlung des Aufenthaltsortes eines Mitbeschuldigten von Bedeutung sind, und die Erforschung des Sachverhalts oder die Ermittlung des Aufenthaltsortes eines Mitbeschuldigten auf andere Weise unverhältnismäßig erschwert oder aussichtslos wäre. **1330**

Das Gesetz gestattet in einem festgelegten Rahmen das verdeckte und von dem Eingriffsadressaten unbemerkte Mithören von Gesprächen, die dieser mit anderen Personen führt. An solcher Kommunikation fehlt es im Falle sog. Selbstgespräche. Ein solches Gespräch mit sich selbst ist gekennzeichnet durch unwillkürlich auftretende Bewusstseinsinhalte und hat regelmäßig persönliche Erwartungen, Befürchtungen, Bewertungen, Selbstanweisungen sowie Gefühle und Befindlichkeiten zum Inhalt. Es fördert Inhalte zu Tage, die der Betroffene gegenüber jedermann, selbst gegenüber Vertrauten geheim halten möchte. Dem heimlichen Zuhörer von Selbstgesprächen bietet sich quasi ein Blick in die Gedankenwelt des Belauschten (Kolz, NJW 2005, 3248, 3249). Diese höchstpersönliche Natur eines Selbstgesprächs ist dem durch Art. 13 I i.V.m. Art. 1 I und 2 I GG geschützten unantastbaren Kernbereich privater Lebensgestaltung mit der Folge zuzurechnen, dass die darin getätigten Äußerungen eines Beschuldigten einem absoluten Verwertungsverbot unterliegen (BGH NJW 2005, 3295 ff.). Selbst überwiegende Interessen der Allgemeinheit (ggf. auch Aufklärung eines Mordes) können einen Eingriff in diesen absolut geschützten Kernbereich privater Lebensgestaltung nicht rechtfertigen (BVerfG NJW 2004, 999). **1331**

Anlass für die akustische Wohnraumüberwachung kann nur die in dem gesetzlich festgelegten Katalog aufgeführte „besonders schwere Straftat" sein, die zudem „im Einzelfall besonders schwer wiegt" (§ 100c I Ziff. 1 und 2 StPO). Somit darf der „große Lauschangriff" nur angeordnet und vollzogen werden, wenn Tatbestandsunrecht und kriminelle Energie des Täters bei der Begehung der Katalogtat das erfahrungsgemäß zu beobachtende Maß krimineller Energie deutlich überschreiten. Selbst die tatbestandliche Verwirklichung eines schweren Verbrechens (z.B. Totschlag oder Mord) berechtigt nicht quasi automatisch zur Durchführung eines großen Lauschangriffs, vielmehr ist auch im Falle eines solchen Anlasses ernsthaft zu prüfen, ob die Tat sich auch im Einzelfall als besonders schwerwiegend erweist (§ 100c I Ziff. 2 StPO). Eine Antwort auf diese Frage gibt die Beurteilung u.a. der Schwere der Schuld, der Motivation des Täters, der Art und Weise der Tatbegehung oder des Schadensumfangs. Führt die Beurteilung der Straftat zu dem Ergebnis, eine Anlasstat sei gegeben, ist zu des weiteren zu fragen, ob tatsächliche Anhaltspunkte für die Annahme gegeben sind, dass durch die Überwachung Äußerungen des Beschuldigten erfasst werden, die für die Erforschung des Sachverhalts oder die Ermittlung des Aufenthaltsortes eines Beschuldigten von Bedeutung sind (§ 100c I Ziff. 3 StPO). Auf **1332** den ersten Blick erscheint dies als hinreichendes Korrektiv in Bezug auf Gewicht und Umfang dieses Rechtseingriffs. Bei genauerem Hinsehen relativiert sich diese Meinung indessen schnell. Bestimmendes Element ist die Annahme, dieser Eingriff werde den geforderten Erfolg haben. „Annahmen" sind aber in jedem Falle subjektiver Natur, und entziehen sich weitest gehend einer objektiven Beurteilung, es sei denn der Hoheitsträger handelte offensichtlich willkürlich (vgl. dazu ergänzend Rdn 70). Nach dem Willen des Gesetzes stellt der große Lauschangriff die ultima ratio der Ermittlungen dar. Dies drückt der Tatbestand aus, indem er verlangt, dass die Erforschung des Sachverhalts oder die Ermittlung des Aufenthaltsortes eines Mitbeschuldigten auf andere Weise unverhältnismäßig erschwert oder gar aussichtslos sein müsse. Diese Formulierung – wenn auch geringfügig variiert – entspricht der aus § 110a StPO (vgl. dazu eingehend Rdn 1208 ff.).

1333 Ziel des großen Lauschangriffs ist in erster Linie die Wohnung (dazu vgl. Rdn 356 ff.) des dringend Verdächtigen. Ist mit dieser Maßnahme das Ermittlungsziel nicht zu erreichen, darf die Ermittlungsbehörde auch die Wohnung anderer Personen akustisch überwachen. Allerdings muss auf Grund bestimmter Tatsachen anzunehmen sei, dass sich der Beschuldigte in diesen Räumen aufhält und die Maßnahme in Wohnungen des Beschuldigten allein nicht zur Erforschung des Sachverhalts oder zur Ermittlung des Aufenthaltsortes eines Mitbeschuldigten führen wird (§ 100c III StPO). Auch hier ist die Annahme das bestimmende Element, wodurch die strikte gesetzliche Forderung nach „bestimmten Tatsachen", die dieser individuellen Würdigung zugrunde liegen müssen, ganz erheblich aufgeweicht wird (vgl. Rdn 70). Wegen des Gewichts dieses Eingriffs reichen zur Anerkennung „bestimmter Tatsachen" bloße Anhaltspunkte nicht aus. Es müssen vielmehr konkrete und in gewissem Umfang verdichtete Umstände als Tatsachenbasis für den Verdacht sprechen (BVerfGE 100, 313, 395). Davon können wir nur ausgehen, wenn Erkenntnisse vorhanden sind, die eine hohe Wahrscheinlichkeit für die Begehung einer besonders schweren Katalogstraftat enthalten.

1334 Den Schutz zeugnisverweigerungsberechtigter Personen vor der akustischen Wohnraumüberwachung hofft § 100c VI StPO sicherzustellen. Selbstredend darf der in § 53 I StPO genannte Personenkreis keinem *repressiven* großen Lauschangriff ausgesetzt werden. Kein Gesetz hindert die Polizei aber daran, diesen Personenkreis einem *präventiv* begründeten Eingriff auszusetzen; denn eine der Strafprozessordnung vergleichbare Regelung in Bezug auf Personen, die dem großen Lauschangriff nicht ausgesetzt werden dürfen, ist dem Polizeigesetz fremd. Hier ist also dringender Handlungsbedarf dahin gehend, dass unbeteiligte Personen in ihren Rechten auch dann geschützt werden, wenn die Polizei den Lauschangriff gefahrenabwehrend vornimmt (zu weiteren Forderungen nach Änderung vgl. Denninger, ZRP 2004, 101 ff.).

1335 Es ist jedermann bewusst, dass jeder Lauschangriff notwendigerweise Dritte betrifft, die in ihren subjektiv-öffentlichen Rechten beeinträchtigt werden, ohne dass sie eine Ursache dafür gesetzt hätten. Aus dieser Tatsache kann man zwar nicht ableiten, dass die Äußerungen im Gespräch mit dem eigentlichen Eingriffsadressaten einem Abhörverbot unterlägen. Würde man einem solchen Gedanken nachgeben, wären Eingriffe der hier in Rede stehenden Art quasi unmöglich. Doch macht dies deutlich, dass auch in der Wohnung eines Beschuldigten die Aufnahme von Gesprächen nur zugelassen ist, sofern dieser an den Gesprächen selbst als Gesprächsteilnehmer mitwirkt.

§ 100c III S. 2 StPO erlaubt den großen Lauschangriff in Wohnungen ande- **1336**
rer als beschuldigter Personen, wenn auf Grund bestimmter Tatsachen anzunehmen ist, dass der Beschuldigte sich darin aufhält und die Maßnahme in der Wohnung des Beschuldigten allein nicht zur Erforschung des Sachverhalts oder zur Ermittlung des Aufenthaltsortes eines Mitbeschuldigten führen wird und dies auf andere Weise unverhältnismäßig erschwert oder aussichtslos wäre. Ein Lauschangriff (sowohl großer als auch kleiner) darf somit grundsätzlich auch dann vollzogen werden, wenn Dritte unvermeidbar betroffen werden (§§ 100c III S. 3, 100f III StPO). Doch leitet sich daraus das Verbot dieses Eingriffs ab, sofern er zu einer vermeidbaren Beeinträchtigung führt. Grundsätzlich bedarf es eines durch objektive Erkenntnisse gestützten Verdachts, dass sich der Beschuldigte für die Zeit der Maßnahme in der zu überwachenden Wohnung aufhält. Bloße Vermutungen reichen für den Beginn des Lauschangriffs nicht aus.

Über diese aktuelle Anwesenheit des Beschuldigten in der Wohnung eines **1337**
unbeteiligten Dritten hinaus verlangt das Gesetz die auf tatsächliche Anhaltspunkte gestützte Wahrscheinlichkeit, durch den Lauschangriff verfahrensrelevante Informationen zu erhalten. Des Weiteren bedarf es der fundierten Überzeugung, die Überwachung in dem gesamten Überwachungszeitraum werde Erkenntnisse mit Bedeutung in dem weiteren Verfahren gegen den Beschuldigten bzw. seine Mitbeschuldigten ans Licht bringen (BVerfG NJW 2004, 999, 1013). Auf Grund dieser gesetzlichen Restriktionen sind Überwachungen „ins Blaue hinein" strikt verboten.

Spezielle Verwertungsregeln normiert unsere Rechtsordnung in Bezug auf **1338**
den Großen Lauschangriff. Personenbezogene Daten, die die Polizei in einer anderen polizeilichen Lage als der, die Anlass für den Rechtseingriff gewesen ist, gewonnen hat, dürfen sowohl zu Beweiszwecken in anderen Strafverfahren wegen einer Straftat aus dem Katalog des § 100c II StPO als auch zur Abwehr von Gefahren für besondere hochwertige Rechtsgüter verwendet werden (§ 100d V StPO). Wurde ein Großer Lauschangriff aus gefahrenabwehrenden Gründen vollzogen, dürfen die dadurch gewonnenen personenbezogenen Daten auch strafprozessual verwertet werden, wenn dies dazu dient, eine Straftat aus dem Katalog des § 100c II StPO zu verfolgen (§ 100d V Ziff. 3 StPO). Strafprozessual zu Beweiszwecken verwertbar sind darüber hinaus die in oder aus einer Wohnung erlangten personenbezogenen Informationen aus einem Einsatz technischer Mittel zur Eigensicherung im Zuge nicht offener Ermittlungen auf polizeirechtlicher Grundlage (§ 161 III StPO).

Diese verwirrende Formulierung folgt im Grunde den Gesetzen der Logik; **1339**
denn man erhält mehr oder weniger zwangsläufig strafprozessual interessante „Zufallserkenntnisse", wenn man – aus welchen Gründen auch immer – die gesetzlichen Möglichkeiten zur verdeckten Informationsgewinnung einsetzt, wozu insbesondere der große Lauschangriff zählt. Diese Verwertbarkeit erlaubt die Strafprozessordnung jedoch nur, wenn die verdeckten Ermittlungen auf polizeirechtlicher Grundlage stattgefunden haben und die technischen Mittel zur Eigensicherung eingesetzt worden sind. In der Konsequenz bedeutet das, dass der große Lauschangriff originär Zielen der Eigensicherung gedient haben muss. Eine derartige Einsatzsituation sich vorzustellen, fällt indessen schwer.

Unbestritten ist die Eigensicherung ein wichtiges Ziel behördlichen Handelns, im Regelfall aber nicht das, das den Einsatz bestimmt.

Beispiel: Die Polizei erhält durch einen V-Mann Hinweise auf die geplante Entführung einer Industriellen-Tochter. Am heutigen Abend – so die Information – würde das als äußerst gewaltbereit bekannte Täter-Trio die Einzelheiten in der Wohnung des G besprechen. Die eiligst veranlasste und angeordnete akustische Wohnraumüberwachung, auf Grund derer die Polizei auch ihr taktisches Vorgehen planen will, fördert auch zutage, dass der „Bandenboss" sich seit geraumer Zeit als Drogendealer einen „Markt" gesichert hat.

Grundlage dieses großen Lauschangriffs ist die Vorbereitung des geplanten erpresserischen Menschenraubs (§ 239a StGB). Im Vorbereitungsstadium ist dieses Verbrechen straflos, so dass das polizeiliche Handeln nicht der Strafverfolgung zugeordnet werden kann. Allerdings wird die Polizei ihre Taktik zur Verhinderung der geplanten Entführung im Wesentlichen auf die Erkenntnisse aus der akustischen Wohnraumüberwachung stützen, so dass diesem Rechtseingriff durchaus präventive Ziele zuzuerkennen sind. Die Besonderheit des § 161 III StPO liegt in der Forderung, dass die technischen Mittel „zur Eigensicherung im Zuge nicht offener Ermittlungen auf polizeirechtlicher Grundlage" eingesetzt werden müssen. Daran aber mangelt es im Beispielsfall; denn originär dient der Große Lauschangriff ohne jeden Zweifel dem Ziel, Erkenntnisse über das bevorstehende Verhalten der Bande in Bezug auf die geplante Straftat zu erhalten, was zweifelsfrei nicht dem Gedanken der Eigensicherung entspricht. Dieser Weg zur prozessualen Verwertung der Erkenntnisse aus dem Großen Lauschangriff ist der Polizei bezogen auf den Verstoß gegen § 30 I Ziff. 2 BtMG versperrt.

1340 Ein anderes Ergebnis fördert indessen die Verwertungserlaubnis aus § 100d V StPO zutage. Personenbezogene Daten aus einem präventiv determinierten großen Lauschangriff dürften zu Beweiszwecken verwendet werden, wenn eine Straftat aus dem Kanon des § 100c II StPO aufzuklären ist. Der gewerbsmäßige Handel mit Betäubungsmitteln stellt ein Verbrechen gemäß § 30 I Ziff. 2 i.V.m. § 29 I Ziff. 1 BtMG dar, das vom Katalog des § 100c II StPO erfasst ist. Somit durften die Erkenntnisse aus der akustischen Wohnraumüberwachung strafprozessual verwertet werden.

1341 Wegen des Gewichts und der Intensität des Eingriffs enthält § 100d StPO eine spezielle Anordnungsregel. Zuständig ist die Kammer des Landgerichts , in deren Bezirk ein Oberlandesgericht seinen Sitz hat (vgl. § 74a GVG). Liegt Gefahr im Verzuge vor, würde also das Zusammenrufen und die Beschlussfassung durch die gesamte Kammer den Maßnahmeerfolg zu verhindern drohen, kann der Kammervorsitzende die Anordnung auch allein treffen. Dann muss die Kammer binnen drei Tagen den Vorsitzendenbeschluss bestätigen. Erfolgt diese Bestätigung nicht, tritt die Anordnung des Vorsitzenden der Kammer kraft Gesetzes außer Kraft (§ 100d I S. 3 StPO). Die Form, in der die Anordnung zu ergehen hat, schreibt das Gesetz gleichfalls vor (§§ 100d II).

Kapitel 11. Kontrollstelle/Datenerhebung

Die zuständigen Behörden greifen zur Verhinderung und Aufklärung von Straftaten zwar in der Regel auf die bisher erläuterten Maßnahmen zurück, doch sind sie keineswegs in ihren Aktivitäten darauf beschränkt. Landes- und Bundesgesetze geben ihnen weitergehende Befugnisse, wozu auch das Errichten von Kontrollstellen als eine sowohl präventive als auch repressive Maßnahme gehört. 1342

I. Kontrollstellen

Neben den hier schwerpunktmäßig zu behandelnden präventiven und repressiven Ermächtigungen zum Einrichten von Kontrollstellen enthält unsere Rechtsordnung noch Berechtigungen zur Einrichtung von Kontrollstellen eigener Art. Dazu zählt § 36 V StVO, der es Polizeibeamten erlaubt, im Zuge allgemeiner Verkehrskontrollen festzustellen, ob die Fahrzeugführer fahrtüchtig sind, die vorgeschriebenen Fahrzeugpapiere mitführen und ob die Fahrzeuge verkehrssicher sind (Jagusch/Hentschel § 36 StVO Rdn 24). Mit diesen im pflichtgemäßen Ermessen der Polizeibeamten liegenden Kontrollstellen wird primär zwar Gefahrenabwehr betrieben, es geht aber auch um Verfolgung von Ordnungswidrigkeiten und Straftaten. Darüber hinaus soll hier ein Hinweis auf die Zulässigkeit umfangreicher Kontrollen im Vorfeld von Versammlungen und Aufzügen erfolgen. 1343

Polizeiliche Maßnahmen der Gefahrenabwehr gegenüber *Versammlungsteilnehmern* sind nur nach dem Versammlungsgesetz zulässig, soweit diese sich unmittelbar auf das Recht des Betroffenen aus Art. 8 GG auswirken (vgl. oben Rdn 112ff.). Das gilt auch für Maßnahmen im Vorfeld von Versammlungen. Beziehen sich derartige Vorfeldeingriffe ganz überwiegend auf die unmittelbare Verhütung versammlungsspezifischer Straftaten oder Ordnungswidrigkeiten, ist deren Rechtsgrundlage im allgemeinen Polizeirecht zu suchen (Dietel/Gintzel/Kniesel § 15 Rdn 6). Somit sind auch Kontrollstellen auf den Anmarschwegen zu Großdemonstrationen durchaus polizeirechtlich begründbar (Meyer/Köhler S. 53; Dietel/Gintzel/Kniesel § 17a Rdn 40ff.); denn sie haben nicht zum Ziel, die Teilnahme an der Versammlung in toto zu verhindern. Vielmehr sollen sie sicherstellen, dass die Versammlungsteilnehmer sich im Rahmen der versammlungsspezifischen Grenzen bewegen (z.B. unbewaffnet sind). 1344

1. Polizeirechtliche Kontrollstelle

Nach § 12 I Ziff. 4 bbPolG, § 12 I Ziff. 4 nwPolG kann die Polizei die Identität von Personen an einer Kontrollstelle feststellen, die sie einrichtet, um eine Straftat nach § 100a II StPO (§ 14 I Ziff. 4 thPAG), § 129a StGB, eine der in dieser Vorschrift genannten Straftat oder eine Straftat nach §§ 250 I Ziff. 1 und 2, 255 StGB in den vorgenannten Begehensformen oder nach den §§ 125, 125a 1345

StGB oder nach § 27 VersammlG zu verhüten. Diese polizeirechtliche Alternative des Errichtens einer Kontrollstelle steht zwar in engem Zusammenhang mit § 111 StPO, dient aber allein der Verhütung der abschließend aufgeführten Straftaten. Überdies soll sie einen friedlichen Verlauf von Versammlungen gewährleisten.

1346 An einer Kontrollstelle darf die Polizei die Identität von Personen feststellen, die fast ausnahmslos nichts mit der in Aussicht stehenden Straftat zu tun haben, bei denen es an konkreten Anhaltspunkten fehlt, dass gerade sie als potenzielle Täter der genannten Straftaten in Betracht kommen. Diesem Eingriff zuzugestehen, er ermögliche einen weitreichenden Schutz der öffentlichen Sicherheit (Tegtmeyer § 12 Rdn 24), ist völlig unangemessen. Fordert man für die Einrichtung einer Kontrollstelle lediglich eine „gewisse Wahrscheinlichkeit" dafür, dass sie eine Person an der Tatbestandsverwirklichung hindern könnte (Tegtmeyer a.a.O.), liefert dies bestenfalls ein Alibi für die Vornahme von „Razzien ins Blaue hinein"; denn die Formulierung, es müsse eine gewisse Wahrscheinlichkeit auf den angestrebten Erfolg hindeuten, stellt diesen sehr weit reichenden Grundrechtseingriff dem subjektiven Empfinden eines Polizeibeamten anheim.

1347 Zudem ist der Erfolg der „gefahrenabwehrenden" Kontrollstelle mehr als vage. Als Besonderheit kommt hinzu, dass auf Grund der Örtlichkeit und der Vielzahl der festgestellten Personen kaum einmal (es sei denn zufällig) ein konkreter Bezug zwischen einem bestimmten Menschen und der die Kontrollstelle auslösenden Straftat hergestellt werden kann. Schließlich bleibt noch anzumerken, dass die an der Kontrollstelle festgestellten Personalien den Behörden nur wenig nutzen, wenn die zu verhütende Straftat letztlich doch durchgeführt wird. Einen Hinweis auf den Täter geben die Personaldaten kaum. Sie sagen wohl, dass eine bestimmte Person zur tatrelevanten Zeit an der Kontrollstelle gewesen ist; sie sind aber nicht beweiskräftig für die Täterschaft (vgl. auch Kritik an dieser Regelung bei Wagner, in: AK nwPolG § 9 Rdn 24f.).

2. Strafprozessuale Kontrollstelle

1348 Begründen bestimmte Tatsachen den Verdacht, dass genau bezeichnete Straftaten begangen worden sind, so können auf öffentlichen Straßen und Plätzen und an anderen öffentlich zugänglichen Orten Kontrollstellen errichtet werden, wenn Tatsachen die Annahme rechtfertigen, dass diese Maßnahme zur Ergreifung des Täters oder zur Sicherstellung von Beweismitteln führen kann, die der Aufklärung der Straftat dienen können. Der § 111 StPO gibt den Ermittlungsorganen Befugnisse zur Verfolgung von Straftaten, deren Zulässigkeit nicht an den im Allgemeinen geforderten personen- oder sachbezogenen Verdacht gebunden ist (Steinke, NJW 1978, 1962, 1963). Damit verwirft der Gesetzgeber den ansonsten bei den Ermächtigungen für Grundrechtseingriffen beachteten Grundsatz, Verdächtige stärkeren Rechtsbeeinträchtigungen auszusetzen als Unverdächtige (Kuhlmann, DRiZ 1978, 238f.), vor allem wenn man bedenkt, dass an Kontrollstellen Unverdächtige zu Identifizierungszwecken gleichfalls bis zu zwölf Stunden festgehalten werden dürfen.

a) Katalog der Straftaten

Wesentliche Voraussetzung für die Errichtung einer Kontrollstelle ist der 1349
Verdacht, eine Straftat nach § 89a StGB oder nach § 129a, auch in Verbindung mit § 129b Abs. 1, des Strafgesetzbuches, eine der in dieser Vorschrift bezeichneten Straftaten oder eine Straftat nach § 250 I Ziff. 1 StGB sei begangen worden. Die Delikte, die die Errichtung einer Kontrollstelle auslösen können, liegen folglich auf Grund der Verweisung und Hinzufügung eines bestimmten Raubdeliktes fest. Diese Aufzählung ist durchaus kritisch zu betrachten, denn es bleiben viele schwerwiegende Straftaten unberücksichtigt. Schließlich ist die Tatsache, dass § 255 StGB (gerade wegen seiner Abgrenzungsprobleme zu § 250 StGB) in diesem Katalog fehlt, eine unverständliche Unterlassungssünde (vgl. Schmalhausen, S. 151 ff.).

b) Bestimmte Tatsachen

Der Gesetzgeber verlangt bestimmte Tatsachen, die für Begehen einer der 1350
genannten Straftaten sprechen (vgl. dazu Rdn 783). Das ist regelmäßig die Aussage von Geschädigten oder Zeugen, weil der die Kontrollstelle anordnende Ermittlungsbeamte dies nur selten auf Grund eigener Wahrnehmung erfährt.

Beispiel: Räuber R tritt der Frau F entgegen, hält ihr eine Pistole vor und fordert die Herausgabe von Geld. F erleidet einen schweren Schock und verliert das Bewusstsein. Als sich ein Zeuge (Z) nähert, verschwindet R, ohne etwas genommen zu haben. Z gibt der zufällig auftauchenden Polizei eine Sachverhaltsschilderung, ohne dass er etwas zu dem aussagen könnte, was zwischen R und F an Worten gewechselt worden ist.

Auf Grund dieser Aussagen muss der Polizeibeamte ad hoc entscheiden, ob schwerer Raub (§ 250 I Ziff. 1 oder 2 StGB) oder schwere räuberische Erpressung (§§ 255, 250 I StGB) vorliegt. Welcher Tatbestand wirklich gegeben ist, kann erst mit Aussage der Geschädigten belegt werden. Dann aber wäre es mit Sicherheit für das Errichten einer Kontrollstelle zu spät. So hat die Polizei keine bestimmten Tatsachen, die auf die Begehung einer Katalogtat hinweisen. Dass zwischen Raub und räuberischer Erpressung Wahlfeststellung möglich ist (Eser, in: Sch-Sch § 255 Rdn 3; Lackner/Kühl § 255 Rdn 4), ist in Bezug auf § 111 StPO ohne Bedeutung.

Stehen keine anderen Erkenntnisquellen zur Verfügung, sind die Angaben 1351
von Geschädigten oder Zeugen „Tatsachen" i.S. des § 111 StPO. Doch genügen diese „schlichten Tatsachen" zum Einrichten einer Kontrollstelle nicht. Vielmehr verlangt der Gesetzgeber „bestimmte" Tatsachen, also solche, die zum Zeitpunkt der Kenntnisnahme selbst bei Ausschöpfen aller Möglichkeiten zur Informationsgewinnung keine andere Wertung des Täterverhaltens zulassen (Benfer, Die Polizei 1978, 282, 283). Somit scheiden Gerüchte, Vermutungen oder vage Zeugenaussagen aus (Schäfer, in: L-R § 111 Rdn 9), die zwar Verdacht eines bestimmten Tatbestandes zu belegen geeignet sind, aber – bei dogmatischer Betrachtung – keineswegs „bestimmte" Tatsachen begründen lassen.

c) Kontrollstelle

Die Besonderheit des § 111 StPO liegt darin, dass der Gesetzgeber bereits für 1352
das Einrichten einer Kontrollstelle gesetzliche Tatbestandsmerkmale festschreibt,

obwohl darin noch kein Eingriff in verfassungsmäßig geschützte Rechte liegt. Die Rechtsbeeinträchtigung, gegen die ein Betroffener Rechtsmittel einlegen kann, verlangt Maßnahmen, die im Vollzug der Anordnung nach § 111 StPO ergehen (BGH NJW 1989, 114), und währt so lange, wie die Ermächtigung zum Errichten von Kontrollstellen Bestand hat und der Beschwerte daher erneut einem darauf beruhenden Rechtseingriff unterzogen werden könnte (BGH NStZ 1989, 189).

Beispiel: Nach Bankraub flüchten die zwei Täter zu Fuß. Ein Zeuge verfolgt sie, bis entsprechend starke Polizeikräfte eingetroffen sind, in ein Naherholungsgebiet. Das Gelände riegelt die Polizei ab und richtet Durchlass-Stellen ein.

Bis zum relevanten Zeitraum ist noch kein Eingriff in ein verfassungsmäßig geschütztes Recht zu erkennen. Erst wenn der erste Passant aufgefordert wird, sich auszuweisen, beginnen die Rechtsbeeinträchtigungen, die gerichtlich überprüfbar wären. Das andauernde Rechtsschutzinteresse besteht, bis das abgeriegelte Gebiet wieder frei zugänglich ist.

aa) Kontrollstelle

1353 Kontrollstellen sind Sperren des öffentlichen Verkehrsraums, bei denen der Fußgänger- und Fahrzeugverkehr angehalten wird, um Personalien festzustellen und Personen und deren Sachen zum Zwecke der Aufklärung von Straftaten zu durchsuchen (Vogel, NJW 1978, 1217, 1227; Benfer, Die Polizei 1978, 282, 283). Primär dient § 111 StPO zwar der Kontrolle von Fußgängern, Fahrzeugführern und Fahrzeugen auf Straßen, Wegen und Plätzen, doch gestattet die Norm das Einrichten von Kontrollstellen auch an anderen öffentlich zugänglichen Orten, so z.B. in Gaststätten, Bahnhöfen oder Bordellen (Schmalhausen, S. 150), Flugplätzen oder Fußballstadien (Schäfer, in: L-R § 111 Rdn 13).

bb) Hinweis auf Erfolg

1354 Der Gesetzgeber erlaubt die Einrichtung von Kontrollstellen mit der Einschränkung, dass Tatsachen die Annahme rechtfertigen (grundlegend dazu vgl. Rdn 241 f.), die Maßnahme werde zum Ergreifen des Täters oder zur Sicherstellung von Beweismitteln führen. Erforderlich sind also objektive Erkenntnisse, die eine Prognoseentscheidung im Hinblick auf den Erfolg zulassen. Und gerade die Aussage über den zukünftigen Erfolg des Eingriffs wirft nicht nur Fragen nach der örtlichen und zeitlichen Begrenzung der Kontrollstellen auf, sondern verhindert auch, den § 111 StPO zur Durchführung von „Fischzügen" zu missbrauchen.

1355 Bei Festlegung des örtlichen Bereichs zum Einrichten einer Kontrollstelle müssen sich die Ermittlungsorgane daran orientieren, ob Tatsachen für den gesetzlich geforderten Erfolg gerade an diesem Ort sprechen, ob also ein gewisser räumlicher Bezug zum Tatort erkennbar ist (Kuhlmann, DRiZ 1978, 238, 239). Wie weit dieser Bereich zu ziehen ist, hängt insbesondere von der Frage ab, welche Zeit seit der Tatbestandserfüllung vergangen ist oder welcher Fluchtmittel der Täter sich (vermutlich) bedient. § 111 StPO ist also kein Instrument für ständige polizeiliche Kontrollen, vielmehr müssen Kontrollstellen in direktem, objektiv erkennbarem und zeitlichem Zusammenhang mit der Begehung einer Anlasstat stehen. Dem ist Genüge getan, wenn selbst Tage nach der Tat eine Kontrollstelle eingerichtet wird, um inzwischen ermittelte Tatverdächtige festnehmen zu können (Schäfer, in: L-R § 111 Rdn 12).

Hinsichtlich der zeitlichen Ausdehnung von Kontrollstellen gesteht das Gesetz § 129a StGB eine Sonderstellung zu. Fahndet die Behörde nach Mitgliedern terroristischer Vereinigungen ohne konkrete weitere Anlasstat, fehlt es zwar an einer zeitlichen Begrenzung, weil die Mitgliedschaft als Organisationsdelikt schon Straftat i.S. des § 111 StPO ist. Dennoch erlaubt die Ermächtigung auch in diesem Falle die Einrichtung von Kontrollstellen nur, solange bestimmte Tatsachen für das Ergreifen von Tatverdächtigen sprechen (Erfolgsvermutung), z.B. durch Observation ein Schlupfwinkel ausfindig gemacht werden könnte. **1356**

Werden andere Straftaten durch Kontrollstellen verfolgt, ist die zeitliche Ausdehnung einzuengen. Von der Ermächtigung des § 111 StPO dürfen die Beamten nur Gebrauch machen, wenn es darum geht, der Täter während der Tatbestandserfüllung (bei Dauerdelikten) oder in direktem Anschluss daran habhaft zu werden. Neben der unmittelbaren Beziehung zur Tat müssen die für einen denkbaren Erfolg sprechenden Umstände deutlich zutage treten. Damit können Kontrollstellen, die auf lange Zeit hin oder in großem zeitlichen Abstand zur Anlasstat errichtet werden, im Regelfalle nicht auf diese Norm gestützt werden (vgl. das Beispiel bei Kauß-Werkentien, KritJ 1978, 306, 308). **1357**

d) Befugnisse an Kontrollstellen

Der Gesetzgeber erlaubt die Feststellung der Identität der Personen, die die Kontrollstelle passieren, und die Durchsuchung der Personen und deren mitgeführter Sachen. Eine Besonderheit enthält § 111 StPO insoweit, als der Umfang der behördlichen Ermächtigung eindeutig begrenzt und nicht mit implizierten Befugnissen gearbeitet wird. Die Identitätsfeststellung bewegt sich entsprechend § 111 III StPO im Rahmen der § 163b, 163c StPO. Da an Kontrollstellen nahezu ausnahmslos Nichtverdächtige kontrolliert werden, wird die Identitätsfeststellung unter den restriktiven Bestimmungen des § 163b II StPO durchgeführt (Riegel, NJW 1979, 147, 148; Sangenstedt, StV 1985, 119 ff.; Rudolphi, in: SK StPO § 111 Rdn 23). **1358**

Schwieriger gestaltet sich die Befugnis zur Durchsuchung nach Beweismitteln. Für die Zulässigkeit dieses Eingriffs gelten nach § 111 III StPO nicht die §§ 102 ff. StPO, weil das zur Anwendung des § 103 StPO führen müsste, womit kaum eine Durchsuchung von Personen und Sachen zu begründen wäre. Die Zulässigkeit dieser Maßnahme fließt somit allein aus § 111 StPO (Müller, in: KMR § 111 Rdn 9). **1359**

Liegen die Voraussetzungen zum Einrichten einer Kontrollstelle vor, dürfen auch die entsprechenden Durchsuchungen zum Auffinden von Beweismitteln vorgenommen werden, und zwar ohne Rücksicht darauf, ob der durchsuchende Ermittlungsbeamte im Einzelfall die Vermutung oder gar Tatsachen begründen kann, die auf den Erfolg des Grundrechtseingriffs hindeuten. Unter Berücksichtigung dieser extensiven Ermächtigung wäre eine Durchsuchung lediglich dann unzulässig, wenn die zu durchsuchende Person offensichtlich nichts mit der Anlasstat zu tun hat und Beweismittel bei ihr auf keinen Fall gefunden werden können, wie z.B. bei Kindern (Rudolphi, in: SK StPO § 111 Rdn 24). **1360**

II. Kontrollfahndung

1361 Begründen bestimmte Tatsachen den Verdacht, dass eine der in § 111 StPO bezeichneten Straftaten oder eine der in § 100a Satz 1 Nr. 3, 4 StPO bezeichneten Straftaten begangen worden ist und rechtfertigen Tatsachen die Annahme, dass die Auswertung bestimmter Daten zur Ergreifung des Täters oder zur Aufklärung der Straftat führen kann, so dürfen die anlässlich einer grenzpolizeilichen Kontrolle, im Falle der Straftat nach § 111 StPO auch die bei einer Personenkontrolle anfallenden Daten über die Identität von Personen sowie Umstände, die für die Aufklärung der Straftat oder für die Ergreifung des Täters von Bedeutung sein können, in einer Datei gespeichert werden, wenn die Maßnahme nicht außer Verhältnis zur Bedeutung der Sache steht (§ 163d I Satz 1 StPO). Diese Norm hebt auf die ermittlungsbehördlichen Möglichkeiten der Verbrechensbekämpfung unter Zuhilfenahme modernster technischer Einrichtungen ab. Wird diese Ermächtigung gebührend sensibel gehandhabt, liegt darin weder ein Angriff auf die Bürgerrechte noch ist sie unvereinbar mit datenschutzrechtlichen Bestimmungen.

1362 Diese strafprozessuale Ermächtigung zur Datenerhebung korrespondiert mit den polizeirechtlichen Vorschriften der §§ 30 ff. bbPolG; § 12 nwPolG, §§ 32 ff. thPAG, wonach die Polizei Daten über Personen erheben kann, wenn dies zur Abwehr der in § 1 bbPolG, § 1 nwPolG, § 2 thPAG genannten Gefahr erforderlich ist bzw. soweit Tatsachen die Annahme rechtfertigen, dass bei den entsprechenden Veranstaltungen Straftaten begangen werden. Personenbezogene Daten sind Einzelangaben über persönliche oder sachliche Verhältnisse einer bestimmten oder bestimmbaren natürlichen Person.

1363 Regelungsinhalt des § 163d StPO ist die Speicherung und Nutzung von Daten in Datenverarbeitungsanlagen, nicht aber in Aktensammlungen oder Karteien. Völlig anders ist das in polizeirechtlichen Datensammlungen, bei denen sich die dargestellten Grundsätze ebenso auf personenbezogene Daten in Dateien und Akten beziehen. Auch die Bestimmungen des § 163d StPO über Datenspeicherung und Datenauswertung beziehen sich allein auf strafverfolgende und nicht auf präventive Zwecke. Die gefahrenabwehrende Verarbeitung personenbezogener Daten regeln §§ 37 ff. bbPolG, §§ 22 ff. nwPolG, §§ 40 ff. thPAG.

1. Präventive Kontrollfahndung

1364 Die grundlegende Ermächtigung zur gefahrenabwehrenden Datenerhebung findet sich in § 30 bbPolG, § 12 nwPolG, § 32 thPAG. Danach kann die Polizei personenbezogene Daten u.a. erheben zur Abwehr einer Gefahr (Ziff. 1). Darüber hinaus darf die Polizei gemäß § 31 I bbPolG, § 15 nwPolG, § 33 thPAG bei oder im Zusammenhang mit öffentlichen Veranstaltungen oder Ansammlungen, die nicht dem Versammlungsgesetz unterliegen, von Verhaltens- oder Zustandsstörern und anderen Personen personenbezogene Daten erheben, wenn Tatsachen die Annahme rechtfertigen, dass dabei Straftaten begangen werden.

1365 Zur Erfüllung dieser Aufgabe dürfen auch Bild- und Tonaufzeichnungen angefertigt werden. Diese Berechtigung bezieht sich allerdings nicht auf Versammlungen; denn dann wäre § 12a VersammlG einschlägig. Folglich gilt § 31 bbPolG, § 15 nwPolG, § 33 thPAG nur für Zuschauerveranstaltungen, weil hier die Teilnehmer als bloße Konsumenten auftreten, der verbindende Zweck aber fehlt (Dietel/Gintzel/Kniesel § 12a Rdn 4). In Betracht kommen Bild- oder Tonaufnahmen bei Sport-, Konzert- oder Theaterveranstaltungen (M-D-H Art. 8 Rdn 51).

Rechtsgrundlage für das Anfertigen von Bild- und Tondokumenten bei Zu- **1366** schauerveranstaltungen ist § 34 bbPolG, § 15 nwPolG. Diese Norm stellt einen rechtsstaatlich vertretbaren Kompromiss dar zwischen der Verpflichtung der Polizei, die Durchführung öffentlicher Veranstaltungen zu gewährleisten, und der Abwehr von Gefahren für die öffentliche Sicherheit, die von solchen Veranstaltungen (z.B. durch Fußballrowdys) ausgehen, oder der Verpflichtung zur Strafverfolgung (vgl. BVerfGE 69, 315, 349). Wirksame Gefahrenabwehr und Strafverfolgung verlangen klare Beweisführung, die nur mittels Datenerhebung bzw. Anfertigen von Bilddokumenten zu gewährleisten ist.

Die polizeirechtlich gewonnenen Daten dürfen nur zu dem Zweck genutzt **1367** werden, zu dem die Polizei sie gewonnen hat, es sei denn, die Polizei hätte diese Daten auch zu dem Zweck, für den sie sie zusätzlich verwendet, erheben dürfen (§ 38 I Satz 2 bbPolG, § 23 I nwPolG, § 39 thPAG). Jedoch sind die strafprozessual gewonnenen Daten ohne jede Einschränkung zu gefahrenabwehrenden Zwecken verwendungsfähig (§ 39 II bbPolG, § 24 II nwPolG, § 40 II thPAG).

Die Aufbewahrungsdauer präventiv erhobener personenbezogener Daten ist **1368** auf das erforderliche Maß zu beschränken (§ 37 bbPolG, § 24 IV nwPolG, § 38 S 1 thPAG). Nach Ablauf eines Jahres seit der letzten Speicherung ist zu prüfen, ob die Speicherung noch erforderlich ist. Die Entscheidung über die weitere Speicherung trifft grundsätzlich der Leiter der Dienststelle oder ein von diesem Beauftragter. Die Daten, die aus Anlass eines Ermittlungsverfahrens gewonnen worden sind, und deren Speicherung zur vorbeugenden Bekämpfung von Straftaten erforderlich ist, dürfen höchstens zehn, bei Jugendlichen höchstens fünf Jahre gespeichert werden (§ 39 II bbPolG, § 24 II nwPolG).

Eine völlig andere Regelung enthält § 38 thPAG. Demgemäß sind Prüfter- **1369** mine festzulegen, nach denen spätestens zu prüfen ist, ob die suchfähige Speicherung von Daten weiterhin erforderlich ist. Bezüglich der Erforderlichkeit ist abzustellen auf den legislatorischen Zweck der Datenspeicherung, also die Gefahrenabwehr. Auch im Falle der nicht automatisierten Dateien sind entweder Prüftermine oder Aufbewahrungsfristen festzulegen. Personenbezogene Daten von Kindern, die suchfähig gespeichert sind, müssen nach zwei Jahren, ausgehend vom Tag der Speicherung, gelöscht werden (§ 38 S. 4 thPAG).

2. Präventive Datenerhebung bei Versammlungen

Für die Datenerhebung i.S. des Versammlungsgesetzes gilt § 12a VersammlG. **1370** Danach dürfen Bild- und Tonaufzeichnungen von Teilnehmern bei oder im Zusammenhang mit öffentlichen Versammlungen nur angefertigt werden, wenn tatsächliche Anhaltspunkte die Annahme rechtfertigen, dass von ihnen erhebliche Gefahren für die öffentliche Sicherheit oder Ordnung ausgehen. Die Behörden dürfen diesen Eingriff auch durchführen, wenn Dritte unvermeidbar betroffen werden.

1371 Unzweifelhaft handelt es sich bei der Anfertigung von Bild- und Tonaufnahmen sowohl bei Einzelnen als auch bei einer Vielzahl von Personen um personenbezogene Daten i.S. der Datenschutzgesetze. Da es sich in dem hier angesprochenen Fall um einen Bereich der Gefahrenabwehr handelt, der sich speziell mit öffentlichen Versammlungen beschäftigt, ist das Versammlungsgesetz auch die richtige Regelungsnorm und spezieller als das Polizeigesetz. Voraussetzung für die Datenerhebung nach § 12a VersammlG ist die Annahme, dass von den Teilnehmern der Versammlung eine erhebliche Gefahr ausgeht (zu diesem Begriff vgl. Rdn 63f.), ohne dass ein Schaden unmittelbar bevorstehen muss (Dietel/Gintzel/Kniesel § 12a Rdn 9). Diese Voraussetzungen für die Datenerhebung sind unerträglich niedrig angesetzt; denn sie liegen deutlich unterhalb der strafrechtlichen Verurteilungsschwelle (Ridder/Breitbach/Rühl/Steinmeier § 12a Rdn 12) und sind bereits gegeben, wenn Tatsachen die **Annahme** rechtfertigen, die Person könne z.B. bei oder im Zusammenhang mit öffentlichen Versammlungen eine Straftat begangen oder vorbereitet haben. Insoweit wäre selbst das Mitführen eines zur Vermummung geeigneten Schals ausreichend; schließlich ist das eine Tatsache und nicht lediglich Vermutung bzw. abstrakte Erfahrung.

1372 Zu dieser Annahme muss die aus der polizeilichen Erfahrung herzuleitende Besorgnis (Prognose!) treten, von dieser Person gingen erhebliche Gefahren für künftige Versammlungen aus. Eine derartige Prognose birgt ein nicht zu vermeidendes Risiko. Ob man dem jedoch mit dem Hinweis darauf entgegentreten kann, zum Schutz eines derart wichtigen Rechtsguts wie Versammlungsfreiheit dürfe ein Einschreiten nicht erst nach einer eingetretenen Störung möglich sein, sondern habe bei der Gefahr versammlungsspezifischer Störungen zu erfolgen (Krüger, S. 92), erscheint sehr fragwürdig. Offensichtlich soll die auf § 12a VersammlG begründbare vorsorgliche Erfassung die zukünftige Strafverfolgung auch derjenigen erleichtern, die zwar (noch) nicht (nachweisbar) straffällig geworden sind, die aber entsprechend einer polizeilichen Prognose der „gewaltbereiten Szene" zuzuordnen sind.

1373 Ob dieses Ziel realistisch ist, bleibt fraglich. Ein bloßes Abbild von Körper und Physiognomie des Versammlungsteilnehmers bleibt so lange wertlos, wie der Polizei die Personaldaten unbekannt bleiben. Auch zur Abwehr versammlungstypischer Gefahren, die von dem Betroffenen bei späteren Versammlungen ausgehen können, sind die nach § 12a VersammlG angefertigten Bildaufnahmen weithin (Tonaufnahmen immer!) ungeeignet. Eine entsprechende Verwertung scheitert in aller Regel schon daran, dass die Polizei die durch die Aufnahmen früher erfassten Personen in einer versammelten Menge gar nicht wiedererkennen kann und wird (Ridder/Breitbach/Rühl/Steinmeier § 12a Rdn 15). Die Ermittlungsbeamten haben folglich zu prüfen, welchen Rechtsgütern die Gefahr droht. Wegen der Schwere des Eingriffs sollten sich die Behörden weitgehende Zurückhaltung auferlegen und Bild- und Tonaufzeichnungen nur anfertigen, wenn Gewalttätigkeiten bereits begangen werden oder unmittelbar bevorstehen (VG Bremen, Urt. vom 5. Dezember 1988, AZ 4 A 226/86).

1374 Die Hinweise auf die erheblichen Gefahren müssen auf tatsächlichen Anhaltspunkten beruhen, also nicht auf Vermutungen. Da Bild- und Tonaufzeichnungen bei oder im Zusammenhang mit öffentlichen Versammlungen angefertigt werden dürfen, erfasst diese Berechtigung auch die Phasen des An- oder

Abmarsches (Dietel/Gintzel/Kniesel § 12a Rdn 10), nicht aber die Vorbereitung einer öffentlichen Versammlung, also den Aufruf, die Einladung oder Ähnliches. Dafür gelten die Bestimmungen des Polizeigesetzes.

3. Repressive Kontrollfahndung

Der § 163d StPO berechtigt bei Verdacht bestimmter Straftaten die Ermitt- 1375
lungsbehörden, die aus Anlass der genannten Kontrollen erhobenen personenbezogenen Daten strafverfahrensrechtlich zu verarbeiten. Dagegen erfasst diese Norm weder Nutzung und Speicherung personenbezogener Daten, wenn diese Erkenntnisse bei einer einzelfallbezogenen strafprozessualen Ermittlungshandlung und nicht bei einer Massenkontrolle gewonnen wurden, noch die gefahrenabwehrende Nutzung solcher Daten. Ebenfalls unzulässig ist die dateigestützte Speicherung personenbezogener Daten, die in Massenkontrollen gewonnen wurden, die dem § 111 StPO zwar gleichen, aber auf rechtlich völlig anderer Basis beruhen, wie z.B. Kontrollen nach § 36 V StVO oder polizeirechtliche Kontrollen.

Die bedeutsame Frage nach der rechtlichen Behandlung von Daten, die bei 1376
einer Identitätsfeststellung nach § 163b StPO anfallen, regelt § 163d StPO nicht. Mit der Kontrollfahndung lässt sich deren Speicherung nicht begründen, wir können sie jedoch nicht mit dem Hinweis auf § 163d StPO für rechtswidrig erklären. Im Sinne des Rechts auf informationelle Selbstbestimmung ist es sicherlich irrelevant, ob personenbezogene Daten in automatischen Datenverarbeitungsanlagen oder in manuell auszuwertenden Akten bzw. Karteien gesammelt werden. Folglich dürfen die personenbezogenen Daten, die einer Ermittlungsbehörde im Wege einer zulässigen Identitätsfeststellung nach § 163b StPO zur Kenntnis gelangen, auch in automatischen Datenverarbeitungsanlagen gespeichert werden, wenn und soweit sie in Akten und Karteien der Behörden ohnehin festgehalten sind (Rogall, NStZ 1986, 385, 388).

a) Bestimmte Tatsachen/Katalogtat

Die Zulässigkeit der Kontrollfahndung ist abhängig von bestimmten Tatsa- 1377
chen, die auf die Begehung einer der genannten Straftaten hinweisen. Der Katalog der in Frage kommenden Delikte wird nicht expressis verbis genannt, sondern im Wege einer Verweisung bzw. Weiterverweisung abschließend aufgezählt.

aa) Bestimmte Tatsachen

Die Anordnung nach § 163d StPO verlangt bestimmte Tatsachen hinsicht- 1378
lich der Verwirklichung einer Katalogtat (vgl. dazu Kritik in Rdn 1293 ff.).

bb) Katalogtaten

Die Delikte, die eine Kontrollfahndung auslösen können, sind nach § 163d 1379
Ziff. 1 StPO in erster Linie die in § 111 StPO genannten Straftaten. Die Ziffer 2 ergänzt diesen Katalog von Verbrechen und „schweren" Vergehen um ausgewählte Straftaten nach dem Waffengesetz, dem Kriegswaffenkontrollgesetz, und dem Betäubungsmittelgesetz. Vor allem weil der Gesetzgeber den Er-

mittlungsbehörden mit § 163d StPO ein Instrument zur wirksamen Bekämpfung des Organisierten Verbrechens in die Hand geben wollte, fehlt in dem Katalog der gesamte Bereich des Diebstahls und der gewerbsmäßigen Hehlerei, von Delikten also, die unbestritten häufig und vor allem in besonderen Fällen (z.B. Kfz-Diebstahl, Kunstdiebstahl) der organisierten Kriminalität zuzuordnen sind.

b) Erfolgstauglichkeit

1380 Liegen bestimmte Tatsachen vor, dass eine Katalogtat wenigstens im Versuch begangen worden ist, dürfen die Ermittlungsorgane eine Kontrollfahndung durchführen, wenn Tatsachen die Annahme rechtfertigen, dass die Auswertung der Daten zur Ergreifung des Täters oder zur Aufklärung der Tat führen kann. Im Gegensatz zu den sonstigen strafprozessualen Eingriffsermächtigungen, bei denen die Erfolgsvermutung regelmäßig ausreicht (z.B. §§ 102 oder 81a StPO), müssen im Falle des § 163d StPO objektive Erkenntnisse für den ermittlungsbehördlichen Erfolg sprechen. So schafft der Gesetzgeber ein Korrektiv, weil eine Vielzahl unbeteiligter Bürger über § 163d StPO in ihren Rechten beeinträchtigt wird. Zudem liegt hier ein nicht zu übersehendes Problem, denn die Frage der Erfolgstauglichkeit kann nur in seltensten Fällen rational beantwortet werden.

Beispiel: Die Notrufanlage der Bank B löst einen Alarm aus. Eine polizeiliche Nachfrage ergibt, dass drei maskierte Männer einen Raub mit Schusswaffen (§ 250 I Ziff. 1 StGB) begangen haben. Die Täter seien mit einem roten Pkw geflüchtet, dessen Marke nicht genau bekannt sei. Der Einsatzleiter der Polizei ordnet, da Gefahr im Verzuge gegeben ist, die Einrichtung von Kontrollstellen an.

Eine Katalogtat i.S. der §§ 163d, 111 StPO liegt vor. Schwierig ist es nur zu belegen, wieso die konkrete räumliche und zeitliche Ausgestaltung der Kontrollstellen die Annahme rechtfertigt, der Täter habhaft zu werden bzw. die Aufklärung der Straftat voranzutreiben. Das bedeutet keineswegs, dass der vorgestellte Erfolg auch eintreten muss. Wer eine Kontrollstelle anordnet, hat nur darzulegen, welche Überlegungen ihn dazu veranlasst haben, sie zeitlich und örtlich in der gegebenen Art einzurichten; denn die generelle Eignung, den strafprozessualen Erfolg herbeizuführen, reicht zur Tatbestandsmäßigkeit des § 163d StPO nicht (Erbs, in: L-R § 163d Rdn 40).

c) Verhältnismäßigkeit

1381 Datenspeicherung und -auswertung darf nur erfolgen, wenn – ohne Rücksicht auf die Zulässigkeitsvoraussetzungen – die Maßnahme nicht unverhältnismäßig ist. Dieser Grundsatz verlangt Abwägung des verletzten Rechtsguts auf der einen gegenüber dem verfahrensrechtlichen Ziel auf der anderen Seite. Dabei ist zu berücksichtigen, dass das Recht auf informationelle Selbstbestimmung zwar bei einer Vielzahl von Personen eingeschränkt wird und überwiegend Unbeteiligte betroffen sind, die Beeinträchtigung aber keineswegs als besonders schwerwiegend anzusehen ist. Auf der anderen Seite steht Ergreifen eines gefährlichen Straftäters, Aufklärung einer schwerwiegenden Straftat und das Vertrauen der Allgemeinheit in unser Rechtssystem. Obwohl die Annahme einer

Katalogtat allein nicht bedeuten kann, dass die Kontrollfahndung stets verhältnismäßig ist (Rogall, NStZ 1986, 385, 389), sprechen Tatschwere und Ausmaß der Rechtsbeeinträchtigung bei den Betroffenen in der Vielzahl der Fälle für deren Anerkennung.

d) Gesetzliche Befugnisse

Sofern die genannten Voraussetzungen vorliegen, dürfen die anfallenden Daten über die Identität einer Person sowie Umstände, die für die Aufklärung der Straftat oder für die Ergreifung des Täters von Bedeutung sein können, in einer Datei gespeichert und an Strafverfolgungsbehörden übermittelt werden (§ 163d I Satz 3 StPO). Die Befugnisse sind also Datenauswertung, -speicherung und -übermittlung. § 163d StPO ist keine Ermächtigung zur Erhebung personenbezogener Daten; denn die Daten müssen entweder bei der gesetzlich zugelassenen Personenkontrolle an einer Kontrollstelle (§ 111 StPO) oder einer grenzpolizeilichen Kontrolle angefallen sein. **1382**

Auf Grund der Differenzierung in Ziff. 1 und Ziff. 2 bleibt festzustellen, dass die Datenspeicherung aus Anlass einer grenzpolizeilichen Kontrolle weitergehend ist als die nach Errichten einer Kontrollstelle. Während im ersten Falle jede Katalogtat zur Speicherung und Auswertung personenbezogener Daten ermächtigt, darf der Eingriff in dem anderen Falle nur erfolgen, wenn eine Katalogtat des § 111 StPO tatsächlich gegeben ist. **1383**

Die Daten, die verarbeitet werden dürfen, sind primär Merkmale zur Identifikation eines Menschen, also z.B. Name, Vorname, Geburtsdatum, Geburtsort und Wohnort. Umstände, die für die Aufklärung der Straftat oder für die Ergreifung des Täters von Bedeutung sein können, sind z.B. Erkenntnisse über Ort, Zeit oder Art und Weise des Antreffens, Anlass und Ergebnis der Überprüfung, benutzte Fahrzeuge, mitgeführte Gegenstände, Ergebnisse der Identitätsfeststellung sowie verdachtserregende Umstände (Riegel, CuR 1986, 144). Die Ergebnisse einer erkennungsdienstlichen Behandlung oder einer Durchsuchung auf der Grundlage des § 163b StPO dürfen ebenso datenmäßig verarbeitet werden wie Mitteilungen, die eine überprüfte Person freiwillig macht (Baumann, StV 1986, 498). Allerdings muss auch in diesem Falle die Einrichtung einer Kontrollstelle bzw. die grenzpolizeiliche Kontrolle die Grundlage für die erkennungsdienstliche Behandlung bzw. die Identitätsfeststellung gelegt haben. **1384**

aa) Datenspeicherung

Die bei der Kontrollstelle anfallenden Daten dürfen in einem automatischen Informationssystem gespeichert werden, ohne dass geregelt wäre, wo diese Datei eingerichtet sein muss. Insoweit ist es gleichgültig, ob die Daten bei der örtlichen Polizeibehörde, einem Landes- oder dem Bundeskriminalamt bzw. einer anderen Ermittlungsbehörde gespeichert werden. Da diese Daten nur für strafprozessuale Zwecke gespeichert worden sind, müssen sie von Daten, die präventiven Zielen dienen, streng abgeschirmt werden. **1385**

bb) Datenauswertung

Ziel des § 163d StPO ist die Aufklärung von Straftaten. Daher kann der Sinn der Erhebung personenbezogener Daten nicht in der bloßen Speicherung lie- **1386** gen. Es geht vielmehr darum, durch Auswertung der Daten einen Straftäter zu überführen bzw. der Überführung näher zu bringen. Wie dies geschieht, lässt sich nur erahnen, etwa durch programmgesteuerte Suchläufe oder durch Abgleich mit anderen Dateien der Strafverfolgungsorgane.

cc) Datenübermittlung

1387 Übermittlung von Daten ist deren Weitergabe, ohne Rücksicht auf die Art der Übermittlung. Sie ist nur zulässig für Zwecke des Strafverfahrens und gegenüber Strafverfolgungsbehörden. Damit soll möglicher Missbrauch personenbezogener Daten, vor dem der Bürger verständliche Angst hat, verhindert werden. Ein solcher Missbrauch mit den Daten der Strafverfolgungsbehörden wäre z.B. gegeben, wenn die Daten an Verfassungsschutzorgane oder gar an Private weitergegeben würden.

e) Betroffene Personen

1388 Die von § 163d StPO betroffenen Personen müssen bestimmte Merkmale und Eigenschaften aufweisen. Die Behörde muss den Verdächtigen entsprechend ihrer z.Z. der Anordnung einer Kontrollfahndung vorhandenen Kenntnisse über ihn so genau wie möglich bezeichnen (§ 163d III Satz 2 StPO). Welche Merkmale das im Einzelnen sind, lässt sich allgemein nicht festlegen.

Beispiel: Nach einem terroristischen Mordanschlag flüchten die beiden Täter zu Fuß. Im Nahbereich richtet die Polizei eine Kontrollstelle ein.

Normalerweise sind im Augenblick der Anordnung von Kontrollstelle und Kontrollfahndung die auf den Täter hinweisenden Merkmale derart ungenau, dass im Grunde jedermann, gleichgültig ob Mann oder Frau (es sei denn, insoweit lägen ganz konkrete Erkenntnisse vor), ob Fußgänger oder Fahrzeugführer und unabhängig vom Alter als Verdächtiger angesehen werden kann. Es muss nur auf Grund konkreter Umstände möglich sein, den Kontrollierten als Täter oder Teilnehmer der Anlasstat in Betracht zu ziehen. Das wird aber in fast jedem Falle begründbar sein. Nur wer eindeutig als Täter ausscheidet, unterliegt nicht dem Anwendungsbereich des § 163d StPO. Verdichten sich im Laufe der Ermittlungen die Identifizierungsmerkmale des Tatverdächtigen, dürfen die Strafverfolgungsbehörden nur noch gezielt von § 163d StPO Gebrauch machen.

f) Verfahrensvorschriften

1389 Einen umfangreichen Katalog verfahrensrechtlicher Vorschriften enthält § 163d StPO. Zunächst begegnet man einer ausführlichen Anordnungsregelung (Absätze 2 und 3). Darüber hinaus regelt § 163d IV StPO das Löschen der Daten, den Umfang ihrer Benutzung und die Behandlung sog. Zufallsfunde. Schließlich enthält Absatz 4 Satz 3 eine Benachrichtigungspflicht. Die Wirkung dieser Verfahrensvorschriften ist entsprechend der gesetzlichen Befugnis und der Tatsache zu sehen, dass § 163d StPO bei Datenspeicherung, Datenauswertung und Datenübermittlung einen Eingriff mit Dauerwirkung darstellt. Folglich greifen Verstöße gegen § 163d II bis IV StPO nicht in jedem Falle die Rechtmäßigkeit der Kontrollfahndung ex tunc an.

aa) Anordnung der Kontrollfahndung

Grundsätzlich darf nur ein Richter die Kontrollfahndung anordnen, bei Gefahr im Verzuge auch ein Staatsanwalt oder ein Ermittlungsbeamter der Staatsanwaltschaft. Hat der Staatsanwalt oder ein Ermittlungsbeamter der Staatsanwaltschaft die Anordnung wegen Gefahr im Verzuge erteilt, muss er unverzüglich eine richterliche Bestätigung der Anordnung beantragen (§ 163d II Satz 2 StPO). Erledigt sich der Eingriff vor Einholen der richterlichen Bestätigung, bedarf es derer nicht. Ist eine Bestätigung der Anordnung einzuholen, unterbleibt dies aber, tritt die Anordnung der Kontrollfahndung durch den Staatsanwalt oder seinen Ermittlungsbeamten außer Kraft. Die Maßnahme würde also kraft Gesetzes rechtswidrig (§ 163d II Satz 3 StPO). **1390**

Form und Inhalt der Anordnung regelt Absatz 3. Nach Satz 1 ist die Anordnung schriftlich zu geben. Damit verlangt der Gesetzgeber, dass die – zulässige – mündliche Anordnung später schriftlich festgehalten wird, und zwar als Folge der Pflicht zur Konkretisierung des Inhalts der Anordnung. Was im Einzelfall genau zu bezeichnen ist, legt § 163d III Sätze 2 und 3 StPO fest. Zunächst müssen die Verdachtsmerkmale von Personen, deren Daten gespeichert werden, so genau wie zum Zeitpunkt der Anordnung möglich bezeichnet werden. Da § 163d StPO verhindern soll, personenbezogene Daten unzulässig zu speichern, ergibt sich die Pflicht, die im Verlaufe des Ermittlungsverfahrens konkreter werdenden Verdachtsmomente gleichfalls aktenkundig zu machen. Weiterhin sind die Umstände des Antreffens (§ 163d I StPO) niederzulegen, weil sich daraus Rückschlüsse auf die Begründung des Tatverdachts ziehen lassen. **1391**

Ort und Dauer (Satz 3) der Kontrollfahndung sind festzulegen sowie ihre räumliche Begrenzung (Satz 4). Mit diesen zeitlichen und örtlichen Beschränkungen tritt der Gesetzgeber dem verständlichen Bestreben der Ermittlungsorgane entgegen, möglichst große Bevölkerungskreise zu erfassen. Die Pflicht darzulegen, warum die Kontrollfahndung so weiträumig und derart lange Zeit (höchstens drei Monate) durchgeführt werden soll, ermöglicht eine effektive Prüfung der Rechtmäßigkeit. **1392**

bb) Zufallserfolge

Bei derart weitreichenden Fahndungsermächtigungen ist es beinahe unumgänglich, Personen aufzugreifen, die zwar in keiner Verbindung zu der Straftat stehen, wegen der die Maßnahme angeordnet wurde, nach denen aber aus anderem Grund gefahndet wird. Da die Einrichtung einer Kontrollstelle nur bei Verdacht katalogmäßig festgelegter Straftaten zulässig ist, dürfen die dabei erlangten personenbezogenen Daten ohne Einwilligung der Eingriffsadressaten zu Beweiszwecken in anderen Strafverfahren nur zur Aufklärung solcher Straftaten verwendet werden, zu deren Aufklärung eine solche Maßnahme hätte angeordnet werden dürfen (sog. hypothetischer Ersatzeingriff, § 477 II Satz 2 StPO). Diese Beschränkung bezieht sich ausschließlich auf Beweise und greift nicht in Bezug auf Zufallserkenntnisse, die Ansätze zur Verfolgung von Spuren anderer Straftaten liefern, auch wenn diese keine Katalogtaten sind, oder die Hinweise auf den Aufenthaltsort eines Beschuldigten geben. Einer Verwendung dieser Erkenntnisse steht nichts im Wege (Zöller, StraFo 2008, 24). **1393**

cc) Löschungsvorschrift

1394 Der § 163d IV StPO enthält neben Vorschriften über die Beendigung der Kontrollfahndung eine Regelung über das Löschen der gewonnenen Daten. Sind die Voraussetzungen für den Erlass der Anordnung entfallen, etwa weil nicht mehr damit zu rechnen ist, die Täter in dem räumlichen Bereich zu ergreifen, in dem die Fahndung läuft, oder ist der Zweck erreicht, muss die Maßnahme unverzüglich aufgehoben werden. Daneben steht ein Löschungsgebot. Daten, die für das Strafverfahren nicht oder nicht mehr benötigt werden, sind unverzüglich (§ 163d IV Satz 2 StPO), alle anderen drei Monate nach Beendigung der Maßnahme zu löschen. Somit haben die Ermittlungsbehörden ein Vierteljahr Zeit, die über § 163d StPO gesammelten Daten sachgerecht auszuwerten. Daten von Personen, gegen die sich der Verdacht erhärtet bzw. bestätigt hat, sind in die Ermittlungsakten aufzunehmen. Danach müssen auch diese Daten gelöscht werden. Diese Regelung erhellt den Kurzzeitcharakter des § 163d StPO. Über die Löschung ist die Staatsanwaltschaft zu unterrichten (§ 163d IV Satz 3 StPO). Ob und inwieweit die Herrin des Ermittlungsverfahrens die Pflicht zur Löschung überwacht, steht in ihrem Ermessen.

dd) Benachrichtigungspflicht

1395 Die Personen, gegen die nach Auswertung der Daten weitere Ermittlungen geführt worden sind, sind zu benachrichtigen (§ 101 I, IV Ziff. 10 StPO), sobald dies ohne Gefährdung des Untersuchungszweckes oder der öffentlichen Sicherheit möglich ist (§ 101 V StPO). Der Gesetzgeber postuliert eine Benachrichtigungspflicht somit nur gegenüber Personen, gegen die weiterhin strafrechtlich ermittelt wird. Er schränkt diese Pflicht aber mit Blick auf die Effizienz des Strafverfahrens ein. Selbst präventive sicherheitsbehördliche Belange können die Benachrichtigungspflicht überlagern. Keine Benachrichtigung muss denjenigen zukommen, gegen die ein Tatverdacht nicht aufrechtzuerhalten ist. Diese Regelung orientiert sich an praktischen Erwägungen, weil es sich regelmäßig um eine sehr große Zahl von Menschen handelt.

Kapitel 12. Befragung und Vernehmung

Vor Gericht und gegenüber der Behörde hat jedermann Anspruch auf rechtliches Gehör (Art. 103 I GG). Konkretisiert wird diese Verfassungsnorm bezogen auf das Strafverfahren u.a. in § 257 StPO, wonach der Angeklagte in der Hauptverhandlung nach der Vernehmung eines jeden Zeugen, Sachverständigen oder Mitangeklagten sowie nach Verlesen eines jeden Schriftstücks befragt werden soll, ob er etwas zu erklären habe. Auf diese Weise ist es dem Angeklagten möglich, auf Vorwürfe oder andere ihn belastende Umstände zu reagieren und zur eigenen Entlastung beizutragen. Das Verwaltungsverfahren konkretisiert das Anhörungsrecht u.a. in § 28 VwVfG, der die Behörden zur Anhörung eines jeden durch einen Verwaltungsakt in seinen Rechten Betroffenen verpflichtet. Damit erhält der Adressat Gelegenheit zur Äußerung über die zur Entscheidung stehende Angelegenheit, und zwar sowohl zum Sachverhalt als auch zur rechtlichen Beurteilung. **1396**

I. Folterverbot

Als „Folter" bezeichnet man eine objektiv unmenschliche oder erniedrigende Behandlung, durch die einer Person vorsätzlich tiefgreifende körperliche Schmerzen oder seelische Schmerzen oder schwerwiegendes psychisches Leiden mit dem Ziel zugefügt werden, eine Aussage oder ein Geständnis zu erhalten(Satzger, Jura 2009, 759, 764), um den Betroffenen für eine tatsächlich oder mutmaßlich von ihm oder von einem Dritten begangene Tat bestrafen zu können, um ihn oder einen Dritten einzuschüchtern oder zu nötigen oder aus einem anderen, auf irgendeine Art von Diskriminierung beruhenden Grund, wenn die Schmerzen oder Leiden von einem Angehörigen des öffentlichen Dienstes oder einer anderen in amtlicher Eigenschaft handelnden Person, auf deren Veranlassung oder in deren ausdrücklichem oder stillschweigendem Einverständnis verursacht werden. Ausgenommen sind lediglich solche Leiden, die sich aus gesetzlich zulässigen Sanktionen ergeben, dazu gehören oder damit zwingend verbunden sind (EGMR EuGRZ 1979, 153; Hilgendorf, JZ 2004, 331, 334f.). **1397**

Die Diskussion um eine mögliche Lockerung des Folterverbots, um das Opfer z.B. eines erpresserischen Menschenraubs oder eines terroristischen Anschlags vielleicht noch retten zu können, findet gemeinhin auf der Grundlage der Strafprozessordnung statt, obwohl, wie noch zu zeigen ist, das Thema „Folter" nicht nur die repressive Seite der polizeilichen Arbeit betrifft, sondern ebenso gut im gefahrenabwehrenden Bereich Bedeutung erheischt (sog. „Präventivfolter"). Kategorisch verbietet neben den Art. 1 und 104 I S. 2 GG auch der Art. 3 MRK den hoheitlich handelnden Subjekten öffentlicher Verwaltung jedwede Anwendung unmenschlicher oder erniedrigender Behandlung, ohne Rücksicht darauf, ob der zu Vernehmende/Befragende ein Geständnis ablegen oder den Aufenthaltsort bzw. das Versteck des Entführten (also des Tatopfers) **1397a** preisgeben soll. Ob diese Situation einzig auf der Grundlage repressiver Normen zu bearbeiten ist, steht durchaus in Frage. Ohne Preisgabe des Aufenthaltsortes bzw. des Verstecks würde ggf. – wenn der Entführte noch lebt – eine gegenwärtige Gefahr für Leben, Gesundheit und Freiheit anzuerkennen sein. Tatsächlich konkurrieren damit bezüglich der polizeilichen Arbeit Strafverfolgung und Gefahrenabwehr (vgl. Eisele, JA 2005, 901, 903). In diesen speziellen Situationen kann das behördliche Handeln ohne weiteres auf Prävention gestützt werden (vgl. Rdn 32); denn der Primat gilt der Sicherung wertvoller Rechtsgüter (vgl. Anlage A, B III RiStBV; BVerwG DÖV 1975, 275, 277).

1398 Allerdings kommt Gefahrenabwehr nur in Betracht, wenn es als gesichert gelten kann, dass bei Anwendung der polizeilichen Gewalt zum Zwecke des Erzwingens einer Aussage über den Aufenthaltsort die Geisel noch lebt. Da der vernehmende Polizeibeamte dies in der Regel nicht weiß, also die Möglichkeit, dass der Entführte noch lebt, ebenso wahrscheinlich ist wie die, dass er zu diesem Zeitpunkt bereits ermordet ist, kann man das polizeiliche Vorgehen gegen den des erpresserischen Menschenraubs Verdächtigen nicht unbesehen der Prävention zurechnen (Hamm, NJW 2003, 946). Vielmehr steht dem Beamten in einer Rechtssituation, in der nicht sicher ist, ob er zur Gefahrenabwehr oder zum Zwecke der Repression tätig wird, keine Wahlfreiheit in Bezug auf die anzuwendende Eingriffsermächtigung zu. Dann muss er die Rechtseingriffe grundsätzlich auf die strengeren Rechtsnormen stützen, die sich regelmäßig aus der Strafprozessordnung herleiten (Gusy Rdn 150 ff.; Wagner, in AKPolG NRW, Rdn 125). Folglich ist in Bezug auf die „Befragung" des Verdächtigen bzw. Beschuldigten § 136a StPO einschlägig. Danach darf die Willensentschließung sowie die Willenbetätigung nicht durch Misshandlung, und Folter ist ohne Zweifel als solche zu qualifizieren (Meyer-Goßner § 136a Rdn 7), beeinträchtigt werden. Auch Art. 3 EMRK verbietet den Mitgliedsstaaten der Menschenrechtskonvention die Anwendung von Folter bzw. einer unmenschlichen oder erniedrigenden Behandlung ohne jede Ausnahme. Infolge dessen dürfen Aussagen eines Beschuldigten, die unter Verletzung dieses Folterverbots zustande gekommen sind, nicht verwertet werden (vgl. § 136a III StPO). Im Falle einer „nur" erniedrigenden Behandlung, die sich in Demütigung des Betroffenen äußert (Satzger, Jura 2009, 759, 763) hat sich die Rechtsprechung in Bezug auf Verwertbarkeit der Aussagen noch nicht festgelegt.

1399 Diese Argumentation erscheint durchaus schlüssig. Aber hinsichtlich des Tatbestandes „erpresserischer Menschenraub" ist unbestritten, auch vor dem Hintergrund der Erkenntnis, dass der Täter ein Verbrechen begeht, der Gefahrenabwehr der Primat zuzuerkennen (vgl. Rdn 31). Dann muss die Polizei ihre Handlungen auf Normen des Polizeigesetzes stützen. Entsprechend § 9 nwPolG, § 13 thPAG darf die Polizei eine Person befragen, wenn Tatsachen die Annahme rechtfertigen, dass sie Angaben machen kann, die für die Erfüllung einer bestimmten polizeilichen Aufgabe notwendig sind. Die „bestimmte polizeiliche Aufgabe" ist Abwehr einer gegenwärtigen Lebensgefahr für das Tatopfer. Ohne die Angaben des Befragten, der in der Tat konkrete Angaben zur Gefahrenabwehr zu machen in der Lage ist, ist die Abwehr dieser Gefahr zumindest wesentlich erschwert, wenn nicht gar ausgeschlossen. Diese Argumente sprechen scheinbar dafür, die Aussageverpflichtung des Entführers anzuerkennen. Dabei übersieht man jedoch, dass die polizeirechtlich zur Aussage verpflichtete

Person gleichzeitig strafprozessual Beschuldigter einer Straftat ist, dem die Strafprozessordnung ein absolutes Schweigerecht zuerkennt. Würde man dem (polizeirechtlich betrachtet) Verhaltensstörer die Aussagepflicht auferlegen, müsste dies zwangsläufig eine Selbstbelastung in dem zwingend durchzuführenden Strafverfahren nach sich ziehen. In diesen, in der Praxis gar nicht einmal seltenen Fällen muss die Aussagepflicht des Polizeirechts gegenüber dem Schweigerecht des Strafverfahrensrechts zurücktreten; denn dies gehört zu den anerkannten Prinzipien des Strafprozesses und ist Bestandteil eines fairen Verfahrens (BGH NJW 1992, 1463; NJW 2003, 1123; BVerfGE 56, 37, 43).

Doch wollen wir den gefahrenabwehrenden Weg weiter durchdenken: Die **1400** (unterstellte) Aufforderung des „vernehmenden" Polizeibeamten gegenüber dem Verdächtigen/Beschuldigten, er solle das Versteck des Tatopfers preisgeben, ist polizeilich betrachtet ein Verwaltungsakt. Gemäß § 50 nwPolG, § 51 thPAG darf ein Verwaltungsakt mit Zwangsmitteln durchgesetzt werden, wenn ein Rechtsmittel keine aufschiebende Wirkung hat. Da es sich bei der Aufforderung, das Versteck des Tatopfers zu nennen, um eine unaufschiebbare Anordnung eines Polizeivollzugsbeamten handelt, hat ein ggf. seitens des Adressaten eingelegter Widerspruch keinen Suspensiveffekt (§ 80 I Ziff. 2 VwGO). Als Zwangsmittel zur Durchsetzung dieses Verwaltungsakts käme allein unmittelbarer Zwang gem. § 55 nwPolG, § 56 thPAG in Betracht. Doch ist mit Beachtung der subsidiären Anwendbarkeit von unmittelbarem Zwang der Weg zu §§ 57 ff. nwPolG, §§ 58 ff. thPAG keineswegs frei; denn nach § 55 II nwPolG, § 56 II thPAG ist die Anwendung unmittelbaren Zwangs zur Abgabe einer Erklärung ausgeschlossen. Damit verbietet diese Norm aus rechtsstaatlichen Gründen den Einsatz von unmittelbarem Zwang, um die Abgabe einer Erklärung zu erzwingen, und sie enthält in Kurzfassung gerade die Rechtsgedanken, die dem § 136a StPO gleichfalls zu Grunde liegen (Berner/Köhler § 59 Rdn 9). Der Begriff „Erklärungen" bezieht auch und insbesondere Angaben im Sinne der §§ 9, 10 I Ziff. 1 nwPolG, §§ 13, 17 I Ziff. 1 thPAG ein (Ebert/Honnacker § 56 Rdn 6). Dieses quasi Folterverbot gilt selbst dann, wenn der Betroffene nach dem Polizeigesetz oder nach einer anderen Vorschrift prinzipiell zu einer Auskunft oder Aussage verpflichtet ist (Belz § 18 Rdn 33).

Im Übrigen korrespondiert § 55 II nwPolG, § 56 II thPAG mit § 10 IV **1401** nwPolG, § 17 IV thPAG, der expressis verbis die entsprechende Anwendbarkeit des § 136a StPO festlegt. Im Interesse der Menschenwürde schließt das Gesetz somit die Anwendung körperlicher Gewalt oder gar von Hilfsmitteln der körperlichen Gewalt zur Erzwingung einer Erklärung, was zweifelsfrei den Tatbestand des Folterns erfüllen würde, zu gefahrenabwehrenden Zwecken unter allen Umständen aus (Böhrenz/Franke § 69 Rdn 9). Selbst wenn die Erklärungen notwendig sein sollten, um eine Gefahr für Leben oder Gesundheit abzuwehren, können die Angaben auf Grund des strengen Gewaltverbots nicht erzwungen werden (Tegtmeyer § 55 Rdn 6).

Schließlich wollen wir uns der Frage zuwenden, ob sich ein Polizeibeamter, **1402** der einem Beschuldigten „Folter" androht, falls dieser seine Frage nach dem Versteck des Opfers eines erpresserischen Menschenraubs nicht wahrheitsgemäß beantwortet, auf Notwehr bzw. rechtfertigenden Notstand berufen kann. Gesteht die Rechtsordnung dem Beschuldigten ein umfassendes Schweigerecht zu, greift im Falle der Folterandrohung § 343 StGB. Dessen Tatbestandsverwirklichung durch einen Polizeibeamten lässt sich nicht mit allgemeinen Rechtfertigungsgründen rechtfertigen, auch wenn diesen Weg scheinbar § 57 II nwPolG, § 58 II thPAG eröffnet. Rechtsstaatliche Erwägungen verbieten es einem Polizeibeamten, im Falle hoheitlichen Handelns aus Notwehr bzw. rechtfertigendem Notstand eine Eingriffsbefugnis herzuleiten (Chemnitz Ziff. 60.2.1; Miehe, NJW 2003, 1219 f.). Diese allgemeinen Rechtfertigungsgründe kommen für ihn nur zum Tragen, wenn er zur Verteidigung seiner eigenen höchstpersönlichen Rechtsgüter u.U. sogar während der Dienstausübung einen strafrechtlichen Tatbestand verwirklicht. Dies ist ein geradezu als „klassisch" zu bezeichnender Fall, in dem polizeiliches Handeln sowohl öffentlich-rechtlicher Natur als auch privatrechtlich bestimmt sein kann. Der Beamte hat dann die Möglichkeit frei zu entscheiden, auf welche Rechtsgrundlage er sich zu stützen gedenkt. Es wäre mit den Prinzipien des Rechtsstaats nicht zu vereinbaren, das durch Spezialnormen sowohl des Polizeigesetzes als auch der Strafprozessordnung festgeschriebene Verbot, unmittelbaren Zwang mit dem Ziel einzusetzen, den Adressaten zu einer Aussage zu zwingen, dadurch zu unterlaufen, dass sich der Polizeibeamte auf allgemeine Rechtfertigungsgründe zurückzieht; denn die hat der Gesetzgeber ohne Zweifel nicht für die Durchführung hoheitlicher Handlungen geschaffen (differenzierend Brugger, JZ 2000, 165 ff., 167).

1402a In der Summe führen die genannten Argumente zur konsequenten Ablehnung der Folter zwecks Erlangen von Erklärungen (gleich welchen Inhalts). Wer bereits vereinzelt (und verharmlosend ausgedrückt „leichte") Folter zulässt, beginnt nicht allein eine Spirale der Gewalt zu drehen (vor allem bei Terroristen). Er gibt vielmehr angesichts evidenter Missbrauchsgefahr der Polizei ein Machtpotenzial in die Hand, das die Gefahr birgt, in den autoritären Staat abzugleiten (Ekhard, NJ 2006, 64,66). Unwiderruflich droht der Freiheit aller von der Zulassung staatlicher Foltermaßnahmen erhebliche Gefahr, der es gilt massiv entgegen zu treten („wehret den Anfängen"!).

II. Präventive Befragung

1403 Befragung und Auskunftspflicht nach § 11 bbPolG, § 9 nwPolG, 13 thPAG ist zulässig, wenn Tatsachen die Annahme rechtfertigen, dass eine Person sachdienliche Angaben machen kann, die für die Erfüllung einer bestimmten polizeilichen Aufgabe erforderlich sind. Da Gefahrenabwehr eine bestimmte polizeiliche Aufgabe ist, besteht in den Fällen der Befragung nach Personalien ein Konkurrenzverhältnis zwischen den insoweit einschlägigen Normen und § 12 bbPolG, § 12 nwPolG, § 14 thPAG; denn auch die Personalienfeststellung ist aus Gründen der Abwehr einer Gefahr zulässig. Stellt die Polizei die Personalien von den Personen fest, die zur Beseitigung der gefahrenträchtigen Situation verantwortlich sind, dann ist die Bestimmung zur Personalienfeststellung einschlägig. Erfolgt der Grundrechtseingriff indes gegenüber einem Zeugen, greift als Spezialvorschrift § 11 bbPolG, § 9 nwPolG, § 13 thPAG durch.

1. Sachdienliche Angaben

Die Auskunftspflicht aus dem Polizeigesetz bindet den Adressaten nur in Fällen der Abwehr einer bestimmten Gefahr, die also in ihren Umrissen feststehen muss. Zudem müssen Tatsachen die Annahme rechtfertigen, dass die zu befragende Person sachdienliche Angaben machen kann. Sachdienlich sind Angaben über sinnliche Wahrnehmungen, die der Befragte gemacht hat und mit denen die Polizei nach pflichtgemäßer Beurteilung der Lage in den Stand versetzt wird, die Gefahr für die öffentliche Sicherheit abzuwehren. Überdies muss die Befragung objektiv notwendig sein, um die gefahrenabwehrende Aufgabe erfüllen zu können. Führen andere Maßnahmen, die die Rechte des Einzelnen weniger beeinträchtigen, ebenfalls zu dem angestrebten polizeilichen Ziel, besteht für den Befragten keine Auskunftspflicht. 1404

Beispiel: Mit seinem Kinderfahrrad fährt der 9-jährige J gegen den vorschriftsmäßig geparkten Pkw des A und verursacht erheblichen Sachschaden. Erschrocken fährt er davon. Z, der das Geschehen zufällig beobachtet hat, informiert den A, der wiederum die Polizei ruft.

Da J strafunmündig ist, geht es einzig um die Sicherung des zivilrechtlichen Anspruchs von A. Diese polizeiliche Aufgabe steht zweifelsohne fest. Z kann dazu sachdienliche Angaben machen, nämlich den Schädiger identifizieren. Zur Erfüllung dieser gefahrenabwehrenden Aufgabe ist die Aussage des Z erforderlich; denn er ist der einzige Zeuge. Somit ist er zur Angabe der Personalien verpflichtet. Da er keiner weiteren Handlungspflicht unterliegt, greift § 11 II Satz 2 bbPolG, § 9 II Satz 2 nwPolG, § 13 II S. 2 thPAG nicht.

Selbst wenn man der Auffassung ist, Zeugnis abzulegen sei eine soziale Pflicht, und der Zeuge auch „nur" eines Unfalls habe seine Kenntnisse der Polizei mitzuteilen, muss das nicht unbedingt in Bezug auf die Aufklärung der Sache hilfreich sein. Der Gesetzgeber kann zwar eine Aussagepflicht festschreiben, aber das Gesetz kann niemanden zwingen, etwas Verfahrensrelevantes gesehen zu haben. Der „beste Zeuge" nutzt nichts, wenn er felsenfest behauptet, nichts gesehen zu haben. Letztlich ist dann selbst die Beugehaft ein „stumpfes Schwert". 1405

Beispiel: Ein 15-jähriges Mädchen kommt nach Beendigung des Trainings gegen 21.00 Uhr nicht nach Hause. Die Eltern benachrichtigen die Polizei, die Trainer, Sportkameradinnen, Eltern und Freunde befragt.

Eine Gefahr für Leben, Gesundheit und Freiheit des Mädchens ist ebenso erkennbar wie ein Schaden an dem Recht seiner Eltern, den Aufenthaltsort zu bestimmen. Da es sich dabei um einen andauernden Zustand handelt, liegt in dessen Aufrechterhalten eine Gefahr für dieses Recht der Eltern. Die Befragten können Angaben machen, deren Bedeutung im entscheidungserheblichen Zeitpunkt zwar noch nicht genau einzuordnen ist, die aber durchaus der letzte Stein im Mosaik des Falles sein können. Um ggf. sofort auf die Wahrnehmungen der in Betracht kommenden Personen zurückgreifen zu können, benötigen die Beamten deren Personalien, so dass die Befragung auf der Rechtsgrundlage von § 11 bbPolG, § 9 nwPolG, § 13 thPAG erfolgt.

2. Befragung zur Person bzw. Sache

1406 Betrachten wir die beiden Absätze von § 11 bbPolG, § 9 nwPolG, § 13 thPAG in sachlogischem Zusammenhang, müssen wir zwischen einer Befragung zur Person (Absatz 2 Satz 1) und einer solchen zur Sache (Absatz 2 Satz 2) unterscheiden. Während im Falle der Befragung zur Person eine Aussagepflicht besteht, sofern Tatsachen die Annahme rechtfertigen, der Befragte könne sachdienliche Angaben machen, besteht eine Pflicht, Angaben zur Sache zu machen, wenn den Befragten gesetzliche Handlungspflichten treffen, deren Missachtung allerdings keine strafrechtlichen Folgen auslösen darf (vgl. dazu § 142 StGB mit seiner Offenbarungspflicht). Weitere Pflichten zur Angabe bestimmter Informationen gegenüber der Polizei finden sich z.B. in *§ 39 WaffG* (Auskunftspflicht des Waffenbesitzers), *§ 31 SprengG* (Auskunftspflicht dessen, der mit explosionsgefährlichen Stoffen umgeht), *§ 44 LFBG* (Auskunfts- und Duldungspflicht desjenigen, der mit Lebensmitteln i.S. des § 2 LFBG umgeht), *§ 22 GaststättenG* (Auskunftspflicht des Betreibers einer Gaststätte), *§ 2 KampfmittelVO NRW* (Anzeigepflicht bei Entdecken und Besitz von Kampfmitteln).

3. Abgrenzung repressive – präventive Befragung

1407 Eine weitere bestimmte polizeiliche Aufgabe ist die Repression, in deren Zusammenhang eine Zeugenbefragung auf der Grundlage des § 163a V StPO vorgenommen werden darf. Da aber im Falle der Repression Rechte und Pflichten des Zeugen anders geregelt sind als in dem der Prävention, müssen wir strikt zwischen den gesetzlich übertragenen Aufgaben der Polizei unterscheiden. Diese Abgrenzung ist nicht immer einfach, vor allem wenn es um Handlungspflichten geht, die strafrechtlich als Unterlassungsdelikte ausgewiesen sind.

Beispiel: A hört durch Zufall ein Gespräch mit, in dem zwei Personen in allen Einzelheiten besprechen, wie sie am nächsten Tag am wirksamsten das örtliche Asylbewerberheim in Brand stecken können. In seiner Gleichgültigkeit kümmert er sich nicht weiter um diese Kenntnisse.

Nichtanzeige geplanter Straftaten als echtes Unterlassungsdelikt begründet für bestimmte Personen, die strafrechtlich bedeutsame Kenntnisse haben, eine Offenbarungspflicht. Nach § 138 I Ziff. 8 StGB gehören die §§ 306–306c StGB zu dem Kanon der erfassten Delikte. Erfährt ein Zeuge zu einer Zeit glaubhaft von der geplanten Straftat, zu der die Tatausführung hätte abgewendet werden können, muss er die Strafverfolgungsorgane informieren. Da er das nicht getan hat, steht er im Verdacht, eine Straftat begangen zu haben, so dass eine gefahrenabwehrende Befragung nicht in Betracht kommt. Vielmehr greift wegen des Legalitätsprinzips die strafprozessuale Vernehmung, und zwar mit allen ihren Rechten und Pflichten (vgl. dazu unten III).

1408 Problematisch sind die Fälle, in denen Polizeibeamte davon ausgehen, Gefahrenabwehr zu betreiben, der Befragte jedoch bei Erfüllung seiner polizeigesetzlichen Pflicht die Strafverfolgung gegen sich einleiten würde.

Beispiel: Nach einem Einbruchsdiebstahl in ein Geschäft, bei dem der Täter entkommen konnte, befragt die Polizei im Umkreis von mehreren 100 Metern jeden Passanten, den sie antrifft, ob er eine verdächtig sich verhaltende Person gesehen habe. Dabei spricht einer der Beamten auch den wirklichen Täter (T) an. Von allen Befragten stellt die Polizei die Personalien fest, auch von T.

Auch wenn der Anlass des polizeilichen Einschreitens eine Straftat ist, bedeutet das nicht, dass alle darauf aufbauenden polizeilichen Maßnahmen auf repressive Eingriffsermächtigungen zu stützen wären. Da in unserem Beispielsfall keine konkreten Verdachtsmomente gegenüber irgendeinem der Befragten vorliegen und z.Z. der Befragung die Befragten auch nicht als Zeugen der Straftat anzusehen sind, betreiben die Beamten keine Strafverfolgung. Vielmehr treffen sie Vorsorge für eine später mögliche Verfolgung dieses Diebstahls. Das ist nach § 1 I bbPolG, § 1 I nwPolG, § 2 I thPAG eine der Prävention zuzuordnende Aufgabe. Folglich wäre nach der Gesetzeslage der Täter dieser Straftat tatsächlich verpflichtet, seine Personalien anzugeben.

Sollte die Behörde im Zuge der Ermittlungen auf einen Zeugen stoßen, der **1409** sich in der Lage sieht, den Verdächtigen ggf. zu identifizieren, greifen die Behörden auf die gefahrenabwehrend gewonnenen Daten zur effektiven Strafverfolgung zurück. Diese Verkürzung der Rechte eines Beschuldigten aus der Strafprozessordnung durch präventiv-polizeiliche Ermächtigungen kann nicht unwidersprochen bleiben. Daher ist in Bezug auf die polizeirechtliche Auskunftspflicht ein Verbot zu fordern, die präventiv gewonnenen Daten im Strafverfahren zu verwerten.

Eine speziellen polizeilichen Bedürfnissen entgegenkommende Befugnis ist **1410** die Berechtigung zur Befragung nach § 11 III bbPolG (weitergehende Ausführungen: Vgl. anlassunabhängige Personalienfeststellung, Rdn 227 ff.). Zur vorbeugenden Bekämpfung grenzüberschreitender Kriminalität darf die Polizei im öffentlichen Verkehrsraum angetroffene Personen kurzzeitig anhalten, befragen und verlangen, dass mitgeführte Ausweispapiere zur Prüfung ausgehändigt werden. Darüber hinaus darf sie mitgeführte Sachen „in Augenschein nehmen". Voraussetzung für diese Ermächtigung ist, dass „Lageerkenntnisse" die Annahme stützen, es sollten Straftaten von erheblicher Bedeutung begangen werden.

Diese weitgefächerte Ermächtigung erstreckt sich auf Befragung, Prüfung **1411** von Ausweisen und eine Inaugenscheinseinnahme von Sachen. Insoweit ist ihre Anbindung an § 11 bbPolG nicht unbedingt folgerichtig. Wesentlich ist die Erkenntnis, dass von dem Anhalten sowie den weitergehenden Rechtsbeeinträchtigungen weit überwiegend wenn nicht fast ausschließlich Personen betroffen werden, die mit den befürchteten Straftaten in keinem Zusammenhang stehen. Deshalb lässt sich § 11 III bbPolG durchaus als eine Art polizeirechtlicher Razzia bezeichnen. Die Befragung muss sich inhaltlich beschränken, und zwar auf evtl. Mitteilung von Erkenntnissen des Befragten, die zur Verhinderung der möglicherweise bevorstehenden Straftaten beitragen können, also „sachdienlich" (vgl. Absatz 1) sind. Auch die Prüfung der mitgeführten Ausweispapiere muss im Sinne dieser Norm „sachdienlich" sein und erstreckt sich daher auf Personaldokumente, die jede angehaltene Person auszuhändigen hat. Damit ließe sich beispielsweise der Tatbestand des Menschenhandels (§§ 232 f. StGB) eindämmen. Weitere Ausweispapiere wären z.B. Fahrzeugdokumente, mit deren intensiver Kontrolle sich möglicherweise organisiert begangene „Autoschieberei" aufdecken ließe.

1412 Schließlich ist es zulässig, mitgeführte Sachen in Augenschein zu nehmen. „Augenschein" ist eine sinnliche Wahrnehmung, also das Treffen von Feststellungen durch Sehen, Hören, Riechen, Schmecken oder Fühlen (BGHSt 18, 51, 53). Es geht darum, dass sich die Polizei mittels sinnlicher Wahrnehmung einen Eindruck verschafft von der Existenz oder Beschaffenheit einer Sache, dass sie die Lage von Gegenständen feststellt oder eine Verhaltensweise oder einen wiederholten Vorgang beobachtet (OLG Koblenz VRS 45, 48). „Sinnlich wahrnehmen" muss keineswegs der Beamte unmittelbar, er kann sich dazu auch eines Hundes bedienen. Wittert ein „Rauschgifthund" im Zuge einer auf der Grundlage des § 11 III bbPolG angeordneten „Razzia" in einem kontrollierten Kfz Rauschgift, ist das zunächst eine schlichte Inaugenscheinseinnahme. Mit der Reaktion des Tieres wandelt sich das Bild: Aus der Gefahrenabwehr wird ein Fall der Strafverfolgung, denn es besteht der Verdacht einer Straftat nach §§ 29 ff. BtMG, und die weiteren Rechtseingriffe erfolgen repressiv. Zwingende Voraussetzung für diesen Eingriff ist die Annahme, also eine rein subjektive Interpretation auf der Grundlage von Lageerkenntnissen, dass bestimmte Straftaten begangen werden sollen. Dazu ist die Beurteilung polizeilich bedeutsamer „großer" und „kleiner" Sachverhalte des täglichen Lebens in rechtlicher sowie taktischer Hinsicht erforderlich (vgl. PDV 100, Ziff. 1.3.1).

III. Befragung und Vernehmung im Strafprozess

1413 Unbestreitbar kann nicht jede Frage eines Polizeibeamten Vernehmung sein und entsprechende Rechtsfolgen auslösen. Diese Erkenntnis macht es notwendig zu prüfen, wann die Vernehmung eines Beschuldigten beginnt und was als informatorische Befragung angesehen werden kann. Zur Vernehmung gehört zwingend, dass der Vernehmende der Auskunftsperson (das sind allgemein Beschuldigte, Zeugen, Sachverständige) in amtlicher Funktion gegenübertritt und in dieser Eigenschaft eine Aussage verlangt (BGHSt 42, 139, 145 f.). Ihre Durchführung ist an bestimmte gesetzliche Voraussetzungen gebunden: Bei der ersten Vernehmung durch Polizeibeamte ist der Beschuldigte darüber aufzuklären, welche Tat ihm zur Last gelegt wird. Ferner ist er darauf hinzuweisen, dass es ihm nach dem Gesetz freisteht, sich zu der Sache zu äußern oder nichts auszusagen, und es ihm gestattet ist, jederzeit einen von ihm frei zu wählenden Verteidiger zu konsultieren. Daraus folgt die Pflicht, die Belehrung mit dem Hinweis zu versehen, der Beschuldigte genieße Aussagefreiheit, müsse also gegenüber der Polizei überhaupt keine Angaben machen; denn § 57 StPO bezieht sich allein auf die richterliche Vernehmung. Der polizeilich zu Vernehmende kann daher autonom entscheiden, ob er schweigen oder aussagen will, im Falle einer Aussage darf er sogar lügen, ohne Nachteile befürchten zu müssen. Die Ermahnung zur Wahrheit in einer polizeilichen Vernehmung steht daher der Pflicht zu einer ordnungsgemäßen Belehrung entgegen (Meyer-Mews, JuS 2004, 39, 40). Diese grundlegenden Pflichten erwachsen den Ermittlungsbehörden nicht, wenn sich jemand spontan an sie wendet und verfahrensrelevante

Aussagen macht, ohne dazu aufgefordert worden zu sein (BGH NStZ 1989, 15; diff. Joachim, NStZ 1990, 95, 96).

Über das Aussageverweigerungsrecht muss der Beschuldigte nur im Rahmen einer Vernehmung belehrt werden. Daher unterliegen private Äußerungen keinem Beweisverwertungsverbot, die gegenüber heimlich agierenden Privaten gemacht werden, selbst wenn deren Einsatz von der Polizei gesteuert ist (BGH NStZ 1995, 557). Soll der Verdächtige sich in diesen Fällen jedoch selbst belasten, darf seine Aussage nur verwertet werden, wenn die zu verfolgende Tat eine Straftat von erheblicher Bedeutung ist und der Einsatz anderer Ermittlungsmethoden erheblich weniger erfolgversprechend oder wesentlich erschwert wäre (BGH NStZ 1996, 502, 505). **1414**

Bevor die Ermittlungsbehörde eine Person bewusst vernehmen kann, muss sich der Beamte Klarheit darüber verschaffen, ob der Bürger Verdächtiger/Beschuldigter, Zeuge oder einfacher Informant ist. Informatorische Befragungen kennzeichnen folglich ein Stadium der Ermittlungen, in dem noch kein Beschuldigter vorhanden ist, so dass Belehrungspflichten nicht greifen können (zu diesem Problem vgl. Krey, Bd. 2 Rdn 784). **1415**

Als eine völlig andere Art der Anhörung ist die informatorische (oder auch formlose) Befragung der förmlichen Vernehmung regelmäßig vorgelagert (Gerling, S. 11). Dabei sind die Ermittlungen noch nicht zielgerichtet, sondern sollen entweder die Feststellung des verwirklichten Tatbestandes befördern oder klären helfen, welche Person an einem strafrechtlich relevanten Geschehen beteiligt ist. Insoweit zeigt die informatorische Befragung eine gewisse Nähe zur Zeugenvernehmung, was wiederum zur Folge hat, dass der Befragte nicht zwingend über seine Rechte aus §§ 163a IV, 136 StPO zu belehren ist. Diese Aufklärungspflicht trifft den Ermittlungsbeamten aber, sobald er den Befragten als Beschuldigten betrachtet (vgl. näher dazu Mosbacher, JuS 2006, 39, 40 f.). Müssen also die Beamten zunächst wissen, (erstens) welches Delikt begangen worden ist und (zweitens) wem sie dies zum Vorwurf machen können, sind alle Fragen, die auf Ermittlung des verwirklichten Tatbestandes zielen, ebenso wenig Vernehmung wie die, die klären oder klären helfen sollen, welche Personen an dem Geschehen beteiligt sind. Bei der Aufnahme eines Verkehrsunfalls ist z.B. die Frage nach den Fahrern der beteiligten Fahrzeuge noch keine Vernehmung, weil sie erst klärt, wen die Beamten u.U. als Beschuldigten ansehen können. **1416**

Hat sich der Ermittlungsbeamte ein Urteil über die vorzuwerfende Tat gebildet und macht er einer Person einen bestimmten Tatvorwurf, gelten die weiteren Fragen, die diesen Tatvorwurf zu erhellen geeignet sind, als Vernehmung des Beschuldigten (BGH NJW 1968, 1388, 1389), weil der Fragende dem Befragten nun in amtlicher Eigenschaft gegenübertritt (BayObLG NZV 2003, 435 f.) und Auskunft verlangt. Fragt z.B. ein Polizeibeamter eine Person, die er in Verbindung mit einer Trunkenheitsfahrt (§ 316 StGB) setzt, ob sie in diesem Zustand das Kfz geführt habe, dann ist das Vernehmung und nicht Befragung (Gleß, in: L-R § 136 Rdn 5). **1417**

Infolgedessen ist die Frage, ab welchem Zeitpunkt eine Informationssammlung in eine Beschuldigtenvernehmung übergeht, von großer Bedeutung. Schließlich hängt die Verwertbarkeit der Aussage des Beschuldigten im gesamten Verfahren davon ab. Die Grenzziehung zwischen einfacher Befragung und **1418**

Vernehmung soll einerseits von der Stärke des Tatverdachts und andererseits davon abhängen, wie sich die Beamten dem Betroffenen gegenüber verhalten (BGHSt 38, 214, 228). So gibt es polizeiliche Verhaltensweisen, die nach ihrem äußeren Befund bereits belegen, dass der Beamte dem Befragten als Beschuldigtem begegnet, und zwar auch dann, wenn dies nicht expressis verbis zum Ausdruck kommt (BayObLG StV 2005, 430). Ob die Strafverfolgungsbehörde einen solchen Grad des Tatverdachts hat, dass sie den Befragten als Beschuldigten verfolgt und vernimmt, unterliegt ihrer pflichtgemäßen Beurteilung. Innerhalb dieses Beurteilungsspielraums ist einerseits dem Grundsatz der Aussagefreiheit eines Beschuldigten Geltung zu verschaffen, andererseits aber zu gewährleisten, dass möglichst frühzeitig Klarheit darüber herrscht, ob Zwangsmaßnahmen in Betracht kommen (BayObLG NZV 2003, 435, 436).

1419 Unter Beachtung dieses Interessenkonflikts erwächst die Pflicht zur Belehrung i.S. des § 136 I Satz 2 StPO, sobald sich ein u.U. bei Beginn der Befragung bestehender Verdacht in einem Umfang verdichtet, dass die befragte Person sich ernstlich als Täter der zu untersuchenden Tat herauskristallisiert (BGH NStZ-RR 2004, 368, OLG Karlsruhe NZV 1994, 122, 123). Geht die Strafverfolgungsbehörde ihrer Meinung nach noch nicht zur Beschuldigtenvernehmung über und wähnt sie sich innerhalb ihres Beurteilungsspielraums, kann sich allein aus objektiven Gesichtspunkten die Beschuldigteneigenschaft des Betreffenden ergeben, die dessen Rechte aus § 136 StPO auslösen. Solch objektive Kriterien leiten sich z.B. aus der Vorbereitung eines Durchsuchungsbeschlusses oder einem Antrag auf TKÜ gegen den Betreffenden her.

1420 Diese von der Rechtsprechung entwickelten Leitlinien zum Zeitpunkt des Einsetzens der gesetzlich geforderten Belehrung eines Beschuldigten können keineswegs richtungweisend sein. Oftmals lässt die Beurteilung der Rechtslage insbesondere bei Vornahme des ersten Angriffs durch die Polizei nicht einmal die Begründung eines Verdachts zu, oder die verdachtsbegründenden Umstände stehen auf tönernen Füßen. Würde der Angesprochene in dieser Situation eine entsprechende Frage wahrheitsgemäß beantworten, könnte man ihn sofort als Beschuldigten ansehen.

Beispiel: Nachts steht ein Pkw unbesetzt an einer Straße. Die Türe ist nicht verriegelt, der Motor läuft, das Fahrlicht ist eingeschaltet. Von einem Fahrer des Pkw ist nichts zu sehen. Wenig später begibt sich eine offensichtlich betrunkene Person zielstrebig zu dem Pkw.

1421 Bei der polizeilichen Frage nach dem Halter des Pkw handelt es sich um eine informatorische Befragung; denn eine konkrete Beantwortung ist im Hinblick auf strafrechtliche Verfolgung neutral. Schließt der Beamte die Frage an, ob der Betreffende den Pkw dorthin gefahren habe, wird das Problem virulent: Bejaht der Befragte, ist er in den Augen des Beamten Täter eines Vergehens nach § 316 StGB. Man könnte sich allerdings auf den Standpunkt stellen, diese Frage diene allein zu klären, ob gegen eine konkret zu bezeichnende Person als Beschuldigten förmlich ermittelt werden müsse, und sei deswegen Befragung (so Griesbaum, in KK § 163a Rdn 2). Diese Betrachtensweise schwächt jedoch die Position des Befragten im Verfahren elementar und ist daher abzulehnen. Vielmehr ist eine Belehrung i.S. des § 136 I Satz 2 StPO erforderlich, wenn bei pflichtgemäßer Beurteilung der Situation die auch nur vage Möglichkeit besteht, dass der Befragte durch die Beantwortung der Frage ein Strafverfahren gegen sich einleiten könnte.

Wird jemand zunächst informatorisch befragt und danach als Beschuldigter verantwortlich vernommen, ist er bei der Vernehmung über § 136 StPO hinaus darüber zu belehren, dass er sich nunmehr erstmalig zu den gegen ihn erhobenen Beschuldigungen äußern könne, ohne an das in der informatorischen Befragung Gesagte gebunden zu sein (AG Berlin – Tiergarten StV 1983, 277). Doch können ihm die Aussagen aus dieser Befragung vorgehalten werden, wenn er später nach ordnungsgemäßer Belehrung zur Sache aussagt (BGH NStZ 1983, 86). Vernimmt die Polizei einen Tatverdächtigen zunächst zu Unrecht als Zeugen und damit ohne die nach § 136 I StPO vorgeschriebene Belehrung, muss man ihn wegen dieses Gesetzesverstoßes bei Beginn der folgenden Beschuldigtenvernehmung auf die Nichtverwertbarkeit seiner früheren Aussagen hinweisen (sog. „qualifizierte" oder „erweiterte" Belehrung). Unterlässt der Ermittlungsbeamte diese qualifizierte Belehrung, soll es für die Frage, ob die Angaben, die der Betreffende als Zeuge gemacht hat, verwertbar sind, auf eine Abwägung im Einzelfall ankommen (BGH StV 2007, 450, 452). Ein Beweisverwertungsverbot kommt dem entsprechend entweder bei bewusster und willkürlicher Unterlassung der qualifizierten Belehrung oder dann in Betracht, wenn auf Grund der Abwägung im Einzelfall das Interesse an der Sachaufklärung hinter dem Interesse des Beschuldigten an seiner qualifizierten Belehrung zurückzustehen hat (BGHSt 47, 172, 179). Darüber hinaus ist relevant, ob der Vernommene gemäß den Umständen des Falles davon ausgehen konnte, von seinen vor der Beschuldigtenvernehmung gemachten Angaben als Zeuge bei seiner weiteren Vernehmung als Beschuldigter nicht mehr abrücken zu können. Davon ist grundsätzlich auszugehen, wenn sich die Beschuldigtenvernehmung inhaltlich als bloße Wiederholung der früheren Zeugenvernehmung darstellt (BGH JuS 2009, 468ff.). **1422**

Diese Einschränkung eines absoluten Verwertungsverbots aus § 136 StPO lässt sich bei näherer Betrachtung nicht rechtfertigen. Die unterlassene qualifizierte Belehrung hat bei Lichte betrachtet sogar ein größeres Gewicht als die fehlende Erstbelehrung. Wer nämlich nicht „qualifiziert belehrt" wird, könnte der Auffassung sein, die in seiner ersten – ohne entsprechende Belehrung vorgenommene – Vernehmung getätigten selbst belastenden Aussagen seien verwertbar, könnten nicht wirksam widerrufen werden, und eine Aussageverweigerung in der nun folgenden Vernehmung mache keinen Sinn. Damit setzt sich der Betroffne quasi einem Zwang zur Selbstbelastung aus, denn er sieht sich außerstande, zu dem Sachverhalt zu schweigen, seine Beteiligung zu leugnen oder das Geschehen nach Gesichtspunkten zu schildern, die seinen prozessualen Interessen vermeintlich nützen (Roxin, JR 2008, 16, 18; Gless/Wennekers, JR 2009, 383, 384). Es bleibt somit festzuhalten, dass die qualifizierte oder erweiterte Belehrung die verfahrensrechtliche Stellung des Beschuldigten in seinen Fundamenten berührt. Notwendig ist daher, ihr die gleiche prozessuale Wirkung zuzuerkennen wie die Erstbelehrung. **1422a**

IV. Vernehmung im Strafprozess

1423 Strafprozessual ist zu unterscheiden zwischen der Vernehmung des Beschuldigten (§§ 133 ff. StPO), des Beschuldigten zum Haftbefehl (§§ 115, 115a StPO) und von Zeugen und Sachverständigen (§§ 58, 68, 69 StPO). Ergänzend dazu kann man differenzieren hinsichtlich des Vernehmenden, und zwar in Vernehmung durch die Polizei (§§ 163 III, 163a IV StPO), durch die Staatsanwaltschaft (§§ 161a, 163a III, 168b II StPO) und durch einen Richter. Da die Pflichten eines zu vernehmenden Zeugen in Bezug auf die staatsanwaltschaftliche oder polizeiliche Vernehmung unterschiedlich sind, ist es geboten, die Grenzen zwischen beiden vernehmenden Organen aufzuzeigen. Nicht selten zieht die Staatsanwaltschaft zur Zeugenvernehmung einen Polizeibeamten zu ihrer Unterstützung hinzu, um sich dessen fachlicher Hilfe zu bedienen. Richtet dann der Polizeibeamte die Fragen an den Zeugen und führt er die Vernehmung in Anwesenheit des Staatsanwalts quasi autonom als alleinige Vernehmungsperson, handelt es sich auch dann um eine polizeiliche Vernehmung, wenn die Staatsanwaltschaft den Zeugen zur Vernehmung vorgeladen hat (HansOLG Hamburg StraFo 2009, 464). Die folgenden Ausführungen sind beschränkt auf eine Darstellung der rechtlichen Aspekte der Vernehmung von Beschuldigten und Zeugen durch die Polizei.

1. Polizeiliche Vernehmung des Beschuldigten

1424 Bei der ersten Vernehmung des Beschuldigten durch Beamte des Polizeidienstes ist dem Beschuldigten zu eröffnen, welche Tat ihm zur Last gelegt wird (§ 163a IV Satz 1 StPO). Er ist darauf hinzuweisen, dass es ihm nach dem Gesetz freisteht, sich zu den Beschuldigungen zu äußern oder nicht zur Sache auszusagen und jederzeit, auch schon vor seiner Vernehmung, einen von ihm zu wählenden Verteidiger zu befragen. Des weiteren ist ein Verdächtiger mit fremder Staatsangehörigkeit über sein subjektives Recht, die unverzügliche Benachrichtigung seiner konsularischen Vertretung zu verlangen (Art. 36 I Buchst. b Satz 3 WÜK), bereits durch Polizeibeamte nach der Festnahme zu belehren (BVerfG StV 2008, 1, 4; ihm folgend BGH StV 2008, 5). Diese Belehrung soll den Beschuldigten vor der irrtümlichen Annahme einer Verpflichtung zur Aussage bewahren (BGH NStZ 1996, 502 f.) und ihm seine Handlungsfreiheit deutlich machen: Er kann nach Beginn der Vernehmung ohne Anwalt für deren Fortsetzung einen Anwalt verlangen; er kann seine Entscheidung, einen Anwalt zu konsultieren, aber auch expressis verbis oder konkludent widerrufen. Erklärt ein Beschuldigter während einer laufenden Vernehmung, sich mit einem Verteidiger beraten zu wollen, ist sie umgehend zu unterbrechen. Wird die Vernehmung gleichwohl nicht unterbrochen, um diesem Wunsch Rechnung zu tragen, unterliegen die weiteren Aussagen des Beschuldigten einem Verwertungsverbot (LG Kiel StV 2005, 600). Die Belehrung ist aktenkundig zu machen (Nr. 45 I RiStBV), fehlt ein entsprechender Vermerk, liegen keine hinreichend verlässliche Anhaltspunkte dafür vor, dass sie gegeben wurde. In solchen Fällen dürfen Äußerungen, die der Beschuldigte gemacht hat, nicht verwertet werden (BGH JR 2007, 125 ff.).

Verlangt der Beschuldigte nach Belehrung, einen Verteidiger zu konsultieren, so ist die Vernehmung zu verschieben oder zu unterbrechen. Möchte der Beamte sie dennoch unmittelbar fortsetzen, ist dies ohne vorheriges Gespräch zwischen Beschuldigtem und Anwalt nur zulässig, wenn sich der Beschuldigte nach **erneutem Hinweis** auf sein Recht der Zuziehung eines Verteidigers mit der Fortsetzung der Vernehmung **ausdrücklich einverstanden** erklärt hat (BGH NJW 1996, 1547 ff.; BGH NJW 1996, 2242 ff.). **1425**

In dem Bemühen des Beschuldigten, einen Rechtsbeistand zu konsultieren, hat ihm die Polizei behilflich zu sein; denn durch die Vornahme der Rechtseingriffe ist der Betroffene regelmäßig bedrückt und verängstigt (BGHSt 38, 214, 224). Dieser Forderung genügt die Polizei nicht, wenn sie dem Beschuldigten ein Branchentelefonbuch in die Hand drückt, in dem sich unter dem Stichwort „Rechtsanwaltsbüros" eine Vielzahl von Eintragungen befindet. Dieses Verhalten ist vielmehr dazu angetan, dem Beschuldigten die Aussichtslosigkeit seines Bemühens vor Augen zu führen und ihn zur Fortsetzung der Vernehmung zu bewegen. **1426**

Aus der Pflicht zur Belehrung über das Recht auf juristischen Beistand folgt die Erwägung, den Beschuldigten, sofern dieser keinen Wunsch auf Zuziehung eines ganz bestimmten Verteidigers äußert, auf den Anwaltsnotdienst hinzuweisen (BGH StV 2007, 282). Benennt der Beschuldigte hingegen einen bestimmten Anwalt, ist die gebotene Hilfe auf Ermöglichen der Kontaktaufnahme mit diesem beschränkt. Das gilt gleichermaßen, wenn die Staatsanwaltschaft oder – in Einzelfällen auch schon einmal – die Polizei im Ermittlungsverfahren den dringenden Verdacht eines Verbrechens oder eines gewichtigen Vergehens (§ 140 I Ziff. 1, 2, II Ziff. 1 StPO) annimmt, auf Grund dessen sie veranlasst wäre, die Ermittlungen, die eine Mitwirkung des Beschuldigten bedingen, solange zurückzustellen, bis ein weitergehender Hinweis an den Betroffenen auf die Notwendigkeit einer Verteidigerbestellung ergangen ist (BGH NJW 2002, 975). Eine entgegenstehende Position lässt sich weder aus §§ 140, 141 StPO noch aus Art. 2 I i.V.m. 20 III GG oder aus Art. 6 III Buchst. c EMRK herleiten. **1427**

Die Belehrung ist für den Beschuldigten von erheblicher Bedeutung, weil ihn die erste Vernehmung durch die Polizei meist unvorbereitet trifft und nicht selten verängstigt. Hinzu kommt, dass erste Angaben zur Sache ganz erhebliche faktische Wirkung für den gesamten Verfahrensablauf entfalten, selbst wenn der Beschuldigte sie später widerruft (BGH NJW 1992, 1463, 1465). Daher dürfen Erkenntnisse aus der Vernehmung eines Beschuldigten, der ein Hinweis auf die Aussagefreiheit und Verteidigerbefragung (§§ 163a IV, 136 I StPO) nicht vorausgeschickt wurde, grundsätzlich nicht verwertet werden (BGH NJW 2007, 3138, 3139; NJW 1996, 1547, 1549; Beulke NStZ 1996, 257 m.w.N.). Wird jedoch ein Beschuldigter, gegen den wiederholt Strafverfahren betrieben worden sind und der auf Grund seiner einschlägigen Erfahrungen mit den Ermittlungsorganen seine Rechte als Beschuldigter offensichtlich in ausreichendem Maße kennt, ohne oder nach allenfalls unvollständiger Belehrung (§§ 136 I S. 2, 163a IV S. 2 StPO) vernommen, dürfen seine Aussagen durchaus verwertet werden, wenn das Gericht im Freibeweisverfahren zu dem Schluss kommt, der Beschuldigte habe sein Schweigerecht oder das Recht auf Verteidigerkonsultation ohnehin gekannt (BGH, Urt. vom 22. 11. 2001 – StR 220/01). Des Weiteren **1428** greift ein Verwertungsverbot nicht, wenn der Beschuldigte in der Hauptverhandlung der Verwertung ausdrücklich zustimmt (BGH NJW 1992, a.a.O.) oder wenn er die Zuziehung eines Verteidigers zunächst wünscht, die Aussage dann aber in freier Entscheidung ohne Verteidigerbeistand macht (BGH NJW 1996, 2242).

1428a Stimmt der Beschuldigte solchen Vernehmungserkenntnissen, die rechtswidrig erlangt wurden, nicht zu, hat dies keineswegs deren sozusagen automatische Unverwertbarkeit zur Folge. Generell nämlich muss ein Beschuldigter der Verwertung seiner Aussage, die er nach Missachtung der die Strafverfolgungsbehörden bindenden Verfahrensgrundsätze aus §§ 163a IV, 136 I StPO oder sonstigen Belehrungspflichten im Ermittlungsverfahren gemacht hat, bis zu dem in § 257 StPO genannten Zeitpunkt widersprechen („Widerspruchslösung", vgl. BGHSt 42, 15, 22; NJW 1997, 502). Bei Nichtausübung dieses Widerspruchsrechts innerhalb der Frist geht in den genannten Fällen dieses Recht endgültig verloren, weil es sich dabei um ein prozessuales Gestaltungsrecht handelt, das nicht auf einen bestimmten Verfahrenabschnitt beschränkt ist (BGH NJW 2006, 707).

1429 Dem Beschuldigten ist vor Beginn der Vernehmung, also regelmäßig vor der Vernehmung zur Person, ein Tatvorwurf zu machen. Der Hinweis auf das Recht, einen Verteidiger zu konsultieren, kann dagegen verschoben werden, bis der Beschuldigte zur Sache vernommen wird. Auf jeden Fall ist er auf dieses Recht hinzuweisen; denn dieses zum Kernbereich des fairen Verfahrens gehörende Recht dient einerseits der Freiheit eines Beschuldigten zu entscheiden, ob er in der polizeilichen Vernehmung aussagen oder schweigen will (EGMR StV 2003, 257, 259); andererseits will der Gesetzgeber dem zu Vernehmenden eine Person an die Seite geben, die verhindert, dass er sich durch seine Aussage selbst belastet. Solches steht nämlich zu befürchten, wenn der Beschuldigte ohne juristischen Beistand den Ermittlungsbeamten gegenübersteht. Doch hat der Verteidiger kein verbrieftes Recht, an der Vernehmung unmittelbar teilzunehmen, weil § 168c StPO nicht auf die polizeiliche Vernehmung übertragbar ist (Plöd, in: KMR § 163a Rdn 11 mwN). Räumt die Polizei dem Verteidiger das Anwesenheitsrecht ein, hat dieser auch das Recht Fragen zu stellen oder Hinweise zu geben.

1430 Die aufgezeigten Grundsätze über die Belehrung des Beschuldigten in Bezug auf die Aussagefreiheit, die Unverwertbarkeit der Einlassung bei unterbliebener Belehrung und die Notwendigkeit des Widerspruchs gegen die Verwertung in der Hauptverhandlung, die von der Rechtsprechung entwickelt worden sind, kann der Betroffene in einem Disziplinarverfahren ebenfalls geltend machen. Dazu muss ihn der Vorwurf einer dienstrechtlichen Verfehlung treffen, der einhergeht mit dem, eine mit Strafe bedrohte Handlung begangen zu haben und wenn seine im Disziplinarverfahren gemachte Aussage im Strafverfahren verwertet werden soll (BGH NJW 1997, 2893).

1431 Beide Rechte aus § 136 StPO sichern kumulativ das nemo-tenetur-Prinzip. Einerseits bestätigt die Pflicht zur Belehrung über die Aussagefreiheit die bereits im Rechtsstaatsprinzip verankerte Berechtigung des Beschuldigten (BVerfGE 56, 37), andererseits konkretisiert sie den Grundsatz des § 137 I StPO, der dem Beschuldigten das Recht zugesteht, sich in jedem Stadium des Strafverfahrens eines Verteidigers zu bedienen (Beulke, NStZ 1996, 257, 258). Der

Schutz des nemo-tenetur-Prinzips erstreckt sich auf die Freiheit von Zwang zur Aussage oder zur Mitwirkung an dem Strafverfahren. Nicht darunter fällt die Freiheit von Irrtum, also kann die Ermittlungsbehörde einen Beschuldigten in der Vernehmung durchaus überlisten. Die Grenzen des Erlaubten werden indes überschritten, wenn die Strafverfolgungsorgane die ihnen bekannte Entscheidung eines Beschuldigten, in dem Ermittlungsverfahren schweigen zu wollen, insoweit missachten, als sie den zu Vernehmenden in gezielten, vernehmungsähnlichen Befragungen, die auf Initiative der Ermittlungsbehörden ohne Aufdeckung der Verfolgungsabsicht etwa durch einen VE durchgeführt werden, selbstbelastende Angaben zur Sache entlocken (BGH NJW 2007, 3138, 3140).

Gegenstand des Schutzes aus dem nemo-tenetur-Prinzip ist die Freiheit vom **1432** Zwang zur Aussage. Folglich ist es unzulässig, aus dem Schweigen eines Beschuldigten für diesen nachteilige Schlüsse zu ziehen (BGH NJW 2007, 3138, 3139). Müsste er nämlich befürchten, sein Schweigen würde bei der Beweiswürdigung zu seinem Nachteil ausgelegt, wäre seine gesetzlich verbriefte Schweigebefugnis unvertretbar eingeschränkt (BGH NJW 1996, 2940, 2942). Durchaus zulässig ist aber ein Hinweis des Vernehmenden, eine Aussage könne die Position des Beschuldigten im Verfahren verbessern. Die einmal gezeigte Aussagebereitschaft gilt nicht für alle polizeilichen Vernehmungen. Sie muss vor einer erneuten Befragung zur Sache wiederholt werden. Der Beschuldigte kann sie ohne Angabe von Gründen jederzeit widerrufen.

Äußert der Beschuldigte vor Beginn oder während der Vernehmung, dass er **1433** einen Verteidiger befragen möchte, müssen die Polizeibeamten ihm dazu Gelegenheit geben. Die Vernehmung ist entweder zu unterbrechen, oder es muss – was der Normalfall sein wird – ein neuer Termin festgesetzt werden. Die Dauer der Unterbrechung ist nicht genau zu bestimmen und richtet sich vornehmlich nach der Dringlichkeit der zu regelnden Angelegenheit.

Aus Erwägungen der Zweckmäßigkeit sollte dem Beschuldigten vor Beginn **1434** der Vernehmung eröffnet werden, dass er das Recht hat, einzelne Beweiserhebungen zu beantragen. Die §§ 163a IV Satz 2, 136 I Satz 3 StPO gestatten ihm, sowohl Beweisanträge als auch Beweisermittlungsanträge zu stellen, also z.B. Anträge auf Zeugenvernehmung oder Sicherung anderer Beweismittel. Können diese Anträge für das Verfahren förderlich sein, ist ihnen stattzugeben. Zeigt sich hingegen, dass sie nur aus Gründen der Verfahrensverzögerung gestellt werden, sind sie zurückzuweisen. Dann hat der vernehmende Polizeibeamte einen entsprechenden Hinweis an die Staatsanwaltschaft zu fertigen; denn die Ablehnung eines Beweisantrags fällt in deren Aufgabenbereich (Meyer-Goßner § 163a Rdn 15).

Des Weiteren soll der Beschuldigte auf die Möglichkeit hingewiesen werden, **1435** sich schriftlich zu äußern, wenn dieses vereinfachte Verfahren opportun erscheint. Ob ein dafür geeigneter Fall anzuerkennen ist, lässt sich allgemein nicht sagen. Insoweit kommt es entscheidend z.B. auf den aufzuklärenden Sachverhalt oder die Person des Beschuldigten an, also seine Kenntnisse und Fähigkeiten.

Wird eine schriftliche Erklärung nach Einschätzung durch den Beamten die **1436** notwendige Erhellung des Tatgeschehens liefern, sollte aus Gründen der Vereinfachung und Beschleunigung des Verfahrens darauf hingewirkt werden. Doch darf man nicht verkennen, dass eine mündliche Vernehmung regelmäßig intensiver geführt werden kann, weil in dem Dialog zwischen Vernehmungsbeamtem und Beschuldigtem die wichtigen Punkte deutlicher herausgearbeitet und vertiefend behandelt werden können. Einer mündlichen Vernehmung steht auch dann nichts im Wege, wenn sich der Beschuldigte bereits schriftlich geäußert hat. Wird sie auf Grund einer Ermessensentscheidung seitens des Vernehmenden erforderlich, kann die schriftliche Einlassung des Beschuldigten Grundlage der mündlichen Vernehmung werden.

a) Vernehmung zur Person

1437 Bei der Vernehmung zur Person besteht für den Beschuldigten eine Aussagepflicht. Sie bezieht sich auf Angaben im Rahmen des § 111 OWiG (BGHSt 25, 13, 15). Doch sind in diesem Zusammenhang einige Besonderheiten zu beachten: Die Pflicht zur Beantwortung von Fragen zur Person entfällt, wenn sich der Beschuldigte dadurch identifizieren würde. Auch hier gilt der Grundsatz, dass ein Beschuldigter sich nicht selbst belasten muss (Seebode, MDR 1970, 185, 188); im Übrigen widerspräche eine Auskunftspflicht dem Weigerungsrecht, das § 163b I StPO dem Beschuldigten zugesteht. Fragen nach dem religiösen Bekenntnis dürfen nur gestellt werden, wenn dies für die Sache bedeutsam ist (Nr. 13 V RiStBV).

b) Vernehmung zur Sache

1438 Die Vernehmung zur Sache setzt voraus, dass der Beschuldigte mit den ihn belastenden Verdachtsmomenten vertraut gemacht wird, und zwar selbst dann, wenn er erklärt hat, seine Angaben zu verweigern. Damit soll dem Beschuldigten Gelegenheit gegeben werden, die gegen ihn vorgebrachten Vorwürfe zu entkräften. Einer Aussagepflicht unterliegt er jedoch nicht. Den Ablauf der Vernehmung bestimmen taktische Gesichtspunkte. Daher bestehen keine Bedenken, die Vorwürfe gegen den Beschuldigten auf verschiedene Vernehmungen aufzuteilen, wenn die Materie das angeraten erscheinen lässt.

c) Ermittlung der persönlichen Verhältnisse

1439 Mit Ermittlung der persönlichen Verhältnisse greifen die Polizeibeamten in die Rechte einer Person tiefer ein als bei Feststellung der Personalien. Die untersuchten persönlichen Verhältnisse müssen Bedeutung für das Verfahren haben, so dass die Behörden nicht ohne berechtigten Anlass in die Privatsphäre eingreifen dürfen. Ein solch berechtigter Anlass wäre es z.B., Klarheit hinsichtlich der Prozessvoraussetzungen zu gewinnen, die in der Person des Beschuldigten begründet sind (Meyer-Goßner § 243 Rdn 12). Dazu gehört z.B. neben der Frage, ob der Beschuldigte vernehmungsfähig ist, auch die Feststellung, ob die Anzeige tatsächlich gegen den Erschienenen erstattet worden ist.

2. Polizeiliche Vernehmung von Zeugen

1440 Zeugen werden als Beweismittel in einem Verfahren hinzugezogen und müssen in der Lage sein, sinnlich wahrgenommene Tatsachen zu bekunden (zum Begriff „Zeuge" vgl. Rdn 106 ff.). Tatsachen in diesem Sinne sind auch Schlussfolgerungen über persönliche Eigenschaften (z.B. Glaubwürdigkeit eines anderen) oder Zustände (z.B. Trunkenheit, Müdigkeit), sofern sie aus Beobachtungen resultieren. Hingegen stellen Meinungsäußerungen oder Werturteile keine Tatsachen dar.

a) Zeugenvernehmung

Die Aussagen des Zeugen und des Beschuldigten sind wichtige Beweismittel. **1441**
Der Zeuge kann vernommen werden oder sich schriftlich zu der Angelegenheit äußern. Die mündliche Vernehmung ist zwar aufwendig, bietet jedoch größere Gewähr für die Wahrheitsfindung als die schriftliche Anhörung. Der Vernehmende erhält dadurch nämlich einen unmittelbaren Eindruck von der Persönlichkeit des Zeugen und kann dessen Glaubwürdigkeit hinreichend beurteilen. Erforderlichenfalls muss der Zeuge an seine Wahrheitspflicht erinnert werden.

Zwar darf die Polizei einen Zeugen vorladen, doch braucht er dieser Ladung **1442**
keine Folge zu leisten; denn § 161a I StPO gilt nicht für die polizeiliche Vernehmung (vgl. § 163 III StPO). Die Aussage eines Zeugen vor der Polizei geschieht folglich auf freiwilliger Basis. Wird ein Zeuge geladen, muss die Strafsache, in der er aussagen soll, ebenso erkennbar sein wie seine Zeugeneigenschaft. Vor Beginn der Vernehmung ist er zu belehren (§§ 52 III, 55 II i.V.m. 163 III StPO), u.a. auch darüber, dass er keiner Pflicht zur Aussage unterliegt. Die Belehrung ist aktenkundig zu machen.

Erscheint der zur Vernehmung geladene Zeuge nicht oder erscheint er **1443**
zwar, macht aber von seinem Auskunftsverweigerungsrecht Gebrauch, wird der Polizeibeamte den Sachverhalt an die Staatsanwaltschaft weiterleiten mit der Bitte, eine staatsanwaltschaftliche Vernehmung durchzuführen. Gegenüber dem Staatsanwalt ist der Zeuge verpflichtet, zur Sache auszusagen (§ 161a I Satz 1 StPO). Entschließt sich der Zeuge zur Aussage vor der Polizei, muss ihn der Vernehmungsbeamte an seine Wahrheitspflicht erinnern, ggf. wiederholt im Laufe des Verfahrens.

Dieser Umfang der Belehrung ist unbefriedigend, weil die Verpflichtung der **1444**
Polizeibeamten fehlt, den Zeugen darauf hinzuweisen, dass es ihm freistehe, einen Anwalt zu seiner Vernehmung zuzuziehen. Dies ist umso unverständlicher, als das Gesetz einem Anwalt, den ein Zeuge zu seiner polizeilichen Vernehmung hinzuzieht, ein ausdrückliches Anwesenheitsrecht zugesteht (§§ 163 III, 68b I StPO). Es wäre somit nur konsequent, in der Ladung zur polizeilichen Vernehmung auf dieses Recht hinzuweisen. Offensichtlich will man aber eine Zeugenvernehmung durch Beamte des Polizeidienstes weitestgehend ohne anwaltlichen Beistand durchführen. Für diese Meinung spricht nicht nur die fehlende Hinweispflicht, auch die unübersichtliche Formulierung des § 163 III StPO ist dafür ein Indiz. Bindet man aber einen Zeugen in ein justizförmiges Verfahren ein, ist ihm das Recht zuzubilligen, bei seiner Vernehmung sich eines Rechtsbeistands zu bedienen, soweit er das für erforderlich hält, um entsprechend den persönlichen Interessen seine prozessualen Befugnisse sachgerecht zu nutzen (BVerfGE 38, 105, 112). Neben vielen anderen schwierigen Fragen (vgl. Thomas, NStZ 1982, 489, 492) steht der Zeuge nicht selten einem ernsthaften Konflikt zwischen Wahrheitspflicht einerseits und der Gefahr der eigenen Belastung andererseits. Gerade dann ist er auf sachverständige Hilfe angewiesen,

die ihm nur ein Rechtsbeistand angedeihen lassen kann. Diese Überlegungen geben dem Zeugen nicht nur ein Recht, sondern einen Anspruch auf Belehrung hinsichtlich der Möglichkeit, einen Rechtsanwalt zu seiner Vernehmung zuziehen zu dürfen (Dahs, NStZ 1983, 183, 184).

1444a Das Verhalten eines Anwalts, der an einer polizeilichen Vernehmung im Interesse eines Zeugen teilnimmt, kann in Einzelfällen seinen Ausschluss erforderlich machen. Dies regeln §§ 163 III, 68b I Satz 2 StPO. Die Berechtigung zum Ausschluss ist an enge Voraussetzungen geknüpft. Allgemein verlangt das Gesetz bestimmte Tatsachen (vgl. dazu Rdn 783) für die Annahme (vgl. dazu Rdn 70), die Anwesenheit des Anwalts würde die geordnete Beweiserhebung nicht nur unwesentlich beeinträchtigen. Wann diese „bestimmten Tatsachen" in der Regel anzunehmen sind, zeigt der Gesetzgeber beispielhaft auf (§ 68b I Satz 4 StPO).

1444b Dass ein Ausschluss angezeigt ist, wenn der Beistand an dem Gegenstand des Ermittlungsverfahrens oder an einer damit im Zusammenhang stehenden Tat beteiligt ist, lässt sich ohne Weiteres nachvollziehen. Schwieriger sind die beiden anderen Beispielsfälle einzuordnen. Beeinflusst der Beistand das Aussageverhalten des Zeugen dadurch, dass er nicht nur den Interessen des Zeugen verpflichtet erscheint, soll gleichfalls sein Ausschluss zulässig sein. Zwar basiert die „Annahme" auf bestimmten Tatsachen, doch ist dieses subjektive Element letztlich ausschlaggebend; denn „Annahme" ist stets Ergebnis einer subjektiven Würdigung der Erkenntnisse. Die wiederum müssen auch nicht unbedingt ein klares, für jedermann rational nachvollziehbares Ergebnis zeitigen; es reicht aus für den Ausschluss, dass diese Erkenntnisse bei dem Vernehmungsbeamten den Eindruck hervorrufen, der Anwalt sei auch anderen als ausschließlich den Interessen des Zeugen verpflichtet. Des weiteren soll ein Ausschlussgrund darin liegen, dass der Beistand die Erkenntnisse aus der Vernehmung zu Verdunkelungshandlungen nutzt oder dass er sie in einer den Untersuchungszweck gefährdenden Weise weitergibt. Begeht ein Anwalt Verdunkelungshandlungen (vgl. dazu Rdn 788 ff.) oder beteiligt er sich unmittelbar oder mittelbar zugunsten seines Mandanten oder eines Dritten daran, verkehrt er seine Stellung als Organ der Rechtspflege ins Gegenteil. Dann ist seine Ausschließung von der Vernehmung aus Gründen eines überwiegenden Gemeinschaftsinteresses geradezu zwingend.

1444c § 68b I Satz 4 StPO führt Gründe für den Ausschluss eines Beistandes von der Vernehmung seines Mandanten beispielhaft auf. Andere Verhaltensweisen, die die gleichen Rechtsfolgen nach sich ziehen, sind denkbar, soweit sie den expressis verbis genannten gleichstehen, d.h. die Rechtspflege nicht unwesentlich beeinträchtigen. Ob die mit der Zeugenvernehmung verfolgte Beweiserhebung „nicht nur unwesentlich" beeinträchtigt wird, entscheidet der Polizeibeamte anhand einer Würdigung der aktuellen Gegebenheiten, es liegt also in seinem Ermessen. Für Anerkennung einer „nicht unwesentlichen" Beeinträchtigung kommt etwa die massive Beleidigung (§§ 185 ff. StGB) oder die Anwendung von oder die Drohung mit Gewalt (z.B. § 240 StGB) in Betracht. Nicht in diesen Katalog gehören dagegen kleinere Unbeherrschtheiten oder Unbequemlichkeiten im Verlaufe der Zeugenvernehmung oder das Stellen von Beweisanträgen, denen von vornherein der Makel anhaftet, einzig zum Zwecke z.B. der Verfahrensverzögerung oder einer (versuchten) Irreführung der Ermittlungsbehörden gestellt worden zu sein. Als polizeiliche Ermessensentscheidung unterliegt der Ausschluss des Beistandes von der weiterten Zeugenvernehmung einer gerichtlichen Überprüfung (§§ 163 II, 68b I Satz 3, 161a III Satz 3 und 2 StPO).

Die Vernehmung beginnt mit der Befragung des Zeugen zur Person (§ 68 **1445**
StPO), also zu Namen, Vornamen, Alter, Stand und Wohnort. Des Weiteren sind die persönlichen bzw. menschlichen Beziehungen des Zeugen zu dem Beschuldigten festzustellen, um ggf. Hinweise auf ein Zeugnisverweigerungsrecht zu erhalten. Liegen entsprechende Anhaltspunkte vor, kann der Vernehmungsbeamte auch Fragen stellen, die ihm die Glaubwürdigkeit des Zeugen erhellen sollen.

Die Vernehmung zur Sache (§ 69 StPO) beginnt mit der Bekanntgabe des **1446**
Untersuchungsgegenstandes und – sofern möglich – der Person des Beschuldigten. Danach soll der Zeuge einen zusammenhängenden Bericht zur Sache geben (§ 69 I Satz 1 StPO). Dabei kann er sich schriftlicher Unterlagen zur Auffrischung seines Gedächtnisses bedienen (BGHSt 1, 4, 8), insbesondere bei Beweisthemen, die naturgemäß in der Erinnerung verblassen, wie z.B. Daten, Zahlen oder Schriftwechsel. Die Benutzung von Gedächtnisstützen darf indes nicht in Verlesen vorbereiteter Erklärungen ausufern.

Ist der Zeuge zur Abgabe eines zusammenhängenden Berichts unfähig, muss **1447**
der Vernehmende die Vernehmung so lenken, dass der Zeuge seine Aussage vollständig macht. Dazu darf der Beamte dem Zeugen dessen frühere Aussagen sowie Erklärungen anderer Zeugen vorhalten, in Ausnahmefällen sogar schon vor der Abgabe von Erklärungen. Darüber hinaus ist es erlaubt, den Zeugen mit sächlichen Beweismitteln zu konfrontieren, wenn dies für die Aussage bedeutsam erscheint (Schlüchter Rdn 483).

b) Zeugnis- und Auskunftsverweigerungsrecht

Das Zeugnisverweigerungsrecht, das einer bestimmten Gruppe von Zeugen **1448**
zugestanden wird, und das Auskunftsverweigerungsrecht, das jedem Zeugen bei bestimmten Fragen zusteht, gilt auch gegenüber dem Polizeibeamten. Diese Weigerungsrechte sind Ausfluss des Konflikts zwischen dem staatlichen Interesse an Aufklärung einer Straftat auf der einen und rechtlich schützenswerten Individualinteressen auf der anderen Seite. In dieser Konfliktlage wird der Wahrheitsfindung zwar grundsätzlich, aber nicht immer der Primat eingeräumt. Die Privatsphäre des Zeugen enthält in bestimmten Fällen entweder einen höheren oder zumindest gleich hohen Stellenwert. Allerdings sind der Rechtsordnung Grenzen bezüglich des Zeugnisverweigerungsrechts keineswegs fremd: Führt die Staatsanwaltschaft ein Strafverfahren gegen mehrere Beschuldigte, von denen einer Angehöriger eines Tatzeugen ist, erlischt dessen Recht, die Aussage zu verweigern, wenn das gegen den Angehörigen geführte Verfahren rechtskräftig abgeschlossen wird, und zwar auch bezogen auf solche Tatvorwürfe, wegen derer das Verfahren gemäß § 154 I oder II StPO eingestellt worden ist (BGH StrFo 2009, 327).

Um programmierte Konflikte zwischen Wahrheit und menschlichen Bin- **1449**
dungen zu vermeiden, sind gem. § 52 StPO der Ehegatte des Beschuldigten, auch wenn die Ehe nicht mehr besteht, der Lebenspartner des Beschuldigten,

auch wenn die Lebenspartnerschaft nicht mehr besteht, der Verlobte des Beschuldigten oder die Person, mit der der Beschuldigte ein Versprechen eingegangen ist, eine Lebenspartnerschaft zu begründen, Verwandte oder Verschwägerte in gerade Linie oder in der Seitenlinie bis zum 2. oder 3. Grad zur Verweigerung des Zeugnisses berechtigt (§§ 1589, 1590 BGB). Daneben gibt es ein Zeugnisverweigerungsrecht kraft Berufes, das eine Konfliktlage bei Personen abbauen helfen soll, die zur Geheimhaltung von Kenntnissen verpflichtet sind, die ihnen in ihrer beruflichen Eigenschaft anvertraut oder bekannt geworden sind (§§ 53, 53a StPO).

1449a Die geltend gemachten Tatsachen, die ein Zeugnisverweigerungsrecht belegen sollen, verlangen eine schlüssige Darlegung, auf Grund derer das Vorhandensein oder das Fehlen dieses Rechts festgestellt werden kann. Die Behauptung eines Beschuldigten, er sei mit der Zeugin verlobt, drückt allein die Rechtsansicht des Beschuldigten aus. Ob diese tatsächlich zutrifft, lässt sich nur anhand eines schlüssigen Vortrags derjenigen Tatsachen ermitteln, die den Rechtsbegriff „Verlöbnis" ausfüllen. „Verlöbnis" ist ein gegenseitiges und von beiden Seiten ernst gemeintes, einzig vom gegenseitigen Willen abhängiges und formloses Eheversprechen (oder das ernst gemeinte Versprechen der Begründung einer Lebenspartnerschaft). Die Auflösung eines bestehenden Verlöbnisses bedarf ebenfalls keiner Form und kommt sogar in Betracht, wenn einer der Beteiligten einseitig den Heiratswillen (bzw. den Lebenspartnerschaftswillen) aufgibt, ohne dass der andere Teil davon Kenntnis hat (BGH NJW 2003, 2619). Daher findet die Behauptung eines bestehenden Verlöbnisses prozessual nur Berücksichtigung, wenn sie mit Tatsachen gestützt wird, aus denen sich das Versprechen, die Gegenseitigkeit, die Ernsthaftigkeit und der Umstand ergibt, dass das Verlöbnis zum Zeitpunkt der Vernehmung noch bzw. schon besteht (OLG Frankfurta. M. NStZ-RR 2007, 241).

1450 Mit dem Recht zur Zeugnisverweigerung aus § 52 StPO nimmt die Rechtsordnung Rücksicht auf die persönliche Verbundenheit eines Angehörigen im weitesten Sinne zu dem Beschuldigten indem er anerkennt, den Zeugen nicht zwingen zu dürfen, Dinge zu offenbaren, die ihm von dem Beschuldigten anvertraut worden sind (Böse, FS Amelung, 565, 570). Unberührt von diesen Überlegungen hat der Zeuge ein Recht zur Aussage, ohne dass er seine Aussagebereitschaft begründen müsste. Dem steht das gleich bedeutende Recht des Zeugen gegenüber, auf gar keinen Fall und unter keinen Umständen seitens der Strafverfolgungsbehörden zur Aussage gezwungen zu werden (BVerfG NVwZ 1997, 1116, 1118). Die dargestellte Konfliktsituation liegt bei Kindern indessen nicht in gleicher Brisanz vor, da Personen unter 14 Jahren sich auch im Falle einer wahrheitswidrigen Aussage nicht strafbar machen. Daher dient die Belehrung des Kindes über sein Zeugnisverweigerungsrecht vordergründig nicht seinem, sondern dem Schutz der Angehörigen (OLG Stuttgart NJW 2001, 3797, 3798). Im übrigen gelten für die zeugenschaftliche Vernehmung Minderjähriger die ergänzenden Regelungen des § 52 II StPO.

1451 Wird ein Prozessbeteiligter über seine Rechte hinsichtlich Zeugnisverweigerungsrecht ordnungsgemäß belehrt, liegt auch dann kein Verfahrenshindernis vor, wenn er – selbst Mittäter der von einem Angehörigen begangenen Straftaten – in Abwesenheit des Tatbeteiligten polizeilich vernommen wird (BVerfG NJW 1988, 1256). Hat ein Zeuge von der Bedeutung seines Zeugnisverweigerungsrechts als Angehöriger des Beschuldigten mangels Verstandesreife keine genügende Vorstellung, entscheidet über die Einwilligung in die Aussage allein sein gesetzlicher Vertreter, der damit über das Verweigerungsrecht zu belehren ist. Wird der gesetzliche Vertreter über das Recht zur Zeugnisverweigerung nicht belehrt, darf die Zeugenaussage nicht verwertet werden. Das gilt nicht, wenn feststeht, dass der gesetzliche Vertreter in Kenntnis seines Weigerungsrechts in die Zeugenaussage eingewilligt hat (BGH NJW 1995, 1501).

In Ergänzung dazu hat jeder Zeuge ein Recht, die Auskunft auf (einzelne) 1452
Fragen zu verweigern, deren Beantwortung ihn selbst oder einen Angehörigen der Gefahr einer Strafverfolgung aussetzt (§ 55 StPO). Darüber ist er eingehend zu belehren. Allerdings gilt dieses Recht zur umfassenden Verweigerung der Aussage nur ausnahmsweise, nämlich wenn die gesamte in Betracht kommende Aussage mit einem möglicherweise strafbaren eigenen Verhalten in so engem Zusammenhang steht, dass aus dem Katalog der vorgesehenen Vernehmungsgegenstände nichts übrig bliebe, wozu der Zeuge ohne Gefahr der Verfolgung einer Straftat oder Ordnungswidrigkeit wahrheitsgemäß aussagen könnte (LG Ravensburg NStZ-RR 2008, 177, 178). Dieses Recht flankiert die Rechtsordnung, indem sie sowohl das Verlesen schriftlicher Erklärungen des Zeugen, der sich auf § 55 StPO beruft, als auch das Verlesen richterlicher Protokolle über seine Vernehmung als unzulässig verwirft (BGH wistra 2007, 352, 353).

Hier erkennt man den Grundgedanken, dass niemand gezwungen werden 1453
kann, gegen sich selbst oder einen Angehörigen auszusagen. Jedoch darf das Auskunftsverweigerungsrecht nicht dahin gehend missverstehen werden, Fakten einfach zu verschweigen (BGHSt 7, 127, 128). Der Zeuge muss sich auf sein Recht im Einzelfall ausdrücklich berufen. Beruft er sich erst im Verlaufe seiner Vernehmung auf das Auskunftsverweigerungsrecht, sind alle bis zu dieser Erklärung getätigten Angaben auch dann verwertbar, wenn der Zeuge seine Erklärung ausdrücklich auf die zurückliegende Aussage bezogen wissen will (BGH StV 1997, 512). Das setzt allerdings voraus, dass der Zeuge nach entsprechender Belehrung über Grund und Umfang dieses Rechts seine Aussage getätigt hat (KG StraFo 2009, 382, 383).

Einer Gefahr der Repression setzt der Zeuge sich aus, sobald ein konkreter 1454
Verdacht für die Begehung einer Straftat oder Ordnungswidrigkeit offenbart werden müsste, unabhängig davon, ob der Zeuge oder einer seiner Angehörigen die Tat wirklich begangen hat. Ist ein Tatverdacht eindeutig nicht erkennbar, scheidet die Gefahr der Selbstbelastung aus. Eine Verfolgungsgefahr, die ein Recht zur Auskunftsverweigerung i.S. des § 55 StPO stützen könnte, besteht auch dann nicht mehr, wenn eine Strafverfolgung des Zeugen wegen des Lebenssachverhalts, zu dem er befragt worden soll, zweifelsfrei ausgeschlossen ist, weil er insoweit bereits rechtskräftig verurteilt oder das Verfahren eingestellt wurde. Im Falle eines Zusammenhangs zwischen dem Sachverhalt, zu dem er befragt werden soll, und dem abgeurteilten bzw. eingestellten ist daher abzugrenzen: Das Auskunftsverweigerungsrecht greift, wenn konkrete Anhaltspunkte dafür vorliegen, dass zwischen den abgeurteilten bzw. eingestellten Taten und anderen Straftaten, deretwegen der Zeuge noch verfolgt werden könnte, ein derart enger Zusammenhang besteht, dass die Beantwortung von Fragen zu den abgeurteilten bzw. eingestellten Taten die Gefahr der Verfolgung wegen dieser anderen Taten mit sich bringen kann (BGH StraFo 2009, 415;

BGH NStZ-RR 2009, 178). Dann nämlich richtet sich die Befragung auf Vorgänge, die im Verhältnis zu dem abgeurteilten oder rechtskräftig eingestellten Geschehen andere Taten im verfahrensrechtlichen Sinne des § 264 I StPO darstellen; und im Falle einer wahrheitswidrigen Aussage würde der Zeuge zumindest weitere Ermittlungsansätze gegen sich selbst liefern (BGH StV 2005, 649 f.).

1455 Ob die Gefahr der Selbstbezichtigung vorliegt, soll in concreto der Vernehmende entscheiden (Meyer-Goßner § 55 Rdn 10), auch wenn sich der Zeuge zunächst selbst auf das Auskunftsverweigerungsrecht berufen wird (Neubeck, in: KMR § 55 Rdn 10). Aus dem Wortlaut der §§ 55 II und 56 StPO lässt sich jedoch ableiten, dass die rechtliche Verantwortung allein bei dem Vernehmenden liegt. Zur Person muss der Zeuge indessen Angaben machen. Das Bestehen eines Auskunftsverweigerungsrechts ist glaubhaft zu machen (BGH wistra 2007, 352, 354).

c) Sachverständigenvernehmung

1456 Zum Begriff Sachverständiger vgl. Rdn 110. Die Gutachten werden auf der Grundlage bestimmter Verfahrensweisen erstellt und ergeben ein auf Wertungen aufbauendes Urteil (BGH NJW 1978, 751, 752). Da der Sachverständige gegenüber der Polizei nicht zur Aussage verpflichtet ist, erstattet er ihr gegenüber sein Gutachten freiwillig.

1457 Die Stellung des Sachverständigen im Strafverfahren ist grundsätzlich nicht mit der eines Zeugen vergleichbar. Daher ist der Sachverständige vom Zeugen abzugrenzen. Generell gilt, dass der Sachverständige im Gegensatz zum Zeugen austauschbar ist, ohne dass sich das Ergebnis der Aussage ändern würde. Allerdings kann in Einzelfällen ein Sachverständiger die Rolle des Zeugen einnehmen.

1458 Als sachverständiger Zeuge sagt eine Person aus, die auf Grund ihrer besonderen Sachkunde vergangene Tatsachen festgestellt hat (§ 85 StPO), ohne im Auftrag des Gerichts oder der Staatsanwaltschaft ermittelt zu haben. Die Person ist jedoch Sachverständiger, wenn es sich um Tatsachen handelt, die sie entweder nur auf Grund ihrer Sachkunde wahrgenommen hat oder die sie aus diesem Grunde fachlich erläutern kann. Der sachverständige Zeuge hat prozessual die Stellung eines Zeugen (Kühne, in: AK StPO vor § 48 Rdn 8).

V. Verbotene Vernehmungsmethoden

1459 Aus Gründen des fairen Verfahrens verbietet § 136a StPO jede Art der Beeinträchtigung der Willensentschließung und Willensbetätigung eines Beschuldigten. Er soll vielmehr seine Aussage in dem gegen ihn betriebenen Strafverfahren auf Grund freier Entscheidung machen, wobei „Freiheit" nicht falsch verstanden werden darf. Es ist den Ermittlungsbeamten durchaus gestattet, den Beschuldigten in der Vernehmung „in die Enge" zu treiben, ihn „auszuspielen". Das muss jedoch mit erlaubten Mitteln geschehen. Wer z.B. einen Beschuldigten mit unwiderlegbaren Personen- und Sachbeweisen konfrontiert, handelt keineswegs unredlich, obwohl er den Beschuldigten in eine fast aussichtslose Lage bringt (beachte in diesem Zusammenhang auch das Thema „Folterverbot“ Rdn 1391 ff.).

1460 Weil die Freiheit der Willensentscheidung und der Willensbetätigung nicht durch verbotene Mittel beeinträchtigt werden darf, verlangt das im konkreten Einzelfall Feststellung einer kausalen Verknüpfung zwischen den Vernehmungsmethoden und der Aussage. Dazu muss der Zwang gezielt als Mittel zur Herbeiführung einer Aussage angewendet werden (BGH NJW 1995, 2933).

1461 Die Anwendung des § 136a StPO beschränkt sich nicht auf das echte Geständnis, sondern erfasst jede Verschlechterung der Verteidigungslage des Beschuldigten (BGHSt 17, 364, 369). Ob eine Beeinträchtigung der Aussagefreiheit vorgelegen hat, ist im Wege des Freibeweises (§§ 286, 453 ZPO) zu klären. Der Grundsatz „in dubio pro reo“ gilt nicht (LG Marburg MDR 1993, 565).

1462 Der § 136a StPO wird schon wirksam, wenn der Vernehmungsbeamte zwar nicht selbst zu den verbotenen Vernehmungsmethoden greift, jedoch die Beeinträchtigung der Freiheit der Willensentschließung, die ohne eigenes Zutun eingetreten ist, ausnutzt, sich also in der Vernehmung einen weiterreichenden vorausgegangenen Druck zunutze macht. In solchen Fällen strahlt das vorher angewendete Druckmittel auf die spätere Vernehmung aus und beeinträchtigt die Willensfreiheit des Beschuldigten (BGHSt 17, 364, 368). Allerdings muss der Vernehmungsbeamte in diesem Falle wissen, dass dieser Druck angewendet wurde und fortwirkt, wovon im Regelfall auszugehen ist (Gundlach, in: AK StPO § 136a Rdn 19). In derartigen Fällen ist nur der Teil der Aussage des Beschuldigten unverwertbar, der durch die in § 136a I StPO verbotenen Mittel bewirkt wurde. Spätere Aussagen, bei denen kein unzulässiger Druck ausgeübt wurde, sind dagegen verwertbar (BGH NStZ 1988, 419).

1463 Nur die Teile der Vernehmung sind prozessual verwertbar, die nicht schon Gegenstand der mit verbotenen Mitteln bewirkten Aussage waren. Bei jeder anderen Handhabung ginge die Regelung des § 136a I StPO ins Leere (vgl. auch Joachimski, NStZ 1990, 419). Dies gilt vor allem, wenn sich der Beschuldigte in Unkenntnis der Unverwertbarkeit seiner bisherigen Aussagen zu weiteren Aussagen gedrängt gesehen hat (BGH NStZ 1994, 139).

1464 Der Gesetzgeber verbietet Misshandlung, Ermüdung, körperliche Eingriffe, Verabreichen von Mitteln, Quälerei, Täuschung und Hypnose. Diese Einwirkungen beruhen fast ausschließlich auf zielgerichteten, also finalen Handlungen. Es fällt sogar schwer, sie im Zusammenhang mit einer verantwortlichen Vernehmung „nur vorsätzlich“ einzusetzen. Allein im Falle der Ermüdung ist das anders. Hier braucht der Beamte nicht unbedingt zu handeln, er kann ggf. auch warten, also untätig bleiben (BGHSt 1, 376, 379).

1465 Ergibt darüber hinaus eine Abwägung des öffentlichen Interesses an Wahrheitsfindung gegen die verfassungsrechtlich geschützten Belange des Beschuldigten, dass die Anwendung geltenden Prozessrechts zu einem grundgesetzlich nicht hinnehmbaren Eingriff in dessen Rechte führt, wird die Strafprozessordnung aus dem Gedanken des fairen Verfahrens ergänzt und korrigiert, den Art. 20 II, 2 I GG als allgemeinen Grundsatz des Verfahrensrechts statuiert (BVerfGE 66, 313, 318). Dieser Grundsatz ist z.B. schon verletzt, wenn die Polizei den Beschuldigten zwar vor seiner Vernehmung belehrt, ihm gleichzeitig aber deutlich macht (u.U. über Nötigung), er könne seine prozessualen Rechte auf keinen Fall durchsetzen (BGH NJW 1993, 338).

1466 In der Tat geht es dem Gesetzgeber bei § 136a StPO um den Gedanken des fairen Verfahrens. Dies ergibt sich insbesondere aus dem Verwertungsverbot, das § 136a III Satz 2 StPO bestimmt. Wie ernst es dem Gesetzgeber ist, belegt die Tatsache, dass verbotene Vernehmungsmethoden nicht einmal mit Einwilligung des Beschuldigten angewendet werden dürfen, ein durchaus zustimmungsfähiger Standpunkt. Doch wirft § 136a III Satz 1 StPO bei näherer Betrachtung nicht geringe Fragen auf, denen wir im Zusammenhang mit dem Einsatz des Lügendetektors näher treten werden.

1467 Bevor wir die einzelnen verbotenen Vernehmungsmethoden beleuchten, sei noch erwähnt, dass das Versprechen der Strafverfolgungsbehörden gegenüber einem Zeugen, er erhalte eine Belohnung, wenn seine Aussage zur Aufklärung einer Straftat und zum Ergreifen des Täters führe, selbstredend nicht von § 136a StPO erfasst wird, sondern zulässig ist (BGH NStZ 1988, 420, 421).

1. Misshandlung

1468 Als Misshandlung gilt jede nicht unerhebliche Beeinträchtigung des körperlichen Wohlbefindens, die nicht der ordnungsgemäßen Durchführung des Verfahrens dient (KMR § 136a Rdn 6). Die körperliche Unversehrtheit muss nicht unbedingt verletzt werden. Ihr gleichkommende Beeinträchtigungen des körperlichen Wohlbefindens sind gleichfalls Misshandlung, so dass jeder Schlag, Tritt, Stoß, Stich, aber auch Entzug von Nahrung u.Ä. dieses Tatbestandsmerkmal erfüllt (Hilland, S. 29). Werden länger andauernde oder sich wiederholende erhebliche Schmerzen oder Leiden zugefügt, liegt keine Misshandlung, sondern Quälerei vor (BGHSt 41, 113, 115; Horn/Wolters, in: SK StGB BT § 225 Rdn 16). Einer gefühllosen und unbarmherzigen Gesinnung bedarf es nicht (Hirsch, in: LK § 223b Rdn 12).

2. Ermüdung

1469 Ermüdung ist ein Zustand völliger Übermüdung bei dem Beschuldigten, gegen den jedes Ankämpfen vergeblich ist, weil das Ruhebedürfnis übermächtig geworden ist und alle anderen Interessen zurückdrängt. Das noch verhältnismäßig leicht zu überwindende Nachlassen der Leistung reicht dagegen nicht aus, Übermüdung anzuerkennen (H. W. Schmidt, MDR 1962, 358).

1470 Diese beiden Eckpfeiler, „völlige Erschöpfung" auf der einen und „leichtes Nachlassen" auf der anderen Seite stehen zu weit auseinander. Daher beschreiben wir Ermüdung als einen Zustand, der es dem Beschuldigten auf Grund eines gesteigerten Schlafbedürfnisses nicht mehr gestattet, in einer den individuellen Fähigkeiten und Möglichkeiten entsprechenden Weise frei über das Ob und Wie der Aussage zu entscheiden (Hilland, S. 34 f.).

1471 Auf Grund dieser Definition verstößt eine nächtliche Vernehmung generell gegen § 136a StPO, es sei denn, sie ist wegen des mit hoher Wahrscheinlichkeit drohenden Verlusts von Sicherungs- oder Beweismitteln unumgänglich (Hilland, S. 41; H. W. Schmidt, MDR 1962, 358, 359). Überdies ist ein Mensch, der dem natürlichen Ruhebedürfnis nicht nachkommen kann, auch am Tage nicht entsprechend konzentriert und damit ausreichend leistungsfähig und steht bei Vernehmungen immer am Rande der Übermüdung. Dies kann auch dann gegeben sein, wenn der Beschuldigte zwar hinreichende Möglichkeiten der Ruhe gehabt hat, jedoch tatsächlich keinen Schlaf finden konnte. Wichtig ist in solchen Fällen, dass der Beschuldigte diese Konzentrationsmängel dem Vernehmungsbeamten während der Vernehmung offenbart (BGH NStZ 1999, 630).

Die Ursachen der Ermüdung sind irrelevant. Daher greift das Vernehmungs- 1472
verbot auch, wenn der Beschuldigte sich zum Zeitpunkt seiner Vernehmung auf Grund einer durch Tabletteneinnahme hervorgerufenen Ermüdung nicht in der Lage sieht, seine Interessen wahrzunehmen und Einwendungen zu erheben (LG Münster StV 1981, 613). Dem vernehmenden Beamten braucht die fehlende Urteilsfähigkeit nicht einmal aufgefallen zu sein (AG Verden StV 1987, 527).

3. Körperlicher Eingriff

Körperlicher Eingriff beschreibt eine Verhaltensweise, die den Beschuldigten 1473
dazu bringt, mehr auszusagen als er freiwillig zu offenbaren bereit ist. Dazu gehört neben der Eingabe von Pharmaka oder Narkotika auch das Verabreichen von Spritzen. Dem Eingriff in des Wortes enger Bedeutung steht es gleich, den Beschuldigten in einem Zustand verminderter oder gar aufgehobener Willensfreiheit zu vernehmen. Macht er z.B. unter deutlich erkennbarer Einwirkung von Drogen oder Alkohol (OLG Köln StV 1989, 520; LG Mannheim NJW 1977, 346f.) eine Aussage, ist diese aus dem Gedanken des § 136a StPO unverwertbar.

Unverwertbar ist die durch Verabreichen von Mitteln bewirkte Aussage erst, 1474
wenn diese Mittel zu einer relevanten Beeinträchtigung der Aussagefreiheit geführt haben; die überdies nachzuweisen ist. Für die Anerkennung einer kausalen Beziehung zwischen Verknüpfung von Schutzgutbeeinträchtigung und Aussage reicht es aus, dass sich die Verletzung des § 136a StPO als Ursache für die Aussage des Beschuldigten nicht ausschließen lässt. Insoweit besteht die Vermutung, dass sich die Verletzung der Willensfreiheit regelmäßig in der Aussage niederschlägt (OLG Hamm StV 1999, 360, 363).

Erlaubt ist es, dem entkräfteten Beschuldigten Stärkungsmittel zu verabrei- 1475
chen oder einem starken Raucher das Rauchen zu erlauben, wenn damit kein psychischer Druck verbunden ist.

Beispiel: Der Polizeibeamte P vernimmt den Beschuldigten A und untersagt ihm das Rauchen. Als A deutlich nervöser wird, gibt P ihm zu verstehen, wenn er eine bestimmte Frage beantworte, auf die der Beschuldigte bisher stur reagiert hat, könne er rauchen.

4. Lügendetektor

Die Überwachung des Blutdrucks beim Beschuldigten mit Hilfe eines Lü- 1476
gendetektors wurde (lange Zeit) generell als körperlicher Eingriff angesehen, für unzulässig erklärt, und das Ergebnis war grundsätzlich unverwertbar (vgl. zur Verwertbarkeit Rdn 1538ff.), selbst bei vorliegender Einwilligung des Beschuldigten (BVerfG NStZ 1981, 446; LG Wuppertal NStZ-RR 1997, 75) oder wenn der Lügendetektortest in den USA durchgeführt und Beschuldigter und Testergebnis in die Bundesrepublik überführt worden ist (OLG Frankfurt NStZ 1988, 425). Diese rigorose Einstellung erfuhr durch die Rechtsprechung

(BGHSt 44, 308 ff.) eine maßvolle Änderung. Wirkt ein Beschuldigter freiwillig an der Durchführung einer solchen Untersuchung mit dem Ziel sich zu entlasten mit, entspricht das seinen Verteidigungsinteressen und steht im Einklang mit der Verfassung.

1477 Innerhalb der verfassungsmäßig festgelegten Grenzen darf ein Rechtsgutsträger frei über das allgemeine Persönlichkeitsrecht verfügen, und diese Verfügungsbefugnis äußert sich im Falle des Lügendetektortests in der Einwilligung in den Test. Dies tut der Beschuldigte, weil eine Abwägung der Interessen es ihm geraten erscheinen lässt; denn er verspricht sich davon regelmäßig, weitreichende Folgen abzuwenden, sich insbesondere vor einer Kriminalstrafe zu schützen. Daher muss der Staat dem Willen des Betroffenen nach Durchführung eines Polygraphentests folgen, wenn dies der einzige Weg ist, die Freiheit des Beschuldigten zu retten (Amelung, NStZ 1982, 38, 39; Hilland, S. 65; Gundlach, in: AK StPO § 136a Rdn 57; diff. Achenbach, NStZ 1984, 350 ff.). Auch wenn der BGH (St 44, 308) diesem Test einen nur geringen Beweiswert zuerkennt, sollte sich ein Beschuldigter überlegen, ob der Einsatz des Polygraphen für ihn nicht doch angezeigt ist, um so zumindest ein Indiz für die Richtigkeit seiner Aussagen in die Hand zu bekommen (Burhoff Rdn 1108).

1478 Dieser Argumentation nähert sich vorsichtig die Rechtsprechung (BGH NJW 1999, 657, 659), nach der die Nutzung einer polygraphischen Untersuchungsmethode dem § 136a StPO nicht unbedingt entgegensteht. Die staatlichen Organe können dem seine Entlastung erstrebenden Beschuldigten danach diese Möglichkeit nicht unter Hinweis auf die allgemeine staatliche Verpflichtung zu Schutz und Achtung der Menschenwürde verwehren. Schließlich degradiert der Anschluss an einen Lügendetektor den Beschuldigten keineswegs zum Objekt in einem apparativen Vorgang.

5. Quälerei

1479 Als Quälerei bezeichnet man das bewusste Hervorrufen körperlicher oder seelischer Schmerzen, sofern es sich nicht um verfahrensnotwendige Unannehmlichkeiten handelt, die selbst dann das Merkmal „quälen" nicht erfüllen, wenn sie den Beschuldigten ganz erheblich seelisch beeinträchtigen. So kann die wiederholte nächtliche Vernehmung einmal erforderlich sein, während sie in einem anderen Fall dazu dient, den Willen des zu Vernehmenden zu brechen, und allein in diesem Fall wäre es eine verbotene Vernehmungsmethode. Diese Differenzierung gilt auch bei Konfrontation des Beschuldigten mit dem Opfer seiner Tötungstat. Einmal kann es Quälerei i.S. des § 136a StPO, ein andermal verfahrensrechtlich notwendig sein (BGHSt 15, 187 ff.).

6. Täuschung

1480 Täuschung ist Erregen oder Hervorrufen eines Irrtums, um einen vernünftig denkenden Menschen in der Situation der Vernehmung unter mehreren möglichen Varianten seines Verhaltens auf die für ihn ungünstigste oder die vom Vernehmenden gewünschte zu lenken (Hilland, S. 108). Einen solchen Irrtum erregen die Ermittlungsbehörden z.B., wenn sie dem zu Vernehmenden, gegen den wegen eines Tötungsdelikts ermittelt wird, erklären, er werde in einer Vermisstensache vernommen (BGH NStZ 1990, 446). Ein weiteres Beispiel ist die Vorspiegelung, die Beweiskette sei lückenlos und lasse dem Beschuldigten keine Chance, obwohl der Beamte weiß, dass gegen den zu Vernehmenden nach dem augenblicklichen Stand der Ermittlungen kein dringender Tatverdacht zu begründen ist (BGH NStZ 1989, 35).

Allerdings schließt § 136a StPO nicht jede List bei einer Vernehmung aus, **1481**
sondern verbietet nur Irreführungen, die bewusst darauf abzielen, die geschützte Aussagefreiheit zu beeinträchtigen. Im Zweifel ist anhand aller Umstände des Falles zu prüfen, ob eine verbotene Einflussnahme auf den Willen des Beschuldigten gegeben ist (BGH NStZ 1997, 251).

Dem Erregen steht das Ausnutzen eines Irrtums gleich, wenn der Verneh- **1482**
mende erkannt hat, dass sich der zu Vernehmende in einem seine Willensfreiheit beeinträchtigenden Irrtum befindet. Solch ein Fall verlangt von dem Beamten, den zu Vernehmenden aufzuklären. Glaubt der Täter jedoch auf Grund falscher Beurteilung des Vernehmungsverlaufs, ein Mittäter habe gestanden oder ein Beweismittel befinde sich in den Händen der Behörden, besteht keine bindende Verpflichtung, diesen Irrtum aufzuklären (BGH StV 1988, 419). Jedoch kommt § 136a StPO wieder zur Anwendung, wenn dieser Irrtum durch den Vernehmenden vorsätzlich genährt wird.

In den Bereich der Täuschung fällt es auch, wenn die Ermittlungsbehörden **1483**
einen V-Mann in die Zelle des Beschuldigten legen, um ihn über das Tatgeschehen – mittelbar – auszuhorchen. Zwar gilt § 136a StPO unmittelbar nur für Vernehmungen. Entsprechend ist er aber anwendbar, wenn Polizei und Staatsanwaltschaft mit verbotenen Mitteln auf den Beschuldigten einwirken, um ihn zu veranlassen, gegenüber einem Privaten, der anschließend als Zeuge vernommen werden soll, bestimmte Angaben zu einer Tat zu machen (Gleß, in: L-R § 136a Rdn 44); denn die Ermittlungsbehörden missbrauchen die Untersuchungshaft, um den Beschuldigten zu veranlassen, sein ihm zugebilligtes Schweigerecht nicht in Anspruch zu nehmen (BGH NJW 1987, 2525, 2526). Wird ein VE auf einen Beschuldigten, zu dem er ein enges Vertrauensverhältnis aufbaut, angesetzt, um ihm selbstbelastende Aussagen zu entlocken, kommt Täuschung gleichfalls in Betracht. Wie es die Behörde beabsichtigt, irrt der Betroffene über die Person des VE und über dessen Absichten, so dass er von dem VE getäuscht wird (Meyer-Mews NJW 2007, 3142, 3143).

Dagegen ist die Aussage eines Mitgefangenen, der aus eigenem Antrieb den **1484**
Beschuldigten dazu bringt, die vorgeworfene Tat zu gestehen und zu schildern, auch dann verwertbar, wenn der Mitgefangene seine Ausforschungstätigkeit in Kenntnis der Ermittlungsorgane fortgesetzt hat (BGH NStZ 1989, 32); denn die Initiative zur Ausforschung geht nicht von den Behörden aus, und eine Aufklärungspflicht gegenüber dem Ausgeforschten besteht nicht.

7. Versprechen eines Vorteils

Im Rahmen des Verbots, Vorteile zu versprechen, müssen wir zwischen Vor- **1485**
teilen, die als Gegenleistung für eine Aussage des Beschuldigten versprochen werden, und solchen unterscheiden, die sich unmittelbar aus Gesetz auf Grund der Aussage ergeben.

Beispiel: Kriminalkommissar F hat den Straftäter S gestellt. Zu seiner Überführung benötigt F dringend ein bestimmtes Beweismittel. Um sich viel mühselige Arbeit zu ersparen, erklärt er dem S, er könne die Durchsuchung verhindern, wenn er das Beweismittel herausgebe.

Aber:

F bietet dem Berufsverbrecher B Freilassung an, wenn er das Versteck seiner Beute offenbare.

1486 Das Verbot des § 136a StPO greift nur, wenn der Vorteil, der dem Beschuldigten versprochen wird, mit der Aussage kausal verknüpft wird. Daneben muss die psychische Verfassung des Beschuldigten den Ermittlungsbeamten zeigen, dass dieser eine Verbindung zwischen seiner Aussage und dem Vorteil herstellt (BGH NJW 1953, 1114).

VI. Zusage vertraulicher Behandlung

1487 Zur wirksamen Bekämpfung des Verbrechens setzen die Ermittlungsbehörden vielfach auf Öffentlichkeitsfahndung, und im Falle besonderer Erscheinungsformen des Verbrechens bedienen sie sich nicht selten eines V-Mannes (siehe dazu Kap. 8 und 9). Diese Methoden der Verfolgung von Verbrechen haben indes auch ihre Kehrseite: Private oder V-Leute geben Hinweise oft nur gegen Zusage der Vertraulichkeit, d.h., sie sind zur Aussage erst bereit, wenn die Ermittlungsbeamten versprechen, den Namen ihres Informanten nicht preiszugeben, auch nicht vor Gericht.

1488 Einigkeit besteht in der Rechtsprechung darüber, dass zur Bekämpfung besonderer Kriminalitätsformen (z.B. Rauschgifthandel, Zuhälter- und Prostitutionsmilieu, Diebstähle auf Bestellung, u.a. Kfz-Diebstähle, illegaler Waffenhandel) der Einsatz anonymer Gewährsleute erforderlich ist (BGH NStZ 1982, 40; 1983, 325, 326). Überdies begegnet die Verwendung des Wissens von V-Leuten keinen verfassungsrechtlichen Bedenken (BVerfGE 57, 250 ff.).

1489 Damit steht man vor eine schwierige Güterabwägung. Einerseits liegt es im Staatsinteresse, die Bereitschaft der Bevölkerung zur Weitergabe von Informationen für die Zukunft zu erhalten, selbst um den Preis der Zusage vertraulicher Behandlung des Informanten. Auf der anderen Seite steht die Furcht vor Missbrauch von Behördenprivilegien. Die zunehmend ausgeprägte Rechtsstaatlichkeit lässt es verdächtig erscheinen, wenn die Ermittlungsbehörden mit „verdeckten Beweismitteln" arbeiten. Hinzu treten nicht zu übersehende rechtliche Schwierigkeiten.

1490 Der Richter ist verpflichtet, die Beweisaufnahme zur Wahrheitsfindung auf alle Tatsachen und Beweismittel zu erstrecken, die für die Entscheidung von Bedeutung sind (§ 244 II StPO). Diese Norm verlangt, einen Zeugen unmittelbar, also in der mündlichen Verhandlung zu vernehmen, und untersagt grundsätzlich eine kommissarische Vernehmung.

1491 Doch enthält die Strafprozessordnung daneben Begrenzungen einer unbeschränkten Sachaufklärung, wie z.B. in §§ 52, 53, 96 StPO. Die letztgenannte Norm überträgt es der zuständigen Behörde zu entscheiden, ob der als Zeuge vor Gericht erscheinende Polizeibeamte Namen und Anschrift „seines V-Mannes" bekannt gibt. Sie hat sich dabei am Gebot rechtsstaatlichen Handelns zu orientieren. Der hohe Rang gerichtlicher Wahrheitsfindung für die Sicherung der Gerechtigkeit und das Gewicht des Freiheitsanspruchs des Beschuldigten zwingen die Behörde, diese Belange bei ihrer Entscheidung zu berücksichtigen und ihnen genügendes Gewicht beizumessen. Denn Staatswohl und Wahrung öffentlicher Belange erfordern sowohl den Schutz der Rechte einzelner insbesondere vor ungerechtfertigter Verurteilung als auch Durchsetzung des staatlichen Strafmonopols (BVerfG NJW 1981, 1719, 1724).

Bei der Zusage der Vertraulichkeit ergibt sich aber zwangsläufig eine Blo- **1492**
ckade der Wahrheitsfindung im Gerichtsverfahren, primär mit Rücksicht auf die persönlichen Interessen des Informanten. Die Sorge um das „Funktionieren" der polizeilichen Aufklärungsmethoden steht aber der Aufgabe der Justiz, die Schuld des Angeklagten in einem fairen Verfahren zu klären, gleichwertig gegenüber. Wägt man beide Interessen ab, gebührt nicht unbedingt der Zusage der Vertraulichkeit der Vorzug.

Tatsächlich betrachtet manch einer den Vertrauensbruch der Behörde als ge- **1493**
ringeren Nachteil im Vergleich zu der Gefahr einer möglichen ungerechten Verurteilung des Angeklagten (Bruns, S. 28). Zudem wird die Position des Angeklagten und seines Verteidigers wegen der Außensteuerung und Einschränkung der gerichtlichen Beweisaufnahme durch die Exekutive ganz erheblich beeinträchtigt (Bruns, S. 50), vor allem, weil mit dem Verlust des Grundsatzes der Mündlichkeit und Unmittelbarkeit der Hauptverhandlung der persönliche Eindruck von dem Zeugen fehlt und Fragen an ihn ebenso unmöglich sind wie Vorhaltungen (Röhrich, S. 318ff.). Auch hinsichtlich der Glaubwürdigkeit des Zeugen kann das Gericht sich keinen eigenen Eindruck verschaffen (Wetterich, S. 34; Röhrich, S. 334f.).

Schließlich genießt der Zeugenbeweis noch heute einen hohen Stellenwert. **1494**
Der Zeuge soll vornehmlich über vergangene Vorgänge und darüber berichten, welche Wahrnehmungen er gemacht hat. Hierbei kommt es wesentlich auf das Auffassungsvermögen, das Urteil und die Gedächtnisstärke des Zeugen, auf seine Fähigkeit, streng sachlich zu berichten, auf seine persönliche Zuverlässigkeit oder seine Glaubwürdigkeit an. Da das Ergebnis der Wahrnehmung und ihre Wiedergabe regelmäßig persönlicher Art ist, ist der Zeuge weder austauschbar noch durch ein anderes Beweismittel zu ersetzen. Er ist mit anderen Worten unverzichtbar (RGSt 47, 100, 104f.). Dieser Bedeutung entsprechend dürfen die Personalien eines Zeugen, der in der Hauptverhandlung vernommen wird, vor dem Angeklagten und dem Verteidiger prinzipiell nicht geheimgehalten werden.

Dem stehen verfassungsmäßig legitimierte staatliche Aufgaben entgegen, die **1495**
zu ihrer Erfüllung der Geheimhaltung bedürfen. Die Wahrnehmung dieser Aufgaben würde erheblich erschwert und in wichtigen Teilen gar vereitelt, wenn die Aufdeckung geheimhaltungsbedürftiger Vorgänge im Strafverfahren ausnahmslos geboten wäre. Dies gilt insbesondere für Erkenntnisse und Arbeitsweisen der Strafverfolgungsbehörden. Bei Bekämpfung besonders gefährlicher Kriminalität, wie etwa des Organisierten Verbrechens, können die Behörden, wenn sie ihrem Auftrag der rechtsstaatlich gebotenen Verfolgung von Straftaten überhaupt gerecht werden wollen, ohne den Einsatz von VE (siehe Rdn 1192) oder V-Personen (siehe Rdn 1190) nicht auskommen. Die Identität eines Informanten muss aber auch nach dessen Einsatz bzw. dem Strafverfahren aus mannigfaltigen Gründen gewahrt bleiben (BVerfG NJW 1981, 1719, 1724).

1496 Grundlage für die behördliche Weigerung, den Namen von Zeugen (z.B. Beamten als VE, V-Personen oder sonstigen Privatpersonen) preiszugeben, ist § 96 StPO. Er gestattet, Akten oder andere in amtlichem Gewahrsam befindliche Schriftstücke zurück zu halten, wenn die oberste Dienstbehörde der aktenführenden Behörde erklärt, dass das Bekanntwerden des Inhalts dieser Akten oder Schriftstücke dem Wohl des Bundes oder eines Landes Nachteile bereiten würde. Zwar bezieht sich diese Bestimmung ihrem Wortlaut entsprechend auf die Vorlage von Akten oder Schriftstücken, sie ist jedoch auf die Auskunft über Namen und Anschrift von Zeugen entsprechend anzuwenden (BGHSt 30, 34; OLG Hamburg NJW 1982, 297, 298). Das Recht, Zeugen im Falle ihrer potenziellen Gefährdung im Verfahren verdeckt zu halten, findet erwartungsgemäß nicht ungeteilten Beifall. Schließlich kann ein Gericht in solchen Fällen sein Urteil nicht auf das bestmögliche und sachnächste Beweismittel stützen. Dem steht der gleichfalls gewichtige Gedanke gegenüber, dass optimalen Schutz einzig die Sperrerklärung zu liefern vermag (Weber, Die Polizei 2004, 206ff.; Wittke, Kriminalistik 2005, 221, 226f.). Diese widerstreitenden Interessen versucht die Rechtsordnung auf mannigfaltige Weise auszugleichen.

1497 Der durch § 96 StPO eingeräumte Beurteilungsspielraum gestattet es der jeweils obersten Dienstbehörde in keineswegs engen Grenzen, ihre Auffassung so zur Geltung zu bringen, dass sie trotz abweichender Meinung des Gerichts zu bestehen vermag. Sie darf nur nicht willkürlich oder offensichtlich rechtsfehlerhaft entscheiden und muss dem Gericht im Rahmen des Möglichen die Gründe für die Auskunftsverweigerung substantiiert mitteilen (OLG Hamm NStZ 1985, 566, 567). Allerdings erkennt der Europäischen Gerichtshofs für Menschenrechte einen Verstoß gegen Art. 6 III Buchst. b EMRK bereits an, sobald es im Verfahren an einer direkten Konfrontation des Angeklagten mit dem Zeugen mangelt, weil dann eine Glaubwürdigkeitsüberprüfung beim Zeugen durch Beobachtung seiner Reaktionen unmöglich ist (EGMR StV 1990, 481, 482). Grundsätzlich erfolgt nämlich die Beweisführung in einer öffentlichen Verhandlung auf Basis einer kontradiktorischen Erörterung mit dem Angeklagten. Lediglich im Interesse eines offensichtlich erforderlichen effektiven Zeugenschutzes darf man auf eine Konfrontation des Zeugen mit dem Angeklagten verzichten. Dem Vorwurf, auf diese Weise die Verteidigungsmöglichkeiten massiv zu beeinträchtigen, begegnet die Rechtsprechung, indem sie deren Beweiswert geringer einstuft und eine Bestätigung der Angaben von weiteren Beweiszeichen abhängig macht (BGHSt 45, 321, 340). Doch ist der Rechtsordnung auch ein Kompromiss zwischen dem kontradiktorischen Verfahren einerseits und der Sperrerklärung andererseits keineswegs fremd. Ist dem Geheimhaltungsinteresse hinreichend Rechnung getragen, kann man die Glaubwürdigkeit von Zeugen in einem kontradiktorischen Verfahren auf der Grundlage des Einsatzes moderner Video-Technik, z.B. Abspielen einer Video-Kassette von früheren Vernehmungen (vgl. §§ 58a, 168e Satz 4, 247a Satz 4, 255a StPO) oder durch unmittelbare Übertragung einer Vernehmung (vgl. §§ 168e Satz 2, 247a Satz 1 und 3 StPO) beurteilen. Daneben kann die audiovisuelle Vernehmung eines Zeugen in Verbindung mit dessen optischer und ggf. akustischer Verfremdung sowohl unter dem Gesichtspunkt der Wahrheitsermittlung als auch unter dem der Verteidigungsmöglichkeiten ein probates Beweismittel sein. Weil sie die völlige Sperrung eines Zeugen vermeidet, stellt die audiovisuelle Vernehmung eine sinnvolle Konkordanz zwischen Wahrheitsermittlung, Verteidigungsinteressen und Zeugenschutz dar (BGH JR 2007, 428, 429). Schließlich verschafft sie einem Angeklagten Zugang zu einem ansonsten für seine Verteidigungszwecke unerreichbaren Beweismittel, was im Sinne des fairen Verfahrens durchaus positiv zu bewertende ist (Güntge, JR 2007, 429, 431). Auch wenn man in den dargestellten Möglichkeiten einen sinnvollen Ausgleich zwischen Wahrheitsermittlung, Verteidigungsinteressen und Zeugenschutz sieht, muss eine Sperrerklärung die Ausnahme bleiben, darf also nur im Falle äußerster Gefährdung des Zeugen greifen.

Wann im Einzelfall das Interesse des Zeugen bzw. V-Mannes, unbekannt zu bleiben, höher zu bewerten ist als das staatliche Interesse an Justizförmigkeit des Strafverfahrens, lässt sich abstrakt nicht sagen. Ein fundiertes Urteil lässt sich erst nach sorgfältiger Abwägung der konkurrierenden Rechtsgüter und entsprechender Würdigung des gesamten Sachverhalts finden (OLG Celle NStZ 1983, 570). Droht dem Zeugen Schaden an Leben oder Gesundheit, kann die Behörde seine Personalien ebenso geheim halten (BVerfGE 39, 1, 42) wie im Falle einer ernsthaften und weitgehenden Beeinträchtigung seiner Freiheit. **1498**

Indes hat die Behörde auch abzuwägen, ob nicht verfahrensrechtliche Vorkehrungen zur Wahrung ihrer Belange ausreichen. So kann der Gerichtsvorsitzende unter bestimmten Voraussetzungen einem Zeugen gestatten, seinen Wohnort zu verschweigen (§ 68 Satz 2 StPO). Ob sich damit aber ein wirklicher Schutz herstellen lässt, muss man ernsthaft in Zweifel ziehen. Daneben kann das Gericht gemäß § 172 Ziff. 1 GVG für die gesamte Verhandlung oder einen Teil davon die Öffentlichkeit ausschließen, wenn eine Gefährdung der Staatssicherheit oder der öffentlichen Ordnung zu befürchten ist. Auf Grund dieser Norm könnte man die Öffentlichkeit schon ausschließen, wenn bei wahrheitsgemäßer Aussage des Zeugen in der öffentlichen Verhandlung dem Angeklagten, einem Zeugen oder dessen Informanten eine Gefahr für Leben oder Gesundheit durch andere Personen droht (BGH bei Holtz, MDR 1980, 273). Reichen alle diese Sicherungsvorkehrungen nicht aus und beseitigt auch die kommissarische Vernehmung unter Ausschluss des Angeklagten und seines Anwalts die Gefahr für den V-Mann nicht, darf die Behörde die Auskunft über Namen und Anschrift ihres Informanten verweigern. **1499**

Diese ganzen Überlegungen führen zu der Feststellung, dass die Zusicherung vertraulicher Behandlung eines Informanten bzw. einer V-Person (vgl. RiStBV Anlage D I Ziff. 3) in erster Linie angebracht ist im Falle der Begehung von Delikten des Organisierten Verbrechens, des illegalen Betäubungsmittel- und Waffenhandels, der Falschgeld- und der Staatsschutzdelikte bzw. der Schwerstkriminalität im Allgemeinen. Im Bereich der mittleren Kriminalität bedarf es einer sehr sorgfältigen Prüfung, ob und in welchem Umfang wichtige Rechtsgüter des Zeugen bzw. V-Mannes gefährdet sind. Ausnahmsweise käme die Zusicherung vertraulicher Behandlung des Informanten in Betracht, wenn durch eine Massierung gleichartiger Straftaten die Erfüllung öffentlicher Aufgaben oder die Allgemeinheit ernsthaft gefährdet werden kann (vgl. RiStBV Anlage D I Ziff. 3 ff.). **1500**

Bei der Bagatellkriminalität kommt Zusicherung der Vertraulichkeit ebenso wenig in Betracht wie bei bzw. nach Begehung von Ordnungswidrigkeiten. Fazit: Je schwerer die in Rede stehende Straftat und je höher die zu erwartende **1501**

Strafe ist, desto umfassender ist die Pflicht zur Erforschung der Wahrheit. Das heißt, die Ermittlungsbehörden werden ihrem Auftrag im Falle der Verfolgung schwerster krimineller Delikte nur hinreichend gerecht, wenn sie eine nahezu unumstößliche Beweiskette vorlegen. Wird in diesen Fällen der Informant als Zeuge im späteren Verfahren nicht persönlich benötigt, sondern hat er nur den Weg zu mittelbaren oder unmittelbaren Beweismitteln eröffnet, ist die Zusage vertraulicher Behandlung seiner Person im Ermittlungsverfahren durchaus zulässig (Geißer, GA 1985, 247, 256).

1502 Im Prinzip sollte die Staatsanwaltschaft Vertraulichkeit nur in begründeten Ausnahmefällen und nur dann zusagen, wenn sie sicher ist, dass sie die Zusage auch einhalten kann. Ansonsten sollte sie dem Informanten von vornherein die Rechtslage deutlich machen und ihm sagen, dass sie ihn als Zeugen im Verfahren höchstwahrscheinlich benennen muss. Kann sie nämlich die Zusage aus Rechtsgründen nicht einhalten, könnte das dazu führen, dass zukünftig der Informationsstrom abebbt oder gar versiegt (OLG Stuttgart NPA 507, § 96 StPO Bl. 4 ff.). Und gerade damit wäre das Staatswohl auf das Gröbste verletzt.

1503 Für die Fälle, in denen eine sofortige Reaktion eines Polizeibeamten auf das Angebot eines Informanten notwendig ist, sollte festgelegt werden, dass Zusagen vertraulicher Behandlung der Information nur unter den Voraussetzungen der §§ 54, 96 StPO, § 39 III BRRG und nur unter dem Vorbehalt gegeben werden, dass keine Tatbeteiligung und keine falsche Verdächtigung vorliegt. Überdies bedarf es einer staatsanwaltschaftlichen Einwilligung oder Genehmigung (J. Meyer, in: Lüderssen, S. 425, 432 f.). Polizeibeamte sind somit aus eigener Intention nicht berechtigt, einem Informanten vertrauliche Behandlung zuzusagen.

Kapitel 13.
Rechtswidrige Grundrechtseingriffe/Rechtsschutz

Aufgabe dieser Ausführungen ist es zu prüfen, wann ein Grundrechtseingriff rechtswidrig ist und welche Folgen dies nach sich zieht. Darüber hinaus stellt sich die Frage, ob Hoheitsträger möglicherweise strafbar sind, ob dem Adressaten ein Notwehrrecht zuzuerkennen ist, ob die so gewonnenen Erkenntnisse prozessual verwertbar sind und ob der Adressat Anspruch auf Schadensersatz hat. Die Besonderheit des Strafverfahrensrechts findet sich darin, dass häufig vollendete Tatsachen geschaffen werden, bevor der Eingriffsadressat gegen die ihn betreffende Maßnahme vorgehen kann, denn er muss über den Vollzug des Grundrechtseingriffs nicht informiert werden, wenn dadurch der Maßnahmeerfolg gefährdet erscheint. Ist dieser Eingriff objektiv rechtswidrig, kann der Betroffene zwar nachträglichen Rechtsschutz bekommen (vgl. Rdn 1556 ff.), doch werden damit die Folgen dieses Eingriffs nicht umgehend behoben (z.B. die Fotos sind gemacht, die Unterhaltung des Betroffenen ist aufgezeichnet). Ist das Grundrecht durch Kassation einer rechtswidrigen Maßnahme der Ermittlungsbehörden nicht zu schützen, wäre daran zu denken, den Staat als Garant für den Schutz der Grundrechte zu verpflichten, die Folgen rechtswidriger Eingriffe für die Grundrechte, die ihm zuzurechnen sind, unmittelbar zu beseitigen (Folgenbeseitigung, vgl. Amelung/Wirth, StV 2002, 161, 168). Schließlich widmen wir uns dem Problem der Wirkung einer Einwilligung in den behördlich vorzunehmenden Rechtseingriff. Ausgangspunkt zur Beantwortung der angeschnittenen Fragen ist neben der Feststellung des Begriffs der Rechtmäßigkeit ermittlungsbehördlichen Einschreitens vor allem die Untersuchung, wann ein Eingriff in subjektiv öffentliche Rechte anzuerkennen ist. **1504**

1. Der Eingriff

Zum Begriff des Eingriffs vgl. grundlegend Rdn 7 ff. Die hier evidenten dogmatischen Bedürfnisse erkennen auf einen Eingriff, wenn Ermittlungsbeamte die Rechte eines Menschen gegen dessen erklärten oder mutmaßlichen Willen beeinträchtigen, wenn also Hoheitsträger im Verkehr mit dem Bürger auf ihre Befugnisse pochen oder pochen können. Gibt der Rechtsgutsträger unmissverständlich zu erkennen, dass er einen ihm auch gegenüber hoheitlich handelnden Subjekten öffentlicher Verwaltung wirkenden Unterlassungsanspruch nicht geltend macht, liegt folgerichtig kein Eingriff in verfassungsmäßig geschützte Individualrechte vor (Schwabe, S. 99), weil die Staatsgewalt dem Bürger gerade nicht als Hoheitsträger gegenübertritt. **1505**

Allerdings steht dem Adressaten bei Vornahme eines repressiven polizeilichen oder staatsanwaltschaftlichen Rechtseingriffs regelmäßig kein Unterlassungsanspruch zu. Ob er in die Vornahme des Rechtseingriffs einwilligt oder nicht, ist im Hinblick auf dessen Zulässigkeit und Durchführung irrelevant. Weil die Behörden dem Legalitätsprinzip unterworfen sind, dürfen sie auf Durchführung des Eingriffs in keinem Falle verzichten. **1506**

1507 Durchaus vergleichbar liegen die Verhältnisse im Falle der Vornahme vieler präventiver Rechtseingriffe. Zwar gilt hier das Opportunitätsprinzip, auf Grund dessen Polizeibeamte nach pflichtgemäßem Ermessen entscheiden, ob sie den Eingriff vornehmen. Macht die Prüfung der Umstände des Einzelfalls einen Rechtseingriff zur Abwehr der Gefahr notwendig, muss die Polizei handeln, und zwar auch ohne Einwilligung durch den Adressaten.

Beispiel: Nachbarn beschweren sich über unerträglichen Lärm aus der Wohnung der Familie F. Polizei wird gerufen, die sich zu präventivem Einschreiten entschließt. Als Herr F die Wohnungstür öffnet, fragt der Beamte, ob er hereinkommen dürfe.

Die Frage des Beamten zielt in Richtung Betreten der Wohnung (§ 25 thPAG). Würde der Adressat die Bitte abschlagen, müsste das Gespräch im Hausflur stattfinden, was in Anbetracht der Gesamtsituation durchaus in Betracht käme. Also hat der Hausrechtsinhaber bei Versagen der Einwilligung einen Unterlassungsanspruch. Der Beamte braucht keine Ermächtigungsgrundlage zu beachten (Wagner, S. 356; Schwabe, S. 99 und 127).

Aber:
Da F nach der ersten Ermahnung, Ruhe zu halten, erneut ungeheuren Lärm verursacht, entschließen sich die Beamten zur Sicherstellung der Musikanlage. Wieder fragen sie F, ob sie hereinkommen dürfen, was dieser brüsk zurückweist.

1508 Zwar bewegen sich die Beamten weiterhin auf dem Weg der Gefahrenabwehr, doch haben sie sich zur Durchsuchung der Wohnung zur Nachtzeit (§ 23 II bbPolG, § 41 II nwPolG) und zusätzlich zur Sicherstellung (§ 25 bbPolG, § 43 nwPolG) entschlossen. Lässt man die Tatsache außer Acht, dass hier eine Ermessensreduzierung auf Null in Betracht kommt, wäre ein Abrücken der Beamten von dem vorgesehenen Eingriff wegen fehlender Einwilligung eine ermessensfehlerhafte Entscheidung. Folglich steht dem Adressaten kein Unterlassungsanspruch zu, und die Durchsuchung der Wohnung ist selbst bei vorliegender Einwilligung des Hausrechtsinhabers ein Rechtseingriff.

2. Die Einwilligung

1509 Zum Begriff Einwilligung vgl. Rdn 14ff. Zu den Voraussetzungen einer wirksamen Einwilligung gehören Dispositionsbefugnis, Einwilligungsfähigkeit und Freiheit der Einwilligung. Daneben werfen wir noch einen Blick auf die Genehmigung.

a) Dispositionsbefugnis

1510 Wesentliche Voraussetzung für die Wirksamkeit einer Einwilligung ist die Verfügungsbefugnis des Rechtsgutsträgers über das entsprechende Rechtsgut. Diesbezüglich tauchen Fragen einmal auf, wenn die körperliche Unversehrtheit eingeschränkt werden soll (arg. aus § 228 StGB), insbesondere jedoch im Zusammenhang mit § 136a StPO; dabei gilt es streng zu differenzieren: Die durch diese Norm geschützten Güter stehen zwar zur Disposition ihrer Träger, dennoch ist die strafrechtlich durchaus wirksame Einwilligung i.S. des § 136a StPO, also bezogen auf die Verwertbarkeit der Aussage, irrelevant.

b) Einwilligungsfähigkeit

Für die Einwilligungsfähigkeit verlangt die h.M. die konkrete Einsichts- und Urteilsfähigkeit und fordert keineswegs Geschäftsfähigkeit (Maurach/Zipf § 17 III B 5b; BGHSt 5, 362, 363; 23, 1, 4). Somit ist auch ein Jugendlicher zur wirksamen Einwilligung fähig, wenn er auf Grund seiner Gesamtpersönlichkeit in der Lage ist, die Tragweite der Entscheidung zu übersehen. Davon kann man jedoch im Falle einer alltäglichen Rechtsbeeinträchtigung wie der Durchsuchung von Personen, Betreten und Durchsuchen von Wohnungen, Sicherstellung und Beschlagnahme oder der Befragung ausgehen. Sind einmal Zweifel an der Einsichtsfähigkeit angebracht, muss der Beamte fehlende Einwilligung unterstellen. **1511**

c) Freiheit der Einwilligung

Frei erteilt der Betroffene seine Einwilligung, wenn der Verzicht auf das Geltendmachen des Unterlassungsanspruchs auf Grund einer autonomen Entscheidung ausdrücklich erfolgt. Der Einwilligende muss wissen, dass er ein Unterlassen begehren kann (Benfer, S 314). Daher haben die Hoheitsträger ihm die Folgen einer Verweigerung der Einwilligung aufzuzeigen. Die Entscheidung selbst muss frei von rechtsgutsbezogener (Amelung/Schall, JuS 1975, 565, 567) Drohung, Täuschung oder Irrtumserregung sein (Maurach/Zipf a.a.O.; BGHSt 4, 113, 118) und kann jederzeit widerrufen werden. **1512**

d) Genehmigung

Bei einer Genehmigung stimmt der Rechtsgutsträger nachträglich einer Verletzung seiner Individualrechte zu. Grundsätzlich erkennt man diesem Rechtsinstitut keine öffentlich-rechtliche Rechtfertigung zu, weil dem Hoheitsträger im Augenblick der Vornahme des Rechtseingriffs die Zustimmung nicht bekannt sein konnte. Möglicherweise hat die Genehmigung jedoch Auswirkungen auf das Verwertungsverbot. Zwar ist der Grundrechtseingriff ex tunc rechtswidrig, doch könnten ihn die Hoheitsträger ggf. rechtsfehlerfrei wiederholen, um einen Beweisverlust zu verhindern (Dencker, S. 83, 85). Dieses Verfahren wäre nicht nur zeitaufwändig, sondern für den Betroffenen unzumutbar, weil er allein aus formalen Gründen eine erneute Rechtsbeeinträchtigung hinnehmen müsste. Daher ist es folgerichtig, die Verwertbarkeit von Beweismitteln in Fällen der (nachträglichen) Genehmigung eigentlich rechtswidriger Grundrechtseingriffe anzuerkennen (Benfer, S. 319). **1513**

3. Der Begriff der Rechtmäßigkeit

Ausgangspunkt für die Beurteilung des Begriffs „Rechtmäßigkeit eines Rechtseingriffs" ist Art. 20 III GG, der die vollziehende Gewalt an die verfassungsmäßige Ordnung und die Gesetze bindet. Dies bedeutet, dass Polizei und Staatsanwaltschaft Eingriffe in verfassungsmäßig garantierte Rechte der Bürger nur vornehmen dürfen, wenn diese gesetzlich zugelassen sind. Rechtsprechung und Lehre wollen in Bezug auf die Rechtmäßigkeit polizeilich angeordneter Rechtseingriffe streng unterscheiden, ob die Polizei (für die Staatsanwaltschaft **1514** kommt diese Doppelfunktionalität nicht in Betracht) gefahrenabwehrend als Verwaltungsbehörde oder repressiv als Justizbehörde tätig wird. Im Falle präventiven Handelns soll die Rechtmäßigkeit ihres Tuns nach h.M. auf der Grundlage eines verwaltungsrechtlichen, im Falle strafverfolgenden Einschreitens dagegen auf der eines spezifisch strafrechtlichen Rechtmäßigkeitsbegriff beurteilt werden.

a) Strafrechtlicher Rechtmäßigkeitsbegriff

1515 Entsprechend dem strafrechtlichen Rechtmäßigkeitsbegriff ist die Anwendung staatlicher Zwangsanwendung rechtmäßig, wenn der Amtsträger bei sorgfältiger Prüfung der Gesamtumstände zu der Überzeugung gelangt, die tatsächlichen Voraussetzungen für ein Einschreiten seien gegeben, selbst wenn sich später herausstellt, dass dies nicht der Fall gewesen ist (RGSt 2, 411, 415; BGHSt 24, 125, 130; Fischer § 113 Rdn 11 ff.; Lackner/Kühl § 113 Anm. 7). Diese Auffassung sieht eine Amtshandlung als rechtmäßig an, wenn der Vollstreckungsbeamte zuständig ist, die wesentlichen Formvorschriften beachtet und bei ermessensgetragenem Handeln das Ermessen pflichtgemäß ausübt, anders ausgedrückt, wenn er nicht vorwerfbar irrtümlich eine Sachlage annimmt, die – sofern sie gegeben wäre – zum Einschreiten ermächtigt. Rechtswidriges Handeln lässt sich aus dem Blickwinkel des strafrechtlichen Rechtmäßigkeitsbegriffs nur begründen, wenn sich ein Irrtum des Hoheitsträgers auf rechtliche Fragen bezieht (OLG Karlsruhe NJW 1974, 2141; Krey/Heinrich Rdn 507 ff.; Kohlrausch/Lange § 113 Anm. III).

Beispiel: Bei einer Verkehrskontrolle wird ein Pkw-Fahrer angehalten. Seine Atemluft riecht nach Alkohol. Die Frage nach der Menge des genossenen Alkohols beantwortet er mit drei Glas Bier. Der Alkoholtest weist 0,77‰ aus. Daher entscheidet sich der Polizeibeamte zur Durchführung einer Blutprobe, die eine BAK von 0,81‰ ergibt.

Hier geht der Beamte auf Grund konkreter Anhaltspunkte von der tatbestandlichen Erfüllung des § 316 StGB bzw. § 24a OWiG aus. Da das Alcotestverfahren keine genauen Hinweise für den tatsächlichen Wert der BAK liefert, irrt er nicht vorwerfbar.

Aber: Gleiche Ausgangslage, doch riecht die Atemluft nicht nach Alkohol, und der Fahrer gibt an, keinerlei alkoholische Getränke zu sich genommen zu haben. Die Durchführung eines Alkoholtests lehnt er ab. Eine Blutprobe bringt das Ergebnis von 0,01‰ BAK.

Ein Irrtum hinsichtlich der Frage nach dem Tatbestand der Trunkenheit im Verkehr (§ 316 StGB) kann den Beamten nicht zugestanden werden. Der Grundrechtseingriff wird angeordnet, obwohl kein Tatverdacht begründet werden kann, so dass er rechtswidrig ist.

b) Verwaltungsrechtlicher Rechtmäßigkeitsbegriff

1516 Im Verwaltungsrecht bedarf rechtmäßiges Handeln, insbesondere im Bereich der Grundrechtsbeeinträchtigungen, in jedem Falle einer förmlichen Ermächtigung durch ein allgemeines Gesetz (BVerfGE 9, 137, 147). Weiterhin ist die Verwaltung an die Grundsätze der Geeignetheit, Erforderlichkeit und Verhältnismäßigkeit gebunden. Als Ausfluss des Rechtsstaatsprinzips sind diese Grundsätze Bestandteil der verfassungsmäßigen Ordnung (Grabitz, AöR 1973, 568 ff.; Lerche AöR 1965, 341, 369).

c) Stellungnahme zu den Rechtmäßigkeitsbegriffen

Zwar dienen die strafprozessualen Grundrechtseingriffe der Durchsetzung **1517** anderer rechtlicher Ziele als die präventiven, aber sie enthalten für den Bürger die gleichen Duldungspflichten. Legt der Staat für das Handeln seiner Organe verwaltungsrechtlich und strafprozessual die gleichen Rechte fest, darf er bei der Frage nach der Rechtmäßigkeit eines Eingriffs in Grundrechte keine Unterschiede machen (Wagner, JuS 1975, 224, 227; Thiele, JR 1975, 353 ff.). Deshalb sind zur Beurteilung der Rechtmäßigkeit strafprozessualer Grundrechtseingriffe ausschließlich die Prinzipien des verwaltungsrechtlichen Rechtmäßigkeitsbegriffs anzuwenden. Das hat zur Folge, dass sie sich auf eine Eingriffsermächtigung stützen lassen und alle geforderten materiellen Tatbestandsmerkmale gegeben sein müssen (Roth, S. 573 ff.). Verstöße gegen formelle Voraussetzungen (z.B. § 107 StPO) berühren die Rechtmäßigkeit des Eingriffs hingegen nicht (Amelung, NJW 1991, 2533, 2536).

Auf den ersten Blick erscheint die Forderung nach Geltung des verwaltungs- **1518** rechtlichen Rechtmäßigkeitsbegriffs auf ermittlungsbehördliche Eingriffe als unbillige Härte insbesondere gegenüber den Polizeibeamten. Bedenkt man jedoch, dass strafprozessuale Eingriffsbefugnisse fast ausnahmslos auf Grundlage eines Verdachts vollstreckt werden dürfen und sich Verdacht durchaus einmal gegen in Wahrheit Unschuldige richten kann, ist die grundlegende Voraussetzung strafprozessualer Eingriffe als weitgehend irrtumsresistent zu bezeichnen. Erst wenn sich ein Polizeibeamter in Bezug auf Begründung eines Verdachts in einem Ausmaß irrt, wie dies kein verständiger Mensch in seiner Lage getan hätte, kann sein Handeln nicht mehr im Sinne des Gesetzes liegen (Amelung, in: FS für Peter Badura, S. 11).

Ähnlich liegen die Probleme im präventiven Aufgabenbereich, das zum Ein- **1519** schreiten eine (ggf. qualifizierte) Gefahr fordert. Ob auf diese Gefahr zu erkennen ist, entscheidet der Hoheitsträger nach pflichtgemäßem Ermessens. Wendet er seine Entscheidungskompetenz sachgerecht an, ist die Basis für präventives Handeln auch dann gegeben, wenn u.U. ein Richter im späteren Verfahren auf der Grundlage eigener Würdigung der streitigen Situation zu einem anderen Ergebnis kommen sollte. Die hier dargestellten Umstände gleichen die strengen Anforderungen an die Rechtmäßigkeit und darauf aufbauend die Vollziehbarkeit vor allem eines strafprozessualen Grundrechtseingriffs aus.

4. Rechtsfolgen fehlerhafter Eingriffe

Da feststeht, wann ein Grundrechtseingriff rechtmäßig ist, können wir die **1520** Frage nach Rechtsfolgen rechtswidriger Grundrechtseingriffe beantworten. Dabei geht es uns darum zu erfahren, welche strafrechtlichen Folgen auf den Ermittlungsbeamten zukommen, ob ggf. Schadensersatzansprüche entstehen und ob der Adressat des Eingriffs ein Notwehrrecht hat.

a) Strafrechtliche Folgen

1521 Führen Ermittlungsbeamte einen Grundrechtseingriff durch, obwohl dessen materiell-rechtliche Tatbestandsmerkmale nicht vollständig gegeben sind, können sie u.U. eine Straftat begehen. In Betracht käme z.B. Hausfriedensbruch (§ 123 StGB) bei Betreten und Durchsuchen von Wohnungen, Körperverletzung im Amte (§ 340 StGB) bei einer Blutprobe oder Freiheitsberaubung (§ 239 StGB) bei einigen Eingriffen, z.B. Gewahrsamnahme, Festnahme oder erkennungsdienstlicher Behandlung. Schwierigkeiten bereitet in diesem Zusammenhang die Begründung der Rechtswidrigkeit des behördlichen Handelns.

1522 Führen Subjekte öffentlicher Verwaltung einen Grundrechtseingriff durch, sehen sie seine Voraussetzungen regelmäßig als gegeben an; denn die Rechtsbeeinträchtigung ist von Verdachtsmomenten bzw. Anerkennung einer Gefahr abhängig. Der Gesetzgeber verlangt also weder Gewissheit der Täterschaft noch des Eintritts eines Schadens. Stellt sich nach Vornahme oder gar auf Grund des Eingriffs heraus, dass der Anlass nicht vorgelegen hat, ist die Handlung der Amtsträger keineswegs rechtswidrig.

Beispiel: Der Streifenbeamte S wird von einer jungen Frau angesprochen und auf einen Mann hingewiesen, der der Vater ihres nichtehelichen Kindes sei. Er habe sich bisher seiner Verpflichtung zur Zahlung eines Unterhalts entzogen. S spricht den Mann an, der diese Unterstellung entrüstet zurückweist. Dennoch führt S eine Personalienfeststellung durch und nimmt den Mann, der sich nicht ausweisen kann, mit zur Wache. Letztendlich stellt sich heraus, dass sich die Frau in der Person geirrt hat.

Zur Zeit der repressiven Personalienfeststellung einschließlich der darauf beruhenden Freiheitsentziehung bestand gegen S ein Tatverdacht in Bezug auf § 170 StGB. Der Grundrechtseingriff kann folglich nicht rechtswidrig werden, weil die Feststellung der Personalien des Verdächtigten ergibt, dass er mit der in Frage stehenden Tat nichts zu tun hat.

1523 In Einzelfällen irrt der Beamte über die Voraussetzungen einer Eingriffsermächtigung. Entsteht dieser Irrtum trotz pflichtgemäßer Würdigung der Situation, handelt es sich um einen Irrtum über die tatbestandsmäßigen Voraussetzungen eines anerkannten Rechtfertigungsgrundes. Da die hoheitlichen Befugnisse zur Vornahme von Beeinträchtigungen subjektiv-öffentlicher Rechte rechtsstaatlich als Rechtfertigungsgründe anzusehen sind (vgl. Benfer, S. 30), bleibt dieser Irrtum unbeachtlich.

b) Widerstand oder Notwehr

1524 Wehrt sich der Adressat gegen einen (rechtswidrigen) Eingriff, stellt sich die Frage, ob er wegen Widerstandes strafbar oder über Notwehr gerechtfertigt ist. Den Tatbestand des § 113 StGB erfüllt, wer einem Amtsträger bei der Vornahme einer rechtmäßigen Vollstreckungshandlung Widerstand durch Anwendung von Gewalt oder Drohung mit Gewalt leistet oder wer ihn tätlich angreift.

1525 Ist ein präventiv oder repressiv vorgenommener Rechtseingriff als Vollstreckungshandlung evident rechtswidrig, entfällt sowohl die Duldungspflicht des Adressaten als auch dessen Strafbarkeit wegen Widerstandes. Erfüllen nämlich die Ermittlungsbeamten ihrerseits den Tatbestand eines Strafgesetzes und handeln sie rechtswidrig, sind die Voraussetzungen für die Inanspruchnahme von Notwehr auf Seiten des Eingriffsadressaten gegeben. Allerdings darf man die komplizierten Irrtumsregeln des § 113 IV StGB nicht übersehen.

c) Schadensersatz

Bei Durchführung fehlerhafter Grundrechtseingriffe entsteht dem Betroffenen häufig ein Schaden, z.B. durch Sachbeschädigung oder Körperverletzung. Deshalb stellt sich die Frage, ob der Geschädigte einen Anspruch auf Erstattung der ihm entstehenden Kosten oder auf Schmerzensgeld hat. Für repressiv durchgeführte Rechtseingriffe könnten sich diese Ansprüche aus dem Gesetz über Entschädigung für Strafverfolgungsmaßnahmen ergeben, für präventive aus den entsprechenden Normen der Polizeigesetze bzw. im Falle des Schmerzensgeldes aus § 823 BGB. Daneben kennt das Gesetz die Schadensersatzpflicht aus Amtspflichtverletzung (§ 839 BGB, Art. 34 G) die allerdings aus Gründen des Vorrangs spezialgesetzlicher Regelungen hinter die vorher genannten Normen zurücktritt. **1526**

aa) Schadensersatz bei repressiven Eingriffen

Nach § 2 I StrEG wird aus der Staatskasse entschädigt, wer durch rechtmäßig angeordnete und vollzogene vorläufige Strafverfolgungsmaßnahmen (D. Meyer § 2 Rdn 18), die er weder vorsätzlich noch grob fahrlässig verursacht hat (§ 5 II StrEG), einen Schaden erlitten hat, soweit er freigesprochen oder das Verfahren gegen ihn eingestellt wird oder das Gericht die Eröffnung der Hauptverhandlung gegen ihn ablehnt. Es darf also keine Verurteilung im gerichtlichen Verfahren erfolgen (Schätzler § 2 Rdn 7 ff.). Als Strafverfolgungsmaßnahmen gelten nach § 2 II StrEG vor allem die strafprozessualen Grundrechtseingriffe, also z.B. einstweilige Unterbringung, vorläufige Festnahme, Durchsuchung, Sicherstellung, Beschlagnahme, vorläufige Entziehung der Fahrerlaubnis oder vorläufiges Berufsverbot. Der Entschädigungsanspruch steht allein dem Beschuldigten zu, nicht anderen Personen, z.B. denjenigen, die über §§ 103 oder 81c StPO Adressaten von Rechtsbeeinträchtigungen geworden sind (Schätzler § 2 Rdn 15; D. Meyer § 2 Rdn 15). **1527**

bb) Schadensersatz bei präventiven Eingriffen

Nach § 70 bbPolG, § 67 nwPolG, § 68 I S. 2 thPAG hat jemand, der durch eine Maßnahme der Polizeibehörde einen Schaden erleidet, einen Schadensersatzanspruch, wenn die Maßnahme rechtswidrig war, und zwar ohne Rücksicht auf ein Verschulden der Behörde. Die hier angesprochene Anspruchsgrundlage tritt jedoch als subsidiär zurück, wenn der Anspruchsberechtigte auf der Grundlage anderer Normen Schadensersatz erhalten kann. **1528**

Im Falle präventiven Handelns führen die Polizeibeamten Rechtseingriffe prinzipiell nach pflichtgemäßem Ermessen durch. Soweit diese Ermessensentscheidung auf Grund sachlicher Abwägung von Gründen und Gegengründen ergeht, liegt auch dann keine Amtspflichtverletzung vor, wenn diese unbillig, unzweckmäßig oder gar unrichtig erscheint oder das Gericht aus seiner Beurteilung der Rechts- und Tatsachenlage eine andere Entscheidung für ange- **1529** bracht hält. Daher erkennen wir eine zum Schadensersatz verpflichtende Amtspflichtverletzung nur an, wenn der Beamte schwerwiegende Fehler begangen hat, insbesondere willkürlich gehandelt (BGHZ 6, 178), die ihm gesetzten Schranken bewusst überschritten oder sachfremden Erwägungen Raum gegeben hat (BGH NJW 1957, 298).

5. Beweisverbot/Verwertungsverbot

1530 Üblicherweise entscheidet das Gericht auf der Grundlage seiner freien, aus dem Verlauf der Verhandlung gewonnenen Überzeugung (vgl. § 261 StPO). Es ist ihm folglich nicht vorgeschrieben, unter welchen Bedingungen es eine Tatsache, die Bedeutung für das Strafverfahren hat, als bewiesen oder nicht bewiesen ansehen muss (BGH NJW 1963, 869f.). Einschränkungen ergeben sich für diese freie Beweiswürdigung z.B. aus den sog. Beweisverboten wie auch aus dem Grundsatz, dass man aus dem Schweigen eines Beschuldigten keine für ihn nachteiligen Schlüsse ziehen darf (BGH NJW 1987, 2027).

1531 Der Begriff „Beweisverbote" erstreckt sich als Oberbegriff auf die Beweiserhebungs- sowie die Beweisverwertungsverbote (ausführlich dazu Dalakouras, S. 106ff.). Das Beweiserhebungsverbot untersagt den Beteiligten am Strafprozess erstens die Ermittlung bestimmter Sachverhalte (Beweisthemen-Verbot, vgl. § 51 BZRG), zweitens die Verwendung bestimmter Beweismittel (Beweismittel-Verbot, z.B. Verlesen intimer Aufzeichnungen, „Tagebuchentscheidung", BGHSt 19, 331ff. oder von Urkunden, sofern eine Sperrerklärung nach § 96 StPO vorliegt), drittens eine bestimmte Art und Weise einer im Grunde zulässigen Beweisgewinnung (Beweismethoden-Verbot, vgl. verbotene Vernehmungsmethoden, § 136a StPO). Aus einer verbotenen Beweiserhebung folgt das gesetzlich in §§ 69 III, 136a III StPO festgelegte Verwertungsverbot. Außerhalb dieser normierten Beweisverwertungsverbote kann eine unzulässige Beweiserhebung zwar durchaus zum Beweisverwertungsverbot führen, das ist aber keineswegs zwingend.

1532 Prinzipiell sollte das Instrument des Verwertungsverbots jedem justizförmig arbeitenden Organ in jedem Verfahrensstadium verbieten, die Lage des Beschuldigten durch Vornahme von Rechtseingriffen zu verschlechtern, die bei Beachtung aller gesetzlichen Bestimmungen nicht hätten vorgenommen werden dürfen. Es wäre eines Rechtsstaats unwürdig, träfe er nicht ausreichend dafür, dass Straftäter nur im Rahmen geltender Gesetze verfolgt, abgeurteilt und einer gerechten Strafe zugeführt werden (BVerfG NJW 2009, 1469, 1471), Strafurteile also nicht auf durch Rechtsbruch erlangte Maßnahmen gestützt werden (OLG Celle NStZ 1991, 403, 404; Paulus, NStZ 1990, 294f.; Rogall, ZStW 1979, 1, 9, 13). Darüber hinaus muss den Strafverfolgungsbehörden der Anreiz genommen werden, sich verbotener Ermittlungsmethoden zu bedienen (Seiler, Jur.Bl. 1974, 123, 128), was am ehesten zu erreichen ist, wenn die im Vorverfahren rechtswidrig erlangten Kenntnisse im Hauptverfahren keine Rolle spielen dürfen; denn nur dann ist das Verwertungsverbot geeignet, individuelle Rechte auf Beherrschen von Informationen wirksam zu schützen (Amelung, NJW 1991, 2533, 2534).

1533 Allerdings zieht nicht jedes Verbot, einen Beweis zu erheben, ohne weiteres ein Beweisverwertungsverbot nach sich. Zufallserkenntnisse, die aus strafprozessualen Ermittlungsmaßnahmen stammen, können daher prinzipiell ohne Einschränkung als Beweismittel wie auch als Ansatz für weitere Ermittlungen verwendet werden. Dieser Grundsatz gilt jedoch nicht, wenn spezielle Regelungen die Verwendung insgesamt verbieten oder auf die Verwendung zu „Beweiszwecken" limitieren. Schränkt eine Rechtsnorm die Verwendung zu Beweiszwecken ein, bleibt die Verwendbarkeit als Ermittlungsansatz unberührt (Allgayer, NStZ 2006, 603, 608). Die Entscheidung für oder gegen ein Verwertungsverbot trifft man zuvorderst auf Grund einer Abwägung der namentlich im Rechtsstaatsprinzip angelegten gegenläufigen verfassungsrechtlichen Gebote und Ziele. Dem gemäß liegt ein Verwertungsverbot nahe und macht Sinn, wenn die verletzte Verfahrensvorschrift die verfahrensrechtliche Stellung des Beschuldigten sichert (BGH NJW 1996, 1547, 1549), also zum Schutz seines persönlichen Rechtskreises geschaffen ist.

a) Rechtskreistheorie

Zur Beurteilung eines Beweisverbotes hat die Rechtsprechung die sog. **1534**
Rechtskreistheorie entwickelt. Sie stellt darauf ab, ob in der Verletzung einer Norm bei Vornahme eines Rechtseingriffs eine schwerwiegende Beeinträchtigung des Rechtskreises des Verletzten liegt oder ob die Rechtsbeeinträchtigung nur von untergeordneter Bedeutung ist. Darüber hinaus sind der Sinn der von Polizei oder Staatsanwaltschaft zur Rechtfertigung ihres Handelns herangezogenen Norm und die Frage zu berücksichtigen, in wessen Interesse sie geschaffen worden ist (BGHSt 11, 213, 215; 17, 245, 247; BayObLG NJW 1994, 1296).

Das Verwertungsverbot als Folge der Verletzung von Eingriffsnormen hängt **1535**
somit nicht allein von der Erkenntnis ab, dass Polizei und Staatsanwaltschaft durch einen Gesetzesverstoß z.B. an Beweismittel gekommen sind. Vielmehr ist nach dem Schutzzweck der Norm zu fragen, wozu es zunächst der Prüfung bedarf, ob die zu beurteilende Norm den Rechtskreis des Adressaten, also seine Rechte schützt (BayObLG a.a.O.). Das soll nur dann der Fall sein, wenn sein Interesse an einer objektiven Beweisführung, sein Recht auf Verteidigung oder außerprozessuale Interessen, wie z.B. Familienbande oder Geheimhaltungserfordernisse, tangiert werden (Rogall, MDR 1970, 93, 95). Diese Interpretation beschränkt das Verwertungsverbot auf Fälle, in denen durch den Gesetzesverstoß die Gerechtigkeit des Urteils beeinflusst worden ist (vgl. Petry, S. 181f. m.w.N.).

Doch bietet diese Auslegung nur scheinbar eine tragfähige Plattform, auf der **1536**
das Thema „Rechtskreistheorie" fußt. Sieht man – wie es allgemein üblich ist – repressive Eingriffsermächtigungen als Abwehrrechte des Bürgers gegen die Staatsgewalt, dann sichern diese in ihrer Gesamtheit sein Interesse an objektiver Beweisführung bzw. sein Recht auf effektive Verteidigung; einige wenige Normen nehmen darüber hinaus Rücksicht auf Familienbande.

Infolge des Rückzugs auf völlig ungeeignete Abgrenzungskriterien war die **1537**
Rechtskreistheorie stets heftig umstritten (vgl. Gossrau, MDR 1958, 468ff.; Eb. Schmidt, JZ 1958, 596f.; Rudolphi, MDR 1970, 94f.); denn sie beeinträchtigt das verbriefte Recht des Beschuldigten auf ein rechtsstaatliches Verfahren. Da ein Gesetzesverstoß im Ermittlungsverfahren zwangsläufig den Rechtskreis des

Beschuldigten berührt, soll über die Frage nach einer Rechtskreisverletzung das Interesse des Betroffenen an einem justizförmigen Verfahren entscheiden (BGHSt 38, 214, 220 ff.; 25, 325, 331). Das ist aber stets verletzt, wenn die Ermittlungsbehörde unter Missachtung der Normen, die ihre Machtausübung begrenzen, Grundrechtseingriffe durchführt, um an Beweismittel zu gelangen, in deren Besitz sie bei Beachtung der Ermächtigung nicht hätte kommen können. Folgerichtig verbietet sich z.B. die Verwertung unzulässig erlangter Erkenntnisse aus einer gegen Art. 13 GG verstoßenden Abhörmaßnahme (BGHSt 42, 372, 377). Dagegen ist ein Verwertungsverbot nur dann Folge einer z.B. fehlerhaften Durchsuchung, wenn die zur Fehlerhaftigkeit des Eingriffs führenden Verfahrensverstöße schwerwiegend waren oder bewusst bzw. willkürlich vorgenommen wurden (BVerfG NJW 2006, 2684).

b) Grundsatz des Verwertungsverbots

1538 Aus dem Grundrecht auf ein faires rechtsstaatliches Verfahren ergeben sich Mindesterfordernisse für eine Verfahrensregelung, die eine zuverlässige Wahrheitserforschung im Strafverfahren sicherstellen. Verletzen die Ermittlungsbehörden die gesetzlichen Voraussetzungen, die an die Gewinnung prozessual bedeutsamer Erkenntnisse geknüpft sind, kann deren anschließende den Erhebungseingriff perpetuierende Verwertung, ebenso wenig auf eine Rechtsgrundlage zurückgeführt werden wie die Ermittlungsmaßnahme selbst (Böse, FS Amelung, 565, 568). Infolge dessen sind Eingriffe als rechtswidrig und dadurch gewonnene Beweismittel als prozessual unverwertbar zu bezeichnen, wenn die Strafverfolgungsorgane essentielle rechtsstaatliche Forderungen missachten (BVerfG, Beschl. vom 2. Juli 2009 – 2 BvR 2225/08), die Grenzen der jeweiligen Ermächtigungen bewusst überschreiten oder sie vorsätzlich missachten (BVerfG wistra 2009, 425, 427; Beling, ZStW Bd. 24, 245, 265; Petry, S. 127). Weil dem Strafprozessrecht aber ein allgemeiner Grundsatz, dem entsprechend aus jedem Verstoß gegen Beweiserhebungsnormen zwingend ein Beweisverwertungsverbot zu folgen habe, fremd ist, wird dieses Problem nach den Gegebenheiten des Einzelfalls, insbesondere nach der Art des Verbots und dem Gewicht des Verstoßes unter umfassender Abwägung der widerstreitenden Interessen entschieden (BGHSt 44, 243, 249; BGH NJW 1994, 2904, 2905). Was abstrakt einleuchtend erscheint, offenbart im Falle der notwendigen Konkretisierung nicht unerhebliche Schwierigkeiten: Die Grenzen der „Abwägung" sind auf der einen Seite das Gewicht des Verfahrensverstoßes sowie seine Bedeutung für die rechtlich geschützte Sphäre des Betroffenen, auf der anderen Seite ist es die Überlegung, dass die Wahrheit keineswegs um jeden Preis erforscht werden muss (BGHSt 31, 304, 309). Auch wenn die Strafprozessordnung nicht auf Wahrheitsfindung um jeden Preis ausgerichtet ist, schränkt die Annahme eines Beweisverwertungsverbots einen ganz wichtigen Grundsatz des Strafprozesses ein: Das Gericht hat die Wahrheit zu erforschen und dazu die Beweisaufnahme von Amts wegen auf alle relevanten Tatsachen und Beweismittel zu erstrecken (§ 244 II StPO). So gesehen kann ein Beweisverwertungsverbot nur die Ausnahme sein, die allein entsprechend ausdrücklicher gesetzlicher Vorschrift oder aus übergeordneten wichtigen Gründen im Einzelfall anzuerkennen ist. Das aber kommt nur in Betracht, wenn einzelne Rechtsgüter durch einen Eingriff fern jeder Rechtsgrundlage derart tief greifend verletzt werden, dass dadurch das Ermittlungsverfahren als ein nach rechtsstaatlichen Grundsätzen geordnetes Verfahren nachhaltig geschädigt wird und folglich jede andere Lösung als Annahme eines Verwertungsverbots unerträglich wäre (BGHSt 51, 285, 290). Da – wie dargelegt – die Verfahrensordnung keinen Rechtssatz des Inhalts kennt, dass im Falle einer rechtsfehlerhaften Beweiserhebung die Verwertung der gewonnenen Beweise stets unzulässig ist (BVerfG NVwZ 2005, 1175), kommt ein Verwertungsverbot lediglich ausnahmsweise in Betracht, entweder auf Grund ausdrücklicher gesetzlicher Vorschriften oder aus übergeordneten wichtigen Rechtsprinzipien im Einzelfall, wenn z.B. die Ermittlungsbehörde durch einen Rechtseingriff den absolut geschützten Kernbereich privater Lebensgestaltung des Eingriffsadressaten verletzt (BVerfGE 109, 279, 313 f.; BGHSt 44, 243, 249). Selbst die Anerkennung eines Verwertungsverbots rechtswidrig erlangter Ermittlungsergebnisse führt keineswegs zwangsläufig dazu, das gesamte Strafverfahren lahm zu legen (BGHSt 32, 68, 71), sondern wir haben streng zu differenzieren.

Dient die verletzte Verfahrensvorschrift nicht oder nicht primär dem Schutz **1539**
des Beschuldigten, soll ein Verwertungsverbot fern liegen; ist die Verfahrensvorschrift dazu bestimmt, die verfahrensrechtliche Stellung des Beschuldigten zu sichern, soll ein Verwertungsverbot grundsätzlich anzuerkennen sein (BGH NJW 1992, 1463, 1464; Amelung, NJW 1991, 2533, 2535 f.). Eindeutige Antworten in Bezug auf dieses „Abgrenzungs-Modell" liefert das Gesetz nur in den Fällen, in denen es einen schwerwiegenden Rechtseingriff zwar allgemein erlaubt, aber gleichzeitig festlegt, dass dieser Eingriff gegenüber bestimmten Personen bzw. Personengruppen nicht vorgenommen werden darf. Dann dient diese Norm ohne Zweifel dem Schutz dieser Personen (vgl. §§ 100c VI S. 1 i.V.m. 53 I StPO). Bei Anordnung und Durchführung eines Großen Lauschangriffs z.B. gegen einen Rechtsanwalt läge ein unselbständiges Beweiserhebungsverbot somit auf der Hand (Julius, in: HK § 261 Rdn 11), das zwingend ein Beweisverwertungsverbot nach sich ziehen würde. Fehlt es an dieser gesetzlichen Regelung, nimmt die Rechtsprechung ein Beweisverwertungsverbot an bei bewusster Umgehung des Richtervorbehalts (also bei willkürlicher Annahme von Gefahr im Verzuge, vgl. OLG Hamm NStZ-RR 2009, 243) oder bei Vorliegen eines besonders schwerwiegenden Fehlers in der Auslegung einer Eingriffsermächtigung. Im Falle der Tolerierung grober Missachtung des Richtervorbehalts entstünde u.U. ein Ansporn, die Ermittlungen ohne Einschaltung eines Ermittlungsrichters einfacher und ggf. Erfolg versprechender zu gestalten. Damit gäbe man ein wesentliches Erfordernis eines rechtsstaatlichen Ermittlungsverfahrens auf (OLG Dresden StV 2009, 458 F. mwN).

Anders gestaltet sich die Güterabwägung nach der Rechtsprechung im Falle **1540**
der Entnahme einer Blutprobe durch einen Medizinalassistenten, obwohl § 81a StPO expressis verbis einen Arzt verlangt. Ohne Zweifel liegt in diesem Gesetzesverstoß eine Beeinträchtigung des Rechtskreises des Beschuldigten. Denn das Erfordernis, ein Arzt müsse den körperlichen Eingriff vornehmen, dient dem Schutz und der Würde der zu untersuchenden Person (Jessnitzer, MDR 1970, 797; Schlichting, Blutalkohol 1965/66, 591, 592). Zur Begründung der Verwendbarkeit stützt sich das Gericht auf eine andersartige Güterabwägung: Es wertet das Interesse der Allgemeinheit an Tataufklärung gegenüber

dem grundgesetzlichen Interesse des Bürgers am Schutz seiner verfassungsmäßig garantierten Rechte (BGHSt 24, 125, 130f.; LG Bonn NJW 1981, 292) und kommt zu einem deutlichen Übergewicht auf Seiten des Gemeinschaftsinteresses; denn die Rechtsprechung (OLG Hamburg Blutalkohol 2008, 138; OLG Köln StraFo 2009, 65, 66) sieht in der Blutprobe einen relativ geringfügigen Eingriff (vgl. zusammengefasste Kritik an der Rechtskreistheorie bei Dalakouras, S. 124ff.).

1541 Im Zusammenhang mit der Vernehmung tauchen Fragen nach der Verwertbarkeit von Aussagen auf, die ein Beschuldigter im Vorverfahren ohne die gesetzlich zwingend notwendige Belehrung nach §§ 163a IV Satz 2, 136 I Satz 2, 163a V StPO macht. Die Rechtsprechung steht auf dem Standpunkt, ein Verstoß gegen die Belehrung über die Aussagefreiheit des Beschuldigten bzw. das Unterlassen der Belehrung über das Recht, einen Verteidiger zu befragen (Beulke, NStZ 1996, 257 m.w.N.), löse kein Verwertungsverbot aus, wenn der Angeklagte in der Hauptverhandlung bis zu dem in § 257 StPO genannten Zeitpunkt entweder persönlich oder durch seinen Verteidiger den Aussagen, die er im Vorverfahren gemacht hat, nicht widerspricht (BGHSt 39, 349, 352; BGH NJW 1996, 1547, 1549; OLG Hamm NJW 2009, 242). Verzichtet der Angeklagte auf einen Anwalt, greift die Widerspruchslösung nur, wenn er über sein Recht, der Verwertung früherer, ohne Belehrung gemachter Aussagen zu widersprechen, vom Gerichtsvorsitzenden belehrt worden ist (BGH NStZ 1992, 504).

1542 Zieht der Beschuldigte im späteren Verfahren einen Verteidiger zurate, diktiert die h.M. in der Rechtsprechung dem Schweigen des Verteidigers in der Hauptverhandlung einen nicht revisiblen Erklärungswert selbst dann zu, wenn er den Verfahrensmangel möglicherweise gar nicht kennt. Sicherlich ist der Verteidiger in der Lage, Belehrungsmängel aufzudecken, doch ersetzt dies nicht die Kenntnis solcher Defizite, um daraus noch Verwirkungstatbestände abzuleiten (Fezer, JR 1992, 385, 386; Bohlander, NStZ 1992, 506ff.; Kiehl, NJW 1993, 501, 504). Insofern muss eine Verletzung des § 136 I Satz 2 StPO durch Polizeibeamte ein uneingeschränktes Verwertungsverbot nach sich ziehen (h.M. in der Lit. vgl. Kiehl, NJW 1994, 1267, 1268; Gleß, in: L-R § 136 Rdn 83ff.; Boujong, in KK § 136 Rdn 27 jeweils m.w.N.). Differenzierter sieht dieses Problem die Rechtsprechung. Bleibt ungeklärt, ob ein Beschuldigter über seine Rechte belehrt wurde, darf der Inhalt der Vernehmung verwertet werden. Liegen indes keine hinreichend verlässlichen Anhaltspunkte für die erfolgte Belehrung vor und wurde auch kein Aktenvermerk i.S. von Nr. 45 I RiStBV gefertigt, dürfen die Äußerungen des Beschuldigten aus dieser Vernehmung prozessual nicht verwertet werden (BGH NStZ-RR 2007, 80f.).

1543 Dagegen sind Aussagen, die der Beschuldigte macht, bevor er von Polizeibeamten belehrt werden konnte, ebenso verwertbar (BGH NJW 1990, 461; BayObLG VRS 58, 422) wie die Aussagen, die jemand als Versicherungsnehmer gegenüber seinem Haftpflichtversicherer gemacht hat. Das nemo-tenetur-Prinzip gesteht es einem Tatverdächtigen nicht zu, sich einerseits der Gefahr der Bestrafung zu entziehen, andererseits zugleich private Rechte umfassend durchzusetzen (BVerfG NStZ 1995, 599f.).

1544 Bei Missachtung formeller Zulässigkeitsvoraussetzungen sprechen wir von einem Beweisverfahrensverbot. Das zieht kein Verwertungsverbot nach sich, denn der Rechtseingriff wäre bei Beachtung der verletzten Norm auch durchgeführt worden und hätte zu dem gleichen Ergebnis geführt (Grünwald, JZ 1966, 489, 496). Zur Verhinderung eines endgültigen Beweisverlusts könnte ggf. eine rechtsfehlerhafte Wiederholung des Grundrechtseingriffs angebracht sein. Dieses Verfahren wäre indes nur zulässig, wenn damit kein unvertretbar schwerwiegender Eingriff in die Individualrechte verbunden ist und das gesamte Verfahren nicht in bloßen Formalitäten „erstickt" (Dencker, S. 83, 85). Daher kann das versehentliche Unterlassen der Belehrung nach § 136 I StPO durch eine „nachgeholte Belehrung" geheilt werden. Diese neue Belehrung muss jedoch den Hinweis auf die Unverwertbarkeit der früheren Aussage (sog. „qualifizierte Belehrung") enthalten (BGH NStZ-RR 2004, 368).

c) Fernwirkung

Unter Berücksichtigung der Folgen eines Gesetzesverstoßes bleibt noch zu **1545**
fragen, ob das Verbot der Verwertung rechtswidrig erlangter Beweismittel nur für die unmittelbaren Erkenntnisse gilt oder ob es auch auf die mittelbar gewonnenen Beweise ausstrahlt. Dieses Problem der sog. Fernwirkung eines Verwertungsverbots ist im deutschen Recht heftig umstritten. Die Befürworter (vgl. neben anderen Grünwald, a.a.O., 500; Dencker, S. 80; Sydow, S. 98) stehen einer nahezu gleich großen Gruppe von Gegnern der Fernwirkung gegenüber (vgl. neben anderen Heinitz, JR 1964, 441, 444; Meyer-Goßner § 136a Rdn 30; KMR § 136a Rdn 20), zu deren Sichtweise offensichtlich auch die Rechtsprechung tendiert (LG Wiesbaden NJW 1979, 175; LG Aachen NJW 1978, 2256, 2257; BGH bei Pfeiffer, NStZ 1981, 298; BGH NStZ 1988, 419; BGH StV 1995, 398).

Mit Blick auf die verfassungsmäßig garantierten Rechte macht es keinen **1546**
Unterschied, ob sich der von einem repressiven Rechtseingriff Betroffene auf Grund unmittelbar oder „nur" mittelbar erlangter Beweismittel strafrechtlicher Verfolgung ausgesetzt sieht (BGH NJW 1980, 1700, 1701). Diese grundsätzliche Feststellung bezieht sich auf jedwedes Beweiserhebungsverbot, so dass sich daraus eine unbedingt anzuerkennende Fernwirkung herleitet, von der allenfalls in besonders begründeten Ausnahmefällen abgewichen werden darf.

Doch auch auf Basis dieser Überlegungen lässt sich keine eindeutige Be- **1547**
handlung des Themas „Fernwirkung" herleiten. Ihre Grenzen orientieren sich nämlich nicht nur an der Sachlage und der Art sowie der Schwere des behördlichen Rechtsverstoßes. Gewicht hat auch die Frage der Kausalität unzulässig erworbener Erkenntnisse für die weiteren Ermittlungen und die schließliche Überführung des Beschuldigten (OLG Oldenburg NStZ 1995, 412). Speziell auf die Frage nach der Kausalität erhält man nur selten eine befriedigende Antwort. Denn es lässt sich kaum einmal schlüssig feststellen, ob die Ermittlungsbehörde den Beweis nicht auch ohne diesen Gesetzesverstoß erlangt hätte (BGH NJW 1987, 2525, 2526). Diesen ganzen Unwägbarkeiten und völlig unbefriedigenden Überlegungen geht man aus dem Weg, wenn man – ausgehend vom Sinn eines Verwertungsverbots – konstatiert, dass eines der wichtigsten Prinzipien für rechtsstaatliche Verfahren darin liegt, sie von rechtswidrig erlangten Beweismittel jeder Art freizuhalten. Völlig verfehlt ist es, das Verwertungsverbot auf die unmittelbar durch den rechtswidrigen Grundrechtseingriff er-

langten Beweismitteln zu beschränken, die mittelbar erlangten Beweise dagegen prozessual zu verwerten. Dies wird die Ermittlungsorgane geradezu ermutigen, Beweiserhebungsverbote zumindest „verdeckt" vorzunehmen (Meyer-Mews, NJ 2009, 437, 438). Es weckt aber ganz erhebliche Bedenken, wenn die Organe der Rechtspflege die Rechtsordnung dadurch zu verteidigen suchen, dass sie gegen Gesetze verstoßen und sich daraus Vorteile verschaffen. Dass diese Vorteile einmal unmittelbar, ein anderes Mal mittelbar gewonnen worden sind, ist schlicht irrelevant (Otto, GA 1970, 289, 294; Kühne, NJW 1979, 1053, 1054). Daher ist dem Verwertungsverbot unbedingt Fernwirkung zuzuerkennen.

6. Rechtsschutz

1548 Die Bundesrepublik Deutschland ist ein demokratischer und sozialer Rechtsstaat (Art. 28 1 GG). Das Wesen des Rechtsstaats liegt u.a. auch in der Kontrolle aller staatlichen Gewaltausübung durch gerichtlichen Rechtsschutz. Dies gewährt dem Eingriffsadressaten Rechtsschutz gegen hoheitliche Akte der vollziehenden Gewalt, der zwar nicht unbedingt sofort, aber in angemessener Zeit zu leisten ist (OLG Frankfurt/M NStZ-RR 2006, 44), ohne Rücksicht darauf, ob diese Eingriffe präventiver oder repressiver Natur sind. Allerdings ist der Rechtsweg von der Eingriffsart abhängig. Bei präventiven Eingriffen hat der Rechtsuchende den Verwaltungsrechtsweg zu beschreiten, bei repressiven Eingriffen ist der ordentliche Rechtsweg maßgebend. Prinzipiell sind in Bezug auf die Frage nach dem „richtigen Rechtsweg" keine Schwierigkeiten zu erwarten.

1549 Lediglich im Falle einer gerichtlichen Überprüfung der Rechtmäßigkeit einer erkennungsdienstlichen Behandlung auf der Grundlage des § 81b Alt. 2 StPO sind Probleme programmiert. Die herrschende Meinung ordnet diesen Eingriff in subjektiv-öffentliche Rechte der Gefahrenabwehr zu (BVerwG DÖV 1983, 378, 380; VGH Mannheim NJW 1987, 2762; Meyer-Goßner, § 81b Rdn 7; Schlüchter, Rdn 185), was zu dem Gang zu den Verwaltungsgerichten zwingt. Steht man indessen auf dem Standpunkt, § 81b Alt. 2 StPO sei ein Eingriff auf repressiver Grundlage (vgl. Rdn 1047 f.), muss der Eingriffsadressat den ordentlichen Rechtsweg wählen.

a) Verwaltungsrechtsweg

1550 Präventiv-polizeiliche Maßnahmen aller Art und damit auch allein gefahrenabwehrenden Zielen dienende Grundrechtseingriffe sind Verwaltungsakte, und als solche unterliegen sie den Regeln über die Vollstreckbarkeit von Verwaltungsakten. Infolgedessen muss der Eingriffsadressat, bevor er das Verwaltungsgericht anrufen darf, regelmäßig ein Widerspruchsverfahren (§§ 68 ff. VwGO) durchführen. Weil aber speziell der Vollzug einer erkennungsdienstlichen Behandlung (ebenso die Entnahme von Körperzellen zur molekulargenetischen Untersuchung) nur in Ausnahmefällen als unaufschiebbare Maßnahme i.S. des § 80 II VwGO anzusehen ist, griffe der Suspensiveffekt des Widerspruchs mit der Folge, dass der Rechtseingriff bis zum Abschluss des verwaltungsrechtlich vorgeschriebenen Verfahrens ausgesetzt werden müsste.

1551 Nach § 80 II Ziff. 2 VwGO entfällt die aufschiebende Wirkung des Widerspruchs bei unaufschiebbaren (vollzugs-)polizeilichen Anordnungen. Unaufschiebbar sind die Anordnungen, soweit der mit dem Widerspruch verbundene Suspensiveffekt im öffentlichen Interesse nicht hingenommen werden kann. Im Allgemeinen unterstellt man der Anordnung präventiv-polizeilicher Rechtseingriffe, dass sie unaufschiebbar sind. Dies folgt aus dem Annex von Unaufschiebbarkeit und Notwendigkeit; denn unaufschiebbar kann ein präventiven Zielen dienender Rechtseingriff nur sein, sofern er (zwingend) notwendig ist. In einem solchen Falle jedoch wäre es anachronistisch, wollte man dem Widerspruch des Adressaten einen Suspensiveffekt zubilligen.

Indessen führt der fehlende Suspensiveffekt des Widerspruchs nicht dazu, das **1552** Widerspruchsverfahren insgesamt „niederzuschlagen", es wird vielmehr in der vom Gesetz festgelegten Form quasi nachträglich durchgeführt. Erst nach erfolgloser Durchführung des Vorverfahrens ist der Eingriffsadressat berechtigt, eine Anfechtungsklage zu erheben (Kopp/Schenke Vorb § 68 Rdn 6). In den meisten Fällen hat der gefahrenabwehrende Verwaltungsakt sich vor der Klageerhebung durch ein außerprozessuales Ereignis erledigt. Damit ist dem Klagebegehren die Grundlage entzogen und die (Anfechtungs-)Klage gegenstandslos geworden.

Beispiel: Der in Gewahrsam Genommene ist wieder frei.
Die sichergestellte Sache ist zurückgegeben.
Der Gefesselte ist wieder frei.

In Fällen wie den beispielhaft genannten kann es dem Eingriffsadressaten **1553** einzig darum gehen feststellen zu lassen, dass der ihn belastende Verwaltungsakt rechtswidrig gewesen ist. Diese nachträgliche Feststellung der Rechtswidrigkeit des erledigten Verwaltungsakts erstrebt der Betroffene mittels einer Fortsetzungsfeststellungsklage. „Erledigt" hat sich der Verwaltungsakt, wenn die auf seiner Grundlage eingetretene Beschwer entfallen, die durch ihn angeordnete bzw. durch die auf seiner Grundlage vollzogene Rechtsverletzung eingetreten oder dem Kläger mit der „schlichten" Aufhebung allein nicht gedient ist.

Da es sich bei der Fortsetzungsfeststellungsklage (Rechtsgrundlage ist § 113 I **1554** Satz 4 VwGO) um einen Unterfall der Anfechtungsklage handelt, müssen für deren Zulässigkeit grundsätzlich alle für die Anfechtungsklage vorgeschriebenen Prozessvoraussetzungen erfüllt sein, also auch und insbesondere das Widerspruchsverfahren. Hat sich indes der Verwaltungsakt vor Ablauf der Widerspruchsfrist erledigt (was im Falle polizeilichen Handelns fast ausnahmslos zutrifft), kann auf das Widerspruchsverfahren verzichtet werden (BVerwGE 26, 161).

Erforderlich ist für die Fortsetzungsfeststellungsklage auf Seiten des Klägers **1555** ein berechtigtes Interesse an der Feststellung der Rechtswidrigkeit des hoheitlichen Handelns. Dieses so genannte Feststellungsinteresse wird anerkannt, wenn Wiederholungsgefahr droht (z.B. bei Verbot von Versammlungen), wenn der Betroffene einen Anspruch auf Rehabilitation hat (z.B. nach Rechtseingriffen, die in die Öffentlichkeit gewirkt haben) oder wenn die Feststellung der Rechtswidrigkeit von allgemeiner Bedeutung ist.

b) Rechtsweg bei repressiven Eingriffen

Die Frage nach dem Rechtsschutz gegen fortdauernde (also solche, die in ih- **1556** rem tatsächlichen Vollzug bei dem Antrag auf Rechtsschutz noch nicht beendet sind) sowie abgeschlossene Rechtseingriffe (das sind solche, die in ihrer faktischen Durchführung beendet sind) durch Staatsanwaltschaft und Polizei wurde lange Zeit kontrovers diskutiert. Heute verfügen wir dank höchstrichterlicher Rechtsprechung (vgl. BVerfG NJW 2005, 1855 ff.; BGH NJW 1999, 730 ff.) über eindeutige Grundsätze. Aus dem Blickwinkel des Art. 19 IV GG, der ein Grundrecht auf effektiven und möglichst lückenlosen richterlichen Rechtsschutz gegen Akte der öffentlichen Gewalt statuiert, muss sichergestellt sein, dass ein von der Rechtsordnung zugestandenes Rechtsmittel nicht ineffektiv gemacht wird und schließlich für den Beschwerdeführer „leer läuft". Daher dürfen Gerichte ein Rechtsschutzinteresse nur so lange als gegeben ansehen, wie ein gerichtliches Verfahren dazu dienen kann, eine gegenwärtige Beschwer aufzuheben, einer Wiederholungsgefahr zu begegnen oder eine fortwirkende Beeinträchtigung durch einen an sich beendeten Eingriff zu beseitigen. Darüber hinaus wird ein Rechtsschutzinteresse auch in Fällen tief greifender Grundrechtseingriffe anerkannt, soweit die direkte Belastung durch den angegriffenen Hoheitsakt sich nach dem typischen Verfahrensablauf auf eine Zeitspanne erstreckt, in welcher der Betroffene die gerichtliche Entscheidung in der von der Prozessordnung gegebenen Instanz kaum erreichen kann (BVerfG wistra 2007, 177, 182). Effektiver Rechtsschutz gebietet, dem Betroffenen die Gelegenheit einzuräumen, schwerwiegende hoheitliche Rechtseingriffe gerichtlich klären zu lassen. Aus diesen Grundsatzüberlegungen folgt nahezu zwangsläufig, von der Zuständigkeit der OLG nach §§ 23 ff. EGGVG für die Überprüfung ermittlungsbehördlicher Grundrechtseingriffe Abschied zu nehmen.

1557 Ein Widerspruchsverfahren mit Suspensiveffekt – wie dem Verwaltungsrecht eigen – kann es aus der Natur der Sache bei Rechtseingriffen auf repressiver Ebene nicht geben. Den Rechtsweg zur Feststellung der Rechtmäßigkeit bzw. Rechtswidrigkeit repressiv vorgenommener fortdauernder wie abgeschlossener Grundrechtseingriffe, die von Polizei oder Staatsanwaltschaft originär angeordnet werden, eröffnet § 98 II Satz 2 StPO. Dies gilt indessen nur, sofern für diese Feststellung bei abgeschlossenen Eingriffen ein Rechtsschutzinteresse besteht (BGHSt 36, 30, 31; BGH NJW 1990, 57 und 2758; OLG Karlsruhe NStZ 1991, 50; AG München NStZ 1999, 528). Ausgenommen davon sind Eingriffe, deren ermächtigende Norm eigenständige Rechtmäßigkeitsüberprüfungen festlegen (vgl. z.B. § 101 VII StPO).

1558 Neben diesen originär ermittlungsbehördlich determinierten Rechtseingriffen spielen im Vorverfahren Eingriffe eine bedeutende Rolle, die auf Antrag von Polizei oder Staatsanwaltschaft durch einen Richter angeordnet werden (Beschlüsse). Beschlüsse sind außerhalb einer Hauptverhandlung auf Grund der Aktenlage getroffene richterliche Entscheidungen. Grundsätzlich hat das Gericht dazu die Staatsanwaltschaft zu hören (§ 33 II StPO). Besteht im Einzelfall die Gefahr, diese vorherige Anhörung könne den Zweck der Anordnung gefährden, kann auf diese Anhörung verzichtet werden.

1559 Der für die Polizei festgeschriebene Weg zur Durchführung eines repressiv vorzunehmenden Grundrechtseingriffs (ohne Anerkennung der Ausnahmeregel „Gefahr im Verzuge") verlangt die Übersendung der Akten an die Staatsanwaltschaft (§ 163 II Satz 1 StPO), die ihrerseits die „Anordnung" dieses Eingriffs durch den Richter einholt. Doch macht § 163 II Satz 2 StPO eine für die polizeiliche Praxis wesentliche Ausnahme von diesem umständlichen Weg: Die

Polizei kann ihre Ermittlungsakten unmittelbar an das Amtsgericht leiten, wenn sie eine besonders eilige richterliche Untersuchungshandlung (also z.B. Durchsuchung, Blutprobe, Beschlagnahme) für geboten hält und die Einschaltung der Staatsanwaltschaft eine nicht zu vertretende Zeitverzögerung mit sich bringen würde. „Untersuchungshandlung" in diesem Sinne ist jede im Zusammenhang mit einem Strafverfahren vor Anklageerhebung anfallende zulässige Handlung zur Förderung des Verfahrens (Meyer-Goßner § 162 Rdn 4).

Rechtsmittel gegen einen Beschluss (hier geht es nur um Beschlüsse von Ge- **1560**
richten im ersten Rechtszug) ist die Beschwerde (§ 304 I StPO) in Form einer Tatsachen- oder Rechtsbeschwerde. Sie stellt entweder die Tatsachengrundlage der angefochtenen Entscheidung (z.B. die Behauptung des Polizeibeamten, die beschlagnahmten Musik-CD seien Raubkopien) oder die Rechtsanwendung (z.B. die Höhe der zu erwartenden Strafe sei isoliert betrachtet ein Haftgrund) zur Nachprüfung des Beschwerdegerichts. Der Beschwerdeführer kann wie auch die Ermittlungsbehörde in dem laufenden Verfahren zu jeder Zeit neue Tatsachen vorbringen, die das Gericht zu würdigen hat (Meyer-Goßner Vor § 304 Rdn 3). Wenn also z.B. eine vorläufige Festnahme zum Zeitpunkt ihres ersten Vollzugs vollkommen unzureichend begründet worden ist, muss dies nicht zwingend zur Rechtswidrigkeit des Eingriffs und damit zur Freiheitsberaubung führen, wenn in dem Beschwerdeverfahren eindeutige Indizien für Anerkennung eines ex tunc wirkenden Haftgrundes vorgetragen werden können. Neben der Unrechtmäßigkeit der Untersuchungshandlung kann sich die Begründung der Beschwerde auch auf deren Unangemessenheit (also die Verhältnismäßigkeit) beziehen, sofern dies nicht – wie in § 305a 1 Satz 2 StPO – gesetzlich ausgeschlossen ist.

Die (mögliche) Feststellung der Rechtswidrigkeit eines hoheitlichen Grund- **1561**
rechtseingriffs ist also nicht Gegenstand des jeweiligen Strafverfahrens. Dessen Ausgang hat mit der Frage der Rechtmäßigkeit z.B. einer vorläufigen Festnahme oder Durchsuchung nichts zu tun. Im Strafverfahren geht es um Schuld oder Unschuld und nicht um die Rechtmäßigkeit von Anordnungen der Grundrechtseingriffe (BVerfG NJW 1997. 2163, 2164). Auch wenn sich die Anordnung eines hoheitlichen Eingriffs als rechtswidrig erweisen sollte, kann gegenüber dem Adressaten im Strafverfahren ein Schuldvorwurf durchaus erfolgen. Umgekehrt kann ein Grundrechtseingriff rechtmäßig angeordnet und durchgeführt werden, und der Beschuldigte ist im Strafverfahren als unschuldig freizusprechen.

Was nun die erkennungsdienstliche Behandlung (und wohl auch die mole- **1562**
kulargenetische Untersuchung) betrifft, so weicht die Rechtsprechung von ihren eigenen Grundsätzen ab. Zwar ordnet sie diese Eingriffe nach § 81b Alt. 2 StPO dem Verwaltungsrecht zu, doch für die Entscheidung über die Rechtswidrigkeit eröffnet sie den Rechtsweg auf der Grundlage des § 98 II StPO (OLG Stuttgart StV 1988, 424; OLG Braunschweig NStZ 1991, 551; OLG Bautzen NVwZ-RR 2001, 238 ff.). Offenbar betrachtet die Rechtsprechung mittelbar die erkennungsdienstliche Behandlung verfahrensrechtlich als repressiven Eingriff.

Auf der Grenze zwischen Strafrecht und Verwaltungsrecht liegt das Problem **1562a**
des Rechtsschutzes gegen behördliche Sperrerklärungen (§ 96 StPO). Verfolgt die Behörde – was jedoch der Regelfall sein wird (bei Preisgabe der Identität

einer V-Person sei diese erheblich gefährdet) – mit der Sperrerklärung das Ziel des Informantenschutzes, bewegt sie sich eindeutig im präventiven Bereich. Das gilt ohne Rücksicht darauf, dass im Zusammenhang mit dieser Entscheidung mehr oder weniger zwangsläufig Belange auch des Strafverfahrens berührt werden. Tatsächlich behindert eine Sperrerklärung zwar die gerichtliche Aufklärung des Sachverhalts (vgl. § 244 II StPO) mehr oder weniger weit reichend. Dies aber belegt eindeutig die Argumentation, dass es sich bei der dargestellten Sperrerklärung gerade nicht um eine Maßnahme der Strafrechtspflege handelt. Daher ist für den Rechtsschutz gegen behördliche Sperrerklärungen, die mit dem Hinweis auf eine potenzielle Gefährdung von Informanten begründet werden, der Weg zu den Verwaltungsgerichten eröffnet (BGH, Beschluss vom 24. 6. 1998 – 5 AR (VS) 1/98).

Kapitel 14. Anwendung von Zwang bei Durchsetzung von Rechtseingriffen

Bei Eingriffen in verfassungsmäßig garantierte Rechte kommt es nicht selten zu Abwehrhandlungen der Adressaten, ohne dass es sich dabei unbedingt um „Widerstand" im Sinne des § 113 StGB handeln müsste. 1563

Beispiel: Bei Erdarbeiten in A-Stadt wird ein Blindgänger gefunden. Da Explosionsgefahr besteht, werden die Anwohner in den umliegenden Häusern aufgefordert, ihre Wohnungen für die Dauer des Entschärfens der Bombe zu verlassen. Der 82-jährige W weigert sich unter Hinweis auf sein Alter, dieser Verfügung nachzukommen. Daraufhin wird er von den Beamten B und C aus der Wohnung getragen.

Zwang darf nur zur Durchsetzung eines rechtmäßigen, eine Handlungspflicht 1564
begründenden Verwaltungsaktes angewendet werden, den der Pflichtige nicht befolgt. Dabei ist unbedingt zu beachten, dass die Polizeigesetze (z.B. §§ 50 ff. nwPolG, §§ 51 ff. thPAG) ausschließlich auf Maßnahmen zur Gefahrenabwehr anwendbar sind und nicht zur Repression eingesetzt werden dürfen.

Doch kommt es immer häufiger auch bei der Vornahme strafprozessualer 1565
Rechtseingriffe zu Widerstandshandlungen.

Beispiel: Kfz-Führer K wird wegen Verdacht der Trunkenheitsfahrt (§ 316 StGB) angehalten. Einen Atemalkoholtest führt K durch. Das Ergebnis zeigt 1,98‰ BAK. Der Aufforderung der Beamten, zwecks Durchführung einer Blutprobe in den Funkstreifenwagen einzusteigen, kommt K ohne Einwände nach. Die Blutprobe auf der Wache lässt er über sich ergehen. Als die Beamten ihm jedoch eröffnen, dass er seinen Führerschein nicht wiederbekommen wird, geht er auf sie los. Daraufhin wird er festgehalten (Zwang).

Die Polizei wendet also sowohl zur Durchsetzung gefahrenabwehrender als 1566
auch strafverfolgender Eingriffe in subjektiv-öffentliche Rechte Zwang an. Nachfolgend fragen wir, ob und in welchem Umfang dieser Einsatz von Zwang zulässig ist.

I. Grundlagen des Zwangs

Im Polizeirecht ist die Anwendung von Zwang klar geregelt. Ein Verwal- 1567
tungsakt kann gem. § 53 I bbPolG, § 50 I nwPolG, § 51 I thPAG mit Zwangsmitteln durchgesetzt werden, wenn er unanfechtbar ist oder wenn ein Rechtsmittel keine aufschiebende Wirkung hat. Auch ohne vorausgehenden Verwaltungsakt kann Verwaltungszwang angewendet werden, wenn das zur Abwehr einer gegenwärtigen Gefahr (§ 53 II bbPolG, § 50 II nwPolG) bzw. einer Gefahr (§ 51 II thPAG) notwendig ist, insbesondere weil Maßnahmen gegen Verhaltens- oder Zustandshafter oder nicht verantwortliche Personen nicht rechtzeitig möglich sind oder keinen Erfolg versprechen.

Grundlage für die Anwendung von Zwang ist folglich ein Verwaltungsakt 1568
i.S. des § 35 Satz 1 VwVfG. Der Auftrag an den W (im Ausgangsbeispiel), die

Wohnung sofort zu verlassen, regelte auf der Grundlage des § 16 bbPolG, § 34 nwPolG, § 18 thPAG einen Einzelfall auf dem Gebiet der Gefahrenabwehr und war folglich ein Verwaltungsakt. Unterstellen wir das Vorliegen aller sonstigen Voraussetzungen für die Anwendung des Zwangs, waren die Beamten berechtigt, diese Verfügung zwangsweise durchzusetzen.

1569 Eine so eindeutige Regelung für die Anwendung von Zwang gibt es im Strafprozessrecht nicht. Aber wie das zweite Beispiel deutlich macht, ist auch im Zusammenhang mit strafprozessualen Grundrechtseingriffen zwangsweises Vorgehen des Polizeibeamten keineswegs ungewöhnlich. Mangels eindeutiger gesetzlicher Regelungen kommen aus der Vielzahl von Begründungsansätzen für die Berechtigung der Zwangsanwendung bei der Durchsetzung strafprozessualer Eingriffe eigentlich nur zwei in Betracht (vgl. Schmidt/Schöne, NStZ 1994, 218), die näher erläutern werden sollen.

1. Verwaltungsakte/Justizverwaltungsakte

1570 Den Verwaltungsakten ähnlich sind Justizverwaltungsakte, also Anordnungen, Verfügungen und sonstige Maßnahmen, die von den Justizbehörden zur Regelung einzelner Angelegenheiten u.a. auf dem Gebiet der Strafrechtspflege getroffen werden (§ 23 I S. 1 EGGVG). Da die Polizei, wenn sie strafverfolgend tätig wird, funktional Justizbehörde ist (VGH Mannheim NVwZ-RR 1989, 412; BVerwG DVBl. 1975, 582, 583), erlässt sie z.B. bei der Beschlagnahme des Führerscheins einen Justizverwaltungsakt.

1571 Der Gesetzgeber überträgt der Polizei (§ 1 IV bbPolG, § 1 IV nwPolG, § 2 IV thPAG) die Aufgabe der Verfolgung von Straftaten (§ 163 StPO) und Ordnungswidrigkeiten (§ 53 OWiG), ohne sie in diesen Gesetzen zu berechtigen, in die Rechte der Bürger einzugreifen (das Ordnungswidrigkeitengesetz jedoch nur über einen Annex). Daran ändert auch die Formulierung in §§ 81a, 81b, 81c StPO nichts, wonach die Rechtseingriffe auch „ohne Einwilligung“ des Adressaten durchgeführt werden dürfen. Sie enthalten keinerlei gesetzliche Befugnis zur Anwendung von Zwang.

Beispiel: Einer Streife der Polizei fällt ein Kfz-Führer (F) auf, der offensichtlich alkoholisiert ist; denn er fährt deutlich sichtbar in „Schlangenlinien“. Die Beamten halten den Fahrer an und fordern ihn auf auszusteigen. Als der Streifenführer (P) die Entnahme einer Blutprobe zwecks Feststellung der Blutalkoholkonzentration anordnet, ergreift F die Flucht. Der zweite Beamte (K) verfolgt den Flüchtenden, stellt ihn und zerrt ihn zum Streifenwagen zurück. Als F daraufhin um sich zu schlagen und zu treten beginnt, ordnet P an, den Widerstrebenden zu fesseln, um ihn zwecks Durchführung des Eingriffs zur Wache transportieren zu können.

1572 Die Mittel, derer sich die Polizei zum Erreichen des prozessualen Ziels bedient, sind Einsatz körperlicher Gewalt und Fesselung der Person. Körperliche Gewalt ist die unmittelbare körperliche Einwirkung auf die Person des F, die den Adressaten des vorgesehenen strafprozessualen Eingriffs zwingen soll, seine Flucht zu beenden (Unterlassung). Die darauf folgende Fesselung der Person erfolgt auf der Grundlage von § 62 nwPolG, § 63 thPAG, dessen Tatbestandsmerkmale „Angreifen eines Polizeibeamten“, „Beschädigen nicht geringwertiger Sachen“ (Ziff. 1) sowie „Absicht zu fliehen“ (Ziff. 2) zweifelsfrei gegeben sind. Insoweit tauchen keinerlei rechtliche Probleme auf.

Doch ist das Ziel der Zwangsanwendung die Ermöglichung einer Blutentnahme, die wiederum den Tatbestand des § 316 StGB nachweisen soll (dass die BAK des Weiteren Aussagen über schuldhaftes Verhalten in Bezug auf den Widerstand gegen Vollstreckungsbeamte zu machen geeignet ist, bleibt in dieser Untersuchung zweitrangig). Daraus müssen wir den Schluss ziehen, dass der Eingriff nach § 81a StPO ausschließlich repressiven Zielen zu dienen bestimmt war. Da allerdings die Strafprozessordnung keine Vorschriften über die Berechtigung zur Anwendung von Zwang zwecks Vollzug eines von diesem Gesetz zugelassenen Rechtseingriffs kennt, fragt sich, wie dieser Zwangseinsatz zu begründen ist. **1573**

2. „Archaisches" Prinzip

Auf die Frage nach der Rechtsgrundlage für den Einsatz von Zwang zur Durchsetzung strafprozessualer Grundrechtseingriffe gibt die Rechtsprechung eine rein pragmatische Antwort. Danach ist § 81a StPO die dafür alleinige Rechtsgrundlage, und das Polizeigesetz ist insoweit weder direkt noch entsprechend anwendbar. Diese Auffassung zieht das Gericht aus Sinn und Zweck der Vorschrift: Mit dieser Bestimmung zur Durchführung einer Blutentnahme wolle das Gesetz im Falle von Trunkenheitsdelikten zweifelsohne auch die sofortige Vollziehbarkeit dieser Anordnung erreichen (so zuletzt OLG Dresden NJW 2001, 3643 ff.). Die Rechtsprechung steht mit ihrer Auffassung durchaus nicht allein, sondern findet Beifall in der herrschenden Meinung der rechtswissenschaftlichen Literatur (z.B. Meyer-Goßner § 81a Rdn 29; Wassermann, in: AK StPO § 81a Rdn 10; Pfeiffer § 105 Rdn 4; indifferent Zöller, in: HK StPO § 163 Rdn 6). Dass sich die polizeiinterne Literatur dieser einfachen Begründung unreflektiert anschließt, ist sicherlich nachvollziehbar (Kay/Böcking, S. 364 f.; König, S. 489 f.; Keller, S. 155). Doch was so plausibel klingt, führt in der dogmatischen Überlegung hinsichtlich der Frage nach der Rechtsgrundlage für die Zwangsanwendung zur Durchsetzung rechtmäßiger strafprozessualer Grundrechtseingriffe nicht entscheidend weiter. Schließlich fordert die vorstehende Argumentation die Frage heraus, wie die Begründung im Falle der Vornahme anderer repressiver Rechtseingriffe wohl lauten würde. **1574**

Das Polizeirecht regelt die Anwendung von Zwang umfassend (z.B. § 50 nwPolG; § 51 thPAG). Grundvoraussetzung ist expressis verbis ein Verwaltungsakt i.S. des § 35 Satz 1 VwVfG. Die Tatsache, dass eine solch eindeutige Regelung der Strafprozessordnung fremd ist, musste zwangsläufig zu einer Vielzahl von Begründungsansätzen für die Berechtigung der Zwangsanwendung bei Durchsetzung strafprozessualer Eingriffe führen (vgl. die umfassende Darstellung dazu bei Schmidt/Schöne, NStZ 1994, 218 ff.; Roxin, S. 265 f.). Das Gericht folgt – wie dargelegt – der Überlegung, neben der Rechtsgrundlage für den Eingriff bilde § 81a StPO gleichzeitig die Basis für dessen zwangsweisen Vollzug. Wer sich dieser „archaisch" anmutenden These anschließt, muss sich die Frage gefallen lassen, warum die Polizeibeamten aller Bundesländer bei zwangsweiser Durchsetzung präventiv ausgelegter Eingriffe in verfassungsmäßig verbürgte Rechte in jedem Falle besondere gesetzliche Vorschriften über die Zwangsanwendung beachten müssen, wohingegen die Berechtigung zur Anwendung von Zwang sich unmittelbar aus der speziellen Eingriffsnorm herlei- **1575** ten soll, sofern damit das Ziel verbunden ist, einen repressiv vorzunehmenden Eingriff durchzusetzen. Schlimmer noch: Polizeivollzugsbeamte des Bundes (vgl. dazu § 6 UZwG des Bundes), die wie die Polizeibeamten der Länder sowohl präventiv (§ 1 V BPolG) als auch repressiv (§§ 12f. BPolG) tätig werden können/müssen, haben in jedem Falle der zwangsweisen Durchsetzung eines Rechtseingriffs die Bestimmungen des Gesetzes über unmittelbaren Zwang bei Ausübung öffentlicher Gewalt durch Vollzugsbeamte des Bundes zu beachten, also unabhängig davon, ob der Eingriff zur Gefahrenabwehr oder zur (Straf-) Verfolgung dient.

1576 Insbesondere vor dem Hintergrund der Erkenntnis, dass ein komplexer Sachverhalt teils präventive teils repressive Eingriffe notwendig macht, gewinnt eine weitere Überlegung Bedeutung: Muss die Polizei in solchen „Gemengelagen" Zwang anwenden, wäre unbedingt zu prüfen, ob sich der Adressat gegen den gefahrenabwehrenden oder den verfolgenden Eingriff zur Wehr setzt. Entsprechend den (kaum einmal gesicherten) Feststellungen müssten die Beamten die Rechtmäßigkeit des Zwangseinsatzes entweder anhand der Bestimmungen des Polizeigesetzes untersuchen oder sie könnten sie aus der repressiven Eingriffsermächtigung unmittelbar herleiten. Diese Rechtspraxis steht diametral zu dem rechtsstaatlichen Prinzip der Kontrolle von Verwaltungstätigkeit (Maunz-Zippelius, S. 92f.). Folglich ist die Ableitung der Berechtigung zur Anwendung von Zwang zur Durchsetzung strafprozessualer Rechtseingriffe unmittelbar aus der Ermächtigungsnorm als rechtsstaatlich nicht tragbar abzulehnen.

3. Ermächtigung aus dem Polizeigesetz?

1577 Eine Antwort auf die Frage nach einer sicheren Rechtsgrundlage für die zwangsweise Durchsetzung einer Blutprobe sowie aller anderen strafprozessualen Grundrechtseingriffe könnte man u.U. aus dem Polizeigesetz selbst herleiten. Nach § 1 III nwPolG, § 2 IV thPAG hat die Polizei auch die Aufgaben zu erfüllen, die ihr durch andere Rechtsvorschriften übertragen worden sind. Eine dieser Vorschriften ist § 163 StPO, der der Polizei die Aufgabe der Strafverfolgung zuweist. Zur Erfüllung dieser Aufgabe kann die Polizei auf einen Kanon strafprozessualer Eingriffsermächtigungen zurückgreifen. Anordnungen, Verfügungen oder sonstige Maßnahmen, die zum Zweck des notwendig gewordenen unmittelbaren Vollzugs eines derartigen Eingriffs erlassen werden, sind – wie bereits dargestellt – Justizverwaltungsakte. Allerdings mangelt es der Strafprozessordnung an Normen, die eine Zwangsanwendung erlauben, um rechtmäßige Justizverwaltungsakte durchsetzen zu können. Bezogen auf diese hier interessierende Rechtssituation könnte § 8 II Satz 2 nwPolG, § 12 III Satz 2 thPAG der Polizei die Befugnis erteilen, sich auf die entsprechenden Normen des Polizeigesetzes zurückzuziehen, so dass sich der Polizeibeamte im Falle einer notwendig werdenden Zwangsanwendung auf die polizeirechtlichen Ermächtigungen berufen könnte.

1578 Wegen verfassungsrechtlicher Bedenken ist die Anwendung der polizeirechtlichen Zwangsbefugnisse zur Durchsetzung strafprozessualer Rechtseingriffe auf dieser Grundlage abzulehnen. Ein gewichtiges Argument spricht für Verfassungswidrigkeit: Das Polizeigesetz gibt der Polizei wenn auch nur einzelne Eingriffsermächtigungen, die die Strafprozessordnung gerade nicht vorsieht. Und da sich § 8 II nwPolG, § 12 III thPAG expressis verbis nicht auf die Zwangsvorschriften beschränkt (Schmidt/Schöne, NStZ 1994, 218 ff.), würde man über diese Norm den Katalog der strafprozessual einzusetzenden Eingriffsermächtigungen unzulässig erweitern. Damit steht fest, dass auch dieser Weg zur Berechtigung einer Zwangsanwendung zur Durchsetzung repressiver Rechtseingriffe kaum in Betracht zu ziehen ist.

4. Unmittelbare Anwendung polizeirechtlicher Vorschriften

Den gegen die gerade begründete Ablehnung des Weges über § 8 II nwPolG, **1579**
§ 12 III thPAG vorzubringenden Einwand, so liefen die repressiven Eingriffsermächtigungen Gefahr, zu „zahnlosen Tigern" zu degenerieren, entkräftet man am ehesten, wenn man bei der Gesamtmaßnahme zwischen einem verfolgenden und einem gefahrenabwehrenden Teil unterscheidet. Unmittelbarer Zwang kann einerseits erforderlich werden, wenn der Adressat der repressiven Eingriffshandlung sich aktiv zur Wehr setzt (z.B. der Adressat der Blutprobe schlägt um sich, der Adressat einer Durchsuchung schlägt die Tür zu). Darüber hinaus ist die zwangsweise Durchsetzung eines Eingriffs oftmals unumgänglich, weil der Betroffene Handlungen unterlässt, die für einen reibungslosen Ablauf des strafprozessualen Grundrechtseingriffs unverzichtbar sind (z.B. weigert sich der Adressat der Blutprobe, die Jacke auszuziehen, der Adressat der Durchsuchung weigert sich, die Tür zu öffnen). Verfassungsrechtlich haben aktives Tun zwecks Verhinderung einer zugelassenen Ermittlungshandlung und Unterlassen der Mitwirkung daran unterschiedliche Qualität; denn Unterlassen einer Mitwirkung ist unstrittig erlaubt (Krause, in: L-R § 81a Rdn 22). Aus Sicht der strafprozessualen Eingriffsermächtigungen sind sie indessen gleich zu beurteilen: Sowohl die rechtswidrige Abwehrhandlung des Adressaten als auch rechtlich zulässiges Unterlassen verursacht eine Gefahr für die Effizienz der Strafverfolgung.

Aus diesem Grunde gliedern wir die Durchsetzung der strafprozessualen **1580**
Grundrechtseingriffe in zwei unterschiedliche Stufen. Die erste, unmittelbare Stufe erfasst das eigentliche prozessuale Ziel, das die Polizei mittels eines Justizverwaltungsaktes verfolgt (z.B. Sicherstellung der Strafverfolgung durch Auswertung der Blutprobe, Auffinden der gesuchten Beweismittel in der Wohnung). In dessen Rahmen fällt zusätzlich die Anordnung zur Beseitigung eingriffsspezifischer Schwierigkeiten, die indes nicht die Qualität einer Widersetzlichkeit erreichen dürfen. Dazu zählt z.B. die Aufforderung an den Hausrechtsinhaber, der dem Beamten gerade im Wege steht, zur Seite zu treten, die Verfügung, zwecks Fahrt zum Krankenhaus (Blutprobe) in den Streifenwagen einzusteigen, oder die Aufforderung an den flüchtenden Tatverdächtigen, stehen zu bleiben.

Eine zweite, mittelbare Stufe folgt einem vollkommen anderen Weg: Die **1581**
Zwangsanwendung soll in diesem Falle verhindern, dass die Vollstreckung des polizeilich verfolgten Verfahrenszweckes durch ein verfassungsrechtlich zulässiges Unterlassen oder durch den rechtswidrigen Einsatz von Gewalt unmöglich gemacht oder wesentlich erschwert wird (z.B. könnte die gesuchte Person verschwinden, das gesuchte Beweismittel versteckt oder bei Seite geschafft werden). Auf Grundlage dieser Differenzierung wird in der zweiten Stufe eine gegenwärtige Gefahr für Durchführbarkeit und Erfolg einer rechtmäßigen

strafprozessualen Maßnahme offenbar (vgl. Chemnitz, S. 28). Diese Gefahrensituation steht gleichberechtigt neben der Repression, und sie eröffnet den Weg zur Zwangsanwendung über den unmittelbaren Rückgriff auf §§ 50 ff. nwPolG, §§ 51 thPAG, so dass die Aufforderung, die Abwehrhandlung, die sich gegen die Durchführung z.B. einer Blutentnahme richtet, zu unterlassen oder die Tür zu öffnen, die der Adressat gerade zugeschlagen hat, um die Durchsuchung zu verhindern, als Verwaltungsakte (§ 35 VwVfG) unter Einsatz von Zwang durchgesetzt werden können.

1582 Eine Sonderstellung genießen diesbezüglich Identitätsfeststellung (§ 163b StPO) und vorläufige Festnahme (§§ 127 II, 112 ff. StPO). Da der Verdächtige nicht verpflichtet ist, am Tatort auf die Polizei zu warten (vgl. oben Rdn 752), müssen die Ermittlungsbeamten dem sich entfernenden Tatverdächtigen die Anordnung erteilen stehen zu bleiben. Dies gilt als Beginn der Identitätsfeststellung und somit als Teil der Repression und wehrt gleichzeitig die Gefahr ab, die der Effizienz des Strafverfahrens droht, wenn sich der Verdächtige dem sofort möglichen Zugriff entzieht. Dies nämlich würde die Durchführung des Strafverfahrens zumindest wesentlich erschweren. Verfolgt aber ein einzelner Eingriff sowohl präventive als auch repressive Ziele, entscheidet sein Schwerpunkt über die anzuwendende Rechtsnorm (vgl. oben Rdn 32), der in diesem Falle eindeutig für Prävention spricht. Daher ist die Anordnung eines Polizeibeamten gegenüber einem flüchtigen Verdächtigen als Verwaltungsakt einzustufen, der mit Zwangsmitteln durchgesetzt werden kann. Damit ist der Weg zur Zwangsanwendung über den unmittelbaren Rückgriff auf die polizeigesetzlichen Vorschriften frei (Benfer, NJW 2002, 2688 f.).

II. Rechtsgrundlage des Zwangs

1583 Rechtsgrundlage für die Anwendung des Zwangs zur Durchsetzung von Handlungen, Duldungen oder Unterlassungen (also zur Prävention) ist § 53 bbPolG, § 50 nwPolG, § 51 thPAG. Soll mittels Zwang ein Justizverwaltungsakt (also verfolgend) durchgesetzt werden, kommt nicht der vollständige Kanon der polizeirechtlichen Zwangsnormen zur Anwendung; denn im Falle der Repression dürfen die Behörden allein unmittelbaren Zwang einsetzen. Wesentlich für die Beurteilung der Rechtmäßigkeit des zur Prävention eingesetzten Zwangs ist darüber hinaus, ob ein Verwaltungsakt vorausgegangen ist.

1. Zwang nach vorausgegangenem Verwaltungsakt

1584 Die Polizei darf zum Zwecke der Gefahrenabwehr Zwangsmittel anwenden, wenn der Verwaltungsakt, der auf die Vornahme einer Handlung oder auf Duldung oder Unterlassung gerichtet ist, unanfechtbar ist oder wenn ein Rechtsmittel keine aufschiebende Wirkung hat. Unanfechtbar ist ein Verwaltungsakt, wenn der Adressat keinen Widerspruch einlegt (§ 68 ff. VwGO) oder wenn der Widerspruch keine aufschiebende Wirkung hat (§ 80 II VwGO).

1585 Rechtsmittel haben keine aufschiebende Wirkung, u.a. wenn es sich um unaufschiebbare Anordnungen von Polizeivollzugsbeamten handelt (§ 80 II Ziff. 2 VwGO) bzw. der sofortige Vollzug im öffentlichen Interesse oder im überwiegenden Interesse eines Beteiligten von der Behörde, die den Verwaltungsakt erlassen oder über den Widerspruch zu entscheiden hat, besonders angeordnet wird (§ 80 II Ziff. 4 VwGO). Voraussetzung für die Forderung nach sofortigem Vollzug trotz Widerspruchs ist also, dass ein Verwaltungsakt erlassen worden ist und dass die Behörde die Voraussetzungen für dessen sofortige Vollziehung **besonders** begründet. Die Begründung für den Erlass des Verwaltungsaktes reicht insoweit nicht.

Das Widerspruchsverfahren nach § 68 VwGO ist aus rechtsstaatlichen Ge- **1586** sichtspunkten zwar grundsätzlich zu beachten, kann aber wegen der spezifischen Aufgabenstellung und mit Rücksicht auf die Effizienz der Gefahrenabwehr nicht so ohne weiteres auf polizeiliches Handeln übertragen werden.

Beispiel: R liegt auf einer Wiese im Park und lässt sein Radio recht laut spielen. Andere Parkbesucher mustern den R mit missbilligenden Blicken. Der Polizeibeamte P entschließt sich, gefahrenabwehrend einzuschreiten. Er fordert R auf, das Gerät auszuschalten (Grundlage ist § 11 II LImSchG BB, § 10 II LImSchG NW). R reagiert empört und beruft sich auf sein vermeintliches Recht, Musik zu hören.

Würde man dieser „Reaktion" des R, die als Widerspruch zu deuten ist, i.S. des § 80 I VwGO aufschiebende Wirkung zubilligen, dürfte R sein Radio zunächst noch spielen lassen.

Dies zu verhindern legt § 80 II VwGO fest, dass die aufschiebende Wirkung **1587** eines Widerspruches u.a. entfällt, wenn es sich bei dem Verwaltungsakt um eine unaufschiebbare Anordnung eines Polizeivollzugsbeamten handelt (Ziff. 2). Unaufschiebbar sind Anordnungen und Maßnahmen von Polizeivollzugsbeamten, die aus übergeordneten Gesichtspunkten der Gefahrenabwehr sofort vollstreckt werden müssen. Eine zeitliche Verzögerung durch rechtliche Überprüfung der behördlichen Anordnung und die damit zwangsläufig verbundene spätere Vollstreckung wäre untunlich und verspräche keinen Erfolg (König, S. 30). Das trifft im Fall mit dem Radio zu. Die Beendigung der Störung der Rechtsordnung muss sofort erfolgen. Würden wir das Verwaltungsverfahren abwarten, wäre eine Entscheidung bedeutungslos.

2. Zwang nach Justizverwaltungsakten

Bei Justizverwaltungsakten ergibt sich die Vollstreckbarkeit allein aus dem **1588** Zusammenhang der §§ 23 ff. EGGVG bzw. des § 98 II S. 2 und 3 StPO. Im Gegensatz zu Widerspruch und Anfechtungsklage fehlt dem Antrag auf Überprüfung der Rechtmäßigkeit von Justizverwaltungsakten ein Suspensiveffekt. Ist der repressive Rechtseingriff rechtswidrig und der Antragsteller dadurch in seinen Rechten verletzt, hebt das Gericht diese Maßnahme auf. Auch wenn der Rechtseingriff bereits vollzogen ist, sich also erledigt hat (z.B. der Festgenommene ist bereits freigelassen), spricht das Gericht auf Antrag aus, dass die Maßnahme rechtswidrig gewesen ist, wenn der Antragsteller ein berechtigtes Interesse an dieser Feststellung hat (§ 28 I EGGVG; analog der verwaltungsgerichtlichen Fortsetzungsfeststellungsklage).

Ein „Widerspruch" gegen die Vornahme eines repressiven Rechtseingriffs **1589** hindert die Verfolgungsorgane also nicht an dessen Vollzug. Dies lässt sich auch mit Blick auf die Formulierung des § 80 II Ziff. 2 VwGO begründen; denn sämtliche strafverfolgende Maßnahmen sind aus überzuordnendem Allgemeininteresse unaufschiebbar notwendig. Ohne ihre sofortige Durchführung wäre Strafverfolgung regelmäßig unmöglich.

3. Zwang ohne vorausgehenden Verwaltungsakt

1590 Nach § 53 II bbPolG, § 50 II nwPolG darf Verwaltungszwang ohne vorausgehenden Verwaltungsakt angewendet werden, wenn das zur Abwehr einer gegenwärtigen Gefahr oder einer Gefahr (§ 51 II thPAG) notwendig ist, insbesondere weil Maßnahmen gegen Verhaltens- oder Zustandshafter bzw. nichtverantwortliche Personen nicht oder nicht rechtzeitig möglich sind oder keinen Erfolg versprechen. Aus dem Begriff „Notwendig" und dem Ausnahmecharakter der unmittelbaren Ausführung ergibt sich deren Rechtswidrigkeit, sofern die Möglichkeit besteht, den polizeilichen Erfolg im gestreckten Verfahren herbeizuführen.

1591 Im Falle der Anwendung von Zwang ohne vorausgegangenen Verwaltungsakt muss die Polizei innerhalb ihrer Befugnisse handeln. Der tatsächlich nicht erlassene Verwaltungsakt müsste, wenn er erlassen worden wäre, rechtmäßig sein (Möller/Wilhelm, S. 119).

Beispiel: Kleinkind droht auf die Fahrbahn einer stark befahrenen Straße zu laufen, weil seine Mutter sich unterhält und nicht aufpasst. Der Polizeibeamte P reißt das Kind gerade noch zurück.

Eine gegenwärtige Gefahr für die Rechtsgüter Leben und Gesundheit des Kindes ist evident; denn bei „normalem" Fortgang des Geschehens wird es gleich auf die Fahrbahn laufen und wahrscheinlich über- bzw. angefahren. Der Eintritt des Schadens steht unmittelbar bevor und ist in seinen Umrissen deutlich zu erkennen (Dietel/Gintzel, S. 157; Tegtmeyer § 8 Rdn 12).

1592 Störer i.S. der Verantwortlichkeit ist in erster Linie die Mutter, denn ihr Unterlassen der gebotenen Beaufsichtigung des Kindes hat die Gefahrensituation hervorgerufen (vgl. § 5 bbPolG, § 4 I nwPolG, § 7 I thPAG). Maßnahmen gegen die Mutter als Störer können nicht rechtzeitig eingeleitet werden bzw. versprechen in dieser Lage keinen Erfolg. So käme etwa die Aufforderung, auf das Kind zu achten, zu spät, um die gegenwärtige Gefahr zu beseitigen. Zwar kann durchaus auch ein Kind Störer sein (§ 5 II bbPolG, § 4 II nwPolG, § 7 II thPAG). In unserem Fall scheidet es als geeigneter Adressat einer gefahrenabwehrenden Verfügung aus. Damit steht fest, dass der sofortige Vollzug notwendig ist, und der Beamte darf sofort Zwang anwenden.

III. Zwangsmittel

1593 Die zugelassenen Zwangsmittel benennt § 54 bbPolG, § 51 nwPolG, § 52 thPAG, und zwar Ersatzvornahme, Zwangsgeld und unmittelbarer Zwang. Diese Aufzählung ist abschließend; weitere Zwangsmittel gibt es gesetzlich nicht. Die Tatsache, dass Zwangsmittel so lange eingesetzt werden können, bis der Verwaltungsakt befolgt wird oder sich erledigt hat, verdeutlicht deren Charakter als Beugemittel.

Beispiel: Ein Hausrechtsinhaber (H) wird rechtmäßig aufgefordert, die Wohnungstür zu öffnen (§ 23 I bbPolG, § 41 I nwPolG, § 25 I thPAG). Da er selbst nach mehrmaliger Aufforderung der Verfügung nicht nachkommt, beginnen die Beamten, die Tür aufzubrechen. Als H bemerkt, dass die Beamten ernst machen, öffnet er die Tür und befolgt somit den Verwaltungsakt.

1. Ersatzvornahme

Zur Ersatzvornahme greifen Polizeibeamte, wenn jemand seiner Verpflichtung, eine Handlung vorzunehmen, deren Vornahme durch einen anderen möglich ist (vertretbare Handlung), nicht nachkommt (§ 55 I bbPolG, § 51 I nwPolG, § 53 I thPAG). Dann kann die Polizei auf Kosten des Betroffenen die Handlung selbst ausführen oder durch einen anderen ausführen lassen. Bei der Fremdvornahme beauftragt die Polizei einen Dritten durch Abschluss eines privatrechtlichen Vertrages. Der Dritte handelt selbständig und eigenverantwortlich, ist also kein bloßer Verwaltungshelfer (Habermehl Rdn 856). **1594**

Einige Polizei-(Aufgaben-)Gesetze enthalten eine Norm, die expressis verbis die unmittelbare Ausführung einer Maßnahme durch die Polizei regelt (z.B. § 6 rhpPOG, § 9 thPAG). In solchen Fällen sind die Grenzen zwischen der unmittelbaren Ausführung und der Ersatzvornahme herauszuarbeiten: Bei der unmittelbaren Ausführung (oder Selbstvornahme) handelt die Polizei anstelle eines tatsächlich existierenden Pflichtigen. Diese atypische Ersatzvornahme setzt eine vertretbare Handlung voraus; bei unvertretbaren Handlungen wendet die Polizei unmittelbaren Zwang in Form des Sofortvollzugs an (Wehr Rdn 320). Kann ein Verwaltungsakt gegen den Pflichtigen nicht erlassen werden, z.B. weil er abwesend ist, nicht handlungsfähig (z.B. volltrunken) ist oder den Sinn des Verwaltungsaktes nicht erfasst (z.B. senil), greift die Behörde zu dem Mittel der Selbstvornahme, in deren Folge der Verantwortliche einer Duldungspflicht unterliegt. **1595**

Diese Regelung über die unmittelbare Ausführung ist durchaus konsequent; denn der Begriff „Zwang" setzt begriffslogisch einen Adressaten voraus, dessen entgegenstehender Wille überwunden („gebrochen") werden muss. Ist ein Adressat aber gar nicht vor Ort oder nicht ansprechbar, kann man nicht ohne weiteres seinen entgegenstehenden Willen unterstellen. Die Anwendung des Zwangs ohne vorausgehenden Verwaltungsakt erfasst in Abgrenzung zur unmittelbaren Ausführung die Fälle, in denen zwar der Pflichtige anwesend, handlungsfähig und wahrscheinlich auch handlungswillig ist, der Verwaltungsakt gegen den Pflichtigen aber aus zeitlicher Dringlichkeit nicht mehr erlassen werden kann. Würde die Polizei nämlich den Verwaltungsakt erlassen, den der Pflichtige nicht befolgt, müsste der Beamte zu dessen Durchsetzung auf das Zwangsmittel der Ersatzvornahme zurückgreifen (Meixner/Martell § 9 Rdn 3). **1596**

Die Anwendung der Ersatzvornahme verlangt eine Handlungspflicht des Betroffenen, die in §§ 5 bis 7 bbPolG, §§ 4 bis 6 nwPolG, §§ 7 bis 10 thPAG festgelegt ist. Wichtig ist daran zu denken, dass Ersatzvornahme niemals bei zwangsweiser Durchsetzung strafprozessualer Rechtseingriffe in Betracht kommt, weil deren Adressat im Strafverfahren keiner Mitwirkungspflicht unterliegt. **1597**

Weiterhin verlangt Ersatzvornahme eine vertretbare Handlung, also eine Handlung, die nicht nur der Verpflichtete, sondern ohne Änderung des Inhalts **1598** ein beliebiger Dritter vornehmen kann. Dies macht den Unterschied zwischen Ersatzvornahme und unmittelbarem Zwang gegen Sachen deutlich. Die Einwirkung auf eine Sache zum Zwecke der Gefahrenabwehr kann nahezu ausnahmslos von einer beliebigen geeigneten Person durchgeführt werden, also handelt es sich um Ersatzvornahme.

Beispiel: Aus Anlass der Fußballspiele des Vereins V richtet die Straßenverkehrsbehörde zeitlich begrenzt auf der H-Straße ein absolutes Haltverbot ein, um einen reibungslosen Abfluss der Fahrzeuge nach Spielende zu gewährleisten. Trotz dieses Verkehrsverbotes parkt A seinen Pkw auf der H-Straße. Der Polizeibeamte P beauftragt den Unternehmer U, das Fahrzeug in eine Seitenstraße zu versetzen.

Als Handlungspflichtiger (§ 5 bbPolG, § 4 nwPolG, § 7 thPAG) ist A dafür verantwortlich, dass es auf der H-Straße zu keinen Verkehrsbehinderungen kommt. Er müsste seinen Pkw aus dem Halteverbot entfernen. Wäre er anwesend, so hätte ihm die Polizei die Verfügung erteilt, das Fahrzeug zu entfernen (fiktiver Verwaltungsakt). Die aus der Verfügung folgende Handlungspflicht übernimmt in diesem Falle die Polizei (vertretbare Handlung): Eine Sicherstellung scheidet aus, weil die Behörde nicht zum Zwecke der Verwahrung handelt. Und die lediglich kurzfristige Sachherrschaft kann nicht als tatsächliche Gewalt über den Pkw interpretiert werden. Deshalb handelt es sich bei dem Umsetzen des Pkw um die unmittelbare Ausführung in Form der atypischen Ersatzvornahme (Möller/Wilhelm S. 229 f.; Wehr Rdn 284).

1599 Sieht das Gesetz die unmittelbare Ausführung einer Maßnahme durch die Polizei vor, regelt sich der vorstehende Sachverhalt auf dieser Grundlage. Der Pflichtige ist abwesend, daher kann der Verwaltungsakt gegen ihn nicht erlassen werden. Zwar ist eine Halterermittlung möglich, doch würde dies Beamte über einen gewissen Zeitraum binden und daran hindern, andere polizeiliche Aufgaben zu erfüllen. Ein weiteres Warten hätte zur Folge, dass der Maßnahmezweck verfehlt würde. Daher liegt ein Fall nach § 6 rhpPOG, § 9 thPAG vor. Dieses Abschleppen ist auch keineswegs unverhältnismäßig, und zwar weder, wenn es – wie in diesem Beispiel – wegen der besonderen Gesamtsituation kurz nach Wirksamwerden des Haltverbots durchgeführt wird, noch wenn es nach mehreren Stunden erfolgt (VGH München NJW 1999, 1130).

1600 Ganz anders ist allerdings die Rechtslage, wenn ein Versetzen des Fahrzeugs nicht in Betracht kommt, sondern spezielle Rechte des Berechtigten an der Sache gesichert werden sollen. Dann dient die Verfügung, das Fahrzeug zu versetzen, nicht allein allgemeinen, sondern gleichrangig individuellen Interessen und wird mittels Sicherstellung vollzogen; denn für Anerkennung dieses Rechtsinstituts ist erforderlich, jemandem die tatsächliche Gewalt über eine Sache zu entziehen und ein neues Gewahrsamsverhältnis darüber zu begründen (Schoch Rdn 236).

Beispiel: Nach einem Verkehrsunfall bleibt ein Pkw schwer beschädigt auf der Kreuzung liegen; der Fahrzeugführer befindet sich zur Beobachtung im Krankenhaus. Die Polizei beauftragt den vertraglich gebundenen Abschleppunternehmer U mit dem Abschleppen des Fahrzeugs.

1601 Wäre der Verantwortliche an Ort und Stelle, müsste die Polizei ihn auffordern, das Fahrzeug von der Kreuzung zu entfernen. Da er abwesend ist, ergeht dieser Grundverwaltungsakt nicht, so dass wir es mit einem fiktiven Verwaltungsakt zu tun haben. Trotzdem kommt in diesem Falle eine zwangsweise Vollstreckung der Verfügung nicht in Betracht. Der Beamte lässt das Fahrzeug zum polizeilichen Sicherstellungsgelände bringen, was auf Seiten des Adressaten einer Herausgabepflicht entspräche, der er indes nicht unterliegt. Diese polizeiliche Maßnahme qualifiziert sich somit als Sicherstellung und nicht als Ersatzvornahme (bzw. unmittelbare Ausführung).

Vor Schwierigkeiten der Abgrenzung von Ersatzvornahme zu Sicherstellung 1602
bzw. unmittelbarer Ausführung steht man, wenn der Polizeibeamte glaubt (subjektiv), auf der Grundlage einer bestimmten Norm tätig zu werden, objektiv aber eine andere Rechtsgrundlage anwenden müsste.

Beispiel: Fall mit dem im absoluten Haltverbot abgestellten Pkw. Jedoch hat den Wagen ein Dieb bzw. ein unbefugter Benutzer dort abgestellt, um zum Fußballplatz zu gehen. Der Eigentümer hat den Verlust noch nicht bemerkt.

Das Umsetzen des Pkw ist aus Sicht des Polizeibeamten Ersatzvornahme (unmittelbare Ausführung), weil er zweifelsfrei davon ausgeht, dass der Berechtigte (Halter) Adressat der (fiktiven) Verfügung wäre. Dieser kann aber nicht als Störer in Anspruch genommen werden, denn die tatsächliche Gewalt übt der Dieb noch aus (§ 6 II Satz 2 bbPolG, § 5 II Satz 2 nwPolG, § 8 II S. 2 thPAG). Also müsste der Pkw zur Eigentumssicherung in Gewahrsam genommen und zum Sicherstellungsgelände gebracht werden. In diesen Fällen sich überschneidender Ermächtigungsnormen greift diejenige, die der Beamte für einschlägig hält.

2. Zwangsgeld

Zwangsgeld ist ein gesetzlich zugelassenes Mittel, den Verantwortlichen zu 1603
bewegen, die gebotene Handlung auszuführen bzw. die zu duldende Maßnahme zu gestatten (§ 56 II bbPolG, § 53 III nwPolG, § 54 II thPAG). Auf den polizeilichen Alltag bezogen kommt das Verhängen eines Zwangsgeldes nur ausnahmsweise in Betracht, etwa um den Adressaten zu zwingen, einer Vorladung zur Durchführung erkennungsdienstlicher Maßnahmen oder Verfügungen im Bereich des Versammlungs- und Waffenwesens Folge zu leisten.

In seiner Höhe wird das Zwangsgeld, seinem Charakter als Beugemittel ent- 1604
sprechend, ganz wesentlich von der nach den Umständen des Einzelfalles anzunehmenden Intensität des zu beugenden Willens auf Seiten des Handlungspflichtigen bestimmt.

3. Unmittelbarer Zwang

Unmittelbarer Zwang ist die Einwirkung auf Personen oder Sachen durch 1605
körperliche Gewalt, Hilfsmittel der körperlichen Gewalt oder durch Waffen (§ 61 I bbPolG, § 58 I nwPolG, § 59 I thPAG). Die Polizei darf unmittelbaren Zwang anwenden, wenn andere Zwangsmittel nicht in Betracht kommen oder keinen Erfolg versprechen oder unzweckmäßig sind (§ 58 I bbPolG, § 55 I nwPolG, § 56 I thPAG). Dies macht es notwendig, den unmittelbaren Zwang von der Selbstvornahme als Unterfall der Ersatzvornahme abzugrenzen. Ersatzvornahme verlangt eine vertretbare Handlung des Pflichtigen, so dass bei un-

vertretbaren, höchstpersönlichen Handlungen des Pflichtigen Ersatzvornahme ausscheidet. Unmittelbare körperliche Einwirkung auf Personen führt stets eine höchstpersönliche Handlung des Pflichtigen herbei, womit auf unmittelbaren Zwang zu erkennen ist. Bei der körperlichen Einwirkung eines Polizeibeamten auf Sachen ist zu unterscheiden: Ersatzvornahme kommt in Betracht, wenn die polizeiliche mit der dem Pflichtigen obliegenden Handlung identisch ist; ist sie dagegen nicht mit der dem Pflichtigen obliegenden Handlung identisch, handelt es sich um unmittelbaren Zwang (Pieroth/Schlink/Kniesel § 24 Rdn 14).

Beispiel: Aufbrechen eines Türschlosses durch einen Polizeibeamten zur Gefahrenabwehr. Diese körperliche Gewalt gegen Sachen ist nicht identisch mit dem „schlichten" Öffnen der Tür durch den Pflichtigen. Also handelt es sich um Anwendung unmittelbaren Zwanges. Rufen die Beamten einen Schlüsseldienst, wird das Schloss entsprechend seiner Funktion betätigt, so dass es sich um Ersatzvornahme durch Fremdvornahme handelt. Öffnet ein Polizeibeamter mit einem herbei geholten Zweitschlüssel (oder einem Dietrich) die Tür, ist auf Ersatzvornahme durch Selbstvornahme zu erkennen (Möller/Wilhelm S. 120).

1606 Unmittelbaren Zwang gegen Sachen darf man zum Zwecke der Prävention nicht einsetzen; in diesen Fällen greift die Behörde auf Ersatzvornahme zurück. Ersatzvornahme und Zwangsgeld versprechen keinen Erfolg, wenn die zeitliche Dringlichkeit den sofortigen Einsatz des unmittelbaren Zwangs fordert, um einer Gefahrensituation wirksam begegnen zu können.

Beispiel: Die Polizeibehörde A-Stadt fordert den B auf, zur Durchführung erkennungsdienstlicher Maßnahmen auf der Grundlage des § 81b zweite Alt. StPO zur Dienststelle zu kommen. Trotz wiederholter Aufforderungen erscheint der B nicht.

1607 Rechnet man mit der herrschenden Meinung den § 81b zweite Alt. StPO der Gefahrenabwehr zu, dann erlässt die Behörde einen gefahrenabwehrenden Verwaltungsakt gegen B. Da der Adressat der Verfügung keine Folge leistet, kann sie mit Zwang durchgesetzt werden (§ 53 I bbPolG, § 50 I nwPolG, § 51 I thPAG). Auf unmittelbaren Zwang dürfte die Behörde zurückgreifen, wenn andere Zwangsmittel keinen Erfolg versprechen. Da der Grundverwaltungsakt auf eine Duldung gerichtet ist, könnte man der Behörde auferlegen, zunächst mit Zwangsgeld die Willensbeugung zu versuchen. Da dieses Verfahren aber äußerst zeitaufwendig ist, verspricht es als Zwangsmittel keinen Erfolg, so dass der Weg zur Anwendung unmittelbaren Zwangs frei ist.

1608 Mit der Formulierung, unmittelbarer Zwang könne eingesetzt werden, wenn andere Zwangsmittel unzweckmäßig sind, stiftet der Gesetzgeber Verwirrung. Der Zweckmäßigkeitsgrundsatz besagt im Allgemeinen, dass die Behörde von einem ihr eingeräumten Ermessen in einer dem Zweck der gesetzlichen Ermächtigung entsprechenden Weise Gebrauch zu machen hat. Sie muss von mehreren Entscheidungsmöglichkeiten die wählen, die dem Zweck des Gesetzes am ehesten entspricht. Von einem Ermessen in Bezug auf die Entscheidung über den Einsatz unmittelbaren Zwangs kann aber mit Blick auf den Wortlaut des Gesetzes keine Rede sein. Im Übrigen fangen die beiden anderen Alternativen diesen Fall unzweckmäßigen Handelns ohne weiteres auf.

1609 Die Anwendung des unmittelbaren Zwangs richtet sich immer nach dem Polizeigesetz, ohne Rücksicht darauf, ob er strafverfolgend oder gefahrenabwehrend eingesetzt wird (§ 60 I bbPolG, § 57 I nwPolG, § 58 I thPAG). Jedoch können Polizeibeamte die Mittel des unmittelbaren Zwangs ohne Beachtung der Vorschriften des Polizeigesetzes einsetzen, sofern sie ausnahmsweise in Notwehr oder in einer Notstandssituation handeln (vgl. § 60 II bbPolG, § 57 II nwPolG, § 58 II thPAG). Dann treten diese Personen, obwohl sie Amtsträger sind, nicht als Subjekte öffentlicher Verwaltung in Erscheinung, sondern handeln für sich selbst und werden wie jedermann tätig (Dietel/Gintzel, S. 100).

Sagt der Gesetzgeber, die Vorschriften über Notwehr und Notstand bleiben **1610** unberührt, sind die Notrechtsvorbehalte subsidiär anwendbar, soweit es sich um straf- oder zivilrechtliche Rechtfertigung der mit der Verteidigung höchstpersönlicher Rechte verbundenen Rechtsverletzung handelt. Hoheitsträger dürfen die Notrechtsvorbehalte dagegen nicht einmal hilfsweise zur Erweiterung ihrer öffentlich-rechtlichen Eingriffsmöglichkeiten heranziehen. Die Tatsache, dass die Notrechtsvorbehalte eine Ausnahme vom staatlichen Gewaltmonopol darstellen, schließt es denknotwendig aus, in ihnen eine Grundlage für staatliches Handeln zu vermuten.

Beispiel: Der Polizeibeamte P beabsichtigt, den Straftäter S vorläufig festzunehmen. Die Voraussetzungen des § 112 StPO beachtet er, so dass die Freiheitsentziehung rechtlich zulässig ist. Bei dieser Diensthandlung greift S den P mit kräftigen Boxhieben an. P wehrt sich, indem er dem S einige gezielte Selbstverteidigungsschläge versetzt. Dabei erleidet S eine klaffende Gesichtsverletzung, die im Krankenhaus versorgt werden muss.

Das Handeln des P ist ohne Zweifel unmittelbarer Zwang, denn er wirkt **1611** durch körperliche Gewalt auf den S ein. Die Begründung der Rechtmäßigkeit des eingesetzten unmittelbaren Zwangs erfolgt einerseits über § 58 I bbPolG, § 55 I nwPolG, § 56 I thPAG, weil andere Zwangsmittel zur Beseitigung des Angriffs nicht in Betracht kommen. Andererseits greift § 60 II bbPolG, § 57 II nwPolG, § 58 II thPAG, weil ein gegenwärtiger rechtswidriger Angriff auf die Gesundheit des P vorlag, den er mit Verteidigungswillen im Rahmen einer erforderlichen Abwehrhandlung beendet hatte. Beide Begründungswege sind in Bezug auf Rechtfertigung gleichwertig. Grundsätzlich gilt es aber zu bedenken, dass sich Beamte in der Ausübung ihres Amtes primär auf öffentlich-rechtliche Ermächtigungen zurückziehen sollten. Dann nämlich richten sich evtl. Schadensersatzklagen gegen die Behörde und nicht unmittelbar gegen den Beamten.

Neben der Einwirkung auf Personen kann auch eine solche auf Sachen un- **1612** mittelbarer Zwang sein, allerdings nur, wenn diese Einwirkung strafverfolgende Grundlagen hat (vgl. oben 3a).

Beispiel: Die Polizeibeamten P und R wollen bei A, der des Handels mit Betäubungsmitteln in nicht geringen Mengen dringend verdächtig ist, eine Wohnungsdurchsuchung durchführen. P fordert mehrere Male korrekt die Wohnungsinhaber auf, die Tür zu öffnen. Als nach der dritten Aufforderung nichts geschieht, schlägt R die Tür mit einem Beil ein.

Rechtsgrundlage der Durchsuchung ist § 102 StPO, also handelt es sich um einen strafverfolgenden Eingriff. Eine Mitwirkungspflicht hat A nicht, so dass von vornherein Ersatzvornahme ausscheidet und ein Fall von unmittelbarem Zwang vorliegt. Der wird durch ein gesetzlich nicht genanntes, aber dennoch anzuerkennendes Hilfsmittel der körperlichen Gewalt ausgeführt.

1613 Der unmittelbare Zwang kann durch körperliche Einwirkung auf Personen oder Sachen (körperliche Gewalt, § 58 II nwPolG, § 59 II thPAG), durch Hilfsmittel der körperlichen Gewalt (vgl. nicht abschließende Aufzählung in § 61 II bbPolG, § 59 III thPAG) oder durch Waffen (vgl. § 61 III bbPolG, § 58 IV nwPolG) ausgeübt werden.

Beispiel: Am Rande eines Fußballspiels prügeln sich randalierende Gruppen. Mit Dienstpferden geht die Polizei dazwischen und trennt die meist jugendlichen Gewalttäter.

1614 Hier kommt es zu einer Einwirkung auf Personen durch den Einsatz von Dienstpferden. Dies ist unmittelbarer Zwang, zu dessen Durchführung die Polizei Dienstpferde als Hilfsmittel der körperlichen Gewalt eingesetzt hat.

1615 Zwar benennt das Gesetz einige Hilfsmittel der körperlichen Gewalt expressis verbis, doch handelt es sich dabei keineswegs um eine enumerative Aufzählung. Der Gesetzgeber zeigt nur die Gegenstände auf, mit denen die Polizei dienstlich ausgerüstet ist. Zulässig sind darüber hinaus alle Sachen, die als Hilfsmittel der körperlichen Gewalt eingesetzt werden können und deren Wirkung in einem vertretbaren Verhältnis zu dem beabsichtigten Erfolg steht.

1616 Technische Sperren setzt die Polizei zum Absperren von Straßen, Wegen, Plätzen und sonstigem Gelände ein. Dazu bedient sie sich in erster Linie der Sperrgitter, sie kann sich aber auch z.B. auf Dienstkraftfahrzeuge (sofortige Straßensperre), Stacheldraht (bei Demonstrationen) oder Seile (Tatort absperren) stützen.

1617 Dienstkraftfahrzeuge dürfen sowohl als Mittel einer technischen Sperre als auch dazu verwendet werden, Straßen und Plätze zu räumen. Werden sie im zuletzt genannten Falle eingesetzt, ist besondere Zurückhaltung geboten und darauf zu achten, dass nach Möglichkeit niemand verletzt wird.

1618 Diensthunde und Dienstpferde dürfen nur eingesetzt werden, wenn sowohl das Tier als auch und insbesondere der dienstliche Tierführer besonders für diese Aufgaben ausgebildet ist.

1619 Im Gegensatz zu den Hilfsmitteln der körperlichen Gewalt sind die zugelassenen Waffen abschließend aufgezählt (§ 61 III bbPolG, § 58 IV nwPolG, § 59 IV thPAG).

4. Fesselung von Personen

1620 Fesseln sind nach dem Wortlaut des Gesetzes Hilfsmittel der körperlichen Gewalt (vgl. § 61 II bbPolG, § 58 III nwPolG, § 59 III thPAG). Ihr Einsatz ist dennoch spezialgesetzlich geregelt. Die Polizei darf eine Person nur fesseln (§ 65 bbPolG, § 62 nwPolG, § 63 thPAG), wenn sie nach dem Polizeigesetz oder anderen Rechtsvorschriften festgehalten wird und Tatsachen die Annahme rechtfertigen, dass sie Polizeivollzugsbeamte oder Dritte angreifen, Widerstand leisten oder Sachen von nicht geringem Wert beschädigen wird (Ziff. 1), fliehen wird oder befreit werden soll (Ziff. 2) oder sich töten oder verletzen wird (Ziff. 3).

1621 Grundvoraussetzung für die Erlaubnis zur Fesselung eines Menschen ist folglich, dass die Person festgehalten wird. Wenn der Landesgesetzgeber den Begriff „Festhalten" verwendet, bezieht sich das nicht allein auf die originäre Freiheitsentziehung (z.B. Ingewahrsamnahme oder vorläufige Festnahme). Vielmehr erfasst er jede Freiheitsentziehung, die mit der Durchführung eines anderen Rechtseingriffs zwingend verbunden ist (Chemnitz, S. 298; Benfer, S. 265 ff.), und zwar unabhängig davon, ob der Eingriff präventiver oder repressiver Natur ist.

Die Rechtmäßigkeit einer Fesselung ist grundsätzlich davon abhängig, dass **1622**
die Person festgehalten wird, also die Freiheitsentziehung bereits stattfindet. Somit ist eine vorbeugende Fesselung unzulässig.

Beispiel: A gerät mit einem gestohlenen Kfz in eine allgemeine Verkehrskontrolle und wird angehalten. Er steigt unaufgefordert aus. Ehe der zur Kontrolle herantretende Beamte etwas tun kann, schlägt ihn A nieder. Der Beamte P kann A überwältigen und fesselt ihn.

Da A noch nicht festgehalten wurde und der Beamte gar nicht weiß, ob die Voraussetzungen dafür vorliegen, ist die Fesselung des A zu diesem Zeitpunkt gesetzlich nicht zugelassen.

Aber:
A wird wegen eines Verkehrsdeliktes und Verdacht auf Trunkenheit zur Blutprobe gebracht. Auf der Fahrt zur Wache schlägt er mehrfach kräftig nach dem Fahrer des Funkstreifenwagens.

Grundlage für den Rechtseingriff ist § 81a StPO. Mit der Entnahme einer Blutprobe ist aber unbedingt eine Freiheitsentziehung verbunden, die auch durchgeführt wird. Also wird der Eingriffsadressat i.S. des § 65 bbPolG, § 62 nwPolG, § 63 thPAG festgehalten, und die Fesselung kommt in Betracht.

Des Weiteren müssen Tatsachen die Annahme rechtfertigen (grundlegend **1623**
dazu vgl. Rdn 241 f.), dass der Festgehaltene eine der Handlungen aus den Ziff. 1 bis 3 vornehmen oder dulden wird. Diese Prognose wird auf der Grundlage objektiver Erkenntnisse (= Tatsachen), also der Beurteilung der Gesamtsituation und/oder dem Verhalten des Festgehaltenen getroffen und muss dem Polizeibeamten den Eindruck vermitteln (= Annahme), dass eine solche Handlung unmittelbar bevorsteht.

Eine Tatsache dieser Art stellt zunächst einmal das direkt festzustellende Ver- **1624**
halten des Adressaten dar (z.B. Schlagen). Hinzu kommen empirische Erkenntnisse über den Betreffenden.

Beispiel: A ist vorläufig festgenommen worden und soll ins Gewahrsam gebracht werden. Dem Dienstgruppenleiter gegenüber hat er geäußert, er werde sich rächen. Der Beamte, der ihn ins Gewahrsam bringe, werde ebenso seine Wut zu spüren bekommen wie die Zelle und deren Einrichtung.

Ohne Zweifel wird A festgehalten (§§ 127 II, 112 StPO). Die Ankündigung, sich rächen zu wollen, ist eine Tatsache, die auf Grund der Persönlichkeit des Ankündigenden auch ernst zu nehmen ist. Der Festgehaltene stellt in Aussicht, einen Polizeibeamten anzugreifen. Zusätzlich bezieht sich die Ankündigung auf Beschädigung von Sachen, die einen nicht geringen Wert haben; denn bei der Zelle und deren Einrichtung handelt es sich um Sachen mit einem deutlich höheren Wert als 50 Euro (vgl. dazu OLG Düsseldorf MDR 1987, 785). Folglich darf er gefesselt werden.

5. Waffengebrauch

1625 Waffen i.S. des Polizeigesetzes sind Schlagstock, Pistole, Revolver, Gewehr und Maschinenpistole (§ 61 III bbPolG, § 58 IV nwPolG, § 59 IV thPAG). Die im Zusammenhang mit dem Einsatz der Bundespolizei zur Unterstützung der Länderpolizei zugelassenen besonderen Waffen bleiben hier unberücksichtigt.

1626 In Bezug auf den Gebrauch der Waffen gilt es festzustellen, dass nur der Schusswaffengebrauch spezialgesetzlich geregelt ist (vgl. §§ 66 ff. bbPolG, §§ 63 ff. nwPolG, §§ 64 ff. thPAG). Die Rechtmäßigkeit des Schlagstockeinsatzes prüft man dagegen anhand der Vorschriften über den unmittelbaren Zwang im Allgemeinen. Im Folgenden wollen wir uns mit den unterschiedlichen Normen über den Schusswaffengebrauch beschäftigen, abhängig davon, ob dieser sich gegen Personen oder Sachen richtet.

IV. Schusswaffengebrauch

1627 Die gesetzlichen Bestimmungen über den Schusswaffengebrauch unterscheiden zwischen den Allgemeine Vorschriften und den Besonderen Vorschriften zum Schusswaffengebrauch. Alle Bestimmungen beziehen sich sowohl auf den Gebrauch der Schusswaffe gegenüber Personen oder Personengruppen als auch gegen Sachen. Es erscheint angebracht, sich zunächst einen Überblick über die Allgemeinen Vorschriften zum Schusswaffengebrauch gegen Personen und Sachen zu verschaffen.

1628 Ohne Zweifel ist der Gebrauch der Schusswaffe die schwerwiegendste Maßnahme des unmittelbaren Zwangs. Dies macht das Gesetz deutlich, indem es die verfassungsmäßig zwingenden Verhältnismäßigkeitserwägungen in Bezug auf polizeiliches Einschreiten zu seinem Bestandteil macht (§ 66 I S. 1 bbPolG, § 63 I S. 1 nwPolG, § 64 I S. 1 thPAG).

1. Schusswaffengebrauch gegen Sachen/Tiere

1629 In dem Hinweis des § 66 I S. 2 bbPolG, § 63 I S. 2 nwPolG, § 64 I S. 2 thPAG, der auch auf Verhältnismäßigkeitserwägungen zurückgeht, findet sich die einzige Vorschrift, die etwas über den Schusswaffengebrauch gegen Sachen/Tiere sagt. Allerdings fehlen insoweit klar formulierte Tatbestandsmerkmale, so dass in diesem Falle auf die allgemeinen Vorschriften für den Gebrauch der Schusswaffe zurückzugreifen ist. Der Einsatz der Schusswaffe gegen Tiere ist in praxi tatsächlich nicht selten. So müssen Polizeibeamte beispielsweise zur Waffe greifen, um ein „ausgebrochenes" Schlachttier zu erschießen, ein angefahrenes Wildtier zu „erlösen" oder einen um sich beißenden Hund zu töten.

1630 Da das Gesetz in den Tatbestandsmerkmalen elementar zwischen Schusswaffengebrauch gegen Personen und Schusswaffengebrauch gegen Sachen unterscheidet, ist es zwingend, die Grenzen zwischen diesen beiden ganz unterschiedlichen Rechtseingriffen aufzuzeigen. Ein Schusswaffengebrauch gegen Personen und nicht gegen Sachen liegt vor, wenn zwar unmittelbar auf eine Sache geschossen wird, aber eine gewisse Wahrscheinlichkeit darauf hindeutet, dass durch den Einsatz der Pistole Personen verletzt werden.

Beispiel: Die Polizei verfolgt den flüchtenden Einbrecher bis zu seiner Wohnung, kann aber nicht verhindern, dass er sich verbarrikadiert. Die Aufforderung des Beamten B, die Wohnungstür der in Parterre gelegenen Wohnung sofort zu öffnen, ignoriert der Verdächtige. Daher entscheidet sich B, das Schloss der Wohnungstür mit der Schusswaffe zu zerstören.

Da Rechtsgrundlage des polizeilichen Einschreitens die Strafverfolgung ist, **1631** kommt Ersatzvornahme hinsichtlich der geforderten Handlung nicht in Betracht. Die Einwirkung auf die Tür ist somit unmittelbarer Zwang, der durch den Einsatz der Schusswaffe ausgeübt wird. Da der Beamte nicht sehen kann, ob sich jemand hinter der Tür aufhält und unter Berücksichtigung von Durchschlagskraft des Geschosses, Festigkeit der Tür und ähnlichen Unwägbarkeiten mit erheblicher Wahrscheinlichkeit damit gerechnet werden muss, dass Menschen durch den Schusswaffengebrauch gefährdet werden, waren die Voraussetzungen über den Schusswaffengebrauch gegen Personen zu beachten.

Beispiel: Kraftfahrer K hat mehrere Straßensperren durchbrochen und Haltezeichen von Polizeibeamten ignoriert. Darüber hinaus hat er bei Überholversuchen von Polizeifahrzeugen die Beamten immer wieder abgedrängt. Schließlich verlieren die Beamten den K aus den Augen. Als sie wenig später zufällig wieder auf ihn treffen, rammt der Polizeibeamte P mit dem Dienstkraftfahrzeug den Wagen des K. Beide Fahrzeuge werden erheblich beschädigt. Der Streifenbeamte S springt aus dem FuStKw, stellt sich neben den Pkw des K und fordert den Fahrer auf auszusteigen. Als dieser selbst jetzt noch zu entkommen versucht und mit seinem schwer beschädigten Pkw im „Schneckentempo" rückwärts rollt, schießt S – neben dem Pkw stehend – auf die Reifen des Fahrzeugs.

Grundsätzlich gilt, dass ein Schusswaffengebrauch auf Kraftfahrzeuge, die ge- **1632** fahren werden, nur unter den Voraussetzungen des Schusswaffengebrauchs gegen Personen zulässig ist. Dies ist insofern verständlich, als dieser Rechtseingriff mit hoher Wahrscheinlichkeit die Fahrzeuginsassen gefährdet. Auf den vorliegend geschilderten Sachverhalt trifft diese Überlegung indessen nicht zu: Weil die Gesamtumstände des Schusswaffengebrauchs ohne Ansehung der Tatsache, dass der Pkw gefahren wurde, eine Gefahr für Leben oder Gesundheit des Kfz-Insassen ausschlossen, hat der Beamte die Schusswaffe gegen eine Sache eingesetzt.

Die Voraussetzungen des Schusswaffengebrauchs gegen Sachen (wie auch **1633** Tiere) nach § 66 bbPolG, § 63 nwPolG, § 64 thPAG sind erstens erfolgloser Einsatz anderer Maßnahmen des unmittelbaren Zwangs (Abs. 1 S. 1) oder zweitens Untunlichkeit des Einsatzes anderer Maßnahmen des unmittelbaren Zwangs (Abs. 1 S. 1) und drittens Ausschluss der Gefährdung anderer (Abs. 4). Diese allgemeinen Vorschriften über den Schusswaffengebrauch gegen Sachen haben auch Anspruch auf Beachtung, wenn z.B. eine Ersatzvornahme (bzw. unmittelbare Ausführung) unter Einsatz einer Schusswaffe durchgesetzt werden soll.

Beispiel: Ein ca. 10-jähriges Mädchen (M) führt einen Schäferhund aus. Als M über ein Mäuerchen läuft, zieht der Hund plötzlich an der Leine. M fällt von der Mauer, stürzt unglücklich und erleidet eine stark blutende Kopfwunde. Hilfsbereite Mitmenschen fällt der Hund an; er lässt niemanden an M heran. Ein herbeigerufener Polizeibeamter erschießt den Hund.

Der Verwaltungsakt – wenn einer hätte erlassen werden können – gegenüber **1634** dem Hundehalter bzw. -führer hätte sinngemäß gelautet: „Nehmen Sie sofort den Hund zurück, damit wir der Verletzten Hilfe leisten können." (Rechtsgrundlage: § 10 bbPolG, § 8 nwPolG, § 12 thPAG). Da kein geeigneter Adressat anwesend ist, regelt sich die Zwangsanwendung nach § 53 II bbPolG, § 50 II nwPolG, § 51 II thPAG. Das Zurücknehmen des Hundes ist eine vertretbare Handlung, daher ist Ersatzvornahme einschlägig. Zu deren Vollzug setzt die Polizei eine Schusswaffe ein, so dass sie die allgemeinen Vorschriften über den Schusswaffengebrauch gegen Sachen bzw. Tiere zu beachten hat. Geht man davon aus, das verletzte Mädchen sei im Augenblick des polizeilichen Handelns nicht ansprechbar gewesen, scheidet es als geeigneter Adressat aus, so dass wir – sofern das Gesetz eine entsprechende Regelung enthält – wiederum einen Fall der unmittelbaren Ausführung vor uns haben.

2. Schusswaffengebrauch gegen Personen

1635 Der Schusswaffengebrauch ist wegen der Intensität des Eingriffs in die subjektiv-öffentlichen Rechte des Adressaten nicht allein an Beachtung der allgemeinen Bestimmungen gebunden. Ihren Einsatz gegen einzelne Personen engen darüber hinaus restriktive Vorschriften ganz erheblich ein. Bevor wir darauf näher eingehen, werden die Beschränkungen, die sich aus den allgemeinen Bestimmungen ergeben, einer näheren Betrachtung unterzogen. Zu bedenken ist dabei, dass einzelne dieser Allgemeinen Vorschriften sich auf den Schusswaffengebrauch gegen Personen beschränken, andere hingegen finden auch beim Schusswaffengebrauch gegen Sachen Anwendung.

a) Allg. Vorschriften zum Schusswaffengebrauch gegen Personen

1636 Schusswaffen dürfen gegen Personen grundsätzlich nur gebraucht werden, um angriffs- oder fluchtunfähig zu machen (§ 66 II bbPolG, § 63 II nwPolG, § 64 II S. 1 thPAG, § 63 II rhp POG). Diese Norm konkretisiert den Grundsatz der Verhältnismäßigkeit. Angriffsunfähig ist eine Person, die außerstande ist, persönlich bzw. unter Zuhilfenahme eines Werkzeugs aggressiv gegen Personen oder Sachen vorzugehen. Fluchtunfähig ist der Betroffene, wenn er entweder bewegungsunfähig oder wenn nicht mehr in der Lage ist, sich in einer Art und Weise fortzubewegen, die den Beamten eine Verfolgung unmöglich macht oder wesentlich erschwert. Im Falle der Repression kommt einzig diese Zielrichtung des Einsatzes der Schusswaffe in Betracht, weil damit die Durchführung des Strafverfahrens gesichert werden soll; denn Strafverfahren finden gegen Tote nicht statt. Des weiteren darf die Polizei Schusswaffen nur einsetzen, wenn andere Maßnahmen des unmittelbaren Zwangs erfolglos angewendet sind oder offensichtlich keinen Erfolg versprechen, also aussichtslos ist. Aussichtslosigkeit verlangt eine gewissenhafte Beurteilung sowohl der taktischen als auch der rechtlichen Gegebenheiten, weil neben der Frage, ob nicht die Anwendung minder schwer wiegender Maßnahmen zur Gefahrenabwehr angezeigt ist, zu prüfen ist, ob ein Schusswaffengebrauch gegen Sachen u.U. nicht erfolgreich sein könnte. Im übrigen darf gegen Personen die Schusswaffe erst eingesetzt werden, wenn der Maßnahmezweck nicht durch den Schusswaffengebrauch gegen Sachen erreicht werden kann.

aa) Finaler Todesschuss

Im Rahmen polizeilicher Aufgabenerfüllung kann es durchaus einmal erforderlich sein, aus Gründen der Abwehr einer konkreten Lebens- oder Gesundheitsgefahr für einen Menschen den eindeutig identifizierten Störer mit einem gezielten Schuss zu töten. Dies gesetzlich zu regeln, war nicht nur im politischen Raum umstritten, auch unter Juristen gingen die Meinungen darüber weit auseinander. Der Auffassung, eine solche gezielte Tötung sei selbst auf der Grundlage eines Gesetzes verboten (Podlech, in AK GG Art. 2 II Rdn 13), stand eine Vielzahl von Begründungsangeboten für die Zulassung des gezielten Todesschusses auch ohne ausdrückliche gesetzliche Regelung gegenüber (vgl. dazu Vorauflage Rdn 1637 ff.). Mittlerweile hat der Gesetzgeber in vielen Bundesländern Position bezogen und den „finalen Rettungsschuss" oder „finalen Todesschuss" in Gesetzesform gegossen. Einen Schuss, der mit an Sicherheit grenzender Wahrscheinlichkeit tödlich wirkt, lässt beispielsweise § 66 II S. 2 bbPolG, § 63 II Satz 2 nwPolG, § 64 II S. 2 thPAG, § 63 II S. 2 rhpPOG in extremen – auf der Grundlage schwerster Straftaten fußenden – Gefahrenlagen zu. **1637**

Dies entsprach der Forderung nach Spezialermächtigungen für eingriffsintensive und typischerweise erforderlich werdenden Grundrechtseingriffe (Pieroth/Schlink/Kniesel § 12 Rdn 25); denn es sei mit dem Wesentlichkeitsvorbehalt unvereinbar, sich zur Vornahme eingriffsintensiver und typischer Maßnahmen auf allgemeine Rechtfertigungsgründe berufen zu müssen. Mit einer dem Musterentwurf eines einheitlichen Polizeigesetzes (§ 41 II Satz 2 ME) nachempfundenen Formulierung entsprach der Gesetzgeber der Forderung. Zulässig ist der finale Rettungsschuss allein zur Abwehr einer gegenwärtigen Lebensgefahr oder einer gegenwärtigen Gefahr einer schwerwiegenden Verletzung der körperlichen Integrität. Weiterhin muss der tödlich wirkende Schuss „das einzige Mittel" der Gefahrenabwehr sein. Die Polizei hat demnach alle anderen Möglichkeiten auszuschöpfen und/oder a priori als untauglich zu verwerfen. **1638**

Ziel des polizeilichen Handelns kann es nur und muss es sein, den Beschuldigten sofort und absolut angriffsunfähig zu machen. Im Zusammenhang mit dem finalen Rettungsschuss verlangt dies, den Beschuldigten mit einem einzigen Schuss so vollkommen auszuschalten, dass der tödlich Getroffene nicht einmal mehr mit Reflexhandlungen andere schädigen kann. Auf Seiten des Schützen setzt das ein extrem hohes Maß an Präzision bei Abgabe des Schusses voraus. Die Angriffsunfähigkeit manifestiert sich im Falle des finalen Todesschusses einzig in Tötung des Aggressors (Rachor, in: Lisken/Denninger Rdn F 870 f.). Dagegen hat der tödliche Fehlschuss eine gänzlich andere Qualität, weil der Einsatz der Schusswaffe gerade nicht Tötung eines Menschen zum Ziel hat. Der Schütze wollte vielmehr den Pflichtigen verletzen (angriffs- oder fluchtunfähig machen), doch unglücklicherweise traf das Geschoss nicht – wie als Ziel anvisiert – Arme oder Beine des Eingriffsadressaten, sondern andere Körperteile und verursachte den Tod eines Menschen. **1639**

Ein Schuss, der mit an Sicherheit grenzender Wahrscheinlichkeit tödlich wirken wird, ist nur zulässig, wenn er das einzige Mittel ist zur Abwehr einer gegenwärtigen Lebensgefahr oder der gegenwärtigen Gefahr einer schwerwie- **1640** genden Verletzung der körperlichen Unversehrtheit (z.B. § 66 II S. 2 bbPolG, § 64 I S. 2 thPAG). Ausschließliches Ziel des Schusswaffengebrauchs ist Abwehr einer konkreten, in ihren Umrissen klar zutage tretenden Lebensgefahr bzw. einer erheblichen, an Beeinträchtigung des Lebens heranreichenden Gesundheitsbeschädigung. Ausdrücklich begrenzt das Gesetz den Einsatz des finalen Rettungsschusses zur Abwehr bestimmter Gefahren. Soll aber ein Störer zielgerichtet getötet werden, weil er eine Gefahr für das Leben oder – in schwerwiegendem Umfang – für die körperliche Integrität eines anderen Menschen verursacht, liegt nahezu zwangsläufig ein strafrechtlich relevantes Verhalten vor, das aus dem Gedanken des Legalitätsprinzips zu verfolgen wäre. In Fällen bevorstehender oder andauernder Straftaten gegen das Leben bzw. die körperliche Integrität darf die Polizei der Prävention Vorrang gegenüber der Repression einräumen (vgl. Rdn 24ff.). Infolgedessen handelt der Beamte bei Abgabe des finalen Rettungsschusses zur Beendigung schwerwiegender Delikte gegen Leben oder körperliche Unversehrtheit aus Gründen der Gefahrenabwehr.

1641 Voraussetzung für die Abgabe des „finalen Todesschusses" ist neben der Anerkennung einer solchen extremen Gefahrensituation eine besondere Verhältnismäßigkeitsprüfung. Der Schuss muss das „einzige Mittel" zur Abwehr dieser Gefahr sein, d.h. nicht einmal der Einsatz der Schusswaffe, um den Angreifer angriffsunfähig zu machen, gewährleistet die Beseitigung der Lebensgefahr. Dies zu beurteilen hat der Polizeibeamte in Anbetracht der Unumkehrbarkeit der Handlungsfolgen ein eng begrenztes Ermessen. Jede fehlerhafte Bewertung der zur Beurteilung dieser Gefahrenlage heranzuziehenden Tatsachen führt zur Rechtswidrigkeit des Schusswaffengebrauchs. Es versteht sich von selbst, dass eine derartige Entscheidung Ergebnis nur einer besonders sorgsam vorgenommenen Güterabwägung sein kann.

bb) Schusswaffengebrauch gegen Kinder

1642 Gegen Personen, die dem äußeren Eindruck nach noch nicht 14 Jahre alt sind, dürfen Schusswaffen nicht gebraucht werden (§ 66 III S. 1 bbPolG, § 63 II S. 2 nwPolG, § 64 III S. 1 thPAG, § 63 III rhpPOG). Entscheidend ist nicht das konkrete Alter des Adressaten, sondern sein äußeres Erscheinungsbild. Bei dessen Beurteilung hat der Beamte größte Sorgfalt walten zu lassen. Das Gesetz schließt den Schusswaffengebrauch gegen Kinder indes nicht vollständig aus. Ist er das „einzige Mittel" (vgl. oben Rdn 1641), eine gegenwärtige Gefahr für Leben oder Gesundheit eines Menschen abzuwehren, darf die Polizei auch gegen Kinder (und Jugendliche) die Schusswaffe einsetzen (Satz 2). Dies ist angesichts zunehmender Gewalttätigkeiten immer jüngerer Täter eine ernst zu nehmende Rechtsnorm.

Beispiel: Drei Kinder (ca. 12 Jahre) schlagen am Bahnhof in A-Stadt eine alte Frau zusammen, um sie zu berauben. Sie gehen äußerst brutal vor, indem sie mit Knüppeln auf die am Boden Liegende einschlagen und sie treten. Ein Polizeibeamter, der zufällig Zeuge des Geschehens wird, gibt einen Warnschuss ab.

1643 Da die Abgabe eines Warnschusses als Androhung des Schusswaffengebrauchs gilt (§ 64 I S. 3 bbPolG, § 61 I S. 3 nwPolG, § 62 I S. 3 thPAG) und unmittelbarer Zwang nur angedroht werden darf, wenn seine Durchführung zulässig ist, müssen wir prüfen, ob der Schusswaffengebrauch gegen die Kinder in Betracht kommt. Hält die Beeinträchtigung der Gesundheit des Opfers weiter an, steht zu befürchten, dass es getötet wird. Mit Sicherheit führt die Brutalität der Täter zu einer ganz erheblichen Beschädigung der Gesundheit. Also liegen die Voraussetzungen für den Schusswaffengebrauch gegen die Kinder vor.

cc) Gefahr für erkennbar Unbeteiligte

Der Gebrauch der Schusswaffe ist unzulässig, wenn für den Polizeibeamten erkennbar Unbeteiligte mit hoher Wahrscheinlichkeit gefährdet werden (§ 63 IV nwPolG, § 64 IV thPAG, § 63 IV rhpPOG). Unbeteiligt ist jede Person, gegen die die Voraussetzungen des Schusswaffengebrauchs nicht vorliegen. Selbstverständlich zählen auch diejenigen dazu, die – bei jedem spektakulären Polizeieinsatz zu beobachtenden – Neugierigen, die zudem die Polizeiarbeit massiv behindern. Hat der Beamte Zweifel, ob gegen den Betroffenen bzw. im Falle mehrerer Personen gegen alle die Voraussetzungen für den Schusswaffengebrauch vorliegen, verbietet sich der Einsatz der Schusswaffe. Das ist insbesondere bei Abgabe von Schüssen auf Kfz, die gefahren werden, bedeutsam, weil in diesem Falle die Voraussetzungen gegenüber **jedem** Insassen gegeben sein müssen. 1644

Die nahe liegende Gefährdung Unbeteiligter, also solcher Personen, die rein zufällig in den Bannkreis des Geschehens geraten, muss erkennbar, d.h. für den Beamten unter Berücksichtigung der Umstände des konkreten Einzelfalls vorhersehbar sein. Dabei spielen nicht allein äußere Gegebenheiten eine Rolle, sondern in gleichem Maße die individuellen Fähigkeiten des Schützen. Folglich verbietet sich der Gebrauch der Schusswaffe in belebten Gegenden, weil dort eigentlich niemals die Gefahr für Unbeteiligte auszuschließen ist. Dagegen nimmt das Gesetz eine konkrete Gefährdung Unbeteiligter in Kauf, wenn der Schusswaffengebrauch „das einzige Mittel" (vgl. dazu oben Rdn 1641) darstellt, eine gegenwärtige Lebensgefahr abzuwehren (jeweils Satz 2). Doch geht diese Berechtigung nicht soweit, mit der „Rettungshandlung" auf der einen, eine Gefährdung für das Leben auf der anderen Seite, also bei einem Unbeteiligten hervorzurufen. Das hier angesprochene Gefährdungspotenzial darf somit nicht über eine Gesundheitsbeeinträchtigung hinausgehen. 1645

b) Besondere Vorschriften zum Schusswaffengebrauch gegen Personen

Die Vorschriften über Schusswaffengebrauch gegen Personen sind nur einschlägig, wenn der Beamte auf den Körper des Adressaten zielt. Trifft der Schuss dagegen einen Menschen, obwohl eine Sache getroffen werden sollte, bleibt die Handlung rechtlich Schusswaffengebrauch gegen Sachen (der strafrechtliche Tatbestand einer fahrlässigen Körperverletzung oder fahrlässigen Tötung bedarf einer gesonderten Untersuchung). Die besonderen Vorschriften engen den Gebrauch der Schusswaffe gegen einzelne Personen deutlich ein. Bei der Beurteilung der Ermächtigung gilt es zwischen den präventiven und den repressiven Voraussetzungen zu unterscheiden. Dem Ziel der Gefahrenabwehr dient der Schusswaffengebrauch in den Fällen des § 67 I bbPolG, § 64 I nwPolG, § 65 I thPAG Ziffern 1, 2 und 5, dem der Strafverfolgung in den Ziffern 3 und 4. Für die Frage nach Rechtmäßigkeit polizeilichen Handelns ist der entscheidungserhebliche Zeitpunkt maßgebend: Glaubt der Polizeibeamte auf Grund einer 1646 sachgerechten Beurteilung der Lage zum Einsatz der Schusswaffe berechtigt zu sein, und stellt sich diese Entscheidung im Rahmen einer ex-post-Betrachtung als falsch heraus (Anscheinsgefahr), wird dieser Rechtseingriff nicht rechtswidrig (Arzt, Die Polizei 2009, 52, 54). Es mangelt allerdings an einer eindeutigen Grenzziehung zwischen Repression und Prävention. Schießt z.B. ein Polizeibeamter auf einen Straftäter, um dessen Flucht nach einem Verbrechen zu verhindern, kommt er einerseits seiner Pflicht zur effektiven Strafverfolgung nach, andererseits erfüllt er eine präventiv-polizeiliche Aufgabe. Insbesondere vor dem Hintergrund des gesetzlichen Verlangens, das mit dem Schusswaffengebrauch logisch verbundene Risiko einer Tötung des Betroffenen, dürfe man ausschließlich aus Gründen der Gefahrenabwehr in Kauf nehmen, kommt dieser Abgrenzung Bedeutung zu (Rachor, in: Lisken/Denninger Rdn F 845).

aa) Prävention

1647 Zur Abwehr einer gegenwärtigen Gefahr für Leben oder Gesundheit (Abs. 1 Ziff. 1) erfolgt der Einsatz der Schusswaffe, wenn er zur Durchsetzung einer entsprechenden Verfügung erforderlich ist. Eine gegenwärtige Gefahr für die Gesundheit setzt eine zu erwartende schwerwiegende Körperverletzung voraus, ohne dass es sich um eine Straftat handeln muss. Die Folgen müssen den Verletzten zwar ganz erheblich zu beeinträchtigen drohen, aber nicht unbedingt an die in § 226 StGB genannten heranreichen (Wagner, in: AKPolG NRW § 42 Rdn 5); denn wird eine der genannten Tatfolgen schuldhaft herbeigeführt, ist auf ein Verbrechen zu erkennen, das den Schusswaffengebrauch eo ipso zuließe.

Beispiel: Eine Bande von Kindern stürzt sich, mit Messern in den Händen, auf eine alte Frau und nimmt ihr die Handtasche ab. Haben wir es in erster Linie mit Prävention oder Repression zu tun? Lässt sich auf Grund des äußeren Erscheinungsbildes der „Täter" nicht eindeutig auf deren Alter schließen, kann man das Einschreiten sowohl präventiv als auch repressiv begründen.

1648 Offensichtlich sind Kinder „Täter", die den Tatbestand eines Strafgesetzes verwirklicht haben. Daher scheidet Strafverfolgung als primäres Handlungsziel der Beamten aus (§ 19 StGB), und Gefahrenabwehr tritt in den Vordergrund. Dies verlangt zu prüfen, ob eine gegenwärtige Lebens- oder Gesundheitsgefahr für die Frau gegeben ist. Daran ist angesichts des geschilderten Täterverhaltens kein Zweifel, so dass § 66 I Ziff. 1 bbPolG, § 64 I Ziff. 1 nwPolG, § 65 I Ziff. 1 thPAG greift. Weil eine gegenwärtige Lebensgefahr für die Frau vorliegt, darf auch gegen die Kinder zur Abwehr dieser Gefahr als letztes Mittel die Schusswaffe eingesetzt werden (§ 66 III bbPolG, § 63 III nwPolG, § 64 III thPAG Satz 2, vgl. Rdn 1642).

1649 Nach § 67 I Ziff. 2 bbPolG, § 64 I Ziff. 2 nwPolG, § 65 I Ziff. 2 thPAG darf die Schusswaffe gefahrenabwehrend eingesetzt werden, wenn es erforderlich ist, die unmittelbar bevorstehende Begehung eines Verbrechens zu verhindern. Hier ist daran zu denken, dass es zum Versuch des in Aussicht genommenen Tatbestandes nicht gekommen sein darf, weil dann bereits eine Straftat gegeben ist; gleiches gilt in den Fällen der im Gesetz besonders ausgewiesenen Strafbarkeit einer Vorbereitungshandlung. Überdies ist die Grenze zwischen strafloser Vorbereitung und Beginn des strafbaren Versuchs fließend. Diese indirekte Aufforderung zur Zurückhaltung in der angesprochenen Situation darf man nicht dahin gehend deuten, den Betreffenden seine Handlung bis zum strafbaren Versuch weiterführen zu lassen, um zur Durchsetzung repressiver Ziele die Schusswaffe einsetzen zu können. Doch muss der Beamte ernsthaft überlegen, ob er nicht auf andere Mittel zur Beendigung der vermuteten Vorbereitungshandlung zurückgreifen kann.

Dem geschilderten Verhalten steht die Verhinderung eines unmittelbar be- 1650
vorstehenden Vergehens gleich, das unter Anwendung oder Mitführen von Schusswaffen oder Explosivmitteln begangen wird (qualifiziertes Vergehen, Abs. 1 Ziff. 2). Das Mitführen der genannten Mittel muss zwar feststehen, doch bedarf es nicht der Absicht, sie zu gebrauchen. Erkennt man jedoch, dass der Täter die Schusswaffe nicht einsetzen will und wird, gebietet der Grundsatz der Verhältnismäßigkeit den Verzicht auf Gebrauch der Dienstwaffe (Wagner, in: AKPolG NRW § 42 Rdn 7). ***Schusswaffen*** sind Gegenstände, die zum Angriff oder zur Verteidigung, zur Signalgebung, zur Jagd, zur Distanzinjektion, zur Markierung, zum Sport oder zum Spiel bestimmt sind und bei denen Geschosse durch einen Lauf getrieben werden (Anlage 1 Ziff. 1.1 zu § 1 WaffG). ***Explosivmittel*** sind feste oder flüssige Stoffe und Zubereitungen, die durch eine nicht außergewöhnliche thermische, mechanische oder andere Beanspruchung zur Explosion gebracht werden können (§ 1 SprengG). Diese Legaldefinitionen sind auch hier einschlägig.

Weil das Gesetz Schusswaffen im technischen Sinne verlangt, erfüllen Gas- 1651
pistolen oder (erst recht) Spielzeugpistolen diese Qualifikation nicht. Allerdings ist zu bedenken, dass sog. Scheinwaffen echten Schusswaffen nicht selten täuschend ähnlich sein können, und ein Polizeibeamter insbesondere wegen des zeitlichen Drucks, dem er in aller Regel situationsbedingt ausgesetzt ist, eine eingehende Untersuchung nicht vornehmen kann. Betrachtet er diese „Scheinwaffe" als Schusswaffe i.S. des § 64 nwPolG, interpretiert er tatsächliche Anhaltspunkte in Richtung einer gegenwärtigen Lebensgefahr, er unterliegt daher einer Anscheinsgefahr. Ob und inwieweit der Beamte in der konkreten Situation gehalten war, die Lage intensiver zu beurteilen, um die Anscheinsgefahr auszuschließen, entscheidet sich anhand der konkreten Gegebenheiten.

Allerdings ist dieser Komplex nicht unproblematisch: Führen der Schusswaffe 1652
in der Öffentlichkeit ist bei fehlender Erlaubnis gem. § 52 WaffG ein Vergehen. Trägt der Betroffene eine Selbstladepistole (sog. Halbautomaten) bei sich, ist nach wie vor das Waffengesetz einschlägig (Steindorf § 51 Rdn 7), folglich gem. § 51 WaffG auf ein Verbrechen zu erkennen. Auf Grund des extrem hohen Gefährdungspotenzials, das einem Halbautomaten (vgl. WaffG Anl. 1 Unterabschnitt 1 Ziff. 2.2) immanent ist, löst dieser Tatbestand für sich gesehen die Berechtigung zum Schusswaffengebrauch aus. Wortlaut und ratio legis des § 64 I Ziff. 2 nwPolG verlangen für die Fälle der Vergehen unter Mitführen einer Schusswaffe indessen eine differenzierte Beurteilung: Verhinderung oder Fortsetzung eines Vergehens unter Mitführen einer Schusswaffe kann isoliert betrachtet nicht zum Schusswaffengebrauch berechtigen. Vielmehr geht es darum, dem Täter eines allgemeinen Vergehenstatbestandes, der durch Mitführen einer Schusswaffe ein erhöhtes Gefährdungspotenzial sowohl für das Tatopfer als auch für evtl. Verfolger darstellt, wirksam begegnen zu können. Ob der Täter zum Tragen einer Schusswaffe dienstlich verpflichtet ist, muss als irrelevant angese-

hen werden. Seine vom Gesetz verlangte Gefährlichkeit ist objektiv vorhanden, und es ist sachlich nicht nachzuvollziehen, ihn gegenüber demjenigen der „freiwillig" die Schusswaffe trägt, in rechtlicher Hinsicht anders zu behandeln (BVerfG NStZ 1995, 76).

Beispiel: Der dienstlich herbeigerufene Polizeibeamte P steckt im Elektronik-Markt E einen Gegenstand im Wert von ca. 150 EURO ein und verlässt den Laden nach Beendigung seiner dienstlichen Obliegenheiten ohne zu bezahlen. Diebstahl ist offensichtlich. Dass er eine Schusswaffe bei sich führt, ist angesichts seiner dienstlichen Tätigkeit unstrittig, also hat er ein Vergehen unter Mitführen einer Schusswaffe begangen.

1653 Ein weiterer Tatbestand, der den Einsatz der Schusswaffe gegen einzelne Personen zulässt, ist die Verhinderung der gewaltsamen Befreiung einer Person aus amtlichem Gewahrsam (Abs. 1 Ziff. 5). Die entsprechende Absicht („um zu") verlangt seitens des „Befreiers" den Einsatz von Kraft gegen Personen oder Sachen, um Widerstände zu überwinden. Besonderer Intensität bedarf es nicht, doch ist physische Kraftentfaltung zur Überwindung des der Flucht entgegen stehenden Hindernisses unverzichtbar. Nicht unter diesen Tatbestand fällt die Anwendung von List oder geschickter Täuschung von Aufsichtspersonen, wenn damit eine in amtlichem Gewahrsam gehaltene Person befreit wird. Diese Ermächtigung hat sowohl präventiven als auch repressiven Charakter, abhängig davon, ob die Freiheitsentziehung polizeirechtlich oder strafprozessual begründet ist. Im Falle des präventiven Freiheitsentzugs bedarf es einer besonders tiefgründigen Beurteilung der Verhältnismäßigkeitgrundsätze.

Beispiel: A sitzt wegen schweren Landfriedensbruchs (§ 125a StGB) in Polizeigewahrsam. Gesinnungsgenossen wollen A befreien und „stürmen" die Wache.

Ob A repressiv (vorläufige Festnahme, §§ 127 II, 112 StPO) oder präventiv (Gewahrsam, § 35 I Ziff. 2 nwPolG) begründet „einsitzt", ist irrelevant; denn die Vorschrift des § 67 I Ziff. 5 bbPolG, § 64 I Ziff. 5 nwPolG, § 65 I Ziff. 5 thPAG erfasst grundsätzlich gefahrenabwehrende und repressive Freiheitsentziehungen.

1654 Weiterhin ist daran zu denken, dass die Gefangenenbefreiung eine Straftat darstellt, wenn es sich um einen Gefangenen handelt, dem wegen einer ihm zur Last gelegten Verfehlung in einem auf deren Ahndung angelegten gerichtlichen oder ermittlungsbehördlichen Akt die Freiheit entzogen oder beschränkt worden ist (Fischer § 120 Rdn 2). Dazu gehören vorläufig Festgenommene (BGHSt 20, 307) oder Personen, die zwangsweise zur Blutprobe gebracht werden (BayObLG MDR 1984, 511). Dagegen findet § 120 StGB keine Anwendung auf Personen, die polizeirechtlich in Gewahrsam genommen worden sind. In dem hier relevanten Fall darf die Schusswaffe nur gegen die „Befreier", nicht gegen den eingesetzt werden, der befreit werden soll. Für den Letztgenannten gelten andere Vorschriften, z.B. § 67 I Ziff. 4 bbPolG, § 64 I Ziff. 4 nwPolG, § 65 I Ziff. 4 thPAG, die indes repressiv sind. Überschreitet das Verhalten des Gefangenen in Bezug auf seine Befreiung die Schwelle zur Versuchsstrafbarkeit (§ 120 III StGB), wird er selbstredend auch zum Straftäter. Ob aber der Einsatz der Schusswaffe dann in Betracht kommt, ist gewissenhaft zu prüfen.

bb) Repression

Der Schusswaffengebrauch gegen einzelne Personen zur Strafverfolgung ist in erster Linie in § 67 I bbPolG, § 64 I nwPolG, § 65 I thPAG Ziffern 3 und 4 geregelt. Doch lässt auch die Ziffer 2 den repressiven Einsatz der Schusswaffe zur Verhinderung der Fortsetzung eines Verbrechens zu. Verbrechen sind rechtswidrige Taten, die im Mindestmaß mit Freiheitsstrafe von einem Jahr oder darüber bedroht sind (§ 12 I StGB). Die im Gesetz genannten „minderschweren Fälle" eines Verbrechens, die mit Vergehensstrafe geahndet werden (z.B. §§ 232 V, 249 II, 306 II StGB), haben auf die Einordnung der Tatbestandserfüllung keinen Einfluss. Bei der Verhinderung der Fortsetzung eines Verbrechens handelt es sich häufig um Dauerdelikte. In diesen Fällen kann die Polizei sowohl strafverfolgend als auch gefahrenabwehrend tätig werden. Welchem der beiden Ziele sie den Primat zuerkennt, entscheidet sie nach pflichtgemäßem Ermessen. **1655**

Beispiel: Polizeibeamte schießen auf Geiselgangster. Die Täter verwirklichen regelmäßig §§ 239a, 239b StGB, also Verbrechen. Solange die Geiselnahme andauert, kann die Polizei die Fortsetzung des Verbrechens verhindern oder sie kann die konkrete Lebensgefahr von dem Tatopfer abwenden.

Des Weiteren ist der Schusswaffengebrauch im Falle der Verhinderung der Fortsetzung eines qualifizierten Vergehens zulässig. Vergehen sind rechtswidrige Taten, die im Mindestmaß mit Freiheitsstrafe unter einem Jahr oder mit Geldstrafe bedroht sind (§ 12 II StGB). Auch in diesem Fall gilt: Unbenannte Strafverschärfungen („besonders schwerer Fall") oder Regelbeispiele („ein besonders schwerer Fall liegt insbesondere vor, wenn...") die Verbrechensstrafe nach sich ziehen, sind für die Einordnung des Tatbestandes irrelevant. **1656**

Die Begehung des Verbrechens muss unmittelbar bevorstehen. Dies ist der Fall, wenn die Tatbestandsverwirklichung in allernächster Zeit zu erwarten ist, ohne dass eine strafrechtlich relevante Handlung erfolgt ist; denn insoweit könnte man auf Anfang der Ausführung dieses Verbrechens und damit auf strafbaren Versuch erkennen. Vorbereitungshandlungen, die offensichtlich auf eine bevorstehende Tatbestandsverwirklichung hindeuten, lassen auf unmittelbar bevorstehende Begehung eines Verbrechens schließen und begründen eine gegenwärtige Gefahr i.S. der Prävention. Sind Vorbereitungshandlungen ihrerseits mit Strafe bedroht (z.B. § 310 StGB), liegen die Voraussetzungen für repressives polizeiliches Einschreiten vor. **1657**

Die Alternative zur unmittelbar bevorstehenden Begehung ist die Verhinderung der Fortsetzung eines Verbrechens oder eines qualifizierten Vergehens. In Falle der Fortsetzung eines Verbrechens (bezogen auf die Fortsetzung der Vergehen tauchen solche Probleme nicht auf) muss die hinzutretende Polizei sich der Tatsache sicher sein, dass trotz der Fortsetzung der Tatbestandsverwirklichung durch das bisherige Geschehen die Tatbestandsmerkmale des Verbrechens bereits erfüllt wurden. **1658**

Beispiel: Nach Ende eines Fußballspiels prügeln die „Fans" der gegnerischen Mannschaften aufeinander ein. Als die Polizei erscheint, verschwinden die Schläger in alle Himmelsrichtungen. Nur zwei der Chaoten, die auf einen am Boden Liegenden einschlagen und treten, lassen sich nicht beeindrucken. Zunächst spricht viel für das Vergehen der gefährlichen Körperverletzung (§ 224 I Ziff. 4, 5 StGB). Ob daneben ein Verbrechen der schweren Körperverletzung (§ 226 StGB) oder des versuchten Totschlags (§§ 212, 22 StGB), das den Schusswaffengebrauch rechtfertigen würde, anzuerkennen ist, lässt sich nur bei Untersuchung der relevanten Einzelheiten feststellen.

1659 Die Polizei darf die Schusswaffe weiterhin einsetzen, um die Einleitung und Durchführung eines Strafverfahrens zu sichern. Dies geschieht, wenn der dringend Verdächtige in das beginnende Verfahren eingebunden ist bzw. werden soll. Der Wortlaut der Norm verlangt nicht, dass der Verdächtige bereits auf der Flucht ist. Bei Vorliegen der sonstigen Voraussetzungen darf der Beamte die Schusswaffe auch einsetzen, um eine unmittelbar bevorstehende Flucht zu verhindern (Tegtmeyer § 64 Rdn 5). Zeigt das Gesamtverhalten des Verdächtigen, dass er sich in sein Schicksal ergeben hat, ist der Schusswaffengebrauch nicht mehr zu rechtfertigen.

1660 Der Adressat der Festnahme oder Identitätsfeststellung (§ 163b I StPO) muss eine Person sein, die eines Verbrechens dringend verdächtig ist (Abs. 1 Ziff. 3a) oder eines Vergehens dringend verdächtig ist und Tatsachen die Annahme rechtfertigen, dass sie Schusswaffen oder Explosivmittel mit sich führt (Abs. 1 Ziff. 3b). Schusswaffen und Explosivmittel müssen mitgeführt werden. Dieses Tatbestandsmerkmal, dem § 244 I Ziff. 1a StGB nachgebildet, ist gegeben, wenn sich der Täter dieses Gegenstandes jederzeit ohne nennenswerten Zeitaufwand bedienen kann. Er muss die Schusswaffe nicht in der Hand halten (BGH NStZ 1997, 137), doch unter Berücksichtigung der hier zu beurteilenden Rechtsproblematik fragt sich, wie der Beamte im Falle des unmittelbar bevorstehenden Vergehens oder Verbrechens sich Gewissheit hinsichtlich Mitführen einer Schusswaffe oder von Explosivmitteln verschaffen will. Im Falle der Vergehen steht keineswegs eindeutig fest, dass der Beschuldigte die Schusswaffe zur Zeit des Antreffens/Anhaltens durch die Polizei noch bei sich trägt. Hat der Täter die Schusswaffe bei der Tatbestandsausführung eingesetzt und hat er sich ihrer nicht mit an Sicherheit grenzender Wahrscheinlichkeit entledigt, ist davon auszugehen, dass er sie auch im Augenblick des polizeilichen Einschreitens bei sich führt.

1661 Setzt der Täter die Schusswaffe als Mittel zur Bedrohung eines Menschen ein, stehen dem Beamten zwei Begründungswege offen: Einerseits würde die Alternative „Verhinderung eines unmittelbar bevorstehenden Verbrechens oder Vergehens unter Mitführen..." den Schusswaffeneinsatz rechtfertigen, andererseits liegt eine gegenwärtige Lebensgefahr vor. In beiden Fällen ist die kausale Beziehung zwischen Gebrauch der Schusswaffe und der Tatbestandserfüllung evident.

Beispiel: Täter T zwingt nach einem Disco-Besuch die 20-jährige F unter Vorhalt einer Pistole dazu, in seinen Pkw einzusteigen. Dann fährt er mit ihr fort.

1662 Schließlich geht es bei dem Einsatz der Schusswaffe gegen einzelne Personen um Vereitelung ihrer Flucht oder ihr Ergreifen, weil der Adressat des Eingriffs auf Grund richterlicher Entscheidung wegen eines Verbrechens (Abs. 1 Ziff. 4a) oder eines qualifizierten Vergehens (Abs. 1 Ziff. 4b) oder wegen des dringenden Verdachts eines Verbrechens oder qualifizierten Vergehens in Gewahrsam zu halten oder ihm zuzuführen ist. In Betracht kommt allein eine repressiv begründete Festnahme oder Identitätsfeststellung, die präventiv-polizeiliche Freiheitsentziehung ist insoweit irrelevant. Für den Einsatz der Schusswaffe auf dieser Rechtsgrundlage ist des weiteren eine **richterliche** (weder staatsanwaltschaftliche noch gar polizeiliche) Entscheidung gefordert. Also kommt nur eine originäre nicht dagegen eine implizierte Freiheitsentziehung in Betracht (LG Ulm NStZ 1991, 83 mit zust. Anm. Arzt, NStZ 1991, 84). Als richterliche Entscheidung „wegen" eines Verbrechens oder qualifizierten Vergehens kommt in erster Linie ein Urteil in Betracht, doch kann es sich dabei durchaus auch um einen Beschluss (z.B. Haftbefehl) handeln, auch wenn dieser Entscheid zur Zeit des Schusswaffengebrauchs noch nicht rechtskräftig sein muss. Mit der Formulierung „auf Grund des dringenden Verdachts" einer solchen Tat hebt das Gesetz auf den richterlichen Erkenntnisstand zur Zeit des Erlasses eines Haftbefehls ab.

3. Schusswaffengebrauch gegen Personen in Menschenmenge

Der Schusswaffengebrauch gegen Personen in einer Menschenmenge richtet **1663**
sich nicht gegen die Menschenmenge insgesamt, sondern gegen einzelne Personen darin. Infolge dessen hat die Polizei auch in diesem Falle zunächst zu prüfen, ob die Voraussetzungen für den Schusswaffengebrauchs gegen Personen gegeben sind. Da sich die Person, gegen die der Schusswaffengebrauch zulässig ist, in einer Menschenmenge befindet, sind die Polizei darüber hinaus die restriktiven Vorschriften des § 68 I bbPolG, § 65 I nwPolG, § 66 thPAG zu beachten.

a) Menschenmenge

Unter dem Begriff Menschenmenge ist eine Personenmehrheit zu verstehen, **1664**
deren Zahl nicht sofort überschaubar ist. Der Personenkreis muss so groß sein, dass es auf das Hinzukommen oder Weggehen eines Einzelnen nicht ankommt (BGHSt 33, 306). Des weiteren müssen die Personen räumlich in einer Art verbunden sein, dass sich bei Außenstehenden die Vorstellung einer Menschenmenge als räumlich verbundenes Ganzes manifestiert (BGH NStZ 1993, 538). Eine allgemein verbindliche Zahl von Menschen festzulegen, die für Anerkennung einer Menschenmenge erforderlich ist, hat die Rechtsprechung bisher vermieden. Orientierungshilfe gibt der Grundsatz: Es darf dem Einzelnen nicht möglich sein, mit jedem anderen in unmittelbare Kommunikation zu treten, und es müssen massenpsychologische Phänomene entstehen können, die in ihren Reaktionen nicht kontrollierbar sind (Maurach/Schröder § 60 II 2; von Bubnoff, in: LK § 125 Rdn 9). Unter Zugrundelegen der genannten Kriterien lässt sich zwar nicht abschließend sagen, welche (Mindest-) Personenzahl für Anerkennen einer Menschenmenge zu fordern ist (OLG Düsseldorf NStZ 1990, 339), es scheint allerdings, dass es ca. 10 Personen wohl sein müssen (vgl. Fischer § 124 Rdn 6). Mehrere Einzelpersonen (z.B. eine Bande) können indessen niemals Menschenmenge sein.

b) Unbeteiligter/Beteiligter

Beim Schusswaffengebrauch gegen Personen in einer Menschenmenge ist **1665**
die Gefährdung Unbeteiligter evident. Daher kommt § 68 II bbPolG, § 65 II nwPolG, § 66 II thPAG eine ganz hervorragende Bedeutung zu. Hat die Polizei in der Androhung des Schusswaffengebrauchs unmissverständlich darauf hinge-

wiesen, dass jeder, der z.Z. der Androhung noch als Unbeteiligter angesehen wird, diesen Status verliert, wenn er sich nicht aus der Menschenmenge entfernt, gelten alle, die am Ort verbleiben, nicht mehr als Unbeteiligte i.S. des Gesetzes. Diese Beeinträchtigung der Rechte eines anderen ist nur zulässig, wenn es ihm möglich war, sich nach den Aufforderungen aus der Menschenmenge zu entfernen. Daher ist es zwingend, im Falle der Einkesselung von Demonstranten, denjenigen, die sich entfernen wollen, entsprechende Gelegenheit zu geben. Den Zeitraum zwischen der Androhung des Schusswaffengebrauchs und seiner Durchführung ist unter Berücksichtigung der Besonderheiten des Einzelfalls großzügig zu bemessen.

1666 Können sich Personen auf Grund der Gesamtsituation nicht entfernen und sind sie durch den Einsatz der Schusswaffe mit hoher Wahrscheinlichkeit gefährdet, darf der Polizeibeamte nur schießen, wenn dies das einzige Mittel ist, eine gegenwärtige Lebensgefahr abzuwehren und die persönlichen Fähigkeiten des Schützen eine Lebensgefahr für andere in der Menschenmenge mit größter Wahrscheinlichkeit ausschließen. In allen anderen Fällen ist der Schusswaffengebrauch rechtswidrig.

c) Gewalttaten

1667 Gewalttaten werden begangen, wenn physische Kraft aggressiv eingesetzt wird (Rasch § 43 Rdn 4), ohne dass es zu einem schädigenden Ereignis kommen muss. Schwerwiegend ist eine Gewalttätigkeit, die die öffentliche Sicherheit gefährdet, also eine unbestimmte Vielzahl von Personen auf Grund des Verhaltens von Mitgliedern der Menschenmenge um Leben, Gesundheit, oder Hab und Gut in ganz erheblicher Weise fürchten muss. Dies beurteilt sich nicht vordergründig am Wert des gefährdeten Rechtsguts, sondern an der Intensität der Gefährdung. Richtet sich die Gewalttätigkeit gezielt gegen eine einzelne Person, ist sie schwerwiegend, wenn sie sich gegen deren Leben, Gesundheit oder einen ihrer erheblichen Sachwerte wendet.

1668 Des Weiteren muss die Gewalttätigkeit aus der Menschenmenge heraus begangen werden oder unmittelbar bevorstehen, also von Mitgliedern der Menschenmenge ausgeführt werden und sich gegen Personen außerhalb der Menschenmenge richten (BGHSt 33, 308). Zudem muss die aus der Menschenmenge heraus begangene Gewalttätigkeit von einer feindseligen, also einer latent aggressiven Haltung der Menschenmenge insgesamt oder ihres wesentlichen Teils getragen sein (Sternberg-Lieben, in: Sch/Sch § 125 Rdn 10; Ostendorf, in: AKStGB § 125 Rdn 14; AG Freiburg StV 1982, 582).

1669 Die Menschenmenge muss die Gewalttätigkeit nicht unbedingt in ihrer Gesamtheit begehen. Es genügt, wenn ein kleiner Teil diese Aktion unternimmt. Dann aber müssen entweder alle anderen oder ein nicht unerheblicher Teil der Menschenmenge deren Verhalten billigen bzw. unterstützen. „Friedliche" Mitläufer der Menschenmenge unterstützen die Gewalttaten, indem sie die Ziele der Gewalttäter materiell fördern; sie billigen sie durch Äußerung ihrer Zustimmung (psychische Unterstützung zu den Aktionen der unfriedlichen Demonstranten.

1670 Passives Verhalten, selbst wenn es beispielsweise den Polizeieinsatz gegen die Gewalttäter behindert, reicht zur Anerkennung unterstützenden Verhaltens nicht aus, es sei denn, die Betreffenden genügen ihrer rechtlichen Verpflichtung nicht, sich von dem Ort zu entfernen.

Beispiel: Wegen stetig ausufernder Gewalthandlungen aus einer Versammlung heraus löst der Polizeiführer (P) die Versammlung auf (§ 15 III VersammlG). P fordert daraufhin die Versammlungsteilnehmer auf, sich unverzüglich zu entfernen (§§ 18, 13 II VersammlG). Einige der Teilnehmer erkennen, dass die Polizei beginnt, gegen die besonders aktiven Störer vorzugehen. Daher beschließen sie, dieses vermeintlich interessante „Schauspiel" zu genießen, obwohl sie erkennen, dass sie das polizeiliche Einschreiten massiv behindern.

Nach der Auflösung der Versammlung haben sich die Teilnehmer unverzüg- **1671** lich zu entfernen (§§ 18, 13 II VersammlG). Stand den Schaulustigen ein ernsthaftes Hindernis, dieser Rechtspflicht zu genügen, nicht entgegen, hätten sie den Versammlungsort verlassen müssen. Damit wäre die Polizei in die Lage versetzt worden, wirksam gegen die Störer vorzugehen. Da sie angesichts der ihnen zweifellos bekannten Tatsache, den Polizeieinsatz ganz erheblich zu beeinträchtigen, sich nicht entfernten, kann man darin durchaus psychische Unterstützung der Gewalttäter sehen.

V. Androhung des Zwangs

Jede Anwendung von Zwang ist nach dem Willen des Gesetzgebers anzu- **1672** drohen, wobei zwischen den einzelnen Zwangsmitteln streng zu differenzieren ist. Ersatzvornahme und Zwangsgeld sind nämlich deutlich schwächeren Androhungsvorschriften unterworfen als der Einsatz des unmittelbaren Zwangs.

1. Androhung von Zwang

Zwangsmittel sind grundsätzlich anzudrohen. Von der Androhung kann ab- **1673** gesehen werden, wenn die Umstände sie nicht zulassen, insbesondere wenn die sofortige Anwendung des Zwangsmittels zur Abwehr einer gegenwärtigen Gefahr (§ 59 I bbPolG, § 56 I nwPolG) bzw. einer Gefahr (§ 57 I thPAG) notwendig ist.

Beispiel: Übermäßiger Musiklärm ist des Nachts in einem Mehrfamilienhaus. Mitbewohner benachrichtigen die Polizei, da sie in ihrer Nachtruhe ganz erheblich gestört werden. Die Polizei fordert den Wohnungsinhaber durch die geschlossene Wohnungstür auf, die Tür sofort zu öffnen. Im Falle seiner Weigerung werde sie die Tür durch einen Schlüsseldienst auf seine Kosten öffnen lassen.

Hier droht die Polizei – unterstellt die Beamten betreiben Prävention – das Zwangsmittel Ersatzvornahme an. Dazu setzen sie eine angemessene Frist. Innerhalb derer soll sich der Handlungspflichtige entscheiden, ob er der polizeilichen Verfügung, die auf die Generalklausel gestützt ist, Folge leistet oder nicht.

Es gibt jedoch Fälle, in denen der Polizeibeamte auf die Androhung verzich- **1674** ten muss, weil damit wertvolle Zeit verloren ginge, während der sich die Gefahr u.U. zu einem Schaden ausweitet. Allerdings muss der sofortige Einsatz des Zwangs zur Verhinderung des Schadenseintritts erforderlich, also objektiv notwendig sein.

Beispiel: Nach einem Verkehrsunfall bleibt der Pkw des A stark beschädigt auf der Kreuzung zurück. A selbst wird zur Beobachtung ins Krankenhaus eingeliefert. Der Polizeibeamte P lässt den Wagen durch den Unternehmer U auf einen nahe gelegenen Parkplatz ziehen. Dort kann ihn sich der A später abholen.

Das angewendete Zwangsmittel ist die Ersatzvornahme (sofern das Gesetz nicht die unmittelbare Ausführung expressis verbis regelt). Die Androhung des Zwangs war nicht möglich, weil der Verpflichtete abwesend war. Bis zu seiner Rückkehr konnte der Gefahrenzustand auf keinen Fall bestehen bleiben. Vielmehr musste die Gefahr, die der demolierte Pkw auf der Kreuzung verursachte, sofort beseitigt werden, wollte man nicht weitere Schadensfälle riskieren.

2. Androhung des unmittelbaren Zwangs

1675 Unmittelbarer Zwang ist vor seiner Anwendung grundsätzlich anzudrohen, unabhängig von der Art des unmittelbaren Zwangs und ob dieser Einsatz präventiven oder repressiven Zielen dient (§ 64 I S. 1 bbPolG, § 61 I S. 1 nwPolG, § 62 I S. 1 thPAG). Die Androhung des unmittelbaren Zwangs ist also prinzipiell unverzichtbar. Sieht der Beamte ohne Grund von der Androhung ab, ist der Einsatz des unmittelbaren Zwangs rechtswidrig. Auf die Androhung kann verzichtet werden, wenn die Umstände sie nicht zulassen, insbesondere wenn die sofortige Anwendung des Zwangsmittels zur Abwehr einer gegenwärtigen Gefahr (§ 64 I S. 2 bbPolG, § 61 I S. 2 nwPolG) bzw. einer konkreten Gefahr (§ 62 I S. 2 thPAG) notwendig ist. Diese Ausnahme von der Forderung nach Zwangsandrohung bezieht sich auf alle Zwangsmittel, ausgenommen den Einsatz der Schusswaffe, weil insoweit spezielle Ausnahmeregeln greifen.

1676 Eine Situation, in der der Gesetzgeber von seiner Forderung nach Androhung des unmittelbaren Zwangs abgeht, liegt in der Abwehr einer gegenwärtigen Gefahr bzw. einer Gefahr. Dies ist indes ein nur marginaler Unterschied. Es geht einzig um die Feststellung der zeitlichen Dringlichkeit in Bezug auf Verhinderung eines Schadenseintritts, wenn die Androhung des unmittelbaren Zwangs den Zweck der polizeilichen Maßnahme gefährdet.

Beispiel: Ein Kind spielt auf dem Gehweg mit seinem Ball. Plötzlich rollt der Ball auf die Fahrbahn der belebten Straße, und das Kind macht Anstalten, zwischen geparkten Pkw hindurch dem Spielgerät nachzulaufen. Im letzten Augenblick gelingt es dem Polizeibeamten P, das Kind zurückzureißen.

Oder:

Polizeibeamte haben den Einbrecher E gestellt, als dieser den Tatort gerade verlassen will. Sie fordern ihn auf, in den Streifenwagen einzusteigen. Einen günstigen Augenblick nutzt E zur Flucht. Dem Beamten B gelingt es gerade noch, den E am Jackenzipfel festzuhalten und zurückzureißen.

1677 Ohne Zweifel sind Festhalten und Zurückreißen sowohl des Kindes als auch des Einbrechers unmittelbarer Zwang durch Einwirken auf die Person mittels körperlicher Gewalt; denn der Beamte wirkt körperlich auf die Personen ein. Dass die Zwangsanwendung einerseits gefahrenabwehrende, andererseits strafverfolgende Ziele verfolgt, ist irrelevant. In beiden Fällen kommt ein Androhen des Zwangs nicht in Betracht, weil der Beamte dann Gefahr liefe, das Kind nicht mehr vor dem Überfahrenwerden bewahren zu können bzw. des Fliehenden nicht mehr so ohne weiteres habhaft zu werden.

Die Voraussetzungen, bei denen von der Androhung des unmittelbaren Zwangs abgesehen werden kann, hat der Beamte nach pflichtgemäßem Ermessen zu prüfen. Entscheidend für die Schadensprognose sind die Umstände des Einzelfalls, wozu neben vielen im Einzelnen gar nicht zu nennenden Details die Untersuchung der Örtlichkeit, ihre schadensträchtige Besonderheit, Sichtverhältnisse oder auch die körperlichen Fähigkeiten des Beamten zu zählen sind. **1678**

Die Abwehr der (gegenwärtigen) Gefahr ist für die Zulässigkeit des Absehens von der Androhung nur beispielhaft genannt. Im Allgemeinen ist ein Verzicht auf die Androhung zulässig, wenn die Umstände sie nicht zulassen. Damit ist insbesondere der Fall gemeint, dass der Zwangsadressat nicht anwesend ist oder auf Grund seiner konkreten physischen oder psychischen Situation den Sinn der Androhung nicht verstehen würde. Im Übrigen sind Überschneidungen zwischen dem beispielhaft genannten besonderen Fall und dem allgemeinen Fall des Verzichts auf Androhung denkbar. **1679**

3. Androhung des Schusswaffengebrauchs

Auf Androhung des Einsatzes der Schusswaffe (und der Handgranate) darf die Polizei nur verzichten, wenn das zur Abwehr einer gegenwärtigen Gefahr für Leben oder Gesundheit erforderlich ist (§ 64 II bbPolG, § 61 II nwPolG, § 62 II thPAG). Auch dabei geht es um Prüfung der Frage, ob deren sofortiger Einsatz unumgänglich notwendig ist und selbst die Androhung des Zwangsmittels eine Gefährdung der zu schützenden Rechtsgüter offenbar werden lässt. Diese Fragen sind vor dem Hintergrund der Überlegungen zu beantworten, dass auch die Abgabe eines Warnschusses als Androhung gilt (§ 64 I S. 3 bbPolG, § 61 I S. 3 nwPolG, § 62 I S. 3 thPAG). Damit reduziert sich die Möglichkeit eines gesetzlich legitimierten Verzichts auf Androhung des Einsatzes der Schusswaffe gegen einzelne Personen auf wenige Sonderfälle. **1680**

4. Androhung des Schusswaffengebrauchs bei Menschenmenge

Noch strenger sind die Androhungsforderungen beim Schusswaffengebrauch gegen einzelne Personen in einer Menschenmenge (§ 64 III S. 2 bbPolG, § 61 III S. 2 nwPolG, § 62 III thPAG). In diesen speziellen Fällen gibt es keine zulässige Möglichkeit, die Schusswaffe einzusetzen, ohne vorher den Zwang angedroht zu haben. Sehen wir nämlich denjenigen als Beteiligten an Gewalttätigkeiten an, der sich trotz entsprechender Möglichkeit und wiederholter Androhung des Zwangs nicht aus der Menschenmenge entfernt, ist die unverzichtbare Konsequenz, dass der Schusswaffengebrauch gegen einzelne Personen in der Menschenmenge in jedem Falle angedroht wird. **1681**

Wie ernst es dem Gesetzgeber mit der Androhung des Schusswaffengebrauchs gegen einzelne Personen in einer Menschenmenge ist, belegt § 62 III S. 2 zweiter Halbsatz thPAG. Er verlangt, dass der gezielte Schuss nicht erst nach der mündlichen Androhung, sondern erst abgegeben werden darf, wenn diese Androhung durch Abgabe eines Warnschusses wiederholt und intensiviert worden ist. Auch nach Abgabe des Warnschusses muss die Polizei dem Einzelnen in der Menschenmenge die Möglichkeit geben, sich zu entfernen, nachdem er die Ernsthaftigkeit des behördlichen Handelns nachhaltig erfahren konnte. **1682**

5. Androhung des Schusswaffengebrauchs gegen Sachen

1683 Aus gefahrenabwehrenden Gründen ist unmittelbarer Zwang gegen Sachen nicht möglich. Dies gilt auch beim Einsatz von Schusswaffen zum Zwecke einer Ersatzvornahme; dann greifen nicht die strengen Androhungsvorschriften sondern die aus § 59 bbPolG, § 56 nwPolG, § 57 thPAG. Diese Norm erlaubt es, von der Androhung abzusehen, wenn die Anwendung des Zwangsmittels zur Abwehr einer (gegenwärtigen) Gefahr erforderlich ist (Absatz 1 Satz 3), also im Falle einer lediglich zeitlich qualifizierten Gefahrenlage. Der Eintritt des Schadensereignisses muss bereits begonnen haben oder zeitlich unmittelbar bevorstehen.

VI. Hilfeleistung

1684 Wird unmittelbarer Zwang angewendet, ist Verletzten, soweit es nötig ist und die Lage es zulässt, Beistand zu leisten und ärztliche Hilfe zu verschaffen (§ 63 bbPolG, § 60 nwPolG, § 61 thPAG). Dieser nicht als zwingend zu bezeichnenden Norm hätte es eigentlich nicht bedurft; denn treten durch den Einsatz von unmittelbarem Zwang Gesundheitsschäden auf, liegt eine Gefahr für Leben und Gesundheit vor, die die Polizei zu gefahrenabwehrendem Handeln zwingt.

1685 Die Hilfeleistung ist keineswegs oberstes Ziel des polizeilichen Handelns, und man darf darauf verzichten, wenn die Lage es nicht gestattet. Insoweit hat der Beamte eine pflichtgemäße Ermessensentscheidung zu treffen. Bei zunehmender Intensität der Gesundheits- oder Lebensgefahr geht das Ermessen allmählich gegen Null. Im Extremfall läge bei Unterlassen der Hilfeleistung eine Körperverletzung oder gar Tötung durch Unterlassen vor, denn die Polizei hat auf Grund des Polizeigesetzes wie auch ihres vorhergegangenen die Gefahr verursachenden Handelns eine Garantenstellung.

Stichwortverzeichnis

Die Zahlenangaben beziehen sich auf die Randnummern